吉林统计年鉴

JILIN STATISTICAL YEARBOOK

2001

（总第十五期　NO.15）

吉林省统计局　编

Comiled by
Jilin Statistical Bureau

中国统计出版社
China Statistics Press

(京)新登字 041 字

图书在版编目(CIP)数据

吉林统计年鉴.2001/吉林省统计局编.
—北京:中国统计出版社,2001.7
ISBN 7—5037—3499—X

Ⅰ.吉…
Ⅱ.吉…
Ⅲ.社会经济统计—统计资料—吉林省—2001—年鉴
Ⅳ.C832.34—54

中国版本图书馆 CIP 数据核字(2001)第 028984 号

吉林统计年鉴—2001

作者/吉林省统计局
责任编辑/ 陈悟朝
E—mail/yearbook@stats.gov.cn
责任校对/ 孙臻
封面设计/ 林野
出版发行/ 中国统计出版社
通信地址/ 北京市西城区三里河月坛南街 75 号 中国统计出版社
电话/ (010)63262295
印刷/ 香港大地出版印刷公司
经销/ 新华书店
开本/ 850×1168 毫米 1/16
字数/80 万字
印张/40
印数/1—1700
版别/ 2001 年 7 月 第 1 版
版次/ 2001 年 7 月第 1 次印刷
书号/ ISBN 7—5037—3499—X/C·1871
定价/ 200.00 元

吉林省国家税务局

“九五”期间，全省国税系统两个文明建设取得了丰硕成果：顺利实施新税制，深入推进征管改革，切实加强税收法制建设，大力组织税收收入，5年累计完成税收收入500.85亿元，年均增长9.1%，为平衡全省财政预算、促进经济发展做出了积极的贡献。坚持两手抓，全面加强精神文明建设，干部队伍的两个素质不断增强，全省国税系统被省委、省政府命名为精神文明建设先进系统，省局机关和9个市州局全部被命名为省级先进单位或标兵单位，全省国税系统连续4年在行风测评中取得第一名。坚持从经济到税收的原则，自觉地服从、服务于经济发展的大局，加强税法宣传，实行政务公开，改善纳税条件，为纳税人和经济发展提供了良好的税收环境。

①省、市国税局领导上街宣传税法（中为赵晓明局长）

②赵晓明局长主持召开“全省税收征管改革”座谈会

③国税部门与企业召开座谈会研讨税收与经济发展之间的关系

④国税系统培训中心一角

长春长信国际房

①

长春长信国际房地产开发有限公司是由长春市城建局所属城市基础设施建设开发公司与香港闽信地产有限公司、香港新骏投资有限公司合资组建的中外合资企业。

长春长信国际房地产开发有限公司在长春市委、市政府和省、市有关部门的大力支持下，为了加快长春市城市基础设施建设的步伐，解决长春市南部出口拥挤、阻塞问题，彻底打开长春市的南大门，自一九九三年成立以来，投资近亿元，分两期对人民大街南段的道路等城市基础设施以及两侧的成片国有土地进行全面开发（长春新城开发区），为美化长春，招商引资，振兴经济，把长春市建设成现代化国际性城市，奠定了良好的基础。

③

长春新城开发区整体规划完善，整个开发区北起卫星路，南至环城路（1 580米），沿人民大街主干道两侧占地共约280公顷，总建设面积400万平方米。按照批准的城市总体规划将开发区主干道两侧二百米以内的区域开发为综合商业住宅区，包括金融商业大厦、酒店、高级公寓、住宅别墅、中小学校等 在主干道东侧二百米以外的区域将建成综合旅游休闲区，主要有公园、大型游乐场、体育健身中心、渡假村等，最终将建成一个崭新的拥有优良的市政配套设施，现代化高标准的商业住宅、娱乐、休闲的综合性社区，成为长春市第二个市中心，称为长春新城。

长春长信国际房地产开发公司对新城开发区的建设目标是：功能齐全、设施配套、布局合理、风格各异、环境优美、景色宜人。

⑤

⑥

地产开发有限公司

新城建设规划特点:主干道两侧规划建筑单元布局灵活、容积率高、整体性强、错落协调、实用科学,具有现代化国际性城市的特点和功能。建设宗旨:新规划、新设计、面向21世纪;综合性、国际性,造福千百万人民。竭诚欢迎海内外有识之士来此投资开发,携手共创大业。

②

①苏邦俊总经理与市领导
②米风君书记在通车典礼上讲话
③苏邦俊总经理为豪园工程建设作布署
④苏邦俊总经理为新城花园小区开发作布署
⑤市委、市政府领导在长信公司成立典礼上做重要讲话
⑥市委、市政府领导和长信公司领导为通车典礼剪彩
⑦长春新城花园小区规划图
⑧敞开的南大门

④

⑦

⑧

长 春 市 环 保 局

①局长张俊先
②局长张俊中（中）、左一副局长遇凤年、副局长张伟
③“六五”世界环境日万名儿童现场书法绘画活动
④李述市长到环保局听取工作汇报
⑤召开“创建国家环保模范城市”工作协调会议
⑥长春环境保护一流执法队伍

"九五"期间，长春市环境保护局始终以第四次环保会议、中央计划生育、环境与资源座谈会议精神为指导，认真贯彻落实中央提出的可持续发展战略，以改善环境质量为目标，以实现"一控双达标"为重点，坚持"一个加强，两个调整"的原则，按市政府对环保工作的要求及工作思路，不断完善环境管理制度，积极推进法制建设，深入开展城市环境综合整治，做到污染防治与生态保护并重，治、管、建结合，齐抓共管，真抓实干，促进我市环境与经济社会协调发展。编制完成了《长春市大气污染防治计划（1996～2010年）》，并将规划的主要目标纳入了长春市的城市总体规划和国民经济发展规划中。五年来发放环保贷款3 163万元，其中用于大气环境治理资金1 650万元，用于水污染治理677.5万元，粉尘治理515万元，用于我市有关环境保护的其他治理项目280.5万元。"一控双达标"工作全面完成。全市2 702户乡及乡以上工业企业中，达标率为98.7%。长春市环境保护目标责任制连续5年获省一等奖。大气环境综合整治工作中，新建烟尘控制区5个，面积74.21平方公里。投入资金3.8亿元，治理锅炉1 330台。烟尘排放量减少50 000吨，二氧化硫排放量减少25 500吨，大气总悬浮颗粒物年日均值由1995年的400微克下降到2000年的265微克。建成总面积17.75平方公里的烟尘达标区，5个烟尘达标区完成461台锅炉治理任务（市政府的任务为422台）；拆除72个烟囱（市政府的任务为60个）；预计每年可减少烟尘排放总量9 000吨，减少二氧化硫排放量3 000吨。加大了对露天烧烤的清理力度，"九五"期间，共出动执法人员18 568人次，车辆4 310台次，清理街路2897条，没收炉具19 451套，罚款137 213元，加强了对机动车尾气污染的治理，共截路（抽）检机动车7 648台，合格4 589台，合格率为60%。扣留不合格车辆行车证3 059个。治理后复检合格2 916个。审批大中型项目80项，全部编制了环境影响报告书（表），项目总投资34.88亿元，其中环保投资8 408.26万元；审批其他工商及民用建筑项目、餐饮娱乐服务项目722项，建设项目"三同时"执行率达到100%。组织上报国家级生态示范区德惠市和双阳区，选定榆树市和九台市作为省级生态示范区的建设单位。提出了《长春市生态建设总体规划纲要》的基本框架，在此基础上，制定了《长春市生态城市建设规划纲要》编制工作实施方案。认真落实人大议案、政协提案，做好群众信访工作。五年间，共接到市长公开电话转办单766件，直接收到和处理市民投诉电话1 258次，信件943件次，接待直接来访群众3 906人次，均按要求调查处理上报答复，结案率100%，反馈率98.8%。调查办理人大建议、政协提案及国家、省、市领导批转结果信访共计97件，均按时调查处理上报答复。经市人大代表、政协委员反馈满意率为100%。共调查处理环境污染纠纷30起，全部结案。我局被市人大、市政府评为"九五"期间办理人大建议、政协委员提案先进单位。

⑥

中谷集团东北

中谷集团东北粮油有限公司是中谷粮油集团公司在东北地区设立的全资子公司，是按现代企业制度构建的具有独立法人资格的新型国有粮食企业，公司现有全资和控股企业17家，员工1 578人，其中，高级经营管理人员和高级科研技术人员123人。公司的发展战略是：坚持以粮油经营为主体，以国际贸易和科技开发为两翼，建立"鹏"型经济结构，逐步成为集贸易、实业、信息、服务和科研为一体的综合性、多功能、国际化的现代企业。

公司所属的八个粮库和转运站占地面积76公顷，铁路专用线5条，1.5万吨级码头一座，仓容22.5万吨，还在广西、广东、福建、浙江、江苏、上海、江西、河南、山东等地区设立了销售网点，形成了粮油收、储、运、销一体化的经营体系。吉林中谷国际有限公司积极开发国际市场，向欧洲、美国、韩国、日本等国家出口家具，装饰材料等木制品以及东北玉米、黄豆、红绿小豆、芸豆、荞麦、酒精、油菜粕、玉米酒精粕、棉籽粕等，并形成了农

粮　油　有　限　公　司

副产品经营、木材深加工基地，产品深受国外客商欢迎。吉林中谷工程有限公司，不断开拓科技前沿领域，以研制和经营粮油机械设备、粮油检测仪器，粮油作物病虫害防治和粮食企业计算机应用软件为主，近年来研制和生产的节能环保热风粮食烘干机，电子谷物容重器等产品被评为“吉林省优秀新产品”。长春中谷华龙饲料有限公司是全国饲料百强企业，年生产饲料18万吨。已经投放市场的肉鸡料、猪料、奶牛料三个系列13个品种，深受广大用户欢迎，1999年获得国际农业博览会名牌产品称号。大连生物技术研发中心，是由多家国家级生物、化工、医药、农业、饲料研究机构支持，国内外著名专家、学者参与的科研、实验、生产基地。研制和开发的生物饲料添加剂，酶制剂被列为国家重大科技推进项目和高新技术产业化项目。长春中谷饭店被评为吉林省饮食服务业名店，总经理邹吉锋先生是著名吉菜大师，“吉林乡土宴”、“满乡全席”

④

获得吉菜大赛金奖。

公司顺应我国粮食经济全球化，粮食贸易自由化，市场交易规范化，粮油经营集团化，粮食管理信息化，粮油产销一体化的大趋势，奉行“道德行商，理性经营，服务客户，造福社会”的理念，竭诚与国内外朋友合作，共创美好明天。

地址：长春市南关区平治街29号
电话：0431-8913891　　8913978
传真：0431-8913867
邮编：130041

①总经理李玉玺
②李玉玺总经理与外商洽谈粮油贸易
③公司办公楼
④长春中谷华龙饲料有限公司
⑤吉林大安中谷国家粮食储备库储粮设施
⑥大连旅顺中谷粮油转运站

⑤

⑥

国家开发银行长春市分行

经国务院批准，国家开发银行于1994年3月正式成立。总部设在北京，长春分行于1999年3月正式成立。

国家开发银行的主要任务：按照国家的法律、法规和方针、政策，筹集和引导境内外资金，向国家基础设施、基础产业、支柱产业的大中型基本建设和技术改造等政策性项目及其配套工程发放贷款，从资金来源上对固定资产总量进行控制和调节，优化投资结构，提高投资效益，促进国民经济持续、快速、健康地发展。

国家开发银行办理政策性金融业务，实行独立核算，自主、保本经营。责权利相统一，建立投资约束和风险责任机制。在金融业务上接受中国人民银行的指导和监督。

国家开发银行发放基本建设贷款、技术改造贷款、设备储备贷款、外汇固定资产贷款。

基本建设贷款—基础设施项目包括农业、水利、铁道、公路、民航、城市建设、电信等行业。基础产业项目包括煤炭、石油、电力、钢铁、有色金属、黄金、化工、建材、医药、森工等行业。支柱产业包括石化、汽车、机械（重大技术装备）、电子等行业中政策性项目。其他行业项目包括轻工、纺织、环保、高科技产业中的政策性项目。

技术改造贷款—采用国内外先进技术改造传统产业，围绕增加品种、改进质量、提高效益和扩大出口，促进企业技术进步和产业升级的技术改造项目。

设备储备贷款—用于解决国家开发银行业务范围内的已列入年度贷款计划、已签订借款合同的在建项目、在一定时期内由于工程储备设备及信贷计划安排中发生的时间差等原因形成的短期用款需求；以及与开发银行关系比较密切的客户，信誉好、效益好、有市场、有还贷能力、且与开发银行贷款项目相关的建设项目，因资金临时周转发生的短期性用款需求。

外汇固定资产贷款—国家批准使用外汇基地设施、基础产业、支柱产业和高科技产业中的基本建设、技术改造项目及其他外汇贷款项目。贷款币种为美元、英镑、欧元等西方主要货币。

我行的贷款期限分为短期贷款（1年以下）、中期贷款（1—5年）、长期贷款（5年以上），执行中国人民银行统一颁布的利率规定。

“十五”期间，长春分行的信贷投向主要集中在电力、公路、通讯、汽车、高科技、城建、农业产业化等领域。同时支持产业基础较好，财政实力较强的长春、吉林、通化、延边地区的城市基础设施项目，为地方经济建设提供信贷支持。

①国家开发银行行长陈元在吉林省人民政府常务副省长王国发、国家开发银行长春分行行长王祖继的陪同下考察一汽集团公司

②国家开发银行、吉林省交通厅“三条一级路”贷款合同签字仪式，后后排左五为国家开发银行副行长王益、后排左六为吉林省人民政府常务副省长王国发、前排左为国家开发银行春分行行长王祖继、前排右为吉林省交通厅厅长刘克志

③国家开发银行、吉林省人民政府金融合作协议签字仪式，前排左五为国家开发银行行长陈元、前排左六为吉林省人民政府常务副省长王国发

吉林省交通投资开发公司

吉林省交通投资开发公司以坚实、稳健、开拓的步伐走过了创建后的七年历程。几年来，在吉林省交通厅的正确领导下，在兄弟单位的大力支持下，公司根据国家的产业政策，适时调整发展战略，逐步适应社会主义市场经济的需要，走出了一条以交通基础设施建设有偿投资业务、参股、控股和引资、融资工作为主导，集重点工程项目投资、对外经贸合作于一体的多元化、综合性的发展道路。目前公司注册资本5 000万元，总资产已达4.2亿元，参股企业十家，其中已上市公司一家—延边公路建设股份有限公司；拟上市公司一家—白山天成路桥股份公司；中外合作公司一家—中韩合作弘盛公司，金融企业三家—交通银行、招商银行、东北证券公司。为交通基础设施建设融资、引资做出了巨大的贡献，并取得了较好的社会效益和经济效益。

展望未来，吉林省交通投资开发公司按照吉林省交通厅的统一部署，将进一步深化体制改革，本着"立足本省、服务交通、延伸港澳、走向世界"的发展战略和"团结、奋进、开拓、求实、服务"的宗旨，与各界朋友精诚合作，为建设交通、振兴吉林做出更大的贡献。

①总经理邱壮
②领导班子研究工作
③重点工程委托投资项目
④创办经济实体

武警吉林省森林总队

中国人民武装警察部队吉林省森林总队（简称武警吉林省森林总队）是驻防在吉林省境内的一支以预防和扑救森林火灾为己任的专业武装队伍，正师级。其前身是1948年8月成立的吉林省护林队，1999年2月正式隶属武警部队。总队机关设在长春市。总队下辖3个支队、1个警校，执勤兵力主要分布在中朝、中俄边境林区、国有重点林区、国家级自然保护区和高森林火险区。总队管护责任区东起长白山脉西至科尔沁草原东部，总面积300万公顷。

多年来，部队始终坚持以执勤工作为中心，逐步建立正规的战略执勤秩序，狠抓军事业务训练，加强瞭望观测网、通信联络网和机动扑火队伍建设，现已形成了空中、地面、水上立体的森林管护体系，部队快速反应能力和综合扑救能力明显提高。部队多次奉命执行跨省区大规模扑火作战任务。1987年5月，总队400名官兵奔赴大兴安岭援助扑火，连续奋战20昼夜，取了得了七战七捷的辉煌战绩。自1979年吉林省划定总队管护责任区以来，部队出动扑火1 129次，投入兵力86 790人次，林火当日扑灭率达到99%，到2000年底，已胜利实现总队管护责任区连续21年无重大森林火灾，为吉林省连续20年无重大森林火灾做出了突出贡献，被林区人民誉为“长白山灭火神”、“森林卫士”，总队和3个支队被省政府授予森林防火模范单位。总队还多次被评为全国森林防火先进单位，总队两次受到武警总部的通令嘉奖。总队所属大蒲柴河中队被总部授予“护林防火先锋中队”荣誉称号，两个中队荣记集体一等功。

总队党委坚持把思想政治建设摆在部队建设的首位，保证了部队高度稳定和集中统一。部队认真贯彻《军队基层建设纲要》，狠抓部队的基础工程建设，涌现出一大批基层建设的先进单位。同时，部队在双拥共建、扶贫解困、抗洪抢险以及林区两个文明建设中也发挥了重要的作用。自列入武警部队序列以来，部队被国家民政部、解放军总政治部评为全国拥政爱民先进单位的有1个大队，被评为省级文明单位的有总队机关、1个支队和4个大队，被评为省级双拥工作先进单位的有1个支队和5个大队，被评为省级警民共建先进单位的有1个支队和1个大队，荣立集体三等功的有4个大队，109人次受到记二等功以上奖励，涌现出一大批以被武警总部授予“抗洪抢险勇士”称号的张东光烈士和扑火英雄、一等功臣倪宝成及“祖国边陲优秀儿女”安国善为代表的英雄模范人物。总队被国家林业部命名为“全国林业行业思想政治工作优秀单位”。

部队围绕“保障有力”的总目标，逐步理顺总队经费供应渠道，狠抓农副业生产，大大提高了部队的后勤保障能力。基层中队普遍都有一个好食堂、一个好储藏室、一个好晒衣场、一套齐全营具、一个好菜园和一个好猪圈，达到了《连队基层建设纲要》规定的标准。总队大力发展种养业，目前，总队有农副业生产用地48.11公顷，有大棚13个，总计11 000多平方米，70%的基层单位肉菜自给率达到75%以上，部队的后勤保障能力大大增强。

①武警森林指挥部政委尹成富（中）到总队检查工作。总队长侯绪广（左）、政委姜文涛（右）陪同。
②总队党委常委进行理论学习
③保护区一大队官兵为打击偷猎者进行武装巡护

吉林省三岔子林业局

美丽富饶的三岔子林业局，位于吉林省东南部，长白山西麓，地跨柳河、靖宇、江源三个县。这里物华天宝、人杰地灵，有着令人向往的森林资源，松花江源头为这里增添了生机与活力。

三岔子林业局是国家大型一档综合性森工企业，经营总面积22.3万公顷，居住总人口11.8万人，在册职工1.5万人，下设7个林场；1个中心参场；1个部级标准化苗圃；主要经营树种有：红松、云冷杉、柞木、曲柳、楸木、桦木、椴木、杨木等17种，现代化贮木场提供了30万立方米原木生产线；年加工能力12.5万立方米的木材加工公司，为国内外用户加工各种规格高质量锯材；年制造能力2万立方米胶合板厂，生产"绿宝石牌"普通胶合板及特种用途订制胶合板，在市场上享有很高的声誉。三岔子林业局与香港合资生产100万平方米高档三层油漆复合地板生产线，该设备从德国引进，并在大连建立具有60万平方米生产能力分公司。"金桥牌"复合地板吉林名牌产品，通过了ISO9002质量认证，80%的产品畅销欧、美、亚十几个国家和地区；与意大利合资并从该国引进了年产3 000立方米集成材生产线，生产的集成材产品畅销国内外市场；与日本合资并从该国引进了年生产雪糕棒6.5万箱生产线，生产的产品90%出口东南亚等国家。企业还在北京、上海、广州、深圳等大城市设立了9处产品销售及信息网点。同时又外延到苏里南进行森林采伐，拓宽了国际市场。

为了适应国内外市场经济的变化，提高产品竞争能力，三岔子林业局积极推进企业内部改革，调整了产业产品结构，企业已经步入了可持续发展的快速轨道。在国家实施天然林资源保护工程后，2000年木材产量调减4万立方米的情况下，企业仍创产值27 891万元，实现销售收入27 618万元，实现利润1 168万元，税金1 870万元。

企业先后荣获全国"五一劳动奖状"、"中国行业一百强"等荣誉称号，"九五"期间被省委、省政府命名为"三好企业"。

三岔子林业局的发展目标是努力建设生态保护型、开放型、效益型、集约式、多功能的现代化绿色产业企业。我们竭诚欢迎国内外各界朋友来我局考察洽谈，共创合作，发展伟业。

电　　话：0439-3748898　3748380
传　　真：0439-3748639
网　　址：http//www.chinasfb.com
电子信箱：sczlm@pulic.bs.jl.cn

①局长兼党委书记李凤春
②三岔子林业局办公大楼
③贮木场
④复合地板车间

中国银行吉林省分行

在新的世纪里，中国银行吉林省分行将按照“改革、调整、充实、提高”的指导思想，进行战略调整，合理配置资源，不断推出差别性的产品与服务，提高资产质量，加快发展速度，转变经营机制，努力培育和保持比较竞争优势，全面推进良好公司治理机制建设，为吉林省的经济发展再立新功。

地址：长春市新民大街14号

电话：5645430

①中国银行吉林省分行行长傅正辉

②中国银行吉林省分行与中国人民保险公司吉林省分公司签订业务合作协议

③中国银行吉林省分行不仅重视业务发展还注重思想政治工作和职业道德教育

中国银行是中国历史最为悠久的银行，也是被英国《银行家》杂志评选为资本实力最雄厚的国际大银行之一。连续11年被美国《财富》杂志评选为世界500强大企业。在亚、欧、澳、非、南美、北美六大洲设559个分支机构，建立起了全球布局的金融服务网络。在香港和澳门，中国银行还是当地的发钞行之一。

吉林省分行秉承中国银行系统的比较竞争优势，紧跟时代发展潮流，注重业务的传承与创新，不断提升服务质量和服务水平。到2000年底，各项人民币存款余额127亿元，外汇存款余额9亿美元；各项人民币贷款余额94亿元，外汇贷款余额14亿美元，有力地支持了吉林省地方经济的发展。

长春市妇产科医院始建于1896年，是一座历史悠久的专科医院。经过一个多世纪的创业，已发展为具有较强实力，集教学、科研、诊治为一体的国家级爱婴医院。

长春市妇产科医院是白求恩医科大学教学医院，现有职工865名，高级职称76名，中级职称219名，编制床600张，高级产科病房32间，专科门诊和疗区28个，辅助科室143个，并拥有比较先进的彩色多普勒、全自动化分析仪、宫腔镜、腹腔镜、电子阴道镜、全身CT、远程胎儿监护仪等大型仪器设备80（台）件。医院于1999年实现了医疗收费的全部微机网络管理。目前，医院正在筹建长春市妇幼保健集团。

医院本着“抓改革、重管理、科技兴院求发展”的工作方针，努力抓好专科特色建设。妇科方面：妇科领域中的各种疑难重病诊治工作有较大的突破性进展，尤其是妇科肿瘤的规范化治疗及妇科腹腔镜下微创手术达到了国内先进水平，并在省内外同类专业中享有较高的声望。产科方面：医院不断加强和提高产科疾病诊断，尤其是妊娠合并症的诊断和治疗，识别和处理高危妊娠的能力和水平均有所提高，全面推广无痛分娩技术。服务方面：兴建了5 600平方米的现代化妇产科医疗大楼，病房格局设置新颖，医疗设备都属国内先进水平。实行了一日清单制，B超免费供纯净水，免费接送出入院患者，开办孕妇学校，免费为孕产妇及家属提供育婴常识，“导乐”陪伴分娩等一系列服务新举措。

曾先后被评为“卫生部全国卫生先进单位”，“吉林省卫生战线文明单位”，“全国计划生育先进单位”，被市政府授予“物价、计量信得过单位”，多次被市委、市政府评为“文明单位”，在卫生系统开展的白求恩杯竞赛活动中多次被评为“最佳单位”，今年又被消费者协会命名为“春城十佳医院”。

在新世纪里，长春市妇产科医院全体职工在院长兼党委书记赵福玉同志的带领下励精图治，奋力拼搏，为长春市妇产科医院的第二次腾飞再创辉煌。

①院长兼党委书记赵福玉
②宽敞明亮的门诊大厅
③特高间病房

中国第一汽车集团公司

2000年8月25日，中共中央总书记江泽民第三次来一汽考察，观看新一代红旗轿车

中国第一汽车集团公司位于吉林省长春市，前身第一汽车制造厂，建厂于1953年，毛泽东亲笔提名奠基。

中国一汽是我国汽车工业的摇篮，也是国内同行业规模最大、实力最强的企业集团。建厂48年来，历经三次艰苦创业，拥有国内规模最大并具有国际竞争能力的中重型车生产基地，于九十年代初期相继建成6万辆轻型车基地、3万辆红旗轿车基地和15万辆捷达轿车基地。四大基地构成了一汽生产力的核心。

目前一汽拥有自己的“红旗”、“解放”两大民族品牌；与德国大众汽车公司合资生产“奥迪”、“捷达”两大品牌。

中国第一汽车集团现有直属专业厂10家，分公司3家，全资子公司36家，控股子公司16家，参股公司29家，其中包括一汽轿车、一汽四环等股份上市公司和一汽－大众、一汽－大宇（烟台）等22家合资企业，并在海外设立10多家办事机构（包括组装厂），所吸附和支配的资产近600亿人民币。

48年来，一汽累计生产汽车400万辆，实现利税180余亿元。尤其国企改革进入攻坚战三年来，一汽在改革中发展自己，98年有效地遏制了效益下滑，效益同比大幅度增长，99年销量在连续保持八年第一的基础上，率先在行业突破产销30万辆大关，效益同比增幅121%; 2000年销车创新辉煌，取得突破40万辆的骄人业绩，增长率为32%，产值突破500亿，利润达到27亿。

热处理大型双排渗碳生产线

捷达轿车总装线

中央电视台“心连心艺术团”在公司慰问演出

亚洲最大的奥迪A6标准展厅

CA6350 微型车下线

红旗世纪星轿车投放市场

2000 年现代化红旗轿车生产基地建成投产

奥迪 A6 轿车下线

2000 年销车 40 万辆

走向世界的——吉林牧业

①

②

改革开放以来，吉林省牧业经济持续快速发展，实现了由数量扩张向质量跃升、由粗放经营向集约化规模经营、由产销分割向一体化发展的历史性转变。2000年，全省肉蛋奶产量分别达到247.9万吨、80万吨和15万吨，分别比改革开放初期的1978年增长15.9倍、14.6倍和6.3倍，年均递增13.4%、12.9%和8.7%。人均肉、蛋占有量达到94.8公斤和30.6公斤，分别居全国第一位和第五位；实现牧业产值268.7亿元，占农林牧渔业总产值的44.1%；农民人均牧业收入达到450元，占人均纯收入的20%以上，有近50万农户依靠牧业走上了小康之路。牧业已挑起农村经济大梁，成为农村经济一大支柱产业。

产业化经营初具规模。全省建成23个优质肉牛产品生产基地、12个优质肉鸡生产基地和15个国家级瘦肉型猪生产基地。规模饲养户（场）达49.8万个，规模饲养的生猪、牛、羊、禽分别占饲养总量的29.9%、28.8%、73.1%和54.7%。牧业大县、大乡脱颖而出。各类牧业中介组织880个，中介人3.6万人。以德大公司为代表的一批牧业龙头加工企业迅猛崛起，产业化经营水平不断提高。牧业产业化经营组织1 000多个，年可屠宰加工肉猪400万头，肉牛40万头，肉鸡1亿只，肉鹅1 000万只，肉羊50万只，粮食饲料生产加工能力400万吨。肉猪、肉牛、肉鸡等生产领域形成了集饲养、加工、营销为一体的产业化链条。每年仅肉鸡及其制品一项出口就达3万多吨，约占全国出口总量的10%，出口16个国家和地区。生猪外销量最高年份达300多万头，牛羊禽外销量也有较大增长，出口20多个国家和地区。

科技贡献率不断提高。多年来，全省充分发挥粮多、秸秆多的资源优势，积极探索出利用微生物调制玉米秸饲喂牲畜的微贮、青贮及糟牛育肥等实用技术，提高了秸秆利用率，为牧业的快速发展提供了一片广阔的空间。先后培育出了具有吉林特色的延边黄牛、草原红牛、松辽黑猪和优质细毛羊等优良品种。三元杂交猪饲养量占猪饲养总量的53%，三元杂交牛饲养量占牛饲养总量的30%。“九五”期间，共取得省部级以上科研成果137项，科技成果转化率达30%，科技进步贡献率由改革初期的28%提高到48%。

社会化服务体系网络健全。已形成了省、市、县、乡、村五级服务网络。在动物防疫体系方面，全省有10个市、州级、121个县级和891个乡镇畜牧兽医站和动物检疫站。有专业动物疫病防治人员10 723人。我省已被国家纳入无规定动物疫病区建设重点省份之一，为生产绿色安全畜禽产品奠定了坚实基础。形成了较为完整的省、市、县（市、区）动物防疫监督执法体系。全省现有63个动物卫生监督检验所，有动物卫生监督员520名。草原管理体制不断深化，大力推广了草原承包责任制。2000年，全省落实草原承包责任制面积2 016万亩，占应落实草地面积的64%。同时还有以农民为主体的民间牧业协会、研究会等一批服务组织活跃在牧业生产第一线，有力地促进了牧业先进技术的普及和应用。

“十五”期间，吉林省委、省政府把农村经济结构调整为5:3:2，即牧业产值占农林牧渔业总产值的50%。为牧业经济跨越式发展，建设畜牧大产业提供了难得的发展机遇。按照省委提出的“科教兴省、开放带动、县域突破”三大战略，以推进和实现牧业跨越式发展为主题，以结构调整为主线，以改革开放和科技进步为动力，以增加农民收入为根本出发点，加快牧业集约化、现代化生产，推进产业化经营，提高牧业经济组织化程度；搞好无规定动物疫病区建设，加速与国际兽医卫生惯例接轨；坚持依法治牧，合理利用和有效保护牧业资源，实现可持续发展，把牧业建设成全省农村经济的一大主导产业，撑起农村经济的半壁江山。

③

④

⑤

要重点发展四大带型经济、扶强五大龙头企业群、实施十大工程、完善十大基地、实现四个跨越。发展四大带型经济，即建设依托于玉米带上的牧业经济，依托于草原带上的牧业经济，依托于城乡结合带上的牧业经济，依托于山丘沟壑带的特色牧业经济。扶强五大龙头企业群，即重点扶持牛龙、猪龙、肉鸡龙、羊龙和鹅龙等大中型加工企业的发展壮大；实施十大工程，即全力实施无规定动物疫病区、优质细毛羊、三元杂交生猪、优质肉牛、奶业、草原建设与草业开发、饲料开发、市场建设、名牌产品开发、牧业电子商务工程建设；完善十大基地，即进一步完善肉牛、瘦肉型猪、优质细毛羊、肉羊、肉鸡、肉鹅、蜂、肉犬、肉兔及饲料饲草种植基地建设。实现四个跨越，即在市场开拓上，由注重省内市场向外向发展跨越；在加工层次上，由粗加工向深加工跨越；在饲养方式上，由放牧向舍饲、由庭院向小区跨越；在产品质量上，由现阶段的低标准向与国际惯例接轨的高标准跨越。

①局长彭志国、副局长孙景发、寿贵信，在全省精品牧业座谈会上，听取有关专家发言
②局领导视察禽肉加工车间
③草原牧景
④我国培育的肉乳兼用型品种－中国草原红牛（吉林型）
⑤九十年代我国培育的超细型细毛羊—优质细毛羊（吉林型）

吉林省人民政府经济技术协作办公室

在省委、省政府的领导下，吉林省人民政府经济技术协作办公室认真贯彻落实我省“九五”计划及2010年远景目标规划纲要精神，本着“优势互补，互惠、互利，长期合作，共同发展”的原则，充分发挥经济技术合作的协调作用，招商引资与国内经济技术贸易交流“三峡”对口支援、政府经济技术顾问管理等工作，较好地完成了“九五”计划的各项任务指标，取得了较大的成绩。“九五”期间，全省经济合作项目达13 244项，通过各种渠道共引进域外资金总额811.3亿元。促成科技成果转让项目480项。如热敏传真纸项目、太阳能船项目、学生豆奶粉等投资额在1 000万以上的高科技项目有129项。

2000年，省经协办加大了经贸洽谈与科技合作的力度，在合作领域、合作层次都有所突破。在赴闽、粤经贸交流合作活动中，全省签约项目共338项，其中合作项目262项，贸易项目76项；约总金额达320.39亿元，其中合作项目投资265.53亿元，可利用域外资金额196.4亿元．其中，与港澳台签约项目有18项，签约总金额45.2亿元。先后组织了15个团组150多人次赴三峡库区调研考察，开展对口支援，规划对接了西洋参移植、梅花鹿养殖等20余个项目，对口支援地区巫溪县的西洋参移植现已达近千亩，梅花鹿养殖已超千头，此外，政府经济技术顾问管理与人才交流工作也取得了长足的进步。

“十五”期间，经协工作将再接再厉，力求实现，经济联合项目、科技成果转让项目，资金引进，信息与人才交流全面丰收。

①李介车副省长视察吉林展区
②李介车副省长视察吉林高新技术馆
③领导班子

中国建设银行吉林省分行

“九五”时期，中国建设银行吉林省分行在省分行党委的正确领导下，坚持以效益为中心，以改革求创新，以改革促发展，实现了《九五规划》提出的主要奋斗目标。

扭转财务亏损局面，完成了财政收支平衡的规划目标，截止2000年末，实现帐面利润1 279万元，减亏31 527万元，减亏幅度104.2%；存款余额达324.89亿元，超规划32.6%；贷款余额在267.75亿元，超过规划目标47.7%。贷款结构得到调整，90%以上的贷款投向了汽车、电信、交通、医药等重点行业和重点客户，资产质量明显提高；机构、网点的结构性调整初见成效，实现了区域化管理；逐步建立并完善以行长负责制和分支机构等级管理为特征的授权经营制度；实现了全行资金的集中管理和分支机构等级管理为特征的授权经济制度；实现了全行资金的集中管理和市场交易业务的统一经营；建立了较为完善的负债管理和风险管理体系；实行集中核算、集中管理的会计制度；确立了垂直管理为主和相对独立的内部审计体制；基本实现全行业务处理和经营管理手段的电子化和网络化；人事劳资制度初步与现代商业银行惯例接轨；总行统一要求的有建设银行特色的企业文化逐渐形成；初步建立了符合现代商业银行管理原则的内部机制，基本实现了业务发展方式向集约化转变。

历史发展进入2001年，根据党中央、国务院制定的各项金融方针政策以及对银行业提出的新要求，吉林省分行确定“十五”时期的基本目标是：增强资本实力，巩固和扩大信贷、个人银行、住房贷款、中介“四大支柱”业务，扩展营销渠道和能力，促使各项业务市场份额稳中有升，核心竞争能力和整体服务能力大大增强，不良资产比例降低，资产质量和综合经营效益有较大提高，初步形成科学的内部经营管理体制及经营机制，进一步强化全行业业务处理和经营管理手段的电子化和网络化，加强金融创新；强化内部管理和控制，提高风险管理水平与能力；继续培养高素质的经营管理队伍和职工队伍，形成具有建设银行特色的企业文化，构建具有国际经营管理水平的全功能银行，为吉林省的经济发展做出更大贡献。

①中国建设银行吉林省分行行长袁明
②中国建设银行吉林省分行办公楼
③一汽捷达轿车生产线
④吉化公司30万吨乙烯工程
⑤长平高速公路

吉林省财政厅

财政厅厅长：矫正中

2000年，在吉林省国民经济保持持续、快速增长的基础上，吉林财政也步入稳步发展阶段，财政收入持续增长，收支结构明显改善，财政实力进一步增强。2000年，全省一般预算全口径财政收入完成184亿地，可比增长7.1%。其中，上划中央“两税”收入80.2亿元，增长4.9%；地方级一般预算收入103.8亿元，可比增长8.8%。全省一般预算支出260.7亿元，可比增长6.6%。实现了全省财政收支平衡，当年结余1875万元。

一、认真贯彻落实国家积极财政政策和省委、省政府支持经济发展的各项措施，促进全省经济健康发展。2000年，我省共争取到财政部下达的国债资金25.3亿元，并将已拨付我省的19亿元全部拨付到位。同时，省财政加强对国债资金的审核和管理，最大限度地发挥国债资金拉动经济增长的作用。大力支持农业发展和结构调整，投入财政支农资金28.5亿元。拨付预算内基本建设资金13.4亿元，重点支持了大型商品粮基地建设、引松入长工程等46个重点项目。拨付科技三项费用2.6亿元，筹措安排工业企业结构调整和技术改造、高新技术产业风险投资等资金5.3亿元，支持各类科技发展项目635个，企业技改项目130个，促进了企业技术改造和新产品开发。

二、严格依法治税，强化收入征管，较好地完成了财政收入任务。2000年，各级财政部门加大了均衡缴库工作力度，按照省政府确定的2000年度财政收入均衡缴库目标任务，及时研究采取确保财税收入任务完成和提高收入质量政策措施，解决组织收入工作中遇到的重点、难点问题，加强对组织收入工作的检查、考核和监督。同时，各级财税部门明确工作责任，把收入目标任务按季、按月分解，层层落实，做到任务到底，责任到人，工作到位，确保了全年财税收入任务的完成。按照国家要求，进一步清理“先征后返”等税收优惠政策，坚决制止擅自减税、免税、缓税等行为，共清理纠正近50项地方越权自定的“先征后返”等政策。

三、进一步深化财政改革，努力构造公共财政基本框架。实行了省管市、市管县财政管理体制，进一步增强了市（州）、县（市）自我发展和自求平衡的能力。省直和部分市县试编了综合财政预算，统筹安排使用预算内外资金，优化了政府财力配置，有效地缓解了预算资金紧张的矛盾。在德惠、蛟河两市进行了农村税费改革试点，制定了试点方案和相关配套政策，并对乡村收支情况及转移支付等问题进行了认真测算分析，为在全省范围扩大试点奠定了基础。积极推行了政府采购制度。2000年，全省完成政府采购金额3.8亿元，比上年增长72.7%，按市场价格计算平均节支率为12.56%。

四、努力保证重点支出需要，有力地支持了各项事业发展和维护社会稳定。初步建立了保证机关事业单位职工工资按时发放的机制，制定下发了《吉林省市县级工资性资金管理办法》，各市、县普遍在国库设立了工资专户。制定了《吉林省过渡期转移支付办法》，对标准支出大于标准收入的财政困难市县实施了转移支付。2000年，全省各级财政部门共筹措国有亏损企业下岗职工基本生活保障资金7.6亿元，使全省进入再就业服务中心的34万名下岗职工基本足额领到了生活费；争取国家养老金补助和借款13.3亿元，省财政安排养老金专项补助5 400万元，缓解了企业养老金发放困难；增加了城镇居民最低生活保障资金投入，使全省7万多名低保对象生活得到了保障。加大了粮食风险基金的筹措力度，2000年全省共拨付粮食风险基金28.6亿元。加强了财政扶贫和救灾工作，全省共投入财政扶贫资金2.4亿元，筹措拨付各项救灾资金1.9亿元。

五、财政法制建设和监督管理工作不断加强。加大了落实“收支两条线”管理，上缴财政专户资金44亿元，纳入财政预算管理的行政性收费收入6.6亿元；在2 354个执罚部门和单位全面实行了“罚缴分离”办法，上缴罚没收入6.4亿元。制定了《吉林省防范化解外债风险工作方案》，下发了《吉林省政府主权外债管理债务清偿办法》，全年偿还到期债务3亿元。对现行收费项目、收费标准进行了全面清理，取消不合理收费和基金29项，直接减轻企业和社会负担2.1亿元。制定了全省企业效绩评价试点工作方案，选择重点行业、企业开展了日常清产核资和企业效绩评价工作，在全省9个市、州选择30户重点企业开展了效绩评价。

吉林省监狱管理局

“九五”期间，我省监狱系统高举邓小平理论伟大旗帜，深入贯彻落实党的十五大精神，紧紧围绕全省改革、发展、稳定的大局，深化改革，开拓创新，艰苦奋斗，胜利地完成了监狱工作的各项任务，实现了监狱工作的新发展。五年来，全省各监狱认真贯彻执行《监狱法》，坚持“惩罚与改造相结合，以改造人为宗旨”的监狱工作方针，实行依法管理、科学管理、文明管理，狱内秩序持续稳定，执法水平不断提高。不断探索教育改造的新方法，拓宽社会帮教领域，同社会各界签订共同帮教的服刑人员达到总数的50%，基本上形成了狱内外结合的帮教网络。大批罪犯被改造成为自食其力的守法公民，有50 622人次依法获得减刑或假释。罪犯的生活和医疗条件得到改善，合法权利得到有效保障。在罪犯考核奖惩、减刑、假释、保外就医、离监探亲等方面加大了执法的透明度，广泛接受社会监督。坚持政治建警方向，不断加强了监狱人民警察队伍建设，干警队伍的整体素质和战斗力明显提高。

“十五”期间，全省监狱工作将以邓小平和江泽民同志“三个代表”的重要思想为指针，紧紧围绕为经济和社会发展服务这个根本任务，突出促进监狱事业跨越式发展这个主题，抓住监狱工作与社会主义市场经济接轨这条主线，确保监狱安全，维护社会稳定，实现监狱生产经营工作的战略性调整，为服刑人员提供良好的改造场所，加强队伍建设，塑造人民警察的新形象，努力实现监狱工作跨越式发展，为预防和减少犯罪，维护社会治安作出应有的贡献。

①吉林省司法厅副厅长、省监狱管理局局长祝国治同志

②坚持从严治警，监狱人民警察队伍战斗力不断增强

③通过实施狱务公开促进了监狱执法水平的提高

④管教干部深入监舍与服刑人员谈心

⑤充分发挥生产劳动手段，将罪犯改造成为自食其力的守法公民和社会主义建设的有用之材

长春市轨道交通有限责任公司

长春轻轨环线一期工程是经国务院批准立项的我国内地第一条轻轨线路，已于2000年5月开发建设。

长春市轻轨环线一期工程线路自长春车站起，沿京哈铁路南行至长春南站后，向东经电台街到靖宇广场、前进广场，经卫星路到达本线终点人民大街站。线路全长约14.595公里，其中高架线长1公里，地面线长13.5公里。设17座车站，其中地面车站16座，高架站1座，平均站间距0.851公里，设车场1座，牵引变电所6座，初期配备电动客车22列。

长春市轻轨一期工程预计2001年末试通车，2002年夏季开始营运，建设工期为2年。初期（2004年）列车2辆编组，最小行车间隔4分钟，单向运送能力为9 800人/小时；轻轨环线设计的旅行速度为25公里/小时，为半封闭的营运线路。轻轨环线一期工程总投资为10.7亿元。

在全国十几个报建快速轨道交通项目的城市中，长春市有着特定的优势：长春轻轨车辆有长春客车厂做依托，国产化率高；厂、架修建由长春客车厂进行，避免重复建设；工程的线路走廊已形成预留，因而拆迁少、造价低；建设工期短；轻轨环线一期工程将为沿线带来繁荣与发展：该工程位于市区的中西部，线路将3个行政区、7个大型商场、3个娱乐场所、3大开业区和9个居住区有机地联系在一起。因此，一是可使该域内近80万居民的出行得到很好的解决；二是可缓解市中心区的交通压力；三是可促进城市快速轨道交通路网的实现；四是可促进城市的建设和沿线土地的开发。

地　　址：长春市工农大路13号
电　　话：0431-5969353
法人代表：王显民

①李述市长与市轻轨工程负责人一起在德国考察轻轨车辆
②省市领导为长春轻轨工程奠基
③轻轨湖西花园开发小区回迁
④建设中的轻轨湖西桥及轻轨线路
⑤轻轨环线控制中心及轻轨朝阳桥站
⑥长春市快速轨道交通环线工程线路位置示意图
⑦初步选定的具有九十年代末期世界先进水平的轻轨车辆

⑤

③

HEINZ
1869
TOMATO
KETCHUP

⑦

长春市快速轨道交通环线工程
线路位置示意图
长春站
太阳城
芙蓉桥
西安桥
南昌路
朝阳桥
解放桥
湖西桥
宽平桥
抚松路
南湖大路
车场站
电台街
前进大街
南湖站
卫光路
人民大街
图例

⑥

④

吉林省电力有限公司

长双6.6kv送电线路停电作业

省公司拥有资产总额226.2亿元，固定资产原值123.3亿元、净值71.4亿元，负债总额142.4亿元，所有者权益83.1亿元。

省公司全资、参控股电厂发电装机609.5万千瓦，占全省装机总容量的72.3%。全省6 000千瓦及以上发电机组装机总容量843万千瓦，其中水电厂19座，装机342万千瓦，火电厂38座，装机501万千瓦。

全省有500千伏线路5条，总长552.287公里。220千伏线路103条，总长5 783.559公里。有500千伏变电所2座，容量256.8万千伏安。220千伏变电所44座，容量732.3万伏安。

2000年，全公司完成发电量205.3亿千瓦时；完成售电量224.7亿千瓦时；完成供热量1 400万千伏；完成售电平均单价264.19元／千瓦时；完成供电煤耗368克／千瓦时；完成中压用户供电可靠率（RSI）99.818%；完成全员劳动生产率113 998元／人年。

电力工业是国民经济重要的基础产业，是现代化社会发展进步的主要标志和重要推动力。吉林省电力有限公司将十分珍惜吉林省电力工业在改革与发展中出现的良好机遇，将进一步解放思想，振奋精神，把握大局，乘势前进，努力满足全省国民经济和社会发展的电力需求，同时，也希望与社会各界朋友不断加深友谊与合作，共创美好未来。

地址：长春市人民大街139号
电话：0431-5793201
邮编：130021

长春热电二厂

吉林省电力有限公司是一个以电力生产、建设和经营管理为主、多种产业协调发展的特大型企业，是由国家电力公司单独投资设立的有限责任公司，注册资本金62亿元人民币，负责经营管理国家电力公司投入本公司的资本和公司所属的全资子公司、控股公司、参股公司中相应的国有法人资本，以及所属企业和单位的国有资产，承担保值增值责任，依法对省内电网实施调度管理。公司总部位于吉林省长春市。

截止到2000年末，公司所属单位39个，其中发电企业10个，供电企业8个，施工企业2个，修造企业2个，关联公司8个，中介组织4个，其它直属单位5个。省公司系统共有职工42 884人。长期职工中，大专及以上学历占29.7%，中专和技校学历占30.7%，高中及以下学历占39.6%。

电力公司大楼

蓬勃发展的吉林电信事业

总经理：荣万程

从1996年到2000年的“九五”期间，吉林电信在“八五”期间迅猛发展的基础上，始终坚持“发展、改革、服务”这一宗旨，解放思想、更新观念、转变机制，真抓实干，全省电信业务继续保持快速发展势头。尤其是在“九五”后两年，吉林电信在进行了前所未有的重大改革后，即：1999年，按照信息产业部的部署，本着积极稳妥、公平合理、不误发展的原则，顺利完成了移动剥离、电信重组工作。2000年，中国电信集团吉林省电信公司努力实现技术创新、机制创新、管理创新这一目标，在通信能力建设、电信业务发展、对外服务工作上都取得了令人瞩目的成就，迈上了一个新台阶。

1999年至2000年，全省电信累计完成固定资产投资37亿元，总资产达到122亿元。新增长途电路2.83万条，长途电路总数达到8.4万条；新增局用交换机115万门，局用交换机总容量达到473万门。1999年，省内分市、县传输采用了波分复用技术，进一步优化了传输网。全省传输光缆基本覆盖到乡镇和重点村屯。目前，全省光缆总长度已达到5 010公里。2000年是“九五”计划的最后一年，全省电信部门加大了新业务的开发力度，根据数据业务发展的需要，进行了163、169合网及IP电话网的建设，并开通了智能网。通化、白山、四平、延边、辽源五个电信分公司还在当地开办了无线市话业务，提高了电信市场占有率。到1998年底，全省干线光缆和本地网间传输得到扩容改造，网络遇障自愈能力得到了增强。移动和数据通信网也多次得到优化扩容。全省本地网集中监控系统进一步完善，监控范围不断扩大，基本实现了环境统一监控和机房无人或少人值守。全省地市局全部建成电源集中监控系统，本地网112集中受理系统投入使用。

1999年至2000年，全省净增城乡电话用户117.14万户，电话用户总数达到359万户，其中，2000年净增电话用户61.2万户，是建国以来电话用户发展最快最多的一年。目前，全省市话用户总数达到260万户，农话用户总数达到99万户；IC卡公用电话总数达到10 271部；无线市话用户总数达到3.3万户；数据多媒体用户总数达到31万户，其中2000年新增数据多媒体用户28万户，是1999年发展总数的15倍。到2000年底，全省电话普及率达到14.8部／百人，主线普及率达到13.5部／百人，城市电话普及率达到14.8部／百人，主线普及率达到13.5部／百人，城市电话普及率达到30.8部／百人，普及率水平分别比1999年提高2.2部、2.3部和4.0部，居全国前10名。全省电信企业全员劳动生产率达到24万元／人年。

“九五”期间，全省电信继续以“推进规范服务，创建文明行业”为目标积极开展工作，电信整体服务水平和服务质量不断提高。2000年，全省50个电信企业中有42个继续保持省委、省政府授予的省级精神文明称号。

2001年是21世纪的开元年，又是“十五”计划的起始年。吉林电信将继续高奏改革、发展、服务主旋律，在改革创新中求发展，在强化管理中求效益。吉林电信决心通过全体员工的共同努力，以一流的网络、一流的服务，塑造一流的企业，为社会用户提供全方位、多层次的电信服务，为吉林经济的发展做出应有的贡献。

地址：长春市解放大路
电话：0431-8961105
法人代表：荣万程

金港电子集团

吉林省电子集团（金港电子集团）自97年成立以来，为振兴民族电子信息产业做出了贡献。跨入21世纪，公司将继续以严谨求实的工作作风，通过创新的建设精神，以高科技为先导，制定全方位的发展战略，努力壮大企业实力，在“十五”期间建成中国一流的液晶科研生产基地。

一、发展战略，根据省委、省政府的战略决策，吉林省电子集团公司（金港电子集团）制定了集团发展战略：以市场需求为导向，以技术创新为动力，在引进、消化、吸收的基础上，形成中国液晶产业的核心技术、核心产品和核心竞争力。在产品规划上：以液晶产品为主导，大力开发上游原材料及下游整机产品，形成规模化的液晶产业链。在集团建设上：以产品经营为基础，以资本运营为载体，以集团化的科学管理为手段，建设多元化、现代化、国际化的大型企业集团。不断开拓，求新创异，建设好以液晶产业为主导的北方液晶生产基地——长春电子城，以振兴民族电子信息产业为己任。

二、规划目标，建立以电子信息产业为主导，以资本运营和产品经营为基础的多元化、国际化的大型集团公司。“十五”期间，集团将从技术引进向模仿创新过渡，积累技术，形成一定数量的专利成果。通过产品经营，构造“金港品牌”。在项目建设的同时，完成集团的企业构架建设，形成以六大核心企业为支柱的企业团队，实现跨国经营。“十五”末期，集团总资产达到500亿元，销售收入500亿元，利税95亿元，进入国内IT八强之列。

①

③

⑤

①金港电子集团董事长邢彦文
②金港电子集团大楼
③彩晶公司车间
④紫晶公司厂房
⑤空调公司车间

②

④

中国农业发展银行吉林省分行

中国农业发展银行吉林省分行是国有农业政策性银行，成立于1994年12月29日，下设1个省行营业部、8个市（州）分行、42个县（市、区）支行、8个市分行营业部（室）。目前专为国有粮食购销企业提供粮食收购、储备、调销业务提供信贷结算服务。

“九五”期间，农发行为吉林省增加农业开发扶贫贷款985.3亿元，支持收购粮食534.6亿公斤，彻底结束了长期困扰吉林省收购给农民打“白条”的问题。1998年4月，农发行业务经营范围调整后，把实现收购资金封闭运行作为立行之本，集中精力抓收购资金供应与管理。到2000年底，粮食收购、储备、调销、简易建仓贷款余额达695.5亿元，贷款规模排居全省各家银行第二位。新收粮棉油价值与新发放贷款比率、销售货款回笼率、回笼货款归行率、回笼销售货款收贷率等四项指标均达到100%，保持了当期收购资金封闭运行。2000年支持国有粮食购销企业扩大销售粮食122.24亿公斤，创历史最高，有效地促进了吉林省经济的发展。

6年来，全省农发行发放简易建仓贷款13.2亿元，增加烘晒和仓储能力150亿公斤，为安全保粮和加强粮食收储企业基础设施建设做出了重要贡献。

“九五”期间，两个文明建设取得明显成效。到2000年底，全省有14个发支行被评为省级“精神文明建设先进单位”，有37个分支行被评为市（州）级“精神文明建设先进单位”；有5个支行被评为县级“精神文明建设先进单位”，东丰县支行被评为全国金融系统“精神文明建设先进单位”；长岭县支行被评为“全国金融系统先进基层党组织”；省行营业部营业室被总行评为“优质文明服务窗口示范单位”。“文明单位”占机构总数的93.3%。先进个人典型不断涌现，舒兰市支行行长李任浩被评为全国金融系统劳动模范；长岭县支行行长于波被评为吉林省劳动模范。

地址：长春市解放大路121号

电话：0431-8962165　邮编：130021

①副省长杨庆才（右二）、省分行行长程俊山（右一）、副行长孙庆芳（左二），陪同总行行长何林祥（左三）在基层粮库调研

②省分行、省行营业部和吉粮集团联合召开银企座谈会

③召开全省农发行信贷工作会议

④召开2000年年中全省农发行行长会议

⑤吉林省分行营业办公大楼

吉林亚泰房地产开发有限公司

吉林亚泰房地产开发有限公司成立于1986年。凭信誉和实力迈入了“长春市房地产明星企业”行列，成为吉林省最大的房地产开发企业，成为吉林省支柱型企业之一。

公司自成立以来，以“让长春市民住上最好的房子”为经营理念，励精图治、全心全意为改善长春市民居住条件而努力。曾先后成功开发了长春市义和路、惠民路小区、二、三小区、吉盛花园小区、亚泰花园小区。其中吉盛花园小区工程受到了省、市、区各级领导的高度重视，被列为长春市旧城区改造的重点项目。

1992年到1998年的6年时间里，公司实现了产业规模的扩张和股份制的改造。1998年企业拥有固定资产增加到2 334.9万元，是1992年74.7万元的31倍。旧城区改造和居民小区的大面积滚动式开发，形成了房地产开发、建设和销售的良性循环。1995年至今，始终保持开发、销售两旺。

截止2000年末，公司累计竣工交付使用各类房屋面积达166万平方米，其中竣工住宅面积166万平方米，工程合格率100%，优良品率在40%以上；开发土地面积121.6公顷。二、三小区和吉盛花园小区在96年市消费者协会组织的评比中荣获优质服务小区称号，并被市房地局评为十佳小区。公司在1994年全省房地产企业投资、施工规模评比中名列第一，获1994年吉林企业明星、1996年长春市房地产开发行业优秀企业、1998年吉林省重合同、守信用单位、1998年长春市广告信誉单位、2000年吉林省重合同、守信用单位等荣益称号，并于2000年5月顺利通过ISO9002国际质量认证体系。

经过十余年的发展，吉林亚泰房地产开发有限公司的经营范围已拓展到房地产、建筑、建材、装潢、物业、市政环境等6个行业的多元化经营、紧密型管理的大型房地产企业。房地产公司于2000年注册资本一亿元，2000年完成利润8 000万元，以优良业绩成为亚泰集团公司的龙头企业之一。

②

地　　址：长春市吉林大路28号
电　　话：0431-4951407
法人代表：轩景山

①、②、③、均为亚泰花园景观

①

长春市医药生物技术中心

长春医药生物技术中心(CCMB)是一家集新药研发和产业化于一体的民营现代医药生物技术企业,坐落于国家级开发区—长春经济技术开发区。由原白求恩医科大学副校长、留日博士朱迅领头创办，已有20多名留学海外的学者加盟，组成了技术一流、管理一流的团队。

中心战略合作伙伴是长春经济技术开发区医药龙头企业—吉林省东生药业公司。该公司2000年通过国家GMP认证。实验大楼、SPF实验动物楼、14 000平方米的GMP生产车间等设施齐全，是理想的新药研发和产业化基地。

中心战略目标是以生命科学新成果和医药生物新技术为依托,连接国内外一流的医药企业,吸引国内外一流人才,引进和开发一流的技术和项目,开创中国医药研发新思路，在中国建立国际一流的医药生物技术研发基地。

中心宗旨是从国内外已有的科技成果及人力资本中发现、挖掘、筛选能和市场结合并有发展潜力的医药生物技术项目，通过“技术加资本加管理”的有效运作，把它培养孵化成新的产品、新的工艺、新的企业、新的产业。中心致力于把科技人员个人所拥有的专业化技术转化为具有巨大经济价值的生产力,同时为社会资金提供最佳投资机遇。

中心近期研发的项目包括：抗糖尿病药、抗中风新药、抗风湿新药、治疗性乙肝疫苗、疫苗佐剂、喷雾流感疫苗、医用胶原纤维产品、快速免疫诊断试剂等。

中心竭诚希望与国内外的专家学者、技术人员、企业家和金融投资机构以各种方式进行合作，共同迎接21世纪生物经济时代的到来!

①法人代表：朱迅

②中心领导班研究工作

长　春　市　第

长春市第六十八中学创建于1965年，现有教学班29个，教职员工127名，学生1 688名。专任教师93人，中高级教师63人，研究生学历7人，大学本科学历75人，正在攻读信息技术教育研究生学历者50多人。

多年来，在市教委、区委和区政府的亲切关怀下，在区教育局的直接领导下，在校领导班子的率先垂范下，在全校师生的通力合作下，取得了令人瞩目的成绩。

学校被市教委首批命名为长春市一类一级学校、体制改革试点校、教育实验基地校、标准化多媒体网络校、教育科学研究项目校、校园文化建设先进校、花园式示范学校、教育科学研究先进校、天文科普先进单位；获得国家、省、市、区级荣誉称号52项；以发展速度快，办学质量高得信于春城各界。

学校拥有先进的教学设备，创设了高雅温馨的学习环境。校内设有多媒体网络教室，微机室，多功能电教室，标准化的理、化、生实验室，电子阅览室、电子图书室。正在兴建信息资源库、闭路电视系统、演播厅和校内电视台，并建设校园网，以实现现代化的教学和管理。

建校36年来，为国家培养了大批的优秀人才。自1993年以来，毕业生合格率达100%，在国家、省、市、区各科竞赛中，获奖人数达482人次，中考成绩名列前茅。1996—2000年，共有126人考入师大附中、省实验、市实验、十一高四大重点校（不含自费生、指标生）。每年平均中考及格率达90%以上，优秀率达63%以上。其中2000年中考有35名同学考入四大重点校（不含自费生、指标生），考入学生人数列全区第一。尤其是朝阳实验小学毕业的杜建宇同学，中考成绩及各学科竞赛成绩优异，被北京清华附中录取。

现在，六十八中全体人员正以昂扬的精神，前所未有的英姿，为把学校创办成市内外、省内外乃至全国内外有办学影响的素质教育的示范校、特色鲜明的窗口名牌校而努力奋斗。

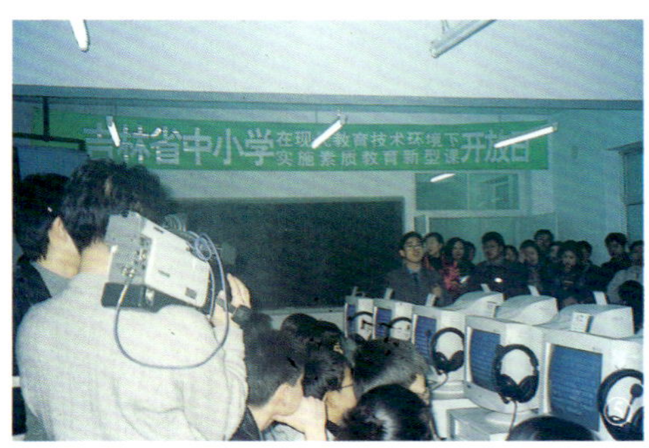

①领导班子
②校园建设、提高学生素质
③标准化的理、化、生实验室
④国家级课题
⑤举行“校园拒绝邪教”主题班会

六 十 八 中 学

长春市第六十八中学校长封毅杰，大学本科学历，中学高级教师职称。从1984年担任中学校长，至今已十七个春秋。他的办学理念是：教育教学要坚持面向全体学生，要以人为本，以师生的个性发展为本，要培养各个层次的拔尖人才和合格学生。教育必须坚持“三个面向”方针，即面向现代化，面向世界，面向未来。他认为校长一定要更新观念，要有现代教育观，要有办大教育，办终身教育的观念。教育要适度超前，跨越式发展。

2001年2月20日他到六十八中任校长，经过与领导班子认真讨论，他提出本年度的整体设想：

一、改善学校的办学条件。六十八中学现有师生1 700多人，现有校舍5 000多平方米，极大地限制了学校的发展。他准备投资100万元在校园内建一个700多平方米实验楼，为学校的发展开辟一定的空间；二、建设标准化的校园网。朝阳区教育局把六十八中定为三所建设标准化的校园网的学校之一，他今年计划投资200万元，建设标准化的千兆校园网，内含两个多媒体网络教室，电视系统，演播大厅，电子阅览室，电子备课系统；三、建设一支高素质的教师队伍。他计划与东北师大教科院合办研究生班，三年之内培养50名研究生学历的教师，力争在2003年使全校教师本科学历达90%以上，研究生学历达40%以上。他还请东北师大教科院的教授对学校教师进行为期三年的教育理论培训，要培养一批名牌教师；四、努力提高教育教学质量。他认为教育质量是学校的生命线、生存线，是社会声誉之所在。他要求全体教师要转变教育观念，深入进行课堂教学改革。初中一、二年级要打好基础，初三中考今年要取得好成绩；五、坚持“科研兴校”。科研兴校是六十八中的办学特色。他近期要与省、市、区教科所研究，确定学校的主课题，同时继续进行小组目标整体推进，作文教学的生活化和系统化研究，中小学信息教育实证研究等课题的教学实验；六、改革和加强教育工作，他要求教职工要树立教书育人、服务育人、管理育人的思想，积极改革德育工作。德育工作要避免注入式，避免形式主义，避免生硬的管、卡、压，要开展民主管理，培养学生的民主意识，为德育工作注入新的生机与活力。

总之，他在工作上勇于开拓进取，敢为人先，不怕困难。坚持解放思想，实事求是的工作作风。在管理中，坚持以人为本，坚持公开、公平、公正的原则。他平易近人，对人热情和蔼，他说“我要做平民校长，不摆官架子，但要有贵族风范，要把学校办成市名牌窗口学校”。

⑥校领导经常请专家、学者来校同教师座谈

⑦“小组目标整体推进”的班级管理模式被市、区推广

⑧一年一届“团育杯”篮球赛

⑨校长封毅杰

吉林省旅游局

①

改革开放23年来，吉林省旅游业在省委、省政府的领导下，取得了长足发展。“九五”期间，我省入境旅游取得了快速增长，全省累计接待海内外旅游者7 119.14万人次，旅游业总收入累计达到159.60亿元人民币。其中，累计接待入境旅游者90.24万人次，比“八五”期间增长85%；全省累计接待国内旅游者7 028.9万人次，比“八五”期间增长101%；国内旅游收入累计达到138.6亿元人民币，比“八五”期间增长了16倍；“九五”期间，我省边境旅游也取得了较大突破，仅2000年组织边境旅游人数就达59928人次，边境旅游总收入达6 139万元人民币，同比增长158%和720%，取得了可喜成果。特别是2000年，我省旅游业发展更加迅猛。全年共接待海内外旅游者1 832万人次，旅游业总收入达到56.8亿人民币，同比分别增长24%和47%；2001年春节和“五一”旅游黄金周，我省也取得了可喜成果。春节旅游黄金周期间，我省共接待海内外旅游者102万人次，实现旅游收入2.8亿元，同比分别增长1倍和3.5倍；“五一”旅游黄金周更是形势喜人，全省共接待海内外旅游者138.66万人次，旅游收入近3个亿，同比分别增长59.9%和86.7%。吉林省旅游业已经成为全省经济发展最快的产业之一，已经成为全省新的经济增长点。全省旅游接待能力不断提高，截止目前，全省共有国际、国内旅行社120家，拥有旅游涉外饭店300多家，其中星级饭店151家（五星级3家、四星级4家、三星级42家、二星级92家、一星级10家），客房20 000间，床位40 000余张。全省旅游从业人员发展到5万余人。旅游接待用车500余辆，旅游交通四通八达，已经形成航空、铁路、公路立体交通旅游的良好态势。

吉林省的旅游资源丰富多彩。自然资源，首推闻名遐迩的长白山国家级自然保护区。保护区是目前中国最大的自然保护区，也是著名的避暑旅游胜地和天然动植物园，生态系统完整，植物种源繁多，具有从温带至寒带的典型景观特征。长白山的著名景观有：长白山天池、长白十六峰、长白山瀑布、岳桦瀑布、梯云瀑布、锦江瀑布、星罗棋布的长白山温泉群、矿泉群，此外长白山还有险要神秘的大峡谷，有一望无际的原始森林、高山花园、梯子河、幽谷森林等众多自然景观 还有长春净月潭国家级森林公园—目前亚洲最大的人工森林园。在此，游人可以乘索道缆车和全长1 616米的六管轨滑道在林海中穿梭，饱览森林风光 亦可在此游泳，进行日光浴和森林浴。夏可避暑，冬可滑雪，其乐无穷。雾凇，俗称树挂，是吉林市特有的景观，被誉为中国四大自然奇观之一。松花湖位于吉林松花湖自然保护区内，距吉林市区仅24公里。春夏秋冬景色各异；向海自然保护区是中国著名鸟类自然保护区之一，也是世界A级湿地之一。保护区内大小泡泽星罗棋布，水面逾百公顷的就有30多个。其中有名的如储水4.6亿立方米的哈尔挠水库，一网曾捕鱼5万公斤的鹅头泡 还有水鸟103种，白鹤和白鹳最具代表性。

吉林省的名胜古迹众多，以集安高句丽时期古迹最具代表性。洞沟古墓群最集中的地区。墓群多达万座，排列有序。其中最大的有建于5世纪初高句丽第十九代王永乐太王谈德的王陵太王陵、有号称“东方金字塔”的将军坟

①

③

和好太王碑、千秋墓等。多建于4～6世纪之间。

吉林省的人文旅游资源亦独具特色。著名的景观有长春电影城、长春汽车厂、伪满洲帝国末代皇帝皇宫。四平叶赫那拉古城是清太祖努尔哈赤夫人孝慈高皇后的出生地，也是清末慈禧太后的祖籍地，叶赫还是满族的重要发祥地之一。吉林省的旅游节庆活动更是异彩纷呈，独具魅力。主要有中国长春电影节、中国长春净月潭冰雪旅游节、中国吉林雾凇冰雪节、中国延边朝鲜族民俗节。

除了这些已具规模、闻名遐迩的几大旅游节庆活动外，近年各地举办了一些旅游专项节庆活动，如长白山雪节、长白山森林旅游节、长白山枫叶节、长春冰灯游园会、长春元宵节灯会、通化抚松人参节、四平土特产品交易会、白山市长白山土特产品交易会等。这些旅游节庆活动的举办，扩大了吉林省的知名度，带动并促进了旅游业及相关产业和全省经济的发展。

在旅游资源开发和旅游基础设施建设方面，吉林省加大了投资力度，在国家投资支持的同时，坚持"五个一起上"的方针，出色地完成了各个五年计划确定的重点开发建设项目。截止目前，全省旅游景区（点）已发展到300多处，大型游览区已达12个，自然保护区36个，风景名胜区10个，国家级和省级以上文物保护单位137个，国家和省级森林公园21处，省级旅游度假区5个。特别是滑（冰）雪场（馆、基地）已发展到20多处，其中著名的有吉林北大湖滑雪场、长春净月潭滑雪场、长白山高原冰雪训练基地、吉林松花湖滑雪场。

在开展边境旅游方面，吉林省已开通中朝、中俄边境旅游口岸7个，即中朝口岸：珲春—罗津、清津，长白—惠山，集安—满浦，和龙—茂山，延吉—会宁，图们—南阳；中俄口岸：珲春—期拉夫扬卡—海参崴。目前，全省已开辟并推出了具有本省特色的国际国内旅游路线30多条。

"十五"计划已经开始实施，吉林省旅游业发展"十五"规划纲要已经形成。"十五"期间的全省旅游发展战略是，充分发挥本省旅游自然与人文资源优势，围绕生态省建设，初步建设成为全国的生态旅游强省；重点发展生态旅游、冰雪旅游、边境旅游、史迹旅游、民俗旅游和工业旅游。积极发展度假旅游、森林旅游、工业旅游、农业

观光旅游、探险旅游、电影文化旅游、科学考察旅游、休闲避暑旅游、观鸟旅游、夏令营旅游等专项旅游。突出优势、突出重点、突出品牌、突出特色。规划先行、分段实施、多元投入、统一管理，点、线、面相结合，构建东、中、西旅游空间格局，重点开发形成以长白山为主体的"一山、六品、八线"的空间布局结构。

"十五"期间全省旅游业发展目标是：到2005年，以年均增长32%的速度，实现5年翻两番，旅游业总收入达到220亿元人民币，相当于全省国内生产总值的8%，使旅游业成为我省国民经济的支柱产业。

到2020年，预计接待入镜旅游者174～191万人次，年平均增长6%～8%；国际旅游业创汇7～12亿美元，年均增长8%～10%；国内旅游者1.5～2.1亿人次，年平均增长8%～10%；旅游业总产出1 590亿元人民币。

①省旅游局局长于国志
②长春净月潭六管轨滑道
③长春山地滑雪旅游
④长春南湖晚照
⑤乾安千年泥林风光
⑥美丽神奇的长白山天池
⑦气势磅礴的长白山天池瀑布
⑧婷婷玉立的长白山美人松

长春经济技术开发区

CETDZ

CHANG CHUN HONDMIC TECHNOLOGICAL ZVELOPMENT ZONE

领导班子

长春经济技术开发区自1993年5月5日大规模开发建设以来，8年来共投入资金27.6亿多元人民币用于道路、给水、排水、供电、供暖、通讯等各种基础设施建设，同时还修建了写字楼、海关、学校、医院、宾馆、商场、酒店、别墅区等生产、生活服务设施，完全满足了广大客商的需要。国际知名的大跨国公司纷纷到开发区投资办企业，如泰国的正大集团、马来西亚的金狮集团、美国的百事可乐公司、德国的海拉公司，英国的皮尔金顿公司等。到2000年末全区累计批注设立内外资企业2 705户，总注册资本179.6亿元，外商投资企业348户，投资总额19.8亿美元，合同利用外资11.2亿美元。建区8年累计实现国内生产总值299.58亿元，财政收入实现36.99亿元。如今开发区已形成了汽车零部件制造、电子工业、光电子产业、粮食深加工、生物制药、新型建筑材料等六大主导产业，其中高新技术项目和高附加值产品项目占全区工业总产值的80%以上。一个功能齐全、结构合理、设施完备、环境优美、与国际接轨的现代化新区正在形成。

地址：中国长春市自由大路118号
电话：(0086)-0431-4644233-4644077
传真：(0086)-0431-4644215
邮编：130031
电子信箱：xwba@mail.cetdz.com
北京办事处 (010)-87691476
上海办事处 (021)-56669217
厦门办事处 (0592)-5124234
新闻办传真 (0431)-4630062
主编：马　森　金英子　杜颜臣
摄影：马　森　王　和　盛学森

办公大厦

中国光大银行长春分行

中国光大银行成立于1992年，是我国惟一一家国有控股、国际金融组织参股并在境外间接上市的全国性股份制商业银行。经过9年的快速健康发展，光大银行具有了鲜明的股权结构、规范化的经营管理机制、布局合理的机构网络、有力的现代化业务支持系统和广泛的同业合作，成为中国最佳赢利银行之一。

中国光大银行长春分行是中国光大银行直属分行之一，于1995年8月18日正式营业。现有5个支行，1个营业部，内设11个部（室）。现有员工194人，其中研究生学历8人，本科学历100人，大专学历75人；高级职称9人，中级职称54人；全行平均年龄32岁。

中国光大银行长春分行自开业以来，遵循江泽民总书记“发扬光大，开拓创新”题词精神，自觉地按照商业银行“三性”、“四自”的要求，坚持依法经营，合规操作，密切客户关系，努力拓展业务，积极支持地方经济发展，取得了良好的经济效益和社会效益，资产规模得到充实壮大。五年间，集中资金优势重点支持能源、交通、电力、汽车、化学等行业，与一汽集团、长春客车厂、吉化集团、吉林电力公司、吉林德大公司、吉林化纤等国有大型企业建立了良好的业务合作关系，互相支持，共同发展。同时投入资金支持地方公路、公用等基础设施建设，为地方经济快速发展做出贡献，并培植了“长春兰宝”、“长春热缩”等一批绩优上市公司成为基本客户群众。五年累计实现利税4.58亿元，人均创利水平居省内同行业之首。

中国光大银行长春分行在办好现代化商业银行和与国际接轨方面进行了有益探索，逐步形成了符合自身特点的经营理念、管理体制和个性鲜明的服务特色，培养一支适应现代化商业银行经营管理需要的人才队伍。同时，以合理的网点布局不断扩大业务服务领域和辐射面。包括分行营业部、太阳城支行、红旗街支行、人民广场支行、重庆路支行、汽车厂支行六家营业网点。

为迎接知识经济时代的到来，应对中国即将加入WTO的挑战，中国光大银行长春分行继承发扬传统优势，坚持科技兴行，努力建设以科技创新为依托的金融产品体系，全面提升经营管理水平和综合竞争能力。通过加大科技投入，针对客户需要，开发并推出了对公业务全国通兑、网上银行、个人外汇买卖、个人消费信贷、资金收付清算、国际结算、阳光卡系统、本外币通存通兑等业务系统，形成了业务处理大集中管理模式，为全国各地光大银行客户提供了可信赖的服务手段，并依托大集中处理模式开发了具有我行鲜明特色的全国“一柜通”、“阳光卡”、“汇市通”、“光大网银”等新产品和服务功能，以现代化手段占领竞争制高点。

励精图强，立诚志远。中国光大银行长春分行将全新经营理念，从服务环境、员工行为、业务操作等方面进行严格的规范化管理，内强素质，外塑形象，为客户提供优质、高效、快捷、安全的服务，提升自身社会形象，向成为现代化商业银行的典范目标而努力。

①

②

③

④

①中国光大银行走进e时代新世纪新产品展示会
②光大银行营业大厅一角
③中国光大银行走进e时代储蓄宣传月活动
④2001年支行行长责任目标签字仪式

延边林业（集团）汪清林业有限公司

延边林业（集团）汪清林业有限公司（原汪清林业局）始建于1947年，是吉林省最早开发的六个重点林区之一，现经营面积30万公顷，森林总蓄积3 800万立方米，森林覆盖率95.4%。公司现有基层单位46个，职工1.9万人，拥有固定资产2.9亿元，属国家大型企业。

五十多年来，公司累计为国家建设提供木材1 828万立方米，创工业产值26.5亿元，上缴利税3.5亿元，累计完成更新造林14.5万公顷，培育了“百万亩采育林”，获省科技进步一等奖，抚育改造了“百万亩中幼龄林”，实现了林木生产量大于采伐量的森林经营目标。

党的十一届三中全会以后，尤其是近几年来，加快了改革的步伐，确立了以“改革创新求发展，强化管理增效益，结构调整抓重点，资源开发创特色”的兴林方针，抓住机遇，乘势而上，相继在产业产品结构，产权制度，人事制度，生产方式等方面进行大刀阔斧的改革，经过改革调整，使资源得到了合理的优化和配置。通过对基层企业的改组、剥离、租赁、兼并、转产、股份合作制改造，使企业步入了持续、健康、稳步发展的轨道。公司先后被林业部评为“全国营林工作模范局”、“更新造林绿化先进单位”、“资源林政管理先进集体”、“全国造林工作先进单位”等荣誉称号。

①董事长兼总经理王悦山
②地板块
③木制卫生菜板
④年产6万立方米中密度纤维板生产线
⑤百万亩采育林纪念碑

吉 林 省 农 业 科 学 院

吉林省农业科学院坐落于中国东北松辽平原腹地的公主岭市。其前身可追溯到始建于1913年的日本南满铁道株式会社公主岭农事试验场。1948年在此基础上建立了东北行政委员会公主岭农事试验场，1959年改建为吉林省农业科学院，隶属于吉林省人民政府。

吉林省农科院是一所历史悠久、科技力量雄厚、专业学科齐全、成果丰硕的省级农业科研单位。全院现有职工1710人，科技人员占41.7%，其中高级职称人员占41%、中级职称占37%、初级职称占22%，现有博士生17人、硕士生54人，国家级突出贡献专家5人，享受政府特殊津贴82人，试验用地400多公顷，总建筑面积20万平方米，大型仪器设备70台（件），文献收藏总量达22万册（份），文献检索数据库3个，具有与国际接轨的Internet信息网络结点。

全院下设畜牧科学分院、玉米、大豆、水稻、作物、植物保护、土壤肥料、农业综合、果树、原子能利用、甜菜糖业、甜菜育种研究所、科技文献信息中心、农副产品加工研究中心、吉林省农业机械化学校等16个科研教学单位。国家玉米工程技术研究中心（吉林）、大豆工程技术研究分中心、国家转基因植物中试及产业化基地、国家赤眼蜂工厂化生产基地、农业部玉米、大豆、水稻品种改良分中心、农业部新品种测试保护中心、省农业生物技术重点开放实验室、省农业昆虫重点实验室、省科教兴农咨询服务中心等16个国家及省级农业科研机构设在这里。每年承担国家科技攻关项目、国家自然科学基金项目、农业部重点科研项目、省重点科研项目等共200多项。主要开展农业应用研究和应用基础研究、技术开发研究以及国内外农业科技交流与合作，解决农牧业生产存在的重大科技问题，成为吉林省农业科学研究中心。

建院以来，共取得科研成果800多项，累计创社会经济效益达300亿元以上，为吉林省乃至北方农业和农村经济发展做出了重大贡献。吉林省农科院在全国率先实施了“一院两体”的改革方略，提出了建设新型一流农科院的发展目标，抢抓机遇，乘势而上，为吉林省农业和农村经济发展再创辉煌。

地址：公主岭市西兴华街6号
电话：0434-6215179-8412-8221
传真：0434-6214884
邮编：136100

①党委书记冯巍

②副省长刘淑莹（中）在省科技厅厅长李广臣（右二）和省农科院院长马巍（右一）等陪同下，视察“九五”国家重中之重课题“玉米大面积高产综合配套技术研究开发与示范”高产示范田。

③吉林省农业生物技术重点开放实验室现代化温室

④吉林省农业科学院主楼

吉林电视台

吉林电视台创建于1959年10月1日，现有三套节目。吉林卫视新闻综合频道于1999年5月1日通过亚洲2号卫星，东经100.5度，6A转发器覆盖全国及亚太地区；吉视二套经济生活频道是全省覆盖率最广的无线频道 三套吉林有线电视台是全省入网户数最多的有线频道，吉林卫视收视率稳居全省之首，三套节目每天播出55小时，自制节目占1/3左右，节目频频在国内外评奖中获奖，生产的电视剧多部获全国电视剧“飞天奖”、“金鹰奖”和中宣部“五个一工程奖”，电视文艺节目多次获全国电视文艺“星光奖”。

1994年，吉林电视台实行一体化管理体制改革，完善了编播、技术、行政三大系统，组建了新闻、经济、社教、文艺、有线5个节目中心，建立了三台一体化管理体系，形成了台内节目生产系统采编播一条龙，行政系统的分级分类管理、技术系统的统分结合管理机制，并在近年来的实践中不断加以完善。

1998年制定了“世纪行动，三年规划”，坚持“有所为，有所不为”和“不求其大，但求其特”的原则，以上星为契机，整合建构吉林卫视，实现节目质量和频道形象升级跨越。

近年来，吉林电视台积极引进世界先进技术设备，加快数字化步伐，目前，全台数字化程度已达到60%。项目制作和播出质量显著提高。

近年来，吉林电视台加强和改善经营管理与开发，拓展创收渠道；采取面向市场，主动出击的营销策略；增强市场推广力度，增强客户认识程度，从而加大了广告市场占有份额，广告经济收入连续两年创历史新高。

近年来，吉林电视台对外交往和国际间的节目交流不断扩大。曾先后派代表和记者到有关国家和地区采访和交流，并与之建立良好联系。

新世纪伊始，吉林电视台正在进行新的频道整合，通过频道资源的整合，科学分工，合理定位，实现资源优化配置，形成以卫视新闻综合频道为龙头、以都市频道、文体频道、影视频道、乡村频道、公共频道等各具特色的专业频道相配套的系列化、专业化的新格局。不久，吉林电视台将以“一个台标、六套节目”的新面貌展现在社会公众面前。

①吉林电视台台长赵锋佩
②吉林电视台大楼夜景

吉林省鸿业商务集团

吉林省鸿业商务集团是一家新兴的民营股份制企业。几年来，集团本着多元化经营、实业化发展，以房地产、外贸、旅游业为主，以种植基地为辅，积极拓展多行业业务领域，不断完善经营网络，到目前为止已在北京、延边、齐齐哈尔、内蒙古扎旗等地区设立了多个分公司。在北京经营的北京金海湖旅游开发总公司，占地面积22万平方公顷，是集旅游、宾馆、娱乐、餐饮为一体的大型经济实体，每年接待数百万的各地游客，成为北京风景游览的又一重地；在齐齐哈尔市建成了该市规模最大、设施最先进的齐齐哈尔国贸城。

吉林省鸿业商务集团有限公司多年来以经营进出口贸易为主，具有外贸进出口经营权，出口商品以土畜产品、药材料为主，出口了松茸、绿豆、蕨菜、大豆、人参、红直须、鹿茸、苍术、白术等近50个品种。特别是该公司常年出口的拳头项目鲜松茸，已完全打入日本、韩国市场，并成为日本松茸市场在中国延边地区松茸的独家收购代理，每年仅此一项的出口创汇额就在350～400万美元。在大力发展出口的同时不断加大进口力度，多次为我省的几家大型施工企业代理进口大、中型吊车及电动机械设备，几年来出口创汇累计达到3 600万美元，进口额达到1 831万美元。

为顺应改革潮流，追赶时代进程，该集团在对市场做了充分调查后于1998年底成立了吉林省鸿业房地产开发有限公司，在长春市朝阳区万宝街37号承建了“鸿业花园”小区，小区建筑面积13万平方米，一期工程3万平方米，二期三栋高层约10万平方米。鸿业花园小区配套功能齐全、服务设施配套，率先实现智能化小区管理模式，一期工程已被评为长春市的“节能型、智能化科技示范小区”，同时被评为“长春市优质工程”。

吉林省鸿业商务集团有限公司自1997年成立以来，连年获得“先进民营企业”、“长春市五十强民营企业”、“市政府重点保护企业”、“长春市出口创汇先进企业”等殊荣，多次获得市委、市政府嘉奖。从长远看来，鸿业集团的事业方兴未艾，还蕴藏着巨大的潜力。集团有信心也有能力在全体员工的努力下，在兄弟企业的支持下，充分发扬“同心同德、勤奋拼搏、高效务实、发展鸿业”的敬业精神，把集团的规模和实力提高到一个新的水平，为实现跨越式发展取得更辉煌的成绩。

①总经理姜鸿岩
②姜鸿岩总经理与同志们一起规划“十五”发展蓝图

吉 林 省 教 育 厅

吉林省教育厅是主管全省教育事业和语言文字工作的省政府组成部门，中共吉林省高等学校工作委员会与省教育厅合署办公，一个机构两块牌子。在吉林省委、省政府的正确领导下，吉林省的教育事业不断发展，特别是党的十一届三中全会以来，各级地方党委、政府切实加强对教育工作的领导，加大投入，积极扶持，保证了教育的优先和超前发展。办学条件日臻完善，教学改革稳步推进，教育质量和办学效益不断提高，综合办学实力显著增强，教育事业发达程度居全国前列。1993年吉林省在全国率先实现了基本扫除青壮年文盲的历史性突破。1998年吉林省在全国较早实现“两基”目标。全省现有普通中学1 710所，初中在校生116.9万人，高中在校生26.3万人；有小学9 435所，在校生达280.1万人。小学、初中入学率分别达到99.8%和98.4%；初中毕业升学率达到52%；全省有中等专业学校及职业学校324所，全省人均受教育年限达到8.6年。职业教育、成人教育、继续教育稳步发展，农村实用技术培训网络已见雏形。民族教育特别是朝鲜族教育事业得到长足发展。普通高校办学实力增强。全省现有普通高校35所，在校大学生达17.35万人，全省有中国科学院和中国工程院士23人（其中高校12人）。有博士生导师301人；特聘教授4人；国务院学科评议组成员18人。2000年高校入学率突破15%，进入高等教育大众化阶段。高校录取率达到70%，平均每万人口中有大学生67人，居全国各省市前列。从科类结构上看，拥有哲学、经济学、法学、教育学、文学、历史学、理学、工学、农学、医学和管理学11个学科门类，已基本覆盖了国民经济和社会发展各个方面，形成了从幼儿教育到研究生教育的完整教育体系。

①吉林省教育厅厅长、中共吉林省高等学校工作委员会书记蒋力华
②吉林省教育厅领导班子

吉林省教育技术装备处

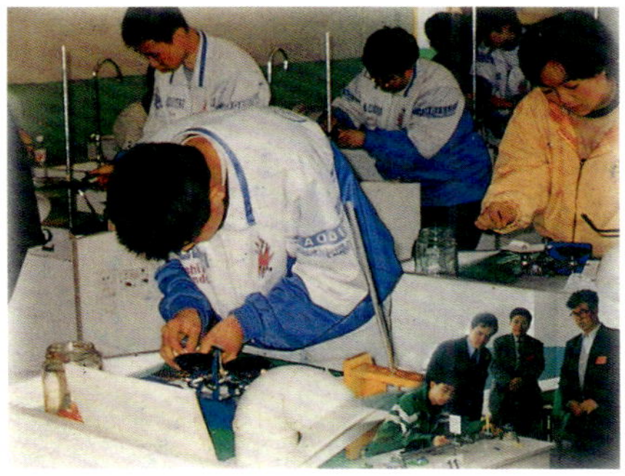

吉林省教育技术装备处是隶属于省级教育厅的事业单位，成立于1958年。担负着全省中小学实验室及其功能教室的建、配、管、用制的业务指导和管理职能。在省教育厅的直接领导下，从80年代开始，经过20年的不懈努力，建成了全省中、小学实验室、图书室、卫生室；城镇中小学新建了现代化功能教室，各级教育部门和学校积极筹措资金配备仪器设备，到2000年为止，全省教学仪器资产达9亿元，实现了普及实验教学，为“普九”奠定了物质技术基础，提高了教育手段的现代化水平，为教育事业的发展做出了巨大贡献。逐步实施实验操作考核办法，狠抓实验室及其功能室的管理和使用，推动实践教学的开展，为素质教育服务，向实验室要教学质量，实现教育投资效益。研制、开发，生产教学仪器新产品，由80年代初不到10种发展到近200多种。大力开展自制教具活动，弥补国拨仪器的不足，极大提高师生自制教具的技能，2000年荣获全国自制教具评选团体总分第三名。

21世纪是知识经济时代，对教育事业的发展提出了更高的要求。教育技术装备面临新的机遇和挑战，我们要坚持以素质教育和教育现代化为中心，发挥规划、规范、协调、指导、供配、管理、服务、监督的作用，搞好队伍建设，加速装备建设，加强管理使用，推动教育技术装备的改革与发展。

目标是：到2005年，按照教育部2000年配备目录一、二类方案，实现各学科配备要求，实验室管理规范，按教材完成演示和分组实验。以计算机为龙头的现代化装备初具规模。到2010年，一类学校初步建成八室、二馆、三系统，所有学校能收看教育电视节目，全省中小学实验仪器设备先进、充足，管理规范，信息高效。所有学校改变课堂教学方法，实验开出率达100%，使实验室及其功能真正成为学生实验、实习和科技活动的基地。

法人代表：杜吉胜（处长）

电话：2791347

地址：长春市松林胡同9号

吉林敦化丹峰林业有限公司

吉林敦化丹峰林业有限公司始建于1958年，是国家大型一类森工联合企业。

“九五”期间通过技术改造，以家俱、人造板、地板、集成材等系列产品为主的林产工业生产设备和工艺已达到世界先进水平，并通过ISO9002质量标准体系认证，产品远销欧、美、东南亚等17个国家和地区。

“九五”期末，公司已拥有总资产7.2亿元，其中固定资产4.6亿元，工业总产值已达到3.9亿元，产品销售收入达到3.6亿元，实现利税0.28亿元，出口贸易额达到1402万美元。

“十五”期间，面对我国即将加入WTO的形势，公司将继续进行深化改革，调整结构，不断开拓市场，力争使产值、产品销售收入、利税、出口贸易额都以年平均70%以上的速度发展。

董事长兼总经理、法人代表：周全恩（1995年荣获全国“五一”劳动奖章）

地址：吉林省敦化市丹江路16号
http//www.danfengforestry.com
电话：0433-6209142
传真：0433-6208020
邮编：133714

①法人代表周全恩
②丹峰牌复合地板畅销国内外
③全套引进德国设备，年产50万平方米复合地板生产线
④家俱生产设备
⑤丹峰林业文化广场

吉林省工程咨询服务公司

吉林省工程咨询服务中心成立于1987年，是全国综合类工程咨询单位，具有国家项目咨询综合甲级资质，工程监理和造价审查甲级资质及省级招标甲级资质。是国际咨询工程师联合会和中国工程咨询协会会员单位。

中心业务涵盖了建设项目前期工作的全过程，进行规划和信息咨询，承担项目评估和前期文件编制，扩初设计和预决算审查咨询，工程招标和监理工作。现有近百名工程技术人员和三千余人专业门类齐全的专家人才库，建立了计算机局域网和ISO9000质量体系，加入了因特网等四个网络，具有多学科综合咨询能力。坚持为政府决策和顾客服务的宗旨，贯彻中心质量方针和质量目标。十几年来，为政府和社会各界完成各类咨询项目15 000余项，代表性项目有：引松入长工程、长春新机场项目、吉林省高速公路项目、长岭子口岸项目、吉林市天燃气工程等，为加快发展吉林经济做出了显著的贡献。

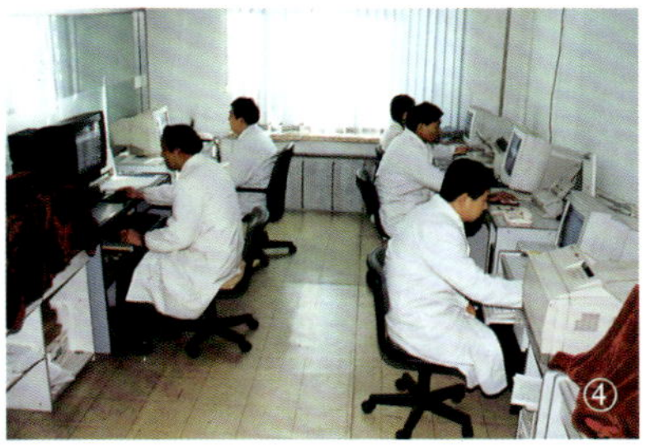

中心将以人为本，以质取胜，靠优质高效的咨询精品树牌子、创效益，用ISO9000质量体系作保证，全面提升工作质量；面身市场，拓宽业务新领域，与国际咨询业接轨，为全球经济做贡献。

地址:长春市安达街36号
电话／传真：0431-8521464
法人代表：商克
邮编:130061

①中心主任商克
②办公楼
③中心现任领导班子
④办公一角
⑤中心评估的长岭子口岸项目

长春卓展时代广场百货有限公司

①

②

长春卓展时代广场百货有限公司是中外合资企业，位于长春市最繁华、人口分布最密集的商业街重庆路上，是集百货零售、餐饮娱乐、商务办公及休闲享受于一体的现代化综合广场。总投资超过8亿元人民币，公司大厦主体是由美国著名的SOM公司设计的，从整体上体现超时代风范，主题为迈向二十一世纪。大厦由地下二层至地面十二层组成，建筑面积达13.3万平方米，沿重庆路跨度长达220米，配备自动扶梯32部，客用升降梯18部，大型货梯4部及200个车位的地下停车场，并拥有先进的中央空调系统和自动喷淋系统。

长春卓展时代广场百货有限公司实行董事会领导下的总经理负责制，以“创造生活，引导消费”为经营理念，突出品牌经营，建设宽敞独特的休闲广场式的购物环境、营造浓郁高雅的文化氛围，在销售商品的同时，传播文化、交流信息、引导消费者树立全新的消费观念，创造美好的新生活。在管理思想上：树立“以人为本、以德兴商、管理从严、服务尽善”的思想。依靠国内外一批有经验、有开拓意识、有创新精神的管理人才，实现在竞争中的优势，在管理目标上：实现管理程序科学化、管理手段电脑化、管理过程动态化、管理环节周密化。并在实际动作过程中，全部实现了电脑管理，细化管理环节，层层分解指标，责任到人，及时反馈信息，适时调整策略，以保证效益最大化。在管理办法上：实行统一管理、统一收银、统一形象、统一企业文化。在管理过程中：要求员工“文明高雅、遵纪守法”以体现“实事求是、精诚合作、拼搏奉献、自强进取”的卓展精神，以充分展示卓展人的风采。在人才使用培养上，聘请海内外优秀管理人才为公司高层管理人员，在员工录用、培训、晋升、考核等方面建立了一整套科学完备的管理办法。同时坚持长期招聘优秀的本科毕业生进行在职培养，形成了强大的人才后备力量。

目前已有28个业种600余家企业的1100个国际顶级品牌、亚洲一流品牌和国内知名品牌进入卓展，商品品种达10万余种，辅之以优雅的购物环境、融洽的客户关系、优质的温情服务、科学的经营管理、规范的工作流程、合作的团队精神，这一切都赋予了卓展广阔的发展空间，已使卓展成为吉林省最有影响力的现代化商业企业。

①董事长兼总经理焦建萍
②A座三层今朝时尚名馆一景
③B座五层游艺厅
④好莱坞之星
⑤名牌服饰专卖店

⑥世界精品服饰
⑦美食广场
⑧超级市场
⑨卓展时代广场

中国人寿保险公司吉林分公司

①

伴着共和国前进的脚步声，中国人寿这个具有51年历史的国有独资公司，也走过了分业五年的艰辛历程。

分业之初，全省寿险保费收入仅为1.56亿元，五年时间内，保费数字连年翻番。2000年全省保费收入完成14.58亿元。截止2001年6月底，累计实现保费收入54.8亿元，创下吉林省人寿保险史上最佳业绩，公司现有员工21 125人，营销员9 000多人，县区公司以上机构71个经营寿险、健康、意外保险险种116个。

五年来，公司狠抓管理增效益，建立了适应发展需要的业务集中管理体系，逐步实现了管理科学化、制度化、规范化，在分配制度上打破了大锅饭，实行年薪制。按照每个干部的职能业绩、工作效率分级分类：分等综合计分、拉开分配档次，从而为优秀人才施展才华，创造了一个良好的工作环境。2000年，省公司进一步激发了企业生机与活力，每个干部都产生了危机感和紧迫感，增强了责任感和使命感，形成了从积极向上，个个创优争先的良好氛围。

5年来，他们始终坚持“主动、迅速、准确、合理”的八字方针，积极为保户排忧解难，据不完全统计，仅赔付30万元金额以上的案件就达10案起，充分发挥了关爱百姓、稳定社会的保障功能。在公司分业之初，企业经济状况紧张的情况下，就拿出10万元资助我省特困学校，并为他们免费办理了学生意外伤害和附加住院医疗保险，在98年吉林省遭受特大洪涝灾害之际，他们为全省受灾地区的中小学生捐资助教紧急助学200万元，全体员工个人为灾区捐款达150万元。

在新世纪里，公司将以一流的人才队伍，一流的科学管理，一流的运作机制服务于人民，服务于社会，为吉林省的经济发展作出更大的贡献。

纵观时代风云。21世纪是信息经济时代，21世纪是世界经济一体化时代，21世纪是市场经济时代。总之，知识经济的到来。面对市场经济的挑战，信息技术的浪潮，经济一体化的冲击，法治社会的制约，特别是加入世界贸易组织后的新的竞争形势，中国人寿保险公司吉林省分公司解放思想，更新观念，埋头苦干，以二次创业精神扎扎实实做好工作。

从业务发展情况看，保费收入稳步增长，企业实力显著增强，自寿险分业经营以来，在短短的五年时间内，我公司保费收入由1996年的1.7亿元发展到2000年的14.4

②

③

亿元，中国人寿在吉林省市场占有份额达80.16%，居主导地位，自96年分业以来，我们实现固定资产投资累计4亿元，为全省2363.2万人次提供保险保障，保额达3847.4亿元，赔付金额达12.6亿元，30多亿元的责任准备金以银行存款等方式支持地方经济建设。同时我们营销员队伍迅速扩大，安置剩余劳动力达9000余人，有效缓解了政府再就业工程的压力。

从网点建设情况看，销售网络健全完善，基本满足服务需求，中国人寿吉林省分公司下设九个地区级分公司营业部、61个县区级支公司、营业部、12个内部直属营业部，初步形成了一个覆盖面广、辐射性强、功能完备、服务优质的销售网络，我们中国人寿的旗帜遍布吉林大地，服务送到千家万户，保障惠及深远，基本上能够满足人民群众日益增长的保险需求，这是该公司最为明显的优势。

④

⑤

⑥

⑦

百年磨一剑，艰辛铸辉煌。经过几年的努力，该公司已经积累了丰富的管理现代企业的基本经济理论，打下了坚实的思想基础，工作基础和组织基础。把一个一穷二白，一无所有的公司变成一个在吉林省寿险界独占鳌头的国有大公司，胜利实现民族寿险第一次跨越式发展，在新的世纪里，在经济环境日趋好转，社会各界广泛支持，全体员工的共同努力下，拓宽保业渠道，在医疗保险，补充养老保险，意外伤害保险等方面大有作为，阔步前进，就一定能实现第二次跨越式发展的战略目标，为保障人民生活、支持地方经济建设方面作出更大贡献。

①总经理：吕森

②省人寿公司积极开展“银保”合作，图为省人寿保险公司与吉林省工商银行签字仪式

③省人寿保险公司积极支持公益事业，图为捐赠200万元紧急助学仪式

④寿险公司成立大会上，吉林省委书记王云坤亲切看望了省公司机关全体干部，并对新班子提出了殷切希望

⑤省人寿保险公司积极参与倡导“敬老助老”活动，图为省公司领导与“长寿双星”、“世纪老人”合影

⑥省人寿保险公司十分重视企业文化建设，图为机关干部尽情放歌，纪念建党80周年

⑦中国人寿保险公司吉林省分公司办公大楼

吉林省地质矿产勘查开发局

吉林省地质矿产勘查开发局为省政府直属事业单位。该局现有下属单位34个，职工总数为12 804人，其中在职职工8747人，离退休人员4 057人。

“九五”期间，全局总收入达到137 411万元，比“八五”期间增长38%；生产增加值53 399万元，比“八五”期间增长58%；“九五”期末，全局资产总量达55 081万元，比“八五”期末增长24%，人均资产总量68 271元，比“八五”期末增长58%，全局净资产达26 444万元，比“八五”期末增长43%；人均净资产32 776元，比“八五”期末增长81%。

地质找矿和矿业开发取得了重要成果，5年共实施矿产勘查项目200个，提交新发现矿产地24处，有11个矿种提交新增矿产储量，提交正式地质报告43份，提交大型铜钴矿1处，并获地矿部找矿二等奖。积极争取国土资源大调查项目，参与西部大开发，分别在西藏和新疆最艰苦的地区各争取了一个项目，较好地完成了任务，取得了可喜的地质成果。加大了风险勘查力度，走出国门，在非洲马达加斯加、拉鲁梅那等国家和地区开展了地质勘查工作，取得了较好的地质成果。

矿业开发取得新进展。加快了全局勘查开发一体化的进程，逐步建立了适应市场经营机制的探、采、工、贸规模型企业。“九五”期间，矿业开发总收入达2 086万元，平均每年增长24%。

工勘业成效显著。由19家地勘单位参加入股组建了以局为单元具有二级总承包资质的吉林省地矿建设总承包有限责任公司，并以其为龙头，加快了全局工勘业的改革步伐，通过改组改造，形成了以建筑工程施工为主，以机械制造与加工业及商业零售业为辅的多元产业经济的企业集团，经济效益明显提高。“九五”期间，工勘业总收入达60 270万元，比“八五”期间增长了78%。

思想政治工作和精神文明建设取得新成就。5年里，共有两个单位被评为思想政治工作优秀企业，一个单位被评为省企业形象建设先进单位，通化地勘院连续两年被评为省级精神文明单位，测绘院被评为省直文明单位，五所、四平勘院被评为部级文明单位。

带着机遇与挑战，吉林省地勘局新的“十五”计划已经开始实施。全局“十五”计划的指导思想是：以邓小平理论为指导，贯彻江泽民 “三个代表”重要思想和党的十五届五中全会精神，按照省委七届五次全会要求，以推进和实现跨越式发展为主题，以经济结构战略性调整为主线，以改革开放和科技进步为动力，以提高职工生活水平为根本出发点，深入实施科技兴局，开放带动，区域突破，可持续发展四大战略。加快体制、结构、科技、环境、文化五大创新步伐。坚持以局为单元、以产业为基础，以优势产业为主导带动其他产业的发展思路。利用两种资源，开拓两个市场，不断培育新的经济增长点，把现有的优势产业做大做强，增强市场竞争力，逐步实现集约化经营。强化经营管理，保持队伍稳定，控制队伍规模，积极为地勘单位营造一个良好的改革、发展环境，真正实现可持续发展。在“九五”期间，使全局综合经济实力越上一个新台阶，2010年，实现主要经济指标比“九五”期末翻一番。

①副局长孟东育
②领导班子成员

中国华融资产管理公司 长春办事处

CHINA HUARONG ASSET MANAGEMENT CORPORATION CHANGCHUN OFFICE

中 国 · 长 春 市 同 志 街 29 号

①总经理许玉斌
②办事处班子成员
③办事处办公楼

中国华融资产管理公司作为国家组建的最大金融资产管理公司，肩负着盘活国有商业银行不良资产和推动国有企业脱困的光荣而又艰巨的重要使命。公司主要任务是收购、管理、处置中国工商银行剥离的不良资产。主要经营目标是利用国家给予的特殊法律地位和专业优势，最大限度保全资产，减少损失。

长春办事处是中国华融资产管理公司在吉林省的派驻机构。收购、管理、处置从工商银行吉林省分行剥离的149亿元不良贷款，涉及企业2 197户，分布在全省9个市地，其中债转股贷款52亿元，涉及一汽、通钢等重点大中型企业12户，根据公司授权，办事处依照有关法律法规和有关部门确定的经营范围和方式，对承接的不良贷款实施重组。综合运用出售、置换、资产重组、债转股、证券化等方法对贷款及其抵押物进行处置；对债务人提供管理咨询、收购兼并、分立重组、包装上市等方面的服务；对确属资不抵债，需要关闭破产的企业申请破产清算。按照国家有关规定，通过向境内外、省内外投资者出售债权、股权，最大限度回收资产，减少损失。

长春办事处现有员工45人，都是从工商银行选调的业务骨干，综合素质较高。办事处树立以人为本的经营理念，尊重在工作态度上敬业的人，在工作理念上有创新的人，在工作成效上有实绩的人。在社会各界的关怀和支持下，长春办事处的各项业务必将蒸蒸日上，为吉林省经济发展做出应有的贡献。

吉林省人民政府开发办

"九五"时期是我省开发区和图们江地区开发建设十分重要的时期。在省委、省政府的正确领导下，在各部门和全社会的大力支持下，全省开发区和图们江地区的开放开发都取得了长足发展，已经成为我省实施开放带动的"龙头"，深化改革的示范区和带动经济增长的重要载体。为"十五"期间发挥后发优势，实现跨越式发展创造了条件，夯实了基础。

"九五"期间，全省开发区GDP累计达1 029亿元，年均增长31.1%；工业产值累计2 166亿元，年均增长51.8%，显示出持续、强劲、高速的增长态势，为全省经济增长速度不低于全国水平做出了贡献。累计完成基础设施建设投资67亿元，年均增长35%，为今后的发展奠定了良好基础。在利用外资、扩大出口方面，数量和质量上都有所提高，"九五"期间全省开发区累计审批外资企业580多家，实际利用外资达12亿美元，实现外资进出口总额86.7亿美元，其中出口15.7亿美元。一批投资超千万美元的项目相继建成，完成项目建设投资208亿元，年均增长37%，其中产值超亿元的项目43个，超10亿元的项目3个，已有11家世界排名500强的跨国公司在开发区落户。"九五"期间全省开发区认定高新技术企业现有950多家，高新技术企业产值占工业产值的39%以上，科技贡献率明显提高。非公有制经济得到较大发展，开发区内私营企业占企业总数的55.1%，高出全省40.6个百分点。嫁接改造了一批传统产业和国有大中型企业，盘活了部分国有资产，使一些企业重新焕发了生机。"九五"期间，开发区经济实力得到壮大，开发建设不断迈上新台阶。5年来，全省开发区全口径实现财政收入88亿元，年均增长53.1%，是"八五"期间的26.7倍，实现利税353亿元，年均增长46%，有力地支持了当地财政。同时，开发区在自身的发展壮大过程中，为社会创造了大量就业机会，"九五"末期接纳就业人数达42万余人。

"九五"期间，图们江地区的开放开发也进入了一个新的发展阶段。一是基础设施建设取得突破性进展。"九五"期间图们江地区的基础设施条件有了极大改善。延吉机场的改扩建工程顺利竣工，客货吞吐能力翻了一番；图们至珲春铁路建成通车，

在此基础上，又继续修建了珲春至俄卡梅绍娃亚铁路，实现了与俄罗斯铁路接轨，并通车运行；长春至珲春的高速公路，在长春至吉林段建成通车的基础上，又建成了吉林至江蜜峰段，延吉至图们段也已基本建成；珲春至圈河口岸的山区高等级公路建成通车。珲春市的城市化建设也上了一个新台阶，道路、供汽、供热、供水、供电、排水、通讯等都有了很大发展，初步具备了向中等城市发展的规模。二是通道功能进一步完善。"九五"期间国家批准珲春设立国际铁路口岸，将对朝圈河口岸升格一类口岸，赋予了珲春对俄旅游的落地签证权。投资扩建、新建了珲春长岭子、圈河口岸。批准沙坨子口岸为国家二类过货口岸。口岸设施得到改善，功能得到加强。三是经贸、旅游实现较大突破。5年来，特别是近两年来，由珲春过境到俄罗斯、朝鲜的经贸旅游人数与日俱增，仅2000年就达22万多人次，比"八五"末期的1995年增长了11.9培。中俄、中朝口岸的边境贸易，小额进出口贸易都有很大发展，仅2000年过货量就高达20多万吨，有效地带动了珲春市的进出口贸易，全市完成进出口总额1.19亿美元，比"八五"末期的1995年增长2.9倍。四是国际合作取得新突破。2000年开通了由珲春经俄罗斯扎鲁比诺至韩国束草的客货海陆联运航线，这条航线的开通，打破了长期以来只是单边开发、双边合作的格局，实现了多边合作开发，使合作开发上了一个新层次。五是珲春出口加工区建设全面启动。珲春出口加工区的封闭，海关监管设施建设，还有40多户企业签定了入区意向。珲春出口加工区将成为图们江地区合作开发的一个新亮点。

①戴锡尧主任在全省开发区工作会议讨论会上发言
②戴主任视察开发区企业

为全省经济和社会发展提供测绘保障

吉林省测绘局是吉林省政府主管全省测绘工作的行政机构，负责全省贯彻执行测绘法规和有关方针政策，制定全省测绘事业发展规划，管理全省测绘队伍、测绘成果、测绘市场、测量标志、地图出版、负责全省测绘产品的质量监督和测绘计量仪器的检验。

吉林省测绘局坚持深化改革的方针，坚持以经济建设为中心，以开发开放区为重点组织测绘生产。几十年来，全局干部职工发扬艰苦奋斗、无私奉献的精神，踏遍了全省187400平方公里的山山水水，为全省经济建设和社会发展提供了可靠的地理信息，绘制出各项建设急需的地形图，保证了开发开放区以及全省重点工程的需要，提供了优质的测绘服务，还为省委、省政府以及各部门宏观决策提供了地理信息服务，取得了可喜的成绩，并受到省委、省政府领导的好评。

吉林省测绘局下属的省第一、第二测绘院以及省基础地理信息工程院、省基础地理信息中心、省地图应用开发中心等生产单位，已完成由传统测绘产业向地理信息产业的转变，测绘科技实现了跨越式的发展，现以能够广泛应用以“3S”（GIS、GPS、RS）为代表的现代测绘高新技术。承担全省的基础测绘任务和为全省各项建设提供高科技的服务。目前，他们正努力构建吉林省的地理空间基础框架，为“数字吉林”建设贡献自己的力量。

吉林省测绘局坚持“两年抓、两手都要硬”的方针，精神文明建设取得丰硕成果，被省委、省政府授予省级精神文明单位。

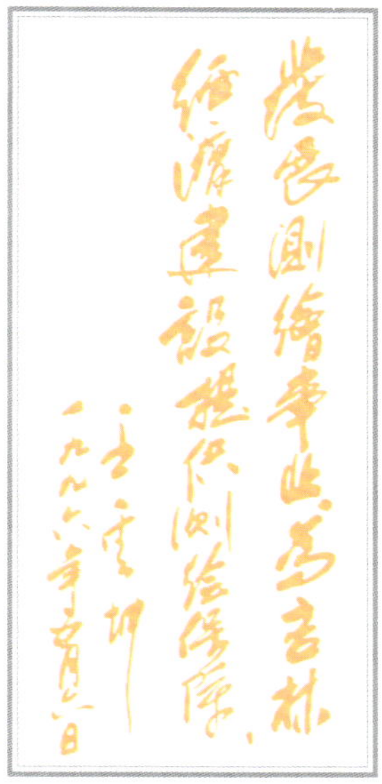

①国家测绘局局长陈邦柱（右四）来吉林省考察测绘工作，刘淑莹副省长（左一）和省测绘局局长韩来发（右一）陪同陈邦柱局长察看数字化测图情况。

②“数字吉林”专家研讨会

吉林省信息产业厅

根据《中共中央、国务院关于吉林省人民政府机构改革方案的通知》，组建吉林省信息产业厅，不再保留吉林省电子工业局，将省无线电管理委员会办公室和省电子工业局的行政管理职能并入省信息产业厅。省信息产业厅是主管全省电子信息产品制造业、信息网络业和软件业，推进国民经济和社会服务信息化的省政府组成部门。

省信息产业厅的主要职责是：

（一）研究拟定全省信息产业发展战略、方针政策和总体规划，促进电子信息产品制造业、信息网络业和软件业的发展，推进国民经济与社会服务信息化。

（二）组织起草电子信息产品制造业、信息网络业和软件业地方性法规、政府规章；负责行政执法和执法监督。

（三）统筹规划全省信息网络，并进行行业管理。

（四）贯彻执行国家关于电子信息产品制造业、信息网络业和软件业的技术政策、技术体制和技术标准；制定地方广播电视传输网络的技术体制与标准；依法拟定地方信息服务资费政策，并负责有关信息网络设备入网认证和进网管理；指导电子信息产品质量监督与管理。

（五）负责全省无线电频率和互联网域名、地址等信息资源的分配与管理；负责无线电台（站）设置审批、无线电监测监督检查，依法组织实施无线电管制，协调无线电干扰事宜，维护空中电波秩序。

（六）依法对地方信息服务市场进行监管，并实行必要的经营许可制度，进行服务质量监督，保障公平竞争，保证普遍服务，维护国家和用户利益。

（七）根据产业政策与技术发展政策，引导与扶植信息产业（包括军工电子）的发展，指导产业结构、产品结构和企业结构调整，指导国有企业重组、组建企业集团；合理配置资源，防止重复建设；组织对外经济技术合作与交流。

（八）推进电子信息产品制造业、信息网络和软件业的科研开发工作，组织重大科技项目攻关和引进技术的消化、吸收和创新，促进科研成果产业化；扶持信息装备和电子产品的国产化。

（九）研究制定全省国民经济和社会服务信息化发展总体规划，协调公用电信网、专用电信网、广播电视网、计算机网及其他信息网络的建设和互联；协助业主推进国家和省重点信息化工程；指导、协调与组织信息资源的开发利用；指导电子信息技术的推广应用和信息化的普及教育。

（十）负责行业统计及行业信息发布。

（十一）承办省政府交办的其他事项。

省信息产业厅设7个职能处（室）：办公室、综合规划处（信息网络管理处）、科技教育处（软件处）、体制改革与产业运行处、信息化推进处（省信息化领导小组办公室）、无线电管理处（省无线电管理委员会办公室）、资费征缴管理处，机关党委。

①厅长：邱恩义
②吉林省信息产业厅领导班子

中国信达资产管理公司长春办事处

中国信达资产管理公司是经国务院、中国人民银行批准设立的，以最大限度保全资产、减少损失为主要经营目标，运用国家赋予的投资银行功能和资本市场手段，接收、管理、处置银行不良资产的新型国有独资金融企业。中国信达资产管理公司长春办事处作为中国信达资产管理公司在吉林省的派出机构，经人民银行批准于1999年8月23日成立，视同建设银行省级分行进行管理。办事处于同年12月10日正式对外揭牌，成为吉林省真正办理投资银行业务的首家金融机构。

长春办事处现有员工60人，平均年龄37.5岁，其中具备大学本科以上学历员工44人，占员工总数的70%，具备大专以上员工15人，占员工总数的25%。办事处人员全部从建设银行中调入，办事处内设综合管理部、业务管理一部—业务管理七部、财务会计部、实体接收办、审核委员会，下辖吉林省投资咨询公司为直属公司。经总公司党委研究并上报中央金融工委批准，任命顾有春同志为办事处党委书记、主任。

长春办事处自成立以来，从狠抓内部管理入手，逐步建立、完善各项规章制度，使各项工作走上规范化、制度化的轨道。各项资产处置业务已全面启动，随着业务开展，办事处将充分运用各种投资银行功能与手段对不良资产进行大规模处置，努力实现资产回收最大化及资产损失最小化的经营目标。为化解金融风险、推动国企改革、促进吉林省经济发展、完成资产管理公司历史使命做出应有的贡献。

①

②

①长春办事处主任顾有春

②中国信达资产管理公司总经理朱登山与吉林省副省长李介车为信达资产管理公司长春办事处揭牌

③长春办事处主任顾有春与中国建设银行法兰克福分行总经理何益民就不良资产处置过程中外资等有关事宜进行商讨

④长春办事处与吉林分中心签订业务合作协议

⑤长春办事处与吉林北方拍卖行联合举行抵债商品拍卖新闻发布会

③

④

⑤

长春市宽城区人民法院

长春市宽城区人民法院座落于长春市的北大门—新月路18号，始建于1956年，现设有17个部门，干警117人，肩负着辖区内刑、民、经、行政审判等各类一审案件的审理和执行任务，年审各类案件在4 000件以上。1996年落成的五层办公楼和审判庭占地面积1.7万平方米、总建筑面积1.6万平方米，是集审判、办公、娱乐等多功能于一体、现代化的审判和办公场所。

几年来，宽城区法院始终坚持以邓小平理论和“三个代表”的重要思想为指导，认真贯彻依法治国基本方略，紧紧围绕党的中心工作开展审判工作，努力推进创建人民满意法院进程，各项工作和物质装备建设均取得了新的进展和突破。五年来，共审结各类案件22 498件，重点扶持企业13家，为辖区内企业挽回经济损失近亿元。2000年共审理刑、民、经、行政等各类案件5 689件，创历史最好水平，为维护社会稳定和促进经济发展做出了突出贡献。目前正在筹建的法院信息集成局域网络系统即将投入使用，将为审判工作提供优质、快捷、智能化的信息网络服务。为建设高素质的法官队伍，宽城区法院不断强化思想政治建设，突出以德治院，完善监督制约机制，并通过不断深化人事制度改革和司法改革，在全院建立起了竞争激励机制、奖惩机制和淘汰机制，院风院貌发生了明显的变化。2000年，共收到社会各界赠送的锦旗36面，表扬信28封，没有发生一起因审判工作失误而造成的群众上访案件。

几年来，宽城区法院先后荣立集体二等功两次，集体三等功三次，被市政法委评为“卫士杯”先进集体四次，连续五年被区委、区政府评为社会治安综合治理标兵单位，2000年被市法院评为人民满意法院先进单位，107人次受到上级有关部门的表彰和奖励。

①院长蔡文凤
②办公楼
③宣誓
④院领导班子
⑤审理案件

吉 林 省 检 查 院

吉林省检察机关成立于1950年。纵观五十年的历史，吉林省检察机关始终坚持党的领导、人大的监督和政府的支持，紧紧依靠广大人民群众，认真履行法律监督的职能，各项检察工作取得了长足的发展，促进了省内的社会稳定和经济发展，成为发展社会主义民主、健全社会主义法制的一支重要力量。

刑事检察工作充分发挥了审查批捕、审查起诉的职能作用，为保障社会稳定发挥了重要作用。

经济检察机构，负责对全省贪污、贿赂、挪用公款、巨额财产来源不明等经济犯罪案件的侦查、预审、指导及预防工作，成为我省反腐败斗争的一支重要力量。

法纪检察通过直接立案查办国家工作人员滥用职权、玩忽职守，徇私舞弊等渎职侵权犯罪案件，有效地惩治了司法腐败和行政执法腐败，促进了经济建设和改革开放的深入发展。

监所检察通过对监狱、看守所、劳教等场所行使检察职权，积极查办发生在监管场所的贪污、贿赂、侵权、渎职等犯罪案件，保证了刑事案件判决、裁定的执行。

1989 年增设的民事行政检察机构，负责对各级人民法院已经生效但确有错误的民事、经济、行政判决和裁定提出（请）抗诉，直接立案查处在受理民事、经济、行政案件中有贪污、受贿、徇私舞弊行为的审判人员。

1988年增设的贪污贿赂举报中心，以及1995年成立的刑事赔偿办公室，使控告申诉检察的职能更加完善，成为检察机关执法活动内部制约的职能部门和检察工作贴近社会、联系群众的重要“窗口”。

1981 年增设的林业专门检察院，负责涉林案件的审查批捕、审查起诉和反贪污贿赂、监所检察、法纪检察、民事行政检察等业务工作，为林区的稳定和林业的发展，发挥了重要作用。

在人类迈出跨越千年历史步伐的今天，吉林省检察机关将紧紧地团结在以江泽民同志为核心的党中央周围，坚持“公正执法、加强监督、依法办案、从严治检、服务大局”的检察工作方针，依法严厉打击各种犯罪活动，加大职务犯罪侦查和预防工作力度，积极推进检察改革，为实现依法治国的方略，为全省的改革开放、社会稳定和经济发展，作出新的更大的贡献！

①检查院办公楼
②院领导班子
③全省检察机关查办大要案阶段性表彰大会
④林区勘察

长春百货大楼集团股份有限公司

公司前身为长春市百货大楼，1992年12月转制为股份制企业，1994年4月成为上市公司，通过改制融资2亿元，先后对北、南营业楼进行了改造扩建，使公司建筑面积达到6万平方米，企业总资产由改制初的4 000万元增加到6.9亿元。

公司主要经营项目为百货零售批发，包括百货、五金、针纺织品、家用电器、服装鞋帽、金银珠宝、文化用品等，营业面积4万平方米，经营品种10万种，设置37个收银口，采取股份制核算方式，日销售额300万元，职工2 405人，其中本科学历40人，大专学历420人，中专学历170人，技工学历64人，高中学历1 020人，初中学历691人。在现有管理人员中，具有高级职称的12人，中级职称86人，初级职称192人；在岗营业员中，高级经营师30人、高级技师34人。

公司经营指导思想和原则是发挥桥梁和纽带作用，促进生产和消费，全心全意服务广大顾客，服务宗旨是顾客第一、信誉第一、不满意就退货。

“九五”期间，市场竞争异常激烈，主要是打破了国有商业一统天下的局面，仓储超市、专卖店等多种业态挑战国有商业，面对这一局面，公司主要措施是：搞好商品定位，突出特色经营；调整经营布局，加快硬件改造；实施低价策略，抢占市场份额；采取多种措施，加大促销力度，保持了经济效益年年持续提高和全省同行业的领先地位。

“十五”期间，公司的发展目标是实现销售30个亿，利税15 000万元，实现跨越式发展。主要措施是：构筑特色优势，提高竞争力；发挥上市公司优势，搞好资本资产运作；完善经营机制，建立高效的运行体系。

百货大楼外景

汪清县民族商贸城

汪清县民族商贸城，是由原汪清贸易大厦、日杂公司、友谊商场合并。1997年成立，现在职工442人，中级以上职称管理人员6名，固定资产1 000万元，营业面积1.2万平方米，年销售总额2 700万元，利税210万元，主要经营百货、五金、家电、家俱、日用杂品、针织、服装、布匹、鞋帽、文具、食品、医药、眼镜、金银首饰等商品。

几年来，民族商贸城为了适应市场经济，深化企业内部改革，按照现代企业制度的基本要求，调整经营布局和结构，建立健全责权明确，科学管理规范化的各项规章制度。在企业改革中不断创新，解放思想、更新观念、开拓市场、搞活经营、强化企业经营管理、紧紧依靠职工办企业，实行企务公开制度，使职工参政议政，实行民主管理、民主参与、民主监督作用。领导班子紧紧团结，摆正在企业中的位置，为职工保驾护航，使企业在激烈的市场竞争中牢牢的站稳脚跟，日益长足地向前发展，取得了良好的经济效益和社会效益。

1999年至2000年，二次被吉林省质协用户委员会授予“用户满意企业”，1999年被州政府授予“文明单位”、“重点同守信誉”单位，被州供销社授予“先进企业”，1998年至2000年被县委、县政府授予“先进党支部”、“青年文明号”、“模范职工之家”、“双十佳”、“文明窗口”，2001年被县委、县政府授予“九五期间模范集体”等光荣称号。

总经理：朴鹤松
电话：0433-8812290
邮编：133200
地址：吉林省汪清县汪清镇解放路6号

①总经理：朴鹤松
②领导班子开会
③商贸城营业大楼

长 春 大 学

校长张增林(左)、校党委书记李之勃(右)、教委主任(中)视察本校

长春大学是省属综合性大学，分为东西两大校区(东区地处卫星路1号，西区地处卫星路36号)。校园占地42万平方米，校舍建筑面积29.1万平方米。全日制在校生9 001人，函授生、夜大生1 806人。

渊源朔及建国初期的长春大学，在改革中不断发展壮大，已形成了经济学、文学、理学、工学、管理学、医学等多学科门类和师范教育、特殊教育、成人教育、民办教育、对外办学等多类型、多渠道办学的格局。

现设有外语学院、电子学院、机械学院、经贸学院、师范学院、特殊教育学院、职业技术学院、成人教育学院、国际文化交流学院，计算机系等院系。此外还在经济开发区和净月潭旅游区内开办了光华学院、旅游学院两所新制二级学院 以及颁发国外毕业证书并可推荐到国外就业和深造的长大—莱佛士国际学院。

全日制本科生设有英语、日语、俄语、机械工程及自动化、电气工程与自动化、会计学、工商管理、市场营销、计算机科学与技术、电子信息工程、信息与计算科学、针灸推拿学、绘画、艺术设计、汉语言文学等30个专业。

函授、夜大生设有会计学、财务会计、会计电算化、计算机、企业管理、市场营销、机电一体化等专业；并开设微型机短训班和各类自考助学班 承办全国计算机等级考试。

先进的教学设备及雄厚的师资力量，保证了人才质量和较高的就业率。拥有省属高校最大的图书馆，建筑面积1.5万平方米，藏书65.7万册；并配有500平方米的电子阅鉴室，该阅览室已被列为国家级火炬项目—CNKI(中国知识基础设施)知识网络管理服务中心吉林省一级中心。设有40多个实验室，10多个语音室，1 000多台微机设备及大屏幕多媒体教学系统。全校共有专任教师784人，其中高级职称227人，享受国务院政府津贴教师10人；常年聘请外籍专家15人。

学校重视国际交流与合作，与美国、俄罗斯、日本、韩国、英国等国家的10多所高校建立了校际关系，现招收外国留学生80多人。国际文化交流学院拥有集教学、生活于一体的6 200平方米的生活楼，设有教室、语音室、图书资料室、学术报告厅、文化活动室、餐饮服务部等教学、生活设施。汉语教研室有对外汉语教学10余年，潜心研究汉语教学的规律和方法。外事工作因优秀的外语教学、完善外事管理、优质的生活服务而连续六年被吉林省政府评为先进单位。

学校在全国首创特殊高等教育，其规模、质量和效益全国独一无二。

学校注重科学研究，近几年有多项成果奖获国家专利并得到开发利用；国家科技成果重点推广中心及植物蛋白专业委员会均设在该校。学校在人才培养和科技开发两方面，为我省经济建设做出不懈的努力。

地址：长春市卫星路1号
电话：0431-5384396
法人代表：张增林

中外生在交谈

教学领导班子在开会

吉林省合发贸易有限责任公司

吉林省合发贸易有限责任公司位于长春火车站以北凯旋路13号，是由吉林省供销合作社控股的股份合作制企业。公司现有职工120人，企业净资产8 000万元，拥有土地面积近6万平方米的仓储、运输、经营设施，其中：标准库房13 423平方米，自备铁路专用线240延长米，营业用房6 000平方米，办公用房1 996平方米。该公司是集仓储、运输、营销于一体的综合经营企业，多年来一直被长春市农行评为AA级信誉企业。

公司本着以深化改革为动力、以经济效益为中心、以科学管理为手段的经营管理思想，坚持信誉第一、开拓进取、务实创新的企业精神，不断扩大两个文明建设成果，增强企业实力，争当行业排头兵。

公司的主要经营业务：1.市场管理。公司以拓展资产经营为重点，利用原有仓储设施，经省政府批准，投资兴办了吉林省合发市场，主营塑钢型材及配件和各种钢材的批发业务。2.仓储服务。为培育和发展市场，公司加大了服务力度，在仓储运输、四防安全、卫生保洁、生活服务诸方面实施了严格的规章制度，并加大了人力及资金投入，不断改善服务设施，强化服务手段，使市场服务功能不断得到加强。3.贸易经营。公司在农贸商品、农副土特产品购销业务方面已具相当规模，年经营各类粮豆及其它农副土特产品近二万吨，经营各种农资商品近万吨，与省内外上百家大中型企业建立了良好的业务关系。

总之，经过近些年市场经济大潮的洗礼，吉林省合发贸易有限责任公司已具备了相当的经济实力，为实现企业的进一步腾飞奠定了坚实的基础。目前，公司已被吉林省供销合作社列为行业重点扶持发展企业。为此，公司领导班子更加团结进取，员工队伍更加奋发向上，在新世纪里为吉林经济发展做出更大的贡献。

公司诚迎各界有识之士惠顾，共谋发展大计。

地　址：长春市凯旋路13号
传　真：0431—2939381
邮　编：130052　电挂：1846
网　址：www.tongtu.com/gxlymy
电子信箱：gxlymy@public.cc.yl.cn

①董事长林绍宇
②陪同全国总社领导、省社领导检查工作
③公司新扩建的塑钢交易大厅
④长春站33线系该公司自备专用线
⑤该公司正门（合发市场正门）
⑥公司办公楼

长春汽车经济贸易开发区

长春汽车经济贸易开发区，原为长春汽车贸易城，1993年1月8日经长春市人民政府批准兴建，1996年7月17日经吉林省人民政府开发办正式批准更名为汽车经济贸易开发区。已批准建立两个国家级市场（长春汽车中心批发市场，长春旧机动车交易中心）。6个专业市场（机动车配件市场，汽车自选市场，专用车市场等）。初步形成从整车及零部件交易为主，集汽车贸易、博览、科研、信息、旅游。零部件为一体的现代化多功能的汽车产业中心。

几年来开发区注意改善投资环境，完善整体功能，强化桥梁作用，不断提高管理服务水平，现已形成了完善的服务体系，工商、地税、国税、金融、保险、会计事务所、法庭、铁路运输、货物储运等方面都设立了专门的办事机构，为入区企业提供了“一条龙”服务。长春汽车经济贸易开发区管理委员会是长春市人民政府的派出机构，享有市级管理权限。开发区第一期规划占地面积28万平方米，规划建筑面积33万平方米。总体规划由汽车贸易区、产业区、汽车文化及旅游活动区、综合服务区四大功能区构成。

2000年，该区承办了全国第47届汽车配件会、长春商品交易会、长春教育展、长春农博会等展会23个。特别是全国第47届汽配会市场化的成功运作，标志着该区的办会形式在与国际接轨。针对新经济对传统商务的挑战，汽贸开发区为了实现与电子商务联接，搭上经济发展头班车，利用相对集中的资源、人才，市场优势，投入415万元，成立了信息中心，兴建了网上无形市场。该区信息中心和有关单位，共同投资建立的吉林易达汽车商贸网络股份公司已开始运营。长春易达汽车商务网络三次改版，栏目设置和内容更加专业化，并具备了信息查询系统和相应的数据库，知名度日益提高。《长春汽车信息》杂志发行量连续创新高，已经成为长春汽车贸易的有效载体。

新世纪的大门已打开，开发区面临着来自国内外的挑战和竞争，但我们将按照市委、市政府提出的完善功能、拓展空间、三产为主、二产为辅的指导思想，进行二次创业。扩大汽车交易市场，提高层次品位，实现立体化、智能化、网络化交易。创造条件，配合一汽、一汽大众，建设汽车产品配套加工区。初步形成以整车及零部件交易为主，集汽车贸易、博览、科研、信息、旅游、零部件为一体的现代化、多功能的汽车产业中心.发挥后发优势，为长春经济实现跨越性发展做出应有的贡献。

①

①长春汽车经济贸易开发区管理委员会主任张长生
②机动车交易市场
③汽贸开发区大厦

②

③

吉林紫晶电子有限责任公司

紫晶公司的现代化厂区面积达44 000平方米，其中4 200平方米高洁净度净化生产车间全部采用垂直层流式净化方式，净化条件居全国同行业前列。公司引进了具有九十年代国际先进的韩国全行动LCD制造设备和工艺技术，并拥有先进的COG、TAB模块生产线，可以大规模制造各种TN、STN液晶显示屏和液晶显示模块。

公司创立伊始，便同国家专业液晶研究机构中国北方液晶工程研制开发中心全面联合，进行大量的应用研究和广泛的国际交流，使紫晶公司在同行业一直处于技术领先的地位。同时，公司的十几位资深研究员、高级工程师及液晶专业博士对技术的产业化有着丰富的经验，一大批工程技术人员利用设备及工艺优势不停地追求着产品的高品质、低成本，使紫晶的客户得到最大的实惠。

1998年，紫晶公司通过IS09001认证。同年9月，取得独立出口贸易权。紫晶公司承担着十年火炬计划的重点工程，其产品被评为“吉林省优秀产品”，“紫琦”被评为“吉林名牌”。为了奠定紫晶公司全球战略的基础，公司一直在研究客户的各种需求，以期提供更优质的产品，更优质的服务。公司始终将客户满意看做推动事业不断发展的动力。

①

②

③

①三清生产线
②光刻生产线
③P/I涂覆生产线

地址：长春市东南湖大路38号
电话：0431-4646807

吉林省政府法制局

局领导班子。从左起：王启业（副主任）、李培德（主任）、李祥如（助理巡视员）、李大法（副主任）

省政府法制局作为省政府负责政府法制工作的直属机构，担负着组织起草、修改、审核政府规章和省政府提请省人大审议的地方性法规草案，对行政执法进行指导和监督检查，协调行政执法争议，具体办理告市、州政府和省政府厅局的行政复议案件，受省政府委托出庭应诉，组织对全省行政执法人员进行培训，开展政府法制宣传，指导下级政府法制建设工作等。几年来，在省委、省政府的正确领导下，我们把加强和改善行政立法、执法，推动行政管理的法制化、规范化，作为政府法制建设的核心。经过十几年政府法制工作者的不懈努力，各项工作取得了一系列成果，为政府法制事业进一步发展奠定了坚实的基础。

1990年，政府法制局起草了全国第一部全面规范行政执法活动的省级地方性法规《吉林省行政执法条例》。为明确执法责任，提高执法效率，草拟了《吉林省行政执法责任规定》（省政府规章）。为规范行政执法主体，从1996年开始，实行了全省行政执法证件统一管理制度，1997年对省政府部门中具有行政处罚职能的机关进行全面清理、登记、确认。为健全行政执法程序，制定了三部规范行政处罚程序的规章。

几年来，省政府法制局依照法律、法规的规定和省政府要求，认真贯彻《行政诉讼法》、《国家赔偿法》、《行政复议法》，对群众告行政机关并且符合受案条件的案件，及时受理、公正办结。通过行政复议纠正了一批行政违法或不当的具体行政行为。

从1983年开始，连续17年开展了全省行政执法检查工作。到现在已经建立起一系列监督制度，包括规范性文件备案制度，法律、法规、规章实施情况检查制度，重大行政处罚备案制度，行政执法错案责任追究制度等。近年来监督工作的力度不断加大，对发现行政执法工作中各种问题都坚决予以纠正。

自1999年11月省政府《关于印发吉林省经济发展软环境整治工作实施方案的通知》下发以来，省政府法制局按照省政府的要求，对该省现有的地方性法规、规章、省政府文件和部门文件进行了全面清理、审查。废止345份已过时的或与新的法律规定、方针政策相抵触的，影响经济发展软环境的文件和项目；取消或暂缓执行355项审批发证、行政处罚、行政强制措施、培训备案类项目，减少了多头管理、重复管理，有利维护了行政管理相对人的利益，促进了行政机关依法行政。

拼搏实干 加快发展 为全省经济跨越式发展做出更大贡献——吉林省外经贸厅

“九五”期间，在邓小平同志建设有中国特色社会主义理论和党的十五大精神指引下，在省委、省政府领导下，全省对外经贸职工共同努力，克服了亚洲金融危机和98年特大洪涝灾害带来的冲击和困扰，我省外经贸迅速实现恢复性增长，并步入健康发展的轨道，保持了我省对外经贸持续、健康发展。在外贸企业体制改革、精简机构、开拓国内外市场、引进外资等诸多方面都取得了前所未有的成绩，为“十五”时期经贸发展奠定了良好的基础。

“九五”期间，全省进出口总额为104亿美元，出口49.3亿美元，进口54.7亿美元；累计批准设立外商投资企业1887户，合同外资金额26.8亿美元，分别比“八五”下降51.5和11.3%。实际利用外资19亿美元，比“八五”下降51.5%和11.3%。实际利用外资19亿美元，比“八五”增长65.9%；共签订对外承包劳务合同1181份，新签合同金额11.3亿美元，完成营业额6.7亿美元，新派劳务7万人，分别比“八五”增长19.6%、50.8%、25.8%；现汇技术引进和设备进口审批174项，合同金额为3.7亿美元，分别比“八五”增长24.3%、43.4%，技术和高新技术产品出口共审批144项，合同金额为2亿美元，分别比“八五”增长了16.1%和99.8%。

2000年全省进出口总额达到25.7亿美元，其中：出口12.6亿美元，进口13.1亿美元，分别比1999年增长16%、23.4%和9.7；合同外资金额6亿美元，实际利用外资3.4亿美元，分别比1999年增长32.3%和11.9%；新签对外承包劳务合同金额1.6亿美元，完成营业额1.2亿美元，新派劳务12 482人次，期末在外劳务29 087人次；技术引进和设备进口共审批40项，合同金额为8 743万美元。

“十五”期间，吉林省外贸厅将以党的十五届五中全会精神和“三个代表”思想为指导，以加入世贸组织为切入点，全面深化改革，大力组织实施“开放带动”战略，突出科技兴贸和品牌效应，优化进出口商品结构和吸收外资结构。增强出口商品的国际竞争力，充分发挥我省的资源、产业比较优势，加大三外联动的力度，推进服务贸易和跨国经营，走质量和效益增长之路，为促进我省经济实现跨越式发展做出更大的贡献。

①厅长王葆光

②中俄边境和地方经贸合作协调委员会第四次会议

长春市中心医院

长春市中心医院位于长春市中心，是一所以急诊急救为特色，集医疗、预防保健、教学科研为一体的综合性三级甲等医院。长期以来，医院紧紧围绕着“一切以病人为中心，创优质服务，树行业新风”这一主题，用高水准的服务，高质量的医疗技术，赢得了患者及社会各界的广泛赞誉，曾获得全国卫生系统先进集体、吉林省十佳医院、吉林省文明服务单位、长春市“白杯赛”最佳单位、全国百佳医院等荣誉称号。

医院技术力量雄厚、医疗设备先进。医院现有职工1 478人，其中博士生导师1人；硕士生导师6人，高级卫生专业技术人员150人。开放床位780张，年住院病人约1.5万人；年门诊量约60万人次。现有临床医技科室39个，市级研究中心6个，具有先进的医疗设备300余件（台），新建的病房大楼、手术室、ICU病房及急诊急救区均属省内一流。

医院以所处理位置为优势，以“120”急诊急救为特色，重点发展与急诊相关的专科建设，充分发挥六个市级重点专科（心血管内外科、神经内外科、骨科、医学影像科）的龙头和辐射效应。仅2000年就开展新技术、引进新项目43项，提高了医院的两个效益。目前医院开展的体外循环温血灌注心脏保护及心脏不停跳下心内直视手术；急性心肌梗塞的静脉溶栓治疗；冠状动脉介入性治疗；脑立体定位手术；腰间盘突出症的综合治疗；肿瘤的介入治疗，大剂量鱼肝油酸钠治疗肝硬化食道静脉曲张破裂出血，彩超引导下门静脉化疗肝癌等新技术，新疗法均达到国内先进水平。

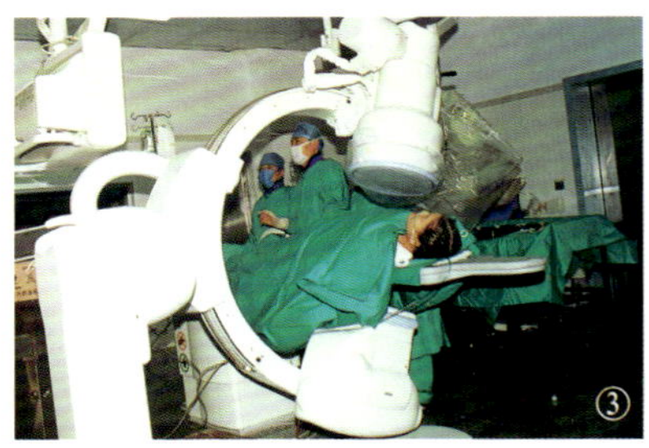

医院为主动适应市场经济的要求，近期在省内首家开设了“知名专家门诊”和推出了“百姓价格”医疗，聘请了省内各大医院的资深名医轮流出诊，患者只要来院就可以享受到省内一流的专家诊治，最大限度地满足人民群众对医疗服务的需求，把医院真正办成老百姓的医院。

①医院党委书记、院长、博士生导师赵洪序
②急危重病人的生命线
③利用国内先进的数字减影机进行冠心病介入治疗
④座落在长春市中心的医院大楼

吉林省计划生育委员会

①2000年全省人口资源环境工作座谈会
②省计划生育协会会长谷长春（右）
③“婚育新风进家”计划生育宣传深入基层与会员亲切交谈
④实行计划生育的育龄妇女成为养鸡专业户

“九五”期间，吉林省计划生育工作通过在实践中不断探索新思路，推出新举措，加大了工作力度，引导群众树立科学、文明、进步的婚育观念，使全省人口增长得到了有效控制，圆满完成了“九五”人口计划，促进了人口与经济、社会协调发展和可持续发展.全省人口出生保持低增长态势，与“八五”时期相比，“九五”时期人口出生速度逐年下降，人口出生逐年减少，2000年末人口总量为2 727万人，比1995年末仅增长135万人；总人口增长速度下降23%左右，平均出生率降低3.5个千分点，平均自然增长率降低2.3个千分点左右，计划外生育明显减少，平均计划生育率为95%左右，全省出台了一系列有关计划生育工作的政策措施，各级政府层层签订人口计划目标管理责任书，落实党政“一把手”责任，对计划生育工作实行“分线考核，综合评估”。省委书记王云坤在1999年中央人口、资源、环境工作座谈会上作了发言，介绍了我省分线考核的经验，并在全国推广。全省各级党委、政府围绕经济建设中心，把计划生育工作纳入经济和社会发展总体规划，坚持宣传教育为主、避孕节育为主、经常工作为主的“三为主”方针，2000年全省已全面实现“三为主”。坚持计划生育工作同发展经济、帮助群众勤劳致富奔小康、建设文明幸福家庭结合起来，促进群众婚育观念转变，自觉实行晚婚晚育，全省60%以上的村和55%以上的户实现了少生快富文明目标。

吉林护法律师事务所

①主任李云山
②人民满意律师事务所
③全体员工

吉林护法律师事务所是一家以中青年律师为骨干的合伙制律师事务所，律师全部具有法律大专以上学历，现有职业律师14名。

经过几年的努力奋斗，吉林护法律师事务所已发展成为颇具规模，在省、市有一定影响的标准化律师事务所。该所拥有240平方米办公用房（自有产权），两台轿车以及电脑、复印机等现代化办公设备，该所以维护法律尊严为天职，以为社会提供优质法律服务为己任，取得了很好的社会效益和经济效益。该所职业律师队伍实力强，整体素质高，能够承办各类重大疑难案件，其出色的工作业绩，得到了公检法机关和社会各界的认可和肯定，多次被省、市政府和司法厅、局授予嘉奖。98年4月被省司法厅评为省工业效益攻坚战先进集体 1999年1月被省司法厅评为省三个攻坚、一个工程先进集体; 2000年5月被省政法委、省司法厅评为人民满意律师事务所; 1998年2月被长春市司法局评为先进律师事务所 1998年被长春市司法局评为文明律师事务所; 1999年2月被长春市司法局评为先进律师事务所; 2000年2月被长春市司法局评为先进律师事务所; 2000年3月被宽城区委、区政府评为文明窗口单位; 2000年3月被宽城区委、区政府评为人民满意政法单位; 2001年3月被长春市委、市政府评为2000年度创建全国文明城市行业“十杯赛”活动最佳单位。

该所常年担任亚细亚集团、长春百事集团、江山集团、长春市商业银行、长春市建工集团等大企业集团和单位的法律顾问，每年业务收费都在100万元以上。

主任：李云山
联系电话：2978958
手机：13604430650
传呼：95800—3301826

吉林省广播电视大学

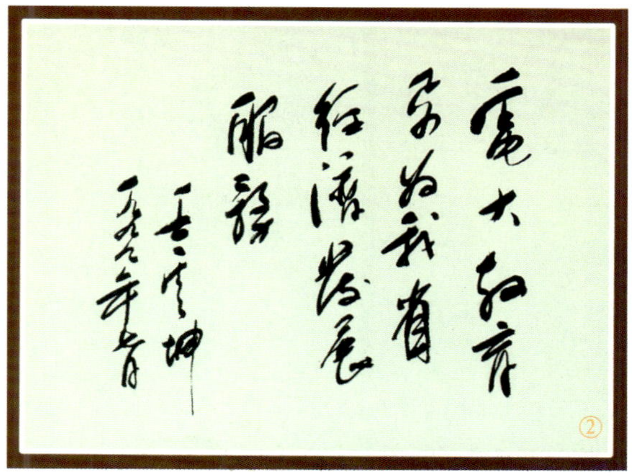

①吉林广播电视大学领导班子
②中共吉林省委书记、省人大常委会主任王云坤题词
③吉林广播电视大学主楼

中国广播电视大学是由邓小平同志亲自倡导批准创建的。吉林广播电视大学于1979年2月6日正式成立，是吉林省人民政府所属的一所开展现代远程教育的高等学校。第一任校长庄彝尊（兼），第二任校长彭昕，第三任校长杨长喜（兼），第四任校长宋正友，第五任校长王同顺。现任党委书记王乃成、校长石曙光。经过20多年的建设，吉林广播电视大学已经形成了比较完整的省、市（州）、县三级办学系统网络。包括1所直属校、8所市（州）分校、7个系统工作站（分校）、48个县级电大工作站（分校），和若干企事业单位开办的电大教学。现有大专在校生近2万人，中专在校生1万多人。省校现有教职工181人，专职教师45人。校园占地面积8 470平方米，校舍建筑面积12 747平方米，有图书5.8万册。省电大直属校校部现有在校生1 200多人。学校的现代化教学手段不断加强，建成了校园计算机网络和校园“视听教学网络”，实现了与中央电大联网。相继建成了语音室、会计实验室、微机室、教学闭路电视系统、多媒体网络教室、多功能厅、电子阅览室等。

吉林广播电视大学培养的人才科类较为齐全，先后开设了理工、文法、财经、农医5科21类148专业。学校实行开放办学，学历教育有开放教育本科与专科、成人专科、普通专科、注册视听生教育专科和中专等，并举办多种形式的非学历教育。20多年来，吉林电大共培养了大专毕业生10.5万名，占同期吉林省省属高校毕业生人数的四分之一；培养了中专毕业生3.5万名；继续教育、岗位培训等非学历教育结业生25万多人。这些学生多数工作在基层和农村，为吉林省经济建设和社会发展做出了贡献。

校长：石曙光
地址：长春市人民大街177号
联系电话：0431-5381061

吉林省能源交通总公司

吉林省能源交通总公司是经吉林省人民政府批准成立的大型国有企业，是经省工商局注册的具有独立法人地位的经济实体。公司的主要任务是负责吉林省地方能源项目的集资、开发、建设和管理。

吉林省能源交通总公司作为吉林省从事基础产业建设投资的公司，依据国家和吉林省经济发展战略，依靠省政府的大力扶持，投资开发吉林省地方电力项目，并按投资比例对建成的电厂实行分电分利。公司成立十多年来，在省政府的亲切关怀下，在省计委的直接领导下，公司领导班子带领全体职工努力拼搏，积极进取，在从事全省集资办电及建成电厂的经营管理工作中取得了十分显著的成果。截止到2000年公司共投资项目114个，滚动投资75亿元。其中以独资、合资、中外合作、控投、参股等方式投资建设和经营管理的大中型电厂及送变电工程达24项。公司拥有装机容量134万千瓦，按投资比例分得电量占全省总电量的近三分之一。自1990年以来累计收回投资14.77亿元。

十多年来，公司坚持“兴电为主，全方位拓展”的经营方针，办电规模不断扩大，经营领域不断拓展，实力逐步增强。先后成立了近20个合资或独资企业，逐步形成了以电力为龙头，带动房地产、物资供应、进出口、第三产业、高科技开发等多元化发展格局。

科学的企业管理和全新的经营机制，使吉林省能源交通总公司逐步完善了“集资办电、投资管理、融资信贷、产权经营”四大功能，建立了“投资决策、资本运营、风险约束、有效管理”四大机制。随着公司发展和业务不断扩大，营运资金总量和资本实力逐年增加，资产规模从1988年的3.8亿元上升到2000年的58亿元，净资产达到37亿元，注册资本从设立时的5 000万元扩增到24亿元。

回顾公司发展壮大的历程，辛勤的耕耘获得了丰硕的回报。吉林省能源交通总公司之所以不断发展壮大，靠的是地方政府的大力支持，靠的是公司领导和全体员工团结一致的主人翁责任感和永不满足的创新精神。在向新的目标迈进的时候，公司领导班子结合吉林省“十五”计划和2010年远景规划，制定了公司改革与发展的总体方案和战略目标：坚持“办电为主，全方位拓展”的指导方针，本着“立足吉林，着眼全国，走出国门”的区域发展战略，以市场为导向，以提高经济效益为中心，剥离低效资产，优化存量结构，推进改制重组，强化经营管理，实现国有资本保值增值，把吉林省能源交通总公司建成有较强竞争实力和影响力的大型企业集团，在发展地方电力事业上起龙头作用，满足吉林省经济建设的电力需求，为吉林的经济发展做出更大的贡献。

吉林省天和对外经济贸易集团有限公司

吉林省天和对外经济贸易集团有限公司(以下简称集团）由省土畜产进出口公司、省医药保健品进出口公司、省化工进出口公司和省外贸实业公司重组成立，集团下设若干国有控股、参股的紧密层、半紧密层和松散层有限责任公司。集团为国有独资企业，注册资金为5 000万元人民币，法定代表人董事长杨春山，总裁吴忠林。经营范围是除国家限定经营或禁止进出口的商品和技术之外的自营、代理各类商品及技术的进出口；进料加工和“三来一补”业务；对销和转口贸易。随着集团规模的进一步扩大，在巩固、拓展传统的进出口业务基础上，以实体性企业发展为依托，以资产资本运营为核心的经营性公司制企业模式正在形成。天和集团将努力为我省经济实现跨越式发展作出应有的贡献。

地址：中国长春市工农大路46号
电话：0086-0431-5681011
传真：0086-0431-5684430
邮编：130021

通化钢铁集团建筑安装工程有限责任公司

通化钢铁集团有限责任公司建筑安装工程公司1960年6月28日经吉林省政府批准成立，2001年6月19日改制成立通化钢铁集团建筑安装工程有限责任公司，是建设部批准的国家冶金、有色工程（建筑安装）施工一级企业。法人代表，董事长兼总经理张玉成。公司现有职工2 955人，专业技术人员369人，其中中级职称以上技术人员84人。公司拥有固定资产原值9 581万元，净资产5 558万元。公司具备承担各种类型结构复杂的工业厂房、公共及民用建筑、装饰装璜、机电设备安装、金属结构制作安装，BRL压力容器制作安装、锅炉安装、电梯安装、桥式龙门吊制作、安装和检修、仪表安装与调校、水泥预构件制作、机械加工、筑炉、大型土石方、公路及水利水电工程等综合施工能力。同时经营木材加工、施工设备租赁、汽车货运及汽车修理等业务。

公司坚持“服务通钢、外拓市场”的经营战略，为通钢集团公司实现150万吨钢铁生产能力、振兴吉林省钢铁事业做出了重要贡献。同时承担的社会工程也取得了良好的社会信誉，多项工程被评为省优质工程，以质量优、速度快、信誉高赢得了建设单位的赞誉。在1994年中国500家大型建筑企业排序中规模名列194位，效益列82位，在吉林省50家大型建筑企业综合排序中列第8位。在1999年经中国建筑业联合会、中国资信评价中心和中国工业设计协会评估被认定为中国建筑企业信誉AAA级单位，连续十年被通化市政府命名为“重合同、守信用”单位。

公司坚持走质量兴业的发展道路，1998年6月1日开始实施ISO9002质量管理和质量保证标准，10月28日正式取得了质量体系认证证书。公司坚持贯彻“严格质量标准、科学组织施工、创建优质工程、提供满意服务”的质量方针，保证向顾客提供优质合格产品和满意的售后服务。公司坚持“竭诚服务、争创一流”的企业精神，开发以施工为主业的多元产业，热诚为各界建设单位服务，把更多、更好的精品工程奉献给新的世纪。

①

②

③

①法人代表、董事长兼总经理张玉成
②国贸大厦
③通钢5#高炉吊装作业
④通钢化产回收工程
⑤通钢型钢连扎工程

④

⑤

吉林北大电气有限责任公司

吉林北大电气有限责任公司系北华大学下属国有企业，位于美丽的松花江畔—北国江城吉林市，公司下设两车间、五部、一办、一所，是集科研、开发、设计、生产制造于一体的电气自动化设备生产企业。

公司的前身是有40多年历史的电装变压器厂和电专电控厂，是原中国有色金属工业总公司的定点生产企业，于1999年1月顺利通过了ISO9001国际质量体系认证，并首批入选国家经贸委城乡电网改造推荐目录。

该公司主要生产110KV、31 500KVA以下低耗能S9电力变压器；16 500KVA以下电炉变压器、整流变压器；1 600KVA以下干式变压器；D10单相卷铁芯变压器、S10三相卷铁芯变压器；各种类型高低压成套开关装置、交直流调速设备以及大功率整流设备、10kv高压真空断路器、组合式变电站、交直流传动系统、计算机传动及控制系统（PLC、IPC、DCS）、自动化仪表及成套装置等。该公司于92年获沈变研究所颁发的S9系列产品型号证书；94年被吉林省电力局鉴定为“达到同类产品的先进水平”。其中ZN33 -10系列高压真空断路器获得国家专利（专利号ZL93 2 02793·8）并于1992年通过国家能源部型式实验，开断能力达到国内先进水平，获原中国有色金属工业总公司科技进步二等奖；高压开关柜获国家机械部、电力部颁发的生产许可证；低压开关柜获高级型生产许可证（红证）。

本公司严格贯彻执行ISO9001质量保证体系，聘用高素质人才，配备一流的生产、检验和实验设备并应用现代企业管理模式，从产品设计、加工成型、装配、检验到现场调试以及售后服务形成了一条龙服务。产品遍及全国十几个省市和地区，并远销到俄罗斯。在产品质量、价格、工期和服务方面赢得了客户的一致赞誉。

公司本着“以科技为依托、以服务为宗旨、以质量求生存、以信誉求发展”的方针，不断开拓进取。诚愿与新老客户紧握双手，共创辉煌伟业。

地址： 吉林市龙潭区新山街1号
电话：（0432）3069442　3037886　3069443
传真：（0432）3035071-8004
Email：jlbeida@mail.jl.cn
联系人： 杨忠利　陈久伟
邮编： 132021

北方机械(集团)股份有限公司

座落于北国春城长春市的北方机械(集团)股份有限公司，是经吉林省体改委批准于1993年成立的股份制企业，获吉林省标准化股份制企业称号。

北方机械(集团)股份有限公司是全国机械供销行业中的首家股份制试点企业，是第一个获国家大型二类企业称号的机械物资流通企业；它在本行业第一个获得由国家国内贸易部、国家机械工业部、国家计委批准的甲级机电设备成套单位资格和由国家国内贸易部、国家机械工业部、国家计委、国家技术监督局批准的甲级建设工程设备招标机构资格；它具有国家对外经济合作部批准的外贸进出口权。

公司在长期的经贸活动中一贯遵循“勤奋、开拓、求实、创新”的工作方针、“用户至上、信誉第一”的经营宗旨、“平等、互惠、共同发展”的合作准则，同全国机械工业生产企业、机械供销机构及中外客商保持着密切的业务联系，为社会各行各业提供国内外优质材料、设备，开展内外贸结合的大型朵遇设备盛大服务，大举进军高新技术产业并取得可喜的成就。

目前公司拥有员工157人，其中高级职称人员17人，中级职称人员59人，工程技术人员45人，是公司发展的中坚力量。

近年来公司加大资产运作力度，加速高新技术产业化进程，为公司超常规、跨越式发展铺平道路。

公司董事长马向东、总经理朱惠杰携全体员工热忱欢迎中外客商前来洽谈业务，开展合作、共同发展。

地址：长春市富锦路2-1号

邮编：130021

传真：0431-5636001

电话：0431-5636010

e-mail:northjj@mail.jl.cn

吉林省东盟集团股份有限公司

吉林省东盟集团股份有限公司始创于1983年，历经17年艰苦创业，资产已达6亿元，现有分公司27个，职工总数1 080人。主要经营机电、医药、房地产、客运、牧业、商品流通网等。

东盟集团以“发展经济、利税报国”为宗旨，以“振兴经济、回报社会”为己任，十几年来，累计纳税3 000多万元。1996年东盟集团被长春市监察局评为“吉林省非公经济企业利益重点保护单位”；1997年被评为“吉林省民营企业纳税状元”；1998年被长春市政府评为“重点保护企业”；1999年集团纳税1 099万元，安置下岗职工378人，为社会公益事业捐款285万元。

东盟集团在发展实业上，始终坚持实施名牌战略，把吉林省区域资源优势同科技相结合。最近推出新产品“肾康元口服液”，荣获中国星火计划名优产品称号。东盟集团2000年被吉林省评为吉林人民满意服务单位。

①总经理李盟

②公司大楼

通化市市政工程公司

①

通化市市政工程公司始建于1952年，是以市政建设为主体，承建公路、隧道、水利工程、煤气热力管道安装、工业民用建筑；兼营沥青混合料及副产品加工，砂石开采、彩色砼砖生产，汽车运输等综合性大型企业。

公司下设5个基层单位，6个项目经理部，现有职工890人。其中科技人员190人，占职工总数的21.3%；高级职称人员16人，占科技人员总数的8.42%。大型配套的施工运输机械528台（套），13 622千瓦，人均装配率15.31千瓦。固定资产1 727万元，企业所有者权益1 761万元，具有工程施工配套的试验室，检测、试验手段齐全、实力雄厚，年生产能力9 000万元。

公司的宗旨是：科学至上、质量第一；踊跃管理、诚恳服务；以优质工程取信于业主，服务于社会。在改革中求发展，在务实中求进步。

多年来，牢牢地抓住工程质量这条主线，不断优化施工程序，强化质量管理，取得了显著成果，受到了主管部门和业主的好评。为了与国际标准化接轨，进一步强化质量管理，2000年通过了ISO9002国际质量体系认证。公司的目标是：以科技为先导，积极拼搏，努力进取，不断提高人员素质，加大机械化施工能力；开拓新市场，寻求新发展，走一业为主多种经营的路子。

本公司重合同，守信誉，愿与社会各界竭诚合作，共创美好未来。

①总经理于正吉
②公司领导班子在策划发展蓝图
③公司荣获的奖牌、奖杯、奖状、及荣誉证书
④玉皇山刚架拱桥

②

③

④

开发精品良药　奉献人类健康

中华茂祥工业有限公司创建于1984年，目前已发展成以制药为主，兼营葡萄酒、房地产、餐饮、印刷等分公司，总资产达4.5亿元的大型企业集团。公司从1997年至2000年连续四年被吉林省人民政府评为“吉林省非公有制经济纳税状元”；1999年被吉林省科委认定为“高新技术企业”，被吉林省医药管理局和吉林省药品监督管理局命名为“吉林省知名企业”；2000年被吉林省政府命名为“吉林省九五计划期间省级突出贡献企业”；2001年被国家科技部火炬高新技术产业开发中心，认定为2001年火炬计划重点高新技术企业。

近年来，茂祥公司在多元化发展的同时，以科技创新为先导，以市场需求为目标，以创造健康、经营健康、奉献健康为宗旨，不断增强制药业的核心竞争力。为了保障科研开发的人才资源优势，茂祥公司还建立起拥有2位国家科学院院士、20多位博士生导师、50多位专家的顾问咨询机构。在优化产业结构方面，经过几年的努力，已经形成了中西并举、仿创结合的开发模式。开发出泰克、金妇康、氯氧喹、泰宝、美博、普舒、先泰等一大批科技含量高、附加值高、疗效显著，拥有广阔市场前景的新药。其中氯氧喹为公司独立研制开发的国家一类新药。该产品对肺癌、乳腺癌、肝癌具有强大的抑制作用，具有服药安全、广谱、增效等特点。氯氧喹及其制剂被列入国家新药项目和国家科技九五攻关计划，成果可装入国家科技1 035重大工程；该药的开发成功是广大患者的福音，必将造福于人类。

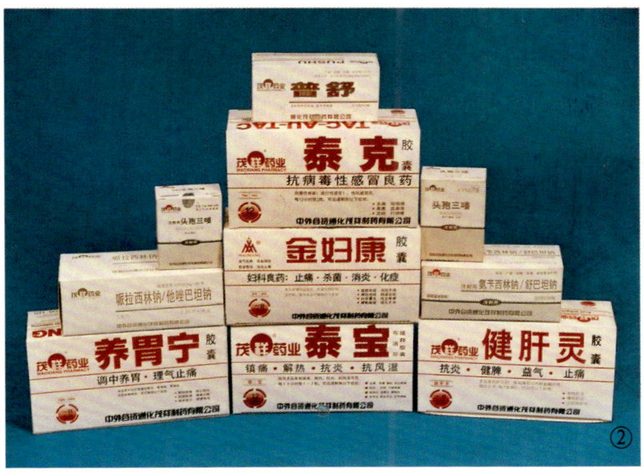

①总经理王茂祥
②公司系列产品
③公司药品科研生产基地

面对新世纪，公司把发展科技、创造健康，以提高人类生产质量为已任。十五期间，茂祥公司计划开发11个品种，其中联合开发1个一类西药、5个二类中药、5个二类西药，不断探索努力创新，促进祖国医药科技发展，为中国药业的腾飞，为人类健康幸福做出贡献。

团结拼搏　开拓进取

——通化人防迈向新世纪

五十年沧桑巨变，五十年光辉历程。通化市人民防空建设，在市委、市政府和军分区的领导下，认真贯彻执行"长期准备、重点建设、平战结合"的人防建设方针，依法加强人民防空各项建设，不断发展壮大，改革开放20年来更是硕果累累，取得了显著的成绩。实现了以人防养人防、以人防发展人防的良性循环。

在办党委的带领下，通化市人防办全体干部职工在改革的大潮中，团结拼搏，自立自强，开拓进取，促进了人防事业的全面发展。先后建成了"902"、"9801"大中型平战结合人防工程，人防工程的开发利用经济效益逐步增长，组织指挥工作不断完善，人防宣传教育扎实有效，通信警报建设稳步提高，机关建设正朝着"准军事化"文明机关建设迈进。连续7年在全省目标管理竞赛中实现一等达标，连续6年被市委、市政府命名为精神文明先进单位，连续7年被市直机关党工委授予先进党组织。

"天下大事必作于细，古今事业必成于实"。在已迈入21世纪之际，通化市人防系统广大干部职工发扬奋进有为，积极进取的精神；发扬勇于探索，敢于创新的精神，发扬励精图治，艰苦奋斗的精神；决心乘势而上，再创辉煌，谱写出21世纪人防事业的新篇章。

①

②

③

④

①通化市人防办党委书记陆长友
②通化市人防办领导班子成员研究"十五"规划
③通化市人防办采取多种形势宣传《人民防空法》
④通化市通泰人防地下商场

吉林东光集团有限公司

吉林东光集团有限公司(代号:国营第二二八厂)是中国兵器工业集团公司直属大型一档企业。始建于1956年,为国家“一五”期间规划建设的156项重点建设项目之一。1997年7月,二二八厂兼并了五五一四厂,成立了吉林东光汽车零部件有限责任公司。1999年7月,经兵总批准,组建吉林东光集团有限公司,使企业在集团化经营的道路上迈出了可喜的步伐。

吉林东光集团有限公司下设二个分公司(吉林东光精密机械厂、吉林汽车制造器厂);二个全资子公司(长春东光实业有限公司、长春东光工具厂);三个控股子公司(长春一东光离合器股份有限公司、吉林一汽实业东光汽车镜有限公司、吉林五兴建设监理有限责任公司);一个参股子公司(中日吉林东光光学有限公司)。

吉林东光集团有限公司生产和销售的主要民军品有:为多种军用飞机配套的航空摄影机;有供多种军用车辆使用的观察瞄准仪器;有多种大、中、小型炮弹引信产品.主要民品有:汽车离合器系列产品共50多种,为重、中、客、轻、轿、微型各种汽车配套膜片弹簧离合器产品,现已具备年产70万套生产能力;汽车制动系统部件总成系列产品共60多种,为中高档轿车、轻型车、微型车配套真空助力器、制动主缸、压力调节阀,现已具备年产制动系列产品60万套生产能力;汽车后视镜系列产品为小红旗、捷达等轿车配套,现已具备年产内视镜片100万片、各种汽车后视镜25万套生产能力;还生产PAR型燃气控制器、塑钢门窗、电表放大镜和眼镜产品等,年产值和销售收入均在3亿元以上,被评为兵器行业生产现场管理达标单位、安全生产先进单位、吉林省质量效益型先进企业、被长春市人民政府命名为“花园式工厂”、设备管理特优级企业。

现在,吉林东光集团有限公司的广大干部、职工正在公司党政班子带领下,继续实施集团战略,为使集团公司在激烈的市场竞争中,发展成为国内具有汽车零部件优势地位,形成高科技的航空相机和军用观察、瞄准仪器;汽车离合器、制动器、后视镜及高科技光电仪器的多个“小巨人”企业组成的企业集团这一总战略和总目标的实现,继续实施市场营销战略、资本运营战略、科技兴企战略、名牌战略和人才战略五个子战略,力争到“十五”末期,民品实现年产销汽车离合器系列产品85万套;制动器系列产品65万套;后视镜产品25万套。

地址:长春市繁荣路17号
电话:0431—5173591
传真:0431—5172269
邮编:130012

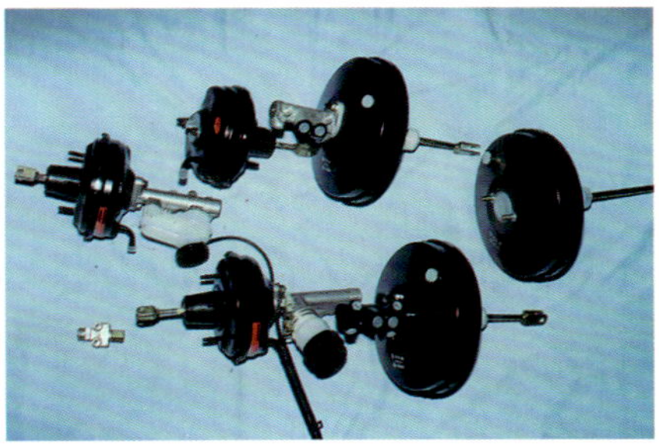

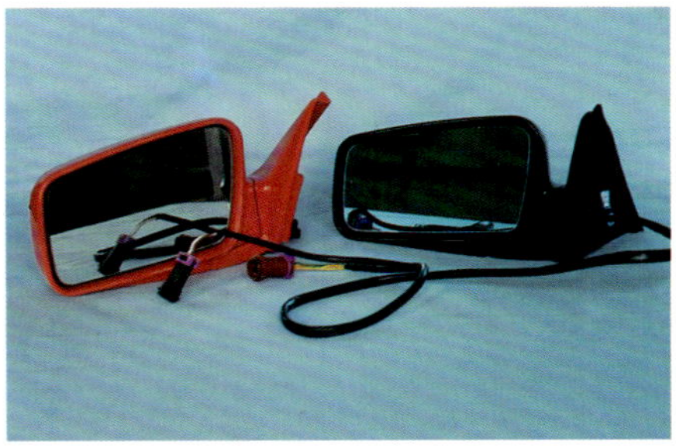

通化神龙药业股份有限公司

冲剂、片剂、胶囊五个剂型三十多种产品，其中主导产品“全鹿补虚灵”荣获98中华医药保健品国际博览会金奖，被吉林省命名为“吉林名牌”产品；“心宁片”一代新药也都开始投入全国各地医药业市场；国家一类新药“痹克”软胶囊即将投产。优惠的营销政策，充分调动了近百名销售员的积极性，他们在全国29个省市形成了一个连锁式的营销网络。

2000年，完成产值1690万元，实现利税218万元，安排下岗就业人员150人；目前，正在进行生产线移地GMP技术改造，为公司长足发展积蓄了后劲，这将使企业步入一个高速增长和跨越式发展的新时期。

通化神龙药业，系1998年依托通化县国营第一鹿场兴建的中、西药制剂企业，2000年转制为股份有限公司，被通化市政府列为“通化药业小巨人群体成员”单位，是医药行业近年来崛起的一颗新星。

公司座落在长白山脚下，关东“三宝”之乡的通化县城南。“水不在深有龙则灵”，“神龙”落户在此地，便利当地空气清新，药物资源极为丰富、得天独厚的自然条件，“以浓缩尖端科技、专注严谨制药”为宗旨，积极开发、生产以梅花鹿为主要原料的名牌产品，一直畅销不衰，深受消费者的青睐。

公司占地面积2.8万平方米，建筑面积1.2万平方米，现有职工200人，中专以上学历占60%，有蜜丸、煎膏、

神龙药业具有高素质的员工队伍，先进的设备，独家生产的特色产品和足够的发展区域。全体员工在董事长兼总经理任涛的带领下，以新的姿态、新的理念、新的追求，不断完善自我，铸造一流企业形象，使神龙药业走向更加辉煌的明天。

①总经理任涛（右三）
②小儿止泻灵
③补虚灵
④溃伤灵

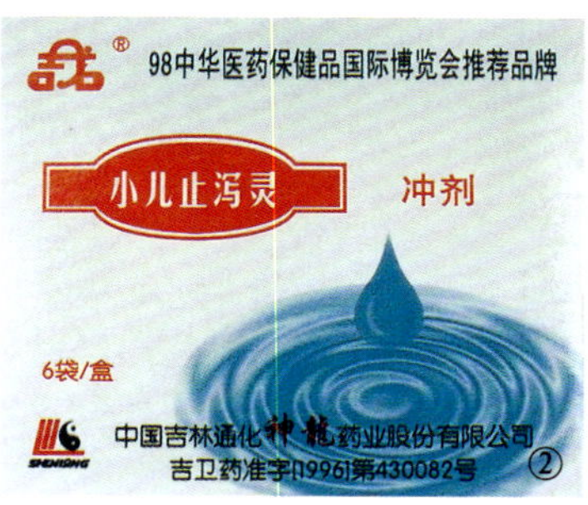

吉林炭素集团有限责任公司

吉林炭素集团有限责任公司座落在风景秀丽的雾松之城—吉林省吉林市，是吉林省建立现代企业制度样板企业之一。

吉林炭素集团有限公司是中国最大的综合性炭素制品研究、开发、生产、经营企业，是具有相当生产规模，在国内外有重要影响的基础能源、原材料生产企业。年生产炭素制品10万吨，占全国炭素制品总产量的30%左右，其中主导产品石墨电极占全国总产量的50%左右。公司是集设计、生产、科研、内外贸易为一体的国家重点骨干企业，其工艺技术、装备档次、产品质量、出口创汇、经营能力、员工素质等诸方面均居全国同行业领先水平。

①院领导班子
②竖版车间
③横版车间

吉林炭素集团有限责任公司以科技为先导，积极实施科技兴厂战略，企业的科技含量不断提高，“七五”至“九五”期间，先后从美国引进了数控电级加工组合机床及德国引进高压浸渍、二次焙烧设备等，使企业的技术和装备达到90年代国际先进水平。

面对中国加入WTO及经济全球化的新形势，吉林炭素集团有限责任公司坚持以跨越式发展为主题，以优质高效为目标，以科技进步为动力，以管理文化为依托，大力开拓国际国内两个市场，努力加快公司的现代化、国际化步伐。吉林炭素这颗中国炭素行业的黛色明珠必将在崭新的21世纪更加璀璨夺目，绚丽多彩。

吉林市公共交通总公司

吉林市公交总公司是吉林市城市公交客运国有主体企业，现有职工5 198人，营运车辆1 066台，营运线路51条，线路总长798.85公里，年营运里程4 000万公里，年客运总量1.50亿人次，客运周转量10亿人公里，年票款收入11 500万元，总资产2.7亿元。下辖包括营运、保修、三产、后勤系统的30个基层单位。

近年来，公司按照市场经济的要求，积极推进体制和机制改革，千方百计发展融资，实施运营生产微调，努力提高服务质量，狠抓企业内部管理，加大基础建设力度，经济效益和社会效益取得显著成效，企业正在发生日新月异的变化。初步形成了以大容量公共汽车为主，以中巴、出租车和旅游观光车为辅的现代公交企业集团框架，各方面都呈现出从发展向奔腾飞跃的良好局面。

公交总公司总经理张伟

面对当前市场竞争和面临形势的严峻考验，吉林市公交总公司明确提出下步工作总的方针是 认清形势，抓住机遇；解放思想，转变观念；深化改革，理顺体制；拓展领域，抢占市场；强化管理，创出品牌。按照总方针的要求，吉林公交将不断以一流的管理、一流的质量、一流的服务、一流的信誉创出公交品牌，为公交事业蓬勃发展再铸辉煌！

长春市计划生育委员会

“九五”期间，长春市的人口与计划生育工作，在市委、市政府的正确领导下，经过全市广大计划生育工作者的共同努力，取得了显著成绩。“九五”期间，全市人口出生一直稳定在较低水平，总计新出生人口31.17万人，比省下达计划少生13.09万人，年均出生率为8.7‰，自然增长率为4‰。如果按平均每人社会负担1.6万元口径计划，“九五”期间少出生人口可为财政节省开支21亿元。人口与计划生育工作为长春市经济社会发展做出了贡献。1998年长春市计生委被国家计生委和人事部评为全国计划生育工作先进单位。

“九五”期间，该委不断转变观念，调整思路，大胆改革，积累了一些好的经验和作法，创造了良好的工作局面。

一是对计划生育考核机制进行了创新。1998年，长春市率先在全国建立了“分线考核，综合评估”的人口与计划生育工作考核监督机制，这是对现行计划生育考核机制的重大突破和完善，得到了国家计生委、省委、省政府的高度肯定。今年，在坚持“党政线”和“业务线”两条线考核的基础上，又建立了对相关部门线的考核，从而形成了“三线考核，综合评估”的新的计划生育考核模式，有力地推动了人口与计划生育工作“一把手工程”的落实。

二是对计划生育管理体制进行了创新。在城市，建立集社会治安、计划生育、城市管理、卫生管理和社区管理“五位一体”的城区人口工作管理体制。依托新的管理机制，1998年对全市流动人口计划生育工作情况进行了长春市有史以来最大规模、最彻底的调查，去年又建立了流动人口计划生育例会通报制度，使流动人口计划生育工作这个难点得到一定的突破。在农村，建立了村级党支部（村委会）、基层计划生育专干和计划生育协会组织“三位一体”的农村人口工作管理体制。去年，市计生委、民政局等8个部门联合签发了《关于治理早婚早育的意见》，使早婚现象得到了有效控制。

三是对工作方式进行了创新。适应形势发展要求，实行行政管理与群众工作相结合，寓检查于调研之中，经常深入基层，对基层基础工作进行现场指导；寓管理于服务之中，为群众提供以生殖健康为主的全程优质服务，使干群关系得到了明显改善，计划生育基层基础工作实现科学化、规范化管理。

四是对计划生育避孕药具供应机制进行改革。1998年开始对全市计划生育避孕药具零售市场进行了全面的清理整顿，实现统一办证、统一供货、统一价格、统一发票、统一帐目等“五统一”。既方便了群众，又提高了避孕节育有效率。

五是继续深化计划生育“三结合”工作。把“三结合”纳入党政行为，专门制定了发放小额贷款，优先安排致富项目，优先给予科技扶持等一系列政策，把计划生育与发展经济、与帮助群众勤劳致富、与建设文明幸福家庭结合起来，使实行计划生育的家庭得到了好处，使“少生孩子快致富”的观念得到了群众的普遍认可。

今年，长春市被国家确定为全国十六个计划生育综合改革试点城市之一，他们将以此为契机，抓住影响全局、制约发展的关键性问题，坚持超前思维和超常思维，建立具有较高科技含量和服务质量的优质服务体系；建设一支革命化、年轻化、知识化、专业化的工作队伍；完善利益导向机制和社会保障制度；建设社会主义新型生育文化；完善考核评估指标体系和考核制度；建立“依法管理、村（居）民自治、优质服务、政策推动、综合治理”的人口与计划生育工作管理机制。到“十五”期末，全市总人口控制在7 508 052人以内，自然增长率不超过4.88‰，从而在全市形成人口与计划生育工作调控有力、管理有序、服务完备、队伍精干的新局面，为实现长春市经济跨越式发展和人口、资源、环境的可持续发展，营造了良好的人口环境。

①计生委主任李越春
②荣获全国计划生育系统先进集体奖
③广泛开展计划生育宣传

吉林省机械工业管理办公室

吉林省机械工业以加速改革的步伐、突出发展的气魄，圆满完成了“九五”规划目标。

根据机械工业部、省委、省政府的部署，结合制订“九五”规划，全行业职工为了产值、利润翻番，达到全国排名第五位的目标，致力于创名牌，上规模，抢市场，突出发展汽车工业，营造地方新优势。他们实施了“大集团、小巨人”战略，一汽集团，已壮大成为科工贸一体化的轿车、轻型车、中型车、重型车、改装车、微型车综合性生产厂家，全国最大的汽车制造企业。同时，组建起长春长铃集团，跻身于全国摩托车制造企业的前8强。组建起吉林省汽车工业集团、富奥汽车零部件集团公司、吉林轴承集团公司，成为发展配套业的“龙头”。培育了15个“小巨人”企业，基本造就成配套业优势的主力军。

为了在新世纪早日振兴行业，他们制订了《吉林省机械工业“十五”规划》。根据全行业基础情况、发展特点、存在问题及面临的国际国内形势，提出了总的指导方针。放眼未来五年，机械工业达到预期目标，必将为全省工业经济腾飞作出更加优异的贡献。

①省人民政府机械行业管理办公室主任：陈双秋
②长春客车厂
③一汽—大众

长春市地方税务局

长春市地方税务局组建于1994年9月，现有干部职工2 300名，负责整个长春地区108 617户纳税户的地方税收征管工作。现所辖4个县（市）地税局、17个直属单位及机关服务中心、国际税收研究会，市局机关内设12个职能处（室）。全系统拥有固定资产原值2 246.6万元，其中办公面积49 430平方米，车辆187台，微机502台等。

几年来，长春市地方税务局在吉林省地方税务局和市委，市政府的正确领导下，高举邓小平理论伟大旗帜，以江泽民“三个代表”重要思想为指针，坚持“法治、公平、文明、效率”的治税方针，励精图治，艰苦创业、开拓进取，走出了一条创业之路、改革之路和发展之路，建立了适应经济发展需要的科学规范的地方税收管理体系，充分发挥了地税部门的职能作用，取得了精神文明建设和物质文明建设的双丰收。“九五”期间共组织税收收入1 059 459万元，年均增长10.6%，年均增收21 887万元。特别是2000年，完成税收收入264 277万元，同比增收38 294万元，增长17.0%，超计划32 000万元。为平衡地方财政收支，促进全市经济发展做出了突出贡献。

地址：长春市建设街15-1号
邮编：130061
局长：曾家忠

①领导班子
②税法宣传

吉林省农业委员会

委主任、委党组书记杨绍明

2000年，省农业委员会的工作得到省委、省政府领导的充分肯定。主要有10个方面的成绩：一是农业结构调整取得突破性进展，产业结构、种植结构和品种质量结构更趋于合理；二是“订单农业”走出坚实的一步，由过去单纯抓生产向生产和流通并重转变；三是高效农业示范区建设取得一定成绩，高质量地完成了各项建设任务；四是科教兴农初见成效，为推动效益农业做出了较大贡献；五是农业法制工作有新进展，推动了依法治农工作；六是农业基础建设得到加强，农业“三站”的经济实力、服务功能和活力得到加强；七是推进了农业企业的改革和整顿，扭亏工作取得较大成效；八是“三讲”教育成果显著，受到省委领导的好评；九是财务状况基本好转，开源节流工作坚持不懈；十是机关面貌明显改观，各项工作都有了明显进步。

地址：长春市人民大街54号
电话：(0431) 2715043
邮编：130051

吉林市水利水电勘测设计研究院

吉林市水利水电勘测设计研究院是吉林市唯一一家从事水利水电工程建设的事业单位，自1958年建立至今已走过40多年的历程。

2000年参加吉林市事业单位配套改革后，该院下设11个科、室、队以及中日合资吉林华日地下水开发有限公司等，拥有水利水电和各种专业技术人员73名，其中高、中级职称人员40名，初级职称18名，高、中技工15名。

40多年来，该院共为本地区规划设计出水库、电灌站、灌区及城市防洪等大中型工程40多项，中小型水利工程300多项；承接并完成黑龙江、延边、大连乃至西藏中、小型以上水利工程30多项。本地区沙河子水库、大绥河水库、桦甸排涝站、九站一级站、付家拦河闸多项工程获省级二、三等奖、吉林市临江门斜拉桥工程勘察获厅级优秀勘察一等奖；外地区如黑龙江老亮子排涝站被评为省级三等奖，哈尔滨市政府为该工程立优质工程纪念碑。西藏当巴电站被评为西藏自治区优质工程，西藏楚松水库近期顺利通过竣工验收，亦被西藏自治区评为优质工程。

近两年来，该院适逢水利建设丰年，先后承担了吉林市第二松花江城防工程、永舒榆大型灌区工程的规划设计、磐石黄河、永吉碾子沟、舒兰新安、太平等四个中型水库的除险加固勘测设计工作。

40多年来，该院依靠人才优势和严谨求实的工作态度，为政府当好技术参谋和助手，出主意，出成果，为吉林市乃至外省、市水利经济的发展做出了显著成绩，取得了可观的经济效益和社会效益。

展望未来，该院将一如既往地为政府当好技术参谋和助手，将竭诚为水利事业的防洪、治涝、水土保持、农田灌溉、工业和城乡人民生活用水、渔业、旅游和水利水电勘测规划设计、咨询业务提供优质高效的服务，为水利水电事业做出更大的贡献。

吉林省地方税务局

①

①吉林省地税局党组书记、局长唐志萍
②税法宣传
③全国十大杰出女税务工作者、长春市朝阳区地税局局长韩钰华受到隆重欢迎
④“税收与公民”文艺演出
⑤领导班子

②

③

④

⑤

“九五”期间，全省各级地税机关在省委、省政府和国家税务总局的正确领导下，认真贯彻落实党和国家一系列重大方针政策以及省政府各项决定，按照“法治、公平、文明、效率”的治税思想，坚持依法治税、从严治税，以组织收入为中心，深化征管改革，加强基础建设，努力提高干部素质，较好地完成了各项工作任务，有力促进了我省经济的持续健康发展。

在此期间，地税收入稳定增长，为改革和建设提供了资金保障。“九五”时期，全省地税系统组织收入304.6亿元，年均增长11.7%，年均增收6.4亿元。1995年全省地税收入仅为39亿元，到2000年已跃上70亿元的新台阶。同时，其它各项工作也取得了可喜的成绩：认真执行税收政策，促进税制不断完善。五年来，全省补充完善了近千条税收政策，促进了新税制在我省的顺利、正确实施；改革完善征管运行机制，税收征管水平逐步提高。一个“以申报纳税和优化服务为基础，以计算机网络依托，定片管理，集中征收，重点稽查”新的征管模式已建立起来并逐步得以完善；坚持依法治税方针，税收秩序逐渐改善，全社会税收法制意识明显提高；有效发挥税收杠杆作用，积极为地方经济发展服务。在促进科技进步、支持第三产业、回避金融风险、加快粮食流通体制改革、鼓励就业和克服自然灾害困难等方面，发挥了重要作用；加强思想政治工作，各级班子和广大干部保持了良好的精神风貌。有41个县级局（科、所）被中央文明委、全国总工会、团中央、国家税务总局分别授予“全国创建文明行业先进单位”、“全国税务系统文明单位”和“全国税务系统文明税务所”、“青年文明号”等荣誉称号。有585名干部先后被全国总工会、团中央、全国妇联、国家税务总局、省政府及有关部门授予“全国首届杰出青年卫士提名奖”、“全国青年岗位能手”、“中国十大杰出女税务工作者”、“税收征管能手”等荣誉称号；业务培训成果明显，干部执法水平普遍提高；狠抓了党风廉政建设，系统行业风气进一步好转。在历年全省行风测评中，地税系统群众满意率都位居前列，树立了地税部门的良好形象。

吉林省妇女联合会

“九五”期间，全省各级妇联组织在省委、省政府的正确领导下，在全国妇联的精心指导下，紧紧围绕党的工作中心，积极动员、组织全省妇女以强烈的主人翁责任感和历史使命感投身两个文明建设，在维护妇女儿童合法权益、提高妇女素质、推动社会各界为妇女儿童办好事、加强妇联基层组织建设等方面均取得了显著成效。

2000年以“双学双比”、“巾帼建功”、“文明家庭”三大活动为主体，省妇联创造性地完成了几项工作：一是“科技进家庭、庭院创新业”活动广泛启动；二是“巾帼扶贫”工作扎实进行，利用国家100万元扶贫资金在10个贫困县启动了10个扶贫项目，并通过“一帮一”结对子、“送科技下乡”等途径，使近10万名农村贫困妇女走上了脱贫致富的道路；三是“巾帼文明岗、巾帼岗位明星”创建活动深入开展；四是女职工再就业工作全面落实，健全完善了再就业服务网络；五是在全省妇女中深入开展了马克思唯物论教育和社会主义法制教育，开展了“吉林省百万妇女健身活动”、“家庭文化艺术节活动”、“爱我社区、助老活动”和以“妇女与社会”为主题的社会咨询活动；六是以典型宣传唱响时代主旋律；七是加强监测评估，推动《“九五”期间吉林省妇女发展规划》和《“九五”期间儿童发展规划》的实施，组织开展了全国及我省第二期妇女社会地位调查；八是开展“法律进家庭”活动，加大依法维权力度，开办“妇女维权热线”和妇女法律服务机构，加强妇女维权调研，利用“妇女维权席”有效开展工作；九是加大了爱心助春蕾活动的社会宣传。

在世纪之交，吉林省妇女联合会将加大工作力度，为促进我省两个文明建设，推动全省妇女事业发展做出新的贡献。

②

③

④

①

①吉林省“双学双比”女状元、全国“三八”红旗手郝富霞、陈云莲、蔡淑珍与省委书记王云坤在一起
②省妇联主席杨湘岚
③省妇联党组成员
④“巾帼建功”女能手

通化市长途客运总公司

通化市长途客运总公司座落在长白山下的通化山城，山城地理位置优越，环境优雅。公司主营长途旅客运输，兼营汽车修理，轿车维修，配件供应和餐饮服务业务。是通化地区最大的客运企业。

公司有职工1 100人，拥有固定资产1 900万元，内设11个基层单位，集旅客运输、车辆修理、综合服务为一体。公司的两个客运分公司有营运车辆132台，经营营运线路49条，即有长途客运、又有短途公交，还有乘座舒适便捷的轿车出租。在市中心和火车站附近设有两个规模较大、功能齐全、设施先进、服务一流的客运站。

公司拥有通化地区独一无二的上海大众汽车通化特约维修站，是通化地区规模最大、设备最全、技术最精、配件最真、服务最佳的轿车维修中心。

展望21世纪的客运市场，前景无限，任重道远。但他们坚信，困难与希望同在，通化长途客运总公司全体员工将在总经理李冠军的带领下，抢抓机遇，加快发展，并愿与省内外客运同仁精诚合作，共同开发，培育、发展更加广阔的客运市场。

总经理：李冠军
传真：0435—3617125
地址：通化市新岭路22号

①总经理：李冠军
②整装待发的公交车队

通化市结核病医院

通化市结核病医院、通化市结核病防治所是院所合一的结核病防治专门机构，直属市卫生局领导。位于通化市西郊梁家岭。占地面积11000平方米，医疗用房面积3000平方米。

通化市结核病医院，创立于1959年10月，现有编制床位130张，院内设结核病防治所（兼医院门诊部）内科及检验、放射线、电诊室、药房、纤维支气管镜室等医技科室，现有副主任医师4人、主治医师及其他中级人员24人，医师及其他助级专业技术人员45人。通化市结核病医院负责全市结核病预防、治疗、管理与咨询等工作，负责与结核病相关疾病研究与技术指导。负责全市结防专业技术培训及健康教育。

①医院领导班子合影
②门诊部外景

通化铁路工务工程公司

总经理：刘福祥

通化铁路工务工程公司创建于1980年，为吉林省建设厅批准的铁路综合工程施工三级企业，拥有较完整的施工机械设备，是一个集铁路线、桥、房建等综合性施工企业。现有职工549人，其中管理人员75人。工程技术人员49人，其中高级1人，中级14人，初级34人。截止2000年末，累计完成施工产值近8 000万元，利税900余万元。

通化铁路工务工程公司，主营线、桥及土建工程，兼营线路配件及水泥予制品。所属企业通化铁路专用器材经营处主营铁路专用器材，兼营日杂、五金、建材。我们将以整个社会的认同作为企业信誉的立足点，逐步提高公司在社会的影响，把工程建设中的质量、进度及安全做为公司树立形象的重要契机，让社会各界得到满意和赞同。

“建精品工程，创企业品牌”是该公司一贯的质量方针，我们将进一步发扬“团结奋斗、务实进取、优质高效、争创一流”的企业精神，本着诚挚守信，再图发展的宗旨，愿与社会各界精诚协作，立足山城，奉献社会。

总经理：刘福祥
联系电话：0435-3517554　34231645
传真：3427968
地址：通化市东昌区老站街前山路141号

通化市宏林家俱有限公司

通化市宏林家俱有限公司，始建于1987年，扩建于1993年，位于通化市江南经济技术开发区内，距市中心一公里，距火车站两公里，集锡（303国道）从本厂一侧通过，交通运输十分方便。

本公司地处长白山南麓龙岗山脚下大森林怀抱之中，木材资源极为丰富。盛产珍贵的红松、白松、柞木、水曲柳、胡桃楸、黄波萝和榆木、色木等，木业生产具有得天独厚的优势。

本公司占地1.38万平方米，厂房4 000平方米，现有职工128名，拥有各类工程技术人员13名，专业学校毕业的技术工人58名，技术力量雄厚。厂内设有制材、干燥、集成材、家俱四个车间。家俱车间以制做出口家俱为主，采用国内先进的生产工艺和油漆技术，主要制作办公桌椅、沙发茶几、书柜卷柜、家庭用品、餐桌餐椅等家俱。主要销往美国、东欧、日本等十几个国家。

现在该公司和木材加工已经形成规模，成为通化市较大的木材综合加工企业，该厂奋斗目标是强化管理争创一流企业。经营方针是以质量求生存，以用户为上帝，以信誉为宗旨。

竭诚欢迎国内外用户与本公司建立广泛的合作。

厂　　址：通化市江南路21号
电话／传真：0435—3246635
董事长、总经理：于财

长春市绿园区人民法院

长春市绿园区人民法院是1995年9月1日伴随着长春市行政区划依法变更成立的，辖区面积280.6平方公里，辖区人口55万，该院现有干警128名，内设庭室科15个，年受理各类案件5 000余件。

几年来，绿园法院在院党组的正确领导下，坚持党的基本路线，围绕党和国家中心任务，充分发挥审判职能作用，为社会主义经济建设和社会稳定提供了良好的法律服务和保障。特别是近三年来，院党组带领全院干警紧紧围绕“做让党放心法官，建人民满意法院”的工作目标和建院宗旨，抓住机遇，不断进取，努力拼搏，脚踏实地地工作。一年一个新台阶，不断开创新局面。1998—2000年连续三年各项工作在市法院综合考评中位居第一名，并荣获市委、市政府开展的精神文明“十杯”比赛中“卫士”杯奖，被市委、市政府评为社会治安综合治理标兵单位。1999年9月被省法院荣记集体二等功。2000年6月被省政法委、省法院授予“人民满意法院”称号。该院先进典型任继友被荣记个人一等功，被省政法委、团省委评为“十佳”优秀青年，被团中央和最高人民法院授予优秀青年法官称号和全国青年法官标兵，获得全国“五一”先进工作者称号和全国“人民满意法官”称号。

①院党组书记、院长：安然
②办公楼
③院长接受采访
④领导班子
⑤开庭

绿园法院工作实现了历史性的突破，队伍管理和硬件建设也实现历史性跨越。1998年12月，9 600平方米的职工宿舍楼峻工，1999年8月，11 000平方米的办公大楼投入了使用。新办公楼配有电脑网络、电梯，集图书室、多功能厅于一体。审判楼内有大、中、小审判庭18个，配备电脑56台，成为全省第一家率先启用计算机局域网的法院。绿园法院正以崭新的姿态展现在全区人民面前。

长春市老龄工作委员会

长春市老龄工作委员会，认真贯彻党中央、国务院关于老龄工作的方针政策，在市委、市政府的领导下，开展了卓有成效的工作：一是大力开展宣传工作，强化了全社会的老龄意识和养老意识；二是积极做好对老年人的社会优待工作，使70岁以上的老年人享受免费乘坐市内公交车，免费进公园收费厕所等多项优待；三是在全市实施“助老工程”，组织有关单位为老年人提供“优先、优质、优惠“服务，并助养特困老人800多人；四是动员有关部门和社会力量关注老龄事业，积极筹措老年事业发展资金；五是依法维护老人合法权益。市县（市）区两级老龄委、协调各级司法部门建立维权网络，依法保护了老年人的合法权益；六是按市政府的要求，正在进一步制定老龄事业“十五”规划和2015年远景目标纲要及老年福利事业的发展优惠政策。目前，全市老龄工作在法制化的轨道上蓬勃发展。

①省委常委、市委书记米凤君看望百岁老人
②安莉副市长视察宣传贯彻《老年法》活动
③老年人在“助老工程”参与单位购药
④领导班子
⑤老年人参观

长春新产业光电技术有限公司

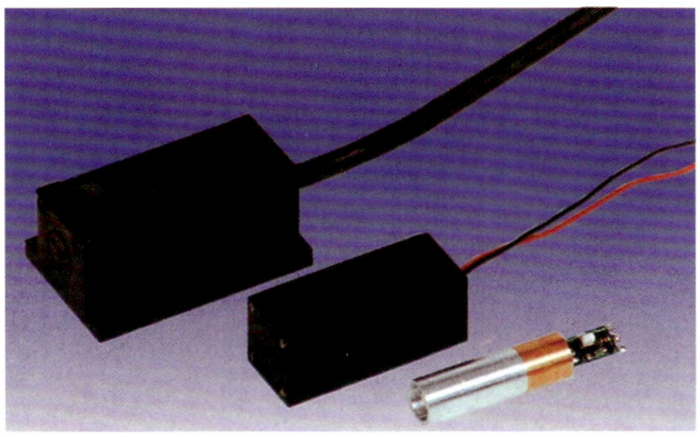

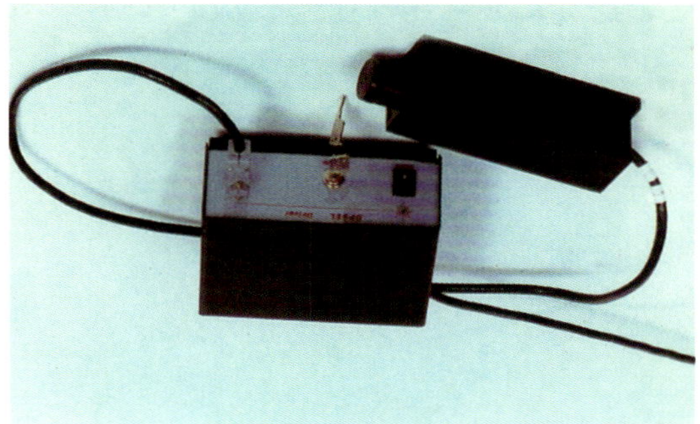

长春新产业光电技术有限公司是1996年以中国科学院长春光学精密机械研究所的科研成果为主导产品发起成立的高新技术企业。

其主导产品—半导体激光泵浦全固体绿激光器是国家“863”计划中的重大科技成果转化项目，获中科院科技进步二等奖，产品性能和各项技术指标均达到国际先进水平。

该产品是以半导体激光器作泵浦源，利用激光晶体和倍频等多项激光技术开发出的一种全固态结构、小型化、便于应用、寿命长的新型激光器。它已在激光测量、激光彩色打印、激光生物、激光医学等方面得到了非常广泛的应用，是80年代末兴起一项高技术激光产品。

该公司在国家“863”307主题的大力支持下，得到了迅速发展。96年开始转入产业化批量生产，产品被评为1996年度国家级新产品，1997年获吉林省优秀新产品奖。5年来公司产品已发展到3大类22种产品，年产量3万余台。产品95%出口，占有世界同类产品20%以上的市场份额，成为国际上同类产品的最大生产厂家之一。98年该项目被国家列为产业化示范工程和吉林省长春市重点建设工程。同年公司通过ISO9001质量保证体系认证。并获得了自营进出口权。2000年得到国家科技部科技型中小企业技术创新基金的支持。2001年初公司总经理钱龙生被评为“863”计划实施十五周年先进个人一等奖，课题组被评为先进集体，得到党和国家领导人的接见。

2000年1月6日，由王大珩院士、梁春广院士、王占国院士、陈良惠院士等13位专家对公司中低功率全固态激光器产业化研究成果（公司承担的国家“863”计划四个研究项目的综合成果）进行了鉴定，结论为：“该项目所开发生产的中低功率输出的半导体激光泵浦的全固态激光器产业化规模居国际领先水平，综合技术指标达到同类产品国际先进水平，是我国高新技术产业化的成功范例”。

在做好全固态激光器产业化工作的同时，长春新产业公司在上海组建了“863”计划光通讯器件为主导产品的上海新产业光电技术有限公司。

长春新产业公司拥有一大批懂技术、有业绩的技术人员和高层管理人员。公司将本着质量第一、信誉第一、服务第一、效益第一的宗旨，以全方位的奉献和投入，开创科技与实业相结合的高新技术产业化道路。欢迎海内外各界朋友来人来函进行业务合作和洽谈。

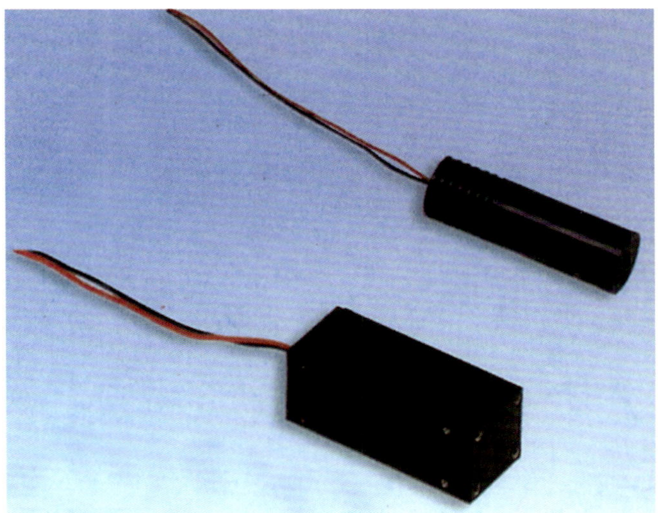

PGL 型

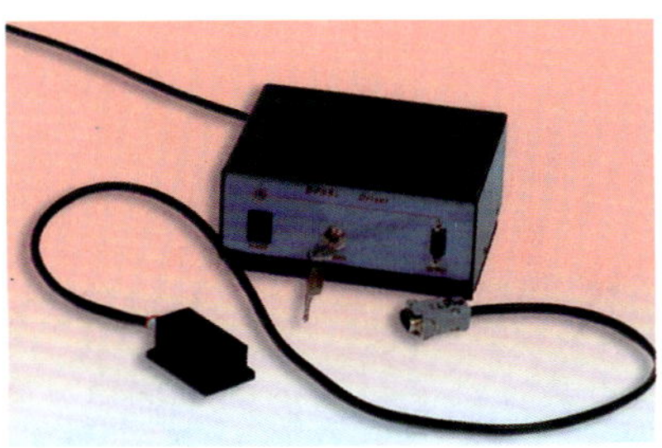

PGL－Ⅱ型

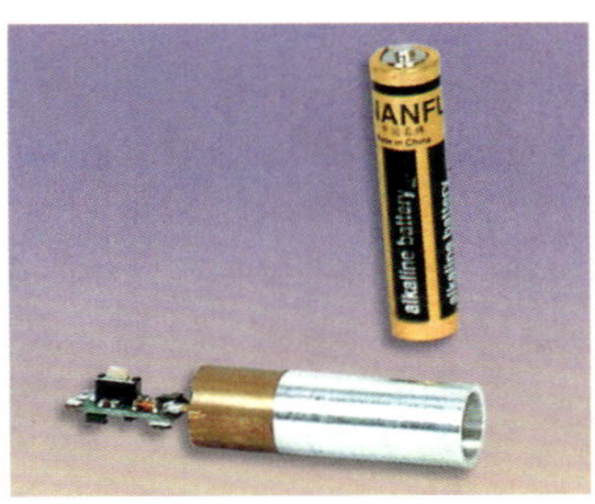

PGL－Ⅵ型

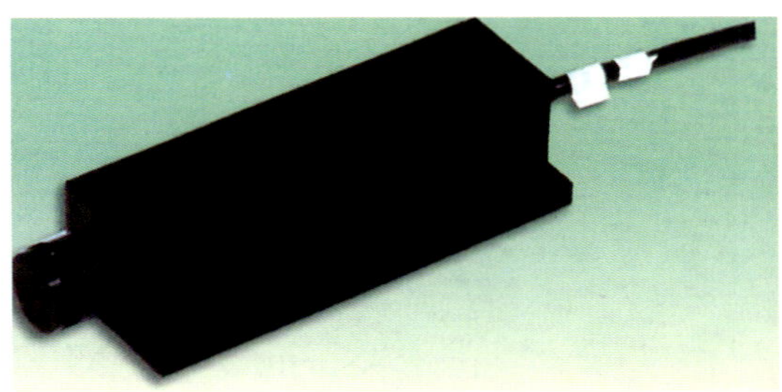

MGL 型

四 平 卷 烟 厂

四平卷烟厂是中国烟草总公司所属的一家中型二档卷烟工业企业，吉林省重点工业企业和四平市财政支柱企业，始建于1948年，现有职工1 118人，固定资产1.5亿元。经过多次技术改造后，企业的设备水平和生产能力已达到同等规模企业的一流水准。年生产中高档卷烟能力20万箱。1999年8月，通过ISO9002国际质量体系认证。企业主要卷烟产品以烤烟型为主，主要有吉牌、三连冠、五连冠、达西等，这些品牌相继荣获国家、省级优质产品奖。1995年以来，企业综合效益指数连年排在全国100多家卷烟工业企业的前50位，2000年排在第24位。

"九五"期间，他们在以崔连元厂长为首的新一届班子的带领下，结合企业的实际，为了适应市场，积极致力于企业新产品的开发和老产品的改造。相继开发出了替代原有联营产品的"达西"牌卷烟和吉林省的高档名牌"吉"牌系列卷烟，使该厂的产品在水平和结构上都有了较大程度的提高，也是该厂效益水平得以逐年提高的重要保证。2000年该厂完成卷烟产量9.5万箱，实现销售收入2.5亿元，实现利税8 230万元。"九五"期间，该厂各项经济指标均呈递增趋势，累计实现销售收入11.44亿元，累计实现利税3.5亿元。

如今，四平卷烟厂全体员工正满怀豪情，用一流的管理，一流的质量，一流的服务，创造企业新的辉煌！

①四平卷烟厂厂长崔连元近照

②2000年7月19日国家烟草专卖局局长倪益瑛到四平烟厂检查工作

③2001年5月11日吉林省委书记王云坤到四平烟厂检查工作

④2001年1月15日吉林省省长洪虎到四平烟厂检查工作

⑤四平卷烟厂厂大门

⑥领导班子

吉林省隆华实业有限公司

总经理：朱孝明

地处中国汽车工业摇蓝—吉林省长春市的隆华实业有限公司成立于1996年，是一家以经营汽车配件、汽车内装饰、汽车销售为主的民营企业。凭借雄厚的实力，公司成为中国第一汽车集团的特许各类轿车一级代理商及世界知名的经营汽车音响的日本阿尔派、健伍公司，经营汽车轮胎的美国固特异公司在东三省的独家代理。自成立以来，公司主营的红旗、奥迪、捷达轿车的销售额在全国各大代理商中始终名列前茅，仅1999年一年的销售额就达到4个亿。与此同时，公司为国家上缴利税也逐年增加，截止1999年底累计已达到400多万元。更值得一提的是，1999年公司以6亿元买断了奥迪20018T的经营权，成为该车型的全国独家代理商。凭借良好的信誉和优质的售后服务，公司已在全国汽车销售行业中享有盛誉，客户遍布全国各地。

面对成绩，隆华人并没有满足，而是冷静思索、积极开拓，准备在新的领域再创辉煌。1997年，公司以600万元买断了汽车厂东风日杂商场，并自筹资金3 000多万元投资兴建了1 100多平方米的六层综合性大楼，在原有基础上，扩展业务范围，一层为汽车销售大厅；二、三层为餐饮娱乐，设有餐厅和豪华包房，是长春最大的上海菜专营店；四、五、六层为客房，设有豪华标准房、总统套房及多功能会议厅。并从上海特聘高级管理人员、厨师负责酒店经营。现在，大上海饭店已成为长春人休闲娱乐的又一新去处。

在搞好经营的同时，华隆人也不忘"服务人民，回报社会"。公司买断日杂商场的同时，主动承担下了日杂商场退休工人的劳保，并为数百名下岗工人妥善安排工作。1999年再次安排250名下岗工人就业。公司为二次就业所做的突出贡献，受到劳动部门的好评，更是让重新走上工作岗位的下岗职工们感激不已，同时增强了职工们的主人翁责任感，他们积极地投入工作，视企业为家，公司的经济效益蒸蒸日上。

在新世纪里，隆华人将继续坚持"服务人民，回报社会"的一贯宗旨，在总经理朱孝明先生的领导下，更加团结一致、勇于开拓、不断探索，将公司的各项事业带入新的辉煌！

地址：长春市东风大街29号

电话：0431-7616055

通化巴士股份有限公司

通化巴士股份有限公司是1998年底在全省率先实行股份制改造企业，由通化市公共汽车公司发起方式设立，现有职工952人，有大、中、小公共汽车248台，营运线路22条，线网长度280多公里，年客运量2 700万人次。

通化巴士股份有限公司近三年来，按照建立现代化企业制度要求，进一步解放思想，更新观念，开拓进取，不断深化企业改革步伐，改革内部管理机制，使公交事业发展呈现出前所未有的趋势。近三年来，我公司通过募集股金、银行贷款、职工集资投入资金1 000万元，更新车辆100余台。相继开辟了14条新线路，延伸线路11条，增加站点350多个，极大的方便了广大市民的出行，把公交车开到了小区里、百姓家门口。公司还投资建设了7 000平方米的公交停车场，公交加油站，按国家标准制作站牌450块及标准调度室8个，候车亭13个，为乘客提供了良好的乘车条件和候车环境。

公交企业是社会窗口单位，公司始终把精神文明建设摆在重要位置，以人为本，以乘客满意为标准，强化服务意识，实施规范化服务，坚持开展社会承诺服务，不断推动服务向高层次发展，树立全新的公交形象。

总经理：雷键
地址：通化市建设大街
电话：3617217

新兴的城市　光辉的前景

桦甸市位于吉林省东南部，1908年经光绪皇帝朱批，设立桦甸县，1988年5月撤县设市。全市幅员面积6250平方公里，现辖5街、8乡、8镇，108个居民委、179个村、854个自然屯，总人口44万人。

桦甸市资源十分丰富，以镶嵌在松花江上游的两颗明珠——白山发电厂、红石发电厂为首的11座大、中、小型发电站，犹如闪烁的群星，形成四通八达的输电网络；以金、铜、铁、霞石、油母页岩为主的20余种矿产资源分布广、品位高、储量大，被誉为“长白山下黄金国”。茂密的森林覆盖着桦甸68.2%的土地，成为吉林省的木材主要产区。桦甸土质肥沃，盛产玉米、大豆、人参、林蛙油、中草药材、山野菜，运销国际国内市场。

桦甸市景色秀丽宜人，炎夏山青水碧，冬季银装素裹。源于长白山天池的松花江流经桦甸境内80余公里，两岸群山巍峨嶙峋，松花湖、红石湖、白山湖“三湖连珠”，恰似一幅天然画卷，展示了大自然赋予人类的绝好风光，是旅游观光的最佳去处。

桦甸市基础设施日臻完善，烟白铁路犹如一条大动脉横贯东西，连接吉林、长春；公路、水路四通八达。连接世界180多个国家和地区的电话和无线传呼业务，形成便捷的通讯网络；总投资近2亿元的桦甸热电厂项目和桦甸防护大堤除险加固工程建设已经竣工。

改革开放给桦甸带来了勃勃生机，经济建设稳步发展，已初步形成了包括采矿、黄金冶炼、橡胶制品、木材加工、电力、化工制药、食品等门类比较齐全的工业体系，并获得了外贸进出口的经营权。“九五”时期，全市综合经济实力已进入全省五强行列。到“九五”期末，完成GDP44.9亿元，人均GDP达10077元。目前，全市人民正围绕“十五”规划目标，争取在近期内把桦甸建设成“经济繁荣、生活稳定、社会进步、环境优美”的中等城市。

桦甸具有巨大的开发潜力和价值，它将以其健全的城市基础、优惠的投资政策和高效优质的社会服务，广纳四海投资。期待着更多的外地客商到桦甸观光、游览、投资、建厂，互惠互利，共同发展，携手共创新的辉煌。

①省长洪虎在全都商贸市场视察
②市车轿有限公司生产的汽车半轴产品
③国家示范工程—桦甸热电厂
④白山发电厂
⑤桦甸大街街景

长春经济技术开发区电气工程服务总公司

长春经济技术开发电气工程服务总公司是开发区管委会直属公司。主要承担区内电力、电信和路灯交通信号项目配套工程。在开发区党工委、管委会的正确领导下，经过公司领导班子和全体职工共同努力，发扬艰苦创业的精神，从几辆手推车和一座铁皮板房起家，发展到今天拥有固定办公场所，现代化的交通、通讯工具，具备较大施工能力配套公司。

公司成立八年来，坚持“以配套服务为中心，两条腿走路”的经营方针，发扬“团结、实干、高效、奉献”的精神，以CI导入为动力，为进区项目单位提供“三全一优”服务，公司通过不断转变企业经营机制，实行全员经营目标和费用创收指标承包，中层干部竞聘上岗，人员优化组合，带出一支“不怕吃苦，敢打硬仗，特别能战斗”的职工队伍，取得了良好的经营效益，仅2000年完成产值7 800万元，利税2 146万元。

公司自1997年起连续四年被评为开发区先进单位，还多次获得省、市安全生产先进单位，市先进基层党组织，市思想政治工作优秀单位，市五一劳动奖状等荣誉称号，公司总经理王峥嵘同志2000年被评为全国劳动模范，2001年被评为吉林省优秀共产党员。

①全国劳模、吉林省优秀共产党员，总经理王峥嵘

②王峥嵘总经理（左一）和公司班子成员到长春国际会展中心建设工地指挥施工

长春气象仪器研究所

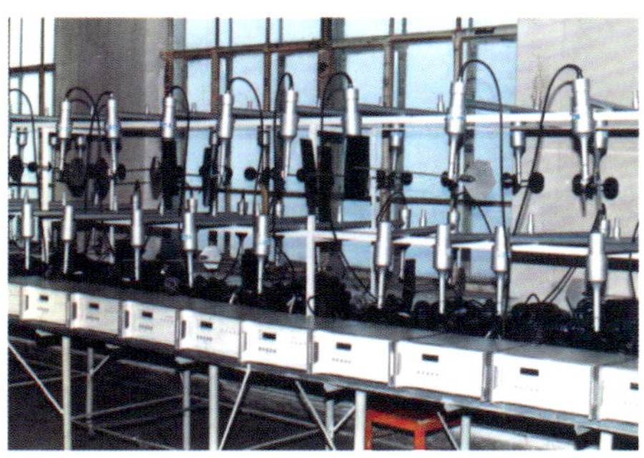

长春气象仪器研究所始建于1962年，是我国唯一的气象仪器专业研究所。所内设有技术开发部、自动化系统生产开发部、传感器生产开发部、机械加工车间等部门。国家气象仪器产品质量监督检验中心设在本所，拥有对温、湿、压、风、雨等测量仪器进行测试和校准的各种装置。本所主要从事开发、研制、生产、销售地面气象仪器。其中有各种自动气象观测系统及气温、湿度、气压、风向、风速、能见度、云高等气象要素的测量仪器和传感器。主要产品有机场自动气象观测系统、高速公路自动气象观测系统、风向风速仪、电子野战气象仪、农林小气候综合观测仪、高动态性能测风传感器等。本所多年来一直承担国家攻关项目及部基金项目，取得了丰硕的成果，并有多项成果获奖。

中国电子进出口集团吉林公司

中国电子进出口吉林公司是一个经营电子技术、成套设备、电子产品、电子元器件和实行全方位经营的三A公司，座落在吉林省长春市繁华地段同志街34—1号。15年来累计进出口总额已达5亿美元，先后二次被国家经贸部评为全国最大500家外贸企业，多次被省经贸委、省外贸厅授予先进企业称号。

公司一直坚持互惠互利、重合同、守信用，在互通有无的基础上开展外贸业务。特别是近几年，在市场竞争激烈的情况下，认真分析市场走势，择优录用一批德才兼备，有才干、有能力的人才，并充分发挥作用。在经贸活动中，成功地代理引进黑白液晶显示器生产设备和彩色薄膜晶体液晶显示器生产线，为建设中国最大的液晶产业基地做出了贡献。同时，公司还积极与企业参股，参股企业的产品—液晶屏和液晶下游产品受到了客商的好评。

进入21世纪，我们相信同国内外各界朋友的贸易和经济技术合作得到新的更大的发展。

地址：长春市同志街34号

电话：0431-5673575

法人代表：李晨

东北证券有限责任公司

东北证券有限责任公司是吉林省政府批准，中国证监会核准，于2000年6月成立的有限责任公司，注册资本101 022.25万元，是目前我国东北地区规模最大的证券经营机构。公司总部下设14个职能部门和上海、北京管理总部，共有23家证券交易营业部，营业网点覆盖北京、上海、深圳、重庆、吉林省等地。公司的经营范围包括：证券的承销；证券的自营买卖；证券交易的代理；证券抵押融资；证券投资咨询；公司财务顾问；企业重组、收购和兼并；基金与资产管理。

2000年，在省委、省政府的正确领导下，公司在成立仅半年的时间内，取得了突出的经营业绩，共实现营业收入24 733万元，上交各项税金7 383万元，资产总额增加到48.9亿元，在全国综合券商中综合业绩排名列第16位，实现了跨越式发展，为吉林省经济的发展和资本市场的壮大做出了贡献。

面向21世纪的中国证券市场，东北证券公司将本着“立足吉林、依托东北、面向全国”的发展战略，坚持“以人为本、效率优先、规范经营、加快发展、回报股东、服务社会”的经营理念，建立和完善现代公司管理体制、用人机制与激励机制，切实防范风险；以经济效益为中心，努力追求公司利润最大化，积极扩大公司规模经营，提高综合竞争实力，实现企业与员工的共同持续发展。

地址：长春市长春大街142号

电话：0431-8936888　8956788

网址：www.c－hes.com.cn

电子信箱：nes@c-nes.com.cn

吉林省教育科学院

吉林省教育科学院是由吉林省教育科学研究所、吉林省高等教育科学研究所和吉林省教委内设机构—成人教育室于1989年合并组建的，隶属于吉林省教委（现吉林省教育厅）。

“九五”期间，吉林省教育科学院科研队伍迅速成长。正研究员由原来的5名增加到9名；副研究员由原来的6名增加到14名；在全国学术团体中任理事以上职务的由原来的3名增加到8名；享受政府特殊津贴的由2名增加到3名。1名科研人员连任中国高教学会第四届（1998年）高教科研优秀成果评审委员会委员；1名科研人员于1997年获中国国家留学基金，被聘为日本田立大学基准协会客座研究员。

“九五”期间，吉林省教育科学院科研课题层次迅速提高。省教委主任陈谟开承担了全国哲学社会科学“九五”规划重点课题—“社会主义市场经济条件下高等教育与科学研究、生产劳动相结合的研究与实验”。

“九五”期间，吉林省教育科学院取得了丰硕的科研成果，共公开发表论文297篇，其中在国家级报刊上发表51篇，获省级以上优秀教育科研成果奖励的有50项；公开出版著作90部，其中2部获国家级二等奖。

①院长赵志军
②院领导班子

长春大学高等院校科技开发研究中心

长春大学高等院校科技开发研究中心于“九五”计划期间曾两次获国家科技进步奖，一次获吉林省科技进步一等奖。

被国家科委批准为“国家大豆深加工技术研究与推广中心”。

“中心”现有国家级突出贡献专家1人，省突出贡献专家2人，国务院特殊津贴获得者2人，省优秀专家1人，省跨世纪学术带头人1人。

“九五”期间，由于“中心”在科研与产业化方面做出了突出贡献，“中心”学术带头人李荣和曾三次受到江泽民等党和国家领导人的接见。

《吉林统计年鉴》指导委员会成员名单

顾问：张岳琦　省政协主席

主任：王国发　省委副书记、常务副省长

副主任：程文贵　省政府副秘书长

袁玉岫　省统计局局长

委员：（以姓氏笔划为序）

于国志　省旅游局局长

王葆光　省对外经济贸易合作厅厅长

马建华　省高级人民法院常务副院长

刘延春　省林业厅厅长

刑彦文　省电子集团总经理

曲逸绪　省科技厅厅长

张广智　省电力公司副总经理

李立光　省监狱管理局副局长

宋　民　中国光大银行长春分行行长

杜百舜　国家开发银行长春分行副行长

杜兆清　省司法厅厅长

李宝善　省经协办主任

汪洋湖　省水利厅厅长

邱恩义　省信息产业厅厅长

李培德　省法制办主任

陈双秋　省机械行业办主任

陈占旭　省公安厅厅长

杨绍明　省农业委员会主任

赵晓明　省国税局局长

赵锋佩　省电视台台长

杨湘岚　省妇联主席

荣万程　中国电信集团省电信公司总经理

姜文涛　武警吉林省森林总队政委

唐志萍　省地税局局长

袁　明　中国建设银行吉林省分行行长

索维东　省高级人民检察院检察长

矫正中　省财政厅厅长

蒋力华　省教育厅厅长

傅正辉　中国银行吉林省分行行长

程俊山　中国农业发展银行吉林省分行行长

韩贵仁　省计划生育委员会主任

A list of Directing committee

Consultant:	Zhang Yueqi	Chairman of the Jilin People's Political Consultative Conference
Director:	Wang Guofa	Vice—Secretary of the Provincial Committee, Vice—Governor of the Province
Vice—director:	Cheng Wengui	Vice—Secretary of the Provincial Government
	Yuan Yuxiu	Director of the Provincial Statistical Bureau

Committee member(in order of strokes of chinese surname)

Yu Guozhi	Director of the Provincial Tourism Bureau
Wang Baoguang	Director of the Economic and Foreign trade Department
Ma Jianhua	Vice—Director of the Provincial Higher People's Court
Liu Yanchun	Director of the Provincial Forest Department
Xing Yanwen	General Manager of the Provincial Electronic Group
Qi Yixu	Director of the Provincial Science and Technology Department
Zhang Guangzhi	Vice—General Mangger of the Provincial Electricity Power Company
Li Liguang	Vice—Director of the Provincial Prison Management Bureau
Song Min	Director of the Changchun Branch of China Guangda Bank
Du Baishun	Vice—Director of the Changchun Branch of China Developing Bank
Du Zhaoqing	Director of the Provincial Judicial Department
Li Baoshan	Director of the Provincial Ecnomic and Cooperative Office
Wang Yanghu	Director of the Provincial water Conservancy Department
Qiu Enyi	Director of the Provincial Information Industry Department
Chen Shuangqiu	Director of the Provincial Machinery Industry Office
Chen Zhanxu	Director of the Provincial Public Security Department
Yang Shaoming	Director of the Provincial Agriculture committee
Zhao Xiaoming	Director of the Provincial Tax Bureau
Zhao Fengpei	Director of the Jilin TV station
Yang Xianglan	Chairman of the Provincial Women's Federation
Rong Wancheng	Gerenal Manager of the Jilin Branch of China Telecommunication Group
Jiang Wentao	Political Commissar of the Jilin Forest Armed Police
Tang Zhiping	Director of the Jilin Local Tax Bureau
Yuan Ming	Director of Jilin Branch of China Construction Bank
Shuo Weidong	Chief Procurator of Provincial Higher Procuratorate
Jiao Zhengzhong	Director of the Provincial Finance Department
Jiang Lihua	Director of the Provincial Education Department
Fu Zhenghui	Director of Jilin Branch of China Bank
Cheng Junshan	Director of the Branch of China Agriculture Developing Bank
Han Guiren	Chief of the Provincial Birth Control Committee

《吉林统计年鉴》编委会和编辑部成员

一、编委会

主　　　编：袁玉岫

常务副主编：蔡跃玲

副　主　编：潘振声　金文官　谭　波
　　　　　　杨墨林　秦占学　徐光伟
　　　　　　程建华　张建华　刘国明

编辑委员（以姓氏笔划为序）

卞亚萍　任丽莉　李传平　张玉玲
杜克成　杨毓雯　杨霞云　郑　东
徐世良　高兴元　黄庆国　焦淑云
曹文献　蔡晓力　樊立庄　樊保力

二、编辑部成员

主　　　任：程建华

副　主　任：程　春

编 辑 人 员：（以姓氏笔划为序）

王汝山　王　洁　孙　臻　宫　俭　程淑云

英 文 翻 译：杨会晏

计算机排版：张世巍

版 面 设 计：孙　臻

彩 图 设 计：宫　俭

插 页 设 计：王汝山

封 面 设 计：林　野

A List of Editoral Board and staff

《吉林统计年鉴》特邀编委

A list of special invitatory committee

编 者 说 明

一、《吉林统计年鉴—2001》(中英文对照)是一部全面反映吉林省经济和社会发展情况的资料性年刊。本书收录了全省、各市(州)和县(市)2000年经济和社会各方面大量的统计数据。

二、全书共分两部分,特载和统计资料。统计资料共分20个部分,即1.行政区划和自然资源;2.综合;3.人口;4.从业人员和职工工资;5.固定资产投资;6.能源生产和消费;7.财政、金融和保险;8.物价;9.人民生活;10.市政公用事业和环境保护;11.农业;12.工业;13.交通运输和邮电通讯业;14.建筑业;15.批发零售贸易和餐饮业;16.对外经济贸易和旅游业;17.教育、科技和文化事业;18.体育、卫生和其他事业;19.企业景气和大中型改制工业企业;20.市(州)和县(市)概况。另附:各省(市、区)主要统计指标在全国的位次和主要统计指标解释。

三、本年鉴大部分资料来自定期统计报表,部分资料来自抽样调查。

四、资料中所使用的度量衡单位均采用国际统一标准计量单位。

五、本年鉴中所使用的价值量指标,除已注明外,均按当年价格计算,发展速度按可比价格计算。

六、本年鉴中的符号使用说明:"…"表示数据不足本表最小单位数;"空格"表示该项指标数据不详或无该项数据;"#"表示其中的主要项。

《吉林统计年鉴》编辑部

二OO一年七月十日

Preface

Ⅰ. Jilin statistical yearbook 2001 is annual statistics publication, which cover very comprehensive data series for 2000 and some selected date series for historically important years in whole province, cities (pretectare) and counties and therefore, reflects various aspects of social and economic development.

Ⅱ. The book is organized into two parts: Special reports and Statistics data. The statistics data is separated into twenty parts, ie. 1. Administrative Division and Natural Resources; 2. General Survey; 3. Population; 4. Employment and wage; 5. Investment in Fixed Assets; 6. Production and consumption of Energy; 7. Public Finance. Banking and insurance; 8. Price Indices; 9. People's Livelihood; 10. Urban public utilities and environment; 11. Agriculture; 12. Industry; 13. Construction; 14. Transportation, postal and Telecommunications services; 15. Wholesale, Retail trade and Fodd services; 16. Foreign Economy trade and international Tourism; 17. Education and culture; 18. Sports, Public Health and others; 19. Prosperity of enterprises; ; 20. General survey of city and county. In the appendices listed are comparison of indictors of economy and explanatory note for mojor indicators.

Ⅲ. The major data Sources of this publication are Obtained from annual statistical reports and from sampling surveys.

Ⅳ. The units of measurement used in this book are internationally standard measurement units.

Ⅴ. The value indicators used in this book are at current price except notes have made and growth rate is calculaled by constant price.

Ⅵ. Explanatory notes for notations used in this book: "..." indicates that the figure is not large enough to be measured with the smallest unit in the table. "blant" indicated that the data not available. " # " of which: major item.

Editorial department of

《Jilin statistical Yearbook》

July10.2001

目　　录
CONTENTS

特载
SPECIAL REPORT

统计资料
STATISTICAL DATA

一、行政区划和自然资源
ADMINISTRIVE DIVISION AND NATURAL RESOURCES

二、综合
GENERAL SURVEY

三、人口
POPULATION

四、从业人员和职工工资
EMPLOYMENT AND WAGE

五、固定资产投资
INVESTMENT IN FIXED ASSETS

六、能源生产和消费
PRODUCTION AND CONSUMPTION OF ENERGY

七、财政、金融和保险
PUBLIC FINANCE、BANKING AND INSURANCE

八、物价
PRICE

九、人民生活
PEOPLE'S LIVELIHOOD

十、市政公用事业和环境保护
URBAN PUBLIC UTILITIES AND ENVIRONMENT

十一、农业
AGRICULTURE

十二、工业
INDUSTRY

十三、交通运输和邮电通讯业
TRANSPORTATION,POSTAL AND TELECOMMUNICATIONS SERVICES

十四、建筑业
CONSTRUCTION

十五、批发零售贸易和餐饮业
WHOLESALE,RETAILSALE AND CATERING TRADE

十六、对外经济贸易和旅游业
FOREIGN ECONOMY TRADE AND INTERNATIONAL TOURISM

十七、教育和文化事业
EDUCATION AND CULTURE

十八、体育、卫生和其他事业
SPORTS, PUBLIC HEALTH AND OTHERS

十九、企业景气和大中型改制工业企业
PROSPERITY OF INDUSTRIAL ENTERPRISES

二十、市(州)和县(市)概况
GENERAL SURVEY OF CITY AND COUNTY

附录一　各省(市、区)主要指标在全国的位次
COMPARISON OF INDICATORS OF ECONOMY IN THE WHOLE NATION

特　载

SPECIAL REPORT

3/20

吉林省统计局关于2000年国民经济和社会发展的统计公报

2001年2月23日

2000年，全省人民在省委、省政府的正确领导下，立足实际，坚持发展，大胆改革，勇于实践，认真落实国家积极的财政政策和稳健的货币政策，努力扩大内需，全面实施“科教兴省、开放带动、县域突破”三大战略，创造性地开展工作，实现了国民经济的持续稳定增长和社会事业的全面进步，为推进和实现全省跨越式发展奠定了坚实的基础。

一、国民经济

经济总量

全省经济总量进一步扩大，综合实力明显增强。全年实现国内生产总值1820亿元，按可比价格计算，比上年增长9.2%。其中，第一产业增加值400亿元，下降3.0%；第二产业增加值800亿元，增长13.9%；第三产业增加值620亿元，增长11.0%。全省人均国内生产总值达到6842元，比上年增长8.1%。

财政收支

继续贯彻落实积极的财政政策，深化财政改革，财政收入保持了稳定增长。全省一般预算全口径财政收入完成184.02亿元，可比口径比上年增长7.1%。其中，地方级财政收入完成103.83亿元，增长8.8%。

财政支出结构进一步改善，有力地支持了各项事业的发展。全省一般预算支出260.67亿元，可比口径比上年增长6.6%。其中，社会保障支出19.25亿元，增长53.6%。

结构调整

全省经济结构调整取得积极成效。产业结构进一步优化，一、二、三产业占国内生产总值的比重由1999年的25.4：40.2：34.4调整为2000年的22：44：34。所有制结构不断完善，国有经济布局战略性调整又有新进展，在国内生产总值中，国有经济占49%；非国有经济的发展潜能得以释放，占国内生产总值的比重达到51%。

国企改革

以建立现代企业制度为改革方向，国有企业改革向纵深推进。到2000年末，70%的国有大中型骨干企业初步建立了现代企业制度；重点培植了21户大集团，并以此为依托进行资产重组；16户企业实施债转股，转股资金达到235.1亿元；列入国家兼并破产计划40项，核呆总额22.68亿元。通过改革、改组、改造，国有大中型企业扭亏脱困取得阶段性成果，三年脱困目标基本实现。全年全省规模以上工业企业2728户，亏损企业有860户，比上年减少180户，亏损面降至31.5%，比上年下降6.2%；亏损企业亏损额为26.0亿元，下降35.4%。列入国家跟踪监测的重点亏损企业有252户，其中202户完成脱困目标，脱困面为80.2%。

市场价格

价格总水平降幅趋缓。全年居民消费价格总水平为98.6%，高于上年0.6个百分点。其中，食品类价格 95.9%；衣着类 99.0%；家庭设备及用品类 97.6%；交通和通讯工具类 91.6%；娱乐教育文化用品类 97.6%；居住类 105.4%；服务项目类 107.7%。全年商品零售价格总水平为 98.0%，高于上年 1.3 个百分点。

全年原材料、燃料、动力购进价格为 106.8%，高于上年 9.1 个百分点，工业品出厂价格为 105.1%，高于上年 5 个百分点。

农业

积极推进农业结构调整，农业和农村经济继续发展。

种植业结构调整取得积极成效。全省粮食播种面积 335.71 万公顷，比上年减少 15.62 万公顷，下降 4.4% 其中玉米面积减少 55.44 万公顷，下降 23.3%；大豆面积增加 26.06 万公顷，增长 93.6%；水稻面积增加 1.9 万公顷，增长 4.1%；小麦面积增加 0.98 万公顷，增长 14.5%。经济作物面积 65.93 万公顷，比上年增加 13.99 万公顷，增长 26.9%。由于受特大干旱影响，全年实现农业总产值 597.7 亿元，比上年下降 7.5%，粮食总产量 327.6 亿斤，比上年下降 28.9%。

效益农业取得明显进展。全省专用玉米种植面积 46.67 万公顷，比上年增加 6.68 万公顷，增长 16.7%；优质小麦面积 6.93 万公顷，比上年增加 2.47 万公顷，增长 55.2%；优质大豆面积 15.48 万公顷，比上年增加 7.63 万公顷，增长 97.1%；优质水稻面积 22.51 万公顷，比上年增加 9.19 万公顷，增长 68.9%。

订单农业规模扩大，订单面积达到 84.27 万公顷，占农作物总播种面积的 20.6%，比上年增长 72.7%。

畜牧业和水产业发展较快。全年实现牧业产值 286.5 亿元，比上年增长 9.4%。猪牛羊肉产量达到 163.9 万吨，比上年增长 5.1%；牛奶产量 14.3 万吨，比上年增长 3.5%；全年水产品产量达到 14.0 万吨，比上年下降 3.2%。

林业稳步发展。全年实现林业总产值 11.0 亿元，比上年增长 7.5%。全年完成造林面积 15.24 万公顷，比上年下降 18.5%；完成幼林抚育面积 73.20 万公顷，比上年下降 1.7%。

产业化经营取得成效，粮畜产品深加工转化能力进一步增强。全省玉米加工转化达到 410 万吨。大成公司淀粉厂扩建及 1.5 万吨赖氨酸等一批加工项目相继投产。

农业综合机械化装备水平进一步提高。农业机械总动力达到 1015.4 万千瓦，比上年增长 13.2%，综合农业机械化率达到 75%。江河整治和水库加固、灌区配套等工程建设进度加快，农业综合防灾抗灾能力得到增强。

农业生态环境得到保护，西部地区生态环境明显改善。加强了 7 个国家级生态环境重点县的建设，完成治理水土流失面积 900 平方公里，治理荒漠化面积 950 平方公里，治理“三化”草原 95 平方公里。

工业

2000 年，全省抓住国内外宏观经济环境趋暖的有利时机，大力开拓市场，加快结构调整步伐，有效地促进了工业增长质量的提高，工业经济发展进入前所未有的好时期。

全省规模以上工业企业完成工业增加值 498.9 亿元，按可比价格计算，比上年增长 13.8%。其中，重工业增加值 390.5 亿元，增长 14.7%；轻工业增加值 108.4 亿元，增长 11.8%。工业产销衔接水平较好，经济效益大幅度提高。全年实现销售收入 1568.6 亿元，比上年增长 22.0%，工业产品销售率 98.1%，与上年持平。工业企业经济效益综合指数达到 107.6%，比上年提高 25.1 个百分点。全年规模以上工业企业盈亏相抵后实现利润 85.55 亿元，比上年增长 2.6 倍，创历史最好水平，其中，国有及国有控股企业实现利润 72.97 亿元，比上年增长 3.1 倍，其对全省工业扭亏增盈的贡献率达到 88.9%。大中型工业企业盈利水平明显提高，全年实现利润 78.06 亿元，比上年增盈 52.7 亿元。

工业产业结构在发展中调整，企业创新步伐加快，重点行业的支撑作用进一步增强。全年实现新产品产值 210.81 亿元，占全省工业总产值的比重达 12.5%。汽车、石化两大传统支柱产业全年完成产值占全省规模以上工业总产值的比重达 55.2%，比上年提高 3.5 个百分点；资产总额达到 1483.8 亿元，占全省工业资产总额的 46.7%。轿车产量达到 12.5 万辆，增长 27.4%；塑料树脂、合成纤维单体产量分别增长 11.7% 和 4.3 倍。电子、医药、食品等高新技术产业发展成为优势产业，全年完成产值 246.4 亿元，占全省规模以上工业总产值的比重达到 14.7%，其资产总额达到 436.3 亿元，占全省工业资产总额的 13.7%。随着扩大投资政策实施力度的加大，水泥、平板玻璃、钢、钢材等投资类产品以及部分机电产品和能源产品产量均比上年有所增长。

重点城市率先带动作用增强，对工业增长的贡献份额进一步扩大。长春市、吉林市已经成为全省的经济底座，实现利税占全省的份额达到 62.5%，比上年提高 1.2 个百分点，其中，吉林市利税占有率达到 13.3%，比上年提高 3.6 个百分点。长春市规模以上工业企业实现增加值 225.0 亿元，比上年增长 20.1%，对全省工业生产增长的贡献率达到 73.0%。

建筑业

建筑业发展加快。全年建筑业完成增加值 143.67 亿元，比上年增长 17.8%。四级及以上资质建筑企业完成增加值 59.9 亿元，比上年增长 21.3%；实现利税总额 8.4 亿元，比上年增长 75.0%。全年施工单位工程 7246 个，其中投标承包工程 4205 个，占全部施工工程的 58.0%。建筑施工面积 1566.8 万平方米，比上年增加 208.6 万平方米，增长 15.4%；竣工面积 941.2 万平方米，增加 230.7 万平方米，增长 32.5%。

交通邮电业

交通运输和邮电通讯业全年完成增加值 140.95 亿元，比上年增长 14.6%。

交通运输业平稳发展。全年完成货物周转量 592.84 亿吨公里，比上年下降 0.1%，其中，铁路运输 387.01 亿吨公里，下降 0.1%；公路运输 85.64 亿吨公里，增长 5.4%；水路运输 0.27 亿吨公里，下降 62.4%。全年旅客发送量 193.20 亿人公里，比上年增长 4.7%。其中，铁路 116.35 亿人公里；公路 76.79 亿人公里；水运 0.06 亿人公里。

邮电通信业保持快速发展，现代化通信能力迅速提高。全年完成邮电业务总量 110.2 亿元，比上年增长 44.8%。其中，邮政业务总量 5.2 亿元，增长 17.1%；电信业务总量 105.0 亿元，增长 46.5%。全省长途光缆总长度达到 5462 皮长公里，增长 6.3%；年末全省局用交换机总容量达到 499.1 万门，比上年末增加 75.9 万门；固定电话用户数达到 358.7 万户，增加 61.2 万户，其中住宅电话 316.0 万户，增加 54.1 万户。移动通信继续高速发展。年末移动电话用户数达到 203.2 万户，比上年末增加 93.2 万户；无线寻呼用户达到 156.2 万户，减少 3.4 万户；全省互联网拨号用户数达到 25.9 万户，比上年增长 5.8 倍。

固定资产投资

在国家增加投资、扩大内需政策的支持下，全省积极争取国家投资，努力抓好地方配套资金的落实，进一步加大基础设施建设力度，有力地促进了全省投资规模的快速增长。

全年全省共争取国家基本建设国债项目 255 项，国债资金 33.4 亿元。全社会完成固定资产投资 583.1 亿元，比上年增长 16.9%。其中，国有经济投资 487.9 亿元，增长 17.7%；集体经济投资 43.0 亿元，增长 1.2%；城乡居民个人投资 52.2 亿元，增长 25.1%。按投资管理渠道划分，基本建设投资 274.5 亿元，增长

19.2%；更新改造投资114.3亿元，增长15.0%。

投资结构进一步调整，汽车和化工两大支柱产业投资成为带动全省投资增长的主要力量。全年国有单位化学工业投资16.4亿元，比上年增长89.7%；机械工业投资33.1亿元，增长25.6%；能源投资83.8亿元，增长19.4%；交通运输和邮电通信业投资82.2亿元，增长9.2%。房地产业开发势头较旺，全年完成投资63.5亿元，比上年增长19.8%。商品房销售强劲，个人购房十分踊跃，全年商品房销售面积223万平方米，比上年增长21.2%，其中个人购置商品房达208万平方米，增长40.5%。

新开工项目增加，投资规模扩大。全年新开工的基本建设和更新改造项目达2119个，比上年增加121个，增长6.1%。新开工项目的平均投资规模由上年的1556万元增加到1816万元。

通过投资建设，新增了一批生产能力。全年新增发电机组容量74.3万千瓦、11万伏及以上变电设备24万千伏安、天然原油开采38万吨。

国内贸易

全省加大促进消费的各项政策力度，围绕住宅、汽车、非义务教育、旅游等城乡消费热点，扩大消费信贷范围和规模，努力改善城乡消费环境，实现了消费的稳步增长。

全年实现社会消费品零售总额810.95亿元，比上年增长10.5%，剔除价格变动因素，实际增长12.8%。分城乡看，城市消费水平继续好于农村，城市零售额596.43亿元，增长13.0%；县及县以下零售额214.2亿元，增长4.5%。分行业看，餐饮业红火发展，全年餐饮业完成营业额98.76亿元，增长35.3%；批发零售贸易业完成营业额674.64亿元，增长7.2%；制造业完成营业额12.93亿元，增长19.5%。商品交易市场发展较快，为消费市场增加了活力。2000年，全省城乡集贸市场发展到1861个，比上年增加6个，增长0.3%。全省集市贸易成交额达310.5亿元，比上年增长1.1%，占社会消费品零售总额的38.3%。

对外经济

全省全面实施开放带动战略，进出口在去年恢复性增长基础上实现了快速增长。据海关统计，全年进出口总额25.54亿美元，比上年增长15.2%。其中，出口总额12.42亿美元，增长21.8%；进口总额13.12亿美元，增长9.6%。

依托比较优势，招商引资取得较大成果。赴闽、粤的大型招商引资活动，共签约项目338项，签约金额320亿元。实际利用外资稳步增长。全年外商直接投资协议金额5.96亿美元，比上年增长32.3%；全年实际利用外资额4.93亿美元，增长17.0%。其中，实际外商直接投资额3.37亿美元，增长11.9%。外商投资规模和质量有所提高，全年新批的363户企业平均单项合同外资金额达164.2万美元，比全省平均水平高35万美元。

外资对全省经济的拉动作用增强。全年全省外商投资企业实现销售收入317.1亿元人民币，创利税61.4亿元，分别比上年增长29.9%和163.7%。外商投资企业在推动出口、上缴利税、增加就业等方面的作用日益显著。

旅游业

旅游基础设施不断完善，旅游产业继续壮大。全年共投入资金1.76亿元，相继对长白山北坡供电工程、道路工程，松花湖的旅游道路和停车场工程，净月潭环潭旅游道路工程进行了改造和建设，极大地改善了全省旅游环境和条件，吸引了更多的旅游者。全年接待入境旅游者22.27万人次，比上年增长39.7%，实现国际旅游外汇收入5803.73万美元，比上年增长29.5%；接待国内旅游者1809.22万人次，比上年增长

23.7%，实现国内旅游收入51.94亿元人民币，比上年增长48.8%。旅游业已成为全省经济新的增长点。

金融保险业

金融业进一步强化和完善服务功能，合理运用国家各项金融调控政策，支持和推动全省经济发展。年末全部金融机构各项存款余额2236.71亿元，比年初增加215.35亿元。其中，企业存款余额535.41亿元，增加107.73亿元；城乡居民储蓄存款余额1515.84亿元，增加89.54亿元。各项贷款余额2651.18亿元，比年初增加229.00亿元。其中，短期贷款余额1879.22亿元，中长期贷款余额524.73亿元。全部金融机构全年累计现金总收入6406.62亿元；累计现金总支出6572.02亿元。全年货币净投放165.41亿元，比上年少投放36.17亿元。

保险事业稳步发展。全年保费收入29.94亿元，比上年增长3.0%。其中，财产险保费收入10.87亿元，增长0.9%；人身险保费收入19.07亿元，增长4.2%。财产险赔款金额5.77亿元；人身险给付金额1.64亿元。

二、社会发展

科技

全面实施科教兴省战略，积极推进科技事业发展，为全省经济和社会发展提供了科技和智力支持。科技体制改革取得积极成效，全省首批23户技术开发类科研机构，已有5户完成转制工作。高新技术产业化进程加快，组织实施了赤眼蜂生物防治技术、尿毒排析散生产线等一批产业化项目和开发项目。

科研与技术开发取得新成果，科技实力增强。全年全省共取得省级以上重大科技成果454项。其中，基础理论成果8项，应用技术成果434项，软科学成果12项；全省专利申请量达到2100件，比上年增长5%，专利授权量达到1600件，比上年增长45.5%。

科技成果向现实生产力转化的速度加快，技术市场不断壮大。全年共签订各类技术合同6515份，技术贸易成交额达到11.80亿元，比上年增长13.7%。

技术监督工作取得成效，全年各级技术监督部门查处假冒、伪劣产品案件21169件，挽回经济损失1.22亿元，罚没0.25亿元。

教育

教育改革稳步推进，教育事业成就显著。

基础教育稳步发展。全年全省小学在校生241.59万人，学龄儿童入学率达到99.78%；全省初中阶段在校生121.48万人，初中毕业生升学率达到43.48%（不包括技工学校）；全省幼儿园在园儿童数43.92万人；全省有各级特殊教育学校52所，在校人数达到6306人。

高中阶段教育有较大发展。全年全省高中阶段在校生达到46.26万人（不包括技工学校），比上年减少2.02万人。其中，普通高中在校生达到26.27万人，增加2.04万人；中等专业学校在校生11.82万人，减少2.36万人；职业高中在校生8.17万人，减少1.70万人。

高等教育快速发展。高等教育管理体制改革取得阶段性成果，高等教育布局和资源配置更加合理。吉林大学、吉林工业大学等5所高校合并，组成新吉林大学。长春建筑高等专科学校等3所地方所属专科学校实现了实体合并，组建了长春工程学院。全年全省各类高等教育在学人数达到30.42万人。其中，普通高等学校全日制本专科在校生17.53万人，研究生在校人数11149人，分别比上年增加3.57万人和2549人。

积极支持社会力量办学，民办教育得到发展。全省批准成立了9所普通高校新制民办二级学院。

积极实施高校后勤社会化改革。全年省内19所学校学生公寓竣工面积29.9万平方米，利用社会资金新建学生食堂4.7万平方米。

文化

文化事业欣欣向荣。文艺创作成绩突出，全省推出了《长白情》等一批思想深刻、艺术精湛、风格多样的优秀文艺作品。2000年末，全省有各类艺术表演团体66个，文化馆81个、文化站816个、群众艺术馆13个，公共图书馆60个。

广播电影电视事业成绩显著。“村村通广播电视工程”顺利实施并通过国家验收，广播电视覆盖网进一步扩大。2000年，全省有广播电台10座，中波发射台和转播台31座，对国内播出节目55套，平均每日播音时间达到561时03分，广播人口覆盖率达到94.8%；有线广播电视台10座，一千瓦以上电视发射台和转播台61座，播出节目46套，平均每周播出时间达到2633时02分，电视人口覆盖率达到95.7%。

新闻出版业健康发展。全年出版图书3250种，各类杂志5538万册，报纸55323万份。音像制品、电子出版物发展迅速，大大丰富了新闻出版媒体形式。

卫生

卫生事业继续发展。卫生服务网络不断完善，2000年末，全省共有卫生机构3323个，卫生技术人员13.20万人，医院、卫生院1392个，床位8.34万张。人民群众的健康水平明显提高，孕产妇死亡率降低到34.74/10万，婴儿死亡率降低到14.46‰。农村卫生工作进一步加强，全省推行“一体化”管理的乡镇覆盖面达到85%以上；改造建设农村卫生机构57个，其中乡镇卫生院51个，县级防保机构6个，新改建房屋面积3.57万平方米，投资650万元，新增各种医疗设备280台件。全省共建成省级卫生城市8个。

体育

体育事业蓬勃发展。年内吉林体育健儿刻苦训练，顽强拼搏，取得了较好的成绩。在世界大赛上共获得世界冠军11个，获得亚洲冠军3个，在全国重大赛事上获得全国冠军28项次。广大人民群众体育意识增强，全民健身运动广泛开展。

年内成功地承办了2000年世界台球（斯诺克）锦标赛和世界杯短道速滑赛等体育赛事。

三、人民生活

就业

市场导向就业机制进一步完善，劳动就业工作继续加强。年末全省从业人员1164.02万人，比上年末增加44.01万人。其中，城镇从业人员523.05万人，比上年末增加30.43万人。下岗职工再就业工作取得实效。全年全省国有企业有7.12万名下岗职工实现再就业，再就业率达到15.7%。

生活与保障

人民生活继续改善。据抽样调查统计，全年城镇居民人均可支配收入4810.00元，比上年增长7.4%，扣除价格因素，实际增长8.9%；人均消费性支出4020.84元，比上年增长9.8%。由于受旱灾影响，全年农民人均纯收入2022.50元，比上年下降10.5%；人均生活消费支出1553.35元，比上年增长15.2%。城市人均居住面积11.23平方米，比上年增加0.95平方米；农村人均居住面积17.72平方米，比上年减少0.75平方米。

社会保障事业取得较大进展，社会保险、社会福利、社会救济等保障工作成效显著。全省参加养老保险和失业保险的职工人数分别为294万人和279万人，纳入养老保险统筹的离退休人员93.4万人，全年共支付基本养老金55亿元，参加基本医疗保险、工伤保险和生育保险的职工人数分别为83.7万人、66.9万人和55.1万人。

年末全省各类社会福利院拥有床位4万张，收养3.1万人。城镇建立起各种社区服务设施1.2万个，其中社区服务中心0.06万个。全年销售社会福利彩票0.7亿元，筹集社会福利资金0.1亿元，接收社会捐赠0.04亿元。2000年，全省得到社会保障救济人数13.5万人，抚恤、补助各类优抚对象19.9万人。

环境保护

坚持可持续发展战略，实施“蓝天·碧水·绿色”工程，全省环境保护事业发展较快。工业污染防治能力继续增强。全省工业废水处理率、工业废气处理率和工业固体废物综合利用率分别达到78.0%、84.4%和53.9%。环境综合整治成效显著。截止2000年全省建成烟尘控制区面积达到666.29平方公里，环境噪声达标区面积达到479.79平方公里。生态示范区建设取得新进展。新建长春市净月潭旅游经济开发区等6个国家级生态示范区，批准建设榆树市等8个省级生态示范区。城市环境基础设施建设重点工程进展顺利。长春市北郊污水处理厂建设工程已基本完工，投入运行后可日处理城市生活污水39万吨。长春西郊、辽源市、四平市污水处理厂建设工作正在进行。

国民经济和社会发展中存在的主要问题是：结构性矛盾仍然比较突出；国有经济负担过重、活力不足，国企改革还有很长的路要走；城乡居民收入水平较低，尤其是农民收入增长乏力的问题不容忽视；物价低位运行，对经济生活的负面影响仍在继续；民间投资不够活跃，制约了内需的进一步扩大；社会保障体系不健全，就业和再就业压力依然很大；人口、资源和环境等方面还存在很多问题。

说明：　1、本公报数为初步统计数。

2、本公报国内生产总值、各产业增加值绝对数按当年价格计算，增长速度按可比价格计算。

STATISTICAL COMMUNIQUE OF

NATIONAL ECONOMY AND SOCIAL DEVELOPMENT IN 2000

(FEBRUARY 23, 2001)

In 2000, under the leadership of Chinese Communist Party Jilin Province Committee and Jilin Province Government, the people on all fronts in the Province persisted in development from a foothold of social realities and bold reformation based upon keeping practice, carried conscientiously out state positive policy of finance and steady policy of currency, expanded domestic demand, entirely implemented the three strategies of Jilin's rejuvenation with science and education, overall open with typical cases, breakthrough in rural economy, worked creatively, realizing the continuous growth of the national economy and overall progress of social causes, laid a firm foundation to propel and realize Jilin Province stride forward on its development.

A. NATIONAL ECONOMY

ECONOMIC AGGREGATE

The economic aggregate in the Province was further expanded, the overall economic strength was obviously strengthened. Jilin Province realized RMB¥182 billion of gross domestic product (GDP), increased by 9.2% compared with last year by calculated in comparable price, of which RMB¥40 billion was the added value of primary industry, down by 3.0%; RMB¥80 billion was that of secondary industry, increased by 13.9%; RMB¥62 billion was that of tertiary industry, increased by 11.0%. Provincial *per capita* GDP was RMB¥6,842 and 8.1% up on that of 1999.

FINANCIAL REVENUE AND EXPENDITURE

In order to deepen financial reformation to ensure the growth of the public revenue, Jilin Province continued to fulfill the positive financial policy. Provincial financial revenue on whole items budget in general finished RMB¥18.402 billion, increased by 7.1% compared with last year by calculated in terms of comparable items, of which local public financial income was RMB¥10.383 billion, increased 8.8%.

The structure of fiscal expenditure was further improved, ensuring the essential need for the development of social causes. Provincial general fiscal expenditure was RMB¥26.067 billion, rose 6.6% compared with last year by calculated in terms of comparable items, of which social security RMB¥1.925 billion, up 53.6%.

STRUCTURE READJUSTMENT

The provincial readjusting economic structure achieved its goal; industrial structure was further optimized. The proportions of primary, secondary and tertiary industries to GDP were adjusted respectively to 22:44:34 in 2000 from 25.4:40.2:34.4 in 1999. The structure of ownership continued to be improved, the sector of state-owned economy was reasonably shrunk to 49% of it in

GDP; nonstate economy expanded to 51% in GDP, its developing potential was fully released.

STATE-OWNED ENTERPRISES REFORM

In order to follow the way of establishing modern enterprise system, the reformation of state-owned enterprises was propelled forward in depth. By the end of 2000, 70% of large-and middle-sized state-owned enterprises established preliminarily modern enterprise system; 21 large groups had made the reorganization of their assets based on fostered themselves particularly; 16 enterprises were approved to perform the debt-to-share plan, transforming totally RMB¥23.51 billion of debt into share; 40 cases were placed on state's merger and bankruptcy plan, canceling totally RMB¥2.268 billion of bad debt after verification. By means of reformation, reorganization and transformation, loss-reducing and profit-gaining and poverty-relief in large-and middle-sized state-owned enterprises got a preliminary achievement, basically realized the goal of three-year poverty-relief. In the year, there were 2,728 scale-over industrial enterprises in the Province, and 860 of them were running at a loss, down 180 compared with last year; the loss sector had shrunk to 31.5%, down 6.2%; the loss sum in the enterprises at a loss totaled up to RMB¥2.6 billion, down 35.4%. There were 252 loss enterprises monitored concernedly by state, and 202 of them realized the goal of poverty-relief, the scale was up to 80.2%.

MARKET AND PRICE

The dropping trend in overall price level became slower. The overall price level of resident consumption in the year was 98.6%, a 0.6-percentage-point rose over that of last year, of which in food 95.9%; clothing 99.0%; indoor appliance 97.6%; cars and telecommunications 91.6%; education, entertainment and culture 97.6%; housing 105.4%; service items 107.7%. The overall price level in the year of commodity retail was 98.0%, a 1.3-percentage-point rose over that of last year.

The purchasing price for raw materials, fuel and power was 106.8%, up a 9.1-percentage-point in 2000 over 1999. Ex-factory price for industrial goods was 105.1%, up 5 percentage points.

AGRICULTURE

By propelling forward the strategic readjustment of agricultural structures, agriculture and rural economy continued to develop.

The readjustment of cultivated structure had shown a positive result. Last year saw a decrease in acreage of grain, that was 3.3571 million hectares, a 156.2-thousand-hectare drop from 1999, down 4.4%, of which a 554.4-thousand-hectare decrease of corn, down 23.3%; a 260.6-thousand-hectare increase of soybean, up 93.6%; a 19-thousand-hectare increase of rice, up 4.1%; a 9.8-thousand-hectare increase of wheat, up 14.5%. The acreage of other cash crops was 659.3 thousand hectares, a 139.9-thousand-hectare increase compared with last year, up 26.9%. Because of an extraordinary drought in 2000, the year realized RMB¥59.77 billion of gross agricultural output value, down 7.5%; 32.76 billion *jin* of gross grain yield, down 28.9%.

Agricultural efficiency was further stressed. The acreage of special purpose corn was 466.7

thousand hectares, a 66.8-thousand-hectare increase compared with last year, up 16.7%; that of high-quality wheat was 69.3 thousand hectares, 24.7 thousand hectares increased, up 55.2%; high-quality soybean 154.8 thousand hectares, 76.3 thousand hectares increased, up 97.1%; high-quality rice 225.1 thousand hectares, 91.9 thousand hectares increased, up 68.9%.

The scale of order farming was expanded to 842.7 thousand hectares in ordered acreage, accounting for 20.6% of gross acreage of farm crops, rose 72.7%.

Livestock farming and cultivating fishery continued to sustain a steady growth. Annual output value of the farming realized RMB¥28.65 billion, was 9.4% up on that of 1999. The products of pork, beef and mutton amounted to 1.639 million tons, increased 5.1%, of milk to 143 thousand tons, increased 3.5%, of marine product to 140 thousand tons, decreased 3.2%.

Forestry work got greater fruitful. Annual total output value of forestry realized RMB¥1.10 billion, rose 7.5%. Jilin Province accomplished 152.4 thousand hectares in acreage of afforestation, 18.5% down that of 1999, 732 thousand hectares in acreage of sapling, down 1.7%.

Jilin Province speeded up the process of agro-industrialization, deep processing capacities for grain and livestock were enhanced. In 2000, raw corn transformed in the Province reached 4.1 million tons. The extension to the starch plant, the 15,000-ton-lysine project and others of Dacheng Corporation had been finished and put into production in succession.

The level of agricultural mechanization was further advanced. The total power of agricultural machinery came to 10.154 million kilowatts, rose by 13.2%. The rate of mechanization in comprehensive agriculture reached 75%. The Province quickened the pace of some key projects for farming such as river harnessing, dykes and dams reinforcing and conveying system for irrigating area, enhancing the ability fighting against naturál calamity.

Ecological agriculture to environment was paid much more attention, improving obviously ecological environment in the west region. The Province quickened the construction of 7 state-ecology-environment counties, harnessing 900 square kilometers of soil and water losing area, 950 square kilometers of desert area and 95 square kilometers of degenerate grasslands.

INDUSTRY

In 2000, taking advantage of the opportunity of warming macroeconomic environment at home and abroad, Jilin Province animated commercial market, quickened the pace of readjusting structure, efficiently promoting the growth of industrial quality. Industrial economic development entered into an unprecedented good time.

Scale-over enterprises completed industrial added value of RMB¥49.89 billion, rose by 13.8% compared with 1999 by calculated in comparable price, of which that of RMB¥39.05 billion came from heavy industry, rose 14.7%, that of RMB¥10.84 billion came from light industry, rose 11.8%. The suiting industrial production to marketing was in a better status; economic efficiency had a great growth. In 2000, industrial enterprises realized RMB¥156.86 billion of annual sales income, increased by 22.0% compared with last year. Selling rate of industrial product was 98.1%, the same as last year. Overall index of economic benefits reached 107.6%, a 25.1-percentage-point higher than that of last year. Scale-over enterprises realized totally RMB¥8.555 billion, a record-high, of profit after profit-and-loss offset, by 2.6 times over that of last year, of which state-owned and state-holding enterprises realized RMB¥7.297 billion of profit, by 3.1 times over, their contribution rate to industrial loss-reducing and profit-gaining of Jilin Province amounted to 88.9%. Large-and middle-sized enterprises had obvious superiority in profit-gaining capabilities, realized RMB¥7.806 billion of profit in the year, RMB¥5.27 billion more than that of last year.

The industrial structure kept readjusting in the course of its development, the pillar industries grew further and product mix became more reasonable. Annual output value of new product came to RMB¥21.081 billion, accounting for 12.5% of value of total output of industry. The annual output value completed by two traditional pillar industries, to wit, automobile and petrochemical accounted for 55.2% of gross industrial output value completed by scale-over enterprises, up 3.5 percentage points; their total assets reached RMB¥148.38 billion, was 46.7% of the provincial industrial total assets. Annual output of car came to 125,000, rose 27.4%; that of plastic resin and synthetic fiber monomer rose 11.7% and 4.3 times separately. Three industries of electron, medicine and food developed rapidly and became a major contributing sector to industrial economic growth, completed RMB¥24.64 billion of output value, accounting for 14.7% of scale-over gross industrial output value, their total assets reached RMB¥43.63 billion, was 13.7% of the provincial industrial total assets. With the implementation of the policy of expanding investment, the output of such products as concrete, plate glass, steel and steel products, machinery and electrical equipment and energy, that are used in capital construction was increased in different degrees.

The size of the Province's major cities' contribution to industrial growth was further enlarged, because of the enhanced stimulation and motivation of the cities. Changchun city and Jilin city had become a firm foundation of the provincial economy, their profits-tax realized sector in total that of the Province went up to 62.5%, up 1.2 percentage points, of which Jilin city's profits-tax sector to 13.3%, up 3.6 percentage points. Scale-over enterprises in Changchun realized industrial added value of RMB¥22.5 billion, up 20.1%, its contribution rate to the provincial industrial growth reached 73.0%.

BUILDING INDUSTRY

The building industry was kept development at a high speed. There was accomplishment of added value of RMB¥14.367 billion in building industry, rose by 17.8% compared with last year; building enterprises which have certificate of natural endowment Ⅳor Ⅳ over realized RMB¥5.99 billion added value, increased by 23.1%, RMB¥840 million total profits-tax, up 75.0%. The number of project-constructed units came to 7,246, of which 4,205, that is, 58.0%, were by means of inviting or entering bid. Total housing area came to 15.668 million square meters, rose by 15.4%, 2.086 million square meters, compared with 1998, completed area 9.412 million square meters, rose 32.5%, 2.3 million square meters.

TRANSPORTATION, POST AND TELECOMMUNICATION INDUSTRIES

Last year saw the RMB¥14.095 billion added value completed in transportation, post and telecommunication, increased by 14.6% over 1999.

Transport was smoothly onward. The volume of transport by all ways completed 59.284 billion ton-kilometers in all, down 0.1%, of which that by railway 38.701 billion, down 0.1%; by motorway 8.564 billion, up 5.4%; by waterway 2.7 million, down 62.4%. The volume of passenger transport was completed 19.32 billion man-kilometers, increased by 4.7% compared with 1999, of which that by railway was completed 11.635 billion; by motorway 7.679 billion; by waterway 6 million.

Post and telecommunication businesses continued to keep a development at a higher rate, modern means of communication were widely used and the ability of transmission was greatly improved. Total annual turnover of post and telecommunication businesses was completed RMB¥11.02 billion, increased by 44.8% compared with last year, of which that of post was completed RMB¥0.52 billion, increased 17.1%; of telecommunication RMB¥10.5 billion, increased 46.5%. Total length of long-distance optical cable came to 5,462 kilometers, rose 6.3%, total capacity of municipal switchboard came to 4,991,000 jacks with 759,000 new addition. The users of fixed telephone came to 3.587 millions, 612 thousands more, of which home telephone 3.16 millions, 541 thousands more. Mobile telecommunication continued to grow at a high speed. The users of cell phone came to 2.032 millions, 932 thousands more. The users of radio beeper was 1.562 millions, 34 thousands less; the users of Internet came to 259,000 and 5.8 times over that of last year.

FIXED ASSETS INVESTMENT

Under the favorable circumstances of national policy of investment increase and domestic demand expansion, Jilin Province vied positively for national project investment, worked out all measures to ensure local counterpart funding and increased the input in infrastructure construction so that expanded rapidly the size of investment in the Province.

In the year, Jilin Province won 255 projects, RMB¥3.34 billion in all, that invested by national debt for capital construction. Completed annual fixed assets investment into all social economies was RMB¥58.31 billion, increased by 16.9% compared with 1999, of which into state economy 48.79 billion, increased 17.7%, into collective economy 4.3 billion, increased 1.2%, into urban and rural individual economy 5.22 billion, increased 25.1%. Divided by the system of management, the investment into capital construction was RMB¥27.45 billion, increased 19.2%, into technical renovation and transformation 11.43 billion, increased 15.0%.

Investment structure was readjusted to more reasonable, two major pillar industries-automobile and petrochemical had become a main factor that stimulates investment increase of the Province. The money put into state-owned chemical industry was RMB¥1.64 billion in the year, up 89.7% in 2000 over 1999; machinery 3.31 billion, up 25.6%; energy 8.38 billion, up 19.4%; transport, post and telecommunication 8.22 billion, up 9.2%. Real estate development kept a booming situation, completed annual investment of RMB¥6.35 billion, up 19.8%. Commercial buildings were marketing actively, individual purchasers came in great numbers, dealt area of commercial house came to 2.23 million square meters annually, up 21.2%, of which individual deals 2.08 million, up 40.5%.

The new-start projects were on the increase with the expansion of investment size. In the year, capital construction projects newly started and projects renovated or transformed came to 2,119, 121 more than that last year, up 6.1%. The average size of investment in new-start project increased to RMB¥18.16 million from 15.56 million of 1999.

Jilin Province added new productive capacity by means of investment construction. Last year added newly 743-thousand-KW power generating, 240-thousand-KVA transforming and 380-thousand-ton crude oil extracting.

DOMESTIC TRADE

In order to support the shifting of consumption structure, Jilin Province expanded the coverage and scale of consumer credit and made efforts to improve the consumption environment of rural and urban regions. Taking housing, automobile, noncompulsory education and tour as hot-point consumption in rural and urban residents, so that the commodity markets could maintain a smooth development.

The social consumer retail in 2000 amounted to a sum of RMB¥81.095 billion, rose by 10.5% compared with 1999, allowing for price risen, really rose 12.8%, of which 59.643 billion of the sum came from cities, rose 13.0%; 21.452 billion from countryside, rose 4.5%. Divided in trade, catering restaurants further developed, realized turnover of RMB¥9.876 billion, up 35.3%; wholesale and retail 67.464 billion, up 7.2%; manufacturing industry 1.293 billion, up 19.5%. The construction of rural and urban fairs got new progress to animate the consumer market. In 2000, there were 1,861 rural and urban fairs in Jilin Province, 6 more than that in 1999, up 0.3%. The turnover of fair businesses summed up to RMB¥31.05 billion, increased by 1.1% compared with last year, 38.3% out of total turnover of social consumption retail.

FOREIGN ECONOMY

With the implementation of the strategy of overall opening, Jilin Province's imports and exports both realized a growth at a high rate based on a rehabilitation rise last year. According to the figures from the Customs, the total import and export volumes in 2000 amounted to US$25.54 billion, up 15.2% on 1999, of which export volume reached US$1.202 billion, up 21.8%, and import volume soared by US$1.312 billion, up 9.6%.

The activities of business inviting and funds-attracting achieved great fruits depending upon comparative advantage. There were 338 projects, ¥32 billion of contracting investment, contracted in Jilin Province's important activities of business inviting and funds-attracting in Fujian and Guangdong provinces. Real utilization of foreign capital got a steady development. In 2000, agreeable sum invested directly by foreign businessmen was US$596 million, up 32.3%, contracted sum was US$493 million, up 17.0%, of which annual real sum invested by foreign businessmen

US$337 million, up 11.9%. The scale of quality of foreign investment got a further increase. Last year, the average foreign investment in single contract among newly-added 363 enterprises went up to US$ 1.642 million, US$ 350 thousand higher than the average level in the Province.

The role of foreign capital in propelling the Province's economy forward was increased. Foreign-owned enterprises of the Province realized annual sales income of RMB¥31.71 billion, taxes and profits of 6.14 billion, up 29.9% and 163.7% separately. Joint ventures played a flourish role in export expanding, taxes and profits delivering, jobs making and so on.

TOURISM

Tourism continued to develop and expand with the improvement of tour infrastructure. Last year totally put RMB¥176 million of money into transformation and construction of tour infrastructures, such as power supply project, road project on North Slope of Mount. Changbai, touring ways, parking lot of Lake Songhua and road project that surrounds Pool Jingyue, greatly improving touring environment and conditions of the Province, attracting more and more tourists. Last year, Jilin Province received 222.7 thousand person-time foreign tourists, up 39.7% compared with 1999, realized tour foreign exchange earnings of US$58.0373 million, up 29.5%; also, it had 18.0922 million person-time home tourists to visit, up 23.7%, realized tour income of RMB¥5.194 billion, up 48.8%. Tourism had become one of new economic growth points of the Province

BANKING AND INSURANCE

Jilin Province further strengthened and perfected the service function of the banking, supported and propelled the Province's economy forward with utilizing reasonably national policy of banking adjustment and control. By the end of the year, the balance held on deposits of all monetary facilities totaled RMB¥223.671 billion, 21.535 billion more than that of last year, of which the deposit belonging to enterprises was 53.541 billion, 10.773 billion more, the deposit to urban and rural residents 151.584 billion, 8.954 billion more. The balance of loans to all items was RMB¥265.118 billion, 22.9 billion more, of which that of short-term loan was 187.922 billion, middle/long-term loan 52.473 billion. Gross cash receipts of all monetar, facilities amounted to RMB¥640.662 billion, gross cash disbursement to 657.202 billion. Annual money net release totaled RMB¥16.541 billion, 3.617 billion less than that of 1999.

The insurance business remained a constant development. Annual premium income amounted to RMB¥2.994 billion, rose by 3.0%, of which property insurance to 1.087 billion, up 0.9%, personal insurance to 1.907 billion, up 4.2%. The compensation for property insurance amounted to RMB¥577 million, that for personal insurance to 164 million.

B. SCOCAL DEVELOPMENT

SCIENCE AND TECHNOLOGY

Jilin Province carried entirely out the strategy of Jilin's rejuvenation with science and education, positively propelled scientific course forward so as to provide a support in science and intelligence for the Province's social and economic development.

The reformation of scientific and technological mechanism had achieved a positive progress. 5 scientific research institutions out of the 23 institutions, which were ranked as the first batch of trial, finished the system conversion. The process of converting high and new technology into industrial production had been speeded up, some industrializing and researching items, such as trichogramma ecological prevention, uremic syndrome medicine production line, had been performed.

New fruit of scientific research kept emerging in numbers. In 2000, there were 454 major scientific and technological achievements at or over provincial level, of which 8 about basic theory, 434 about application technology and 12 about soft science. There were 1,600 granted patents out of 2,100 patent applications by National Patent Office, rose by 45.5% and 5% respectively.

Technological market became more active. There were 6,515 technical contracts signed during the year, the turnover amounted to RMB¥1.18 million, increased by 13.7% compared with last year.

Technical supervision mechanism was tending towards reasonableness. In the year, technical supervision departments at all levels discovered and seized 21,169 cases of fake product, retrieved RMB¥122 million of economic loss, penalized and confiscated 25 million.

EDUCATION

Education reformation was smoothly advanced, a lot of achievements in education was gained.

Basic education steadily developed. The Province had 2.4159 million pupils, the school starting rate of children at the right age reached 99.78%; it had 1.2148 million students at junior middle schools, the proportion of entering higher schools was 43.48%; it had 439.2 thousand children at kindergartens. The number of special educational schools came to 52 with6,306 students enrolled.

Secondary education greatly developed. The Province had 462.6 thousand high-school students, 20.2 thousand less than that of last year, of which 262.7 ordinary high-school students, 20.4 thousand more; 11.8 secondary professional-school students, 23.6 thousand less; 81.7 thousand professional high-school students, 17 thousand less.

High education rapidly developed. Having been more reasonable to distribute the structure of high education and dispose its resources, the reformation of high education administration system got a great progress. Five universities, such as Jilin University, Jilin Industry University and others were incorporated to set up new Jilin University. Changchun High Building Professional School and other two locally-administrated training schools realized their entitative incorporation to establish Changchun Engineering College. Last year, the students who accepted different kinds of high education in the Province reached 304.2 thousands, of which 175.3 thousand full-time undergraduates and 11.149 thousand postgraduates at ordinary institutions of higher learning, separately 35.7 thousands and 2,549 more than those of last year.

School running with social forces was strongly supported, the education ran by the local people went into a better stage of development. Nine local-people-running subcollege institutions, which are attached to universities and colleges, were approved by the authorities concerned to establish.

The rear service to universities and colleges was effectively pushed to socialization. The student apartments of 19 institutions of higher learnings completed in area of 299 thousand square meters, newly-constructed student dining rooms which were invested by social investment reached 47 thousand square meters.

CULTURE

Jilin Province's cultural cause went into a flourishing period and got a good result in literary and artistic creation. A lot of outstanding literary and artistic works, such as "Emotion for Changbai" that has profound ideological intension, perfect art formation and various performing styles, was pushed to stages. By the end of 2000, there were 66 various troupes of musicians and artists, 81 cultural and artistic centers, 816 cultural and artistic stations, 13 mass artistic galleries and 60 public libraries in the Province.

The causes of radio and TV broadcasting and film got an outstanding achievement. "The project that all villages have radio and TV broadcasting" was completed successfully and passed the state acceptance. The covering net of radio and TV broadcasting got a further extension. 2000 year, there were 10 radio broadcasting stations, 31 medium wave transmitting/re-broadcasting stations, 55 home radio programs with 561 hours and 3 minutes of daily-average-time airing and 94.8% of radio population-covering rate; similarly, 10 TV broadcasting stations, 61 one-kilowatt-over TV transmitting/re-broadcasting stations, 46 TV programs with 2,633 hours and 2 minutes of weekly-average-time airing and 95.7% of TV population-covering rate.

Jilin Province gained a better development of journalism and publication. Last year published in all 3,250 sorts of book, 55.38 million volumes of magazine of all sorts and 553.23 million copies of newspaper of all kinds. Audio/video products and e-publications got a rapid development, greatly enriching the media publishing.

HEALTH

The cause of health continued to develop, the net of healthy service kept perfecting. By the end of 2000, the Province had 3,323 healthy institutions, 83,400 beds in total. The number of professional medical workers came to 132 thousand. It had 1,392 in all hospitals, sanitation and antiepidemic institutions or stations. The death rate of pregnant and lying-in women reduced to 34.74 out of 100 thousand-woman, that of babies to 14.46‰. Jilin Province strengthened further health work in rural area, the coverage rate which villages and towns in the Province practice the "integrative" management was over 85%; 57 rural medical institutions, of which 51 hospitals in small towns, 6 county-level preventive organs, were renovated and constructed; the area of 35.7 thousand square meters used for health were reconstructed. The Province spent RMB¥6.5 million to add newly different kinds of 280 medical apparatus and instruments to rural hospitals and medical stations. Jilin Province had built up 8 province-level hygienic cities.

SPORTS

The cause of sports developed prosperously. In 2000, the athletes of the Province trained hard, contested with all their might, gained better results. They got 11 world champions, 3 Asia champions in international contests and 28 national champions in national important matches. Mass sports and recreations were flourishing actively with the increase of people's health consciousness.

In the year, Jilin Province successfully held '2000 World Billiards Championship, World Cup Short Track Speed Skating and so on.

C. PEOPLE'S LIFE

EMPLOYMENT

The market-oriented employment system was further perfected, employment work continued to be strengthened. By the end of the year, the Province had employment of 11.6402 million persons, 440.1 thousand persons more than that by the end of last year, of which 5.2305 million from counties and towns, 304.3 thousand more. Re-employment of the laid-off workers obtained a better progress, the Province in the year had 71.2 thousand laid-off workers at state-owned enterprises, who were re-employed, the rate of re-employment reached 15.7%.

LIFE AND SECURITY

People's life continued to be improved. By a sampling survey, annual disposable per capita income of residents in cities and towns was RMB¥4,810.00, up 7.4%, really up 8.9% after considering a rise in price; consumer per capita expenditure RMB¥4,020.84, up 9.8%. Because of a heavy drought, annual per capita net income of farmers was RMB¥2,022.50, down 10.5%; per capita expenditure on life consumption RMB¥1,553.35, up 15.2%. Per capita housing area in city was 11.23 square meters, up 0.95 square meters; the area in countryside 17.72 square meters, down 0.75 square meters.

Social security developed rapidly, social insurance, social welfare and social relief got a great progress. There were 2.94 million and 2.79 million workers participated in old age insurance and unemployment insurance, 934,000 retirees participated in overall social retirement funds, paid retroactively RMB¥5.5 billion of owed and raised old-age pension, and 837,000 workers, 669,000 workers and 551,000 workers participated in basic medical insurance, industrial injury insurance and maternity insurance respectively.

By the end of 2000, the Province had 40,000 beds in social welfare units and adopted 31,000 persons. Cities and towns set up 12,000 utilities, of which 600 were community service centers. During the year, the lottery ticket of social welfare was sold a sum of RMB¥70 million, raising 10 million of social welfare funds, receiving 4 million of donations from different kinds of social circles. In 2000, 135,000 persons in the Province received social security grants, 199,000 persons got pensions and subsidies in all sorts.

ENVIRONMENT PROTECTION

Persisting in the strategy of sustainable development and carrying out the project of "blue sky, clean water, green grass", the environment protection in Jilin Province developed at a higher speed. The ability of prevention and cure of industrial pollution continued to be strengthened further. The rate of treating industrial sewage, cleaning industrial exhaust and recycling industrial solid wastes came to 78.0%, 84.4% and 53.9% separately. Environmental comprehensive treatment got obvious progress. By the end of 2000, Jilin Province set up 666.29 square kilometers of controlling fly ash and 479.79 square kilometers of coming-up-to standard of environmental noises. The construction of eco-environment had a new progress. Changchun Jingyue Pool Tour Economic Development Zone and other six state-level ecological model zones were under construction, Yushu City and other eight province-level ecological model zones were approved to be constructed. The key projects for urban environmental infrastructure progressed smoothly. The project of Changchun northern suburb sewage disposal plant with a capacity of 390,000 tons per day urban sewerage had been completed basically. Other sewage treatment plants Changchun western suburb, Liaoyuan City and Siping City are under construction.

The main problems that existed in the national economy and social development were: sharper structural contradiction; inanimate state-owned enterprises, national economy with a heavier burden; lesser income of residents in rural and urban area, especially for farmers; negative influence on economic life because of lower commodity prices; restrained domestic demand due to inactive nongovernmental investment; higher pressure of employment and re-employment owing to unable social security system and many problems in population, resources and environment.

NOTE

1. ***The data of this communiqué is primary statistical figures.***
2. ***GDP and the absolute number of the value-added of all industries are calculated by current price, the increase rate by comparable price.***

统计资料

STATISTICAL DATA

25/453

行政区划和自然资源

ADMINISTRIVE DIVISION AND NATURAL RESOURCES

1

统计资料
STATISTICS

1－1 全省行政区划(2000年末)

Administrative Divisions in Whole Province(End of 2000)

单位:个 (unit)

地级市(州) Cities at All Level	县(市)合计 Total of cities at All Level	县级市 Cities at Counties Level	县 Counties	自治县 Autonomous Counties	市辖区 Districts
全省 Total	**41**	**20**	**18**	**3**	**19**
长春市 Changchun	4	3	1		6
吉林市 Jilin	5	4	1		4
四平市 Siping	4	2	1	1	2
辽源市 Liaoyuan	2		2		2
通化市 Tonghua	5	2	3		2
白山市 Baishan	5	1	3	1	1
松原市 Songyuan	4		3	1	1
白城市 Baicheng	4	2	2		1
延边朝鲜族自治州 Yanbian	8	6	2		

地级市(州) Cities at All Levels	镇 Towns	乡 Township	街道办事处 Street agency	居民委员会 Residents Committee	村民委员会 Villager Committee
全省 Total	**458**	**398**	**248**	**7271**	**10065**
长春市 Changchun	76	69	56	1525	1684
吉林市 Jilin	58	57	66	1666	1609
四平市 Siping	59	31	24	605	1217
辽源市 Liaoyuan	25	20	14	272	542
通化市 Tonghua	64	40	18	611	1016
白山市 Baishan	46	23	9	566	542
松原市 Songyuan	39	67	13	608	1146
白城市 Baicheng	36	67	19	448	907
延边朝鲜族自治州 Yanbian	55	24	29	970	1402

1-2 自然资源状况(2000)
Natural Resources

项目	Item	单位 Unit	实际数 Number
一、自然状况	**Natural condition**		
1. 土地面积	Area of territory	平方公里 10000 sq.km	18.74
各类土地所占比重	By topographic feature		
山　地	Mountain	%	36.0
丘　陵	Hills	%	5.8
平　原	Plain	%	30.0
台地及其他	Tableland and others	%	28.2
2. 气候	Climate		
全年平均气温	Annual average temperature	摄氏度 ℃	5.3
年降水量	Annual precipitation	毫米 mm	540.8
二、自然资源	**Natural resources**		
1. 林地	Forest area		
有林地面积	Area of afforestated land	万公顷 10000 Million cu.m	804.5
立木总蓄积量	Stock volume of the forest	亿立方米 10000 kw	8.5
森林覆盖率	Forest - coverage rate	%	42.4
2. 水利	Water resources		
淡水面积	Inland water areas	万公顷 10000ha	64.0
水力资源蕴藏量	Hydropower resources	亿立方米 10000kw	404.25
3. 矿产资源	Mineral resources		
煤保有储量	Coal(Ensured)	亿吨 100 million ton	21.4
铁（矿石）保有储量	Iron ore(Ensured)	亿吨 100 million ton	4.4
水泥用灰岩保有储量	Limestone(Ensured)	亿吨 100 million ton	14.7
硅灰石保有储量	Silica(Ensured)	万吨 100 million ton	5406
油页岩保有储量	Oil shale(Ensured)	亿吨 100 million ton	174.5

综　合

GENERAL SURVEY

2

统计资料
STATISTICS

2－1 国民经济和社会发展总量与速度指标

指标	Item	总量指标 Aggregate data		
		1985	1990	1995
人口与就业（万人）	**Population and employment(10000 person)**			
年底总人口	Population at the year end	2298.01	2483.00	2550.90
从业人员数	Employment	930.20	1169.41	1270.77
# 职工人数	Staff and workers	449.51	517.31	520.38
城镇失业人数	Unemployed in urban areas	10.45	10.48	7.76
宏观经济	**Macroeconomic indicator**			
国民核算（亿元）	National accounting(100 million yuan)			
国内生产总值	Gross domestic product	200.44	425.28	1129.20
第一产业	Primary industry	55.74	124.99	303.99
第二产业	Secondary industry	97.21	182.15	479.46
第三产业	Tertiary industry	47.49	118.14	345.75
固定资产投资（亿元）	**Investment(100 million yuan)**			
全社会固定资产投资	Investment in fixed assets	62.16	93.51	341.85
# 国有经济	State－owned	37.38	66.94	279.78
集体经济	Collective－owned	4.40	2.82	21.21
个体经济	Individuals	20.38	23.75	40.86
# 基本建设	Capital construction	22.40	29.11	167.05
更新改造	Innovation	12.14	22.57	54.13
房地产开发	Real estate developing		6.48	35.64
财政（亿元）	**Public finance(100 million yuan)**			
地方财政收入	Local government revenue	21.67	50.68	63.28
财政支出	Government expenditures	34.50	71.67	120.90
物价总指数（上年＝100）	**Price indices(pre－year＝100)**			
商品零售价格总指数	General retail price index	109.7	103.9	114.2
居民消费价格总指数	General consumer price index	110.3	104.9	115.2
农产品收购价格总指数	General farm products purchasing price index	106.0	104.5	106.6
利用外资（亿美元）	**Utilization of foreign capital($100 million)**			
签订利用外资协议额	Amount of signed contracts	0.25	0.66	17.58
实际利用外资额	Amount of actually utilization		0.61	9.02
能源生产与消费（万吨标准煤）	**Production and consumption of energy (10000 tons of SCE)**			
能源生产总量	Total energy production	1947.20	2572.30	2512.90
能源消费总量	Total energy consumption		3523.37	3954.22
产业	**Industries**			
农业	**Agriculture**			
耕地面积（万公顷）	Cultivated areas(10000 ha)	399.91	393.93	395.32
农林牧渔业劳动力（万人）	Persons engaged in farming,forestry, animal husbandry and fishery	399.67	546.58	537.44
农林牧渔业总产值（亿元）	Gross output value of farming,forestry, animal husbandry and fishery	85.89	189.09	490.28
主要农产品产量	Output of major farm products			
粮食（万吨）	Grain(10000 tons)	1225.26	2046.52	1992.40
油料（万吨）	Oil－bearing crops(10000 tons)	48.36	46.74	25.55
甜菜（万吨）	Beet roots(10000 tons)	87.69	116.40	83.64

注：1.1985、1995、2000年底总人口为公安部门数字，1990、1999年为抽样调查人口数。

2.1998、1999、2000年从业人员和职工人数不包括离开本单位仍保留劳动关系的职工。

Principal Aggregate Indicators on National Economic and social Development and Their Related Indices and Growth Rates

		速度指标(%)Indices of growth rates						
		指数(2000年以下列各年为100) Index (2000 as percentage of the following year)				平均增长速度 Average annual growth rate		
1999	2000	1985	1990	1995	1999	1986－1990	1991－1995	1996－2000
2657.61	2627.26	114.3	105.8	103.0	98.9	1.6	0.5	0.6
1120.01	1164.02	125.1	99.5	91.6	103.9	4.7	1.7	－1.7
352.61	329.91	73.4	63.8	63.4	93.6	2.8	0.1	－8.7
21.52	22.98	219.9	219.3	296.1	106.8	0.1	－6.8	24.3
1669.56	1821.19	400.1	268.4	159.8	109.2	8.3	10.9	9.7
423.48	398.73	240.6	171.2	135.2	97.0	7.0	4.8	5.3
671.74	800.28	432.6	308.1	162.7	113.4	7.0	13.6	10.8
574.34	622.18	557.9	313.2	170.7	111.7	12.2	12.9	11.3
498.77	586.86	944.1	627.6	171.7	117.7	9.1	32.1	9.5
414.64	491.20	1314.1	733.8	175.6	118.5	14.9	36.8	9.9
42.46	43.52	989.1	1543.2	205.2	102.5	4.5	69.0	18.6
41.67	52.14	255.8	219.5	127.6	125.2	－3.0	3.1	1.0
230.24	276.65	1235.0	950.4	165.6	120.2	8.9	45.5	9.1
99.42	114.54	943.5	507.5	211.6	115.2	19.2	22.0	14.8
52.98	63.52		980.2	178.2	119.9		50.5	5.2
101.28	103.83	479.1	204.9	164.1	102.5	18.5	4.5	10.4
234.62	260.67	755.6	363.7	215.6	111.1	15.7	11.0	16.6
96.7	98.0							
98.0	98.6							
89.1	94.8							
8.35	8.54	3416.0	1293.9	48.6	102.3	21.4	92.8	－14.4
4.21	4.94		809.8	54.8	117.3		71.4	－11.3
1992.16	1750.08	89.9	68.0	69.6	87.8	5.7	－0.5	－7.0
3693.22	3527.70		100.1	89.2	95.5		2.3	－2.3
400.93	399.39	99.9	101.4	101.0	99.6	－0.3	0.7	0.2
519.64	516.83	129.3	94.6	96.2	99.5	6.5	－0.3	－0.8
675.31	609.37	240.5	170.8	129.9	94.4	7.1	5.6	5.4
2305.60	1638.00	133.7	80.0	82.2	71.0	10.8	－0.5	－3.8
31.42	38.96	80.6	83.4	152.5	124.0	－0.7	－11.4	8.8
25.80	44.39	50.6	38.1	53.1	170.1	5.8	－6.4	－11.9

指标	Item	总量指标 Aggregate data		
		1985	1990	1995
水果（万吨）	Fruits(10000 tons)	6.59	13.30	27.97
肉类总产量（万吨）	Meat(10000 tons)	32.02	51.79	134.54
水产品（万吨）	Aquatic products(10000 tons)	2.96	7.09	11.06
工业	**Industry**			
主要工业产品产量	Output of major industrial products			
布（亿米）	Cloth(100 million m)	1.69	1.97	1.35
机制纸及纸板（万吨）	Machine made paper and paperboards (10000 tons)	48.89	57.02	59.44
糖（万吨）	Sugar(10000 tons)	7.15	5.84	6.14
彩色电视机（万台）	Color TV sets(10000 unit)	3.22	11.90	5.37
录音机（万台）	Records(10000 tons)	11.70	3.39	
原煤（万吨）	Coal(10000 tons)	2311.80	2610.25	2644.31
原油（万吨）	Crude oil(10000 tons)	213.02	356.70	342.73
发电量（亿千瓦小时）	Electricity(100 million kwh)	133.76	174.46	284.60
钢（万吨）	Steel(10000 tons)	37.86	74.60	115.93
成品钢材（万吨）	Steel products(10000 tons)	43.34	61.97	88.21
水泥（万吨）	Cement(10000 tons)	295.57	374.54	678.46
500万元以上工业企业财务指标	Financial indicators of enterprises with independent accounting system			
年底固定资产原价（亿元）	Original value of fixed assets at year end (100 million yuan)		469.04	1242.75
年底固定资产净值年平均余额（亿元）	Net value of fixed assets at year end (100 million yuan)		330.44	776.16
利润和税金总额（亿元）	Per－tax profits(100 million yuan)		47.33	79.50
交通运输	**Transportation**			
货物周转量（亿吨公里）	Freight traffic(100 million tons.km)	343.16	434.71	497.31
# 铁路	Railways	330.77	378.58	420.23
公路	Highways	11.60	54.80	76.00
旅客周转量（亿人公里）	Passenger traffic(100 million person.km)	134.64	147.88	177.11
# 铁路	Railways	106.71	104.30	125.52
公路	Highways	27.91	43.50	51.48
邮电通信业	**Post and telecommunications services**			
邮电业务总量（亿元）	Total business revenue(100 million yuan)	0.89	4.16	21.22
报刊期发数（万份）	Newspapers and magazines(10000 copies)	952.00	384.00	473.00
电话机（万部）	Number of telephone sets(10000 unit)	21.68	42.15	158.41
国内贸易	**Domestic trade**			
社会消费品零售总额（亿元）	Total retail sales of consumer goods(100 million yuan)	112.00	198.95	481.54
城乡集市贸易成交额（亿元）	Transaction value of urban and rural trade market(100 million yuan)	13.65	49.71	251.46
对外经济贸易和旅游	**Foreign trade and international tourism**			
进出口总额（亿美元）	Total exports and imports($100 million)	5.51	9.53	27.14
进口额	Imports	1.24	2.01	12.95
出口额	Exports	4.27	7.52	14.19
接待旅游人数（万人）	Number of tourists(10000 persons)	2.38	4.61	15.61
教育、文化	**Education and culture**			
教育	Education			

continued

1999	2000	速度指标(%)Indices of growth rates						
		指数(2000年以下列各年为100) Index (2000 as percentage of the following year)				平均增长速度 Average annual growth rate		
		1985	1990	1995	1999	1986－1990	1991－1995	1996－2000
49.62	48.62	737.8	365.6	173.8	98.0	15.1	16.0	11.7
236.43	247.94	774.3	478.7	184.3	104.9	10.1	21.0	13.0
14.47	14.01	473.3	197.6	126.7	96.8	19.1	9.3	4.8
1.20	1.26	74.6	64.0	93.3	105.0	3.1	－7.3	－1.4
38.83	40.75	83.4	71.5	68.6	104.9	3.1	0.8	－7.3
2.65	2.49	34.8	42.6	40.6	94.0	－4.0	1.0	－16.5
153.93	89.88	2791.3	755.3	1673.7	58.4	29.9	14.7	75.7
2.31	1.69	14.4	49.9		73.2	－21.9		
1627.64	1636.71	70.8	62.7	61.9	100.6	2.5	0.3	－9.1
358.02	348.46	163.6	69.7	101.7	97.3	10.9	－0.8	0.3
299.57	313.50	234.4	179.7	110.2	104.6	5.5	10.3	2.0
169.94	159.31	420.8	213.6	137.4	93.7	14.5	9.2	6.6
135.75	141.70	326.9	228.7	160.6	104.4	7.4	7.3	9.9
659.03	758.90	256.8	202.6	111.9	115.2	4.8	12.6	2.3
1907.88	1833.04		390.8	147.5	96.1		21.5	8.1
1284.18	1253.02		379.2	161.4	97.6		18.6	10.1
117.74	205.46		434.1	258.4	174.5		10.9	20.9
617.81	612.04	178.4	140.8	123.1	99.1	4.8	2.7	4.2
409.72	406.21	122.8	107.3	96.7	99.1	2.7	2.1	－0.7
81.28	85.64	738.3	156.3	112.7	105.4	36.4	6.8	2.4
196.83	206.67	153.5	139.8	116.7	105.0	1.9	3.7	3.1
123.47	129.82	121.7	124.5	103.4	105.1	－0.5	3.8	0.7
73.29	76.79	275.1	176.5	149.2	104.8	9.3	3.4	8.3
83.95	116.35	13073.0	2796.9	548.3	138.6	36.1	38.5	40.5
407.00	443.00	46.5	115.4	93.7	108.8	－16.6	4.3	－1.3
332.95	394.01	817.3	934.8	248.7	118.3	14.2	30.3	20.0
733.95	810.95	724.1	407.6	168.4	110.5	12.2	19.3	11.0
392.79	418.08	3062.9	841.0	166.3	106.4	29.5	38.3	10.7
22.17	25.54	463.5	268.0	94.1	115.2	11.6	23.3	－1.2
11.97	13.12	1058.1	652.7	101.3	109.6	10.1	45.1	0.3
10.20	12.42	290.9	165.2	87.5	121.8	12.0	13.5	－2.6
15.95	22.27	935.7	483.1	142.7	139.6	14.1	27.6	7.4

指标	Item	总量指标 Aggregate data		
		1985	1990	1995
专任教师数（万人）	Full-time teachers(10000 persons)			
普通高等学校	Institutions of higher education	1.24	1.48	1.50
中等学校	secondary schools	9.63	10.17	10.75
小学	primary schools	13.45	14.60	15.27
在校学生数（万人）	Students enrollment(10000 persons)			
普通高等学校	Institutions of high education	5.95	7.28	10.08
中等学校	Secondary schools	158.47	140.41	155.18
小学	Primary schools	299.81	276.12	269.03
文化	Culture			
出版数量	Publications			
图书（亿册）	Books published(100 million copies)	2.01	1.39	1.16
杂志（亿册）	Magazines issued(100 million copies)	0.73	0.44	0.52
报纸（亿份）	Newspapers issued(100 million copies)	4.50	3.01	4.79
家庭、生活、卫生	**Family, people's livelihood and health care**			
城镇居民家庭平均每户人口（人）	Average household size in urban(person)	3.80	3.56	3.21
农村居民家庭平均每户人口（人）	Average household size in rural(person)	4.90	4.52	4.02
居住	Housing			
城市人均居住面积（平方米）	Per capita floor space of urban residents (sq.m)	4.60	5.60	6.90
农村人均居住面积（平方米）	Per capita floor space of rural residents (sq.m)	11.42	13.42	16.07
生活	People's livelihold			
城镇居民人均可支配收入（元）	Per capita disposable income of urban household(yuan)	607.52	1230.12	3174.84
农民人均纯收入（元）	Per capita net income of rural residents(yuan)	413.74	803.52	1609.60
城乡居民储蓄存款余额（亿元）	Balance of deposits in urban and rural (100 million yuan)	43.96	196.59	726.28
职工工资总额（亿元）	Total wages(100 million yuan)	47.44	95.20	221.00
职工平均工资（元）	Average wage of staff and workers(yuan)	1081	1888	4430
居民年平均消费水平（元）	Consumption level of residents(yuan)	522	955	2292
卫生	Health care			
卫生机构数（个）	Number of hospitals(unit)	4568	4407	3891
卫生技术人员（万人）	Medical technical personnel (10000 person)	10.54	12.00	13.42
# 医生	Doctors	3.98	5.03	5.61
医疗床位数（万张）	Number of hospital and clinic beds(10000 beds)	7.88	9.21	9.66
# 医院	Number of hospital beds	7.08	8.32	8.77
环境、灾害	**Environment and disaster**			
火灾发生数（起）	Number of fire disasters(cases)	681	3722	3216
火灾损失（万元）	Fire loss(10000 yuan)	572	1388	2332
交通事故发生数（起）	Number of traffic accidents(cases)	4197	3988	5117
交通事故损失（万元）	Loss of traffic accidents(10000 yuan)	597	580	1947
农业受灾面积（万公顷）	Area of agricultural disaster(10000 ha)	261.7	93.4	233.0

continued

1999	2000	速度指标(%)Indices of growth rates						
		指数(2000年以下列各年为100) Index (2000 as percentage of the following year)				平均增长速度 Average annual growth rate		
		1985	1990	1995	1999	1986 - 1990	1991 - 1995	1996 - 2000
1.41	1.75	141.1	118.2	116.7	124.1	3.6	0.3	3.1
10.82	10.61	110.2	104.3	98.7	98.1	1.1	1.1	-0.3
15.21	15.03	111.7	102.9	98.4	98.8	1.7	0.9	-0.3
13.96	17.53	294.6	240.8	173.9	125.8	4.1	6.7	11.7
162.14	167.75	105.9	119.5	108.1	103.5	-2.4	2.0	1.6
260.38	241.59	80.6	87.5	89.8	92.8	-1.6	-0.5	-2.1
1.37	0.81	40.3	58.3	69.8	59.1	-7.1	-3.6	-6.9
0.56	0.55	75.3	125.0	105.8	98.2	-9.6	3.4	1.1
4.63	5.53	122.9	183.7	115.4	119.4	-7.7	9.7	2.9
3.09	3.12	82.1	87.6	97.2	101.0	-1.3	-2.0	-0.6
3.86	3.90	79.6	86.3	97.0	101.4	-1.6	-2.3	-0.6
8.71	9.14	198.7	163.2	132.5	104.9	4.0	4.3	5.8
18.47	17.72	155.2	132.0	110.3	95.9	3.9	3.7	2.0
4480.01	4810.00	791.7	391.0	151.5	107.4	15.2	20.9	1.4
2260.59	2022.50	488.8	251.7	125.7	89.5	14.2	14.9	4.7
1328.91	1515.85	3448.2	262.4	208.7	114.1	34.9	29.9	15.9
253.28	264.96	558.6	278.3	119.9	104.6	14.9	18.3	3.7
7158	7924	733.0	419.7	178.9	110.7	11.8	18.6	12.3
3132	3381	647.7	354.0	147.5	108.0	12.8	19.1	8.1
3912	3323	72.7	75.4	85.4	84.9	-0.7	-2.5	-3.1
13.71	13.20	125.2	110.0	98.4	96.3	2.6	2.3	-0.3
6.15	5.97	150.0	118.7	106.4	97.1	4.8	2.2	1.3
9.21	8.93	113.3	97.0	92.4	97.0	3.2	1.0	-1.6
8.59	8.34	117.8	100.2	95.1	97.1	3.3	1.1	-1.0
12542	13420	1970.6	360.6	417.3	107.0	40.5	-2.9	33.1
7136	4519	790.0	325.6	193.8	63.3	19.4	10.9	14.1
6885	14091	335.7	353.3	275.4	204.7	-1.0	5.1	22.5
2822	4548	785.5	784.1	233.6	161.2	-0.6	27.4	18.5
127.4	366.2	139.9	392.1	157.2	287.4	-18.6	20.1	9.5

2-2 国民经济主要比例关系
Proportions of Major Economic Indicators

指标	Item	1999 绝对数 Number	1999 构成(%) Proportion	2000 绝对数 Number	2000 构成(%) Proportion
全部从业人员（万元）	Employment(10000 person)	1120.01	100.0	1164.00	100.0
第一产业	Primary industry	551.11	49.2	584.30	50.2
第二产业	Secondary industry	224.06	20.0	222.30	19.1
第三产业	Tertiary industry	344.83	30.8	357.40	30.7
国内生产总值（亿元）	Gross domestic products (100 million yuan)	1669.56	100.0	1821.19	100.0
第一产业	Primary industry	423.48	25.4	398.73	21.9
第二产业	Secondary industry	671.74	40.2	800.28	43.9
第三产业	Tertiary industry	574.34	34.4	622.18	34.2
全社会固定资产投资（亿元）	Investment in fixed assets (100 million yuan)	498.77	100.0	586.86	100.0
建筑安装工程	Construction	360.11	72.2	400.71	68.3
设备、工器具购置	Equipment and tools	88.33	17.7	124.75	21.3
其他费用	Others	50.33	10.1	61.40	10.4
工业总产值（亿元）	Gross industry output value (100 million yuan)	1366.92	100.0	1679.91	100.0
轻工业	Light industry	320.88	23.5	368.62	21.9
重工业	Heavy industry	1046.03	76.5	1311.29	78.1
农林牧渔业总产值（亿元）	Gross output value of FFAF (100 million yuan)	675.31	100.0	609.37	100.0
农业	Farming	388.41	57.5	320.23	52.6
林业	Forestry	10.45	1.6	11.38	1.9
牧业	Animal husbandary	266.84	39.5	268.71	44.1
渔业	Fish	9.61	1.4	9.05	1.4
货运量（万吨）	Freight(10000 tons)	32435	100.0	33323	100.0
# 铁路	Railways	6058	18.7	5766	17.3
公路	Highways	22261	68.6	23640	70.9
水运	Waterways	58	0.2	46	0.1
客运量（万人）	Passenger traffic (10000 person)	23366	100.0	24084	100.0
铁路	Railways	5897	25.2	5785	24.0
公路	Highways	17352	74.3	18170	75.4
民航	Civil aviation	57	0.2	67	0.3
水运	Waterways	60	0.3	62	0.3
社会消费品零售总额（亿元）	Total retail sales of consumer goods(100 million yuan)	733.95	100.0	810.95	100.0
城镇	Urban	581.87	79.3	652.07	80.4
乡村	Rural	152.08	20.7	158.88	19.6
地方财政收入占国内生产总值的比重（%）	Proportion of local government revenue to GDP(%)		6.1		5.7
固定资产投资占国内生产总值的比重（%）	Proportion of investment in fixed assets to GDP(%)		29.9		32.2

2-3 按经济类型分的国民经济主要比例关系
Percentage of Major Economic Indicators by Ownership

指标	Item	1999		2000	
		绝对数 Number	构成(%) Proportion	绝对数 Number	构成(%) Proportion
全部从业人员（万人）	Employment(10000 person)	1120.01	100.0	1164.02	100.0
# 国有经济	State - owned	269.61	24.1	247.04	21.1
城镇集体经济	Collective - owned in urban areas	49.37	4.4	42.84	3.7
城镇私营及个体经济	Individual in urban areas	134.71	12.0	188.60	16.2
乡村劳动力	Rural laborers	627.38	56.0	640.97	55.1
全社会固定资产投资（亿元）	Total investment in fixed assets (100 million yuan)	498.77	100.0	586.86	100.0
国有经济	State - owned	414.64	83.1	491.20	83.7
非国有经济	Nonstate - owned	84.13	16.9	95.66	16.3
集体经济	Collective - owned	42.46	8.5	43.52	7.4
其他及个体经济	Others	41.67	8.4	52.14	8.9
500万元以上工业总产值（亿元）	Gross industrial output value (100 million yuan)	1366.92	100.0	1679.91	100.0
国有经济	State - owned	815.49	59.7	710.43	42.3
非国有经济	Nonstate - owned	551.43	40.3	969.48	57.7
集体经济	Collective - owned	93.62	6.8	99.72	10.3
其他经济	Others	457.81	33.5	869.76	47.4
# 三资经济	#Foreign capital	225.65	16.5	312.15	18.6
500万元以上工业实现利税（亿元）	Total pre - tax profits of industry (100 million yuan)	117.74	100.0	205.46	100.0
国有经济	State - owned	49.85	42.3	83.14	40.5
非国有经济	Nonstate - owned	67.89	57.7	122.32	59.5
集体经济	Collective - owned	5.81	4.9	6.94	3.4
其他经济	Others	62.08	52.7	115.38	56.1
# 三资经济	#Foreign capital	28.96	24.6	54.28	26.4
500万元以上工业资产总计（亿元）	Total assets of industry (100 million yuan)	2920.21	100.0	3184.67	100.0
国有经济	State - owned	2022.92	69.3	1703.75	53.5
非国有经济	Nonstate - owned	897.29	30.7	1480.92	46.5
集体经济	Collective - owned	121.83	4.2	134.05	4.2
其他经济	Others	775.46	26.5	1346.87	42.3
# 三资经济	#Foreign capital	297.87	10.2	325.85	10.2
社会消费品零售总额（亿元）	Total retail sales of consumer goods (100 million yuan)	733.95	100.0	810.95	100.0
批发零售贸易业	Wholesale and retail trade	629.34	85.7	674.64	83.2
餐饮业	Catering	72.98	9.9	98.76	12.1
制造业	Manufacturing	10.82	1.5	12.93	1.6
其他行业	Others	20.81	2.9	24.62	3.1
# 农民对非农业居民零售	Peasant to No - peasant	16.60	2.3	18.68	2.3

2-4 历年国内生产总值
Gross domestic products

单位:亿元　　（按当年价格计算 at the current prices）　　unit:100 million yuan

年份 Year	国内生产总值 Gross domestic product	第一产业 Primary industry	第二产业 Secondary industry	工业 Industry	建筑业 Construction	第三产业 Tertiary industry	#运输邮电 Transportation, post, telecommunication	#批发和零售贸易、餐饮业 Wholesale, retail and catering	人均国内生产总值（元） Per capita GDP
1952	16.55	9.19	4.54	4.19	0.35	2.82	0.78	1.03	153
1953	18.97	8.94	6.00	5.19	0.81	4.03	0.92	1.84	165
1954	20.43	9.10	6.96	5.89	1.07	4.37	1.05	1.58	176
1955	21.13	9.87	6.48	5.54	0.94	4.78	1.06	1.69	177
1956	24.58	10.56	8.20	6.62	1.58	5.82	1.28	2.08	200
1957	25.22	8.81	10.08	8.91	1.17	6.33	1.29	2.23	202
1958	31.18	9.30	15.00	13.08	1.92	6.88	1.57	2.38	243
1959	37.15	9.91	19.67	17.78	1.89	7.57	1.79	2.63	280
1960	41.83	8.26	24.64	22.17	2.47	8.93	2.17	3.05	289
1961	31.89	10.34	13.22	11.87	1.35	8.33	1.83	2.69	213
1962	31.35	9.92	12.89	11.47	1.42	8.54	1.92	2.50	210
1963	35.94	11.68	15.67	14.06	1.61	8.59	2.05	2.02	235
1964	38.45	11.72	17.95	16.12	1.83	8.78	1.96	1.86	246
1965	42.93	13.19	20.68	19.11	1.57	9.06	2.06	1.88	262
1966	46.67	16.26	20.96	19.63	1.33	9.45	2.46	2.01	277
1967	44.25	17.66	17.48	16.42	1.06	9.11	1.99	1.58	257
1968	42.49	17.16	16.16	15.31	0.85	9.17	1.82	1.45	240
1969	45.18	14.30	21.12	19.99	1.13	9.76	1.97	1.88	250
1970	56.07	18.73	26.57	25.29	1.28	10.77	2.67	2.32	303
1971	60.90	19.56	29.86	28.41	1.45	11.48	2.92	2.63	319
1972	56.02	15.53	29.26	27.66	1.60	11.23	2.95	1.96	286
1973	63.33	21.28	30.27	28.45	1.82	11.78	3.20	2.15	316
1974	65.11	22.11	30.88	28.94	1.94	12.12	3.16	2.01	319
1975	72.31	21.24	38.49	36.37	2.12	12.58	3.62	1.94	350
1976	67.32	16.81	37.47	35.34	2.13	13.04	3.53	2.03	321
1977	72.91	19.76	39.20	36.98	2.22	13.95	3.88	2.10	343
1978	81.98	23.98	42.96	40.34	2.62	15.04	4.46	2.69	381
1979	91.12	25.34	49.22	44.56	4.66	16.56	5.13	2.56	417
1980	98.59	27.24	52.24	47.42	4.82	19.11	5.62	2.78	445
1981	111.16	34.31	56.53	51.29	5.24	20.32	4.33	3.88	496
1982	121.67	38.40	60.36	54.21	6.15	22.91	5.19	3.34	538
1983	150.14	56.74	65.38	58.75	6.63	28.02	5.78	6.13	658
1984	174.39	60.04	80.46	72.10	8.36	33.89	6.75	7.54	760
1985	200.44	55.74	97.21	85.29	11.92	47.49	8.25	13.95	868
1986	227.15	64.35	104.30	91.28	13.02	58.50	10.89	18.28	977
1987	297.49	80.57	139.36	123.49	15.87	77.56	15.15	21.01	1269
1988	368.67	92.59	173.57	155.12	18.45	102.51	18.56	29.98	1559
1989	391.65	80.53	181.02	164.09	16.93	130.10	22.18	39.47	1636
1990	425.28	124.99	182.15	163.82	18.33	118.14	21.11	25.47	1746
1991	463.47	120.47	203.02	181.71	21.31	139.98	25.19	32.26	1878
1992	558.06	130.82	257.01	227.17	29.84	170.23	30.17	41.63	2246
1993	717.95	156.05	351.99	308.10	43.89	209.91	39.98	52.81	2868
1994	968.78	259.40	430.83	354.70	44.13	278.55	54.47	72.61	3703
1995	1129.20	303.99	479.46	413.85	65.61	345.75	70.07	93.15	4414
1996	1337.16	376.01	543.17	471.34	71.83	417.98	86.27	113.71	5163
1997	1446.91	368.16	575.43	495.10	80.33	503.32	110.30	129.92	5504
1998	1557.78	429.50	597.29	504.12	93.17	530.99	109.37	130.80	5916
1999	1669.56	423.48	671.74	552.34	119.40	574.34	121.77	139.13	6341
2000	1821.19	398.73	800.28	655.68	144.60	622.18	119.10	153.74	6847

2-5 历年国内生产总值指数
Indics of Gross Domestic Product

单位：%　　（按可比价格计算，以 1952 年为 100 at comparable price，1952 = 100）　　unit：%

年份 Year	国内生产总值 Gross domestic product	第一产业 Primary industry	第二产业 Secondary industry			第三产业 Tertiary industry		
				工业 Industry	建筑业 Construction		#运输邮电 Transportation, post, telecommunication	#批发和零售贸易、餐饮业 Wholesale, retail and catering
1952	100.0	100.0	100.0	100.0	100.0	100.0	100.0	100.0
1953	108.5	91.2	129.5	121.2	231.4	137.6	111.5	172.8
1954	115.4	91.9	149.4	135.8	317.1	146.5	128.2	145.6
1955	119.8	97.3	146.4	134.4	294.3	158.9	129.5	155.3
1956	138.7	95.9	201.1	176.4	505.7	194.3	156.4	192.2
1957	140.2	78.8	238.0	226.6	380.0	206.0	157.7	199.0
1958	180.0	92.4	356.1	334.3	630.1	221.3	191.9	204.4
1959	213.0	97.1	459.6	444.8	636.6	248.0	218.8	237.4
1960	232.7	74.1	569.3	549.1	812.0	281.2	265.3	268.6
1961	160.0	83.3	294.9	287.5	380.0	223.9	204.1	183.9
1962	155.4	80.7	283.7	274.1	399.5	222.0	212.7	165.1
1963	180.5	93.3	347.5	336.5	477.4	233.7	223.7	151.7
1964	192.0	94.0	385.8	373.3	535.9	242.8	217.6	142.8
1965	217.6	104.2	460.1	459.0	454.7	250.3	218.8	141.9
1966	235.7	110.0	509.2	517.0	383.2	265.3	262.8	154.4
1967	218.3	119.5	424.2	432.1	302.1	254.9	213.9	120.5
1968	212.8	116.1	408.5	419.8	240.3	256.5	196.8	110.7
1969	203.6	96.8	512.8	525.9	318.3	274.4	213.9	143.7
1970	292.6	126.7	647.9	665.2	389.7	339.5	334.9	196.4
1971	317.9	131.3	732.2	754.9	405.0	361.9	366.3	222.6
1972	289.1	100.0	716.6	734.1	450.6	354.0	370.1	165.9
1973	326.7	136.6	746.6	760.4	520.7	371.3	401.4	182.0
1974	334.2	138.9	765.1	777.5	554.2	382.0	396.4	170.1
1975	376.9	136.1	963.6	986.1	618.1	396.5	454.1	164.2
1976	352.3	106.2	945.3	966.4	618.1	411.0	442.8	171.8
1977	377.4	123.7	978.7	1000.9	636.4	437.8	486.7	176.9
1978	425.6	148.1	1091.9	1110.0	785.6	469.3	559.5	224.3
1979	449.3	136.2	1207.9	1182.6	1394.6	517.6	643.5	214.1
1980	478.3	134.5	1305.7	1283.1	1446.3	574.3	705.0	220.0
1981	506.1	154.3	1330.1	1309.8	1440.3	598.5	543.2	297.6
1982	544.8	172.5	1389.9	1356.7	1649.0	658.7	651.1	249.0
1983	663.0	254.2	1487.2	1450.7	1776.1	786.4	725.1	444.0
1984	745.8	265.1	1748.9	1697.8	2187.6	917.4	835.5	523.9
1985	796.7	232.2	1972.2	1880.0	2880.5	1163.8	943.4	893.5
1986	854.7	242.2	2049.1	1962.7	2880.5	1376.5	1241.9	1110.4
1987	1015.6	279.2	2434.4	2349.2	3213.4	1688.9	1716.1	1178.6
1988	1177.4	288.5	2947.2	2910.3	3095.4	2016.5	1972.0	1572.5
1989	1147.9	238.8	2829.5	2845.8	2351.0	2285.9	2127.6	1873.9
1990	1187.5	326.3	2769.5	2775.4	2420.6	2073.2	2269.3	1057.2
1991	1258.1	326.3	2931.3	2929.2	2627.6	2342.0	2532.7	1275.1
1992	1411.2	332.2	3465.7	3440.1	3286.8	2669.6	2956.3	1544.0
1993	1591.4	357.8	4064.8	4024.5	3935.5	2953.0	3465.8	1739.5
1994	1819.0	393.6	4698.9	4761.0	3719.0	3422.5	4172.8	2104.8
1995	1995.4	413.3	5244.0	5318.0	4113.2	3802.4	4811.2	2363.7
1996	2268.8	481.5	5941.5	6078.5	4265.4	4258.7	5429.7	2607.2
1997	2477.5	479.8	6482.2	6728.9	3966.8	4995.5	6559.1	2930.5
1998	2700.5	543.6	6974.8	7199.9	4549.9	5395.1	6965.8	3173.7
1999	2919.2	551.2	7714.1	7898.3	5496.3	5918.4	7780.8	3491.1
2000	3187.8	534.7	8747.8	8909.3	6529.6	6610.9	8644.5	3938.0

2-6 国内生产总值和指数
Gross Domestic Product and Its Indices

单位:亿元　　unit:100 million yuan

项目	Item	1999	2000	2000年为1999年的%(按可比价计算) 2000 as percentage of 1999
国内生产总值(当年价格)	**Gross domestic products(100 million yuan)**	1669.56	1821.19	109.2
第一产业	Primary industry	423.48	398.73	97.0
第二产业	Secondary industry	671.74	800.28	113.4
工业	Industry	552.34	655.68	112.8
建筑业	Construction	119.40	144.60	118.8
第三产业	Tertiary industry	574.34	622.18	111.7
农林牧渔服务业	Farming forestry animal husbandry and fishery	3.04	3.41	113.6
地质勘探业、水利管理业	Geological prospecting and water conservancy	4.03	4.21	105.7
交通运输、仓储及邮电通信业	Transportation, storage, post and telecommunications	121.77	119.10	111.1
批发和零售贸易、餐饮业	Wholesale retail trade and food services	139.13	153.74	112.8
金融、保险业	Banking and insurance	65.44	62.15	104.0
房地产业	Real estate	34.08	45.83	120.5
社会服务业	Social services	40.67	52.60	121.2
卫生、体育和社会福利业	Health care, sports and social welfare	22.36	24.27	110.1
教育、文化和广播电影电视业	Education, culture, art, radio, film and television	48.27	53.43	112.3
科学研究和综合技术服务业	Scientific research and polytechnical services	27.22	30.30	111.3
国家机关、政党机关和社会团体	Government agencies, party agencies and social organizations	52.45	56.15	108.5
其他行业	Other	15.88	16.99	108.1
人均国内生产总值(元)	**Per capita GDP**	6341	6847	108.1

2－7 各市县国内生产总值(2000)

Gross Domestic Products by Cities or Counties(2000)

单位:万元 unit:10000 yuan

市、县 City, County		国内生产总值 Gross domestic industry	第一产业 Primary industry	第二产业 Secondary industry	工业 Industry	建筑业 Construction	第三产业 Tertiary industry	#批发和零售贸易、餐饮业 Wholesale retail and catering	人均国内生产总值(元) Per capita GDP(yuan)
长春市	**Changchun**	8609987	1230002	3722972	3180015	542957	3657013	1091983	12381
九台市	Jiutai	377841	126900	118157	94624	23533	132784	30929	4543
榆树市	Yushu	704036	328138	155218	118800	36418	220680	62145	5752
德惠市	Dehui	622606	253993	194581	180229	14352	174032	62659	6887
农安县	Nongan	740076	320588	199498	180223	19275	219990	67946	6738
吉林市	**Jilin**	4012862	642619	1595672	1315000	280672	1774571	320930	9250
桦甸市	Huadian	447915	113600	176483	123395	53088	157832	27571	10077
蛟河市	Jiaohe	311448	88730	71604	58453	13151	151114	23591	6644
舒兰市	Shulan	450353	165505	111752	83649	28103	173096	32000	6716
磐石市	Panshi	407424	126459	115554	72446	43108	165411	27367	7732
永吉县	Yongji	218371	65531	69188	48388	20800	83652	11942	5363
四平市	**Siping**	1566265	632418	399050	310142	88908	534797	96023	4863
公主岭市	Gongzhuling	575256	268059	154898	137590	17308	152299	53327	5585
梨树县	Lishu	369739	188406	81146	69834	11312	100187	14611	4319
伊通县	Yitong	204561	100210	46327	29956	16371	58024	5207	4363
双辽县	Shuangliao	215952	65134	85960	54476	31484	64858	14626	5411
辽源市	**Liaoyuan**	671146	190547	209351	178419	30932	271248	73776	5402
东丰县	Dongfeng	188331	66246	56855	45074	11781	65230	14110	4662
东辽县	Dongliao	143342	68139	35523	31612	3911	39680	3451	3666
通化市	**Tonghua**	1422690	311969	599212	535609	63603	511509	126768	6248
梅河口市	Meihekou	407484	119424	120879	98569	22310	167181	44409	6512
集安市	Jian	128500	34229	47514	41882	5632	46757	15104	5539
通化县	Tonghua	139106	31465	79107	70637	8470	28534	6290	5520
辉南县	Huinan	151780	40628	72460	67940	4520	38692	5969	4312
柳河县	Liuhe	171083	68050	44766	39589	5177	58267	15590	4630
白山市	**Baishan**	850100	176065	421567	340067	81500	252468	60232	6448

2－7　续表　**continued**

单位：万元　　　　　　　　　　　　　　　　　　　　　　　　　　　　　**unit：10000yuan**

市、县 City，County		国内生产总值 Gross domestic industry	第一产业 Primary industry	第二产业 Secondary industry	工业 Industry	建筑业 Construction	第三产业 Tertiary industry	#批发和零售贸易、餐饮业 Wholesale retail and catering	人均国内生产总值（元） Per capita GDP（yuan）
临江市	Linjiang	180219	28716	89124	76745	12379	62379	23158	9643
抚松县	Fusong	173232	51674	80653	71861	8792	40905	11893	5543
靖宇县	Jingyu	48253	13889	19360	12962	6398	15004	2860	3384
长白县	Changbai	81842	20696	24963	22522	2441	36183	11849	9440
江源县	Jiangyuan	202319	26380	111050	98248	12802	64889	17610	7460
松原市	**Songyuan**	1557777	508363	680747	618297	62450	368667	83015	5711
长岭县	Changling	202470	127809	27909	21694	6215	46752	18501	3195
前郭县	Qianguo	454443	143051	214006	198139	15867	97386	9063	8188
乾安县	Qianan	95296	18972	42910	38784	4126	33414	7492	3240
扶余县	Fuyu	313296	184386	40860	26850	14010	88050	24391	4238
白城市	**Baicheng**	732589	273386	216794	154102	62692	242409	52751	3675
洮南市	Taonan	115872	43034	32938	27238	5700	39900	7165	2678
大安市	Daan	164182	64211	53910	43007	10903	46061	6292	3848
镇赉县	Zhenlai	95332	56290	18006	12702	5304	21036	3239	3022
通榆县	Tongyu	108889	62889	22000	13200	8800	24000	9583	3163
延边朝鲜族自治州	**Yanbian**	1273557	203202	556418	469923	86495	513937	151972	5829
延吉市	Yanji	398624	11589	192537	150501	42036	194498	69792	10016
图们市	Tumen0	92505	4943	44115	39209	4906	43447	11328	6780
敦化市	Dunhua	328493	89586	148822	134133	14689	90085	27431	6834
龙井市	Longjing	100030	26643	36277	32023	4254	37110	7474	3815
珲春市	Hunchun	125250	21442	59370	47609	11761	44438	12577	5932
和龙市	Helong	84800	20034	30210	25460	4750	34556	7999	3775
汪清县	Wangqing	89260	23800	35431	29600	5831	30029	6037	3387
安图县	Antu	123771	25152	43224	33128	10096	55395	12828	5659

2-8 各市县国内生产总值指数(2000)

Indices of GDP by Cities and Counties(2000)

单位:%　　unit:%

市、县 City, County	国内生产总值 Gross domestic industry	第一产业 Primary industry	第二产业 Secondary industry	工业 Industry	建筑业 Construction	第三产业 Tertiary industry	#批发和零售贸易、餐饮业 Wholesale retail and catering
长春市 Changchun	**113.1**	**94.9**	**117.4**	**117.5**	**116.5**	**114.0**	**117.5**
九台市 Jiutai	108.9	100.4	124.2	129.1	108.3	103.9	108.7
榆树市 Yushu	105.3	99.7	111.5	114.7	103.8	111.9	111.1
德惠市 Dehui	114.8	92.9	135.4	137.2	114.0	119.2	119.2
农安县 Nongan	106.1	92.6	121.6	122.5	112.7	111.0	113.4
吉林市 Jilin	**112.8**	**104.0**	**117.2**	**117.6**	**114.5**	**111.1**	**108.8**
桦甸市 Huadian	110.1	108.0	110.3	108.7	116.0	111.7	112.4
蛟河市 Jiaohe	113.1	106.5	116.7	115.8	123.5	116.1	113.4
舒兰市 Shulan	112.6	108.6	114.1	113.1	119.1	115.4	111.5
磐石市 Panshi	113.5	106.8	119.7	108.3	173.8	113.7	112.2
永吉县 Yongji	111.9	92.2	128.6	112.4	259.6	115.1	116.6
四平市 Siping	**99.0**	**81.9**	**112.6**	**112.5**	**113.3**	**108.3**	**104.7**
公主岭市 Gongzhuling	92.7	74.1	117.2	118.2	109.7	107.1	105.7
梨树县 Lishu	93.5	81.5	107.9	107.1	114.7	107.0	95.7
伊通县 Yitong	106.0	99.8	110.3	101.1	134.1	108.6	106.1
双辽县 Shuangliao	100.2	80.2	115.8	115.0	117.5	107.2	104.2
辽源市 Liaoyuan	**110.8**	**101.3**	**116.9**	**112.9**	**149.9**	**110.6**	**112.7**
东丰县 Dongfeng	111.9	97.8	118.8	110.1	179.6	119.8	117.6
东辽县 Dongliao	106.1	104.0	109.7	109.7	109.7	105.8	105.6
通化市 Tonghua	**109.7**	**101.9**	**113.0**	**112.3**	**121.0**	**110.2**	**113.9**
梅河口市 Meihekou	107.7	100.1	115.8	114.9	121.2	105.7	107.3
集安市 Jian	109.8	104.2	114.3	114.1	115.5	108.4	104.0
通化县 Tonghua	106.0	96.7	108.3	106.8	127.3	111.0	104.9
辉南县 Huinan	110.9	106.6	111.6	111.5	114.4	113.8	114.2
柳河县 Liuhe	111.1	103.3	118.3	117.0	134.4	115.0	109.6
白山市 Baishan	**109.5**	**104.9**	**110.2**	**109.4**	**114.1**	**111.7**	**93.8**

2－8 续表 continued

单位：% unit：%

市、县 City, County	国内生产总值 Gross domestic industry	第一产业 Primary industry	第二产业 Secondary industry	工业 Industry	建筑业 Construction	第三产业 Tertiary industry	#批发和零售贸易、餐饮业 Wholesale retail and catering
临江市 Linjiang	113.8	107.8	117.0	119.8	100.2	110.9	112.6
抚松县 Fusong	109.1	105.8	109.9	108.5	123.0	112.6	109.6
靖宇县 Jingyu	111.2	100.9	122.0	119.2	133.0	106.2	114.1
长白县 Changbai	110.6	109.2	111.8	114.3	86.2	110.6	108.2
江源县 Jiangyuan	113.1	112.7	110.3	109.4	119.5	119.4	122.3
松原市 Songyuan	**100.7**	**84.9**	**113.8**	**113.2**	**116.5**	**112.9**	**111.1**
长岭县 Changling	92.2	81.7	116.9	115.0	125.3	119.5	111.7
前郭县 Qianguo	98.6	82.4	112.2	110.9	121.4	110.5	110.6
乾安县 Qianan	100.9	81.7	106.3	105.3	112.7	112.6	111.0
扶余县 Fuyu	100.4	91.3	113.1	113.8	111.6	114.0	111.8
白城市 Baicheng	**105.1**	**88.4**	**116.6**	**110.8**	**132.4**	**112.7**	**106.4**
洮南市 Taonan	97.9	72.7	119.8	112.0	187.5	114.3	106.1
大安市 Daan	108.7	88.9	116.2	109.5	155.8	119.3	127.5
镇赉县 Zhenlai	117.3	110.9	131.2	110.7	315.3	118.2	139.3
通榆县 Tongyu	111.1	105.7	125.6	120.0	134.8	112.5	112.9
延边朝鲜族自治州 Yanbian	**108.8**	**96.6**	**113.2**	**113.4**	**110.8**	**108.3**	**108.3**
延吉市 Yanji	107.8	100.1	108.2	108.4	105.8	107.7	107.1
图们市 Tumen0	110.4	81.2	116.6	115.4	150.4	106.8	107.2
敦化市 Dunhua	111.3	113.9	110.7	110.7	110.0	110.0	111.6
龙井市 Longjing	105.5	99.5	108.9	108.7	112.1	105.6	104.3
珲春市 Hunchun	112.5	101.3	116.9	116.9	116.4	110.7	111.2
和龙市 Helong	108.1	93.3	117.7	118.0	114.5	107.3	106.8
汪清县 Wangqing	103.7	100.3	106.1	104.3	129.3	103.3	104.0
安图县 Antu	107.1	89.1	115.9	115.5	119.1	109.9	112.5

2-9 国内生产总值项目构成(2000)

Structure of Gross Domestic Product(2000)

单位:亿元 unit:100 million yuan

项目 Item		增加值 Added value	劳动者报酬 Payment for laborer	固定资产折旧 Depreciation in fixed assets	生产税净额 Net amount of Production tax	营业盈余 Business surplus
国内生产总值	**Gross domestic products**	1821.19	1044.82	325.76	176.09	274.52
第一产业	Primary industry	398.73	337.77	18.80	10.61	31.55
第二产业	Secondary industry	800.28	384.57	164.25	110.77	140.69
工业	Industry	655.68	305.36	156.19	95.25	98.88
建筑业	Construction	144.60	79.21	8.06	15.52	41.81
第三产业	Tertiary industry	622.18	322.48	142.71	54.71	102.28
农林牧渔服务业	Farming forestry animal husbandry and fishery	3.41	2.99	0.42		
地质勘探业、水利管理业	Geological prospecting and water conservancy	4.21	3.65	0.56		
交通运输、仓储及邮电通信业	Transportation, storage, post and telecommunications	119.10	53.27	41.23	6.39	18.21
批发和零售贸易、餐饮业	Wholesale retail trade and food services	153.74	82.80	19.39	15.90	35.65
金融、保险业	Banking and insurance	62.15	17.70	6.31	16.12	22.02
房地产业	Real estate	45.83	5.19	35.45	2.48	2.71
社会服务业	Social services	52.60	22.46	8.24	7.55	14.35
卫生、体育和社会福利业	Health care, sports and social welfare	24.27	16.69	5.59	0.67	1.32
教育、文化和广播电影电视业	Education, culture, art, radio, film and television	53.43	42.79	8.30	0.94	1.40
科学研究和综合技术服务业	Scientific research and polytechnical services	30.30	16.51	5.51	3.45	4.83
国家机关、政党机关和社会团体	Government agencies party agencies and social organization	56.15	46.47	9.68		
其他行业	Other	16.99	11.96	2.03	1.21	1.79

2－10 支出法国内生产总值及构成

Gross Domestic Product by Expenditure Approach

		1999	2000
支出法国内生产总值(亿元)	**Gross domestic product by expenditure approach**(100 **million yuan**)	1680.05	1854.61
最终消费	Final consumption expenditure	1030.43	1174.91
居民消费	Household consumption expenditure	824.71	899.31
政府消费	Government consumption expenditure	205.72	275.60
资本形成总额	Gross capital formation	658.74	686.58
固定资本形成总额	Gross fixed capital formation	525.04	627.74
存货增加	Changes in inventories	133.70	58.84
货物和服务净出口	Net export	－9.12	－6.88
资本形成率(投资率)(％)	Capital formation rate(％)	39.5	37.7
最终消费率(消费率)(％)	Final consumption rate(％)	61.7	64.5
支出法国内生产总值构成(％)	Product of GDP by expenditure(％)	100.0	100.0
最终消费	Final consumption expenditure	61.3	63.4
居民消费	Household consumption expenditure	49.1	48.5
政府消费	Government consumption expenditure	12.2	14.9
资本形成总额	Gross capital formation	39.2	37.0
固定资本形成总额	Gross fixed capital formation	31.2	33.8
存货增加	Changes in inventories	8.0	3.2
货物和服务净出口	Net export	－0.5	0.3

2-11 少数民族自治地方人口(2000年末)
Population in Minority National Autonomous Areas(End of 2000)

州、市、县 Prefecture, cities, counties		总人口(万人) Total population (10000 person)	少数民族人口(万人) Minority population (10000 person)	少数民族人口占总人口比重(%) Minority population as percentage of population
总　　计	**Total**	329.30	116.59	35.4
延边朝鲜族自治州	Yanbian	218.45	91.78	42.0
延吉市	Yanji	38.95	20.31	52.1
图们市	Tumen	13.60	8.47	62.3
敦化市	Dunhua	48.20	3.59	7.4
龙井市	Longjing	26.13	19.09	73.1
珲春市	Hunchun	21.20	10.82	51.0
和龙市	Helong	22.38	14.02	62.6
汪清县	Wangqing	26.25	9.66	36.8
安图县	Antu	21.74	5.82	26.8
伊通满族自治县	Yitong	46.39	17.64	38.0
长白朝鲜族自治县	Changbai	8.60	1.47	17.1
前郭尔罗斯蒙古族自治县	Qianguo	55.86	5.71	10.2

2－12　少数民族自治地方主要社会经济指标

Main Economic Indicators of Minority Nationalcity Autonomous Areas

		1999		2000	
		绝对数 Number	占全省(%) As percentage of total	绝对数 Number	占全省(%) As percentage of total
国内生产总值(当年价格)(亿元)	Gross Domestic product(1000000yuan)	191.64	11.5	201.44	11.1
第一产业	Primary industry	51.49	12.2	46.72	11.7
第二产业	Secondary industry	75.05	11.2	84.17	10.5
第三产业	Tertiary industry	65.10	11.3	70.55	11.3
耕地面积(千公顷)	Cultivated land areas(1000ha)	516.1	12.9	529	13.2
农林牧渔业劳动力(万人)	Number of persons engaged in FFAF (100 million yuan)	63.84	12.3	47.83	9.3
农林牧渔业总产值(亿元)	Gross output value of FFAF(yuan)	81.28	12.0	77.41	12.7
粮食总产量(万吨)	Output of grain(10000 tons)	275.62	12.0	178.83	10.9
肉类总产量(万吨)	Meat(10000tons)	22.08	9.3	19.27	7.7
全社会固定资产投资(亿元)	Total investment in fixed assets(100 million yuan)	45.73	9.2	55.74	9.5
邮电业务总量(亿元)	Business revenue of postal and telecommunications (100 million yuan)	10.03	13.8	14.11	12.1
社会消费品零售总额(亿元)	Total retail sales of consumer goods(100 million yuan)	86.94	11.8	89.61	11.1
地方财政收入(亿元)	Local government revenues(100 million yuan)	10.24	10.1	9.98	9.9
财政支出(亿元)	Local government expenditures(100 million yuan)	23.83	10.2	24.35	9.4
实际利用外资(亿美元)	Amount of foreign funded actually utilized($ 100 million)	0.26	6.2	0.26	5.3
高等学校在校学生数(人)	Students enrollment in institutions of higher education(person)	9149	6.6	9913	5.7
高等学校专任教师数(人)	Full－time teachers in institutions of higher education(person)	1369	9.7	1365	7.8
少数民族文字的图书(种)	Number of books in kind minority languages	1630	41.8	1357	41.8
少数民族文字的杂志(种)	Number of magazines in kind minority languages	19	9.3	21	9.3
少数民族文字的报纸(种)	Number of newspapers in kind minority languages	12	21.4	13	23.6

人 口

POPULATION

3

统计资料
STATISTICS

3－1 历年全省人口数及构成

Population and Its Composition

单位：万人　　　　unit：10000 person

年份 Year	人口数（万人） Population	按性别分 By sex		按农业、非农业分 By agriculture		按城乡分 By residence		占总人口的比重（%）Percentage		
		男 Male	女 Female	农业人口 Agriculture	非农业人口 Non－agriculture	城镇 Urban	乡村 Rural	男性人口 Male	非农业人口 Non－agricature	城镇人口 Urban
1949	1008.5	536.6	471.9	828.2	180.3	222.3	786.2	53.2	17.9	22.0
1950	1029.5	546.9	482.6	836.6	192.9	228.2	810.3	53.1	18.7	22.2
1951	1039.8	550.5	489.3	824.4	215.4	235.5	804.3	52.9	20.7	22.6
1952	1064.6	561.1	503.5	831.6	233.0	254.3	810.3	52.7	21.9	23.9
1953	1133.2	602.1	531.1	821.2	312.0	320.4	812.8	53.1	27.5	28.3
1954	1164.7	614.7	550.0	837.0	327.7	338.7	826.0	52.8	28.1	29.1
1955	1202.1	634.5	567.6	851.2	350.9	342.5	859.6	52.9	29.2	28.5
1956	1224.5	641.7	582.8	905.9	318.6	360.4	864.1	52.4	26.0	29.4
1957	1248.1	656.0	592.1	885.6	365.5	383.8	864.3	52.6	29.3	30.8
1958	1280.9	674.0	606.9	880.2	400.7	417.0	863.9	52.6	31.3	32.6
1959	1313.0	692.4	620.6	844.3	468.7	530.7	782.3	52.7	35.7	40.4
1960	1397.1	740.7	656.4	847.9	549.2	604.7	792.4	53.0	39.3	43.3
1961	1414.3	743.0	671.3	891.2	523.1	612.8	801.5	52.5	37.0	43.3
1962	1476.4	768.9	707.5	995.9	480.5	535.4	941.0	52.1	32.5	36.3
1963	1537.1	800.7	736.4	1043.1	494.0	543.9	993.2	52.1	32.1	35.4
1964	1595.1	831.3	763.8	1091.4	503.7	564.3	1030.8	52.1	31.6	35.4
1965	1639.1	850.1	789.0	1118.9	520.2	578.7	1060.4	51.9	31.7	35.3
1966	1679.3	869.4	809.9	1152.9	526.4	589.1	1090.2	51.8	31.3	35.1
1967	1722.1	891.7	830.4	1179.9	542.2	604.4	1117.7	51.8	31.5	35.1
1968	1766.3	910.4	855.9	1210.6	555.7	619.1	1147.2	51.5	31.5	35.1
1969	1808.2	932.0	876.2	1265.6	542.6	625.4	1182.8	51.5	30.0	34.6
1970	1860.4	959.0	901.4	1305.3	555.1	629.4	1231.0	51.5	29.8	33.8
1971	1915.2	983.8	931.4	1336.3	578.9	647.7	1267.5	51.4	30.2	33.8
1972	1962.7	1008.3	951.4	1366.2	596.5	718.4	1244.3	51.4	30.4	36.6
1973	2007.9	1032.1	975.8	1396.4	611.5	702.0	1305.9	51.4	30.5	35.0
1974	2034.5	1045.5	989.0	1419.8	614.7	711.5	1323.0	51.4	30.2	35.0
1975	2063.9	1060.5	1003.4	1443.4	620.5	722.7	1341.2	51.4	30.1	35.0
1976	2092.6	1075.1	1017.5	1460.0	632.6	738.1	1354.5	51.4	30.2	35.3
1977	2117.9	1087.8	1030.1	1481.6	636.3	747.8	1370.1	51.4	30.0	35.3
1978	2149.3	1102.3	1047.0	1489.8	659.5	774.0	1375.3	51.3	30.7	36.0
1979	2184.6	1119.0	1065.6	1483.4	701.2	810.4	1374.2	51.2	32.1	37.1
1980	2210.7	1132.1	1078.6	1487.4	723.3	853.8	1356.9	51.2	32.7	38.6
1981	2230.9	1141.4	1089.5	1485.2	745.7	871.7	1359.2	51.2	33.4	39.1
1982	2257.6	1155.1	1102.5	1493.9	763.7	893.9	1363.7	51.2	33.8	39.6
1983	2269.5	1162.3	1107.2	1487.4	782.1	877.8	1391.7	51.2	34.5	38.7
1984	2284.5	1170.7	1113.8	1481.9	802.6	1256.1	1028.4	51.2	35.1	55.0
1985	2298.0	1177.4	1120.6	1461.0	837.0	1421.8	876.2	51.2	36.4	61.9
1986	2315.3	1186.4	1128.9	1458.3	857.0	1470.7	844.6	51.2	37.0	63.5
1987	2336.4	1196.9	1139.5	1452.9	883.5	1597.7	738.7	51.2	37.8	68.4
1988	2357.4	1208.3	1149.1	1448.7	908.7	1728.6	628.8	51.3	38.5	74.2
1989	2395.4	1228.2	1167.2	1464.6	930.8	1778.3	617.1	51.3	38.9	73.3
1990	2440.2	1248.1	1192.1	1488.3	951.9	1888.1	552.2	51.1	39.0	77.4
1991	2459.7	1258.5	1201.2	1493.5	966.2	1908.3	551.4	51.2	39.3	77.6
1992	2474.0	1265.3	1208.7	1488.6	985.4	2060.2	413.8	51.1	39.8	83.3
1993	2496.1	1276.0	1220.1	1474.9	1021.2	2126.6	369.5	51.1	40.9	85.2
1994	2515.6	1285.9	1229.7	1465.2	1050.4	2197.1	318.5	51.1	41.8	87.3
1995	2550.9	1302.8	1248.1	1473.1	1077.8	2218.8	332.1	51.1	42.3	87.0
1996	2579.1	1315.5	1263.6	1484.6	1094.5	2257.1	322.0	51.0	42.4	87.5
1997	2600.1	1324.6	1275.5	1484.2	1115.9	2275.5	324.6	50.9	42.9	87.5
1998	2603.2	1325.6	1277.6	1480.3	1122.9	2283.6	319.6	50.9	43.1	87.7
1999	2616.1	1331.6	1284.5	1484.2	1131.9	2297.4	318.7	50.9	43.3	87.8
2000	2627.3	1336.5	1290.8	1484.3	1143.0	2330.5	296.8	50.9	43.5	88.7

注：本表是公安部门年报数字。

Data were taken from the annual report of public secury department

3-2 各市县户数和人口数(2000年末)

Households, population by cities and counties (end of 2000)

市、县 City, County		总户数(万户) Total households(10000)	总人口(万人) Population (10000 person)	按性别分 Grouped by sex		按城乡分 Grouped by residence	
				男 Male	女 Female	市镇 Urban	乡村 Rural
全　省	**Total**	**762.20**	**2627.26**	**1336.47**	**1290.79**	**2330.52**	**296.74**
长春市	**Changchun**	**195.56**	**699.64**	**355.74**	**343.90**	**647.82**	**51.82**
南关区	Nanguan	17.96	59.61	29.85	29.76	59.61	
宽城区	Kuancheng	12.58	41.85	21.63	20.22	41.85	
朝阳区	Caoyang	18.23	66.63	33.55	33.08	66.63	
二道区	Erdao	11.21	36.52	18.36	18.16	36.52	
绿园区	Luyuan	15.15	50.89	25.40	25.49	50.89	
双阳区	Shuangyang	11.18	37.33	19.09	18.24	37.33	
九台市	Jiutai	23.57	83.14	42.60	40.54	83.14	
榆树市	Yushu	34.76	122.37	62.66	59.71	122.37	
德惠市	Dehui	23.93	90.64	45.99	44.65	90.64	
农安县	Nongan	26.99	110.66	56.61	54.05	58.84	51.82
吉林市	**Jilin**	**124.68**	**431.67**	**219.81**	**211.86**	**418.98**	**12.69**
昌邑区	Changyi	17.84	59.26	29.57	29.69	59.26	
龙潭区	Longtan	15.00	51.44	25.93	25.51	51.44	
船营区	Chuanying	13.37	44.84	22.54	22.30	44.84	
丰满区	Fengman	6.81	23.80	11.96	11.84	23.80	
桦甸市	Huadian	13.23	44.83	23.14	21.69	44.83	
蛟河市	Jiaohe	13.62	46.96	23.93	23.03	46.96	
舒兰市	Shulan	19.18	67.09	34.75	32.34	67.09	
磐石市	Panshi	14.21	52.70	27.09	25.61	52.70	
永吉县	Yongji	11.42	40.75	20.90	19.85	28.06	12.69
四平市	**Siping**	**96.59**	**322.88**	**164.35**	**158.53**	**291.72**	**31.16**
铁西区	Tiexi	7.25	22.28	10.79	11.49	22.28	
铁东区	Tiedong	8.96	24.54	12.46	12.08	24.54	
公主岭市	Gongzhuling	28.97	103.98	53.11	50.87	103.98	
双辽市	Shuangliao	12.57	40.03	20.38	19.65	40.03	
梨树县	Lishu	25.44	85.66	43.85	41.81	66.06	19.60
伊通县	Yitong	13.40	46.39	23.76	22.63	34.83	11.56
辽源市	**Liaoyuan**	**37.40**	**124.28**	**63.52**	**60.76**	**101.04**	**23.24**
龙山区	Longshan	8.32	27.41	13.64	13.77	27.41	
西安区	Xian	5.89	17.41	8.76	8.65	17.41	
东丰县	Dongfeng	11.54	40.39	20.81	19.58	27.89	12.50
东辽县	Dongliao	11.65	39.07	20.31	18.76	28.33	10.74
通化市	**Tonghua**	**66.34**	**224.53**	**114.56**	**109.97**	**202.39**	**22.14**
东昌区	Dongchang	8.84	29.69	14.72	14.97	29.69	

注:表内数据为公安部门户籍人口数。

note: Data from the annual national Sample surveys on population.

Data of city and county were taken from the annual reports of public secury department.

3－2 续表 continued

市、县 City, County		总户数（万户）Total house－holds(10000)	总人口（万人）Population（10000 person）	按性别分 Grouped by sex		按城乡分 Grouped by residence	
				男 Male	女 Female	市镇 Urban	乡村 Rural
二道江区	Erdaojiang	4.34	13.57	6.87	6.70	13.57	
梅河口市	Meihekou	18.35	61.73	31.58	30.15	61.73	
集安市	Jian	7.02	22.76	11.68	11.08	22.76	
通化县	Tonghua	7.48	25.11	12.98	12.13	17.32	7.79
辉南县	Huinan	10.21	34.93	17.77	17.16	31.04	3.89
柳河县	Liuhe	10.10	36.74	18.96	17.78	26.28	10.46
白山市	**Baishan**	**43.36**	**133.10**	**68.24**	**64.86**	**124.75**	**8.35**
八道江区	Badaojiang	10.79	33.12	17.14	15.98	33.12	
临江市	Linjiang	6.23	18.59	9.42	9.17	18.59	
抚松县	Fusong	9.89	31.24	15.92	15.32	27.88	3.36
靖宇县	Jingyu	4.60	14.44	7.38	7.06	11.14	3.30
长白县	Baishan	2.68	8.60	4.37	4.23	6.91	1.69
江源县	Jiangyuan	9.17	27.11	14.01	13.10	27.11	
松原市	**Songyuan**	**68.57**	**273.53**	**138.63**	**134.90**	**161.52**	**112.01**
宁江区	Ningjiang	13.17	50.45	25.55	24.90	50.45	
长岭县	Changling	14.22	63.53	32.17	31.36	35.44	28.09
前郭县	Qianguo	14.25	55.86	28.25	27.61	26.49	29.37
乾安县	Qianan	8.67	29.52	15.01	14.51	17.54	11.98
扶余县	Fuyu	18.26	74.17	37.65	36.52	31.60	42.57
白城市	**Baicheng**	**61.38**	**199.18**	**101.70**	**97.48**	**170.53**	**28.65**
洮北区	Taobei	15.61	47.40	23.85	23.55	47.40	
洮南市	Taonan	13.94	43.17	21.98	21.19	43.17	
大安市	Daan	12.76	42.51	21.58	20.93	42.51	
镇赉县	Zhenlai	9.31	31.58	16.82	14.76	16.70	14.88
通榆县	Tongyu	9.76	34.52	17.47	17.05	20.75	13.77
延边朝鲜族自治州	**Yanbian**	**68.32**	**218.45**	**109.92**	**108.53**	**211.77**	**6.68**
延吉市	Yanji	11.40	38.95	19.27	19.68	38.95	
图们市	Tumen	4.24	13.60	6.74	6.86	13.60	
敦化市	Dunhua	15.06	48.20	24.57	23.63	48.20	
龙井市	Longjing	8.64	26.13	12.98	13.15	26.13	
珲春市	Hunchun	6.53	21.20	10.81	10.39	21.20	
和龙市	Helong	7.39	22.38	11.25	11.13	22.38	
汪清县	Wangqing	8.42	26.25	13.23	13.02	23.58	2.67
安图县	Antu	6.64	21.74	11.07	10.67	17.73	4.01

3-3 按人口规模分组的市数和县数(2000年末)
Number of Cities and Counties by Population (End of 2000)

		市 City			县 County		
		个数(个) Number	人口数(万人) Population(10000)	占人口总计(%) Percentage	个数(个) Number	人口数(万人) Popoulation(10000)	占人口总计(%) Percentage
总计	**Total**	**28**	**1749.00**	**100.00**	**21**	**878.26**	**100.00**
10万人以下	Under 100000				1	8.60	0.98
10-20万人	100000-200000	2	32.19	1.84	1	14.44	1.64
20-30万人	200000-300000	4	92.47	5.29	5	129.73	14.77
30-50万人	300000-500000	12	520.07	29.73	9	335.61	38.22
50-80万人	500000-800000	4	231.97	13.26	3	193.56	22.04
80-100万人	800000-1000000	2	173.78	9.94	1	85.66	9.75
100万人以上	Over 10000000	4	698.52	39.94	1	110.66	12.60

3-4 人口变动情况
Basic Statistics on Population Change

		单位 Unit	全省 Total		市 City		县 County	
			1999	2000	1999	2000	1999	2000
出生人数	Number Birth	万人 10000	21.36	27.04	13.27	17.81	8.09	9.23
出生率	Birth Rate	‰	8.19	10.31	7.81	10.32	8.88	10.31
死亡人数	Number of Death	万人 10000	12.48	15.33	8.55	10.71	3.93	4.61
死亡率	Death Rate	‰	4.78	5.85	5.03	6.21	4.31	5.15
自然增长人数	Number of Natural Growth	万人 10000	8.88	11.71	4.72	7.10	4.16	4.62
自然增长率	Natural Growth Rate	‰	3.41	4.46	2.78	4.11	4.57	5.16
机械增长人数	Number of mechanical Growth	万人 10000	0.63	1.62	2.60	3.77	-1.97	-2.14
机械增长率	Mechanical Growth rate	‰	0.24	0.62	1.53	2.18	-2.16	-2.39
迁入人数	Number of emigration	万人 10000	42.31	43.88	34.22	35.35	8.09	8.53
迁入率	Emigration Rate	‰	16.21	16.74	20.14	20.48	8.88	9.53
迁出人数	Number of Migration	万人 10000	41.68	42.26	31.62	31.58	10.06	10.67
迁出率	Migration Rate	‰	15.97	16.12	18.61	18.30	11.04	11.92

3-5 全省市辖镇人口(2000年末)

Population of Town under the Administration of Cities (End of 2000)

市、区 City, district		镇数(个) Number of town	总户数(户) Total of households	总人口(人) Population (person)	按农业、非农业分 Grouped by agriculture		平均每户人数(人/户) Number per households
					非农业人口 Non-agricultural population	农业人口 Agricultural population	
全 省	**Total**	**245**	**1689115**	**5976100**	**1273549**	**4702551**	**3.53**
长春市	**Changchun**	**62**	**524304**	**1909872**	**187501**	**1722371**	**3.64**
南关区	Nanguan	4	25272	85663	16323	69340	3.39
宽城区	Kuancheng	2	24462	84185	26282	57903	3.44
朝阳区	Chaoyang	3	28067	85145	21544	63601	3.03
二道区	Erdao	3	16555	54441	8468	45973	3.29
绿园区	Luyuan	2	17428	56229	8699	47530	3.23
双阳区	Shuanyang	5	33772	117560	6740	110820	3.48
九台市	Jiutai	12	97888	357513	30596	326917	3.65
榆树市	Yushu	16	146864	538401	36989	501412	3.67
德惠市	Dehui	15	133996	530735	31860	498875	3.96
吉林市	**Jilin**	**51**	**372745**	**1344227**	**301301**	**1042926**	**3.61**
昌邑区	Changyi	4	26461	94639	20659	73980	3.58
龙潭区	Longtan	4	45570	164838	30550	134288	3.62
船营区	Chuanying	2	16150	60783	6383	54400	3.76
丰满区	Fengman	1	5585	19978	2667	17311	3.58
蛟河市	Jiaohe	9	69697	243137	55350	187787	3.49
桦甸市	Huadian	8	48638	168107	62368	105739	3.46
舒兰市	Shulan	9	74229	273932	41200	232732	3.69
磐石市	Panshi	14	86415	318813	82124	236689	3.69
四平市	**Siping**	**30**	**247360**	**930162**	**192841**	**737321**	**3.76**
铁东区	Tiedong	1	9308	27044	5530	21514	2.91
公主岭市	Gongzhuling	20	179907	697130	158264	538866	3.87
双辽市	Shangliao	9	58145	205988	29047	176941	3.54

3－5 续表 continued

市、区 City, district		镇数(个) Number of town	总户数(户) Total of households	总人口(人) Population (person)	按农业、非农业分 Grouped by agriculture		平均每户人数(人/户) Number per households
					非农业人口 Non－agricultural population	农业人口 Agricultural population	
通化市	**Tonghua**	**26**	**144069**	**496755**	**164658**	**332097**	**3.45**
东昌区	Dongchang	1	4873	15057	3340	11717	3.09
二道江区	Erdaojiang	3	20798	60975	40545	20430	2.93
梅河口市	Meihekou	14	84008	299132	104041	195091	3.56
集安市	Jian	8	34390	121591	16732	104859	3.54
白山市	**Baishan**	**12**	**42132**	**137882**	**61605**	**76277**	**3.27**
八道江区	Badaojiang	4	17362	56846	28037	28809	3.27
临江市	Linjiang	8	24770	81036	33568	47468	3.27
松原市	**Songyuan**	**4**	**20907**	**84922**	**5243**	**79679**	**4.06**
宁江区	Ningjiang	4	20907	84922	5243	79679	4.06
白城市	**Baicheng**	**20**	**102463**	**353553**	**92198**	**261355**	**3.45**
洮北区	Taobei	6	31607	105969	23625	82344	3.35
洮南市	Taonan	5	29513	101235	24339	76896	3.43
大安市	Daan	9	41343	146349	44234	102115	3.54
延边朝鲜族自治州	**Yanbian**	**40**	**235135**	**718727**	**268202**	**450525**	**3.06**
延吉市	Yanji	3	21588	67366	21466	45900	3.12
图们市	Tumen	4	17697	53819	29261	24558	3.04
敦化市	Dunhua	11	82649	260006	95574	164432	3.15
珲春市	Hunchun	4	17074	52723	10856	41867	3.09
龙井市	Longging	9	47936	143191	58230	84961	2.99
和龙市	Helong	9	48191	141622	52815	88807	2.94

3-6 全省县辖镇人口(2000年末)

Population of Town under the Administration of Counties(End of 2000)

市、区 City, district		镇数(个) Number of town	总户数(户) Total of households	总人口(人) Population (person)	按农业、非农业分 Grouped by agriculture		平均每户(人/户) Number per households
					非农业人口 Non-agricultural population	农业人口 Agricultural population	
全省	**Total**	**213**	**1698195**	**5815144**	**2227060**	**3588084**	**3.42**
长春市	**Changchun**	**14**	**152446**	**588438**	**157505**	**430933**	**3.86**
农安县	Nongan	14	152446	588438	157505	430933	3.86
吉林市	**Jilin**	**7**	**80767**	**280589**	**88757**	**191832**	**3.47**
永吉县	Yongji	7	80767	280589	88757	191832	3.47
四平市	**Siping**	**29**	**304455**	**1008835**	**276317**	**732518**	**3.31**
梨树县	Lishu	18	202516	660548	193588	466960	3.26
伊通县	Yitong	11	101939	348287	82729	265558	3.42
辽源市	**Liaoyuan**	**25**	**169269**	**562194**	**167331**	**394863**	**3.32**
东丰县	Dongfeng	13	81742	278878	99900	178978	3.41
东辽县	Dongliao	12	87527	283316	67431	215885	3.24
通化市	**Tonghua**	**38**	**218338**	**746411**	**290266**	**456145**	**3.42**
通化县	Tonghua	12	53149	173170	69943	103227	3.26
柳河县	Liuhe	12	73857	262787	93530	169257	3.56
辉南县	Huinan	14	91332	310454	126793	183661	3.40
白山市	**Baishan**	**34**	**239698**	**730464**	**490183**	**240281**	**3.05**
抚松县	Fusong	13	89510	278816	188946	89870	3.11
靖宇县	Jingyu	7	36746	111424	60962	50462	3.03
长白县	Changbai	6	21724	69070	35652	33418	3.18
江源县	Jiangyuan	8	91718	271154	204623	66531	2.96
松原市	**Songyuan**	**35**	**288634**	**1110638**	**338107**	**772531**	**3.85**
前郭县	Qianguo	9	71594	264932	97715	167217	3.70
长岭县	Changling	12	83753	354391	97398	256993	4.23
乾安县	Qianan	6	55316	175377	78797	96580	3.17
扶余县	Fuyu	8	77971	315938	64197	251741	4.05
白城市	**Baicheng**	**16**	**113791**	**374451**	**177885**	**196566**	**3.29**
镇赉县	Zhenlai	7	52776	166969	83550	83419	3.16
通榆县	Tongyu	9	61015	207482	94335	113147	3.40
延边朝鲜族自治州	**Yanbian**	**15**	**130797**	**413124**	**240709**	**172415**	**3.16**
汪清县	Wangqing	8	76074	235823	136766	99057	3.10
安图县	Antu	7	54723	177301	103943	73358	3.24

3－7　各市县人口自然变动情况(2000年末)

Total population and Birth Rate 、Death Rate and Natural Growth Rate by Region(End Of 2000)

单位:人　　　　unit:person

市、县 City, county		年平均人口 Annual average population	出生 Birth		死亡 Death		自然增长 Natural growth	
			人数 Number of birth	出生率(‰) Birth rate	人数 Number of death	死亡率(‰) Death rate	人数 Number of natural growth	增长率(‰) Natural growth rate
全　省	**Total**	**26216786**	**270405**	**10.31**	**153281**	**5.85**	**117124**	**4.46**
长春市	**Changchun**	**6954318**	**72167**	**10.38**	**38603**	**5.55**	**33564**	**4.83**
市　区	District	2897304	35680	12.31	18859	6.51	16821	5.80
九台市	Jiutai	831756	6957	8.36	4433	5.33	2524	3.03
榆树市	Yushu	1222326	11910	9.74	6909	5.65	5001	4.09
德惠市	Dehui	904669	7978	8.82	3729	4.12	4249	4.70
农安县	Nongan	1098263	9642	8.78	4673	4.25	4969	4.53
吉林市	**Jilin**	**4308417**	**39158**	**9.09**	**28829**	**6.69**	**10329**	**2.40**
市　区	District	1608654	15381	9.56	14000	8.70	1381	0.86
桦甸市	Huadian	444463	4531	10.19	2144	4.82	2387	5.37
蛟河市	Jiaohe	468789	6046	12.90	3973	8.48	2073	4.42
舒兰市	Shulan	670593	5424	8.09	3543	5.13	1881	2.96
磐石市	Panshi	526887	4488	8.52	2887	5.48	1601	3.04
永吉县	Yongji	589033	3288	5.58	2282	3.87	1006	1.71
四平市	**Siping**	**3225845**	**30867**	**9.57**	**17633**	**5.47**	**13234**	**4.10**
市　区	District	466789	6292	13.48	3757	8.05	2535	5.43
公主岭市	Gongzhuling	1035076	8880	8.58	4775	4.61	4105	3.97
双辽市	Shuangliao	399055	4209	10.55	2207	5.53	2002	5.02
梨树县	Lishu	856082	7420	8.67	4271	4.99	3149	3.68
伊通县	Yitong	468845	4066	8.67	2623	5.59	1443	3.08
辽源市	**Liaoyuan**	**1242460**	**17483**	**14.07**	**9726**	**7.83**	**7757**	**6.24**
市　区	District	448923	5820	12.96	2925	6.52	2895	6.44
东丰县	Dongfeng	402967	7742	19.21	4327	10.74	3415	8.47
东辽县	Dongliao	390580	3921	10.04	2474	6.33	1447	3.71
通化市	**Tonghua**	**2252439**	**25055**	**11.12**	**14356**	**6.37**	**10699**	**4.75**
市　区	District	432899	4483	10.36	2893	6.68	1590	3.68
梅河口市	Meihekou	613831	7013	11.42	3944	6.43	3069	4.99
集安市	Jian	231803	1812	7.82	1407	6.07	405	1.75
通化县	Tonghua	251614	2959	11.76	1888	7.50	1071	4.26
辉南县	Huinan	352792	3565	10.11	2172	6.16	1393	3.95
柳河县	Liuhe	369500	5223	14.14	2052	5.55	3171	8.59

3－7 续表 continued

单位：人 unit：person

市、县 City，county		年平均人口 Annual average population	出生 Birth		死亡 Death		自然增长 Natural growth	
			人数 Number of birth	出生率（‰） Birth rate	人数 Number of death	死亡率（‰） Death rate	人数 Number of natural growth	增长率（‰） Natural growth rate
白山市	**Baishan**	**1327222**	**12293**	**9.74**	**7531**	**5.67**	**4762**	**4.07**
市　区	District	330121	3787	11.47	1640	4.97	2147	6.50
临江市	Linjiang	186903	1311	7.01	1258	6.73	53	0.28
抚松县	Fusong	310875	2437	7.84	1444	4.64	993	3.20
靖宇县	Jingyu	142630	1524	10.68	816	5.72	708	4.96
长白县	Baishan	86665	661	7.63	703	8.11	－42	－0.48
江源县	Jiangyuan	270029	2573	9.53	1670	6.18	603	3.35
松原市	**Songyuan**	**2727789**	**33040**	**12.11**	**11068**	**4.06**	**21972**	**8.05**
市　区	District	505398	5565	11.01	1852	3.66	3713	7.35
长岭县	Changling	633829	5353	8.45	2218	3.50	3135	4.95
前郭县	Qianguo	555308	9491	17.09	2301	4.14	7190	12.95
乾安县	Qianan	294067	3391	11.53	1182	4.02	2209	7.51
扶余县	Fuyu	739189	9240	12.50	3515	4.76	5725	7.74
白城市	**Baicheng**	**1993242**	**22360**	**11.22**	**9778**	**4.91**	**12582**	**6.31**
市　区	District	474193	6520	13.75	2014	4.25	4506	9.50
洮南市	Taonan	432685	5889	13.61	2332	5.39	3557	8.22
大安市	Daan	426642	4108	9.63	2734	6.41	1374	3.22
镇赉县	Zhenlai	315475	2730	8.65	1404	4.45	1326	4.20
通榆县	Tongyu	344248	3113	9.04	1294	3.76	1819	5.28
延边朝鲜族自治州	**Yanbian**	**2185050**	**17982**	**8.23**	**15757**	**7.21**	**2225**	**1.02**
延吉市	Yanji	387753	3327	8.58	2201	5.68	1126	2.90
图们市	Tumen	136431	770	5.64	1258	9.22	－488	－3.58
敦化市	Dunhua	480715	5752	11.97	3593	7.47	2159	4.50
龙井市	Longjing	262209	1347	5.14	2469	9.42	－1122	－4.28
珲春市	Hunchun	211135	1566	7.42	1464	6.93	102	0.49
和龙市	Helong	224611	1263	5.62	1935	8.61	－672	－2.99
汪清县	Wangqing	263506	1776	6.74	1284	4.87	492	1.87
安图县	Antu	218692	2181	9.97	1553	7.10	628	2.87

从业人员和职工工资

EMPLOYMENT AND WAGE

4

统计资料

STATISTICS

4－1 历年全部从业人员数

Employment

单位：万人　　unit：10000person

年份 Year	全部从业人员数 Total	职工人数 staff and workers	国有单位 State owned	集体所有制单位 Collective owned	其他所有制单位 Other	城镇个体劳动者 Individual In Urban	乡村劳动者 Individual In Rural	其他劳动者 Other	第一产业 primary industry	第二产业 Secondary industry	第三产业 Tertiary industry
		按经济类型分 By ownership							按三次产业分 By sector		
1949	263.89	38.73	23.38	15.35			225.16		223.7	18.8	21.4
1950	270.37	45.96	30.08	15.88			224.41				
1951	280.51	54.88	39.48	15.40			225.63				
1952	301.73	63.90	48.38	15.52			237.83		236.1	31.0	34.6
1953	321.39	77.06	59.68	17.38			244.33				
1954	318.25	75.54	60.56	14.98			242.71				
1955	321.56	72.05	57.38	14.67			249.51				
1956	327.67	84.60	71.66	12.94			243.07				
1957	327.22	93.25	74.41	18.84			233.97		231.1	43.8	52.3
1958	383.48	139.21	123.55	15.66			244.27				
1959	384.58	147.66	135.33	12.33			236.92				
1960	417.80	182.88	167.09	15.79			234.92				
1961	407.59	170.48	147.18	23.30			237.11				
1962	414.98	146.05	119.19	26.86			268.93		278.4	69.7	66.9
1963	433.95	148.34	120.56	27.78			285.61				
1964	428.75	149.36	123.38	25.98			279.39				
1965	437.79	152.25	124.50	27.75			285.54		293.1	73.3	71.4
1966	431.05	150.30	130.77	19.53			280.75				
1967	455.96	152.17	132.19	19.98			303.79				
1968	470.15	155.64	135.15	20.49			314.51				
1969	484.00	160.34	139.67	20.67			323.66				
1970	532.13	187.60	159.73	27.87			344.53		337.3	100.0	94.8
1971	568.25	215.71	183.74	31.97			352.54		344.1	118.1	106.1
1972	559.43	223.09	189.55	33.54			336.34		325.3	130.7	103.4
1973	562.10	222.58	184.81	37.77			339.52		325.6	133.9	102.6
1974	568.58	232.98	188.44	44.54			335.60		322.5	144.8	101.3
1975	590.51	256.78	196.41	60.37			333.73		326.1	160.8	103.6
1976	595.80	273.03	204.09	68.94			322.77		308.2	180.3	107.3
1977	620.54	299.36	211.33	88.03			321.18		307.7	200.0	112.8
1978	645.38	324.92	250.02	74.90			320.46		318.1	205.0	122.3
1979	671.29	348.59	257.50	91.09		0.81	321.89		318.4	216.3	136.6
1980	715.30	373.88	270.50	103.38		3.37	338.05		329.3	231.7	154.3
1981	754.52	396.48	282.81	113.67		5.57	352.47		349.8	242.0	162.7
1982	849.62	411.24	292.30	118.94		7.58	430.80		413.8	248.0	187.8
1983	847.50	421.88	296.87	125.01		10.60	415.02		410.8	256.9	179.8
1984	867.25	431.34	293.07	138.18	0.08	15.91	410.99	9.01	401.1	258.6	207.6
1985	930.20	449.51	304.43	144.91	0.17	21.37	450.01	9.31	421.9	286.2	222.1
1986	987.95	470.90	320.78	149.95	0.17	21.17	486.50	9.38	432.5	302.6	252.9
1987	1032.75	486.11	331.87	154.03	0.21	22.96	541.75	8.93	465.8	313.9	253.0
1988	1106.22	497.48	343.69	153.54	0.25	28.53	571.55	8.66	511.6	324.9	269.7
1989	1142.19	509.45	352.74	156.19	0.52	29.25	594.92	8.57	549.0	329.7	263.5
1990	1169.41	517.31	361.98	154.44	0.89	29.50	614.43	8.17	564.8	334.4	270.2
1991	1194.69	533.44	371.80	160.03	1.61	31.52	620.94	8.79	572.4	339.2	283.2
1992	1235.02	541.53	379.27	157.83	4.43	38.51	646.63	8.35	590.2	352.6	292.2
1993	1237.67	542.99	379.86	152.44	10.69	46.68	638.82	9.18	572.5	352.5	312.7
1994	1250.24	530.13	384.60	130.19	15.34	67.70	643.56	8.85	570.7	343.3	336.2
1995	1270.77	520.38	386.65	115.71	18.02	94.12	647.99	8.28	572.1	339.2	359.4
1996	1257.14	513.31	385.81	107.97	19.53	107.99	629.05	6.79	562.3	329.3	365.5
1997	1237.73	500.89	375.88	100.19	24.82	113.52	616.17	7.15	551.0	315.5	371.2
1998	1130.85	374.12	286.44	56.45	31.23	134.08	616.28	6.38	545.1	229.9	355.8
1999	1120.00	352.61	265.75	48.37	38.49	134.70	627.38	5.32	551.1	224.0	344.9
2000	1164.02	329.91	247.04	42.26	40.61	188.60	640.97	4.54	584.3	222.3	357.4

注：98、99、2000年不包括离岗职工

4－2　各单位从业人员(2000年末)

单位:人

		单　位 从业人员 Number of employed persons
全　省		**3344479**
按经济类型分	Grouped by ownership	
国有经济	State owned	2504984
集体经济	Collective owned	428443
其他经济	Other	411052
内资	Domestic funds	328306
股份合作	Cooperative enterprises	18590
联营	Joint owned	3044
有限责任公司	Company limited	130393
股份有限公司	Share holding	171216
其他	Other	5063
港澳台投资	Funded from Hongkong, Macao and Taiwan	24084
外商投资	Foreign investment	58662
按企业、事业、机关分	Grouped by enterprises institutions	
企业	Enterprises	2281317
事业	Institutions	828525
机关	Organizations	234637
按国民经济行业分	Grouped by sector	
1.农、林、牧、渔业	Farming, forestry, animal husbandry and fishery	168505
2.采掘业	Excavation	313032
3.制造业	Manufacturing	892574
4.电力、煤气及水的生产和供应业	Electric Power, gas and water Production and supply	77386
5.建筑业	Construction	202843
6.地质勘查业、水利管理业	Gelogical prospection and water consevancy	28166
7.交通运输、仓储及邮电通信业	Traasportation, storage, post and telecommunications services	239764
8.批发和零售贸易、餐饮业	Wholesale, retail trade and food services	263589
9.金融、保险业	Banking and insurance	96241
10.房地产业	Real estate management	34063
11.社会服务业	Social services	142360
12.卫生、体育和社会福利业	Health care, sports and social welfare	143311
13.教育、文化艺术和广播电影电视业	Education, culture and arts, radio, film and televisions	411578
14.科学研究和综合技术服务业	Scientific research and polytechnic services	46077
15.国家机关、政党机关和社会团体	Government agencies, party agencies and social organizations	251469
16.其他行业	Others	33521
按产业分	Grouped by industries	
第一产业	Primary industry	168505
第二产业	Secondary industry	1485835
第三产业	Tertiary industry	1690139

Number Of Employed Person (End Of 2000)

unit: person

#女性 Female	在岗职工 employed	#长期职工 Long-term	其他从业人员 Other type of employed person	#聘用的离退休人员 Employed retirees	#聘用的港澳台和外籍人员 Employed person from foreign, HongKong, Macao and Taiwan	离开本单位仍保留劳动关系的职工 Laid off	#内部退养职工 Within person laying off
1300882	**3299084**	**3130846**	**45395**	**6865**	**433**	**1134146**	**152776**
925828	2470420	2373385	34564	3218	184	728462	116320
212199	422631	387672	5812	2022		309645	10711
162855	406033	369789	5019	1625	249	96039	25745
124180	324165	305898	4141	1230	9	85590	24684
8829	18301	16793	289	25		7757	587
1235	2937	2905	107	67		1220	137
47484	128474	121794	1919	350	3	29578	7512
64074	169402	159671	1814	787	6	42097	16014
2558	5051	4735	12	1		4938	434
9667	23893	20459	191	143	21	3834	439
29008	57975	43432	687	252	219	6615	622
854881	2248538	2126352	32779	5282	259	1078674	138563
389090	817699	780590	10826	1434	174	50943	11445
56911	232847	223904	1790	149		4529	2768
57753	167385	162068	1120	19	7	29664	3054
101838	311475	297503	1557	77		142873	19028
370234	884772	841794	7802	2824	182	530716	69160
23339	76888	74212	498	54		7830	5076
50298	196884	172624	5959	185	2	71856	5228
7444	27962	27742	204	37		6678	478
68040	237553	230474	2211	146	4	40483	10844
115341	261304	247766	2285	267	38	245620	18560
43265	87837	84336	8404	391		3899	3355
10054	33572	29816	491	42		3551	549
64634	138900	121188	3460	1144	18	18305	5651
86571	142422	138206	889	598	17	4736	1126
211402	403512	392787	8066	491	165	14297	6682
15187	45598	43885	479	329		1582	466
61148	249607	240491	1862	204		4819	2910
14334	33413	25954	108	57		7237	609
57753	167385	162068	1120	19	7	29664	3054
545709	1470019	1386133	15816	3140	184	753275	98492
697420	1661680	1582645	28459	3706	242	351207	51230

4－3 单位从业人员劳动报酬和生活费(2000)

		单位从业人员劳动报酬(万元) Total of Wages (10000 yuan)	在岗职工工资总额 Employed person
总计	**Total**	**2683174**	**2649607**
按经济类型分	Grouped by ownership		
国有经济	State owned	2059330	2037696
城镇集体经济	Urban Collective owned	237969	234537
其他经济	Other types of ownership	385875	377374
内资	Domestic funds	288318	284981
股份合作	Cooperative enterprises	15461	15371
联营	Joint owned	1660	1540
有限责任公司	Limited company	103796	102400
股份有限公司	Share holding	165145	163437
其他	Others	2256	2233
港澳台商投资	Funded from HongKong, Macao and Taiwan	22136	21647
外商投资	Foreign investment	75421	70746
按企业、事业、机关分	Grouped by enterprises institutions		
企业	Enterprises	1817647	1789841
事业	Institutions	658184	652895
机关	Organizations	207343	206871
按国民经济行业分	Grouped by sector		
农、林、牧、渔业	Farming, forestry, animal husbandry and fishery	67369	66834
采掘业	Excavation	229356	228364
制造业	Manufacturing	734867	726575
电力、煤气及水的生产和供应业	Electric power, gas and water conservancy	88242	87956
建筑业	Construction	148537	142497
地质勘查业、水利管理业	Gelongical prospection and water conservancy	17956	17513
交通运输、仓储及邮电通信业	Transportation, storage, post and telecommunications	219728	218517
批发和零售贸易、餐饮业	Wholesale, retail trade and food services	142954	141895
金融、保险业	Banking and insurance	107814	100944
房地产业	Real estate	30741	30506
社会服务业	Social services	120969	117933
卫生、体育和社会福利业	Health care sports and social welfare	121902	121148
教育、文化艺术和广播电影电视业	Education, culture and arts, radio, film and televisions	350633	347729
科学研究和综合技术服务业	Scientific research and polytechnic services	48971	48680
国家机关、政党机关和社会团体	Government agencies, party agencies and social organizations	225084	224549
其他行业	Others	28051	27964

Total wage of staff and workers(2000)

其他从业人员劳动报酬 Other employed person	#聘用离退休人员 Reemployed retirees	#聘用的港澳台和外籍人员 Employed from foreign HongKong, Macao and Taiwang	离开本单位仍保留劳动关系职工的生活费 Subsidies and allowances	#内部退养职工 Ahead of retired person	单位从业人员平均劳动报酬 Average wage (yuan)	#在岗职工平均工资 Average wage of employed person
33567	**4951**	**5116**	**132217**	**76026**	**7908**	**7924**
21634	2252	395	108956	61635	8087	8121
3432	1220		5779	2968	5495	5501
8501	1479	4721	17482	11423	9334	9244
3337	1049	171	16521	10850	8708	8719
90	19		367	231	8327	8408
120	99		166	50	5466	5248
1396	363	10	5410	3299	7824	7837
1708	558	161	9987	7118	9583	9587
23	10		591	152	5004	4979
489	217	241	449	252	9179	9055
4675	213	4309	512	321	12966	12309
27806	3626	4739	117545	67029	7800	7799
5289	1255	377	11727	6608	7947	7997
472	70		2945	2389	8849	8904
535	12	26	3692	1688	4074	4070
992	47		23406	11269	6860	6868
8292	1892	4118	53169	27485	8124	8103
283	29		4013	3690	11339	11366
535	120		3128	2532	8962	9014
87	60		447	347	8424	8426
6040	142	13	6088	2575	6935	6878
443	23		1363	280	6330	6300
1211	98	14	7588	6146	9120	9167
1059	184	85	14231	8248	5395	5410
6870	227		3127	3017	11105	11419
235	45		689	382	9087	9102
3036	854	470	4837	3923	8455	8484
754	582	15	1086	815	8512	8516
2904	407	375	4930	3263	8462	8558
291	229		423	366	10603	10650

4－4 历年职工工资总额、平均工资和指数

Total Wages Of Staff And Workers And Related Index

年 份 Year	工资总额（万元）Total（10000 yuan）	#国有单位 State owned	#城镇集体所有制单位 Collective owned	平均工资（元）Average wage（yuan）	#国有单位 State owned	#城镇集体所有制单位 Collective owned	平均实际工资指数（以上年100）Index（preyear＝100）	#国有单位 State owned
1952	21456	21456		480	480		100.0	100.0
1953	34406	34406		573	573		112.7	112.7
1954	37207	37207		588	588		99.1	99.1
1955	36284	36284		600	600		101.5	101.5
1956	46209	46209		671	671		114.1	114.1
1957	53424	53424		699	699		101.6	101.6
1958	59552	59552		647	647		93.8	93.8
1959	80860	80860		615	615		95.4	95.4
1960	94761	94716		611	611		91.6	91.6
1961	92024	92024		602	602		86.9	86.9
1962	83614	83614		661	661		106.5	106.5
1963	85589	85589		721	721		100.3	110.3
1964	91337	91337		744	744		104.9	104.9
1965	90881	90881		740	740		99.0	99.0
1966	94388	94388		718	718			
1967	91533	91533		685	685		94.6	94.6
1968	96172	96172		670	670		97.6	97.6
1969	102119	102119		744	744		111.8	111.8
1970	105069	105069		698	698		94.6	94.6
1971	118161	118161		677	677		96.7	96.7
1972	139101	139101		736	736		108.4	108.4
1973	149429	129729	19700	638	690	553	86.4	93.5
1974	154505	132327	22178	671	700	539	105.1	101.3
1975	163236	135328	27908	657	690	534	97.8	98.5
1976	172629	140669	31960	636	680	496	96.1	97.9
1977		144867			680			99.8
1978	214393	176392	38001	651	712	467		104.6
1979	234639	189914	44725	700	753	539	105.7	104.0
1980	275684	219028	56656	763	827	588	103.2	104.0
1981	298349	232138	66211	770	840	611	99.3	100.0
1982	323142	250121	73021	799	863	637	99.6	98.6
1983	340615	259049	81566	823	881	680	98.6	97.7
1984	393211	292467	100635	927	1008	751	108.8	110.5
1985	474432	352057	122217	1081	1175	880	105.7	105.7
1986	556845	417486	139173	1221	1333	974	106.6	107.0
1987	644136	484259	159616	1366	1491	1088	104.0	104.0
1988	789012	595701	192919	1630	1771	1311	99.2	8.7
1989	870776	662084	207837	1755	1914	1388	13.8	99.2
1990	951989	734882	215591	1888	2068	1456	102.6	103.0
1991	1063309	816534	243947	2045	2233	1596	101.4	101.1
1992	1220550	945410	264870	2308	2526	1759	104.2	105.7
1993	1423561	1109906	281071	2701	2974	1952	103.4	104.0
1994	1887916	1509813	314723	3666	3997	2568	110.2	109.1
1995	2210027	1809128	318902	4430	4803	3032	104.9	104.3
1996	2636962	2164775	364074	5370	5765	3752	112.6	111.9
1997	2745277	2214025	353209	5664	6017	3813	101.7	100.6
1998	2465545	1967822	268404	6551	6814	4778	116.6	114.1
1999	2532839	1969551	242057	7158	7368	5000	111.5	110.3
2000	2649607	2037696	234537	7924	8121	5501	112.2	111.8

注：1998 年及以后为在岗职工情况

Note：Data on total wages since 1998 refer to wages of fully employed staff and workers.

4－5　各市县单位从业人员劳动报酬和生活费(2000)

Total Wages Of Staff And Workers By Cities And Counties(2000)

市、县 City, County	单位从业人员劳动报酬(万元) Total wages (10000 yuan)	在岗职工工资 Employed	其他从业人员劳动报酬 Others	离开本单位仍保留劳动关系的职工的生活费(万元) Subsidies and allowances	#退养职工 Ahead of retired person	单位从业人员平均劳动报酬(元) Average real wages (yuan)	#在岗职工平均工资 employed person
全　　省 Total	**2683174**	**2649607**	**33567**	**132217**	**76026**	**7908**	**7924**
长 春 市 Changchun	**967037**	**954511**	**12526**	**39838**	**23098**	**9739**	**9752**
市　　区 District	844433	832897	11536	33633	19904	10726	10744
九 台 市 Jiutai	29331	29141	190	1096	770	6047	6059
榆 树 市 Yushu	31542	31033	509	2861	1237	5747	5736
德 惠 市 Dehui	35063	34946	117	1013	263	6445	6449
农 安 县 Nongan	26668	26494	174	1235	924	5568	5610
吉 林 市 Jilin	**434445**	**432559**	**1886**	**30772**	**18295**	**8180**	**8193**
市　　区 District	314819	313752	1067	24624	15110	9324	9334
桦 甸 市 Huadian	29381	29218	163	972	626	6788	6820
蛟 河 市 Jiaohe	19087	18891	196	1326	835	5822	5806
舒 兰 市 Shuangliao	29180	29032	148	2230	759	5175	5187
磐 石 市 Panshi	27078	27015	63	1104	739	6799	6826
永 吉 县 Yongji	14900	14651	249	516	226	7033	7011
四 平 市 Siping	**173782**	**172095**	**1687**	**7989**	**3873**	**5688**	**5699**
市　　区 District	66359	65784	575	4987	2225	6902	6888
公主岭市 Gongzhuling	43424	43145	279	1789	1211	5943	5927
双 辽 市 Shuangliao	24462	24222	240	325	149	5691	5732
梨 树 县 Lishu	28401	27841	560	706	241	4535	4577
伊 通 县 Yitong	11136	11103	33	182	47	3627	3633
辽 源 市 Liaoyuan	**74170**	**73710**	**460**	**4201**	**900**	**5614**	**5635**
市　　区 District	50324	49875	449	3688	726	5793	5824
东 丰 县 Dongfeng	13631	13626	5	327	10	5217	5221
东 辽 县 Dongliao	10215	10209	6	186	164	5342	5353
通 化 市 Tonghua	**168122**	**166645**	**1477**	**6464**	**3545**	**6931**	**6951**
市　　区 District	80244	79846	398	3084	1549	8163	8170
梅河口市 Meihekou	22521	22226	295	828	510	5817	5829
集 安 市 Jian	13908	13874	34	352	331	6610	6614
通 化 县 Tonghua	17240	17184	56	470	204	6735	6732
辉 南 县 Huinan	19161	19136	25	1028	425	5798	5795
柳 河 县 Liuhe	15048	14379	669	702	526	5817	5900

市、县 City, County	单位从业人员劳动报酬（万元）Total wages（10000 yuan）	在岗职工工资 Employed	其他从业人员劳动报酬 Others	离开本单位仍保留劳动关系的职工的生活费（万元）Subsidies and allowances	#退养职工 Ahead of retired person	单位从业人员平均劳动报酬（元）Average real wages（yuan）	#在岗职工平均工资 employed person
白 山 市 Baishan	**140663**	**136932**	**3731**	**7174**	**2735**	**6389**	**6379**
市 区 District	59180	55816	3364	2700	915	7045	7047
临 江 市 Linjian	16864	16783	81	1929	590	6482	6538
抚 松 县 Fusong	28986	28960	26	1922	817	5645	5644
靖 宇 县 Jingyu	7919	7896	23	271	196	5530	5526
长 白 县 Changbai	9869	9633	236	106	80	7519	7510
江 源 县 Jiangyuan	17845	17844	1	246	137	5693	5693
松 原 市 Songyuan	**186264**	**185261**	**1003**	**9444**	**8476**	**8159**	**8256**
市 区 District	109523	109256	267	6770	6342	11268	11292
长 岭 县 Changling	18277	18074	203	1206	1102	5552	5768
前 郭 县 Qianguo	29633	29559	74	1342	927	6551	6569
乾 安 县 Qianan	13322	12895	427	53	53	5309	5425
扶 余 县 Fuyu	15509	15477	32	73	52	5572	5617
白 城 市 Baicheng	**115679**	**114565**	**1114**	**5727**	**2726**	**5476**	**5497**
市 区 District	49873	49258	615	1615	1073	6038	6043
洮 南 市 Taonan	15990	15951	39	977	302	4892	4980
大 安 市 Daan	20001	19629	372	1300	477	5347	5385
镇 赉 县 Zhenlai	14968	14897	71	571	476	5225	5213
通 榆 县 Tongyu	14847	14830	17	1264	398	4963	4971
延边朝鲜族自治州 Yanbian	**249014**	**243424**	**5590**	**17534**	**9647**	**7204**	**7163**
延 吉 市 Yanji	83493	81503	1990	4653	3370	9335	9286
图 们 市 Tumen	17436	16848	588	1309	808	8121	8108
敦 化 市 Dunhua	46385	45833	552	4522	1505	6630	6621
龙 井 市 Longjing	19495	18612	883	1026	470	6278	6284
珲 春 市 Hunchun	26043	25365	678	1290	426	7671	7537
和 龙 市 Helong	16630	16260	370	1156	708	5427	5392
汪 清 县 Wangqing	21700	21369	331	1630	1158	5391	5345
安 图 县 Antu	17832	17634	198	1948	1202	6177	6152

4－6　离退休、退职人员人数及保险福利费用(2000)

Labor Insurance and Welfare Funds for Retired Veterans and Persons(2000)

分组	Item	离退休退职年末人数(人) Retired veterans and retired person (person)	离休人员 Retired veterans	退休人员 Retired persons	领取定期生活费用的退职人员 Resigned	保险福利费用合计(万元) Welfare (10000yuan)
总计	**Total**	**1129714**	**61995**	**1048104**	**19615**	**830026**
企业	Enterprises	893238	33333	844361	15544	587998
# 地方	Local	641438	26956	601131	13351	362599
内资企业	Domestic Funds	890952	33288	842280	15384	586860
国有企业	Stated owned	710259	29567	669606	11086	501133
集体企业	Collective owned	141636	2637	135797	3202	49859
其他企业	Others	39057	1084	36877	1096	35868
港、澳、台商投资企业	Funded from Hongkong Macao and Taiwan	795	16	768	11	339
外商投资企业	Foreign funds	1491	29	1313	149	799
事业	Institutions	192100	18480	170057	3563	193722
# 地方	Local	170314	16200	150685	3429	160722
机关	Agencies and orgonization	44376	10182	33686	508	48306
# 地方	Local	41395	9551	31381	463	44120

分组	Item	离休金 Pensions for retired	退休金 Pensions for retired persons	退职生活费 Resignation allowances for living expenses	医疗卫生费 Medical care	其他 Other
总计	**Total**	**65470**	**667105**	**5749**	**61272**	**30430**
企业	Enterprises	33019	486792	4688	38722	24777
# 地方	Local	24137	303168	3675	19896	11723
内资企业	Domestic Funds	32973	485960	4645	38531	24751
国有企业	Stated owned	29610	411496	3741	35253	21033
集体企业	Collective owned	2213	44037	624	1506	1479
其他企业	Others	1150	30427	280	1772	2239
港、澳、台商投资企业	Funded from Hongkong Macao and Taiwan	14	300	3	8	14
外商投资企业	Foreign funds	32	532	40	183	12
事业	Institutions	20652	151044	881	16795	4350
# 地方	Local	16707	128094	830	11441	3650
机关	Agencies and organization	11799	29269	180	5755	1303
# 地方	Local	11032	27411	175	4370	1132

4-7 职业介绍情况(2000)
Situations in Employment Services(2000)

		总计 Total	劳动保障部门办 Rumble labor departments	其他组织办 Others organs	公民个人办 Run by private
期末职业介绍机构数(个)	Departments of employment	827	649	106	72
期末职业介绍机构人数(人)	Staff and workers(person)	2057	1582	241	234
本期登记招聘人数(人)	Registered Persons in this year(person)	151562	104820	14403	32339
本期登记求职人次数(人次)	Number of registered Persons(person times)	206498	146132	12450	47916
# 下岗职工	Staff and worker unemployed	84742	60666	3688	20388
失业人员	Persons unemployed	81982	51294	6692	23996
获得职业资格人员	Reemployed persons	27833	25455	210	2168
本期职业指导人次数(人次)	Number of Job vacancies registered(person times)	109286	96823	4293	8170
本期介绍成功人次数(人次)	Number of persons actually employed	96392	76825	6449	13118
# 女性	Female	43040	36464	2489	4087
# 下岗职工	Laid -off	29936	24452	2347	3137
# 失业人员	Unemployed Persons	45051	32892	3248	8911
# 获得职业资格人数	Employed persons	19908	19541	105	262

4-8 城镇失业人员情况(2000)
Urban Unemployed persons(2000)

单位:千人 unit:1000persons

		2000
本期新登记的失业人数	Registered unemployed persons in this year	115
# 女性	Female	56
# 由就业转失业人数	Unemployed Persons	43
本期失业人员就业人数	Reemployed Persons in this year	100
期末实有登记失业人数	Registered unemployed Persons	230
# 女性	Female	128
# 长期失业者	Unemployed Persons in long term	155
登记失业率(%)	Registered unemployment rate	3.7

固定资产投资

INVESTMENT IN FIXED ASSETS

5

统计资料

STATISTICS

附：房 地 产 开 发

REAL ESTATE DEVELOPMENT

5－1 历年全社会固定资产投资额(一)

单位:万元

年 份 Year	投资总计 Total	国有、其他经济类型单位 State owned and others				
		合 计 Total	基 建 Capital construction	更 改 Innovation	其 他 Others	房地产 Real estate developing
1949	2329	1831	1604	227		
1950	6202	5603	5347	256		
1951	7102	6549	6492	57		
1952	18559	17800	17309	491		
1953	32089	30200	29372	828		
1954	53921	51500	49675	1825		
1955	55683	53700	52227	1473		
1956	64701	61900	60050	1850		
1957	42240	38010	36921	1089		
1958	83650	75258	65493	9765		
1959	107435	95630	89267	6363		
1960	110695	105096	97854	7242		
1961	51020	43581	38035	5546		
1962	39150	27149	24246	2903		
1963	52134	44736	38819	5917		
1964	68986	60732	55310	5422		
1965	67887	58956	53217	5739		
1966	59437	47670	43442	4228		
1967	43541	31215	26141	5074		
1968	41954	28418	22978	5440		
1969	64356	49104	40518	8586		
1970	88184	70600	58290	12310		
1971	116194	97499	72650	24849		
1972	115949	100700	72899	27801		
1973	133886	110800	81487	29313		
1974	136825	115800	86732	29068		
1975	154449	127299	95063	32236		
1976	124218	102700	83694	19006		
1977	117327	92100	75052	17048		
1978	181631	155969	135389	20580		
1979	195372	172123	142929	29194		
1980	208798	176463	140100	36363		
1981	209790	170519	91594	64812	14113	
1982	275055	220784	119683	82759	18342	
1983	293320	219905	133050	78220	8635	
1984	409334	255014	144818	82339	27857	
1985	621557	373829	223967	121442	28420	
1986	634122	421174	232483	159217	29474	
1987	769970	539577	269896	206065	63616	
1988	930322	678053	372848	254625	50580	
1989	800996	581280	290737	213991	76552	
1990	935080	669374	291155	225695	87691	64833
1991	1139671	856280	404643	254042	120297	77298
1992	1510786	1216686	620762	340093	112528	143303
1993	2535919	2076697	1068260	451247	260930	296260
1994	3024672	2494908	1372110	543772	154138	424888
1995	3418533	2797845	1670545	541280	229646	356374
1996	3945710	3218270	2040374	624301	251511	302084
1997	3645109	2951207	1808299	576833	313471	252604
1998	4208685	3502793	2009416	832004	297573	363800
1999	4987702	4146373	2302395	994229	319906	529843
2000	5868606	4911980	2766500	1145365	364921	635194

Total Investment in Fixed Assets(I)

unit:10000yuan

集体单位 Collective owned			城乡个人 individuals		
合计 Total	城镇 Urban	农村 Rural	合计 Total	城镇 Urban	农村 Rural
			498	78	420
			599	89	510
			553	103	450
221	128	93	538	118	420
1453	332	1221	436	136	300
1335	326	1009	1086	156	930
1263	259	1004	720	180	540
2264	707	1557	537	207	330
3692	72	2920	538	238	300
7800	999	6801	592	292	300
11179	548	10631	626	326	300
5007	280	4727	592	382	210
6807	507	6300	632	414	218
10895	662	10233	1106	476	630
4031	279	3752	3367	547	2820
4561	181	4380	3693	783	2910
4754	172	4582	4177	877	3300
6856	236	6620	4911	831	4080
8130	296	7834	4196	956	3240
8777	405	8372	4759	1099	3660
7388	495	6893	7864	1264	6600
11330	718	10612	6254	1454	4800
11443	745	10698	7252	1672	5580
8016	791	7225	7233	1923	5310
15385	810	14575	7701	2211	5490
14252	927	13325	6773	2543	4230
19496	1285	18211	7654	3424	4230
14685	1899	12786	6833	3863	2970
16974	2765	14209	8253	4383	3870
18495	1507	16988	7167	4447	2720
15575	1334	14241	7674	5114	2560
19574	4097	15477	12761	5881	6880
22588	6713	15875	16683	6763	9920
23762	8271	15491	30509	8021	22488
33907	9449	24458	39508	12648	26860
21571	12675	8896	132749	14794	117955
43985	19223	24762	203743	21446	182297
43798	23255	20543	169150	27279	141871
63668	24424	39244	166725	34261	132464
72600	37936	34664	179669	46542	133127
42792	25087	17705	176924	44423	132501
28236	17990	10246	237470	40658	196812
59834	26912	32922	223557	37153	186404
121667	43453	78214	172433	30833	141600
233622	62919	170703	225600	97957	127643
256935	59734	197201	272829	133482	139347
212110	45811	166299	408578	105539	303039
246240	48965	197275	481200	116815	364385
328929	43460	285469	364973	118978	245995
385784	55223	330561	320108	134108	186000
424637	69637	355000	416692	162692	254000
435177	37798	397379	521449	193914	327535

5－2 历年全社会固定资产投资额(二)

时期 time		总计 Total	国有、其他经济类型单位 state owned and others				
			合计 Total	基建 Capital Construction	更改 Innovation	其他 Others	房地产 Real estate Developing
一、绝对值(万元)	Number(10000/yuan)						
恢复时期	1950－1952	31863	29952	29148	804		
“一五”时期	1953－1957	248634	235310	228245	7065		
“二五”时期	1958－1962	391950	346714	314895	31819		
1963－1965	1963－1965	189007	164424	147346	17078		
“三五”时期	1966－1970	297472	227007	191369	35638		
“四五”时期	1971－1975	657303	552098	408831	143267		
“五五”时期	1976－1980	827346	699355	577164	122191		
“六五”时期	1981－1985	1809059	1240051	713112	429572	97367	
“七五”时期	1986－1990	4070490	2889458	1457119	1059593	307913	64833
“八五”时期	1991－1995	11629581	9442416	5136320	2130434	877539	1298123
“九五”时期	1996－2000	22655812	18730623	10926984	4172732	1547382	2083525
二、平均增长速度(%)	Average growth rate						
恢复时期	Convules cense	98.1	100.0	117.4	8.6		
“一五”时期	1953－1957	34.9	34.4	34.3	37.6		
“二五”时期	1958－1962	21.4	20.8	18.3	66.0		
1963－1965	1963－1965	25.7	39.4	39.7	37.7		
“三五”时期	1966－1970	－4.3	－8.6	－10.8	7.3		
“四五”时期	1971－1975	13.6	15.3	11.5	29.6		
“五五”时期	1976－1980	2.3	3.2	6.5	－9.0		
“六五”时期	1981－1985	18.9	11.6	0.6	30.2	16.1	
“七五”时期	1986－1990	9.1	14.9	8.9	19.2	27.0	
“八五”时期	1991－1995	32.1	36.8	45.5	22.0	24.1	50.5
“九五”时期	1996－2000	9.5	9.6	9.1	14.8	10.1	5.2

Total Investment in Fixed Assets(II)

集体单位 Collective owned			城乡个体 Individuals	
合计 total	城镇 Urban	农村 Rural	合计 Total	#城镇 Urban
221	128	93	1690	310
10007	2396	7611	3317	917
41688	2996	38692	3548	1890
13346	632	12714	11237	2207
42481	2150	40331	27984	5604
68592	4558	64034	36613	11773
85303	11602	73701	42688	23680
145813	56331	89482	423192	63672
251094	128692	122402	929938	193163
884168	238829	645339	1302997	404964
1820767	255083	1565684	2104422	726507
			6.3	14.7
85.3	47.8		7.0	15.1
28.5	-8.3	34.5	9.4	15.8
-38.5	-47.2	-38.0	74.9	23.4
20.0	32.3	19.5	9.9	8.3
6.4	8.0	6.4	5.3	16.5
-4.4	20.4	-7.0	3.6	11.0
13.6	35.8	4.4	71.5	27.0
4.5	9.9	-0.4	-3.0	20.3
69.0	34.5	41.7	3.1	23.9
18.6	3.6	21.9	1.0	10.8

5－3 历年地方全社会固定资产投资(一)

单位:万元

年 份 Year	投 资 总 计 Total	国有、其他经济类型单位 State owned and others				
		合 计 Total	基 建 Capital construction	更 改 Innovation	其 他 Others	房地产 Real estate developing
1949						
1950						
1951						
1952	4710	3951	3559	392		
1953	8597	6708	6046	662		
1954	9513	7092	5362	1730		
1955	9035	7052	5874	1178		
1956	12767	9966	8486	1480		
1957	14849	10619	9748	871		
1958	56223	47831	40214	7617		
1959	71458	59653	54690	4963		
1960	75055	69456	63807	5649		
1961	33275	25836	21510	4326		
1962	25272	13271	11007	2264		
1963	26209	18811	14197	4614		
1964	32682	24428	20199	4229		
1965	32846	23915	19439	4476		
1966	36821	25054	21756	3298		
1967	33936	21610	17652	3958		
1968	33410	19874	15794	4080		
1969	46715	31463	25023	6440		
1970	59456	41875	32642	9233		
1971	76703	58008	39371	18637		
1972	78423	63174	42323	20851		
1973	86961	63875	41890	21985		
1974	84614	63589	41788	21801		
1975	98850	71700	47523	24177		
1976	80797	59279	45024	14255		
1977	75154	49927	37141	12786		
1978	94751	69089	52934	16155		
1979	103379	80130	57417	22713		
1980	124503	92168	63684	28484		
1981	139858	100587	38510	61066	1011	
1982	193959	139688	41687	80159	17842	
1983	182119	108704	46662	53457	8585	
1984	304291	149971	62294	60320	27357	
1985	480443	232715	106804	97991	27920	
1986	483744	270796	110392	132256	28148	
1987	585604	355211	120534	171718	62959	
1988	690714	438445	176323	212988	49134	
1989	605613	386540	135959	176056	74525	
1990	693643	428960	137730	146053	85180	59997
1991	831765	551180	194742	166888	116527	73023
1992	1053028	763881	279128	241565	108212	134976
1993	1919559	1465655	639548	297973	253713	274421
1994	2419356	1890362	946025	389221	152670	402446
1995	2673703	2053015	1146018	373113	187109	346775
1996	2557206	1829766	859278	423745	250620	296123
1997	2616760	1922858	960481	404917	304856	252604
1998	3025541	2319649	1331686	448495	363800	175668
1999	3935941	3094612	1669567	682336	212866	529843
2000	4746310	3789684	2075871	783199	295420	635194

Total Investment in Fixed Assets(Ⅰ)

unit：10000yuan

集体所有制 Collective owned			城乡个体 Individuals	
合计 Total	城镇 Urban	农村 Rural	合计 Total	#城镇 Urban
221	128	93	538	118
1453	332	1121	436	136
1335	326	1009	1086	156
1263	259	1004	720	180
2264	707	1557	537	207
3692	772	2920	538	238
7800	999	6801	592	292
11179	548	10631	626	326
5007	280	4727	592	382
6807	507	6300	632	414
10895	662	10233	1106	476
4031	279	3752	3367	547
4561	181	4380	3693	783
4754	172	4582	4177	877
6856	236	6620	4911	831
8130	296	7834	4196	956
8777	405	8372	4759	1099
7388	495	6893	7864	1264
11330	718	10612	6254	1454
11443	745	10698	7252	1672
8016	791	7225	7233	1923
15385	810	14575	7701	2211
14252	927	13325	6773	2543
19496	1285	18211	7654	3424
14685	1899	12786	6833	3863
16974	2765	14209	8253	4383
18495	1507	16988	7167	4447
15575	1334	14241	7674	5114
19574	4097	15477	12761	5881
22588	6713	15875	16683	6763
23762	8271	15491	30509	8021
33907	9449	24458	39508	12648
21571	12675	8896	132749	14794
43985	19223	24762	203743	21446
43798	23255	20543	169150	27279
63668	24424	39244	166725	34261
73600	37936	34664	179669	46542
42149	24444	17705	176924	44423
28236	17990	10246	236447	40658
57028	24106	32922	223557	37153
116714	38500	78214	172433	30833
228304	57601	170703	225600	97957
256165	58964	197201	272829	133482
212110	45811	166299	408578	105539
246240	48965	197275	481200	116815
328929	43460	285469	364973	118978
385784	55223	330561	320108	134108
424637	69637	355000	416692	162692
435177	37798	397379	521449	193914

5-4 历年地方全社会固定资产投资(二)

年份 Year		投资总计 Total	国有、其他经济类型单位 State owned and others				
			合计 Total	基建 Capital construction	更改 Innovation	其他 Others	房地产 Real estate developing
一、绝对值(万元)	Number(10000 yuan)						
恢复时期	1950-1952	4710	3951	3559	392		
"一五"时期	1953-1957	54761	41437	35516	5921		
"二五"时期	1958-1962	261283	216047	191228	24819		
1963-1965	1963-1965	91737	67154	53835	13319		
"三五"时期	1966-1970	210341	139876	112867	27009		
"四五"时期	1971-1975	425551	320346	212895	107451		
"五五"时期	1976-1980	478584	350593	256200	94393		
"六五"时期	1981-1985	1300670	731665	295957	352993	82715	
"七五"时期	1986-1990	3059918	1880552	681538	839071	299946	59997
"八五"时期	1991-1995	8897421	6724103	3205471	1468760	818231	1231641
"九五"时期	1996-2000	16881758	12956569	6896883	2742692	1427562	1889432
二、平均增长速度(%)	Average growth grate						
恢复时期	Convulse cense						
"一五"时期	1953-1957	29.6	25.8	24.0	39.4		
"二五"时期	1958-1962	45.4	51.1	49.7	65.0		
1963-1965	1963-1965	9.9	28.6	26.5	37.7		
"三五"时期	1966-1970	8.4	5.3	5.0	6.3		
"四五"时期	1971-1975	12.2	14.5	9.0	29.6		
"五五"时期	1976-1980	-1.1	-0.7	2.5	-8.1		
"六五"时期	1981-1985	25.7	15.8	-2.4	32.0		
"七五"时期	1986-1990	8.2	16.5	8.3	18.5	26.7	
"八五"时期	1991-1995	33.2	40.9	56.6	24.3	22.6	51.5
"九五"时期	1996-2000	7.9	7.9	6.2	13.2	14.4	2.9

Total Investment in Fixed Assets by Ownership(II)

集体所有制 Collective owned			城乡个体 Individuals	
合计 Total	城镇 Urban	农村 Rural	合计 Total	#城镇 Urban
221	128	93	538	118
10007	2396	7611	3317	917
41688	2996	38692	3548	1890
13346	632	12714	11237	2207
42481	2150	40331	27984	5604
68592	4558	64034	36613	11773
85303	11602	73701	42688	23688
145813	56331	89482	423192	63672
249428	127026	122402	929938	193163
870321	224982	645339	1302997	404964
1820767	255083	1565684	2104422	726507
85.3	47.8	10.4	7.1	15.1
28.5	-15.5	34.5	9.4	15.8
-38.5	-47.2	-38.0	74.9	23.4
20.0	32.3	19.5	9.9	42.9
6.4	8.1	6.3	5.3	16.5
-4.4	20.4	61.2	3.7	11.0
13.6	35.8	4.9	71.5	27.0
4.3	9.4	-0.4	-3.0	20.3
69.9	34.5	49.7	3.1	23.9
18.6	3.6	21.9	1.0	10.9

5-5 1981-2000年全社会固定资产投资额占在建项目投资总规模比重

单位:%

	1981年	1982年	1983年	1984年	1985年	1986年	1987年	1988年
全社会总计 Total	21.2	23.3	25.9	31.8	43.9	28.9	33.3	34.1
在总计中: in which								
国有单位 state owned	18.0	19.7	20.9	22.7	32.5	21.4	26.6	27.4
基本建设 capital construction	11.6	13.5	16.4	17.0	28.3	15.5	18.2	22.4
更新改造 innovation	50.7	43.7	33.8	35.5	38.4	37.5	39.9	33.8
其　他 others			65.1	65.1	65.1	65.1	86.3	65.1

5-6 1981-2000年全社会固定资产投资的资金来源

		1981年	1982年	1983年	1984年	1985年	1986年	1987年	1988年
一、绝对数(万元)	Number(10000yuan)								
投资总额	Total	209790	275055	293320	409334	621557	634122	769970	930322
国家投资(预算)	State budgetary appropriation	65431	52281	85233	92492	99174	96925	116401	98173
国内贷款	Domestic loans	38275	70156	61458	44454	95909	125009	189640	178390
利用外资	Foreign investment		6	1181	255	213	1028	6037	27095
自筹及其他投资	Fundraising and others	106084	152612	145448	272133	426231	411160	457392	626664
二、增长速度(以上年为100)	Growth rate (per year = 100)								
投资总额	Total								
国家投资	State budgtary appropriation	-27.5	-20.1	63.0	8.5	7.2	-2.3	20.1	-15.7
国内贷款	Domestic loans	33.4	83.3	-12.4	-27.7	115.7	30.3	51.7	-5.9
利用外资	Foreign investment			19583.3	-78.4	-16.5	382.6	487.3	348.8
自筹及其他投资	Fundraising and others	28.1	43.9	-4.7	87.1	56.6	-3.5	11.4	36.9
三、比重(以投资总额为100)	Percentage								
国家投资	State budgtary appropriation	31.2	19.0	29.1	22.6	16.0	15.3	15.1	10.6
国内贷款	Domestic loans	18.2	25.5	21.0	10.9	15.4	19.7	24.6	19.2
利用外资	Foreign investment			0.4	0.06	0.03	0.2	0.8	2.9
自筹及其他投资	Fundraising and others	50.6	55.5	49.5	66.4	68.6	64.8	59.5	67.3

The proportion of Investment in Fixed Assets as Projects under Construction projects under construction

unit: %

1989 年	1990 年	1991 年	1992 年	1993 年	1994 年	1995 年	1996 年	1997 年	1998 年	1999 年	2000 年
31.3	28.7	26.1	31.0	34.1	35.3	32.8	36.2	28.3	26.5	32.1	33.4
27.0	26.7	28.8	30.5	33.1	33.8	34.3	39.2	30.7	29.2	30.8	32.9
21.5	20.9	18.7	22.5	25.1	28.8	28.9	32.6	23.9	21.1	29.7	30.9
36.4	31.9	30.2	38.7	45.9	44.0	40.0	42.8	35.3	40.8	37.6	35.5
67.9	78.7	85.6	78.9	60.4	60.0	64.0	62.3	74.3	66.5	59.5	55.1

Investment in Fixed Assets by Source of Funds

1989 年	1990 年	1991 年	1992 年	1993 年	1994 年	1995 年	1996 年	1997 年	1998 年	1999 年	2000 年
800996	935080	1139671	1510786	2535919	3024672	3418533	3945710	3645109	4208685	4987702	5868606
66483	81352	98961	66049	77635	68434	50690	49557	62985	183153	355212	339874
138572	183276	278102	384939	548029	661453	623592	1021184	984176	816156	698807	1149786
52866	58910	58463	78288	152476	412961	527872	478598	356292	249656	238487	192685
543075	611542	704145	981510	1757779	1882094	2216379	2396371	2241655	2959720	3695196	4186261
-32.3	22.4	21.6	-33.3	17.5	-11.9	-25.9	-2.2	27.1	190.8	93.9	-4.3
-22.3	32.3	51.7	38.4	42.4	20.7	-5.7	63.8	-3.6	-17.1	-14.4	64.5
95.1	11.4	-0.8	33.9	94.8	170.7	27.9	-9.3	-25.6	-29.9	-4.5	-19.2
-13.3	12.9	15.1	39.4	179.1	107.1	60.4	8.1	-6.5	32.0	24.8	13.3
8.3	8.7	8.7	4.4	3.1	2.3	1.5	1.0	2.0	4.4	7.1	5.8
17.3	19.6	24.4	25.5	21.6	21.9	18.3	26.0	27.0	19.4	14.0	19.6
6.6	6.3	5.1	5.2	6.0	13.6	15.4	12.0	10.0	5.9	4.8	3.3
67.8	65.4	61.8	64.9	69.3	62.2	64.8	61.0	61.0	70.3	74.1	71.3

5－7 全社会固定资产投资

单位:万元

		总计 Total		基本建设 Capital construction	
		1999	2000	1999	2000
投资额	**Total investment**	**4987702**	**5868606**	**2302395**	**2766500**
按隶属关系分	Grouped by administration				
中央	Center	1051761	1122296	632828	690629
地方	Local	3935941	4746310	1669567	2075871
按资金来源分	Grouped by source of funds				
国家预算内投资	State budgetary appropriation	355212	339874	321167	266727
国内贷款	Domestic loans	698807	1149786	422353	663747
利用外资	Foreign investment	238487	192685	56540	144381
自筹和其他投资	Fundraising	3695196	4186261	1502335	1691645
按构成分	Grouped by use of funds				
建筑安装工程	Construction and installation	3601086	4290366	1873733	2288386
设备、工器具购置	Purchase of equipment and instrument	883295	887205	280979	265813
其他费用	Others	503321	691035	147683	212301

Total Investment in Fixed Assets(2000)

unit: 10000yuan

更新改造 Innovation		房地产 Real estate		其他 Others		集体 Collective		个体 Individuals	
1999	2000	1999	2000	1999	2000	1999	2000	1999	2000
994229	**1145365**	**529843**	**635194**	**319906**	**364921**	**424637**	**435177**	**416692**	**521449**
311893	362166			107040	69501				
682336	783199	529843	635194	212866	295420	424637	435177	416692	521449
14304	39578	6519	3127	13222	30442				
145923	301384	81640	112150	40625	63519	8266	8986		
174769	37285	4672	5716	2506	5303				
659233	767118	437012	514201	263553	265657	416371	426191	416692	521449
342541	486272	437197	495420	288518	298157	328251	337921	330846	384210
569088	569907	2549	2956	25180	38945	4219	5689	1270	3895
82600	89186	90097	136818	6208	27819	92157	91567	84576	133344

5－8　历年城镇集体以上单位固定资产投资按资金来源分

Investment in Fixed Assets by Source of Finance over Urban Collective Unit

单位：万元　　　　unit：10000 yuan

年份 Year	投资总计 Total	资金来源 By source of finance			
		国家投资 State budgetary	国内贷款 Domestic loans	利用外资 Foreign loans	自筹和其他投资 Fundraising
1949	1831	1604			227
1950	5603	5347			256
1951	6549	6413			136
1952	17928	15936			1992
1953	30532	27103			3429
1954	51826	48550			3276
1955	53959	51822			2137
1956	62607	57292			5315
1957	38082	32115			5967
1958	76257	45798			30459
1959	96178	63355			332823
1960	105376	65542			39834
1961	44088	22992			21096
1962	27811	21026			6785
1963	45015	33952			11063
1964	60913	47544			13369
1965	59128	48438			10690
1966	47906	39518			8388
1967	31511	23236			8275
1968	28823	19948			8875
1969	49599	35322			14277
1970	71318	52936			18382
1971	98244	54760			43484
1972	101491	56287			45204
1973	111610	70122			41488
1974	116727	74970			41757
1975	128584	82443			46141
1976	104599	74706			29893
1977	94865	72649			22216
1978	157476	131231			26245
1979	173457	134309			39148
1980	180560	90308	20319	6973	62960
1981	177232	65431	28682		83119
1982	229055	52281	59958		116816
1983	229354	85233	48603	1181	94337
1984	267689	92492	39533	84	135580
1985	393052	99072	78886	213	214881
1986	444429	96431	93097	1028	253873
1987	564001	115882	162484	6037	279598
1988	715989	97799	148802	27081	442307
1989	606367	66483	138572	52866	348446
1990	687364	81352	183276	58910	363826
1991	833192	98961	278102	58463	447666
1992	1260139	66049	384939	78288	730863
1993	2139616	77635	548029	152476	1361476
1994	2554642	68434	661453	412691	1412064
1995	2843656	50690	623592	527872	1641502
1996	3267235	48489	698133	477846	2042767
1997	2994667	60387	553009	357742	2023529
1998	3558016	139835	742360	207604	2468217
1999	4046373	355212	698807	238487	2753867
2000	5032973	339874	1149786	192685	3350628

5-9 按概况分的固定资产投资和新增固定资产(2000)
Investment in Fixed Assets and Newly Increased Fixed Assets by General(2000)

单位:万元　　　　unit:10000 yuan

		总计 Total	#基本建设 Capital construction	#更新改造 Innovation	#其他投资 Others	#城镇集体 Collective	#房地产业 Real estate
计划总投资	Planned investment	14326560	8951401	3228054	730355	70284	1346466
实际需要的投资	Real investment	14615529	9166982	3247393	735189	70198	1395767
累计完成投资	Accumulative investment	9337650	5770106	2092214	529854	45435	900041
累计新增固定资产	Newly increased fixed assets	6222651	3884146	1303936	373937	25902	634730
本年底未完工程累计投资	Accumulated investment in projectons uncompleted	2468372	1523069	566727	137487	19263	221826
本年计划投资	Planned investment in this year	5299647	2820063	1224570	435136	45046	774832
本年完成投资	Completed investment in this year	4949778	2766500	1145365	364921	37798	635194
按构成分	Grouped by use of funds						
建筑工程	Construction	3210712	2076173	348010	290146	21651	474732
安装工程	Installation	382096	212213	138262	8011	2922	20688
设备、工具、器具购置	Purchases of equipment and instrument	894097	265813	569907	38945	11476	7956
# 购置旧设备	Purchases of old equipment	2144	183	1533	303	95	30
其他费用	Others	462873	212301	89186	27819	1749	131818
# 旧建筑物购置	Purchases of old buildings	51570	31033	767	600	293	18877
按隶属关系分	Grouped by administrative relationship						
中央	Central projects	1122296	690629	362166	69501		
地方	Local projects	3827482	2075871	783199	295420	37798	635194
本年新增固定资产	Newly increased fixed assets in this year	3694337	2151721	783109	255743	25483	478281

5－10 国民经济各行业固定资产投资

单位:万元 （不含农村集体、个人和房地产投资 Rural investments of

分组 Item		总计 Total	
		1999	2000
合计	**Total**	**3686167**	**4314584**
农、林、牧、渔业	Farming, forestry, animal husbandry and fishery	36166	57033
工业	Industry	1813736	2104586
采掘业	Excavation	319934	308431
制造业	Manufacturing	1094952	1147372
电力、煤气及水的生产和供应业	Electric power, gas and water production and supply	398850	648783
建筑业	Construction	92978	60698
地质勘察业、水利管理业	Geological Prospecting and water conservancy	72717	49208
交通运输、仓储及邮电通信业	Transportation, storage, Postal and telecommunication services	823315	759376
批发和零售贸易、餐饮业	Wholesale, retail trade and food service	136251	194986
金融、保险业	Banking and insurance	15695	33310
房地产业	Real estate	10047	11597
社会服务业	Social services	182797	351640
卫生、体育和社会福利业	Health care, sports and social welfare	17744	23654
教育、文化艺术及广播电影电视业	Education, culture and arts, radio, film and television	155986	186691
科学研究和综合技术服务业	Scientific research and polytechnic Services	12646	13647
国家机关、政党机关和社会团体	Government agencies, Party agencies and Social organization	265441	428441
其他	Other	50648	39717

Capital Construction Investment by Sector
Investment in Fixed Assets by Sector

Collective and individual is not include in this table)　　　　unit: 10000 yuan

#基本建设 Capital construction		#更新改造 Innovation		#其他投资 Others		#城镇集体 Urban collective - owned	
1999	2000	1999	2000	1999	2000	1999	2000
2302395	**2766500**	**994229**	**1145365**	**248157**	**364921**	**69637**	**37798**
29057	32127	5420	23474	78	782	279	650
795441	963046	832220	983320	120894	137537	48578	20683
161469	176183	36640	47799	119455	83564	2370	885
331204	310513	699498	763588	1439	53473	46208	19798
302768	476350	96082	171933		500		
81175	53997	9343	1100		1876	1740	3725
72587	49208					130	
567777	558071	130235	80502	119960	118063	120	2740
109837	167159	4393	507	175	22948	15315	4372
14570	29653					1125	3657
10047	11234		363				
167561	322535	2151	14311	3684	14794	678	
16256	23070	1006	283	400	245	82	56
152211	181679	2735	1232		2900	650	880
12145	13142	501	505				
256448	337327	5927	39768	2966	51266	100	80
17283	24252	298			14510	804	955

5－11 国民经济各行业新增固定资产

单位:万元 （不含农村集体、个人和房地产投资 Rural investments of

项目	Item	总计
		1999
总计	**Total**	**2642298**
按隶属关系分	Grouped by administrative relationship	
中央	Center	709561
地方	Local	1932737
按行业分	Grouped by sector	
农、林、牧、渔业	Farming, forestry, animal husbandry and fishery	25409
工业	Industry	1342887
采掘业	Excavation	189015
制造业	Manufacturing	884146
电力、煤气及水的生产和供应业	Electric power, gas and water production and supply	269726
建筑业	Construction	78030
地质勘察业、水利管理业	Geologlical prospecting and Water conservancy	17643
交通运输、仓储及邮电通信业	Transportation, storage, postal and telecommunication services	457702
批发和零售贸易、餐饮业	Wholesale, retail trade and food service	135247
金融、保险业	Banking and insurance	11194
社会服务业	Social services	125818
卫生、体育和社会福利业	Health care, Sports and social welfare	18118
教育、文化艺术及广播电影电视业	Education, culture and arts, radio, film and television	108478
科学研究和综合技术服务业	Scientific research and polytechnical Services	16328
国家机关、政党机关和社会团体	Government agencies, Party agencies and Social organization	246468
其他行业	Other sectors	58976

Newly Increased Fixed Assets by sector

Collective and individual is not include in this table)

unit: 10000yuan

Total	# 基本建设# Capital construction		# 更新改造 Innovation	
2000	1999	2000	1999	2000
3216056	**1639746**	**2151721**	**767334**	**783109**
1022631	453170	662491	205164	307537
2193425	1186576	1489230	562170	475572
40822	18058	26095	5660	14008
1635375	605057	836683	624511	683711
246021	98995	153505	32251	26713
831033	261087	218474	567509	56381
558321	244975	464704	24751	93617
47138	70573	42167	4796	238
14449	17513	14449		
471874	295975	324089	118542	68228
123781	105971	103984	3647	507
26222	10069	23465		
284397	112121	268726	2151	12557
14776	16628	14192	1006	283
165786	104783	164074	2735	1232
11925	15827	11858	501	67
346535	241200	311197	3487	1298
32976	25971	20742	298	980

5－12　工业行业固定资产投资

单位：万元　　　　（不含农村集体、个人和房地产投资　　Rural investments of

项目	Item	总计 1999
总计	**Total**	**1813736**
采掘业	Excavation	319934
# 煤炭采选业	Coal mining and processing	12649
石油和天然气开采业	Extraction of petroleum and natural gas	254931
非金属矿采选业	Nonmetal minerals mining and processing	2743
制造业	Manufacturing	1094952
# 食品加工业	Food processing	67859
食品制造业	Food production	33310
饮料制造业	Beverage production	121755
烟草加工业	Tobacco processing	15845
纺织业	Textile industry	14597
服装及其他纤维制品制造业	Garments and other fiber products	2964
皮革、毛皮、羽绒及其制品业	Leather furs down and related products	300
家具制造业	Furniture manufacturing	4445
造纸及纸制品业	Papermaking and paper products	9676
印刷业、记录媒介的复制	Printing and record pressing	5651
文教体育用品制造业	Stationery, educational and sports goods	115
石油加工及炼焦业	Petroleum processing and coking products	37126
化学原料及化学制品制造业	Raw chemical materials and chemical products	81785
医药制造业	Medical and pharmaceutical products	79063
化学纤维制造业	Chemical fibers	35425
橡胶制品业	Rubber products	1083
塑料制品业	Plastic products	11213
非金属矿物制品业	Nonmetal mineral products	61881
黑色金属冶炼及压延加工业	Smelting and pressing of ferrous metals	53251
有色金属冶炼及压延加工业	Smelting and pressing of nonferrous metals	13567
金属制品业	Metal products	10980
普通机械制造业	Ordinary machinery manufacturing	15762
专用设备制造业	Special purposes equipment manufacturing	12336
交通运输设备制造业	Transportation equipment manufacturing	234913
电气机械及器材制造业	Electric equipment and machinery	8641
电子及通信设备制造业	Electronic and telecommunications	117899
仪器仪表及文化办公用机械制造业	Instruments, meters, cultural and official machinery	4764
电力、煤气及水的生产和供应业	Electric power, gas and water production and supply	398850
电力、蒸汽、热水的生产和供应业	Electric power, steam and hot water production and supply	343228
煤气生产和供应业	Gas production and Supply	9280
自来水的生产和供应业	Top water production and supply	46342

Investment in Fixed Assets by industries

Collective and individual is not include in this table) unit: 10000yuan

Total	# 基本建设 Capital construction		# 更新改造 Innovation	
2000	1999	2000	1999	2000
2104586	**795441**	**963046**	**832220**	**983320**
308431	161469	176183	36640	47799
8873	5005	2819	5650	4955
221980	137364	132545	12854	19934
3545			2743	2032
1147372	331204	310513	699498	763588
40260	23972	11954	38040	23163
88328	9750	70861	22730	13534
64520	92147	14648	26117	43586
11622	3866	6471	11979	5151
16163	1700	678	12537	15485
4737	1426	3020	754	967
2910			200	2010
10504	1936	1242	2459	7582
14336	2183	1221	6855	13071
1454		700	4120	302
1300			115	1300
10852	5652		28524	5500
127387	6444	37950	66880	89221
106539	19623	9090	55900	96951
40294	1890		33535	40294
2610	457		626	2610
29110	100	13141	6811	10896
67280	4878	6076	50398	47183
57032	3837	3696	47475	52143
30646	515	145	11403	24701
14639	6731	1697	1798	11640
22882	7772	7463	6111	12579
22126	5324	2200	5902	18031
245137	112235	87759	115729	148712
22705	1135	16479	5862	4748
50470	641	3178	117258	43939
9494	2714	9494	1650	
648783	302768	476350	96082	171933
546346	254754	383038	88474	163308
10684	8780	7794	500	2390
91753	39234	85518	7108	6235

5-13 工业行业新增固定资产

单位:万元　　（不含农村集体、个人和房地产投资　Rural investments of

项目	Item	总计 1999
总计	**Total**	**1342887**
采掘业	Excavation	189015
#煤炭采选业	Coal mining and natural gas extraction	6093
石油和天然气开采业	Petroleum and natural gas extraction	140103
非金属矿采选业	Nonmetal minerals mining and processing	2203
制造业	Manufacturing	884146
#食品加工业	Food processing	63199
食品制造业	Food production	35870
饮料制造业	Beverage production	118776
纺织业	Textile industry	12027
服装及其他纤维制品制造业	Garments and other fiber products	2214
家具制造业	Furniture manufacturing	4206
造纸及纸制品业	Papermaking and paper products	4251
印刷业、记录媒介的复制	Printing and record pressing	5651
文教体育用品制造业	Stationery educational and sports goods	115
石油加工及炼焦业	Petroleum processing and coking products	35094
化学原料及化学制品制造业	Raw chemical materials and chemical products	50539
医药制造业	Medical and pharmaceutical products	38429
化学纤维制造业	Chemical fibers	39882
橡胶制品业	Rubber products	507
塑料制品业	Plastic products	14913
非金属矿物制品业	Nonmetal mineral products	39876
黑色金属冶炼及压延加工业	Smelting and pressing of ferrous metals	51484
有色金属冶炼及压延加工业	Smelting and pressing of nonferrous metals	8557
金属制品业	Metal products	5498
普通机械制造业	Ordinary machinery manufacturing	10488
专用设备制造业	Special purposes equipment manufacturing	5700
交通运输设备制造业	Transportation equipment manufacturing	181590
电气机械及器材制造业	Electric equipment and machinery	8100
电子及通信设备制造业	Electronic and telecommunications	97153
仪器仪表及文化办公用机械制造业	Instruments, meters, cultural and official machinery	5364
电力、煤气及水的生产和供应业	Electric power, gas and water production and supply	269726
电力、蒸汽、热水的生产和供应业	Electric power, steam and hot water production and supply	196083
煤气生产和供应业	Gas production and Supply	9530
水的生产和供应业	Top water production and supply	64113

Newly increased Fixed Assets by Industries

Collective and individual is not include in this table)

unit:10000yuan

Total	# 基本建设 Capital construction		# 更新改造 Innovation	
2000	1999	2000	1999	2000
1635375	**605057**	**836683**	**624511**	**683711**
246021	98995	153505	32251	26713
5373	1710	1691	3312	3067
198447	82469	125910	12774	19934
1713			2203	200
831033	261087	218474	567509	563381
37795	25769	14602	33820	18343
83169	8875	69910	26465	9426
57319	83449	13688	31880	39187
11523		678	11667	10845
4941	756	3580	674	611
7246	1868	7246	2288	7246
9504	1500	1221	2146	8239
1302		700	4120	302
1200			115	1200
10882	5652		26742	5500
109578	3707	4120	40091	105242
73227	6580	7200	29039	65529
23377	1890		37992	23377
2610			507	2610
24526	3500	12565	6637	7288
33717	2871	6293	32149	18809
29492	3837	3696	47147	25658
13636	256	145	7801	13191
9179	1515	1297	1798	7180
9666	3542	3263	5177	3232
12144	1726	2376	2864	7943
192464	95229	60896	85692	128912
3517	1035	1769	4957	1748
44127		1465	97153	39309
1105	2714	1105	1650	
558321	244975	464704	24751	93617
430167	174246	338925	21837	91242
1619	9200	829	330	790
126535	61529	124950	2584	1585

5－14 能源工业固定资产投资额

Total Investment in Fixed Assets of Energy Industry

（不含农村集体、个人和房地产投资 Rural investments in real estate of collective and individual is not include in this table）

单位：万元 unit：10000 yuan

部门	Sector	固定资产投资 Investment in fixed assets		#基本建设 Capital construction		#更新改造 Innovation	
		1999	2000	1999	2000	1999	2000
总计	**Total**	**655764**	**963309**	**411105**	**676783**	**110332**	**210074**
煤炭采选业	Coal mining and processing	12649	8873	5005	2819	5650	4955
石油和天然气开采业	Petroleum and natural gas	254931	221980	137364	132545	12854	19934
电力、蒸汽、热水的生产和供应业	Extraction	342778	648783	254304	476350	88474	171933
石油加工及炼焦业	Electric Power, Steam and hot water Production and supply	37126	10852	5652		2854	5500
煤气生产和供应业	Gas Production and supply	8280	72821	8780	65069	500	7752
能源投资占固定资产投资比重(%)	Energy investment account for percentage of fixed assets	17.8	16.4	17.9	11.5	11.1	3.6

5－15 基础设施固定资产投资额

Total Investment in Fixed Assets of Basic Construction

（不含农村集体、个人和房地产投资 Rural investments in real estate of collective and individual is not include in this table）

单位：万元 unit：10000 yuan

部门	Sector	固定资产投资 Investment in fixed assets		#基本建设 Capital construction		#更新改造 Innovation	
		1999	2000	1999	2000	1999	2000
总计	**Total**	**1373306**	**1894373**	**1015851**	**1506543**	**228468**	**280733**
交通运输、仓储及邮电通信业	Transportation Storage postal and telecommunications services	823315	729376	567777	558071	130235	80502
# 铁路	Railways	40267	19309	17224	14309	23043	
公路	Highway	130336	335737	121891	328302	7779	3226
航空	Airways	2537	1702	2065	1702	472	
仓储业	Storage	84865	87082	80238	82954	4128	3911
邮电通信	Postal and telecommunications	232715	198257	136336	117545	91326	71565
电力、蒸汽、热水生产和供应业	Electric Power, steam and hot water production and supply	342778	648783	254304	476350	88474	171933
煤气生产和供应业	Gas production and supply	9280	72821	8780	64069	500	7752
自来水的生产和供应业	Tap water Production and supply	46342	91753	39234	85518	7108	6235
公共服务业	Public services	151591	351640	145756	322535	2151	14311
基础设施投资占固定资产投资比重(%)	Basic construction account for percentage of fixed assets	37.3	32.8	44.1	25.7	22.8	4.8

5-16 更新改造投资和构成
Investment in Innovation and Its proportion

项目 Item		1999		2000	
		实际数（万元）Number value (10000 yuan)	构成(%) Proportion (%)	实际数（万元）Number value (10000 yuan)	构成(%) Proportion (%)
总计	**Total**	**994229**	**100.0**	**1145365**	**100.0**
1.按用途分	Grouped by uses				
增产	Increasing Production	402778	40.5	492698	43.0
节约能源	Energy saving	35042	3.5	65309	5.7
增加品种	Increasing products	294461	29.6	314460	27.5
提高产品质量	Improving Product	136492	13.7	98992	8.6
三废治理	Environmental Protection	11349	1.1	17018	1.5
其他	Others	114107	11.6	156888	13.7
2.按隶属关系分	Grouped By administrative relationship				
中央项目	Central government Projects	311893	31.4	362166	31.6
地方项目	Local Projects	682336	68.6	783199	68.4
3.按资金来源分	Grouped by Source of funds				
国家预算内投资	State appropriations	14649	1.5	39578	3.4
国内贷款	Domestic loans	149446	15.0	301384	26.3
利用外资	Foreign investments	178988	18.0	37285	3.3
自筹投资	Fundraising	599209	60.3	714008	62.4
其他投资	Others	51937	5.2	53110	4.6
4.按构成分	Grouped by uses of funds				
建筑安装工程	Construction and installation	342541	34.5	486272	42.5
设备工器具购置	Purchases of equipment	569088	57.2	569907	49.8
其他投资	Other	82600	8.3	89186	7.7
5.按建设性质分	Grouped by type of construction				
#新建	New construction	29556	3.0	75702	6.6
扩建	Expansion	402077	40.4	607538	53.0
改建	Replacement	537158	54.0	440413	38.5

5－17 全社会施工和竣工房屋建筑面积

Floor Space of Building under Construction and Completed

单位：万平方米 unit：10000sq.m

项目 Item		施工面积 Under construction		竣工面积 Completed		竣工率(%) Rate of projects completed	
		1999	2000	1999	2000	1999	2000
一、房屋建筑面积	**Floor space of buildings**	**2744.83**	**3500.44**	**1928.61**	**2616.93**	**70.26**	**74.76**
基本建设	Capital construction	889.73	1082.97	532.08	754.86	59.80	69.70
更新改造	Innovation	107.85	120.28	71.92	10.66	66.69	8.86
其他投资	Others	99.12	55.42	94.87	32.25	95.71	58.19
房地产开发	Real estate developing	151.38	751.38	368.56	368.57	49.05	49.05
城镇集体	Urban collective－owned	36.50	22.07	28.03	15.27	76.79	69.19
农村集体	Rural collective－owned	105.00	352.00	101.00	334.00	96.19	94.89
城镇个人	Urban individual	330.67	655.32	330.67	655.32	100.00	100.00
农村个人	Rural individual	424.58	461.00	401.48	466.00	94.56	96.75
二、住宅建筑面积	**Floor space of housing**	**1663.14**	**2083.84**	**1300.32**	**1720.38**	**78.18**	**82.56**
基本建设	Capital construction	390.75	461.59	298.92	393.75	76.50	85.30
更新改造	Innovation	5.37	0.87	5.37	0.54	100.00	62.07
其他投资	Others	48.14	8.28	47.87	7.26	99.44	87.68
房地产开发	Real estate developing	546.69	546.69	276.48	276.48	50.57	50.57
城镇集体	Urban collective－owned	8.50	11.16	7.99	9.10	94.00	81.54
农村集体	Rural collective－owned	17.00	91.00	17.00	84.00	100.00	92.31
城镇个人	Urban individual	265.20	524.25	265.20	524.25	100.00	100.00
农村个人	Rural individual	381.49	440.00	381.49	425.00	100.00	96.59

5-18 房地产业投资额
Investment in Real Estate

指标	Item	1999	2000
投资总额(万元)	**Total Investment**	**529843**	**635194**
# 土地开发投资	Land Development Investment	77386	86253
商品房屋建设投资	Commerical Building Construction Investment	432880	498181
按工程用途分(万元)	**By Use of Projects**		
住宅	Residential Buildings	326645	399799
#别墅、高档公寓	Villas and Senior Flats	456	32238
经济适用房	Well living Engineerings	111929	207725
办公楼	Office Buildings	19196	19680
商业营业用房	Commercial Buildings	103114	124702
其他	Others	80888	91013

5-19 固定资产投资新增生产能力或效益(2000)

Newly Increased production Capacity Investment in Fixed Assets(2000)

生产能力(或效益)名称	Item	总计 Total	基本建设 Capital construction	更新改造 Innovation	其他投资 Other
原煤开采(万吨/年)	Coal mining(1000 ton/year)	75	75		
原油开采(万吨/年)	Extraction(1000 year/year)	39.86	38.26	1.60	
发电机组容量(万千瓦)	Capacity of generation sets(10000 kw)	74.51	72.23	2.28	
水力发电(万千瓦)	Hydropower(10000 kw)	2.23	2.23		
火力发电(万千瓦)	Thermal power (10000 kw)	70	70		
输电线路长度(11万伏及以上)(公里)	Length of wire(km)	320.8	320.8		
变电设备能力(11万伏及以上)(万千伏安)	Capacity of change(10000 KVA)	36	36		
水泥(万吨/年)	Cement(10000year/year)	12		12	
锯材(万立方米/年)	Timber(100 millon cu.m)	0.1		0.1	
胶合板(万平方米/年)	Plywood(10000cu.m/year)	6.5		6.5	
中成药(吨/年)	Chinese medicine(ton/year)	8071		8071	
化学纤维(吨/年)	Synthetic fiber(ton/year)	8800		8800	
粘胶纤维(吨/年)	Chemical fiber(ton/year)	6000		6000	
酒(吨/年)	Liquor(ton/year)	2.53	0.03	2.40	0.1
啤酒(吨/年)	Beer(year/year)	0.5		0.5	
白酒(吨/年)	Wine(ton/year)	1.9		1.9	
其他酒(吨/年)	Other(ton/year)	0.13	0.03		0.1
机制纸及纸板(万吨/年)	Machine - madepaper, paperboards(10000ton/year)	1.2		1.2	
塑料制品(万吨/年)	Plastics products(10000ton/year)	0.5		0.5	
新建公路(公里)	Newly highway(km)	314.8	30.0		284.8
改建公路(公里)	Reconstruction highway(km)	843.5	280.5		563.0
# 一级公路(公里)	First class(km)	64			64
新建独立公路桥梁(公里)(延长米)	Bridge(km)(m)	1129	1129		
新(扩)建客、货运站(个)	Station(unit)	3			3
(平方米)	(sq.m)	10100			10100
长途电缆(延长公里)	Long - distance cable(km)	554.6		554.6	
粮食仓库(万公斤)	Grain store house(10000kg)	253570	253570		
(平方米)	(sq.m)	182676	182676		
高等院校:学生席位(个)	High education students seats(unit)	2295	2295		
建筑面积(平方米)	Construction areas(sq.m)	10810	10810		
中等学校:学生席位(个)	Middle school: student seats(unit)	28988	28988		
建筑面积(平方米)	Construction areas(sq.m)	187173	187173		
小学校:学生席位(个)	Primary school: student seats(unit)	19046	19046		
建筑面积(平方米)	Construction areas(sq.m)	117455	117455		
其他学校:学生席位(个)	Other student areas(sq.m)	1574	1574		
建筑面积(平方米)	Construction areas(sq.m)	11736	11736		
医院病床(张)	Hospital beds(beds)	2135	2135		
宾馆、旅馆、招待所客房数(间)	Rooms of hotel(unit)	183	183		
(平方米)	Rooms of hotel(sq.m)	18754	18754		
城市自来水供水能力(万吨/日)	Tap water supply capacity(day/day)	4.5	4.5		
城市自来水管道长度(公里)	length of tap water(km)	26.1	26.1		
城市供热能力:蒸汽(吨/小时)	Steam hot - water(ton/h)	650	620	30	
热水(兆瓦/小时)	Hot - water(mw/h)	487	457	30	
城市道路扩建长度(公里)	Length of paved road in city(km)	200.45	194.45		6.0
城市道路扩建面积(万平方米)	Area of paved road in city(10000sq.m)	253.25	245.45		7.8
城市排水管道铺设长度(公里)	Length of sewer pipe lines(km)	47.97	38.80	0.27	8.9
城市防洪堤长度(公里)	Length of flown control dile(km)	68.5	68.5		

5－20　商品房屋销售与出租情况
Sales and Management of Commercial Houses

单位：万平方米　　unit：10000sq.m

		实际销售面积 Floor Space of actually sold		空置面积 Floor space of empty		实际销售额(万元) Sales Value (10000 yuan)	
		1999	2000	1999	2000	1999	2000
合计	**Total**	**212.10**	**309.34**	**174.69**	**198.40**	**304553**	**435515**
# 外销(租)	Sold(rent)	7.80	0.52			11700	908
个人	Individuals	167.48	295.29			224166	409096
1.住宅	Housing	178.55	267.49	128.07	144.52	220764	347385
# 别墅、高档公寓	Villa	0.19	2.25	0.88	2.78	275	5146
安居工程	Residenitial housing	76.59	141.88	26.45	56.34	82214	181282
# 个人	Individuals	139.99	256.09			169815	338696
2.办公楼	Office	6.58	4.45	5.46	8.11	14685	9453
3.商业营业用房	Building of commercial business	26.71	34.49	36.76	35.22	68613	71721
4.其他	Other	0.26	2.91	4.40	10.55	491	6956

5－21　商品房施工、竣工房屋面积及竣工价值
Floor Space of Building and Cost of Commercial Housing

单位：万平方米　　unit：10000sq.m

		施工面积 Floor space under construction		#新开工 New starting		竣工面积 Floor Space completed		竣工房屋价值(万元) Value of housing completed (10000 yuan)	
		1999	2000	1999	2000	1999	2000	1999	2000
合计	**Total**	**751.37**	**781.13**	**403.51**	**616.39**	**368.57**	**464.81**	**400723**	**450250**
1.住宅	Housing	546.70	582.68	329.16	477.01	276.48	366.94	238928	334761
# 别墅、高档公寓	Villa	1.52	23.01		21.56	0.47	7.12	1126	6466
安居工程	Residenitial housing	188.69	298.71	131.01	250.08	109.26	205.69	98290	181895
2.办公楼	Office	25.54	25.57	8.67	21.96	16.74	11.28	33367	13321
3.商业营业用房	Building of commercial business	148.77	153.97	50.96	101.88	62.66	73.25	117028	88308
4.其他	Other	30.36	18.91	14.72	15.54	12.69	13.34	11400	13860

5－22　各市县固定资产投资(2000)

Investment in Fixed Assets by Cities and County(2000)

单位:万元　　　　　　　　　　　　　　　　　　　　　　　　　　　　unit:10000 yuan

市、县 City, county		总计 Total	#国有单位 State owned	#基本建设 Capital construction	#更新改造 Innovation	#房地产开发 Real estate	#其他投资 Others
全　省	**Total**	**4949778**	**3084799**	**2766500**	**1145365**	**635194**	**402719**
长春市	**Changchun**	**1602510**	**779385**	**849710**	**437508**	**272771**	**42521**
市　区	District	1487993	686817	791254	389246	267441	40052
九台市	Jiutai	28391	17551	14964	12771	3780	276
榆树市	Yushu	32055	30084	15040	12160	4150	705
德惠市	Dehui	14997	13427	5177	9150		670
农安县	Nongan	39074	31506	23275	14181	800	818
吉林市	**Jilin**	**1035257**	**603797**	**487141**	**210010**	**180677**	**157429**
市　区	District	786640	432020	359145	137318	158032	132145
桦甸市	Huadian	59754	41897	26524	11108	11525	10597
蛟河市	Jiaohe	45638	27123	16893	16050	6390	6305
舒兰市	Shulan	30886	25861	20532	6879		3475
磐石市	Panshi	67508	47314	33555	24955	4730	4268
永吉县	Yongji	44831	29582	30492	13700		639
四平市	**Siping**	**354998**	**254738**	**242634**	**67202**	**42931**	**2231**
市　区	District	143402	91741	71305	32572	37574	1951
公主岭市	Gongzhuling	65796	28107	50787	12570	2159	280
双辽市	Shuangliao	105979	103879	95877	10102		
梨树县	Lishu	16801	12991	9243	6958	600	
伊通县	Yitong	23020	18020	15422	5000	2598	
辽源市	**Liaoyuan**	**126725**	**39305**	**26030**	**82268**	**16190**	**2237**
市　区	District	112472	31166	18171	76998	15960	1343
东丰县	Dongfeng	7189	1825	1545	5270	230	144
东辽县	Dongliao	7064	6314	6314			750
通化市	**Tonghua**	**225724**	**157754**	**99285**	**101895**	**20226**	**4318**
市　区	District	145031	112676	69016	58355	16362	1298
梅河口市	Meihekou	13629	10849	8274	2575		2780
集安市	Jian	8988	7249	3727	2134	3127	
通化县	Tonghua	37417	13596	9121	27844	212	240
辉南县	Huinan	15452	8352	4720	10732		
柳河县	Liuhe	5027	5032	4427	255	525	

5－22 续表 continued

单位：万元 unit：10000 yuan

市、县 City，county		总计 Total	#国有单位 State owned	#基本建设 Capital construction	#更新改造 Innovation	#房地产开发 Real estate	#其他投资 Others
白山市	**Baishan**	**285184**	**209238**	**128351**	**80763**	**23855**	**52215**
市　区	District	117371	76741	37525	34356	15791	29699
临江市	Linjiang	36826	18913	15482	5880	4423	11041
抚松县	Fusong	72591	56659	50188	17663	3312	1428
靖宇县	Jingyu	25550	25140	10425	6306		8819
长白县	Changbai	10081	9020	5288	4314	329	123
江源县	Jiangyuan	22765	22765	9443	12217		1105
松原市	**Songyuan**	**516862**	**424952**	**386220**	**42337**	**17040**	**71265**
市　区	District	432730	353061	321056	25883	16290	69501
长岭县	Changling	17471	16022	10712	4995		1764
前郭县	Qianguo	27400	23598	21350	5300	750	
乾安县	Qianan	8500	8320	4301	4199		
扶余县	Fuyu	30761	23951	28801	1960		
白城市	**Baicheng**	**193429**	**155916**	**104848**	**29520**	**21364**	**37697**
市　区	District	109243	84811	43425	14944	18320	32554
洮南市	Taonan	25810	20976	18192	5320	1034	1264
大安市	Daan	18550	13502	10777	3063	2010	2700
镇赉县	Zhenlai	20624	18517	19337	1200		87
通榆县	Tongyu	19202	18110	13117	4993		1092
延边朝鲜族自治州	**Yanbian**	**358970**	**209595**	**192162**	**93860**	**40140**	**32806**
延吉市	Yanji	109348	65033	48845	35668	19306	5529
图们市	Tumen	22574	2395	2225	5212	11612	3525
敦化市	Dunhua	78830	45046	46535	18206	6800	7289
龙井市	Longjing	41297	26212	31139	8126		2032
珲春市	Hunchun	19266	7461	7295	11906		65
和龙市	Helong	25297	21348	15427	3683	672	5515
汪清县	Wangqing	32082	26825	21510	2036	1750	6786
安图县	Antu	30276	15275	19186	9025		2065
不分地区	**Not classified by region**	**250119**	**250119**	**250119**			

能源生产和消费

PRODUCTION AND CONSUMPTION OF ENERGY

6

统计资料
STATISTICS

6-1 分行业能源品种消费(实物量)(2000)

		原　　煤 (万吨) Coal (10000ton)
一、工业	Industry	3338.89
轻工业	Light industry	415.62
重工业	Heavy industry	2923.27
(一)采掘业	Excavation	247.91
煤炭采选业	Coal mining and processing	171.38
石油天然气开采业	Petroleum and natural gas extraction	0.10
黑色金属矿采选业	Ferrous metals mining and processing	5.13
有色金属矿采选业	Nonferrous metals mining and processing	3.31
非金属矿采选业	Nonmetal minerals mining and processing	10.00
其他矿采选业	Other minerals mining and processing	
木材及竹材采运业	Logging and transport of timber and bamboo	57.99
(二)制造业	Manufacturing	896.81
食品加工业	Food processing	33.99
食品制造业	Food manufacturing	59.07
饮料制造业	Beverage manufacturing	50.94
烟草加工业	Tobacco processing	2.62
纺织业	Textile industry	20.52
服装及其他纤维制品制造业	Garments and other fiber products	2.66
皮革、毛皮、羽绒及其制品业	Leather,furs,down and related products	0.60
木材加工及竹、藤、棕、草制品业	Timber processing bamboo,cane,palm,fiber and straw products	12.58
家俱制造业	Furniture manufacturing	0.30
造纸及纸制品业	Paper making and paper products	70.23
印刷业、记录媒介的复制	Printing and record medium reproduction	1.66
文教体育用品制造业	Cultural educational and sports articles	
石油加工及炼焦业	Petroleum processing and coking products	0.27
化学原料及化学制品制造业	Raw chemical materials and products	84.93
医药制造业	Medical and pharmaceutical products	28.54
化学纤维制造业	Chemical fibers	138.07
橡胶制品业	Rubber products	5.63
塑料制品业	Plastic products	3.40
非金属矿物制品业	Nonmetal mineral products	153.39

Total Consumption of Energy by Sector Material(2000)

洗精煤 （万吨） Float coal （10000ton）	焦 炭 （万吨） Coke （10000ton）	焦炉煤气 （亿立方米） Gas (100 million cu. m)	其它煤气 （万吨） Other gas （10000ton）	原 油 （万吨） Crade oil （10000ton）	汽 油 （万吨） Gasoline （10000ton）	煤 油 （万吨） Kerosense （10000ton）
244.86	170.55	5.83	0.15	700.43	10.33	0.21
0.42	0.22			0.38	1.89	
244.44	170.33	5.83	0.15	700.05	8.44	0.21
	4.38			83.91	3.97	
	0.02				0.48	
				83.91	0.34	
	4.24				0.17	
	0.12				0.13	
					0.11	
					2.74	
169.96	166.14	5.12	0.15	616.52	5.79	0.21
	0.18			0.14	0.34	
	0.03				0.06	
0.10					0.44	
					0.07	
					0.08	
					0.03	
					0.01	
					0.12	
					0.01	
	0.01				0.18	
					0.05	
				163.54	0.05	
28.45	17.14	0.35		450.47	0.40	0.01
0.32				0.01	0.18	
				0.23	0.31	
	0.03				0.04	
					0.08	
0.63	15.08		0.02	1.68	0.58	

6－1 续表 1

		原 煤 （万吨） Coal （10000ton）
黑色金属冶炼及压延加工业	Smelting and pressing of ferrous metals	25.30
有色金属冶炼及压延加工业	Smelting and pressing of nonferous metals	10.96
金属制品业	Metal products	7.60
普通机械制造业	Ordinary machinery manufacturing	11.20
专用设备制造业	Special purpose equipment manufacturing	10.78
交通运输设备制造业	Transportation equipment manufacturing	142.43
武器弹药制造业	Weapon and ammunition	3.64
电气机械及器材制造业	Electric equipment and machinery	5.08
电子及通信设备制造业	Electronic and telecommunications	4.66
仪器仪表及文化办公用机械制造业	Instruments, meters, cultural and official machinery	5.37
其他制造业	Other manufacturing	0.39
(三)电力、煤气及水的生产和供应业	Electric power, gas and water production and suppply	2194.17
电力、蒸汽、热水生产和供应业	Electric power, steam and hot water production and supply	2181.78
煤气生产和供应业	Gas production and supply	6.36
自来水生产和供应业	Top water production and supply	6.03
二、建筑业	Construction	33.01
土木工程建筑业	Construction	29.05
线路、管道和设备安装业	Pipe line and equipments installation	2.74
装修装饰业	Decoration	1.22
三、交通运输、仓储及邮电通信业	Transportation storage post and telecommunicution	92.95
铁路运输业	Railways	74.48
公路运输业	Highways	5.38
管道运输业	Pipelines	0.34
水上运输业	Waterways	0.16
航空运输业	Civil avaition	0.11
交通运输辅助业	Transportation sideline production	0.14
其他交通运输业	Other transportation	0.10
仓储业	Storage	6.00
邮电通信业	Telecommunicution	6.24

continued

洗精煤（万吨）Float coal (10000ton)	焦炭（万吨）Coke (10000ton)	焦炉煤气（亿立方米）Gas (100 million cu.m)	其它煤气（万吨）Other gas (10000ton)	原油（万吨）Crade oil (10000ton)	汽油（万吨）Gasoline (10000ton)	煤油（万吨）Kerosense (10000ton)
140.34	126.57	4.75	0.06	0.33	0.48	
	0.05				0.10	
	1.58			0.01	0.09	0.02
0.11	0.27				0.40	0.01
0.01	0.36		0.02		0.14	0.01
	4.51		0.05		1.38	0.15
	0.02				0.02	
	0.29	0.02		0.11	0.07	
					0.05	
	0.02				0.03	0.01
74.90	0.03	0.71			0.57	
	0.03				0.38	
74.90		0.71			0.06	
					0.13	
0.10					4.79	
0.10					4.35	
					0.32	
					0.12	
0.05				2.20	25.15	3.07
					0.25	
					23.71	
				2.20	0.03	
						3.07
					0.01	
0.05					0.43	
					0.72	

		柴 油 (万吨) Diesel oil (10000ton)
一、工业	Industry	9.29
轻工业	Light industry	1.36
重工业	Heavy industry	7.93
(一)采掘业	Excavation	2.61
煤炭采选业	Coal mining and processing	0.49
石油天然气开采业	Petroleum and natural gas extraction	0.21
黑色金属矿采选业	Ferrous metals mining and processing	0.12
有色金属矿采选业	Nonferrous metals mining and processing	0.08
非金属矿采选业	Nonmetal minerals mining and processing	0.06
其他矿采选业	Other minerals mining and processing	
木材及竹材采运业	Logging and transport of timber and bamboo	1.65
(二)制造业	Manufacturing	5.32
食品加工业	Food processing	0.46
食品制造业	Food manufacturing	0.03
饮料制造业	Beverage manufacturing	0.42
烟草加工业	Tobacco processing	0.04
纺织业	Textile industry	0.03
服装及其他纤维制品制造业	Garments and other fiber products	0.01
皮革、毛皮、羽绒及其制品业	Leather, furs, down and related products	
木材加工及竹、藤、棕、草制品业	Timber processing bamboo, cane, palm, fiber and straw products	0.06
家俱制造业	Furniture manufacturing	0.02
造纸及纸制品业	Paper making and paper products	0.17
印刷业、记录媒介的复制	Printing and record medium reproduction	0.02
文教体育用品制造业	Cultural educational and sports articles	
石油加工及炼焦业	Petroleum processing and coking products	0.01
化学原料及化学制品制造业	Raw chemical materials and products	0.76
医药制造业	Medical and pharmaceutical products	0.03
化学纤维制造业	Chemical fibers	0.06
橡胶制品业	Rubber products	0.01
塑料制品业	Plastic products	0.04
非金属矿物制品业	Nonmetal mineral products	1.56

continued

燃料油（万吨） Fuel oil (10000ton)	液化石油气（万吨） Liquified gas (10000ton)	炼厂干气（万吨） Coking gas (10000ton)	天然气（亿立方米） Natural gas (100 million cu.m)	其它石油制品（万吨） Other oil products (10000ton)	热力（万百万千焦） Heat (lobiuion kilojode)	电力（亿千瓦小时） Electricity (100 million kwh)
51.09	0.18	22.56	2.98	148.40	6364.21	203.07
2.22	0.01		0.08		2257.75	28.23
48.87	0.17	22.56	2.90	148.40	4106.46	174.84
0.61		0.96	1.64		0.27	25.91
						9.54
0.61		0.96	1.64			7.87
						1.34
					0.27	3.10
						0.43
						3.63
49.06	0.06	21.60	1.07	148.40	5882.67	134.89
					0.99	2.51
1.95					0.25	1.56
			0.01		101.77	2.58
			0.07			0.33
	0.01				50.99	4.09
						0.15
					1.96	0.02
0.14					6.29	1.03
						0.14
0.27					1167.57	8.16
					0.28	0.12
						0.03
3.04	0.03	5.40		9.52		1.54
39.60		16.20	0.01	138.83	2195.48	33.53
					18.20	0.98
					915.06	4.32
					9.73	0.34
					21.44	0.82
3.33			0.02	0.05	112.45	20.09

		柴 油 （万吨） Diesel oil （10000ton）
黑色金属冶炼及压延加工业	Smelting and pressing of ferrous metals	0.39
有色金属冶炼及压延加工业	Smelting and pressing of nonferous metals	0.10
金属制品业	Metal products	0.11
普通机械制造业	Ordinary machinery manufacturing	0.12
专用设备制造业	Special purpose equipment manufacturing	0.10
交通运输设备制造业	Transportation equipment manufacturing	0.64
武器弹药制造业	Weapon and ammunition	0.02
电气机械及器材制造业	Electric equipment and machinery	0.02
电子及通信设备制造业	Electronic and telecommunications	0.08
仪器仪表及文化办公用机械制造业	Instruments, meters, cultural and official machinery	0.01
其他制造业	Other manufacturing	
（三）电力、煤气及水的生产和供应业	Electric power, gas and water production and supply	1.36
电力、蒸汽、热水生产和供应业	Electric power, steam and hot water production and supply	1.25
煤气生产和供应业	Gas production and supply	0.04
自来水生产和供应业	Top water production and supply	0.07
二、建筑业	Construction	3.50
土木工程建筑业	Construction	2.95
线路、管道和设备安装业	Pipe line and equipments installation	0.53
装修装饰业	Decoration	0.02
三、交通运输、仓储及邮电通信业	Transportation storage post and telecommunicution	18.73
铁路运输业	Railways	12.84
公路运输业	Highways	5.61
管道运输业	Pipelines	0.04
水上运输业	Waterways	0.03
航空运输业	Civil avaition	
交通运输辅助业	Transportation sideline production	0.02
其他交通运输业	Other transportation	
仓储业	Storage	0.04
邮电通信业	Telecommunicution	0.15

continued

燃料油（万吨）Fuel oil (10000ton)	液化石油气（万吨）Liquified gas (10000ton)	炼厂干气（万吨）Coking gas (10000ton)	天然气（亿立方米）Natural gas (100 million cu.m)	其它石油制品（万吨）Other oil products (10000ton)	热力（万百万千焦）Heat (lobiuion kilojode)	电力（亿千瓦小时）Electricity (100 million kwh)
0.39			0.03		26.65	23.39
	0.02					11.41
			0.01			0.80
			0.04		18.62	1.17
0.01					0.89	0.90
0.33			0.87		1168.69	12.87
					49.04	0.26
			0.01		6.86	0.77
					1.09	0.61
					7.79	0.34
					0.58	0.03
1.42	0.12		0.27		481.27	42.27
1.42					481.17	38.69
	0.12		0.27			0.37
					0.10	3.21
					7.94	3.37
					3.38	3.05
						0.13
					4.56	0.19
					60.82	5.29
					31.27	0.73
					14.45	0.10
						2.50
					15.10	0.01
						0.65
						1.30

6-2 地区能源平衡表(实物量)(2000)

		原　煤 (万吨) Coal (10000ton)	焦　炭 (万吨) Coke (10000ton)
一、可供本地区消费的能源量	Total energy available for consumption	3960.38	6.57
年初库存量	Stock at year beginning	502.00	12.27
一次能源生产量	Primary energy output	1800.38	
回收能	Recovery of energy		
外省(区、市)调入量	Allocation from outside	2170.00	3.80
进口量	Import		
我轮、机在外国加油量	Refuelling abroad for our ships and planes		
本省(区、市)调出量(-)	Allocation from inside	-40.00	
出口量(-)	Export		
外轮、机在我国的加油量(-)	Refuelling in china for foreign ships and planes		
年末库存量(-)	Stock at year end	-472.00	-9.50
二、加工转换投入(-)产出(+)量	Out put and input in processing and transformation	-2082.99	163.98
火力发电	Therma power	-1497.10	
供热	Heating	-493.49	
洗选煤	Washing coal	-79.78	
炼焦	Coking		115.69
炼油	Petroleum refining		
制气	Gas production	-12.62	48.29
# 焦炭再投入量(-)	Reinput for coke		
煤制品加工	Coal products processing		
三、损失量	Losses	0.80	
# 运输和输配损失	Losses for transportation	0.80	
四、终端消费量	Final consumption	1876.59	170.55
(一)第一产业	Primary industry	37.00	
农、林、牧、渔业	Farming, forestry, animal husbandry and fishery	37.00	
(二)第二产业	Second industry	1288.91	170.55
工业	Industry	1255.90	170.55
建筑业	Construction	33.01	
(三)第三产业	Tertiary industry	360.45	
交通运输、仓储及邮电通信业	Transportation storage post and telecommanications	92.95	
批发和零售贸易、餐饮业	Whalesale retailtrade and catering trade	117.00	
其他	Other	150.50	
(四)生活消费	Residential consumption	190.23	
城镇	Urban	140.23	
乡村	Rural	50.00	
五、平衡差额	Balance		
消费量合计	Total comsumption	3960.38	170.55

Engrgy Supply and Consumption (Material)(2000)

原　油 （万吨） Crudeoil (10000ton)	汽　油 （万吨） Gasoline (10000ton)	柴　油 （万吨） Dieseloil (10000ton)	燃料油 （万吨） Fueloil (10000ton)	液化石油气 （万吨） Liquified gas (10000ton)	天然气 （亿立方米） Naturalgas (100 million cu.m)	电　力 （亿千瓦小时） Power (100 millon kwh)
702.63	-61.90	-97.60	-45.04	1.75	2.98	48.17
22.70	8.60	9.50	5.56	0.25		
348.46					2.98	47.84
349.00		3.30		1.70		56.97
						0.01
	-62.00	-102.50	-45.00			-56.65
-17.53	-8.50	-7.90	-5.60	-0.20		
-648.04	151.94	171.13	70.29	21.99	-0.54	252.40
	-0.61	-0.20	-3.69		-0.03	252.40
-0.26		-0.01	-22.02		-0.07	
-647.78	152.57	171.34	96.00	21.99		
	-0.02				-0.44	
						26.34
						26.34
54.59	90.04	73.53	25.25	23.74	2.44	274.23
	4.50	36.50				6.06
	4.50	36.50				6.06
52.39	14.49	12.58	25.25	0.18	2.44	191.08
52.39	9.70	9.08	25.25	0.18	2.44	187.71
	4.79	3.50				3.37
2.20	68.91	24.45				29.91
2.20	25.15	18.73				5.29
	5.76	2.22				6.52
	38.00	3.50				18.10
	2.14			23.56		47.18
	1.64			22.20		29.28
	0.50			1.36		17.90
702.63	90.67	73.74	50.96	23.74	2.98	300.57

6－3　地区能源平衡表(标准量)(2000)

单位:万吨标准煤

		原　煤 Coal	焦　炭 Coke
一、可供本地区消费的能源量	Total energy available for consumption	2545.74	6.38
年初库存量	Stock at year beginning	322.69	11.92
一次能源生产量	Primary energy output	1157.28	
回收能	Recovery of energy		
外省(区、市)调入量	Allocation from outside	1394.88	3.69
进口量	Import		
我轮、机在外国加油量	Refuelling abroad for our ships and planes		
本省(区、市)调出量(－)	Allocation from inside	－25.71	
出口量(－)	Export		
外轮、机在我国的加油量(－)	Refuelling in china for foreign ships and planes		
年末库存量(－)	Stock at year end	－303.40	－9.23
二、加工转换投入(－)产出(＋)量	Out put and input in processing and transformation	－1338.95	159.29
火力发电	Therma power	－962.34	
供热	Heating	－317.22	
洗选煤	Washing coal	－51.28	
炼焦	Coking		112.38
炼油	Petroleum refining		
制气	Gas production	－8.11	46.91
# 焦炭再投入量(－)	Reinput for coke		
煤制品加工	Coal products processing		
三、损失量	Losses	0.51	
# 运输和输配损失	Losses for transportation	0.51	
四、终端消费量	Final consumption	1206.28	165.67
(一)第一产业	Primary industry	23.78	
农、林、牧、渔业	Farming, forestry, animal husbandry and fishery	23.78	
(二)第二产业	Second industry	828.52	165.67
工业	Industry	807.30	165.67
建筑业	Construction	21.22	
(三)第三产业	Tertiary industry	231.70	
交通运输、仓储及邮电通信业	Transportation, storage post and telecommanications	59.75	
批发和零售贸易、餐饮业	Wholesale retail trade and catering trade	75.21	
其他	Other	96.74	
(四)生活消费	Residential consumption	122.28	
城镇	Urban	90.14	
乡村	Rural	32.14	
五、平衡差额	Balance		
发电、供热效率消费合计	Total comsumption		

Energy supply and Consumption (Standard)(2000)

unit:10000 ton of SCE

原 油 Crudeoil	汽 油 Gasoline	柴 油 Dieseloil	燃料油 Fueloil	液化石油气 Liquified gas	天然气 Natural gas	电 力 Power	合 计 (当量值) Total
1003.78	-91.09	-142.21	-64.35	3.00	36.19	59.21	3529.32
32.43	12.65	13.84	7.94	0.43			430.61
497.81					36.19	58.80	1750.08
							5.66
498.58		4.81		2.91		70.02	2188.49
						0.01	0.01
	-91.23	-149.35	-64.29			-69.62	-441.32
-25.04	-12.51	-11.51	-8.00	-0.34			-404.21
-925.79	223.56	249.36	100.42	37.70	-6.55	310.20	-845.64
	-0.90	-0.29	-5.27		-0.36	310.20	-667.50
-0.37		-0.01	-31.46		-0.85		-90.34
							-15.09
							-8.99
-925.42	224.49	249.66	137.15	37.70			-43.98
	-0.03				-5.34		-19.74
						32.37	43.36
						32.37	43.36
77.99	132.47	107.15	36.07	40.70	29.64	337.04	2638.70
	6.62	53.19				7.45	91.04
	6.62	53.19				7.45	91.04
74.85	21.32	18.33	36.07	0.31	29.64	234.84	1831.58
74.85	14.27	13.23	36.07	0.31	29.64	230.70	1793.71
	7.05	5.10				4.14	37.87
3.14	101.38	35.63				36.76	422.28
3.14	37.00	27.29				6.50	140.30
	8.47	3.24				8.01	95.66
	55.91	5.10				22.24	186.32
	3.15			40.39		57.99	293.80
	2.41			38.06		35.99	236.59
	0.74			2.33		22.00	57.21
							1.62
						31.73	3527.70

6-4 分行业产值能耗表(2000)

单位:万吨标准煤

		产值能耗（吨/万元）Consumption of energy/output value (ton/10000yuan)
一、工业	Industry	1.88
(一)采掘业	Excavating	4.07
煤炭采选业	Coal mining and processing	8.31
石油和天然气开采业	Petroleum and natural gas extraction	6.76
黑色金属矿采选业	Ferrous metals mining and processing	3.37
有色金属矿采选业	Nonferrous metals mining and processing	1.97
非金属矿采选业	Nonmetal minerals mining and processing	1.92
其他矿采选业	Other minerals mining and processing	
木材及竹材采运业	Logging and transport of timber and bamboo	1.80
(二)制造业	Manufacturing	1.03
食品加工业	Food processing	0.48
食品制造业	Food manufacturing	1.01
饮料制造业	Beverage manufacturing	1.42
烟草加工业	Tobacco processing	0.20
纺织业	Textile industry	0.69
服装及其他纤维制品制造业	Garments and other fiber products	0.35
皮革、毛皮、羽绒及其制品业	Leather, furs, down and related products	0.39
木材加工及竹、藤、棕、草制品业	Timber processing bamboo, cane, palm, fiber and straw products	0.49
家俱制造业	Furniture manufacturing	0.13
造纸及纸制品业	Paper making and paper products	4.57
印刷业、记录媒介的复制	Printing and record medium reproduction	0.49
文教体育用品制造业	Cultural educational and sports articles	2.00
石油加工及炼焦业	Petroleum processing and products	4.80
化学原料及化学制品制造业	Raw chemical materials and products	2.59
医药制造业	Medical and pharmaceutical products	0.26
化学纤维制造业	Chemical fibers	2.93
橡胶制品业	Rubber products	0.82
塑料制品业	Plastic products	0.35
非金属矿物制品业	Nonmetal mineral products	4.00
黑色金属冶炼及压延加工业	Smelting and pressing of ferrous metals	4.12

Consumption of Energy Output Value by Sector(2000)

unit:10000ton of SCE

产 值(亿元) Output value (100 millionyuan)	能源消费合计 Total Consumption of energy	终端消费 Final consumption	损失量 Losses	加工转换损失合计 Losses in processing and transformation
1426.28	2685.53	1793.71	43.36	848.46
59.35	241.82	216.32	0.51	24.99
10.79	89.71	67.04	0.51	22.16
11.96	80.86	78.03		2.83
2.82	9.49	9.49		
3.24	6.38	6.38		
3.76	7.21	7.21		
26.78	48.17	48.17		
1324.27	1362.43	1222.13		140.30
54.70	26.51	26.51		
42.58	42.85	42.85		
28.78	40.85	40.85		
15.26	3.10	3.10		
29.15	20.14	20.14		
5.68	1.96	1.96		
1.25	0.49	0.49		
20.65	10.04	10.04		
3.03	0.40	0.40		
17.42	79.55	73.75		5.80
2.69	1.33	1.33		
0.02	0.04	0.04		
10.48	50.35	37.92		12.43
166.88	432.74	346.72		86.02
78.43	20.77	20.77		
27.20	79.70	56.62		23.08
5.44	4.47	4.47		
11.67	4.12	4.12		
38.23	152.98	152.98		
48.62	200.34	198.88		1.46

6-4 续表

单位:万吨标准煤

		产值能耗（吨/万元）Consumption of energy/output value (ton/10000yuan)
有色金属冶炼及压延加工业	Smelting and pressing of nonferous metals	1.87
金属制品业	Metal products	0.78
普通机械制造业	Ordinary machinery manufacturing	0.65
专用设备制造业	Special purpose equipment manufacturing	0.78
交通运输设备制造业	Transportation equipment manufacturing	0.22
武器弹药制造业	Weapon and ammunition	1.20
电气机械及器材制造业	Electric equipment and machinery	0.23
电子及通信设备制造业	Electronic and telecommunications	0.05
仪器仪表及文化办公用机械制造业	Instruments, meters, cultural and official machinery	1.17
其他制造业	Other manufacturing	0.23
(三)电力、煤气及水的生产和供应业	Elctric power gas and water production and supply	25.35
电力、蒸汽、热水生产和供应业	Electronic power steam and hot water production and supply	28.01
煤气生产和供应业	Gas production and supply	5.80
自来水生产和供应业	Top water production and supply	5.93
二、建筑业	Construction	0.16
土木工程建筑业	Construction	0.15
线路、管道和设备安装业	Line and equipments installation	0.18
装修装饰业	Decoration	1.16
三、交通运输、仓储及邮电通信业	Transportation stock post and telecommunication	0.87
铁路运输业	Railways	2.26
公路运输业	Highways	0.86
管道运输业	Pipelines	12.80
水上运输业	Waterways	0.07
航空运输业	Civil avaition	1.00
交通运输辅助业	Transportation sideline production	0.02
其他交通运输业	Other transportation	0.31
仓储业	Storage	0.53
邮电通信业	Telecommunication	0.14

continued

unit:10000ton of SCE

产　值(亿元) Output value (100 millionyuan)	能源消费合　计 Total Consumption of energy	终端消费 Final consumption	损失量 Losses	加工转换损失合计 Losses in processing and transformation
11.49	21.45	21.45		
10.16	7.88	7.88		
16.75	10.92	10.92		
11.32	8.87	8.87		
557.89	122.34	110.83		11.51
3.69	4.41	4.41		
23.12	5.25	5.25		
76.73	3.98	3.98		
3.62	4.25	4.25		
1.34	0.31	0.31		
42.66	1081.26	355.25	42.85	683.16
37.53	1051.33	339.36	42.85	669.12
3.76	21.81	7.77		14.04
1.37	8.12	8.12		
239.18	37.87	37.87		
220.83	33.33	33.33		
17.16	3.16	3.16		
1.19	1.38	1.38		
160.38	140.30	140.30		
30.53	68.93	68.93		
54.52	47.13	47.13		
0.51	6.53	6.53		
1.98	0.14	0.14		
4.56	4.58	4.58		
5.58	0.12	0.12		
1.90	0.59	0.59		
10.10	5.39	5.39		
50.70	6.89	6.89		

6－5　综合能源平衡表
Overall Energy Balance

单位：万吨标准煤　　　　unit:10000ton of SCE

		1995	1999	2000
一、可供本地区消费的能源量	Total energy available of consumption	3909.87	3693.59	3529.31
1.年初库存量	Stock at year beginning	578.56	471.63	430.61
2.一次能源生产量	Primary energy output	2312.33	1992.16	1750.08
3.回收能	Recovery of energy	49.03	5.36	5.66
4.外省(区、市)调入量	Allocation from outside	1796.45	2306.80	2188.49
5.进口量	Import	0.02	0.07	0.01
6.我轮、机在外国加油量	Refuelling abroad for our ships and planes			
7.本省(区、市)调出量(－)(－)	Allocation from inside	－221.81	－561.72	－441.32
8.出口量(－)	Export	－79.18		
9.外轮、机在我国的加油量(－)	Refuelling in china for foreign ships and planes	－1.09		
10.年末库存量(－)	Stock of year end	－524.45	－520.02	－404.21
二、加工转换投入(－)产出(＋)量	Out put and input in processing and transformation	－826.32	－71.73	－845.64
1.火力发电	Therma power	－658.37		－667.50
2.供热	Heating	－90.50		－90.34
3.洗选煤	Washing coal	－34.12	－19.95	－15.09
4.炼焦	Coking	－6.20	－6.27	－8.99
5.炼油	Petroleum refining	－32.10	－33.04	－43.98
6.制气	Gas production	－5.02	－12.47	－19.74
# 焦炭再投入量(－)	Reinput for coke			
7.煤制品加工	Coal products processing			
三、损失量	Losses	23.83	133.82	43.36
# 运输和输配损失	Losses for transportation	23.83	133.82	43.36
四、终端消费量	Final consumption	3104.07	3487.67	2638.70
(一)第一产业	Primary industry	83.17	105.12	91.04
农、林、牧、渔业	Farming,forestry,animal husbandry and fishery	83.17	105.12	91.04
(二)第二产业	Second industry	2310.03	2424.91	1831.57
工业	Industry	2286.07	2382.88	1793.71
建筑业	Construction	23.96	42.01	37.87
(三)第三产业	Tertiary industry	386.17	493.69	422.29
交通运输、仓储及邮电通信业	Transportation,storage,post and telecommunications	128.72	156.31	140.30
批发和零售贸易、餐饮业	Wholesale retail trade and covering trade	93.49	110.22	95.66
其他	Others	163.96	227.15	186.32
(四)生活消费	Residential consumption	324.73	463.96	293.79
城镇	Urban	264.37	356.86	236.59
乡村	Rural	60.36	107.14	57.21
五、平衡差额	Balance	－44.35	0.37	1.62
发电、供热效率、消费合计	Total consumption	3954.22	3693.22	3527.70

6-6 煤炭平衡表
Coal Balance Sheet

单位:万吨标准煤 unit:10000ton of SCE

		1995	1999	2000
一、可供本地区消费的能源量	Total energy available of consumption	2998.81	2551.68	2545.74
1.年初库存量	Stock at year beginning	436.08	335.46	322.69
2.一次能源生产量	Primary energy output	1698.29	1239.09	1157.28
3.回收能	Recovery of energy			
4.外省(区、市)调入量	Allocation from outside	1297.59	1349.88	1394.88
5.进口量	Import			
6.我轮、机在外国加油量	Refuelling abroad for our ships and planes			
7.本省(区、市)调出量(-)(-)	Allocation from inside	-56.19	-33.43	-25.71
8.出口量(-)	Export			
9.外轮、机在我国的加油量(-)	Refuelling in china for foreign ships and planes			
10.年末库存量(-)	Stock of year end	-376.96	-339.32	-303.40
二、加工转换投入(-)产出(+)量	Out put and input in processingand transformation	-1264.26	-1477.20	-1338.95
1.火力发电	Therma power	-892.71	-1099.45	-962.34
2.供热	Heating	-266.31	-309.57	-317.22
3.洗选煤	Washing coal	-105.24	-68.18	-51.28
4.炼焦	Coking			
5.炼油	Petroleum refining			
6.制气	Gas production			-8.11
# 焦炭再投入量(-)	Reinput for coke			
7.煤制品加工	Coal products processing			
三、损失量	Losses		0.51	0.51
# 运输和输配损失	Losses for transportation		0.51	0.51
四、终端消费量	Final consumption	1778.90	1074.96	1206.28
(一)第一产业	Primary industry	28.19	23.81	23.78
农、林、牧、渔业	Farming,forestry,animal husbandry and fishery	28.19	23.81	23.78
(二)第二产业	Second industry	1292.56	681.04	828.51
工业	Industry	1279.99	662.88	807.30
建筑业	Construction	12.57	18.15	21.22
(三)第三产业	Tertiary industry	253.45	227.74	231.70
交通运输、仓储及邮电通信业	Transportation,storage,post and telecommunications	84.49	64.62	59.75
批发和零售贸易、餐饮业	Wholesale retail trade and covering trade	74.48	71.06	75.21
其他	Others	94.48	92.05	96.74
(四)生活消费	Residential consumption	204.71	142.38	122.28
城镇	Urban	164.65	113.69	90.14
乡村	Rural	40.07	28.69	32.14
五、平衡差额	Balance	-44.35	-0.99	
发电、供热效率、消费合计	Total consumption			

6－7　石油平衡表

Petroleum　Balance　Sheet

单位:万吨标准煤　　unit:10000ton of SCE

		1995	1999	2000
一、可供本地区消费的能源量	Total energy available of consumption	704.73	1011.97	1003.78
1.年初库存量	Stock at year beginning	24.53	38.50	32.43
2.一次能源生产量	Primary energy output	489.62	511.47	497.81
3.回收能	Recovery of energy			
4.外省(区、市)调入量	Allocation from outside	224.42	497.92	498.58
5.进口量	Import			
6.我轮、机在外国加油量	Refuelling abroad for our ships and planes			
7.本省(区、市)调出量(－)(－)	Allocation from inside			
8.出口量(－)	Export			
9.外轮、机在我国的加油量(－)	Refuelling in china for foreign ships and planes			
10.年末库存量(－)	Stock of year end	－33.84	－35.92	－25.04
二、加工转换投入(－)产出(＋)量	Out put and input in processingand transformation	－663.64	－949.06	－925.79
1.火力发电	Therma power	－0.01		
2.供热	Heating	－0.06	－0.57	－0.37
3.洗选煤	Washing coal			
4.炼焦	Coking			
5.炼油	Petroleum refining	－663.57	－948.49	－925.42
6.制气	Gas production			
# 焦炭再投入量(－)	Reinput for coke			
7.煤制品加工	Coal products processing			
三、损失量	Losses	12.79		
# 运输和输配损失	Losses for transportation	12.79		
四、终端消费量	Final consumption	28.30	62.91	77.99
(一)第一产业	Primary industry			
农、林、牧、渔业	Farming,forestry,animal husbandry and fishery			
(二)第二产业	Second industry	28.30	59.45	74.85
工业	Industry	28.30	59.45	74.85
建筑业	Construction			
(三)第三产业	Tertiary industry		3.46	3.14
交通运输、仓储及邮电通信业	Transportation storage,post and telecommunications		3.46	3.14
批发和零售贸易、餐饮业	Wholesale retail trade and covering trade			
其他	Other			
(四)生活消费	Residential consumption			
城镇	Urban			
乡村	Rural			
五、平衡差额	Balance			
发电、供热效率、消费合计	Total consumption			

6－8 电力平衡表
Electricity Balance sheet

单位：万吨标准煤 unit：10000ton of SCE

		1995	1999	2000
一、可供本地区消费的能源量	Total energy available of consumption	82.15	50.16	59.20
1.年初库存量	Stock at year beginning			
2.一次能源生产量	Primary energy output	102.20	55.17	58.80
3.回收能	Recovery of energy			
4.外省(区、市)调入量	Allocation from outside	59.10	58.03	70.02
5.进口量	Import	0.02	0.02	0.01
6.我轮、机在外国加油量	Refuelling abroad for our ships and planes			
7.本省(区、市)调出量(－)(－)	Allocation from inside	－79.18	－63.07	－69.62
8.出口量(－)	Export			
9.外轮、机在我国的加油量(－)	Refuelling in china for foreign ships and planes			
10.年末库存量(－)	Stock of year end			
二、加工转换投入(－)产出(＋)量	Out put and input in processingand transformation	246.73	312.96	310.20
1.火力发电	Therma power	246.73	312.96	310.20
2.供热	Heating			
3.洗选煤	Washing coal			
4.炼焦	Coking			
5.炼油	Petroleum refining			
6.制气	Gas production			
# 焦炭再投入量(－)	Reinput for coke			
7.煤制品加工	Coal products processing			
三、损失量	Losses	11.04	36.69	32.37
# 运输和输配损失	Losses for transportation	11.04	36.69	32.37
四、终端消费量	Final consumption	317.84	326.43	337.03
(一)第一产业	Primary industry	5.89	5.97	7.45
农、林、牧、渔业	Farming，forestry，animal husbandry and fishery	5.89	5.97	7.45
(二)第二产业	Second industry	249.03	233.62	234.84
工业	Industry	246.45	230.03	230.70
建筑业	Construction	2.58	3.59	4.14
(三)第三产业	Tertiary industry	21.09	32.57	36.76
交通运输、仓储及邮电通信业	Transportation storage，post and telecommunications	2.31	6.27	6.50
批发和零售贸易、餐饮业	Wholesale retail trade and covering trade	6.03	7.46	8.01
其他	Other	12.74	18.84	22.24
(四)生活消费	Residential consumption	41.84	54.27	57.98
城镇	Urban	21.54	34.01	35.99
乡村	Rural	20.29	20.27	22.00
五、平衡差额	Balance			
发电、供热效率、消费合计	Total consumption	27.26	27.52	31.73

财政、金融和保险

PUBLIC FINANCE、 BANKING AND INSURANCE

7

统计资料
STATISTICS

7-1 地方分项目财政收入
Local Government Revenue by Source

单位:万元 unit:10000yuan

项目	Item	1999	2000
收入总计	**Total**	**1012821**	**1038267**
增值税	Added tax	188921	204117
营业税	Business tax	238439	255547
企业所得税	Enterprises income tax	104054	142840
企业所得税退税	Income tax rebate	-1785	-1502
个人所得税	Personal income tax	57137	69547
资源税	Resources tax	8991	9024
固定资产投资方向调节税	Adjustment tax in fixed assets	29640	10903
城市维护建设税	Tax on city construction	66572	66332
房产税	Tax on real estates	41955	44842
印花税	Stamp tax	5517	6700
城镇土地使用税	Tax on use of urban land	7859	7520
土地增值税	Land value added tax	487	1664
车船使用税	Tax on use of vehicles and ships	2586	3181
屠宰税	Slaugh tax	3722	2061
农业税	Agricultural tax	39375	30939
农业特产税	Tax on special agricultural products	23115	21627
耕地占用税	Tax on use of land	8258	9907
契税	Contract tax	13816	17644
国有资产经营收益	Profits State owned assets	3560	4304
国有企业计划亏损补贴	Subsidies to loss-making enterprises	-54899	-63860
行政性收费收入	Income from administrative fees	78361	66226
罚没收入	and confiscatory income	62128	64454
土地和海域有偿使用收入	Use of land and sea	29195	169
专项收入	Special project income	39867	44389
其他收入	Other income	15950	19692

7-2 地方分项目财政支出
Local Government Expenditures by Account Item

单位:万元　　unit:10000yuan

项目	Item	1999	2000
支出总计	**Total**	**2346231**	**2606694**
基本建设支出	Expenditure for capital construction	259225	212105
企业挖潜改造资金	Innovation funds of enterprises	74654	97099
地质勘探费	Geological prospecting	4702	17266
科技三项费用	Science and technology promotion funds	25641	26234
流动资金	Circulating funds	147	3310
支援农村生产支出	Supporting agricultural production	26206	26416
农业综合开发支出	Agricultural developing	18482	23233
农林水利气象等部门的事业费	Agricultural forestry water operation	104539	139530
工业交通等部门的事业费	Expenses of department industry	27457	27089
流通部门事业费	Expenses of transport and commerce	10542	11094
文体广播事业费	Expenses of culture, sport and broadcasting	58736	60911
教育事业费	Expenses of education	329698	358104
科学事业费	Expenses of science	17329	17547
卫生经费	Expenses of health care	90967	93788
税务统计财政审计等部门的事业费	Expenses of department of tax ,etc.	130753	130120
抚恤和社会福利救济费	Pension, relief funds	49221	49705
行政事业单位离退休经费	Retired expenses	140490	177174
社会保障补助支出	Social safeguard	192752	192626
国防支出	National defence	1094	2602
行政管理费	Government adminstration	157578	180167
外交外事支出	Diplomatic offairs	3105	3205
武装警察部队支出	Armed police troops	3152	6863
公检法司支出	Scurity, procuratory and court	138915	158410
城市维护费	City maintenance	80031	81416
政策性补贴支出	Price subsidies	266752	393940
支援不发达地区支出	Supporting under undeveloped areas	20694	18896
土地和海域开发建设支出	Land and seacoson struction	18564	51
专项支出	Special expenditure	35775	35483
其他支出	Other expenditure	59030	62310

7－3 工商税收情况
Industrial and Commercial Taxes

单位：万元　　　　unit：10000yuan

项目	Item	1999	2000
工商税收(地税)	**Industrial and commercial taxes**	**838659**	**853593**
# 营业税	#Business tax	238439	255547
个人所得税	Income tax	57137	69547
土地增值税	Land added tax	487	500
城市维护建设税	Tax on city maintenance and construction	66572	70580
车船税(车船使用和牌照税)	Tax on use of vehicles and ships	2586	2716
房产税	Real estate tax	41955	15065
屠宰税	Butcher tax	3722	3798
资源税	Resources tax	8991	9440
城镇土地使用税	Tax on use of land	7859	8570
印花税	Stamp tax	5517	5795
固定资产投资方向调节税	Tax on adjustment to investment in fixed assets	29640	3000
增值税	Added tax	188921	197800

7-4 各市县财政收入和支出(2000)

Local Government Revenue and Expenditures by city and county(2000)

单位:万元 unit:10000yuan

市、县 City, County		地方财政收入 Revenue	#增值税 Added tax	#个人所得税 Income tax	财政支出 Expenditure	#支援农村生产支出 Capital construction	#教育事业费 Education	#行政管理费 Admins-tration
长春市	**Changchun**	**219217**	**30050**	**18451**	**376546**	**7123**	**61860**	**38727**
市本级	District	170296	24519	14953	289235	3542	34551	30607
九台市	Jiutai	11164	885	847	18598	282	5215	1942
榆树市	Yushu	13282	1272	1037	23103	596	9158	1759
德惠市	Dehui	11135	1482	1008	20320	712	5619	2417
农安县	Nongan	13340	1892	606	25290	1991	7317	2002
吉林市	**Jilin**	**134770**	**17040**	**5925**	**215126**	**3251**	**37544**	**20285**
市本级	District	99673	13886	4618	148871	877	18568	11994
桦甸市	Huadian	5826	498	170	12719	701	3229	1233
蛟河市	Jiaohe	7753	838	489	11603	380	3268	1588
舒兰市	Shulan	7383	650	256	14368	383	4784	1765
磐石市	Panshi	6371	677	222	13238	370	3823	1705
永吉县	Yongji	7764	491	170	14327	540	3872	1705
四平市	**Siping**	**53471**	**9389**	**2846**	**104514**	**2236**	**23520**	**11028**
市本级	District	14488	2101	1040	35579	207	6406	3688
公主岭市	Gongzhuling	15219	2508	405	22491	423	6011	2174
双辽市	Shuangliao	8813	3177	887	17685	650	3231	1868
梨树县	Lishu	9333	1063	331	17398	433	4767	2148
伊通县	Yitong	5618	540	183	11361	523	3105	1150
辽源市	**Liaoyuan**	**21606**	**4037**	**991**	**40250**	**700**	**9987**	**5438**
市本级	District	12230	2585	466	20701	158	3999	2767
东丰县	Dongfeng	5216	955	251	10377	235	3058	1365
东辽县	Dongliao	4160	497	274	9172	307	2930	1306
通化市	**Tonghua**	**45444**	**6137**	**2077**	**99264**	**2440**	**21391**	**12364**
市本级	District	12803	1931	802	37203	398	6302	5355
梅河口市	Meihekou	7375	722	383	15172	353	4066	1349
集安市	Jian	4117	362	139	10649	160	2235	1374
通化县	Tonghua	9449	642	335	14868	452	2942	1805
辉南县	Huinan	6837	1808	343	12181	588	2667	1161
柳河县	Liuhe	4863	672	75	9191	489	3179	1320
白山市	**Baishan**	**36484**	**5030**	**1424**	**66213**	**2028**	**13555**	**9428**

7－4 续表 continued

单位:万元 unit:10000yuan

市、县 City, County		地方财政收入 Revenue	#增值税 Added tax	#个人所得税 Income tax	财政支出 Expenditure	#支援农村生产支出 Capital construction	#教育事业费 Education	#行政管理费 Adminis－tration
市本级	District	14227	1672	349	26560	672	4545	3589
临江市	Linjiang	3657	259	200	7426	455	1669	1234
抚松县	Fusong	7927	998	339	10217	181	3104	1529
靖宇县	Jingyu	4319	109	81	9367	395	1506	951
长白县	Changbai	3164	158	137	6645	117	1404	1072
江源县	Jiangyuan	3190	824	318	5998	208	1327	1053
松原市	**Songyuan**	**47374**	**7358**	**1665**	**93785**	**4252**	**19607**	**11184**
市本级	District	19133	2640	578	29151	993	4118	3694
长岭县	Changling	5110	344	224	13801	144	3360	2146
前郭县	Qianguo	12066	2858	495	25321	1247	5731	2805
乾安县	Qianan	4631	1023	121	11741	1033	2508	1220
扶余县	Fuyu	6704	493	247	13771	835	3890	1319
白城市	**Baicheng**	**28087**	**6512**	**1298**	**105968**	**3764**	**17724**	**8199**
市本级	District	10828	2148	634	34773	1180	5075	3709
洮南市	Taonan	4455	960	209	16148	879	2873	1058
大安市	Daan	5514	1743	156	16929	414	4042	1294
镇赉县	Zhenlai	3277	1255	106	20435	356	2515	1150
通榆县	Tongyu	4013	406	193	17683	935	3219	988
延边朝鲜族自治州	**Yanbian**	**71013**	**14618**	**4462**	**146323**	**4838**	**24808**	**12488**
州本级	Zhoubenji	19229	9531	891	35501	402	3444	1969
延吉市	Yanji	16859	1527	1462	31010	1025	6864	1967
图们市	Tumen	5059	558	180	9659	280	1341	1133
敦化市	Dunhua	10835	1166	1185	17616	1010	3761	1955
龙井市	Longjing	3465	517	229	10053	423	1627	1097
珲春市	Hunchun	4275	467	139	10206	290	2359	1196
和龙市	Helong	3099	274	74	9654	384	1393	949
汪清县	Wangqing	3817	287	168	11953	578	2181	1138
安图县	Antu	4375	291	134	10671	446	1838	1084

7－5 金融机构存款余额
Balance of Banking Deposits

单位:万元 unit:10000yuan

项目 Item		1999	2000
各项存款合计	**Deposits**	**19282520**	**22367061**
企业存款	Enterprises deposits	4199208	5354126
财政存款	Trasury deposits	532876	413722
机关团体存款	Deposits of government agencies and organization	358064	484993
储蓄存款	saving deposits	13289096	15158407
农业存款	Rural deposits	123227	157588
其他存款	Other deposits	780049	798225

7－6 金融机构贷款余额
Balance of banking credits

单位:万元 unit:10000yuan

项目 Item		1999	2000
各项贷款合计	**Loans**	**25804095**	**26511847**
工业贷款	Industrial loans	5835382	4945617
商业贷款	Commercial loans	10057701	9577037
建筑企业贷款	Construction loans	179888	167975
个体工商业贷款	Individual industrial and commercial households loans	77350	115258
乡镇企业贷款	Township enterprises loans	571148	424932
农业贷款	Agricultural loans	1171160	954084
中长期贷款	Fixed asset loans	3794115	5247266
其他贷款	Other loans	4117351	5079678

7-7 金融系统现金收入和支出
Cash Revenue and Expenditures of Banking System

单位:万元 unit:10000yuan

项目	Item	1999	2000
收入合计	**Total of revenue**	**54692697**	**64066154**
商品销售收入	Commodity sales	4572466	5640637
服务事业收入	Service trade	2365271	2868885
税款收入	Taxes	262563	310533
城乡个体经营收入	Individual business	870547	1151755
储蓄存款收入	Saving deposits	38372164	43510163
债券收入	Debts	492101	943132
其他收入	Other	7757585	9641049
支出合计	**Total of expenditures**	**56706611**	**65720232**
工资及对个人其他支出	Wages and other payments to individuals	4875043	5215624
农副产品采购支出	Purchases of agricultural sideline products	2568613	2758937
行政企事业管理费支出	Government and enterprises overhead	3119858	4000749
城乡个体经营支出	Individual businesses	1186643	1563686
储蓄存款支出	Savings deposits	37230733	43116807
其他金融机构支出	Other banking institutions	508632	481354
汇兑支出	Remittances	713608	854322
其他支出	Other	6503481	7728753

7-8 农村信用社存贷款年末余额
Deposits and Loans Balances cash Revenue and Expenditures of Rural Crecdit Cooperatives

单位:万元 unit:10000yuan

项目	Item	1999	2000
各项存款	Total of deposits	1849576	2065075
# 企业存款	Total	3564	3426
储蓄存款	Enterprises deposits	1732381	1925824
各项贷款	Saving deposits	1036624	1138569
# 农业贷款	Loanagriculture	361984	391715
乡镇企事业贷款	Enterprises and institution	239401	283133

7－9 保险业务经济技术指标

Economic and Technical Indicators of Insurance Business

项目	Item	单位 Unit	1999	2000
一、承保额	**Insurance value**	**万元 10000 yuan**	**22420806**	**19934954**
企业财产	Enterprises property	万元 10000 yuan	13654801	10463558
运输工具	Transportation equipment	万元 10000 yuan	3450378	4727232
家庭财产	Family property	万元 10000 yuan	911011	966085
其他	Others	万元 10000 yuan	4404616	3778079
二、业务收入	**Business revenue**	**万元 10000 yuan**	**267325**	**488709**
企业财产险	Enterprises property insurance	万元 10000 yuan	26587	254313
运输工具及责任险	Transportation equipment and responsibility insurance	万元 10000 yuan	62364	6577
家庭财产险	Family property insurance	万元 10000 yuan	3486	2607
养老金险	Pension insurance	万元 10000 yuan	29945	92678
人身意外伤害险	Accident insurance	万元 10000 yuan	15083	11946
储金性人身险	Simple personal insurance	万元 10000 yuan	93226	
农业险	Agricultural insurance	万元 10000 yuan	2949	2421
货物运输险	Freight transport insurance	万元 10000 yuan	7814	6825
其他险	Others	万元 10000 yuan	25871	111342
三、赔案件数	**Insurance claim**	**件 piece**	**114242**	**108050**
已决	Settlements	件 piece	100949	91942
未决	Unsettled claim	件 piece	13293	16108
四、业务支出	**Business expenditures**	**万元 10000 yuan**	**78815**	**72701**
企业财产险	Enterprises property insurance	万元 10000 yuan	10052	11433
家庭财产险	Family property insurance	万元 10000 yuan	1723	1158
运输工具及责任险	Transportation equipment and resporsibility insurance	万元 10000 yuan	37092	28108
货物运输险	Freight transport insurance	万元 10000 yuan	1750	2170
人身意外伤害险	Accident insurance	万元 10000 yuan	8919	4997
人身险	Personal insurance	万元 10000 yuan	1968	16444
养老险	Pension insurance	万元 10000 yuan	6161	1831
农业险	Agricultural insurance	万元 10000 yuan	2115	1758
其他险	Others	万元 10000 yuan	9035	4802

7－10 国内保险主要险种业务开展情况

Basic statistics on Main Domestic Insurance Business

项目 Item	单位 unit	1999	2000
财产保险 Property insurance			
保险金额 Insurance value	亿元 100 millon yuan	1993	1947
储金余额 Saving	万元 10000 yuan	8058	11833
保费收入 Premiums Settlements	万元 10000 yuan	107340	92188
满期给付 Settlements	万元 10000 yuan	19670	1266
赔款 Compensation	万元 10000 yuan	57543	47672
赔付率 Claim rate	%	51.9	51.7
人身保险 Personal insurance			
保险金额 Insurance value	亿元 100 millon yuan	620	1003
储金余额 Saving	万元 10000 yuan	535	
保费收入 Premiums	万元 10000 yuan	142762	187900
满期给付 Settlements	万元 10000 yuan	23638	30566
赔款 Compensation	万元 10000 yuan	11526	161954
赔付率 Claim rate	%	22.5	8.6
农业保险 Agriculturial insurance			
保险金额 Insurance value	亿元 100 millon yuan	139	41
保费收入 Premiums	万元 10000 yuan	2964	2421
赔款 Compensation	万元 10000 yuan	2618	1753
赔付率 Claim rate	%	88.3	72.4

物　价

PRICE

8

统计资料

STATISTICS

8－1 各种物价总指数
Overall Price Indices

年份 Year	零售物价总指数 General retail price index	居民生活消费价格总指数 General consumer price index of residents	城市居民生活消费价格指数 General consumer price index of urban residents	农村居民生活消费价格指数 General consumer price index of rural residents	农副产品收购价格总指数 General farm and sideline products purchasing price index	农村工业品零售价格总指数 General industrial product rural retail price index	工农业商品综合比价指数（以农副产品收购价格总指数为100） General industrial and agricultural products price parity index
上年＝100							
1978	100.2	100.1	100.1	100.3	104.1	100.2	96.3
1979	101.2	101.7	101.7	101.1	117.5	100.4	85.4
1980	106.3	105.6	108.6	104.9	109.4	100.8	92.1
1981	101.7	101.6	101.6	101.2	110.0	101.3	92.1
1982	103.0	104.2	104.2	101.9	100.5	101.9	101.4
1983	102.6	104.5	103.0	101.7	102.9	101.6	98.7
1984	104.2	103.5	103.6	103.3	105.6	102.5	97.1
1985	109.7	110.3	110.3	107.9	106.0	105.3	99.3
1986	105.4	106.0	106.0	105.1	109.8	102.1	93.0
1987	107.5	107.6	108.0	105.3	108.0	104.7	96.9
1988	119.9	120.3	121.6	117.1	107.0	115.9	108.3
1989	116.9	117.2	116.9	119.3	118.7	117.1	98.7
1990	103.9	104.9	103.9	108.2	104.5	106.4	101.8
1991	105.1	106.8	107.1	105.2	89.5	105.9	118.3
1992	107.1	108.0	109.3	103.9	99.6	104.8	105.2
1993	111.3	112.6	113.2	108.8	118.4	111.3	94.0
1994	119.9	120.6	123.2	117.0	132.8	113.5	85.5
1995	114.2	115.2	115.1	115.6	126.6	114.2	90.2
1996	105.1	107.2	107.7	105.8	105.1	105.3	100.2
1997	101.8	103.7	103.7	103.7	96.0	101.2	105.4
1998	97.9	99.2	99.3	99.0	97.1	99.0	102.0
1999	96.7	98.0	97.9	98.6	89.1	97.3	109.2
2000	98.0	98.6	98.3	99.6	94.8	101.0	106.5
1978＝100							
1979	101.2	101.7	101.7	101.1	117.5	100.4	85.4
1980	107.6	107.4	110.4	106.1	128.5	101.2	78.8
1981	109.4	109.1	112.2	107.3	141.4	102.5	72.5
1982	112.7	113.7	116.9	109.4	142.1	101.4	73.5
1983	115.6	118.8	120.4	111.2	146.2	106.1	72.6
1984	120.5	123.0	124.8	114.9	154.4	108.8	70.5
1985	132.2	135.7	137.6	124.0	163.7	114.6	65.1
1986	139.3	143.8	145.9	130.3	179.7	117.0	63.1
1987	149.7	154.7	157.5	137.2	194.1	122.5	68.3
1988	179.5	186.1	191.6	160.7	207.7	142.0	67.4
1989	209.6	218.1	224.0	191.7	246.5	166.3	68.6
1990	218.0	228.8	232.7	207.4	257.6	176.9	69.8
1991	229.4	244.4	249.2	218.2	230.8	187.3	81.2
1992	245.7	264.0	272.4	226.7	229.9	196.3	85.4
1993	273.5	297.3	308.3	246.6	272.2	218.5	80.3
1994	327.4	358.5	379.9	288.6	361.5	248.0	68.7
1995	373.9	413.0	432.2	333.6	45.7	283.2	62.0
1996	393.0	442.7	470.9	352.9	481.0	298.2	62.1
1997	400.1	459.1	488.3	366.0	461.8	301.8	65.5
1998	391.7	455.4	484.9	362.3	448.4	298.8	66.8
1999	378.8	446.3	474.7	357.2	399.5	290.7	72.9
2000	371.2	440.1	466.6	355.8	378.7	293.6	77.6

8-2　全省商品零售价格分类指数

Retail Price Indices by Category of Commodites

（上年＝100）　　（preceding year＝100）

类别	Item	全省 Total		城市 Urban		农村 Rural	
		1999	2000	1999	2000	1999	2000
商品零售价格总指数	**General Retail price Index**	**96.7**	**98.0**	**96.4**	**97.6**	**97.6**	**99.2**
一、食品类	Foods	95.0	95.9	94.5	95.5	96.5	97.2
粮食	Grain	93.7	90.7	93.4	90.0	96.5	92.5
鲜菜	Fresh vegetable	103.5	103.6	102.2	102.9	107.5	106.0
肉禽蛋	Meal poultry and eggs	89.0	92.5	88.3	92.3	91.9	93.4
水产品	Aquatic products	87.9	103.1	88.4	102.4	86.5	105.4
其它食品	Other foods	97.2	99.5	97.7	98.9	95.6	101.5
# 鲜果	#Fresh fruits	100.3	91.5	99.9	90.0	101.5	96.4
二、饮料、烟酒类	Beverages tobacco liquor	98.4	97.3	98.3	96.7	98.9	100.2
三、服装、鞋帽类	Garments, Shoes and hats	99.5	99.6	98.9	99.1	100.9	100.8
四、纺织品类	Textiles	97.8	98.4	98.7	98.2	94.7	99.2
五、中西药品类	Traditional chinese and Western medicine	100.1	99.6	100.2	99.5	99.6	100.0
六、化妆品类	Cosmetic	98.3	100.1	98.0	100.1	98.9	100.2
七、书报杂志类	Newspaper and magazines	103.7	101.9	103.1	101.6	105.4	102.5
八、文化体育用品类	Stationery and Sports goods	99.4	99.5	99.3	99.1	100.3	101.4
九、日用品类	Daily use articles	98.2	98.3	98.3	98.3	97.9	98.4
十、家用电器类	Household appliances	93.0	96.0	92.6	94.5	94.3	94.8
十一、首饰类	Jewelry	94.5	91.5	94.3	90.9	95.0	93.5
十二、燃料类	Fuels	100.3	114.4	100.2	113.6	100.5	117.8
十三、建筑材料类	Building decoration materials	100.4	100.5	100.8	100.9	99.6	99.6
十四、机电产品类	Mechanical and electrical Products	91.7	95.1	91.1	94.6	693.0	96.6

8-3 全省居民生活消费价格指数

Residents consumer price indices

（上年=100） （preceding year=100）

类别 Item		全省 Total		城市 Urban		农村 Rural	
		1999	2000	1999	2000	1999	2000
居民生活消费价格总指数	**General Retail price Index**	**98.0**	**98.6**	**97.9**	**98.3**	**98.6**	**99.6**
一、食品类	Foods	95.3	95.9	95.0	95.6	96.5	97.1
粮食	Grain	93.8	89.1	93.7	88.5	94.3	90.4
鲜菜	Fresh vegetable	104.6	103.7	103.1	103.0	110.3	106.2
肉禽及制品	Meal, poultry and eggs	86.9	96.6	86.6	96.7	89.1	96.4
水产品	Aquatic products	87.3	103.4	87.6	102.3	86.4	106.2
其它食品	Other foods	100.6	101.8	100.9	99.1	99.9	107.5
# 鲜果	# Fresh fruits	101.0	92.1	101.0	91.1	100.8	96.7
二、衣着类	Clothing	98.5	99.0	98.5	98.4	98.6	100.4
三、家庭设备及用品类	Household facilities articles	97.5	97.6	97.7	97.3	97.0	98.3
耐用消费品	Durable Consumer Goods	97.3	96.1	97.4	96.9	97.0	94.5
家具	Furniture	97.7	98.3	97.1	99.6	99.1	95.1
家庭设备	Household facilities articles	97.0	94.9	97.6	95.3	95.7	94.1
室内装饰品	Interior decorations	97.6	98.7	97.1	96.3	98.2	102.1
床上用品	Bed articles	98.1	101.4	99.2	102.3	96.4	100.2
其他日用品	Other daily use articles	98.8	96.3	98.9	95.9	98.4	97.9
四、医疗保健类	Medicine and medical Services	99.6	99.1	99.4	98.7	100.0	99.8
五、交通和通讯工具	Means of transportation and Communication	91.7	91.6	91.1	89.2	93.4	96.8
六、娱乐教育文化用品类	Recreation education and Culture articles	97.1	97.6	96.7	97.0	98.6	99.5
七、居住	Residence	102.0	105.4	102.5	106.0	99.9	103.9
住房	Housing	103.5	101.8	105.6	103.2	97.4	97.8
建筑材料	Building materials	95.4	96.4	95.6	96.3	95.0	96.5
水、电、燃料	Water, electricity and fuels	101.3	107.1	101.2	107.2	101.5	107.8
房租	Rent for house	110.3	106.4	112.0	107.6	102.7	100.6
八、服务项目类	Services	109.0	107.7	108.0	107.0	114.0	111.8
电讯费	Communication fares	100.9	100.2	100.6	100.1	101.8	100.3
邮电费	Postage	126.1	107.5	129.0	106.2	122.6	108.3
交通费	Transportation fares	110.5	107.7	112.2	109.0	98.6	99.6
洗理美容费	Washing and haircut fares	100.8	100.4	100.1	100.3	102.8	100.5
文娱费	Recreation fares	101.6	111.1	101.7	110.6	100.9	115.2
学杂保育费	Education fares	116.2	114.2	112.3	110.3	139.3	137.5
修理及其他服务费	Repair and other Services	101.6	100.1	99.8	100.2	105.1	99.9
医疗保健服务费	Medicine and medical Services	101.1	100.7	100.9	100.7	101.9	100.8

8－4 农副产品收购价格分类指数

Farm and Sideline products purchasing and Transacting price Indices on Free market by Category

（上年＝100） (preceding year＝100)

类别	Item	1999	2000
农副产品收购价格指数	**General Index**	**89.1**	**94.8**
一、粮食类	Grain	85.9	96.8
二、经济作物类	Industrial grops	101.9	89.0
食用植物油及油料	oil bearing grops	97.4	78.7
烟叶	Tobacco	97.3	122.3
糖料	Sugarcane and beetroots	196.3	69.8
三、竹木材类	Bamboo and timber	127.0	104.4
四、工业用油漆类	Oil and lacquer for industrial use	141.2	73.2
五、禽畜产品类	Livestock products poultry and eggs	84.6	92.0
肉畜	Livestock for slaughtering	83.2	95.1
禽蛋	Poultry and eggs	87.8	76.8
皮张	Hides and eggs	77.9	123.6
鬃毛	Bristles	129.3	102.2
六、干鲜果类	Dried and fresh fruits	111.1	54.6
七、干鲜菜及调味品类	Dried and fresh vegetables Condiment	96.7	106.4
# 鲜菜	#Fresh Vegetable	95.4	103.6
八、药材类	Crude drugs	146.8	138.9
九、土副产品类	Local products	64.9	153.5
十、水产品类	Aquatic Products	78.3	124.1

8-5 固定资产投资价格指数
Price Indices of Investment in Fixed Assets

（上年=100） (preceding year=100)

类别 Item		1999	2000
总指数	**General price indices**	**102.2**	**102.0**
建筑安装工程	Construction and installation	106.1	103.2
设备、工器具购置	Purchase of equipment tools and instruments	100.1	99.4
其它费用	Others	98.6	100.1

8-6 主要原材料、燃料、动力购进价格指数
Purchasing Price Indices of Raw Materials, Fuels and Power

（上年=100） (precding year=100)

类别 Item		1999	2000
全部原材料	**General raw material**	**97.72**	**106.82**
燃料、动力类	Fuel and Power	102.05	114.55
黑色金属材料类	Ferrous metals	94.52	101.68
# 钢材	Steel	97.95	103.76
其它	Others	89.89	98.67
有色金属材料和电线类	Nonferrous metals and wire	99.67	104.70
化工原料类	Raw chemical materials	97.08	106.56
木材及纸浆类	Timber and papermaking	102.18	99.94
建筑材料及非金属矿类	Constructioin materials and nonmetal minerals	101.02	98.05
其它工业原料及半成品类	Other materals and semi-finished produets	96.73	101.25
农副产品类	Farm-sideline products	92.54	100.88
纺织原料类	Textiles raw materials	94.83	102.36

8－7 工业产品出厂价格指数
Producers Price Indices of Industrial Products

（上年＝100）　　　　（preceding year＝100）

分组	Item	1999	2000
全部工业品	**General price indices**	**100.14**	**105.13**
轻工业	Light industry	98.90	99.78
以农产品为原料	Raw material for farm products	99.39	99.10
以非农产品为原料	Raw material for non farm products	97.37	102.31
重工业	Heavy industry Excavation	100.45	106.58
采掘	Excavation	108.74	131.53
原料	Raw materials	98.24	111.36
加工	Manufacturing	100.48	99.47
生产资料	Means of production	100.16	108.79
采掘	Excavation	108.74	131.55
原料	Raw materials	98.42	111.32
加工	Manufacturing	99.81	99.52
生活材料	Consumer goods	100.15	98.96
食品	Food	103.47	99.10
衣着	Clothing	95.28	102.23
一般日用品	Daily consumer goods	91.96	93.42
耐用消费品	Durable consumer goods	100.15	99.33
按工业部门分	Grouped by sector		
冶金工业	Metallurgical industry	94.58	102.80
电力工业	Power industry	100.79	101.06
煤炭及炼焦工业	Coal and coke industry	100.14	99.85
石油工业	Petroleum industry	107.46	145.74
化学工业	Chemical industry	97.13	101.73
机械工业	Machine building industry	100.17	99.38
建筑材料工业	Building materials	101.40	101.14
森林工业	Forestry	98.59	93.85
食品工业	Food manufacturing	102.73	97.93
纺织工业	Textile industry	96.40	108.54
缝纫工业	Tailoring	101.19	103.61
皮革工业	Leather industry	92.28	99.46
造纸工业	Paper industry	100.25	98.74
文教艺术用品工业	Cultural educational handicraft articles	101.57	93.92
其它工业	Other	97.05	105.15
按工业行业分	Grouped by sector		
煤炭采选业	Coal mining and processing	100.59	99.63
石油及天然气开采业	Petroleum and natural gas extraction	114.70	157.64

8－7 续表 continued

(上年＝100) (preceding year＝100)

分组	Item	1999	2000
黑色金属矿采选业	Ferrous material mining and processing	101.53	103.63
有色金属矿采选业	Nonferrous material mining and processing	94.06	106.06
建筑材料及其它非金属矿采选业	Construction material and nonmetal minerals mining and processing	102.49	102.31
木材及竹材采运业	Logging and transport of timber and bamboo	100.94	91.51
自来水生产与供应业	Production and supply of tap water	113.59	120.45
食品制造业	Food production	102.41	95.23
饮料制造业	Beverage production	97.46	100.89
烟草制造业	Tobacco precessing	111.83	101.62
饲料工业	Feed processing	89.62	96.21
纺织业	Textile industry	94.93	104.58
缝纫业	Tailoring industry	101.19	103.64
皮革、毛皮及其制品业	Leather industry	92.28	100.47
木材加工及竹藤棕草制品业	Timber processing Bamboo,cane,palm,fiber and straw products	90.71	99.05
家俱制造业	Furniture manufacturing	98.62	100.41
造纸及纸制品业	Papermaking and paper products	100.25	98.74
电力、蒸汽、热水生产和供应业	Production and supply of power,steam and hot water	100.79	100.83
石油加工业	Petroleum refining	103.08	138.62
炼焦、煤气及煤制品业	Gas,coal and coke industry	98.25	104.21
化学工业	Chemical industry	97.13	100.28
医药工业	Medical and pharmaceutical products	104.79	101.01
化学纤维工业	Chemical fiber	98.59	116.62
橡胶制品工业	Rubber products	102.14	110.33
塑料制品业	Plastic products	96.28	104.86
建筑材料及其它非金属矿制品业	Construction materials and nonmetal minerals products	101.36	101.04
黑色金属冶炼及压延加工业	Smeting and pressing of ferrous metals	94.20	102.87
有色金属冶炼及压延加工业	Smeting and pressing of nonferrous metals	97.37	111.75
金属制品业	Metal products	95.47	100.66
机械工业	Machinery	94.21	99.86
交通运输设备制造业	Transport equipment	101.15	99.47
电气机械及器材制造业	Electric equipment and machinery	93.91	98.48
电子及通讯器材制造业	Electronic and telecommunications equipment	94.34	95.32
仪器仪表用其它计量器具制造业	Instrumerts,meters and other machinery	99.41	96.26
工艺美术品制造业	Cultural educational handicrafts articles	101.57	93.16

人民生活

PEOPLE'S LIVELIHOOD

9

统计资料

STATISTICS

9－1　居民年平均消费水平及增长速度

The Level and Indices of Residents Consumer

年　份 Year	居民消费水平（元） Level of consumer（yuan）	农　民 Peasant	非农业居民 Nonagricultural residents	居民消费水平指数（上年＝100） Indices of consumer	农　民 Peasant	非农业居民 Nonagricultural residents
1978	246	165	427	6.3	8.5	4.0
1979	283	203	449	7.7	11.8	1.4
1980	305	214	491	7.5	5.3	9.0
1981	335	245	513	6.3	7.2	3.9
1982	369	267	564	8.9	10.1	6.5
1983	424	331	599	9.3	19.5	－0.7
1984	487	376	691	12.3	13.1	10.7
1985	522	384	765	2.3	－2.3	5.8
1986	593	420	884	4.9	1.4	7.0
1987	689	476	1038	8.3	9.1	6.7
1988	860	573	1316	3.7	1.6	4.8
1989	933	628	1405	－7.2	－9.0	－6.4
1990	955	649	1427	－1.0	－3.1	0.4
1991	1037	678	1585	2.8	－1.5	5.5
1992	1233	749	1958	6.0	3.0	7.4
1993	1458	850	2341	5.8	3.8	5.8
1994	1872	1062	2995	11.7	8.2	11.7
1995	2292	1291	3665	8.0	6.9	8.0
1996	2643	1488	4180	8.1	9.0	6.4
1997	2940	1609	4665	9.0	4.5	10.1
1998	3015	1582	4857	4.8	0.6	6.3
1999	3132	1519	5216	6.2	－1.2	9.5
2000	3381	1593	5639	5.6	－0.8	7.0

9-2 城乡居民储蓄存款余额

Deposits Balance of Urban and Rural Residents

		1999		2000	
		绝对数 Value	构成(%) Proportion	绝对数 Value	构成(%) Proportion
年末余额(万元)	**Balance at year end(10000yuan)**	**13289096**	**100.0**	**15158407**	**100.0**
定期	Fixed deposits	10070880	75.8	10789728	71.2
活期	Current deposits	3218216	24.2	4368679	28.8

9-3 城镇居民家庭基本情况

Basic Indicators of Urban Households from Sample Survey

		单位 unit	1999		2000	
			城镇居民 Urban house hold	#城市 City	城镇居民 Rural house hold	#城市 City
调查户数	Households surveyed	户 household	1350	1100	1350	1100
平均每户家庭人口数	Average persons per households	人 persons	3.09	3.11	3.12	3.10
平均每户就业人口数	Average employees per households	人 persons	1.71	1.73	1.63	1.64
平均每户就业面	Percentage of employment per households	%	55.34	55.63	52.24	52.90
平均每一就业者负担人数(含就业者本人)	Persons supported by each employee (including the employee himself)	人 person	1.81	1.80	1.91	1.89
平均每人可支配收入	Disposable income per capita	元 yuan	4480.01	4716.84	4810.00	5121.48
按每人每月可支配收入分组的户数构成	Proportion of households by disposable income per capita	%	100	100	100	100
100元以下	Under 100yuan	%	0.93	0.65	0.29	0.24
100-200元	100-200yuan	%	10.82	8.59	10.50	8.83
200-300元	200-300yuan	%	24.59	21.07	19.53	17.27
300-400元	300-400yuan	%	24.09	22.93	23.72	22.06
400-500元	400-500yuan	%	18.52	21.66	18.71	19.18
500-600元	500-600yuan	%	10.38	12.61	12.39	14.45
600-700元	600-700yuan	%	4.88	5.77	6.10	6.82
700-800元	700-800yuan	%	2.57	3.50	4.21	5.33
800元以上	Over 800	%	3.20	3.21	4.55	5.82
平均每人消费支出	Living expenditures per capita	元 yuan	3661.68	3970.92	4020.87	4405.02

9－4　城镇居民家庭基本情况(2000)

		单位 Unit	总平均 Total average
一、城镇居民家庭调查户数	Households surveyed	户 Households	1350
各组户数占总户数比重	Proportion	%	100
平均每户家庭人口数	Average persons per household	人 Persons	3.12
平均每户就业人口数	Average employee per household	人 Person	1.63
平均每户就业面	Percentage of employment per household	%	52.24
平均每一就业者负担人数(包括本人)	Persons supported by each employee (including the employee himself)	人 Persons	1.91
平均每人可支配收入	Disposable income per capita	元 Yuan	4810.00
平均每人实际支出	Real expenditures per capita	元 Yuan	4792.92
# 消费支出	#Living expenditures	元 Yuan	4020.84
二、城市居民家庭调查户数	Urban households	户 Households	1100
各组户数占总户数比重	Proportion	%	100
平均每户家庭人口数	Average persons per household	人 Persons	3.10
平均每户就业人口数	Average employee per household	人 Persons	1.64
平均每户就业面	Percentage of employment per household	%	52.90
平均每一就业者负担人数(包括本人)	Persons supported by each employee (including the employee himself)	人 Persons	1.89
平均每人可支配收入	Disposable income per capita	元 Yuan	5121.48
平均每人实际支出	Real expenditures per capita	元 Yuan	5164.92
# 消费支出	#Living expenditures	元 Yuan	4405.08

Basic Conditions of Urban Households(2000)

最低收入户 Lowest income	低收入户 Low income	中等偏下户 Medium－low income	中等收入户 Medium income	中等偏上户 Medium－high income	高收入户 High income	最高收入户 Highest income
135	135	270	270	270	135	135
10	10	20	20	20	10	10
3.62	3.51	3.27	3.12	2.88	2.93	2.55
1.56	1.67	1.69	1.67	1.63	1.71	1.41
43.09	47.58	51.17	53.53	56.60	58.36	55.29
2.32	2.10	1.93	1.87	1.77	1.71	1.81
2041.08	2867.76	3688.32	4687.20	5859.48	7156.80	9524.52
2502.96	2972.28	3711.72	4600.92	5784.84	6792.36	9393.72
2256.84	2720.40	3239.40	3923.76	4779.24	5555.88	7080.36
110	110	220	220	220	110	110
10	10	20	20	20	10	10
3.52	3.39	3.23	3.18	2.93	2.93	2.48
1.54	1.59	1.67	1.77	1.69	1.68	1.33
43.75	46.90	51.70	55.66	57.68	57.34	53.63
2.29	2.13	1.93	1.88	1.73	1.74	1.86
2167.68	3053.28	3917.04	4961.88	6213.12	7630.92	10210.68
2595.12	3157.20	3997.08	4917.12	5969.52	7288.56	10835.52
2433.72	2941.20	3497.52	4242.00	5220.60	6071.76	8096.64

9－5　城镇居民家庭平均每人消费支出(2000)

单位:元

项目	Item	总平均 Average	最低收入户 Lowest income
消费性支出	**Living expenditures**	**4020.84**	**2256.84**
一、食品类	Food	1582.68	1062.96
粮食	Grain	194.64	187.44
淀粉及薯类	Starches and tubers	29.28	27.72
干豆类及制品	Beans and bean products	31.92	26.76
油脂类	Oil and fat	62.52	65.04
肉禽及制品	Meal poultry and related products	311.50	202.80
蛋类	Eggs	55.68	44.04
水产品类	Aquatic products	84.12	54.60
菜类	Vegetable	198.72	155.88
调味类	Flavorings	30.12	22.44
糖类	Sugar	23.04	12.48
烟草类	Tobacco	58.56	35.16
酒和饮料	Liquor and beverages	87.72	42.72
干鲜瓜果类	Dried and fresh melons and fruits	141.48	83.16
坚果及果仁	Nuts and grains	21.84	12.72
糕点类	Cake	25.08	11.64
奶及奶制品	Milk and dairy products	47.16	19.80
其他食品	Other foods	37.68	22.56
在外用餐	Catering trade	140.78	35.28
食品加工费	Food processing service fees	0.84	0.72
二、衣着类	Clothing	506.88	181.44
三、设备用品及服务	Household facilities articles and services	232.08	63.48
四、医疗保健	Medicine and medical services	396.00	162.48
五、交通和通讯	Transportation and communication	294.96	136.08
交通	Transportation	118.20	52.44
通讯	Communication	176.76	83.64
六、娱乐文教服务	Recreation education and cultural services	458.88	223.32
耐用消费品	Durable consumer goods	76.20	17.64
教育	Education	295.32	171.36
文化娱乐	Cultural recreation	87.36	34.32
七、居住	Residence	419.28	309.36
住房	Housing	108.36	72.00
水、电、燃料、其他	Water,eletricity,fuels and services	310.92	237.36
水	Water	28.92	23.76
电	Electricity	96.24	68.52
燃料	Fuels	115.56	113.88
自有房物业管理费	Handing expenses for own house	6.72	1.32
其它	Other	63.48	29.88
八、杂项商品和服务	Miscellaneous and services	190.08	117.72
个人消费	Personal consumption	157.32	87.36
其他商品	Other commodities	19.80	26.04
其他服务	Other service	12.96	4.32

Per Capita Urban Household Living Expenditures(2000)

unit:yuan

低收入户 Low income	中等偏下户 Medium - low income	中等收入户 Medium incomes	中等偏上户 Medium - high income	高收入户 High income	最高收入户 Highest income
2720.04	**3239.40**	**3923.76**	**4779.24**	**5555.88**	**7080.36**
1204.32	1428.72	1586.04	1770.84	1961.40	2367.96
181.44	197.16	191.40	197.64	185.76	229.80
25.44	28.44	29.52	31.44	26.88	36.24
26.16	29.40	32.40	32.04	35.88	47.28
56.88	64.08	63.36	65.28	56.04	62.52
241.44	287.28	318.72	353.16	366.36	449.76
47.28	54.12	56.88	60.36	60.00	70.08
60.60	70.68	84.60	99.96	108.00	129.12
165.36	183.36	195.96	215.76	226.32	282.24
25.80	29.16	29.76	30.48	36.96	41.40
15.12	21.72	23.76	27.36	28.56	34.32
55.80	65.40	56.64	61.56	73.32	59.40
60.00	86.76	92.40	89.88	119.64	138.72
102.24	121.80	143.52	167.52	177.00	223.56
18.00	18.60	21.12	24.96	27.84	35.40
18.48	20.52	25.92	30.12	32.76	42.00
30.36	40.80	48.60	56.04	62.52	84.12
25.32	33.12	30.96	49.92	51.24	60.96
47.76	75.72	139.56	176.28	285.60	340.92
0.84	0.60	0.96	1.08	0.72	0.12
289.44	375.72	516.36	690.36	795.36	834.48
99.72	145.80	255.96	291.60	412.56	474.72
171.84	235.44	291.12	386.40	482.16	894.72
158.04	231.24	292.44	351.00	456.12	566.76
61.68	103.56	108.48	137.76	182.52	232.68
96.36	127.68	183.96	213.24	273.60	334.08
366.60	340.32	426.36	595.20	659.40	765.36
28.92	44.76	49.68	107.88	143.52	221.28
286.80	233.16	295.20	379.08	374.04	362.16
50.88	62.40	81.48	108.24	141.84	181.92
328.44	356.40	398.40	444.72	508.56	753.36
70.08	74.28	108.36	110.28	150.00	248.04
258.36	282.12	290.04	334.44	358.56	505.32
23.64	28.08	26.76	32.04	32.76	38.76
85.56	84.96	90.36	112.32	111.48	139.44
102.00	118.80	116.76	108.00	109.08	150.12
3.96	4.68	7.44	5.40	15.96	14.40
43.20	45.60	48.72	76.68	89.28	162.60
101.64	125.76	157.08	249.12	280.32	423.00
91.08	102.60	134.04	213.36	228.36	336.36
5.76	12.60	11.88	23.40	27.84	50.64
4.80	10.56	11.16	12.36	24.12	36.00

9－6　城镇居民家庭平均每百户年末耐用消费品拥有量(2000)

项目 Item	单位 unit	总平均 Average
毛皮大衣　Leather coats	件 Pcs	67.26
呢 大 衣　Woolen coats	件 Pcs	160.26
大 衣 柜　Wardrobes	个 set	54.41
沙　发　Sofas	个 set	135.93
写 字 台　Desks	张 set	49.23
组合家具　Combined furniture	套 set	37.03
沙 发 床　Sofa beds	个 set	33.06
自 行 车　Bicycles	辆 coach	149.70
缝 纫 机　Sewing machines	台 set	42.06
电 风 扇　Electric Fans	台 set	64.50
洗 衣 机　Washing machines	台 set	89.63
电 冰 箱　Refrigeratora	台 set	69.37
摩 托 车　Motocycles	辆 coach	7.84
彩色电视机 Color telvision sets	台 set	107.34
普通录音机 Ordinary recorders	台 set	54.15
照 相 机　Cameras	架 unit	30.02
电 炊 具　Electric cooking appliances	个 set	128.04

Urban Household Year - end Ownership of Major Durable Consumer Goods Per 100 Household(2000)

最低收入户 Lowest income	低收入户 Low income	中等偏下户 Medium - low income	中等收入户 Medium income	中等偏上户 Medium - high income	高收入户 High income	最高收入户 Highest income
43.81	55.25	51.17	67.44	78.52	95.47	83.85
111.64	138.03	147.26	158.73	179.89	183.23	197.94
49.13	45.26	49.31	55.00	56.12	53.36	75.54
104.02	111.59	103.20	140.97	145.10	184.96	180.24
40.96	37.91	48.27	47.10	50.00	63.30	59.36
31.51	39.22	40.50	37.34	34.91	43.37	30.65
22.99	16.50	26.91	33.85	38.94	44.59	47.09
159.36	147.95	160.25	147.77	143.17	152.44	134.90
44.12	42.70	35.69	39.32	41.89	47.25	52.74
54.21	62.59	64.91	62.29	65.67	69.71	72.82
93.10	86.07	87.92	84.51	89.53	100.27	92.88
52.61	54.60	64.17	72.95	72.27	82.56	85.19
8.84	10.01	6.23	9.53	5.73	10.53	6.06
105.47	101.20	104.10	101.16	112.06	114.89	117.20
51.52	53.42	49.78	53.11	56.08	60.32	58.27
15.07	18.07	21.57	30.36	38.40	43.39	42.99
12.11	109.90	123.04	132.54	132.41	134.39	148.01

9－7 城镇居民家庭人均现金收支

Cash Income and Expenditures of Urban Households Per Capita

单位：元　　　　unit：yuan

		1999	2000
城镇居民家庭	**Urban households**		
期初手存现金	Total of cash at year－beginning	3688.97	2666.88
可支配收入	Disposable income	4480.01	4810.00
现金收入	Cash income	5350.56	5839.80
（一）实际收入	Real income	4499.16	4829.16
国有经济单位职工工资	Wages of state－owned staff and workers	2715.84	2755.44
集体经济单位职工工资	Wages of collective－owned staff and workers	277.68	207.48
其他经济单位职工工资	Wages of other－owned staff and workers	18.00	24.72
国有集体职工从单位得到的其他收入	Other income from state and collective－owned	67.56	40.20
离退休再就业人员收入	Income of retire reemployment	27.72	30.24
其他就业者收入	Income of other employees	18.84	39.84
其他劳动收入	Other part－time income	124.32	146.04
财产性收入	Property income	31.44	28.32
转移收入	Transfer income	982.80	1167.12
# 离退休金	Pensions	821.64	959.28
家庭副业生产收入	Household sideline income	0.48	3.48
（二）借贷收入	Credit income	851.40	1010.64
现金支出	Cash expenditures	5312.92	5760.48
（一）实际支出	Real expenditures	4324.68	4792.92
消费性支出	Living expenditures	3661.68	4020.84
非消费性支出	Non－living expenditures	661.92	770.76
家庭副业生产支出	Household sideline production expenditures	1.08	1.32
（二）借贷支出	Credit expenditures	988.20	967.56
年末手存现金	Total cash at year－end	4140.12	3618.48
城市居民家庭	**Households of urban**		
期初手存现金	Total of cash at year－beginning	4208.52	3311.40
可支配收入	Disposable income	4716.84	5121.48
现金收入	Cash income	5740.80	6258.60
（一）实际收入	Real income	4736.88	5141.76
国有经济单位职工工资	Wages of state－owned staff and workers	2752.32	2879.88
集体经济单位职工工资	Wages of collective－owned staff and workers	311.28	245.64
其他经济单位职工工资	Wages of other－owned staff and workers	15.00	34.56
国有集体职工从单位得到的其他收入	Other income from state and collective－owned	70.08	46.44
离退休再就业人员收入	Reemploymend income of retire re－ employees	35.40	43.44
其他就业者收入	Income of other employees	26.28	34.68
其他劳动收入	Part－time income	92.76	99.72
财产性收入	Property income	34.68	36.00
转移收入	Transfer income	1082.88	1337.64
# 离退休金	Pensions	932.40	1097.64
家庭副业生产收入	House hold sideline	0.24	0.48
（二）借贷收入	Credit income	1003.92	1116.84
现金支出	Cash expenditures	5706.12	6183.48
（一）实际支出	Real expenditures	4657.08	5164.92
消费性支出	Living expenditures	3970.92	4405.08
非消费性支出	Non－living expenditures	686.04	759.72
家庭副业生产支出	Household sideline Production expenditures	0.12	0.12
（二）借贷支出	Credit expenditures	1048.92	1018.56
年末手存现金	Total cash at year end	4625.40	4212.60

9－8 城镇居民家庭平均每人购买的主要商品数量
Urban Household Per Capita Purchases of Major Commodities

		单位 unit	1999		2000	
			城镇居民 Urban Household	#城市 City	城镇居民 Urban Household	#城市 City
粮　食	Grain	公斤 kg	89.82	92.46	89.76	88.99
鲜　菜	Fresh vegetable	公斤 kg	133.54	142.73	140.00	145.98
油脂类	Edible vegetable oil	公斤 kg	8.66	9.44	9.71	9.89
猪　肉	Pork	公斤 kg	14.77	15.52	14.72	15.28
牛羊肉	Beef and mutton	公斤 kg	3.99	4.55	4.25	4.90
家　禽	Poultry	公斤 kg	3.16	3.51	3.52	3.88
蛋　类	Fresh eggs	公斤 kg	11.40	12.19	12.21	13.02
鱼　虾	Aquatic products	公斤 kg	6.74	7.39	5.75	6.41
食　糖	Sugar	公斤 kg	1.65	1.78	1.52	1.62
卷　烟	Cigarettes	盒 case	26.26	28.20	25.32	26.81
酒和饮料	Liquor and drink	公斤 kg	16.80	18.95	17.74	19.92
#啤　酒	Beer	公斤 kg	9.74	10.86	10.26	11.55
鲜　奶	Milk	公斤 kg	5.98	7.82	7.03	9.21
棉　布	Cotton cloth	米 m	0.46	0.51	0.46	0.42
化纤布	Chemical fiber cloth	米 m	0.30	0.28	0.22	0.21
呢　绒	Woolen fabric	米 m	0.04	0.05	0.04	0.05
绸　缎	Silk and satin	米 m	0.05	0.06	0.04	0.05
皮　鞋	Leather shoes	双 pairs	0.91	0.89	0.85	0.86

9－9　农民家庭基本情况
Basic Indicators of Rural Households

		单位 unit	1999	2000
调查户数	Households surveyed	户 household	1600	1600
调查户人口	Residents surveyed	人 persons	3.86	3.90
常住人口	Permanent residents in the households	人 persons	6178	6236
平均每户常住人口	Average permanent residents per households	人 persons	3.86	3.90
平均每户整、半劳动力	Average full－time and part－time laborer	人 persons	2.62	2.74
平均每个劳动力负担人口	Average persons supported by cash laborer	人 persons	1.47	1.42
平均每人全年收入	Average per capita annual income			
总收入	Total revenue	元 yuan	3291.38	3259.07
纯收入	Net income	元 yuan	2260.59	2022.50
现金收入	Cash income	元 yuan	2747.45	2296.07
人均住房面积	Per capita floor space of houses	平方米 sq.m	18.47	17.72
年末住房价值	Value of building	元 yuan	3305.79	4171.67
新建(购)住房面积	Space of new buit	平方米 sq.m	2.18	0.47

9－10 农民家庭平均每人纯收入
Net Income of Peasant Household Per Capita

单位：元　　　　unit：yuan

		1999	2000
平均每人纯收入	**Net income per capita**	**2260.59**	**2022.50**
工资性收入	Wages	283.02	343.86
在非企业组织中劳动得到的	From Non－enter prises	59.88	58.53
在本地企业中劳动得到的	From loacl enterprises	115.62	93.44
常住人口外出从业得到的	From outside		85.86
其他	Others	107.52	106.03
家庭经营纯收入	Household business revenue	1937.57	1611.65
1.农业收入	Farming	1679.93	1284.27
2.林业收入	Forestry	19.12	4.61
3.牧业收入	Animal husbandry	79.67	209.12
4.渔业收入	Fishery	0.23	2.13
5.工业收入	Industry	4.80	15.66
6.建筑业收入	Construction	5.49	2.67
7.交通、运输和邮电业收入	Transportation post and telecommunication	14.21	20.09
8.批发和零售贸易、餐饮业	Wholesale and retail trade and catering	11.83	15.03
9.社会服务业收入	Social services	3.07	3.58
10.文教卫生业收入	Education culture and health care		1.38
11.其他家庭经营收入	Others	119.22	53.11
财产性收入	Property	12.49	31.26
1.利息	Interest	2.05	1.20
2.股息	Dividend	0.06	0.01
3.租金	Rent	1.81	2.27
4.红利	Bonus		
5.土地征用补偿	Subside of land use	2.25	2.10
6.其他	Others	6.33	25.68
转移性收入	Transfer income	27.50	35.73
1.家庭非常住人口寄回	Send from outside	10.54	7.07
2.农村外部亲友赠送	Gift	3.02	8.11
3.救济金	Relief funds	0.10	0.79
4.救灾款	Pension for accident		0.11
5.保险年金	Insurance	0.11	
6.退休金	pension for retired	0.88	1.16
7.抚恤金	Pension	0.41	
8.其他	others	12.44	18.49

9-11 农民家庭平均每人生活消费支出
Living Expenditures of Peasant Household Per Capita

单位:元 unit:yuan

		1999	2000
生活消费支出合计	**Total living expenditures**	**1347.91**	**1553.35**
一、食品消费支出	Food	719.27	705.39
主食	staple food	299.45	266.78
副食	Non - staple food	279.86	288.73
其他食品	Other food	115.26	117.13
在外饮食	Dining out	15.71	25.64
二、衣着消费	Clothing	111.27	103.22
三、居住消费	Housing	159.15	273.40
四、家庭设备、用品及服务	Houshold facilities articles and service	62.24	63.61
五、医疗保健	Medicine and medical services	66.49	102.65
六、交通通讯消费	Transportation and telecommunication	62.46	85.05
七、文教娱乐用品及服务	Recreation education and cultural services	138.67	171.77
八、其他商品和服务消费	Other commodity and services	28.35	48.26

9-12 农民家庭平均每人现金支出
Cash Expenditures of Peasant Household Per Capita

单位:元　　　　unit:yuan

		1999	2000
年内现金支出	**Cash expenditures**	**2099.48**	**2495.37**
一、生产费用支出	Production expenditures	730.78	849.16
1.家庭经营费用支出	Business expenditures household	637.68	747.86
(1)农业生产支出	Agriculture	485.97	576.64
(2)林业生产支出	Forestry	13.15	2.53
(3)牧业生产支出	Animal husbandry	88.72	128.72
(4)渔业生产支出	Fishery	0.48	0.65
(5)工业生产支出	Industry	1.79	3.53
(6)建筑业生产支出	Construction	1.40	3.50
(7)交通运输支出	Transportation and telecommunication	4.25	11.19
(8)批发和零售贸易、餐饮业支出	Wholesale retail trade and catering	2.60	0.95
(9)社会服务业支出	Social services	0.63	1.45
(10)文教卫生业支出	Education culture and health care		0.14
(11)其他经营支出	Others	38.69	18.56
2.购置生产用固定资产支出	Expenditures for purchasing fixed assets	93.10	101.30
二、税费支出	Expenditure of tax	161.20	201.17
1.缴纳生产税	Production tax		69.22
2.缴纳其他直接税	Other tax		
3.村提留	Draw down of village	40.58	49.20
4.乡统筹	Over plan of township	59.75	62.37
5.其他各项收费	Others		20.38
三、生活消费支出	Living expenditure	1004.43	1204.51
四、财产性支出	Property expenditure		26.20
1.非生产性贷款利息支出	Interest expenditure		1.86
2.其他	Other expenditure		24.34
五、转移性支出	Transfer expenditure	203.07	214.34
1.寄给或带给家庭非常住人口	Send to others	11.38	9.25
2.赠送亲友的支出	Gift	150.47	193.59
3.支付保险费支出	Insurance	1.01	1.81
4.缴纳罚款	Fine	1.15	1.45
5.其他	Others	39.06	8.24

9－13 农民家庭平均每人现金收入

Cash Income of Peasant Household Per Capita

单位：元　　　　unit：yuan

		1999	2000
年内现金收入	**Cash income**	**2267.61**	**2296.07**
一、工资性收入	Wages	282.98	343.74
1.在非企业组织中劳动得到的收入	From non－enterprises	59.88	58.51
2.在本地企业中劳动得到的收入	From local enterprises	115.55	93.34
3.常住人口外出从业得到的收入	From outside service		85.86
4.其他	Others	107.52	106.03
二、家庭经营收入	Cash income of household business	1890.74	1829.45
1.出售产品的收入	Sale revenue	1759.31	1674.85
2.工业加工费	Industry	7.01	16.64
3.建筑业	Construction	7.53	6.17
4.交通运输	Transportation	20.19	31.28
5.批发和零售贸易、餐饮业	Wholesale，retail trade and catering	15.78	15.98
6.社会服务业	Social services	4.05	5.03
7.文教卫生业	Education，culture and health care		1.52
8.其他家庭经营的收入	Others	76.87	77.98
三、财产性收入	Property income	18.74	15.09
1.利息	Interest	2.05	1.20
2.股息	Dividend	0.06	0.01
3.租金	Rent	1.81	2.27
4.红利	Bonus		
5.土地征用补偿	Subside of land use	2.25	2.10
6.其他	Others	12.57	9.51
四、转移性收入	Transfer income	75.18	107.79
1.家庭非常住人口寄回或带回	Send from outside	10.54	7.07
2.亲友赠送	Gift	42.65	66.16
3.调查补贴	Subside	8.05	14.03
4.救济金	Relief funds	0.10	0.79
5.救灾款	Pension accident		0.11
6.保险年金收入	Insurance		
7.退休金	Pension retired	0.88	1.16
8.抚恤金	Pension	0.41	
9.其他	Others	12.55	18.47

9-14 农民家庭平均每百户年末耐用消费品拥有量

Number of Possession of Major Durable Consumer Goods Per 100 Rural Households at Year-end

		单位 unit	1999	2000
大型家俱	Large furniture	件 pcs	277.88	114.38
洗衣机	Washing machines	台 unit	47.25	55.06
电风扇	Electric Fans	台 unit	11.56	17.88
电冰箱	Refrigerators	台 unit	5.44	5.44
抽油烟机	Smoke absorber	台 unit	0.06	0.31
热水器	Shower	台 unit		0.63
自行车	Bicycles	辆 unit	117.81	98.31
摩托车	Motorcycles	辆 unit	15.38	19.69
汽车(生活用)	Automobile	台 unit		0.31
电话机	Telephone	部 unit		25.81
移动电话	Mobile telephone	台 unit		25.81
寻呼机	Beep-pager service	台 unit		1.69
彩色电视机	Color TV set	台 unit	48.13	61.13
黑白电视机	TV set	台 unit	59.31	43.94
录放像机	Video recorder	台 unit	1.06	2.50
影碟机	Video disc player	台 unit		11.75
组合音响	Hi-Fi stereo component system	台 unit		8.19
收录机	Recorders	台 unit	36.69	26.13
照相机	Camera	件 unit	1.81	2.63
中高档乐器	Musical instrment	件 unit		0.19

9-15 农民家庭平均每人主要消费品消费量

Per Capita Consumption On Major Consumer Goods in Rural Household

		单位 unit	1999	2000
粮食	Grain	公斤 kg	251.55	220.28
豆类及豆制品	Bean and its products	公斤 kg	8.99	11.07
蔬菜及菜制品	Vegetable	公斤 kg	105.73	92.25
调味品	Flavoring	公斤 kg	7.36	0.11
油脂类	Oil and fat	公斤 kg	5.16	6.48
肉禽及其制品	Meal and its products	公斤 kg	10.45	11.52
蛋类及蛋制品	Eggs and its products	公斤 kg	6.11	8.09
奶和奶制品	Milk and its products	公斤 kg	0.13	0.15
水产品	Aquatic products	公斤 kg	3.30	3.09
食糖	Sugar	公斤 kg	1.06	0.56
一、酒和饮料	Liquor and Beverages	公斤 kg	19.29	17.09
二、糖果	Candy	公斤 kg		0.21
三、糕点	Cake	公斤 kg	1.12	0.93
四、水果及水果制品	Fruits and its products	公斤 kg	16.89	26.05
五、坚果及果仁制品	Nut	公斤 kg	0.30	0.30

市政公用事业和环境保护

URBAN PUBLIC UTILITIES AND ENVIRONMENT

10

统计资料
STATISTICS

10－1　市政公用事业基本情况
Basic Statistics on Urban Public Utilities

		单位 unit	1999	2000
自来水全年供水总量	Annual supply of tap water	万吨 10000ton	152151	150924
# 生活用水量	Residential consumption	万吨 10000ton	39462	40026
人均日生活用水	Per capita water consumption	升 litre	152.64	150.68
用水普及率	Population with access to tap water	%	88.08	87.49
公共车辆(汽车、电车)总数	Public transportation vehicles (buses and trolley buses)	辆 coach	6658	7158
平均每万人拥有	Vehicles per 10000 population	标台 coach	7.25	7.82
铺装道路长度	Length of paved road	公里 km	3953	4112
平均每万人拥有	Length of paved road per 10000 persons	公里 km	5.13	5.23
铺装道路面积	Area of paved road	万平方米 10000sq.m	4381.81	4899.48
平均每万人拥有	Area of paved road per 10000 persons	万平方米 10000sq.m	5.68	6.23
排水管道长度	Length of sewer pipelines	公里 km	3531	3935
平均每万人拥有	Length of sewer pipelines per 10000 persons	公里 km	4.6	5.0
人工煤气全年供气量	Annual coal gas supply	万立方米 10000cu.m	16009	15508
# 家庭用量	Residential consumption	万立方米 10000cu.m	12358	11567
煤气管道长度	Length of gas pipelines	公里 km	1796	1889
液化气家庭用量	Residential consumption of liquefied gas	吨 ton	114466	114603
用气普及率	Percentage of population with access to gas	%	72.69	73.49
绿地面积	Public green areas	公顷 ha	22777	23975
平均每万人拥有	Public green areas per 10000 persons	公顷 ha	30	30
公园、动物园个数	Number of parks and zoos	个 unit	63	65
公园、动物园面积	Area of parks and zoos	公顷 ha	2074	2166
清运垃圾	Garbage disposal	万吨 10000ton	646.47	640.68
清运粪便	Disposal of night soil	万吨 10000 ton	133.73	136.46
每万人拥有公共厕所	Pubic lavatories per 10000 persons	座 unit	9.0	8.6

10－2　城市设施水平(2000)
Level of Public Facilities in Cities by Region(2000)

城市名称 City	城市人口密度(人/平方公里) Urban population density (person/sq.km)	人均拥有城市维护建设资金(元) Per capita construction funds (yuan)	住宅 Housing 人均使用面积(平方米) Per capita construction space (sq.m)	住宅 Housing 人均居住面积(平方米) Per capita living space (sq.m)	自来水 Tap water 人均日生活用水量(升) Per capita daily consumption of tap water (litre)	自来水 Tap water 用水普及率(%) Percentage of population with acces to tap water (%)
全　　省 Total	**819**	**427.58**	**13.07**	**9.14**	**150.68**	**87.49**
长春市 Changchun	812	573.83	14.38	9.53	231.90	90.83
九台市 Jiutai	2053	714.09	8.43	6.71	89.63	98.29
榆树市 Yushu	2917	76.63	14.55	10.10	83.69	97.59
德惠市 Dehui	3982	195.75	10.96	8.33	103.97	78.49
吉林市 Jilin	898	746.47	11.96	8.55	135.76	91.51
蛟河市 Jiaohekou	1141	90.51	10.88	6.82	75.85	88.34
桦甸市 Huadian	1826	135.93	15.56	9.34	151.41	68.22
舒兰市 Shulan	607	102.31	9.88	6.92	132.22	79.07
磐石市 Panshi	1930	194.25	13.09	9.35	119.31	75.00
四平市 Siping	856	67.03	10.33	8.26	108.73	89.03
公主岭市 Gongzhuling	5529	299.47	11.99	8.56	152.67	67.05
双辽市 Suangliao	831	229.91	12.33	7.98	100.91	56.60
辽源市 Liaoyuan	2175	189.12	9.90	7.99	72.28	91.45
通化市 Tonghua	567	331.99	13.38	9.28	100.27	68.31
梅河口市 Meihe	2261	67.00	15.09	10.78	92.20	99.87
集安市 Jian	1559	280.50	15.11	8.92	147.32	75.00
白山市 Baicheng	2687	578.71	13.60	8.79	92.73	82.90
临江市 Linjiang	6667	570.64	13.39	11.77	84.02	99.10
松原市 Songyuan	510	96.58	14.93	10.66	129.78	86.97
白城市 Baicheng	255	378.17	11.52	7.70	117.61	96.34
洮南市 Taonan	2518	538.53	15.00	10.24	76.35	64.66
大安市 Daan	1265	335.43	16.70	12.99	93.86	75.20
延吉市 Yanji	1524	351.63	16.08	10.57	202.05	94.67
图们市 Tumen	296	171.02	12.72	9.25	141.88	88.77
敦化市 Dunhua	1503	323.78	12.76	8.40	132.94	97.11
珲春市 Hunchun	364	318.93	12.87	11.61	135.53	89.30
龙井市 Longjing	1273	94.24	10.94	8.58	159.90	88.01
和龙市 Helong	1157	156.22	10.09	7.01	89.46	66.22

城市名称 City	每万人拥有公共交通车辆(标台) Number of public transportation vehicles per 10000 population (unit)	用气普及率(%) Percentage of population with access to gas (%)	市政工程 Municipal engineering		园林绿化 Afforestation in city	
			人均拥有道路面积(平方米) Per capita area of paved roads (sq.m)	排水管道密度(公里/平方公里) Density of sewer pipelines (km/sq.km)	人均公共绿地面积(平方米) Per capita pubic green areas (sq.m)	建成区绿化覆盖率(%) Percentage of public green areas (%)
全　省 Total	**7.82**	**73.49**	**6.23**	**5.00**	**6.12**	**26.44**
长春市 Changchun	11.45	92.58	6.87	10.09	7.28	38.10
九台市 Jiutai	2.86	69.10	3.37	2.31	5.37	19.88
榆树市 Yushu	2.09	51.41	16.46	1.50	5.13	11.73
德惠市 Dehui	3.02	95.28	8.48	2.67	4.70	28.40
吉林市 Jilin	8.25	88.05	6.06	6.15	5.43	35.67
蛟河市 Jiaohekou	13.16	8.83	5.19	2.92	3.99	11.84
桦甸市 Huadian	3.33	69.77	3.54	1.40	2.25	21.47
舒兰市 Shulan	7.79	72.09	9.20	3.78	7.91	26.17
磐石市 Panshi	3.62	70.00	6.90	1.61	1.00	4.52
四平市 Siping	3.93	73.98	4.66	2.94	3.63	19.31
公主岭市 Gongzhuling	7.67	37.50	8.39	2.81	5.62	20.64
双辽市 Suangliao	1.89	66.40	4.37	3.73	4.81	5.17
辽源市 Liaoyuan	4.97	25.76	4.44	3.73	3.74	23.32
通化市 Tonghua	6.20	59.56	4.41	2.06	6.39	30.28
梅河口市 Meihe	5.42	86.11	5.30	3.34	1.26	13.32
集安市 Jian		83.33	9.83	1.09	7.92	36.98
白山市 Baicheng	4.32	36.27	4.22	2.98	5.61	20.62
临江市 Linjiang	7.51	76.58	5.74	1.63	7.09	19.17
松原市 Songyuan	7.98	57.00	5.57	6.80	5.96	24.19
白城市 Baicheng	9.12	65.93	7.07	3.56	13.11	22.62
洮南市 Taonan	4.91	13.36	6.11	3.13	2.57	24.92
大安市 Daan	7.95	65.08	4.79	4.34	7.59	25.10
延吉市 Yanji	10.44	89.64	3.83	4.24	4.44	26.08
图们市 Tumen	2.14	39.57	5.96	1.33	5.68	13.74
敦化市 Dunhua	9.25	59.06	8.21	3.88	20.22	30.00
珲春市 Hunchun	4.53	58.59	14.68	7.22	2.50	22.08
龙井市 Longjing	2.40	95.92	6.02	3.55	4.21	10.10
和龙市 Helong	4.46	94.59	3.75	3.50	4.19	6.50

10－3 城市人口和建设用地(2000)

Urban Population and Land for Construction(2000)

单位:万人、平方公里 unit:10000persons.sq.km

城市名称 City	城市人口 Urban population	#非农业人口 Nonagricultural population	城市面积 Urban areas	建成区面积 Developed areas	建设用地 Land for construction	#居住用地 Land for living	#绿地 Public green
全　省 Total	**1021.68**	**786.87**	**12461.54**	**787.16**	**706.06**	**243.13**	**58.53**
长 春 市 Changchun	292.83	217.01	3603.00	159.02	158.73	32.45	12.03
九 台 市 Jiutai	18.56	17.51	90.40	16.00	15.25	5.23	0.33
榆 树 市 Yushu	14.56	12.45	49.90	26.00	25.15	7.63	3.22
德 惠 市 Dehui	13.68	10.60	34.35	20.00	18.57	5.00	5.21
吉 林 市 Jilin	179.34	124.36	1995.00	109.16	93.50	36.15	6.75
蛟 河 市 Jiaohekou	13.70	11.32	120.00	12.50	11.97	5.95	0.30
桦 甸 市 Huadian	15.43	12.90	84.50	15.00	14.83	3.12	3.05
舒 兰 市 Shulan	8.90	8.60	146.40	7.68	7.68	3.00	1.48
磐 石 市 Panshi	10.60	8.00	54.92	12.60	12.60	4.00	1.20
四 平 市 Siping	47.10	39.20	550.00	37.60	37.10	11.60	1.65
公主岭市 Gongzhuling	18.80	17.60	34.00	21.90	18.60	5.05	2.19
双 辽 市 Suangliao	12.40	10.60	149.20	12.00	12.00	7.08	0.20
辽 源 市 Liaoyuan	44.82	38.82	206.00	30.32	30.32	10.92	2.48
通 化 市 Tonghua	43.20	36.60	761.00	38.80	27.50	13.33	0.55
梅河口市 Meihe	18.09	15.12	80.00	15.77	15.77	8.69	0.48
集 安 市 Jian	7.00	6.00	44.89	13.79	5.02	2.73	0.52
白 山 市 Baicheng	26.51	23.16	98.66	22.70	20.50	10.04	1.15
临 江 市 Linjiang	8.00	6.66	12.00	6.00	5.90	1.90	1.90
松 原 市 Songyuan	51.00	30.70	1000.00	31.58	31.58	13.53	4.99
白 城 市 Baicheng	47.60	27.30	1864.00	32.00	28.30	9.80	2.50
洮 南 市 Taonan	13.60	11.60	54.00	16.05	16.00	6.40	0.07
大 安 市 Daan	14.93	13.83	118.00	10.40	10.40	2.85	1.15
延 吉 市 Yanji	38.95	33.80	255.42	31.67	29.99	14.65	2.04
图 们 市 Tumen	10.56	9.35	356.10	34.50	14.36	7.00	0.27
敦 化 市 Dunhua	17.44	15.24	116.00	17.20	13.60	4.20	1.00
珲 春 市 Hunchun	15.80	12.80	434.00	17.89	14.05	4.30	0.39
龙 井 市 Longjing	10.29	8.34	80.80	9.80	7.56	3.61	0.30
和 龙 市 Helong	7.99	7.40	69.00	9.23	9.23	2.92	1.13

10－4 城市供水(2000)
Tap Water Supply in Cities(2000)

城市名称 City		自来水综合生产能力(万立方米/日) Production capacity of tap water (10000cu/day)	#地下水 Groundwater	供水管道长度(公里) Length of water snpply pipelines (km)	供水总量(万立方米) Total annual volume of water supply (10000tons)	#生产用水量 For production use	#生活用水量 For residential use	用水人口(万人) Number of residents with access to tap water (10000 persons)	#非农业用水人口 Non－agricultural
全　省	**Total**	**690.99**	**106.82**	**5815**	**150924**	**95155**	**40026**	**727.79**	**688.45**
长春市	Changchun	114.60	9.70	1201	29183	5542	16929	200.00	197.10
九台市	Jiutai	1.62	1.22	161	1028	118	900	271.51	17.21
榆树市	Yushu	3.80	3.80	113	850	365	391	12.80	12.15
德惠市	Dehui	4.10	4.10	258	1232	820	392	10.33	8.32
吉林市	Jilin	399.30	5.53	988	87286	77456	5738	115.80	113.80
蛟河市	Jiaohekou	3.40	1.40	41	577	230	299	10.80	10.00
桦甸市	Huadian	2.55	0.85	129	675	130	525	9.50	8.80
舒兰市	Shulan	2.20	0.20	55	619	205	333	6.90	6.80
磐石市	Panshi	1.90	1.90	72	700	325	270	6.20	6.00
四平市	Siping	17.00	7.00	290	2895	1320	1385	34.90	34.90
公主岭市	Gongzhuling	5.20	5.20	92	1351	660	691	12.40	11.80
双辽市	Suangliao	1.50	1.30	45	251	18	221	6.00	6.00
辽源市	Liaoyuan	15.00		222	1940	164	963	36.50	35.50
通化市	Tonghua	17.50		251	3817	986	1098	30.00	25.00
梅河口市	Meihe	6.00	6.00	97	894	180	599	17.80	15.10
集安市	Jian	1.50		82	400	96	285	5.30	4.50
白山市	Baicheng	9.40	3.70	165	1889	445	660	19.50	19.20
临江市	Linjiang	2.85		51	588	338	230	7.50	6.60
松原市	Songyuan	11.20	7.00	330	1930	580	1350	28.50	26.70
白城市	Baicheng	19.20	19.20	190	3030	1599	1129	26.30	26.30
洮南市	Taonan	6.76	5.76	40	851	624	209	7.50	7.50
大安市	Daan	2.20	2.20	36	473	101	370	10.80	10.40
延吉市	Yanji	15.60	5.60	216	3094	476	2618	35.50	32.00
图们市	Tumen	2.40	1.20	121	588	152	435	8.40	8.30
敦化市	Dunhua	11.30	6.10	136	1210	366	723	14.90	14.80
珲春市	Hunchun	7.41	6.26	308	2382	1555	652	13.18	11.43
龙井市	Longjing	3.90	1.20	51	700	229	471	8.07	7.34
和龙市	Helong	1.60	0.40	74	491	75	160	4.90	4.90

10－5 城市市政设施(2000)

Urban public facilities(2000)

城市名称 City	道路长度 (公里) Length of paved road (km)	道路面积 (万平方米) Area of paved road (10000 sq.m)	人行道面积 (万平方米) Area of sidewalk (10000 sq.m)	路灯盏数 (盏) Street lights (unit)	排水管道长度 (公里) Length of pipelines discharged (km)
全　　省 Total	**4112**	**4899.48**	**1340.81**	**113172**	**3935.35**
长春市 Changchun	1064	1490.60	422.92	27231	1605.29
九台市 Jiutai	64	58.96	16.69	916	37.03
榆树市 Yushu	119	204.90	53.40	532	39.00
德惠市 Dehui	110	89.87	13.00	1647	53.35
吉林市 Jilin	771	753.48	218.35	27914	671.49
蛟河市 Jiaohekou	76	58.70	6.00	1695	36.50
桦甸市 Huadian	28	45.68	32.10	1920	21.01
舒兰市 Shulan	72	79.10	11.00	2916	29.00
磐石市 Panshi	33	55.20	6.40	637	20.24
四平市 Siping	182	182.60	53.00	8493	110.70
公主岭市 Gongzhuling	91	147.70	15.80	6038	61.46
双辽市 Suangliao	37	46.37	4.86	814	44.74
辽源市 Liaoyuan	110	172.36	31.00	1397	113.00
通化市 Tonghua	143	161.34	37.50	2255	80.00
梅河口市 Meihe	58	80.15	21.20	1693	52.70
集安市 Jian	39	59.00	21.00	272	15.00
白山市 Baicheng	81	97.82	32.00	3041	67.57
临江市 Linjiang	28	38.21	6.87	927	9.78
松原市 Songyuan	137	171.00	139.00	3786	214.83
白城市 Baicheng	147	193.00	35.00	4048	114.00
洮南市 Taonan	60	70.90	7.73	562	50.31
大安市 Daan	55	66.30	7.30	1718	45.10
延吉市 Yanji	121	129.58	81.76	3855	134.17
图们市 Tumen	74	55.74	19.12	1474	45.96
敦化市 Dunhua	144	125.09	16.62	3730	66.80
珲春市 Hunchun	187	187.87	18.33	1519	129.20
龙井市 Longjing	63	50.20	7.86	1158	34.80
和龙市 Helong	24	27.76	5.00	984	32.32

10－5 续表 continued

城市名称 City	桥梁数（座） Number of bridges (unit)	#立交桥 Fly－over bridges (unit)	污水年排放量（万立方米） Total wast weter dischared (10000ton)	污水年处理量（万立方米） Dispoal capacity of sewage (10000ton)	防洪堤长度（公里） Length of breakwater (km)
全　　省 Total	**449**	**48**	**114091**	**9636**	**511.04**
长春市 Changchun	62	6	23346	2012	48.60
九台市 Jiutai	4		428		3.40
榆树市 Yushu			635		
德惠市 Dehui	3	2	880		
吉林市 Jilin	94	16	65465	7008	24.70
蛟河市 Jiaohekou	10		399		9.21
桦甸市 Huadian	7		500		16.87
舒兰市 Shulan	15		464	9	1.60
磐石市 Panshi	8		504		0.80
四平市 Siping	9	4	2100		
公主岭市 Gongzhuling	12	2	1079	52	
双辽市 Suangliao	1	1	185		6.00
辽源市 Liaoyuan	58	5	1455		28.00
通化市 Tonghua	42	3	2886		121.00
梅河口市 Meihe	13	5	640		30.00
集安市 Jian	8		300		26.38
白山市 Baicheng	19		1275		21.00
临江市 Linjiang	9		445		6.50
松原市 Songyuan	3	1	1440	290	17.00
白城市 Baicheng	2	2	2150		
洮南市 Taonan			630		5.00
大安市 Daan	1	1	347		15.00
延吉市 Yanji	10		2477		19.00
图们市 Tumen	9		473	7	56.48
敦化市 Dunhua	8		840	26	13.00
珲春市 Hunchun	16		1905	232	10.00
龙井市 Longjing	3		500		6.60
和龙市 Helong	23		343		24.90

10－6　城市园林绿化(2000)

Park, Garden and Gress(2000)

城市名称 City	绿化覆盖面积(公顷) Green areas (ha)	#建成区 Developed areas	园林绿地面积(公顷) Total area of parks, gardens (ha)	公共绿地面积(公顷) Public green areas (ha)	公园个数(个) Number of parks (unit)	公园面积(公顷) Area of parks (ha)	游人量(万人次) Visitor to park and zoos (10000 persons times)	建成区绿化覆盖率(%) Percentage of green areas in (%)
全　省 Total	**23975**	**20815**	**21197**	**4813.12**	**65**	**2166.60**	**1222**	**26.44**
长春市 Changchun	6058	6058	5180	1580.00	14	520.62	360	38.10
九台市 Jiutai	318	318	194	94.00	1	13.00	4	19.88
榆树市 Yushu	346	305	319	63.90	1	12.90	1	11.73
德惠市 Dehui	653	568	302	49.87	1	10.00	1	28.40
吉林市 Jilin	4978	3894	4790	675.08	7	408.00	348	35.67
蛟河市 Jiaohekou	149	148	142	45.20				11.84
桦甸市 Huadian	327	322	319	29.00	1	2.63	2	21.47
舒兰市 Shulan	221	201	189	68.00	1	22.00	10	26.17
磐石市 Panshi	98	57	32	8.00				4.52
四平市 Siping	801	726	786	142.40	2	33.50	140	19.31
公主岭市 Gongzhuling	490	452	474	98.83	1	32.00	14	20.64
双辽市 Suangliao	113	62	62	51.00				5.17
辽源市 Liaoyuan	707	707	687	145.00	6	128.00	50	23.32
通化市 Tonghua	1175	1175	991	234.00	6	135.10	15	30.28
梅河口市 Meihe	210	210	202	19.00	1	16.00	10	13.32
集安市 Jian	1311	510	1280	47.49	1	4.50	2	36.98
白山市 Baicheng	468	468	452	129.88	2	105.40	4	20.62
临江市 Linjiang	124	115	107	47.20	3	21.50	121	19.17
松原市 Songyuan	790	764	710	183.00	1	73.87	30	24.19
白城市 Baicheng	787	724	738	358.00	3	65.00	30	22.62
洮南市 Taonan	661	400	321	29.78	2	22.00		24.92
大安市 Daan	349	261	241	105.00	1	100.00	8	25.10
延吉市 Yanji	912	826	890	150.10	4	129.50	35	26.08
图们市 Tumen	558	474	541	53.15	1	15.30	5	13.74
敦化市 Dunhua	516	516	505	308.09	2	288.50	21	30.00
珲春市 Hunchun	398	395	310	32.03	1	6.04	1	22.08
龙井市 Longjing	397	99	391	35.10	1	0.74	10	10.10
和龙市 Helong	60	60	42	31.02	1	0.50		6.50

10－7　城市环境卫生(2000)
Urban Sanitation in Cities(2000)

城市名称 City		实际清扫面积(万平方米) Area under clearing (10000sq.m)	机械清扫 Machine clearing	生活垃圾清运量(万吨) Volume of garbage disposal (10000ton)	粪便清运量(万吨) Volume of excrement and urine disposal (10000ton)	垃圾无害化处理量(万吨) Volume of garbage treated (10000ton)	公厕数量(座) Public lavatories	水冲式 Water clear	环卫机械总数(台) Environmental sanitaition equipment (unit)
全　省	**Total**	**6471.71**	**459.19**	**640.68**	**136.46**	**321.21**	**6772**	**607**	**1826**
长春市	Changchun	1991.30	199.13	106.00	11.50	101.76	737	298	617
九台市	Jiutai	52.70		29.30	1.52	14.10	179	3	34
榆树市	Yushu	141.00		35.00	3.00	30.00	60	2	65
德惠市	Dehui	212.81	67.00	20.81	13.57	5.58	189	1	56
吉林市	Jilin	1009.80	169.10	91.30	13.12	62.70	1028	164	190
蛟河市	Jiaohekou	66.60		8.50	3.50		275	4	18
桦甸市	Huadian	50.00		11.00	2.50	11.00	76	12	45
舒兰市	Shulan	63.50	15.00	5.20	1.50	5.20	77	3	19
磐石市	Panshi	59.00	8.98	10.00	6.00	6.80	67	6	22
四平市	Siping	301.00		56.00	12.00	9.80	541	6	61
公主岭市	Gongzhuling	160.00		12.00	2.60	12.00	185	13	15
双辽市	Suangliao	27.00		14.00	1.00		72		23
辽源市	Liaoyuan	278.00		22.00	8.60		859	16	40
通化市	Tonghua	137.00		18.80	2.30		282	13	36
梅河口市	Meihe	98.00		9.30	6.30	9.30	176	8	31
集安市	Jian	26.00		5.50	3.00	4.00	65	5	14
白山市	Baicheng	110.00		14.60	4.40	12.60	126	9	41
临江市	Linjiang	22.00		5.77	0.70	5.77	38	3	22
松原市	Songyuan	750.00		52.00	15.00		540	12	182
白城市	Baicheng	246.00		16.00	6.00		128	2	46
洮南市	Taonan	60.00		6.50	1.30		77		21
大安市	Daan	84.00		9.80	0.30		147		17
延吉市	Yanji	213.00		32.00	6.60		287	8	63
图们市	Tumen	46.70		9.50	1.50		77	5	22
敦化市	Dunhua	99.00		9.50	3.30	9.50	102	4	23
珲春市	Hunchun	96.00		13.00	1.20	12.00	151	7	57
龙井市	Longjing	37.90		9.10	0.75	9.10	148	3	24
和龙市	Helong	33.40		8.20	3.40		83		22

10－8 城市公共交通(2000)

Basic Statistics on Urban public Traffic(2000)

城市名称 City	运营车数（辆）Operation vehicles (coach)	#小公共汽车 Small buses	标准运营车数（标台）Standard operation vehicles (coach)	运营线路网长度（公里）Operation routes length of routes (km)	客运总量（万人次）Passenger carried (10000person)	#小公共汽车 Small buses	出租汽车数（辆）Taxis (coach)
全　　省 Total	**7158**	**4456**	**6153**	**2092**	**79621**	**37832**	**44000**
长春市 Changchun	2767	1333	2484	665	43159	20060	11039
吉林市 Jilin	942	359	1026	174	12829	6029	6301
四平市 Siping	191	131	154	104	3419	1270	2160
公主岭市 Gongzhuling	191	186	135	25	1104	1072	1600
双辽市 Shangliao	20	20	20	18	21	21	1200
辽源市 Liaoyuan	285	242	193	103	669	352	1650
通化市 Tonghua	348	236	227	124	2567	561	1450
白山市 Baishan	134	69	100	55	1118	620	670
临江市 Linjiang	65	47	50	23	170	120	260
松原市 Songyuan	354	354	245	130	4527	13	1832
白城市 Baicheng	259	210	249	130	900	650	2700
洮南市 Taonan	67	67	57	30	170	170	170
延吉市 Yanji	433	354	353	66	4765	2896	3975
龙井市 Longjing	40	40	20	40	268	268	300
和龙市 Helong	47	47	33	16	233	233	323
九台市 Jiutai	70	59	50	60	170	130	600
榆树市 Yushu	38	38	26	22	141	141	864
德惠市 Dehui	64	64	32	56	298	298	1089
蛟河市 Jiaohe	149	21	149	12	400	350	810
桦甸市 Handian	43	43	43	20	270	270	328
舒兰市 Shulan	73	25	67	17	55	11	610
磐石市 Panshi	55	55	29	26	301	301	300
梅河口市 Maihekou	113	51	82	23	109	70	1200
大安市 Daan	110	110	110	28	710	710	300
图们市 Tumen	40	40	20	22	259	259	420
敦化市 Dunhua	202	202	141	13	857	857	849
珲春市 Hunchun	58	53	58	90	132	100	1000

10－9 城市房屋面积及住房情况(2000)

Basic Statistics on City Buildings and Housing(2000)

单位:万平方米 unit:10000 sq.m

城市名称 City	实有住宅建筑面积 Total floor space of residential buildings	实有住宅使用面积 Total living space of residential buildings	缺房户数(户) Number of households with their housing problems	#人均居住面积4平方米以下 Living space per capita under 4m	解决缺房户数(户) Number of household with their housing problems solved	本年房屋竣工建筑面积 Total floor space of new building completed	#住宅 Housings	房租收入(万元) Rent (10000 yuan)
全　　省 Total	**14362**	**10600.61**	**80442**	**20189**	**8791**	**1459.28**	**164.44**	**10460**
长春市 Changchun	4181	3119.80				545.00	65.30	6755
九台市 Jiutai	196	147.00	120			14.12	2.85	77
榆树市 Yushu	291	209.52				13.60	2.25	25
德惠市 Dehui	168	136.12	861			6.57	14.56	92
吉林市 Jilin	2188	1531.47	29800	9402	1098	200.47	14.00	1100
蛟河市 Jiaohekou	164	130.62	460	100	120	9.54	2.16	22
桦甸市 Huadian	300	240.10				37.61	0.37	40
舒兰市 Shulan	118	94.80	200			6.30	0.10	37
磐石市 Panshi	168	117.80	660	182	2026	19.42	2.64	67
四平市 Siping	592	404.89	8021	1384		57.67		522
公主岭市 Gongzhuling	304	212.88			40	60.28	2.05	15
双辽市 Suangliao	145	123.30	60	30	3120	10.74	0.48	64
辽源市 Liaoyuan	526	384.41	20310	1010	189	39.62	6.95	324
通化市 Tonghua	706	522.00			20	42.00	5.80	30
梅河口市 Meihe	347	242.85	592	260	450	24.04	3.95	154
集安市 Jian	132	105.74	180	160	120	11.59	0.68	80
白山市 Baicheng	420	314.98	900	260		32.00		75
临江市 Linjiang	139	107.10	200	100	1000	29.59	4.11	30
松原市 Songyuan	650	455.00	3800	340	110	58.00	7.00	120
白城市 Baicheng	474	311.00	2000	600	63	53.00	13.00	110
洮南市 Taonan	209	189.00				11.23		34
大安市 Daan	277	249.30	400	100	435	11.59		30
延吉市 Yanji	782	570.71	1613	1000		78.71	6.36	507
图们市 Tumen	153	117.87	2008			14.79	5.06	45
敦化市 Dunhua	274	208.01	8257	5261		25.49	0.90	27
珲春市 Hunchun	219	184.00				34.99	1.80	5
龙井市 Longjing	127	89.74				8.02	0.97	43
和龙市 Helong	112	80.60				3.30	1.10	30

10－10 城市集中供热情况
Basic Statistics on City Heat Supply

	单位 unit	1999	2000
供热能力 Supply capacity			
蒸汽 Steam	吨/小时 ton/h	3355	3425
热水 Hot water	兆瓦 1000000kw	8622	10564
供热总量 Volume suppied			
蒸汽 Steam	万吨 10000ton	426	510
热水 Hot water	百万千焦/年 1000000 kj/year	7006	8814
管道长度 Length of pipelines			
蒸汽 Steam	公里 km	249	276
热水 Hot water	公里 km	3424	3566
供热面积 Area served	万平方米 10000sq.m	8430	9305

10－11 城市燃气设备能力
Capacity of City Gas Facilities

	单位 unit	1999	2000
液化石油气 Liquefied petroleum gas			
储气能力 Gas tank	吨 ton	5111	2299
天然气 Natural gas			
储气能力 Capacity of gas tank	万立方米 10000cu.m	2.00	2.00
管道长度 Length of pipelines	公里 km	437.00	565.00
煤气 Coal gas			
储气能力 Capacity of gas tank	万立方米 10000cu.m	32.40	34.40
管道长度 Length of pipelines	公里 km	1634.00	1712.26

10 - 12 城市燃气用气户数和供气总量

Basic Statistics on City Gas

		用气户数(户) Households with access to gas		供气总量(吨、万立方米) Total gas supply(10000cu.m)	
		1999	2000	1999	2000
液化石油气	Liquefied petroleum	875246	1026052	154205	169449
# 家庭用量	#For civil use	867621	1010374	114466	114603
天然气	Natural gas	174708	220627	10194	13162
# 家庭用量	#For civil use	173810	219610	2611	3481
煤气	Coal gas	414389	435602	16009	15508
# 家庭用量	For civil use	412060	433383	12358	11567

10 - 13 城市环境卫生情况

Basic Statistics on Urban Sanitation

		单位 unit	1999	2000
清运垃圾粪便工作量	Residential disposal cleared and night soil disposal			
实际清扫面积	Are cleared	万平方米 10000sq.m	7979.04	6471.71
生活垃圾清运量	Residential disposal cleared	万吨 10000ton	646.47	640.68
清运粪便	Night soil disposal	万吨 10000ton	133.73	136.46
处理垃圾粪便	Garbage and night soil treatment	万吨 10000ton	388.71	368.85
大中型环卫机械	Large and medium facilities			
扫路车	Clearing vehicle	辆 coach	22	33
冲洗车	Watering vehivle	辆 coach	32	31
垃圾车	Garbage vehivle	辆 coach	1251	1301
粪便车	Drawing night soil vehicle	辆 coach	206	167
环境卫生设施	Environment sanitation equipment			
公共厕所	Public lavatories	座 unit	6942	6772
垃圾无害化处理厂	Garbage heap treatment plant	座 unit	21	21
粪便无害化处理厂	Night soil treatment plant	座 unit	14	17
垃圾无害化处理能力	Capacity of garbage heap treatment plant	吨/日 ton/day	8315	8742
粪便无害化处理能力	Capacity of night soil treatment plant	吨/日 ton/day	1650	1855
环卫职工人数	Staff and workers	人 persons	18777	18643

10－14 环境保护系统基本情况
Personnel in Environmental Protection Agencies

单位：人　　unit：person

	1999	2000
年末实有人数 Total	**3998**	**4601**
# 行政人员 Administrative personnel	916	972
高级职称 Professors	184	195
中级职称 Asso．Professors	699	697
初级职称 Assistants	1597	1639

10－15 企事业污染治理情况
Treatment of Pollution by Enterprises and Institutions

		单位 unit	1999	2000
汇总工业企业数	Number of enterprises	个 unit	260	344
本年施工项目	Projects of pollution treated	个 unit	281	447
治理废水	Waste water	个 unit	93	160
治理废气	Waste gas	个 unit	151	255
治理固体废物	Waste residue	个 unit	11	5
治理噪声	Noise abatement	个 unit	14	11
治理其他	Other	个 unit	12	16
污染治理项目本年完成投资	Investments of pollution treated	万元 10000 yuan	34134	11697
治理废水	Waste water	万元 10000 yuan	18094	21074
治理废气	Waste gas	万元 10000 yuan	13022	28916
治理固体废物	Waste residue	万元 10000 yuan	1765	3129
治理噪声	Nosie abatement	万元 10000 yuan	100	125
治理其他	Other	万元 10000 yuan	1153	58453

10－16　工业废水、废气、废渣排放处理情况
Treatment of Waste Water Gas and Residue

		单位 unit	1999	2000
工业废水排放及处理	**Waste water discharged and treated**			
工业废水排放量	Total waste water discharged	万吨 10000ton	38795	37386
工业废水处理量	Treated	万吨 10000ton	38384	38978
符合排放标准的	Reaching discharge standards	万吨 10000ton	24241	24626
# 工业废水排放达标量	#Reaching discharge standards after treatment	万吨 10000ton	13261	14194
工业废水处理率	Ratio of waste water treated	%	77.0	78.0
工业废水达标率	Ratio of treatment reaching standards	%	63.0	68.0
工业废水中有害物质	Harmful material in waste water			
汞	hg	吨 tons	0.03	0.01
六价铬	Cr	吨 tons	3.27	2.88
铅	Pb	吨 tons	3.15	0.89
氰化物	Cyanide	吨 tons	10.78	10.72
石油类	Petroleum	吨 tons	1298.90	778.88
砷	As	吨 tons	1.92	1.87
化学耗氧量	Oxygen consumption	万吨 10000ton	21.29	21.72
悬浮物	Suspended substance	万吨 10000ton	11.59	10.40
硫化物	Sulphide	吨 tons	68.29	217.49
工业废气排放及处理	**Waste gas discharged and treated**			
工业废气排放总量	Total volume of waste gas emission	亿立方米 100 millon cu.m	3008.16	3082.30
生产工艺过程中废气排放量	Total volume of waste gas emission in production	亿立方米 100 millon cu.m	900.82	910.43
# 经过净化处理	Treated	亿立方米 100 millon cu.m	506.68	547.14
燃料燃烧过程中废气排放量	Total volume of waste gas emission from fuel	亿立方米 100 millon cu.m	2107	2172
# 经过消烟除尘	Soot and dust removed	亿立方米 100 millon cu.m	1999.69	2055.00
废气中二氧化硫排放量	Sulphur dioxide discharged	万吨 10000ton	21.00	20.20
工业粉尘及废渣的排放和处理	**Industrial dust and waste residue discharged and treated**			
工业粉尘排放量	Industrial dust discharged	万吨 10000ton	13.44	12.38
工业粉尘处理量(去除量)	Industrial waste residue retrieved	万吨 10000ton	123.65	116.17
工业固体废物产生量	Waste residue produced	万吨 10000ton	1770.08	1604.42
# 处置量	Waste residue treated	万吨 10000ton	54.83	52.55
综合利用量	Waste residue comprehensive utilization	万吨 10000ton	816.98	778.95
历年工业废渣堆存总量	Total volume of waste residue dumps	万吨 10000ton	18921.47	14751.00

农　业

AGRICULTURE

11

统计资料

STATISTICS

11－1 农村基层组织情况
Basic conditions of Rural grassroots Units

年份 Year	乡政府(个) Township Government	镇政府(个) Town Government	村民委员会(个) Village Committees	乡村总户数(万户) Households	乡村人口数(万人) Population
1978	898.0		9733	295.20	1481.50
1979	902.0		9907	299.65	1477.64
1980	928.0		10104	303.90	1477.70
1981	932.0		10146	310.10	1480.40
1982	930.0		10163	315.00	1479.50
1983	936.0		10126	314.20	1477.50
1984	933.0		10162	317.10	1479.30
1985	656.0	263	10144	317.84	1464.15
1986	646.0	265	10163	317.70	1449.97
1987	640.0	294	10190	320.58	1446.91
1988	641.0	290	10299	325.26	1447.35
1989	641.0	288	10273	331.46	1453.58
1990	641.0	288	10300	340.93	1465.79
1991	638.0	289	10297	344.02	1475.71
1992	560.0	366	10288	347.76	1477.36
1993	530.0	396	10305	348.35	1466.15
1994	482.0	438	10299	348.40	1445.04
1995	475.0	443	10234	348.82	1434.54
1996	468.0	444	10139	351.10	1436.90
1997	466.0	445	10112	353.99	1430.00
1998	453.0	445	10121	357.82	1433.05
1999	433.0	454	10133	364.35	1442.03
2000	398.0	458	10107	370.01	1440.47

11－2 各市(州)乡村劳动力(2000)
Rural Labor Force by Cities(Prefecture)(2000)

市、州	Cites	乡村劳动力 Total	农林牧渔业 Farming forestry animal husbandry and fishery	工业 Industry	建筑业 Construction	交通运输和邮电业 Transport post and telecomm unitcatiom	批发零售贸易餐饮仓储业 Whole sales retail sale food Services and Storage	其他非农行业 Non－agricultueal sector
全　省	**Total**	**6409688**	**5168276**	**211805**	**215750**	**137395**	**193522**	**482940**
长春市	Changchun	1843047	1445848	73626	93317	47345	65720	117191
吉林市	Jilin	920029	753377	26210	25107	18649	23994	72692
四平市	Siping	891913	757178	20389	27059	15596	20807	50884
辽源市	Liaoyuan	282287	210754	11611	13540	9842	9156	27384
通化市	Tonghua	558884	422073	25399	21252	14700	21767	53693
白山市	Baisan	171495	125501	13645	6865	6592	9005	9887
松原市	Songyuan	875199	713166	18598	16125	11974	20617	94719
白城市	Baichang	476743	423189	6988	7133	4558	9879	24996
延边州	Yuanbian	390091	317190	15339	5352	8139	12577	31494

11－3　农村基本情况和农村劳动力资源
Basic Conditions and Rural Laborers

		1999	2000
一、农村基层组织情况	Basic conditions of rural grassroots units		
乡镇个数(个)	Number of township and town governments	887	856
乡	Township	433	398
镇	Town	454	458
村民委员会(个)	Number of villager's committees	10133	10107
二、农村社会基础设施	Basic facilities of rural		
自来水受益村(个)	Villages for tap water supply	3594	3593
通汽车村(个)	Villages opening to traffic	9140	9369
通电话村(个)	Villages with communication telephone	9028	9162
三、农村人口	Rural population		
乡村户数(万户)	Number of households	364.4	370.0
乡村人口数(万人)	Population of villages	1442.1	1440.5
四、农村劳动力资源及主要行业分布	Number of rural laborers		
劳动年龄内人口(万人)	Population of rural laborers	739.2	709.0
乡村劳动力(万人)	Laborers of rural	627.4	641.0
按性别分	Grouped by sex		
男劳动力	Male force	362.7	368.8
女劳动力	Female force	264.7	272.2
按行业分	Grouped by sector		
农、林、牧、渔业	Farming, forestry, animal husbandry and fishery	519.6	516.8
工业	Industry	21.1	21.2
建筑业	Construction	19.6	21.6
交通运输和邮电业	Transportation post and telecommunication	13.4	13.7
批发零售贸易、餐饮及仓储业	Wholesals retail trade food Services and Storage	18.0	19.4
其他非农行业	Non－agricultural sector	35.8	48.3
# 外出合同临时工	#Outside temporary workers	11.3	28.2

11－4 各市县农村基层组织和乡村建设情况(2000)

Basic Conditions of Rural Grassroots Units and Construction by City and County (2000)

市、县 City, County	乡政府(个) Number of township governments	镇政府(个) Number of town governments	乡村户数(户) Number of households	乡村人口(人) Rural population	村民委员会(个) Number of villager's committees	#通电话村 Villages with communication telephone	#自来水受益村 Villages for tap water supply
全　　省 Total	**398**	**458**	**3700119**	**14404722**	**10107**	**9162**	**3593**
长春市 Changchun	**67**	**78**	**1071579**	**4295756**	**1709**	**1635**	**184**
市　区 District	10	19	214160	809573	325	324	42
九台市 Jiutai	13	12	166265	650315	310	290	26
榆树市 Yushu	18	19	280604	1079014	388	375	85
德惠市 Dehui	8	15	188531	797077	308	289	8
农安县 Nongan	18	13	222019	959777	378	357	23
吉林市 Jilin	**51**	**58**	**529570**	**2036171**	**1620**	**1423**	**477**
市　区 District	13	11	139272	525691	360	317	91
桦甸市 Huadian	8	8	54206	213272	179	161	94
蛟河市 Jiaohe	6	9	70538	250563	258	220	81
舒兰市 Shuangliao	10	9	109115	416387	321	275	27
磐石市 Panshi	8	14	77113	326972	285	258	134
永吉县 Yongji	6	7	79326	303286	217	192	50
四平市 Siping	**30**	**60**	**547775**	**2097401**	**1214**	**1129**	**128**
市　区 District	2	1	25637	82434	36	35	18
公主岭市 Gongzhuling	8	20	181877	729813	414	400	41
双辽市 Shuangliao	5	9	72157	263160	189	187	10
梨树县 Lishu	8	19	172103	652907	336	272	22
伊通县 Yitong	7	11	96001	369087	239	235	37
辽源市 Liaoyuan	**20**	**25**	**170463**	**642795**	**543**	**508**	**106**
市　区 District	3		16248	52227	30	30	15
东丰县 Dongfeng	10	13	73395	281821	229	227	58
东辽县 Dongliao	7	12	80820	308747	284	251	33
通化市 Tonghua	**42**	**64**	**314521**	**1232960**	**1027**	**983**	**525**
市　区 District	3	4	19738	64079	44	44	31
梅河口市 Meihekou	13	14	89965	394362	304	301	106
集安市 jian	3	8	40265	142580	126	122	80
通化县 Tonghua	9	12	46122	166312	160	139	68
辉南县 Huinan	4	14	52755	207398	163	150	90
柳河县 Liuhe	10	12	65676	258229	230	227	150

市、县 City, County	乡政府(个) Number of township governments	镇政府(个) Numver of town governments	乡村户数(户) Number of households	乡村人口(人) Rural population	村民委员会(个) Number of villager's committees	#通电话村 Villages with communication telephone	#自来水受益村 Villages for tap water supply
白 山 市 Baishan	**26**	**44**	**97543**	**368463**	**537**	**464**	**439**
市 区 District	4	4	17277	64013	59	51	49
临 江 市 Linjian	3	8	16794	61907	70	58	51
抚 松 县 Fusong	6	12	25318	96051	160	126	138
靖 宇 县 Jingyu	5	7	14812	58583	111	99	85
长 白 县 Changbai	5	6	8996	32197	77	77	76
江 源 县 Jiangyuan	3	7	14346	55712	60	53	40
松 原 市 Songyuan	**67**	**39**	**475620**	**1919784**	**1147**	**994**	**416**
市 区 District	5	4	47391	183179	96	80	39
长 岭 县 Changling	19	12	118901	493025	251	243	35
前 郭 县 Qianguo	16	9	93214	391214	235	230	97
乾 安 县 Qianan	9	6	50785	200417	167	119	115
扶 余 县 Fuyu	18	8	165329	651949	398	322	130
白 城 市 Baicheng	**67**	**36**	**279748**	**1089148**	**918**	**653**	**260**
市 区 District	9	6	47827	185600	154	121	17
洮 南 市 Taonan	16	5	70888	266114	221	170	15
大 安 市 Daan	17	9	65209	258266	224	148	126
镇 赉 县 Zhenlai	11	7	39186	162285	147	125	55
通 榆 县 Tongyu	14	9	56638	216883	172	89	47
延边朝鲜族自治州 Yanbian	**28**	**54**	**213300**	**722244**	**1392**	**1373**	**1058**
延 吉 市 Yanji	4	2	12260	37722	69	69	59
图 们 市 Tumen	1	4	9964	31359	47	47	40
敦 化 市 Dunhua	5	11	56542	196885	399	399	313
龙 井 市 Longjing	4	9	31570	100965	175	175	124
珲 春 市 Hunchun	5	4	21116	68782	120	120	54
和 龙 市 Helong		9	23592	79031	157	146	122
汪 清 县 Wangqing	4	8	32813	115476	221	217	164
安 图 县 Antu	5	7	25443	92024	204	200	182

11－5　1978－2000年耕地面积
Area Under Cultivated

年份 Year	年末实有耕地面积（千公顷）Cultivated area at years－end（1000 ha）	#旱地 Dry fields	当年减少的耕地面积（千公顷）Decrease in Cultiuated area（1000 ha）	#国家基建占地 Capital Construction	#集体基建占地 Village Collective Construetion	#农民个人建房占地 Paeasant Constraction	平均每个农业人口占有耕地（公顷）Cultivated areas per rural Population
1978	4050.8	3751.9	26.8	2.6	1.7		0.27
1979	4051.9	3769.6	31.4	3.0	1.5		0.27
1980	4044.0	3788.5	23.5	2.5	3.1		0.27
1981	4055.0	3799.5	25.4	1.2	1.1		0.27
1982	4049.5	3788.5	22.7	1.3	1.0		0.27
1983	4059.7	3791.1	27.9	1.3	0.6		0.27
1984	4039.1	3753.7	70.0	1.7	1.7		0.27
1985	3999.1	3679.3	60.7	1.9	0.6	1.7	0.27
1986	3973.3	3630.3	43.6	3.4	0.8	2.5	0.27
1987	3960.5	3594.8	27.0	2.1	0.4	1.3	0.27
1988	3951.3	3576.0	24.3	1.7	0.2	0.5	0.27
1989	3935.5	3540.2	26.7	1.7	0.5	0.3	0.27
1990	3939.3	3520.7	16.5	1.5	0.3	0.3	0.26
1991	3937.9	3504.8	12.1	1.1	1.4	0.2	0.26
1992	3931.6	3476.2	16.0	1.9	0.6	0.3	0.26
1993	3937.8	3504.2	11.3	4.0	2.1	0.4	0.27
1994	3955.4	3538.6	12.9	2.9	2.7	0.6	0.27
1995	3953.2	3528.0	19.5	2.9	1.8	0.7	0.27
1996	3958.5	3516.6	13.8	3.4	0.6	0.6	0.27
1997	3987.1	3538.9	18.1	3.7	1.5	0.6	0.27
1998	4004.6	3542.1	13.2	1.4	3.4	1.0	0.27
1999	4009.3	3545.3	15.3	3.2	0.4	1.0	0.27
2000	3993.9	3518.9	26.1	4.3	0.7	0.5	0.27

11－6 耕地面积
Area Cultivated

		1999	2000
年末实有耕地面积(千公顷)	**Cultivated area(year－end)(1000 ha)**	**4009.31**	**3993.87**
水　　田	Paddy fields	464.02	474.96
旱　　地	Dry fields	3545.29	3518.91
# 水浇地	#watered fields	829.22	840.04
当年增加的耕地面积(千公顷)	Increase in cultivated area by cause(1000 ha)	19.96	10.62
# 新开荒地面积	#Open up waste land	2.15	1.51
当年减少的耕地面积(千公顷)	Derease in cultivated area by cause(1000 ha)	15.33	26.07
# 国家基建占地	#Capital construction	3.20	4.25
集体基建占地	Village collective construction	0.39	0.68
农民个人建房占地	Peasant hosing construction	1.03	0.50
平均每一农业人口占(公顷)	Per－capita cultivated area(ha)		
耕地面积	Cultivated area	0.27	0.27
有效灌溉面积	Effective irrigated areas	0.09	0.09
# 水浇地	#Watered fields	0.06	0.06

11－7　各市县耕地面积(2000)
Area Cultivation by Cities and Counties(2000)

单位:公顷　　　　unit:ha

市、县 City,county	耕地面积 Cultivated area	水田 Paddy fields	旱地 Dry fields	#水浇地 Watered fields	当年减少的耕地面积 Decrease in cultivated area by cause	当年增加的耕地面积 Increase in cultivated area by cause
全　省 Total	**3993866**	**474954**	**3518912**	**840046**	**26066**	**10619**
长春市 Changchun	**1094183**	**110280**	**983903**	**100720**	**3593**	**39**
市　区 District	142102	17266	124836	14334	2469	39
九台市 Jiutai	159516	18422	141094	9478	26	
榆树市 Yushu	290682	32913	257769	24587	5	
德惠市 Dehui	211748	36122	175626	21078	230	
农安县 Nongan	290135	5557	284578	31243	863	
吉林市 Jilin	**391577**	**112397**	**279180**	**47603**	**2111**	**1035**
市　区 District	87256	28246	59010	9600	249	132
桦甸市 Huadian	49693	6323	43370	3077	187	372
蛟河市 Jiaohe	50097	10778	39319	5122	485	167
舒兰市 Shuangliao	82915	29986	52929	5614	354	321
磐石市 Panshi	65638	16461	49177	9339	581	37
永吉县 Yongji	55978	20603	35375	14851	255	6
四平市 Siping	**606463**	**58565**	**547898**	**53735**	**321**	**263**
市　区 District	12688	74	12614	1426	9	
公主岭市 Gongzhuling	219400	14461	204939	19339		
双辽市 Shuangliao	100565	11236	89329	13964	124	63
梨树县 Lishu	185912	22425	163487	13375	172	27
伊通县 Yitong	87898	10369	77529	5631	16	173
辽源市 Liaoyuan	**144826**	**17075**	**127751**	**6825**	**157**	
市　区 District	5202	501	4701	1799	48	
东丰县 Dongfeng	73656	11809	61847	1191	18	
东辽县 Dongliao	65968	4765	61203	3835	91	
通化市 Tonghua	**196278**	**56987**	**139291**	**30413**	**427**	**23**
市　区 District	4554	328	4226	1272	83	
梅河口市 Meihekou	63564	22963	40601	13187		3
集安市 jian	14698	2481	12217	619	10	
通化县 Tonghua	28524	5746	22778	2354	332	20
辉南县 Huinan	39459	13919	25540	7581		
柳河县 Liuhe	45479	11550	33929	5400	2	

单位：公顷 unit：ha

市、县 City, county	耕地面积 Cultivated area	水田 Paddy fields	旱地 Dry fields	#水浇地 Watered fields	当年减少的耕地面积 Decrease in cultivated area by cause	当年增加的耕地面积 Increase in cultivated area by cause
白山市 Baishan	**54562**	**2094**	**52468**	**3406**	**867**	**72**
市区 District	7427	639	6788	461	267	
临江市 Linjian	9213	276	8937	224		
抚松县 Fusong	14595	67	14528	333	301	55
靖宇县 Jingyu	10164	418	9746	582	30	3
长白县 Changbai	6437	567	5870	1133	72	14
江源县 Jiangyuan	6726	127	6599	673	197	
松原市 Songyuan	**760406**	**46572**	**713834**	**227828**	**6097**	**6390**
市区 District	48724	5330	43394	18870	87	6290
长岭县 Changling	184802	1438	183364	55462	20	100
前郭县 Qianguo	193973	33833	160140	65367	5990	
乾安县 Qianan	104504	265	104239	29035		
扶余县 Fuyu	228403	5706	222697	59094		
白城市 Baicheng	**523957**	**25994**	**497963**	**340706**	**11549**	**2094**
市区 District	77884	6461	71423	62440		808
洮南市 Taonan	122317	4839	117478	89860	2355	801
大安市 Daan	84627	1813	82814	52687	832	459
镇赉县 Zhenlai	98982	12841	86141	39359	733	26
通榆县 Tongyu	140147	40	140107	96360	7629	
延边朝鲜族自治州 Yanbian	**221614**	**44990**	**176624**	**28810**	**944**	**703**
延吉市 Yanji	7948	1482	6466	1108	41	10
图们市 Tumen	8345	1571	6774	2009	199	3
敦化市 Dunhua	63035	6891	56144	8509	71	
龙井市 Longjing	32928	9023	23905	3577	316	80
珲春市 Hunchun	22162	8651	13511	2313	77	18
和龙市 Helong	24303	7775	16528	3225	93	
汪清县 Wangqing	35454	5331	30123	4669	57	30
安图县 Antu	27439	4266	23173	3400	90	562

11－8　农林牧渔业分项产值

Gross Output Value of Farming Forestry Animal Husbandry and Fishery

单位:万元　　　　unit:10000yuan

指标	Item	1999	2000	2000年为1999年的 % Increase rate
农林牧渔业总产值	**Total**	**6753102**	**6093735**	**94.4**
农业产值	Farming	3884074	3202764	86.2
种植业	Planting	3527333	2902077	83.9
主产品产值	Main products	3361399	2790035	85.1
粮食作物	Grain grops	2562512	1922732	73.7
# 谷物	#Cerreal	2203579	1492283	65.1
其他作物	Other grops	798887	867302	109.7
副产品产值	Sideline products	165934	112042	69.9
粮食作物	Grain grops	163759	109536	69.4
# 谷物	#Cerea;	157052	97754	65.7
其他作物	Other grops	2175	2506	119.6
其他农业	Other farming	356741	300687	113.4
林业产值	Forestry	104537	113826	102.2
营林	Afforestation and its added－value	63203	69121	97.8
林产品	Forest Products	13176	15800	136.9
村及村以下竹木采伐	Lumbering in village and below	28158	28905	99.7
牧业产值	Animal husbandry	2668361	2687098	105.8
牲畜	Domestic animals	1525675	1445758	103.6
家禽饲养	Poultry raising	536813	604785	99.7
活的畜禽产品	Live animal and poultry products	578736	567472	106.0
捕猎	Hunting	2095	4140	723.4
其他动物及产品	Other	25042	64943	454.4
渔业产值	Fishery	96130	90047	97.4

11－9 各市县农林牧渔总产值(2000)

Output Value Farming, Forestry, Animal Husbandry and Fishery(2000)

单位:万元　　unit:10000yuan

市、县 City, county	农林牧渔业总产值 Total	农业 Farming	林业 Forestry	牧业 Animal husbandry	渔业 Fishery
全　　省 Total	**6093735**	**3202764**	**113826**	**2687098**	**90047**
长春市 Changchun	**1754426**	**825549**	**10002**	**908182**	**10693**
市　区 District	285207	107118	5002	170712	2375
九台市 Jiutai	178108	106385		69483	2240
榆树市 Yushu	427635	250008	1422	175490	715
德惠市 Dehui	406126	161745	1644	239949	2788
农安县 Nongan	457350	200293	1934	252548	2575
吉林市 Jilin	**955980**	**576090**	**18142**	**343011**	**18737**
市　区 District	200046	112266	1544	80267	5969
桦甸市 Huadian	152799	95255	1431	54159	1954
蛟河市 Jiaohe	122277	75963	10704	33401	2209
舒兰市 Shuangliao	222818	129014	1245	87728	4831
磐石市 Panshi	170825	109008	1243	57634	2940
永吉县 Yongji	87215	54584	1975	29822	834
四平市 Siping	**981688**	**411346**	**6765**	**559521**	**4056**
市　区 District	16033	9884	100	5974	75
公主岭市 Gongzhuling	407176	178127	1409	226050	1590
双辽市 Shuangliao	96307	43624	1241	50885	557
梨树县 Lishu	303678	124746	1877	175907	1148
伊通县 Yitong	158494	54965	2138	100705	686
辽源市 Liaoyuan	**208340**	**107074**	**1639**	**97994**	**1633**
市　区 District	15538	5235	27	10251	25
东丰县 Dongfeng	99473	51914	772	45896	891
东辽县 Dongliao	93329	49925	840	41847	717
通化市 Tonghua	**473142**	**241744**	**16099**	**208548**	**6751**
市　区 District	28931	12469	796	15637	29
梅河口市 Meihekou	163873	62796	1991	95141	3945
集安市 jian	52503	36226	4340	11276	661
通化县 Tonghua	49577	31007	5002	13209	359
辉南县 Huinan	72191	46940	2037	22450	764
柳河县 Liuhe	106067	52306	1933	50835	993

单位:万元　　unit:10000yuan

市、县 City,county	农林牧渔业总产值 Total	农业 Farming	林业 Forestry	牧业 Animal husbandry	渔业 Fishery
白山市 Baishan	**253176**	**165870**	**15997**	**68272**	**3037**
市区 District	52921	35306	2271	14730	614
临江市 Linjian	38153	24951	2816	9656	730
抚松县 Fusong	69562	47170	6497	15050	845
靖宇县 Jingyu	22053	14220	549	6816	468
长白县 Changbai	34251	26562	1543	6018	128
江源县 Jiangyuan	36236	17661	2321	16002	252
松原市 Songyuan	**709924**	**422354**	**8753**	**264081**	**14736**
市区 District	44230	27743	766	13143	2578
长岭县 Changling	165113	105329	3663	55833	288
前郭县 Qianguo	195963	103323	1803	84875	5962
乾安县 Qianan	47501	25824	1445	19764	468
扶余县 Fuyu	257117	160135	1076	90466	5440
白城市 Baicheng	**442111**	**233495**	**13646**	**168215**	**26755**
市区 District	80012	56970	3465	19303	274
洮南市 Taonan	78028	41021	2098	32072	2837
大安市 Daan	100524	42632	2325	45007	10560
镇赉县 Zhenlai	92271	45925	2937	32909	10500
通榆县 Tongyu	91276	46947	2821	38924	2584
延边朝鲜族自治州 Yanbian	**314948**	**219242**	**22783**	**69274**	**3649**
延吉市 Yanji	15869	9338	518	5952	61
图们市 Tumen	7376	5179	407	1750	40
敦化市 Dunhua	120001	85636	3900	28270	2195
龙井市 Longjing	38649	30946	832	6733	138
珲春市 Hunchun	32372	22342	2317	7092	621
和龙市 Helong	28778	18368	3534	6734	142
汪清县 Wangqing	34370	21207	6828	6183	152
安图县 Antu	37533	26226	4447	6560	300

11－10　农林牧渔业中间消耗

Intermediate Consumer of Farming, Forestry, Animal Husbandry and Fishery

单位：万元　　　　unit：10000yuan

项目	Item	1999	2000
农业牧渔业生产中间消耗	**Intermediate consumer of FFAF**	**2412569**	**2306466**
农业中间消耗合计	Total of intermediary consumer of farming	1140918	1058788
种植业中间消耗	Inter mediate Consumer of Planting	1087501	1004905
中间物质消耗	Material Consumer	1020514	950992
对非物质生产部门劳务支出	Services Consumer	66987	53913
其他农业中间消耗	Other Intermediate consumer	53417	53883
中间物质消耗	Material	43721	44199
对非物质生产部门劳务支出	Services Consumer	9696	9684
林业中间消耗合计	Total of intermediate Consumer of forestry	31227	34769
中间物质消耗	Material consumer	26069	28176
对非物质生产部门劳务支出	Services Consumer	5158	6593
牧业中间消耗合计	Total of intermediate Consumer of animal Husbandry	1209064	1183677
中间物质消耗	Material consumer	1145509	1134181
对非物质生产部门劳务支出	Services consumer	63555	49496
渔业中间消耗合计	Total of Intermediate Consumer of fishery	31360	29232
中间物质消耗	Material consumer	27832	25379
对非物质生产部门劳务支出	Services Consumer	3528	3853

11－11　农业生产条件
Agricultural Producers Condition

项目 Item		1999	2000
一、主要农业机械拥有量	**Number of agricultural machinery**		
农业机械总动力(万千瓦)	Total power of agricultural machinery(10000kw)	897.29	1015.44
大中型拖拉机(混合台)	Large and medium tractors(unit)	32556	32548
小型拖拉机(台)	Mini－tractors(unit)	348946	389256
大中型机引农具(台)	Large and medium tractor towing farm amchinery(unit)	68835	74659
联合收割机(台)	Combine harvesters(unit)	119	146
机动脱粒机(台)	Thresher sheller(unit)	131390	129826
机动水稻插秧机(台)	Rice transplanter(unit)	4138	3582
粮食加工机械(台)	Machine of grain processing	94789	95651
油料加工机械(台)	Machine of oil bearing seed processing	3175	3638
农用载重汽车(辆)	Trucks for agricultural use(unit)	9005	11360
二、农业机械作业面积	**Operation area of agricultural machinery**		
机耕面积(千公顷)	Area of machinery cultivated and land(1000h)	2112	1988
占耕地面积比重(%)	Proportion as area of machinery cultivated leves(%)	52.7	49.8
机播面积(千公顷)	Area of machinery sowed land(1000ha)	2418.8	2369.1
占播种面积比重(%)	Proportion as area(%)	59.5	58.3
机收面积(千公顷)	Area of machinery gathered land(1000ha)	144.8	117.1
占播种面积比重(%)	Proportion of area(%)	3.6	2.9
三、农村用电量	**Electricity consumption in rural**		
农村用电量(万千瓦小时)	Electricity consumption in agriculture(10000kwh)	233355	237542
每公顷用电量(千瓦小时)	Electricity consumption per hectrares(kwh)	528	595
四、农田水利	**Irrigation and water conservancy**		
农用排灌机械(台)	Irrigating machinery(unit)	314319	339149
农用水泵(台)	Water pump(unit)	317939	337591
喷灌机械(套)	Sprinkler(set)	9393	
有效灌溉面积(千公顷)	Effectinely irrigated area(1000ha)	1293	1315
占耕地面积比重(%)	proportion as cultivated land(%)	32	33
机电灌溉面积(千公顷)	Irrigated areas by power(1000ha)	1182	1198
占有效灌溉面积(%)	proportion as irrigated land(%)	91	91
五、农业化学化	**Agricultural chemistry**		
化肥施用量(实物)(万吨)	Consumption of chemical fertilizers(10000tons)	293.6	281.3
氮　　肥	Nitrogenous fertilizer	193.6	181.5
磷　　肥	Phosphate fertilizer	35.5	34.5
钾　　肥	Potash fertilizer	17.1	17.0
复　合　肥	Compound fertilizer	47.4	48.4
每公顷化肥施用量(公斤)	Comsumption perhectrare(kg)	732	704

11－12 各市县主要农业机械拥有量(2000)

Agricultural Machinery Possessed By Cities and Counties(2000)

市、县 City, county	农业机械总动力(万千瓦) Total power (10000kw)	大中型农用拖拉机(混合台) Large and medium tractors (unit)	农用小型及手扶拖拉机(台) Minitractiors (unit)	大中型机引农具(部) Large and medium tractor－towing farm machinery (unit)	农用排灌动力机械(台) Irrigating machinery (sets)	粮食加工机械(台) Machine of grain processing (unit)
全　省 Total	**1015.44**	**32548**	**389256**	**74659**	**339149**	**95651**
长春市 Changchun	**212.70**	**5197**	**69308**	**17392**	**98047**	**23028**
市　区 District	32.94	649	9914	888	12039	2436
九台市 Jiutai	23.26	568	7309	852	9772	3492
榆树市 Yushu	58.91	1520	15749	6246	33471	6921
德惠市 Dehui	43.22	1154	14545	5480	32633	4783
农安县 Nongan	54.37	1306	21791	3926	10132	5396
吉林市 Jilin	**110.35**	**1325**	**40042**	**2192**	**45177**	**14844**
市　区 District	29.01	388	6886	442	12724	1721
桦甸市 Huadian	11.47	62	4036	607	1900	1979
蛟河市 Jiaohe	15.60	250	5119	76	9159	2263
舒兰市 Shuangliao	29.51	436	11476	998	12939	3916
磐石市 Panshi	14.48	98	7346	45	3975	3222
永吉县 Yongji	10.28	91	5179	24	4480	1743
四平市 Siping	**127.92**	**4809**	**46402**	**13921**	**50834**	**11491**
市　区 District	3.39	163	1285	812	2355	124
公主岭市 Gongzhuling	40.20	2231	16369	6693	6792	2231
双辽市 Shuangliao	34.76	735	14262	637	13620	2543
梨树县 Lishu	34.46	1252	9313	4413	22696	5075
伊通县 Yitong	15.11	428	5173	1366	5371	1518
辽源市 Liaoyuan	**33.14**	**825**	**8448**	**1600**	**13534**	**6434**
市　区 District	2.94	75	289	40	641	427
东丰县 Dongfeng	15.39	561	4362	1518	8466	3650
东辽县 Dongliao	14.81	189	3797	42	4427	2357
通化市 Tonghua	**62.16**	**1306**	**17807**	**1789**	**14750**	**7196**
市　区 District	4.59	26	297	1	1161	580
梅河口市 Meihekou	12.07	447	4362	1036	4590	1660
集安市 jian	8.48	80	1425	37	2872	904
通化县 Tonghua	10.12	217	1649	89	793	1941
辉南县 Huinan	13.37	391	4552	572	1923	1422
柳河县 Liuhe	13.53	145	5522	54	3411	689

11－12 续表 continued

市、县 City, county	农业机械总动力（万千瓦）Total power（10000kw）	大中型农用拖拉机（混合台）Large and medium tractors（unit）	农用小型及手扶拖拉机（台）Minitractions（unit）	大中型机引农具（部）Large and medium tractor－towing farm machinery（unit）	农用排灌动力机械（台）Irrigating machinery（sets）	粮食加工机械（台）Machine of grain processing（unit）
白 山 市 Baishan	**26.24**	**364**	**2117**	**325**	**5039**	**5907**
市　　区 District	3.99	59	284	80	605	413
临 江 市 Linjian	3.34	56	310	3	184	2648
抚 松 县 Fusong	9.65	104	841	90	3589	1632
靖 宇 县 Jingyu	1.86	89	270	136	49	280
长 白 县 Changbai	3.44	23	209	16	163	388
江 源 县 Jiangyuan	3.95	33	203		449	546
松 原 市 Songyuan	**198.67**	**10814**	**97569**	**23419**	**40927**	**14068**
市　　区 District	17.32	1109	5478	670	9350	730
长 岭 县 Changling	34.08	400	20918	365	3303	1611
前 郭 县 Qianguo	51.97	2870	27130	6100	7900	3500
乾 安 县 Qianan	33.46	2514	19500	4768	3096	1362
扶 余 县 Fuyu	61.84	3921	24543	11516	17278	6865
白 城 市 Baicheng	**172.63**	**4795**	**76660**	**9435**	**65804**	**6523**
市　　区 District	31.82	527	11930	868	14062	1169
洮 南 市 Taonan	61.53	1351	25678	2750	28906	2268
大 安 市 Daan	21.70	251	13325	221	5224	1226
镇 赉 县 Zhenlai	25.86	623	12398	2143	7215	794
通 榆 县 Tongyu	31.72	2043	13329	3453	10397	1066
延边朝鲜族自治州 Yanbian	**71.63**	**3113**	**30903**	**4586**	**5037**	**6160**
延 吉 市 Yanji	5.86	278	1297	139	1042	143
图 们 市 Tumen	3.18	98	727	79	303	500
敦 化 市 Dunhua	24.28	1084	11951	2461	769	1388
龙 井 市 Longjing	11.69	369	6529	1126	222	1524
珲 春 市 Hunchun	5.39	495	2459	161	959	376
和 龙 市 Helong	4.50	116	3741	58	39	475
汪 清 县 Wangqing	10.64	292	2946	318	1353	521
安 图 县 Antu	6.09	381	1253	244	350	1233

11－13 各市县农业现代化水平(2000)

Level of Agriiultural Modernizing by Cities(2000)

市、县 City, country	机耕面积(千公顷) Area of machinery cultivated area(kha)	机播面积(千公顷) Area of achinery seeded (land kha)	农村用电量(万千瓦小时) Electrical consumption in agriculture (10000kha)	有效灌溉面积(千公顷) Effectively irrigated area(kha)	配套机电井(眼) Electrical machinery of well	化肥施用量(实物量)(吨) Consumption of chemical fortilizers (tons)	#氮肥 Nitrogenous fertilizers	#磷肥 Phosphate fertilizer
全　省 Total	**1988.3**	**2369.1**	**237542**	**1315.0**	**90407**	**2813157**	**1815355**	**344593**
长春市 Changchun	**638.2**	**811.8**	**57383**	**211.0**	**8161**	**789828**	**565056**	**84456**
市　区 District	75.9	77.8	19710	31.6	1418	109693	82245	5533
九台市 Jiutai	77.0	106.0	9528	27.9	1664	132961	97137	14018
榆树市 Yushu	152.0	259.3	10446	57.5	1980	192922	138466	18136
德惠市 Dehui	113.3	142.7	11679	57.2	1167	146728	108485	7172
农安县 Nongan	220.0	226.0	6020	36.8	1932	207524	138723	39597
吉林市 Jilin	**223.0**	**181.0**	**36612**	**160.0**	**5264**	**360880**	**252759**	**18112**
市　区 District	62.5	36.9	9814	37.9	812	79280	57449	4819
桦甸市 Huadian	39.0	26.0	3005	9.4	118	39944	21598	1682
蛟河市 Jiaohe	33.5	20.5	4099	15.9	174	37920	24105	2589
舒兰市 Shuangliao	52.0	50.0	8400	35.6	1118	68828	50062	3404
磐石市 Panshi	16.9	23.8	6630	25.8	523	73059	53181	1587
永吉县 Yongji	19.1	23.8	4664	35.4	2519	61849	46364	4031
四平市 Siping	**267.0**	**463.0**	**37315**	**112.3**	**6840**	**444187**	**277726**	**33192**
市　区 District	5.0	5.0	6671	1.5	186	10581	6560	898
公主岭市 Gongzhuling	129.0	165.0	9260	33.8	1745	161738	104600	4234
双辽市 Shuangliao	36.0	70.0	5346	25.2	2094	69924	41276	6573
梨树县 Lishu	80.0	166.0	8484	35.8	1370	134484	77185	15632
伊通县 Yitong	17.0	57.0	7554	16.0	1445	67460	48105	5855
辽源市 Liaoyuan	**32.6**	**73.3**	**9974**	**23.9**	**1075**	**101841**	**72254**	**10769**
市　区 District	1.8	1.6	733	2.3	331	4675	3523	678
东丰县 Dongfeng	17.0	34.0	6816	13.0	320	52264	38265	946
东辽县 Dongliao	13.8	37.7	2425	8.6	424	44902	30466	9145
通化市 Tonghua	**94.0**	**33.1**	**24447**	**87.4**	**1333**	**193389**	**143615**	**12919**
市　区 District	0.3		2478	1.6	287	4268	3500	223
梅河口市 Meihekou	38.3	17.5	7275	36.1	221	73581	57501	3857
集安市 jian	5.7	0.4	2625	3.1	50	11353	7616	898
通化县 Tonghua	8.3	1.2	2481	8.1	100	18716	13763	581
辉南县 Huinan	18.1	11.1	4886	21.5	225	41155	30832	2802
柳河县 Liuhe	23.3	2.9	4702	17.0	450	44316	30403	4558

11－13　续表　continued

市、县 City, country	机耕面积（千公顷）Area of machinery cultivated area(kha)	机播面积（千公顷）Area of machinery seeded (land kha)	农村用电量（万千瓦小时）Electrical consumption in agriculture (10000kha)	有效灌溉面积（千公顷）Effectively irrigated area(kha)	配套机电井（眼）Electrical machinery of well	化肥施用量（实物量）（吨）Consumption of chemical fortilizers (tons)	#氮 肥 Nitrogenous fertilizers	#磷 肥 Phosphate fertilizer
白 山 市 Baishan	**14.7**	**4.8**	**8068**	**5.5**	**571**	**25922**	**14685**	**1305**
市　　区 District	2.3	0.9	1420	1.1	28	4865	3616	54
临 江 市 Linjian	2.4	0.8	1226	0.5	52	5051	3202	131
抚 松 县 Fusong	2.4	0.9	767	0.4	160	4601	1406	421
靖 宇 县 Jingyu	3.3	0.9	725	1.0	146	5020	2410	343
长 白 县 Changbai	2.5	0.6	2878	1.7	92	1954	1093	172
江 源 县 Jiangyuan	1.8	0.7	1052	0.8	93	4431	2958	184
松 原 市 Songyuan	**343.0**	**479.0**	**27727**	**274.4**	**10657**	**546997**	**292764**	**128034**
市　　区 District	15.0	28.0	3377	24.2	1295	28815	16002	5824
长 岭 县 Changling	50.0	78.0	8679	56.9	2421	238100	123415	67032
前 郭 县 Qianguo	90.0	117.0	7748	99.2	2977	87182	48877	12242
乾 安 县 Qianan	30.0	80.0	2951	29.3	2218	45800	22700	9500
扶 余 县 Fuyu	158.0	176.0	4972	64.8	1746	147100	81770	33436
白 城 市 Baicheng	**229.5**	**226.4**	**11481**	**366.7**	**53234**	**261311**	**140229**	**46712**
市　　区 District	49.5	37.9	2146	68.9	14639	53980	34086	8839
洮 南 市 Taonan	52.0	63.3	1868	94.7	28598	53077	27833	9126
大 安 市 Daan	30.0	26.3	1554	54.5	3407	53938	33584	9863
镇 赉 县 Zhenlai	40.7	56.9	3313	52.2	3121	26267	13334	4502
通 榆 县 Tongyu	57.3	42.0	2600	96.4	3469	74049	31392	14382
延边朝鲜族自治州 Yanbian	**146.3**	**96.6**	**24535**	**73.8**	**3272**	**88802**	**56267**	**9094**
延 吉 市 Yanji	4.7	1.8	3618	2.6	324	4716	3728	314
图 们 市 Tumen	5.0	2.2	1474	3.6	164	3493	2651	349
敦 化 市 Dunhua	57.5	54.6	6118	15.4	593	19841	8991	2150
龙 井 市 Longjing	25.0	10.8	3390	12.6	1034	21299	15621	1715
珲 春 市 Hunchun	14.6	4.3	2554	11.0	160	7919	4862	919
和 龙 市 Helong	12.0	3.0	1982	11.0	453	10266	7767	1820
汪 清 县 Wangqing	16.7	16.5	3816	10.0	305	12581	7358	1336
安 图 县 Antu	10.8	3.4	1583	7.6	239	8687	5289	491

11－14 主要农作物播种面积和产量
Output and Area of Major Farm Crops

项目 Item		1999			2000		
		播种面积（千公顷）Total sown area（1000 ha）	总产量（万吨）Output（10000 tons）	单产（公斤/公顷）Per unit area field（kg/ha）	播种面积（千公顷）Total sown area（1000 ha）	总产量（万吨）Output（10000 tons）	单产（公斤/公顷）perunit area filed（kg/ha）
粮食作物合计	Total of grain	3513.35	2305.6	6563	3357.09	1638.00	4879
1.谷物	Cereal	3074.58	2184.2	7104	2567.20	1448.30	5642
# 水稻	Rice	465.20	405.9	8725	483.98	374.80	7744
小麦	Wheat	64.53	16.1	2384	77.31	16.30	2108
玉米	Corn	2375.51	1692.6	7125	1821.11	993.20	5454
高粱	Sorghum	113.59	56.0	4930	121.84	48.40	3974
谷子	Millet	20.17	5.6	2772	26.09	6.00	2299
2.豆类	Soybean	338.62	74.2	2191	666.45	140.60	2110
# 大豆	Soy	278.29	63.6	2285	538.96	120.30	2232
3.薯类	Tubers	100.15	47.2	4715	123.44	49.10	3979
油料	Oil－bearingcrop	165.79	31.4	1895	271.93	38.96	1433
# 葵花籽	Sunflower seeds	94.97	15.8	1665	93.71	13.50	1441
麻类	Fiber crop	0.34	0.1	1784	0.68	0.12	1714
甜菜	Beet roots	12.10	25.8	21318	22.70	44.39	19555
烟叶	Tobacco crops	22.42	4.9	2187	26.62	5.99	2252
# 烤烟	Flue cured tobacco	14.17	2.7	1904	14.69	3.02	2054
园参	Ginseng	1.48	1.5	7858	1.89	1.65	8730
蔬菜	Vegetable	261.23	822.6	31487	264.88	836.43	31575
水果	Fruit	102.81	49.6	4826	115.62	48.62	4205

注：本表粮食作物产量为抽样调查数。

Note：Figures in this table are from sample sarveye.

11－15　各市县主要农作物播种面积和产量(2000)

Total Sown Areas and Output of Major Farm Crops by Cities and Counties(2000)

市、县 City, county	粮食 Grain crops		#水稻 Rice		#玉米 Corn	
	总产量 Output (吨) (tons)	播种面积 Sown area (公顷) (ha)	总产量 Output (吨) (tons)	播种面积 Sown area (公顷) (ha)	总产量 Output (吨) (tons)	播种面积 Sown area (公顷) (ha)
长春市 Changchun	**5258845**	**951131**	**944118**	**113202**	**3510081**	**563890**
市区 District	463570	113781	96483	17418	345827	80212
九台市 Jiutai	891133	141960	136667	18146	641296	84255
榆树市 Yushu	1620896	260318	331100	32843	980707	133023
德惠市 Dehui	1004208	183266	329183	39122	546605	97779
农安县 Nongan	1279038	251806	50685	5673	995646	168621
吉林市 Jilin	**2457178**	**345990**	**991645**	**113213**	**1172436**	**149451**
市区 District	481450	73907	208548	27875	260969	40307
桦甸市 Huadian	332321	44280	81778	7184	177220	17855
蛟河市 Jiaohe	293683	41325	85070	10321	147015	13822
舒兰市 Shuangliao	623952	73557	320928	30127	206023	21992
磐石市 Panshi	430791	61787	141899	16590	255056	32360
永吉县 Yongji	294981	51134	153422	21116	126153	23115
四平市 Siping	**2641989**	**526502**	**357385**	**58563**	**2109128**	**359336**
市区 District	50242	11482	398	71	44783	9441
公主岭市 Gongzhuling	899943	164134	82624	14461	766347	112558
双辽市 Shuangliao	289159	89201	77040	11236	181306	63094
梨树县 Lishu	952098	178244	110810	22425	770001	111642
伊通县 Yitong	450547	83441	86513	10370	346691	62601
辽源市 Liaoyuan	**820620**	**130371**	**123056**	**17321**	**590358**	**78429**
市区 District	10821	2412	3907	607	5256	998
东丰县 Dongfeng	402355	67448	86853	11820	248562	33698
东辽县 Dongliao	407444	60511	32296	4894	336540	43733
通化市 Tonghua	**1260982**	**170273**	**538456**	**56486**	**612154**	**75442**
市区 District	11870	2658	2120	321	8013	1462
梅河口市 Meihekou	448161	57942	219750	22535	198518	28050
集安市 jian	57193	14178	12525	2467	36490	7652
通化县 Tonghua	113090	25593	35387	5878	60913	11021
辉南县 Huinan	330668	31922	148674	13923	155720	11155
柳河县 Liuhe	300000	37980	120000	11362	152500	16102

市、县 City, county	粮食 Grain crops		#水稻 Rice		#玉米 Corn	
	总产量 Output (吨) (tons)	播种面积 Sown area (公顷) (ha)	总产量 Output (吨) (tons)	播种面积 Sown area (公顷) (ha)	总产量 Output (吨) (tons)	播种面积 Sown area (公顷) (ha)
白山市 Baishan	**236480**	**46137**	**14439**	**2106**	**172128**	**23262**
市区 District	23905	6130	3695	639	14562	2723
临江市 Linjian	50847	9028	2393	276	40364	5097
抚松县 Fusong	63161	11743	431	69	47309	5971
靖宇县 Jingyu	46901	8265	2739	442	34563	4359
长白县 Changbai	25130	5823	4351	553	14106	2195
江源县 Jiangyuan	26536	5148	830	127	21224	2917
松原市 Songyuan	**2713045**	**626915**	**431615**	**50850**	**1697677**	**361006**
市区 District	172220	42575	30346	5908	104537	23367
长岭县 Changling	684695	151584	19400	3086	514033	103464
前郭县 Qianguo	610897	164347	301910	34903	205160	70745
乾安县 Qianan	225100	86547	1128	265	166303	53569
扶余县 Fuyu	1020133	181862	78831	6688	707644	109861
白城市 Baicheng	**1274090**	**380879**	**166015**	**28554**	**735898**	**168838**
市区 District	378466	64411	59656	7462	235008	30489
洮南市 Taonan	265199	99265	18996	4749	161500	39873
大安市 Daan	190000	60621	9827	2274	123876	30565
镇赉县 Zhenlai	265000	72797	77396	13874	128051	28656
通榆县 Tongyu	175425	83785	140	195	87463	39255
延边朝鲜族自治州 Yanbian	**701760**	**178890**	**256506**	**43684**	**239648**	**41458**
延吉市 Yanji	19609	4623	8563	1332	8102	1367
图们市 Tumen	22222	6523	8238	1576	9488	1692
敦化市 Dunhua	240068	52545	39135	6505	88164	11500
龙井市 Longjing	123176	27435	60155	8875	43187	6748
珲春市 Hunchun	90000	20241	51995	8152	26754	4780
和龙市 Helong	75192	19333	47117	7711	17691	3526
汪清县 Wangqing	71066	26852	24197	5298	22713	6130
安图县 Antu	60427	21338	17106	4235	23549	5715

11－15 续表 2 continued

市、县 City, county	大豆 Soybean		油料 Oilbearing crops		葵花籽 Sunflower seeds	
	总产量 Output (吨) (ton)	播种面积 Sown area (公顷) (ha)	总产量 Output (吨) (tons)	播种面积 Sown area (公顷) (ha)	总产量 Output (吨) (ton)	播种面积 Sown area (公顷) (ha)
长春市 Changchun	**372235**	**167706**	**55989**	**27135**	**28464**	**13396**
市区 District	14522	11993	7961	3443	446	197
九台市 Jiutai	67722	26359	1212	781	114	83
榆树市 Yushu	153692	60728	5244	3029	405	224
德惠市 Dehui	63382	30869	4368	3781	1670	1551
农安县 Nongan	72917	37757	37204	16101	25829	11341
吉林市 Jilin	**228398**	**70760**	**15843**	**6550**	**2548**	**926**
市区 District	8358	4692	685	525	24	7
桦甸市 Huadian	67923	17031	4077	899	499	143
蛟河市 Jiaohe	54366	15438	1527	703	785	260
舒兰市 Shuangliao	64943	18293	3453	2048	180	96
磐石市 Panshi	23517	10102	1875	896	1044	377
永吉县 Yongji	9291	5204	4226	1479	16	43
四平市 Siping	**64721**	**51683**	**7477**	**9375**	**2514**	**3840**
市区 District	1147	687				
公主岭市 Gongzhuling	21309	21228	1440	1148	214	242
双辽市 Shuangliao	8344	5283	5213	7366	2244	3564
梨树县 Lishu	27042	18486	725	801	56	34
伊通县 Yitong	6879	5999	99	60		
辽源市 Liaoyuan	**62773**	**26187**	**2090**	**1149**	**400**	**120**
市区 District	1213	651	107	36	34	23
东丰县 Dongfeng	39783	17149	1925	1095	314	80
东辽县 Dongliao	21777	8387	58	18	52	17
通化市 Tonghua	**62502**	**27132**	**4402**	**2263**	**2155**	**1065**
市区 District	1487	790	158	91	33	17
梅河口市 Meihekou	10509	4200	665	410	53	23
集安市 jian	3983	2672	553	290	38	22
通化县 Tonghua	10921	6805	1131	712	737	589
辉南县 Huinan	15602	4756	1069	472	773	233
柳河县 Liuhe	20000	7909	826	288	521	181

市、县 City,county	大豆 Soybean		油料 Oilbearing crops		葵花籽 Sunflower seeds	
	总产量 Output (吨) (ton)	播种面积 Sown area (公顷) (ha)	总产量 Output (吨) (tons)	播种面积 Sown area (公顷) (ha)	总产量 Output (吨) (ton)	播种面积 Sown area (公顷) (ha)
白山市 Baishan	**37626**	**16531**	**2803**	**1325**	**1752**	**916**
市区 District	2756	1832	334	214	307	181
临江市 Linjian	6287	3012	887	382	555	284
抚松县 Fusong	12726	5050	786	379	549	266
靖宇县 Jingyu	7538	2866	479	206	137	76
长白县 Changbai	4564	1923	187	58	74	23
江源县 Jiangyuan	3755	1848	130	86	130	86
松原市 Songyuan	**160892**	**77650**	**171687**	**92556**	**44962**	**23576**
市区 District	6284	4158	1589	912	235	161
长岭县 Changling	40595	8850	52000	22969	41070	15343
前郭县 Qianguo	31399	22428	14050	16021	500	2158
乾安县 Qianan	4737	6815	6752	13111	2443	5320
扶余县 Fuyu	77877	35399	97296	39543	714	594
白城市 Baicheng	**44144**	**22635**	**115840**	**120449**	**44113**	**43316**
市区 District	5869	2470	19398	11315	2396	1599
洮南市 Taonan	3268	4085	29407	24951	9601	7112
大安市 Daan	8500	5660	11077	15372	6166	6956
镇赉县 Zhenlai	10950	5767	14221	15553	3101	3012
通榆县 Tongyu	15557	4653	41737	53258	22849	24637
延边朝鲜族自治州 Yanbian	**169900**	**78677**	**13465**	**11131**	**8104**	**6553**
延吉市 Yanji	2461	1633	855	1046	31	31
图们市 Tumen	3722	2754	553	341	58	50
敦化市 Dunhua	93534	28136	3109	2150	3105	2147
龙井市 Longjing	17344	10763	1149	987	221	200
珲春市 Hunchun	9217	6532	1012	562		
和龙市 Helong	8892	7224	1810	1596	311	266
汪清县 Wangqing	19048	12161	3912	3625	3319	3039
安图县 Antu	15682	9474	1065	824	1059	820

市、县 City, county	麻类 Filber crops 总产量 Output (吨)(ton)	麻类 Filber crops 播种面积 Sown area (公顷)(ha)	甜菜 Beettroots 总产量 Output (吨)(tons)	甜菜 Beettroots 播种面积 Sown area (公顷)(ha)	烟叶 Tobacco 总产量 Output (吨)(ton)	烟叶 Tobacco 播种面积 Sown area (公顷)(ha)
长春市 Changchun	**333**	**372**	**35548**	**1415**	**21648**	**7433**
市区 District	20	20	1920	48	28	4
九台市 Jiutai	27	17	11257	530	3878	1276
榆树市 Yushu	271	318			5010	1838
德惠市 Dehui	15	17	4780	107	901	521
农安县 Nongan			17591	730	11831	3794
吉林市 Jilin	**263**	**52**	**30185**	**979**	**7414**	**2564**
市区 District	3	4	10100	206	19	9
桦甸市 Huadian					924	243
蛟河市 Jiaohe	4	3	1064	201	3388	1218
舒兰市 Shuangliao	32	14	15623	369	2036	634
磐石市 Panshi	40	23	3388	201	969	441
永吉县 Yongji	184	8	10	2	78	19
四平市 Siping	**12**	**23**	**41833**	**2227**	**452**	**206**
市区 District						
公主岭市 Gongzhuling			16905	531	314	88
双辽市 Shuangliao			10364	1006	18	8
梨树县 Lishu	12	23	8620	175	55	67
伊通县 Yitong			5944	515	65	43
辽源市 Liaoyuan	**32**	**15**	**50373**	**2022**	**523**	**281**
市区 District		1				
东丰县 Dongfeng			20731	1175	36	24
东辽县 Dongliao	32	14	29642	847	487	257
通化市 Tonghua	**26**	**15**	**16893**	**847**	**3120**	**1004**
市区 District					16	8
梅河口市 Meihekou			7175	287	412	103
集安市 jian	6	4			30	20
通化县 Tonghua	6	3			504	126
辉南县 Huinan	1	1	8705	411	1444	404
柳河县 Liuhe	13	7	1013	149	714	343

市、县 City, county	麻类 Filber crops 总产量 Output (吨)(ton)	麻类 Filber crops 播种面积 Sown area (公顷)(ha)	甜菜 Beettroots 总产量 Output (吨)(ton)	甜菜 Beettroots 播种面积 Sown area (公顷)(ha)	烟叶 Tobacco 总产量 Output (吨)(ton)	烟叶 Tobacco 播种面积 Sown area (公顷)(ha)
白山市 Baishan	**15**	**9**	**30**	**6**	**798**	**253**
市区 District					77	22
临江市 Linjian	3	2	30	6	511	134
抚松县 Fusong	9	5			141	48
靖宇县 Jingyu					43	19
长白县 Changbai	3	2			10	21
江源县 Jiangyuan					16	9
松原市 Songyuan	**477**	**168**	**214088**	**9386**	**2063**	**589**
市区 District			1000	50		
长岭县 Changling			200000	6217	1230	164
前郭县 Qianguo			1602	2285		
乾安县 Qianan			11386	829		
扶余县 Fuyu	477	168	100	5	833	425
白城市 Baicheng	**17**	**17**	**39514**	**4960**	**9341**	**4575**
市区 District			14808	470	801	387
洮南市 Taonan	17	17	5550	1110	10	25
大安市 Daan			3953	1617	7022	2983
镇赉县 Zhenlai			1149	139	1508	1180
通榆县 Tongyu			14054	1624		
延边朝鲜族自治州 Yanbian	**41**	**6**	**15442**	**861**	**14513**	**9712**
延吉市 Yanji			26	4	761	451
图们市 Tumen			4	4	221	334
敦化市 Dunhua			10266	561	4040	2120
龙井市 Longjing	41	6	4031	198	3655	2740
珲春市 Hunchun					401	355
和龙市 Helong			240	12	1566	1149
汪清县 Wangqing			368	25	3344	2207
安图县 Antu			507	57	525	356

11－15 续表 6 continued

市、县 City, county	园参 Ginseng		蔬菜 Vegetable		水果 Fruit	
	总产量 Output (吨) (ton)	播种面积 Sown area (公顷) (ha)	总产量 Output (吨) (ton)	播种面积 Sown area (公顷) (ha)	总产量 Output (吨) (ton)	果园面积 Sown area (公顷) (ha)
长春市 Changchun			**2482975**	**101293**	**42171**	**10198**
市区 District			667712	30252	11307	3390
九台市 Jiutai			142746	10524	3354	2687
榆树市 Yushu			769964	21918	12006	2011
德惠市 Dehui			429758	21420	3359	898
农安县 Nongan			472795	17179	12145	1212
吉林市 Jilin	**212**	**38**	**1636340**	**29907**	**188186**	**23165**
市区 District			613521	13210	35614	5708
桦甸市 Huadian	207	35	224230	1663	43474	4521
蛟河市 Jiaohe	5	3	140624	2806	16030	2006
舒兰市 Shuangliao			264314	4353	15266	1821
磐石市 Panshi			233532	4086	37994	3634
永吉县 Yongji			160119	3789	39808	5475
四平市 Siping			**1440039**	**57286**	**47307**	**27547**
市区 District			49189	1466	1163	1259
公主岭市 Gongzhuling			991529	44879	13197	3092
双辽市 Shuangliao			106108	1917	854	396
梨树县 Lishu			248476	5543	12507	6133
伊通县 Yitong			44737	3481	19586	16667
辽源市 Liaoyuan			**257697**	**10049**	**15411**	**4079**
市区 District			91328	3082	445	47
东丰县 Dongfeng			72320	3499	13313	2481
东辽县 Dongliao			94049	3468	1653	1551
通化市 Tonghua	**3614**	**517**	**452664**	**16076**	**38125**	**17974**
市区 District	65	10	126072	3489	1696	414
梅河口市 Meihekou			72648	4036	6194	1282
集安市 jian	2437	328	33799	1007	8384	1448
通化县 Tonghua	1069	172	54023	2297	1871	817
辉南县 Huinan	40	6	104490	3535	15593	2203
柳河县 Liuhe	3	1	61632	1712	4387	11810

11－15 续表 7 continued

市、县 City, county	园参 Ginseng		蔬菜 Vegetable		水果 Fruit	
	总产量 Output （吨）（ton）	播种面积 Sown area （公顷）（ha）	总产量 Output （吨）（ton）	播种面积 Sown area （公顷）（ha）	总产量 Output （吨）（ton）	果园面积 Sown area （公顷）（ha）
白山市 Baishan	**7580**	**626**	**264861**	**6886**	**21366**	**5365**
市区 District	14	1	52298	1670	4098	430
临江市 Linjian	256	13	78447	1349	10813	609
抚松县 Fusong	4047	373	72013	1456	2929	1688
靖宇县 Jingyu	680	137	6906	911	614	277
长白县 Changbai	2432	71	8554	317	301	1972
江源县 Jiangyuan	151	31	46643	1183	2611	389
松原市 Songyuan			**1130587**	**15079**	**37197**	**8617**
市区 District			168452	4399	2811	298
长岭县 Changling			81135	2479	10150	1485
前郭县 Qianguo			564720	2059	11568	5136
乾安县 Qianan			41310	1709	55	72
扶余县 Fuyu			274970	4433	12613	1626
白城市 Baicheng			**384319**	**16615**	**2181**	**1614**
市区 District			141742	6483	1591	484
洮南市 Taonan			51565	3073	320	776
大安市 Daan			123282	3896	99	107
镇赉县 Zhenlai			46332	1371	48	47
通榆县 Tongyu			21398	1792	123	200
延边朝鲜族自治州 Yanbian	**5108**	**709**	**314816**	**11687**	**94255**	**17065**
延吉市 Yanji			49752	1296	12616	2263
图们市 Tumen			20835	875	4250	1241
敦化市 Dunhua	3377	480	110732	2966	9539	1815
龙井市 Longjing			51711	2220	47000	6480
珲春市 Hunchun	7	3	20842	1218	4370	1685
和龙市 Helong	4	1	19969	979	11444	1820
汪清县 Wangqing	328	63	17917	1158	3820	1279
安图县 Antu	1392	162	23058	975	1216	482

11－16 林业、渔业和其他生产情况

Basic Statistics of Forestry Fishery and Other Production

项目	Item	1999	2000
造林面积(千公顷)	Area of afforestation(1000ha)	186.95	152.44
# 用 材 林	Commercial forest	110.82	68.00
经 济 林	Economic forest	22.92	20.38
防 护 林	Shelter forest	52.20	63.05
零星植树(万株)	Odd pieces of planting(10000)	1502	1387
年末实有育苗面积(千公顷)	Areas growing seeding(1000ha)	1.83	4.09
水产品产量(吨)	Total aquatic products(tons)	144679	140107
# 养殖产量	Output artificially cultured	100197	96164
养殖面积(千公顷)	Areas of artificial culturing(1000ha)	229.35	212.41
水果总产量(吨)	Output of fruit(tons)	496192	486199
年末实有水果面积(千公顷)	Orchards at year end(1000ha)	102.81	115.62
蚕茧产量(吨)	Silkworm cocoons(tons)	1796	1767
养 蜂(万箱)	Bee(10000case)	12.1	13.2
蜂蜜产量(吨)	Honey(tons)	4668	5130
鹿茸产量(公斤)	Pilose amtler(kg)	87473	102503

11－17 畜牧饲养、畜禽和水产品产量
Number of Livestock，Output of Livestock Products and Aquatic Products

年份 Year	年底大牲畜数（万头）Large animals (year end)（10000 head）	年底猪数（万头）Hogs (year end)（10000 head）	年底羊数（万只）Sheep and goats (year end)（10000 head）	肉类总产量（万吨）Output of meat（10000 ton）	#猪牛羊肉 output of pork，beef，mutton	禽蛋（万吨）Poultry eggs（10000ton）	绵羊毛（吨）Sheep wool（ton）	水产品（万吨）Total aquatic pheducts（10000 ton）
1978	231.62	581.64	123.77	15.6	15.6	3.94	3470	1.03
1979	234.27	585.73	149.28	21.3	20.5	3.61	3951	0.81
1980	236.76	592.89	170.90	24.6	24.6	4.41	4812	0.84
1981	231.83	547.95	167.94	25.1	25.1	5.12	5209	1.30
1982	234.44	518.94	161.11	28.3	28.3	7.36	4916	1.54
1983	245.71	413.54	152.48	26.3	26.3	7.38	5109	1.79
1984	279.59	411.99	152.61	26.2	26.2	15.70	5215	2.14
1985	294.59	496.98	151.17	32.0	29.9	17.55	5137	2.96
1986	284.89	481.17	142.90	37.5	34.5	18.12	4975	3.83
1987	274.52	416.08	151.88	38.1	34.3	17.42	5323	4.51
1988	281.90	446.30	193.09	41.0	35.0	20.50	6557	5.81
1989	292.17	494.13	223.01	45.1	38.4	22.92	7956	6.61
1990	309.07	507.50	233.64	51.8	43.4	25.00	8487	7.09
1991	318.55	522.61	228.69	57.0	46.8	27.44	9124	7.86
1992	341.12	544.76	227.56	64.0	50.1	30.49	9042	8.49
1993	359.26	567.85	241.89	76.7	57.9	32.73	9869	9.79
1994	424.03	666.03	271.47	101.0	74.8	40.41	10972	10.50
1995	498.66	764.36	336.95	134.6	96.7	48.89	12178	11.06
1996	572.20	847.39	391.79	184.5	130.9	56.50	15373	12.08
1997	602.96	940.60	430.00	211.5	150.0	66.50	17405	13.20
1998	494.79	855.04	324.14	223.7	148.1	73.14	19220	14.20
1999	522.06	877.59	324.24	236.4	155.9	77.75	19403	14.47
2000	539.76	919.59	352.96	247.9	163.8	80.04	21228	14.01

11－18 畜牧业生产情况
Basic Statistics on Livestock

项目	Item	单位 unit	1999	2000
大牲畜年末头数	Large animals(year end)	万头 10000 head	522.1	539.8
牛	Cattle and Buffaloes	万头 10000 head	413.1	431.9
#奶牛	#Cows	万头 10000 head	7.3	8.0
马	Horses	万头 10000 head	72.3	72.2
驴	Donkeys	万头 10000 head	16.3	16.8
骡	Mules	万头 10000 head	20.4	18.9
肉类总产量	Meat	万吨 10000 ton	236.4	247.9
#猪肉	#Prok	万吨 10000 ton	121.5	127.1
牛肉	Beef	万吨 10000 ton	31.3	33.5
羊肉	Mutton	万吨 10000 ton	3.1	3.2
肉猪出栏头数	Slaughtered fattend hogs	万头 10000 head	1235.0	1300.0
猪年末头数	Hogs	万头 10000 head	877.6	919.6
#能繁殖母猪	#Sow	万头 10000 head	84.9	90.0
羊年末只数	Sheep and coats(year end)	万只 10000 head	342.2	353.0
山羊	Coats	万只 10000 head	51.8	54.1
绵羊	Sheep	万只 10000 head	290.4	298.8
鹿年末只数	Deer	万只 10000 head	21.9	23.1
牛奶	Cow milk	吨 ton	137736	142503
羊奶	Goat milk	吨 ton	7739	7504
绵羊毛	Sheep wool	吨 ton	19403	21228
#细羊毛	#Fine wool	吨 ton	17041	19045
家禽	Poultr	万只 10000 ton	18096.7	18479.3
禽蛋	eggs	万吨 10000 ton	77.7	80.0

11－19 各市县畜牧业生产情况(2000)
Basic Statistics on Livestock by Cities and Counties(2000)

市、县 City, county	年底大牲畜头数(头) Large animals (head)	猪年末存栏(头) Hogs (head)	肉猪出栏头数(头) Slanghtere fattened hogs (head)	羊年底只数(只) Sheep and coats (head)	肉类总产量(吨) Meat (ton)				禽蛋产量(吨) Poultry eggs (ton)
						#猪 Pig	#牛 Cattle	#羊 Ccats	
全　省 Total	**5397636**	**9195893**	**13000370**	**3529599**	**2479430**	**1271286**	**335453**	**32145**	**800399**
长春市 Changchun	**1429860**	**2555656**	**4344620**	**335319**	**919032**	**444153**	**91780**	**2314**	**220836**
市　区 District	157041	342478	610283	15469	116333	61248	14467	104	92638
九台市 Jiutai	174349	336361	427388	17692	66360	43366	6643	111	20185
榆树市 Yushu	345795	687718	1256457	40395	184550	116743	34953	392	44495
德惠市 Dehui	326311	458627	797883	57907	262351	94322	12136	237	35067
农安县 Nongan	426364	730472	1252609	203856	289438	128474	23581	1470	28451
吉林市 Jilin	**998656**	**1318372**	**1791660**	**156526**	**312516**	**148150**	**75994**	**1787**	**93911**
市　区 District	174673	282212	402354	20529	81584	34525	11250	321	26640
桦甸市 Huadian	190489	151887	241014	46428	47685	20458	17463	537	16205
蛟河市 Jiaohe	161879	125118	153070	35993	24639	12663	8294	167	7397
舒兰市 Shuangliao	238223	358853	410534	23433	71683	34655	12690	550	24018
磐石市 Panshi	159897	234471	344873	17904	59655	26610	21994	100	11890
永吉县 Yongji	73495	165831	239815	12239	27270	19239	4303	112	7761
四平市 Siping	**825057**	**1928844**	**2841852**	**483279**	**482197**	**289726**	**63328**	**6413**	**241749**
市　区 District	13725	31104	33845	15478	4757	3177	319	112	2068
公主岭市 Gongzhuling	270757	838014	1146465	120135	210373	118373	25152	1437	123139
双辽市 Shuangliao	118883	257244	286917	231699	50698	26937	7197	3630	17108
梨树县 Lishu	209002	591010	1104848	80773	149808	112942	13814	792	50521
伊通县 Yitong	212690	211472	269777	35194	66561	28297	16846	442	48913
辽源市 Liaoyuan	**300597**	**319391**	**423058**	**43093**	**94981**	**41171**	**20414**	**490**	**29773**
市　区 District	8937	28460	40018	3585	8134	3558	208	53	8022
东丰县 Dongfeng	142059	136606	171941	23223	43717	15981	9576	309	11204
东辽县 Dongliao	149601	154325	211099	16285	43130	21632	10630	128	10547
通化市 Tonghua	**395770**	**640600**	**921488**	**88053**	**221626**	**85291**	**25864**	**705**	**40896**
市　区 District	9347	33609	68316	5854	14696	6971	848	98	8002
梅河口市 Meihekou	114498	216666	414797	4853	103183	38540	8295	45	16881
集安市 jian	25576	56842	58109	12301	8251	6181	1218	131	2324
通化县 Tonghua	44371	55624	88098	17603	12606	9105	1949	117	2996
辉南县 Huinan	92059	77765	96632	10187	31808	7907	6177	136	5445
柳河县 Liuhe	109919	200094	195536	37255	51082	16587	7377	178	5248

市、县 City, county	年底大牲畜头数（头）Large animals (head)	猪年末存栏（头）Hogs (head)	肉猪出栏头数（头）Slanghtere fattened hogs (head)	羊年底只数（只）Sheep and coats (head)	肉类总产量（吨）Meat (ton)	#猪 Pig	#牛 Cattle	#羊 Ccats	禽蛋产量（吨）Poultry eggs (ton)
白山市 Baishan	**193639**	**172495**	**269626**	**104360**	**45595**	**25757**	**12606**	**1577**	**23294**
市区 District	22888	22025	68939	29758	12571	7257	2913	599	3551
临江市 Linjian	27646	32077	48346	13807	8174	4534	2221	221	4845
抚松县 Fusong	58435	38341	40490	18542	6333	4175	1276	227	2709
靖宇县 Jingyu	42121	26310	31981	11822	5182	2641	1953	100	468
长白县 Changbai	16216	19404	27315	8109	4442	2124	1650	119	2475
江源县 Jiangyuan	26333	34338	52555	22322	8893	5026	2593	311	9246
松原市 Songyuan	**503695**	**1160507**	**1267451**	**1024983**	**219760**	**128719**	**22547**	**7642**	**89908**
市区 District	32107	67100	81863	25109	12114	8525	1952	210	1982
长岭县 Changling	146852	324480	315789	406183	46762	33187	3880	2579	9214
前郭县 Qianguo	115153	209433	337385	294900	74170	35141	5215	2852	23316
乾安县 Qianan	28996	124088	114293	132939	20788	12114	1287	1207	6828
扶余县 Fuyu	180587	435406	418121	165852	65926	39752	10213	794	48568
白城市 Baicheng	**415294**	**814686**	**842989**	**1165991**	**136505**	**81598**	**8201**	**10273**	**45593**
市区 District	26536	141117	151315	68180	18521	13122	762	933	4733
洮南市 Taonan	72258	221321	178312	444251	32241	17329	1605	3720	7442
大安市 Daan	98391	136622	166634	154982	24433	15640	371	1619	21934
镇赉县 Zhenlai	82815	182392	162970	163537	27667	16987	1444	2353	6941
通榆县 Tongyu	135294	133234	183758	335041	33643	18520	4019	1648	4543
延边朝鲜族自治州 Yanbian	**335068**	**285342**	**297626**	**127995**	**47218**	**26721**	**14719**	**944**	**14439**
延吉市 Yanji	10972	20698	17945	2124	3069	1644	902	109	2110
图们市 Tumen	8314	8765	12694	3320	1790	1116	352	38	886
敦化市 Dunhua	146045	100656	96096	72217	17928	8875	6202	398	5613
龙井市 Longjing	29835	35032	37278	15074	5452	3079	1776	163	955
珲春市 Hunchun	26159	25772	24317	4256	3396	2108	968	34	1540
和龙市 Helong	27407	25334	36773	8116	4912	3375	1197	74	1191
汪清县 Wangqing	45300	23670	28832	12810	4836	2936	1446	79	927
安图县 Antu	41036	45415	43691	10078	5835	3588	1876	49	1217

11－20 农业事业机构和气象台站

Agro－institutions and Meterological of Servation Stations

单位：个 unit：(unit)

		1999	2000
农业技术推广站	Agricultural technical market	1933	998
畜牧兽医站	Veterinary station	910	957
国营良种(原种)站	Seed multiplicatioin farm	43	43
气象台、站	Meterological obsrvatories and stations	62	62
气象台	Meterological observtories	9	9
气象站	Meterological stations	53	53

11－21 自然灾害受灾和成灾面积

Areas Covered and Affected

单位：万公顷 unit：10000ha

		1999	2000
受灾面积	**Areas covered**	**127.4**	**366.2**
旱灾	Drought	94.6	353.8
水灾	Flood	10.7	6.9
风雹灾	Disaster caused by hail	17.8	4.4
霜冻灾	Frost	2.9	0.1
病虫害	Plant disease and insect pestes	1.4	1.0
成灾面积	**Areas affected**	**97.3**	**312.5**
旱灾	Drought	79.5	304.2
水灾	Flood	5.7	4.7
风雹灾	Disaster caused by hail	9.7	2.9
霜冻灾	Frost	1.9	0.1
病虫害	Plant diseases and insect pestes	0.5	0.6

11－22　商品粮基地县基本情况(2000)

Basic Statistics for Cmmoditie Grain Counties Based(2000)

市、县 City,county	农业人口(万人) Agricultural population (ha)	耕地面积(公顷) Area of cultivated land (bectrare)	农林牧渔业总产值(现价、万元) Value of FFAF, current prices (10000 yuan)	粮食播种面积(公顷) Grain grops sown area (ha)	粮食总产量(万吨) Output of grain (10000 ton)	每公顷粮食产量(公斤) Output of grain per hectrare(kg)
总　　计 Total	**1100.15**	**3097487**	**4678268**	**2650890**	**1434.0**	**5410**
九 台 市 Jiutai	63.21	159516	178108	141960	89.1	6276
榆 树 市 Yushu	104.68	290682	427635	260318	162.1	6227
农 安 县 Nongan	92.81	290135	457350	251806	127.9	5079
德 惠 市 Dehui	75.28	211748	406126	183266	100.4	5478
桦 甸 市 Huadian	25.07	49693	152799	44280	33.2	7498
蛟 河 市 Jiaohe	29.91	50097	122277	41325	29.4	7114
永 吉 县 Yongji	31.44	55978	87215	51134	29.5	5769
舒 兰 市 Yongji	45.99	82915	222818	73557	62.4	8483
磐 石 市 shykab	35.89	65638	170825	61787	43.1	6976
公主岭市 Panshi	68.21	219400	407176	164134	90.0	5483
梨 树 县 Gonzhuling	65.77	185912	303678	178244	95.2	5341
伊 通 县 Lishu	37.65	87898	158494	83441	45.1	5405
双 辽 市 Shuangliao	26.08	100565	96307	89201	28.9	3240
东 丰 县 Dongfeng	29.60	73656	99473	67448	40.2	5960
东 辽 县 Dongliao	31.58	65968	93329	60511	40.7	6726
梅河口市 Meihekou	35.53	63564	163873	57942	44.8	7732
辉 南 县 Huinan	22.00	39459	72191	31922	33.1	10369
通 化 县 Tonghua	17.30	28524	49577	25593	11.3	4415
扶 余 县 Fuyu	67.40	228403	257117	181862	102.0	5609
洮 南 县 Taonan	27.90	122317	78028	99265	26.5	2670
大 安 市 Daan	26.78	84627	100524	60621	19.0	3134
镇 赉 县 Zhenlai	20.72	98982	92271	72797	26.5	3640
长 岭 县 Changling	52.96	184802	165113	151584	68.5	4519
前 郭 县 Qianguo	44.60	193973	195963	164347	61.1	3718
敦 化 市 Dunhua	22.15	63035	120001	52545	24.0	4568

11－23　乡镇企业基本情况(2000)

Basic Statistics on Township and Village Enterprises(2000)

		合计 Total	集体企业 Collective	私营企业 Private	个体企业 Individual
企业单位数(个)	**Total enterprises**	**764616**	**10375**	**10753**	**743488**
农　业	Agriculture	3786	3786		
工　业	Industry	175114	5411	5857	163846
建筑业	Construction	42939	234	1291	41414
交通运输业	Transportation	202380	90	794	201496
批发零售贸易业	Commerce	233835	625	1513	231697
旅游饮食服务业	Catering trade	99741	225	1140	98376
其　他	Others	6821	4	158	6659
职工人数(人)	**Staff and workers(person)**	**2509473**	**376636**	**165964**	**1966873**
农　业	Agriculture	56986	56986		
工　业	Industry	952935	269297	123473	560165
建筑业	Construction	289143	27207	13039	248897
交通运输业	Transportation	379001	2688	4148	372165
批发零售贸易业	Commerce	536094	16296	13182	506616
旅游饮食服务业	Catering trade	280563	3869	11052	265642
其　他	Others	14751	293	1070	13388
增加值(万元)	**Added－value(10000yuan)**	**5711088**	**1018433**	**496359**	**4196296**
农　业	Agriculture	71263	71263		
工　业	Industry	2443061	747259	299830	1395972
建筑业	Construcation	624497	65873	43811	514813
交通运输业	Transportation	903619	9278	12411	881930
批发零售贸易业	Commerce	1058748	100996	83518	874234
旅游饮食服务业	Catering trade	584209	23420	52729	508060
其　他	Others	25691	344	4060	21287
总产值(当年价格、万元)	**Output value (current 10000 yuan)**	**21023459**	**3675901**	**1780403**	**15567155**
农　业	Agriculture	265628	265628		
工　业	Industry	9236419	2649954	1211146	5375319
建筑业	Construcation	2358801	256823	160222	1941756
交通运输业	Transportation	3181328	30118	40235	3110975
批发零售贸易业	Commerce	3869266	403312	205182	3260772
旅游饮食服务业	Catering trade	2026852	68970	147594	1810288

11－24 各市县乡镇企业单位数和总产值(2000)

Number and Output Value of Township and Village Enterprises(2000)

市、县 City, county	企业单位数（个）entrerprises	#私营 Private	#个体 Individual	总产值（当年价格）（万元）Output value (Current) (10000 yuan)	#私营 Private	#个体 Individual
全　　省 Total	**764616**	**10753**	**743488**	**21023459**	**1780403**	**15567155**
长 春 市 Changchun	**169948**	**2772**	**163467**	**9246673**	**804335**	**6020474**
市　　区 District	39935	1025	37629	6164282	526543	3674282
九 台 市 Jiutai	26732	586	25923	791805	126281	605406
榆 树 市 Yushu	45350	380	43206	770500	30000	555430
德 惠 市 Dehui	23137	79	22814	600086	19434	467422
农 安 县 Nongan	34794	702	33895	920000	102077	717934
吉 林 市 Jilin	**125891**	**2198**	**122716**	**3424153**	**433728**	**2776499**
市　　区 District	26992	788	25993	1030789	225139	721681
桦 甸 市 Huadian	21050	253	20543	491544	25379	414578
蛟 河 市 Jiaohe	18488	220	18159	531115	38811	471785
舒 兰 市 Shuangliao	16449	330	15892	550667	46063	464497
磐 石 市 Panshi	27356	412	26831	550038	54525	484398
永 吉 县 Yongji	15556	195	15298	270000	43811	219560
四 平 市 Siping	**113733**	**1812**	**111412**	**2572166**	**170975**	**2168310**
市　　区 District	5908	16	5825	355612	9517	195674
公主岭市 Gongzhuling	50166	1631	48420	1190664	139318	1011113
双 辽 市 Shuangliao	6175	5	6087	166345	1610	157474
梨 树 县 Lishu	31204	159	30953	567651	20470	521530
伊 通 县 Yitong	20280	1	20127	291894	60	282519
辽 源 市 Liaoyuan	**37866**	**200**	**37150**	**850604**	**36601**	**718085**
市　　区 District	3628	19	3501	158085	3525	123589
东 丰 县 Dongfeng	14505	121	14164	344119	18426	301166
东 辽 县 Dongliao	19733	60	19485	348400	14650	293330
通 化 市 Tonghua	**90044**	**960**	**88014**	**1597965**	**135318**	**1354330**
市　　区 District	7230	19	7039	226122	3144	199080
梅河口市 Meihekou	32303	263	31912	591007	48894	516761
集 安 市 jian	7446	217	7142	189845	32912	145808
通 化 县 Tonghua	9565	84	9323	234075	6640	215882
辉 南 县 Huinan	17865	306	17395	188124	31189	141542
柳 河 县 Liuhe	15635	71	15203	168792	12539	135257

市、县 City, county	企业单位数（个） enterprises	#私营 Private	#个体 Individual	总产值（当年价格）（万元） Output value (Current) (10000 yuan)	#私营 Private	#个体 Individual
白山市 Baishan	**36668**	**1376**	**34116**	**1122016**	**76863**	**727829**
市区 District	6974	66	6757	302665	15865	204227
临江市 Linjian	5728	19	5398	156272	2713	102800
抚松县 Fusong	7530	169	7031	209100	12400	117100
靖宇县 Jingyu	5745	42	5555	62176	2643	40943
长白县 Changbai	2570	15	2448	124218	8572	87731
江源县 Jiangyuan	8121	1065	6927	267585	34670	175028
松原市 Songyuan	**73299**	**356**	**72077**	**805287**	**19990**	**732955**
市区 District	8055	2	7937	93878	400	82667
长岭县 Changling	16165		16012	160840		153976
前郭县 Qianguo	12809	58	12430	198001	7316	172872
乾安县 Qianan	6841		6778	79194		78472
扶余县 Fuyu	29429	296	28920	273374	12274	244968
白城市 Baicheng	**55640**	**520**	**54319**	**597250**	**22541**	**490170**
市区 District	6079	128	5790	146000	5200	108180
洮南市 Taonan	11087	209	10806	131665	4816	117550
大安市 Daan	12354	134	11829	176900	4370	142344
镇赉县 Zhenlai	10798	13	10646	74685	2649	60202
通榆县 Tongyu	15322	36	15248	68000	5506	61894
延边朝鲜族自治州 Yanbian	**61527**	**559**	**60217**	**807345**	**80052**	**578503**
延吉市 Yanji	3997	24	3938	104324	6936	67939
图们市 Tumen	2891		2817	30174		25954
敦化市 Dunhua	12820	198	12562	341133	42887	219988
龙井市 Longjing	9285	82	9078	71188	8259	53950
珲春市 Hunchun	10127	104	9975	60536	7673	46750
和龙市 Helong	5777	82	5597	42255	4829	34737
汪清县 Wangqing	7872	7	7658	81237	2998	67830
安图县 Antu	8758	62	8592	76498	6470	61355

11－25　2000年农民人均纯收入排序前100名乡镇

The first 100th Place Township in Net Income for Rural Households(2000)

乡镇名称 Name of township		位次 Order	人均纯收入（元） Per capita net income (yuan)
丰满区江南乡	Jiangnan township in Fengman district	1	4826
南关区幸福乡	Xingfu township in Nanguan district	2	4800
榆树市五棵树镇	Wukeshu town in yushu city	3	4500
高新开发区双德乡	Shuangde township in hligh－tech district	4	4500
旅游区净月镇	Jingyue town in Tourism district	5	4380
二道区英俊乡	Yingjun township in Erdao district	6	4200
柳河县柳河镇	Liuhe town in Liuhe county	7	4150
桦甸市红石砬子镇	Hongshizi town in Huadian city	8	3950
辉南县朝阳镇	Chaoyang town in Huadian city	9	3800
前郭县新立乡	Chaoyang town in Huinan county	10	3780
昌邑区孤店子镇	Gudianzi town in Changyi district	11	3712
船营区沙河子乡	Sahezi township in Chuang yeng district	12	3691
榆树市新庄镇	Xinzuang township in Yushu city	13	3658
长白县长白镇	Changbai town in Changbai county	14	3647
通化县大泉源乡	Daquanyuan township in Tonghua county	15	3636
龙潭区龙潭乡	Longtan township in Longtan district	16	3626
桦甸市金沙乡	Jinsa township in Huadian city	17	3581
抚松县抚松镇	Fusong township in Fusong county	18	3536
榆树市前进乡	Qianjin township in yushu city	19	3500
丰满区小白山乡	Xiaobai shan township in Fengman	20	3500
通化县果松镇	Guosong town in Tonghua county	21	3491
通化县石湖镇	Shihu town in Tonghua county	22	3456
前郭县达里巴乡	Daliba township in Qianguo county	23	3396
宽城区奋进乡	Fenjin township in Kuanchen district	24	3392
抚松县露水河镇	Lushuihe town in Fusong county	25	3385
桦甸市八道河子镇	Badaohezi township in Huadian city	26	3381
桦甸市桦树林子乡	Huashulinzi township in Huadian city	27	3370
宁江区兴原乡	xingyuan township in Ningjiang district	28	3369
龙潭区江北乡	Jiangbei township in Longtan district	29	3352
柳河县姜家店乡	Jiangjiadian township in Liuhe county	30	3326
蛟河市白石山镇	Baishishan town in Jiaohe	31	3310
榆树市春顶乡	Chunding township in yushu city	32	3300
旅游区玉潭镇	Yutan town in tourisn district	33	3300
丰满区前二道乡	Qianerdao township in Fengman	34	3300
舒兰市平安镇	Pingan town in shulan city	35	3294
磐石县烟筒山镇	Yantongshan town in panshi city	36	3288
二道区三道镇	Sandao town in Erdao district	37	3280
舒兰市庆丰乡	Qingfeng township in shulan city	38	3278
延吉市小营乡	Xiaoying township in Yanji city	39	3267
舒兰市莲花乡	Lianhua township in shulan city	40	3252
舒兰市上营镇	Shangying township in shulan city	41	3230
桦甸市白山镇	Baishan town in Huadian city	42	3216
抚松县泉阳镇	Qianyang town in Fusong county	43	3216
桦甸市桦郊乡	Huajiao township Huadian city	44	3210
船营区欢喜乡	Xihuan township in Chuanying district	45	3200
桦甸市老金厂镇	Laojinchang town in Huadian city	46	3195
磐石县石嘴镇	Shizui town in panshi city	47	3192
抚松县松江河镇	Songjianghe town in Fusong county	48	3192
东昌区环通乡	Huantong township in Dongchang district	49	3192
桦甸市二道甸子镇	Erdaodianzi town in Huadian city	50	3189
抚松县北岗镇	Baigang town in Fusong county	51	3189

11－25 续表 continued

乡镇名称	Name of township	位 次 Order	人均纯收入（元）Percapita netincome（yuan）
抚松县东岗镇	Donggang town in Fusong county	52	3186
抚松县新屯子镇	Xintunzi town in Fusong county	53	3184
昌邑区左家镇	Zuojia town in Changyi district	54	3177
桦甸市公吉乡	Gongji township in Huadian city	55	3172
磐石县磐郊乡	Panjiao township in Panshi county	56	3171
蛟河市漂河镇	Piaohe town in Jiaohe city	57	3151
舒兰市法特镇	Fate town in Shulan city	58	3150
磐石县吉昌镇	Jichang town in panshi county	59	3149
舒兰市二道乡	Erdao township in Shulan city	60	3132
桦甸市夹皮沟镇	Jiapigou town in Hualian city	61	3129
桦甸市常山镇	Changshan town in Huadian city	62	3124
桦甸市榆木桥子镇	Yumuqiaozi town in Huadian city	63	3116
长白县马鹿沟镇	Malugou town in chang bai county	64	3114
抚松县松郊乡	Songjiao township in Fusong county	65	3108
集安市头道镇	Toudao town in Jian city	66	3105
通化县干沟乡	Gangou township in Tonghua county	67	3100
磐石县红旗岭镇	Hongqiling town in Panshi county	68	3100
辉南县辉南镇	Huinan town in Huinan county	69	3097
敦化市黑石乡	Heishi township in Dunhua city	70	3089
八道江区市郊乡	Shijiao township in Badaojiang district	71	3079
蛟河市庆岭镇	Qingling town in Jiaohe city	72	3070
蛟河市松江镇	Songjiang town in Jiaohe city	73	3068
东昌区江东乡	Jiangdong township in Dongchang district	74	3067
八道江区六道江镇	Liudaojiang town in Badaojiang district	75	3064
二道江区二道江乡	Erdaojiang township in Erdaojiang district	76	3063
舒兰市天德乡	Tiande township in shulan city	77	3050
桦甸市北台子乡	Beitaizi township in Huadian city	78	3050
抚松县西岗乡	Xigang township in Fusong county	79	3050
绿园区西新镇	Xixin town in Luyuan district	80	3022
磐石县松山镇	Songshan town in Panshi cownty	81	3014
榆树市红星乡	Hongxing township in Yushu city	82	3010
长白县十一道沟乡	Shiyidaogou township in changbai county	83	3010
蛟河市拉法镇	Lafa town in Jiaohe city	84	3009
蛟河市青背乡	Qingbei township in Jiaohe city	85	3005
榆树市新立镇	Xinli town in Yushu city	86	3000
永吉县岔路河镇	Chaluhe town in Yongji county	87	3000
蛟河市天岗镇	Tiaogang town in Jiaohe city	88	3000
抚松县抽水乡	Choushui township in Fusong county	89	2994
抚松县沿江乡	Yanjiang township in Fusong county	90	2988
蛟河市前进乡	Qianjin township in Jiaohe city	91	2987
江源县砟子镇	Zazi township in Jiangyuan county	92	2984
临江市大栗子镇	Dalizi town in Linjiang city	93	2981
延吉市长白乡	Changbai township in yanji city	94	2974
长白县八道沟镇	Badao gou town in Changbai COWNTY	95	2973
集安市台上镇	Shangtai town in Jian city	96	2970
桦甸市横道河子乡	Hongdao he zi township in Hua dian city	97	2967
抚松县仙人桥镇	Xianrenqiao town in Fusong county	98	2966
江源县石人镇	Shiren town in Jian yuan county	99	2965
磐石县宝山乡	Baoshan township in panshi cownty	100	2952

11-26　2000年粮食总产量排序前100名乡镇
The First 100th Place Township in Output for Grain(2000)

乡镇名称	Name of township	位　次 Order	总产量（吨） Output (ton)
农安县开安镇	Kaian town in Nongan County	1	107312
扶余县蔡家沟镇	Caijiagou town in Fuyu County	2	105659
德惠市岔路口镇	Calukou town in Dehui City	3	101569
扶余县三岔河镇	Sancahe town in Fuyu County	4	95179
农安县合隆镇	Helong town in Nongan County	5	79496
扶余县五家站镇	Wujiazha town in Fuyu County	6	78274
农安县农安镇	Nongan town in Nongan County	7	77932
农安县华家镇	Huajia town in Nongan County	8	77340
长岭县永久镇	Yongjiu town in Changling County	9	75000
扶余县榆树沟乡	Yushugou township in Fuyu County	10	73642
德惠市朝阳乡	Chaoyang township in Dehui City	11	72453
榆树市大坡镇	Dapou town in Yushu City	12	70624
榆树市红星乡	Hongxing township in Yushu City	13	70157
长岭县大兴镇	Daxing town in Changling County	14	69924
公主岭市杨大城子镇	Yangdachengzi town in Gongzhuling City	15	69512
榆树市保寿镇	Baoshou town in Yushu City	16	66057
榆树市青山乡	Qingshang township in Yushu City	17	65352
长岭县三青山镇	Shanqingshang town in Gongzhuling County	18	65000
农安县新农乡	Xinnong township in Nongan County	19	61869
九台市其塔木镇	Qitamu town in Jiutai City	20	61392
九台市庆阳乡	Qingyang township in Jiutai City	21	61154
舒兰市法特镇	Fate town in Shulan City	22	60050
农安县鲍家镇	Baojia town in Nongan County	23	59948
德惠市米沙子镇	Mishazi town in Dehui City	24	59327
舒兰市白旗镇	Baiqi town in Shulan City	25	59270
公主岭市范家屯镇	Fanjiatuen town in Gongzhuling City	26	59228
榆树市新庄镇	Xinzhuang town in Yushu City	27	59042
德惠市菜园子镇	Caiyuanzi town in Dehui City	28	58906
农安县巴吉垒镇	Bajilei town in Nongan County	29	58512
农安县万顺乡	Wanshuen township in Nongan County	30	56150
农安县高家店镇	Gaojiadian town in Nongan County	31	56000
德惠市大青嘴镇	Daqingzuei town in Dehui City	32	55648
农安县滨河乡	Binhe township in Nongan County	33	55286
前郭县平凤乡	Pingfeng township Qianguo County	34	55120
榆树市泗河镇	Sihe town in Yushu City	35	54451
榆树市大岭镇	Daling town in Yushu City	36	54365
榆树市李合乡	Lihe township in Yushu City	37	54208
公主岭市怀德镇	Huaide town in Gongzhuling City	38	53759
榆树市闵家镇	Minjia town in Yushu City	39	53388
榆树市恩育乡	Enyu township in Yushu City	40	53380
梨树县十家堡镇	Shijiabao town Lishu County	41	53300
德惠市五台乡	Wutai township in Dehui City	42	52665
榆树市刘家镇	Liujia town in Yushu City	43	51954
农安县万金塔乡	Wanjinta township in Nongan County	44	51197
德惠市万宝镇	Wanbao town in Dehui City	45	50819
榆树市育民乡	Yumin township in Yushu City	46	50674
前郭县新立乡	Xinli township Qianguo County	47	50369
农安县三盛玉镇	Sanshengyu town in Nongan County	48	50236
榆树市环城乡	Huancheng township in Yushu City	49	49904
梨树县双河乡	Shuanghe township in Lishu County	50	49850
扶余县三井子镇	Shanjingzi town in Fuyu County	51	49783

11－26 续表 continued

乡镇名称	Name of township	位 次 Order	总产量（吨）Output（ton）
德惠市郭家镇	Guojia town in Dehui City	52	49326
公主岭市黑林子镇	Heilinzi town in Gongzhuling City	53	48898
昌邑区桦皮厂镇	Huapichang town in Changyi district	54	48509
农安县杨树林乡	Yangshulin township in Nongan County	55	48443
梨树县喇嘛甸镇	Lamadian town in Lishu County	56	48000
九台市沐石河镇	Linsihe town in Jiutai City	57	47542
磐石县烟筒山镇	Yantongshan town in Panshi County	58	47533
扶余县七家子乡	Qijiazi township in Fuyu County	59	47436
舒兰市亮甲山乡	Liangjiashan township in Shulan City	60	47373
龙潭区乌拉街镇	Wulajie town in Longtan dictrict	61	47326
九台市卢家乡	Lujia town in ship Jiutai City	62	46549
九台市龙家堡镇	Longjiapu town in Jiutai City	63	46449
榆树市先锋乡	Xianfeng township in Yushu City	64	46334
敦化市官地镇	Guandi town Duenhua City	65	46155
榆树市五棵树镇	Wukeshu town in Yushu City	66	45651
德惠市同太乡	Tongtai township in Dehui City	67	45613
榆树市向阳镇	Xiangyang town in Yushu City	68	45567
九台市卡伦镇	Kaluen town in Jioutai City	69	45437
扶余县陶赖昭镇	Taolaizao town in Fuyu County	70	45090
榆树市新立镇	Xinli town in Yushu City	71	45050
九台市城子街镇	Chengzijie town in Jiutai City	72	45044
长岭县三县卜乡	Sanxianbu township in Changling County	73	45000
洮北区平安镇	Pingan town in Taobei district	74	44830
船营区搜登站镇	Suodengzhan town in Chuanying dictrict	75	44630
舒兰市溪河镇	Xihe town in Shulan City	76	44605
德惠市和平乡	Heping township in Dehui City	77	44259
农安县哈拉海镇	Halahai town in Nongan County	78	44187
扶余县万发乡	Wanfa township in Fuyu County	79	43811
永吉县一拉溪镇	Yilaxi town in Yongji County	80	43616
榆树市双井乡	Shuangjing township in Yushu City	81	43209
九台市苇子沟镇	Weiziguo town in Jiutai City	82	43166
永吉县万昌镇	Wanchang town in Yongji County	83	42968
公主岭市响水镇	Xiangshui town in Gongzhuling City	84	42227
长岭县太平山镇	Taipingshan town Changling County	85	42090
梨树县叶赫镇	Yehe town in Lishu County	86	42050
长岭县光明乡	Guangming township Changling County	87	42020
永吉县岔路河镇	Caluhe town in Yongji County	88	42000
德惠市朱城子镇	Zhuchengzi town in Dehui City	89	41670
榆树市太安乡	Taian township in Yushu City	90	41539
洮北区青山镇	Qingshan town in Taobei district	91	41449
梅河口市新合镇	Xinhe town in Meihekou City	92	41290
舒兰市平安镇	Pingan town in Shulan City	93	41000
榆树市土桥镇	Tuqiao town in Yushu City	94	40189
德惠市高家店镇	Gaojiadian town in Dehui City	95	40082
榆树市黑林镇	Heilin town in Yushu City	96	40065
洮北区岭下镇	Lingxia town in Taobei district	97	39883
榆树市弓棚镇	Gongpeng town in Yushu City	98	39861
扶余县增盛镇	Zengsheng town in Fuyu County	99	39828
榆树市春顶乡	Chunding township in Yushu City	100	39785

11－27　2000年肉类总产量排序前100名乡镇

The Eirst 100th Place Township in Output Meat(2000)

乡镇名称 Name of township		位　次 Order	总产量（吨） Output（ton）
公主岭市秦家屯镇	Qinjiatun town in Gongzhuling City	1	55175
公主岭市南崴子镇	Nanwaizi town in Gongzhuling City	2	36855
农安县开安镇	Kaian town in Nongan County	3	33509
农安县合隆镇	Helong town in Nongan County	4	28958
舒兰市庆丰乡	Qingfeng township in Shulan City	5	28000
榆树市八号镇	Bahao town in Yushu City	6	24614
公主岭市怀德镇	Huaide town in Gongzhuling City	7	23900
农安县三岗乡	Sangang township in Nongan County	8	23465
德惠市边岗乡	Biangang township in Dehui City	9	23397
农安县哈拉海镇	Halahai town in Nongan County	10	23279
榆树市五棵树镇	Wukeshu town in Yushu County	11	22986
农安县鲍家镇	Baojia town in Nongan County	12	20799
农安县华家镇	Huajia town in Nongan County	13	20558
榆树市弓棚镇	Gongpeng town in Yushu City	14	20429
梨树县十家堡镇	Shijiabao town in Lishu County	15	19283
舒兰市上营镇	Shangying town in Shulan City	16	18850
农安县滨河乡	Binhe township in Nongan County	17	18314
农安县农安镇	Nongan town in Nongan County	18	18224
公主岭市杨大城子镇	Yangdachengzi town in Gongzhuling City	19	18000
东丰县东丰镇	Dongfeng town in Dongfeng County	20	17000
德惠市郭家镇	Guojia town in Dehui City	21	16970
德惠市同太乡	Tongtai township in Dehui City	22	16908
德惠市天台镇	Tiantai town in Dehui City	23	16803
农安县高家店镇	Gaojiadian town in Nongan County	24	16193
德惠市升阳乡	Shengyang township in Dehui City	25	15864
德惠市和平乡	Heping township in Dehui City	26	15530
公主岭市范家屯镇	Fanjiatuen town in Gongzhuling City	27	15023
农安县青山乡	Qingshan township in Nongan County	28	14771
德惠市大青嘴镇	Daqingzuei town in Dehui City	29	14545
德惠市布海镇	Buhai town in Dehui City	30	14518
农安县黄鱼圈乡	Huangyuquan township in Nongan County	31	14499
德惠市朱城子镇	Zhuchengzi town in Dehui City	32	14425
农安县新农乡	Xinnong township in Nongan County	33	14124
德惠市五台乡	Wutai township in Dehui City	34	14013
通榆县十花道乡	Shihuadao township in Tongyu County	35	13926
德惠市松花江镇	Songhuajiang town in Dehui City	36	13761
梨树县小城子镇	Xiaochengzi town in Lishu County	37	13687
德惠市高家店镇	Gaojiadian town in Dehui City	38	13547
德惠市岔路口镇	Chalukou town in Dehui City	39	13534
德惠市菜园子镇	Caiyuanzi town in Dehui City	40	12257
农安县巴吉垒镇	Bajilei town in Nongan County	41	12181
绿园区城西乡	Chengxi township in Luyuan district	42	12105
德惠市杨树乡	Yangshu township in Dehui City	43	12048
梨树县梨树乡	Lishu township in Lishu County	44	12000
德惠市大房身镇	Dafangshen town in Dehui City	45	11873
农安县柴岗镇	Chaigang town in Nongan County	46	11567
公主岭市大岭镇	Daling town in Gongzhuling City	47	11483
磐石县大旺乡	Dawang township in Panshi County	48	11421
德惠市米沙子镇	Mishazi town in Dehui City	49	11327
农安县万顺乡	Wanshuen township in Nongan County	50	11264
舒兰市白旗镇	Baiqi town in Shulan City	51	11047

11－27 续表 continued

乡镇名称	Name of township	位 次 Order	总产量（吨） Output（ton）
舒兰市法特镇	Fate town in Shulan City	52	11020
德惠市沃皮乡	Wopi township in Dehui City	53	10976
梨树县董家乡	Dongjia township in Lishu County	54	10152
公主岭市陶家屯镇	Taojiatuen town in Gongzhuling City	55	10000
德惠市达家沟镇	Dajiagou town in Dehui City	56	9950
农安县靠山镇	Kaoshan town in Nongan County	57	9876
榆树市先锋乡	Xianfeng township in Yushu City	58	9794
农安县烧锅镇	Saoguo town in Nongan County	59	9725
绿园区合心镇	Hexin town in Luyuan district	60	9285
榆树市恩育乡	Enyu township in Yushu City	61	9267
前郭县王府镇	Wangfu town in qianguo County	62	9229
梅河口市城南乡	Chengnan township in Meihekou City	63	9148
公主岭市双榆树乡	Suangyushu township in Gongzhuling City	64	9100
梨树县泉眼岭镇	Quanyanling town in Lishu County	65	8997
公主岭市黑林子镇	Heilingzi town in Gongzhuling City	66	8724
德惠市万宝镇	Wanbao town in Dehui City	67	8373
德惠市朝阳乡	Chaoyang township in Dehui City	68	8166
公主岭市廿家子满族镇	Ganjiazimanzhu town in Gongzhuling City	69	8111
农安县万金塔乡	Wujinta township in Nongan County	70	8099
梨树县蔡家镇	Caijia town in Lishu County	71	7990
梨树县大房身乡	Dafangshen township in Lishu County	72	7867
榆树市黑林镇	Heilin town in Yushu City	73	7797
农安县小城子乡	Xiaochengzi township in Nongan County	74	7748
扶余县新城局乡	Xinchengju township in Fuyu County	75	7733
榆树市怀家镇	Huaijia town in Yushu City	76	7653
梨树县刘家馆子镇	Lujiaguanzi town in Lishu County	77	7623
榆树市育民乡	Yumin township in Yushu City	78	7596
榆树市大坡镇	Dapo town in Yushu City	79	7529
农安县龙王乡	Longwang township in Nongan County	80	7507
农安县前岗乡	Qiangang township in Nongan County	81	7492
朝阳区乐山镇	Leshan town in Chaoyang district	82	7420
桦甸市八道河子镇	Badaohezi town in Huadian City	83	7350
榆树市谢家乡	Xiejia township in Yushu City	84	7295
敦化市官地镇	Guandi town in Duenhua City	85	7234
东辽县建安镇	Jianan town in Dongliao County	86	6922
德惠市三胜乡	Sansheng township in Dehui City	87	6822
农安县三盛玉镇	Sanshengyu town in Nongan County	88	6752
梨树县金山乡	Jinshan township in Lishu County	89	6725
公主岭市朝阳坡镇	Chaoyangpuo town in Gongzhuling City	90	6699
榆树市大岗乡	Dagang township in Yushu City	91	6657
扶余县万发乡	Wufa township in Fuyu County	92	6568
公主岭市响水镇	Xianshui town in Gongzhuling City	93	6538
梅河口市新合镇	Xinhe town in Meihekou City	94	6409
榆树市环城乡	Huancheng township in Yushu City	95	6322
扶余县三岔河镇	Shanchahe town in Fuyu County	96	6283
榆树市光明乡	Guanming township in Yushu City	97	6222
磐石县烟筒山镇	Tongshan town in Panshi County	98	6200
宽城区兴隆山镇	Xinglongshan town in Kuancheng district	99	6152
公主岭市毛城子镇	Maochengzi town in Gongzhuling City	100	6139

工　业

INDUSTRY

12

统计资料
STATISTICS

12－1 500万元以上工业企业单位数和总产值

单位：万元

项目	Item	企业单位数(个) Number of enterprises 1999	2000
总计	**Total**	**2793**	**2728**
一、按登记注册类型分组	Grouped by registered type		
内资企业	Domestic funds	2570	2489
国有企业	State－owned	1571	1347
中央企业	Centre	114	98
地方企业	Local	1457	1249
集体企业	Collective owned	482	450
股份合作企业	Cooperative enterprises	54	62
联营企业	Joint owned	17	20
有限责任公司	Limited company	138	200
股份有限公司	Share holding	147	169
私营企业	Private	159	212
其他企业	Others	2	29
港、澳、台商投资企业	Funded from Hongkong、Macao and Taiwan	75	76
外商投资企业	Forign funds	148	163
二、按经济组织类型分组	Grouped by type of ownership		
独资企业	Sole investment	2175	1935
合作、合伙企业	Cooperative	90	134
股份有限公司	Share holding	168	197
有限责任公司	Limited company	360	462
三、按轻重工业分	Grouped by light and heavy industry		
轻工业	Light industry	1292	1247
以农产品为原料	Using farm products as Raw materials	989	960
以非农产品为原料	Using non farm products as Raw materials	303	287
重工业	Heavy industry	1501	1481
采掘工业	Exavation	192	191
原料工业	Raw materials	481	465
加工工业	Manufacturing	828	825
四、按企业规模分	Grouped by size of enterprises		
特大型企业	First type	7	10
大一型企业	Second type	48	54
大二型企业	Third type	138	148
中一型企业	Fourth type	115	111
中二型企业	Fifth type	291	243
小型企业	Small type	2194	2162
五、按工业行业分	Grouped by sector		
煤炭采选业	Coal mining and processing	64	58
石油和天然气开采业	Peroleum and natural gss extratction	13	13
黑色金属矿采选业	Ferrous metals mining and processing	14	14

Number of Industrial Enterprises and Gross Output Value Over 5000000 Yuan Enterprises

Unit: 10000 yuan

工业总产值 Gross output value			
1990年不变价格 At 1990 constant prices		当年价格 At current prices	
1999	2000	1999	2000
12129730	**14262913**	**13669157**	**16799092**
9802908	11017301	11412694	13677618
6598762	5597536	8154873	7104269
4668126	4043779	5879959	5093322
1930636	1553757	2274914	2010947
869368	903683	936206	997208
60629	105431	75012	114798
62301	84785	73082	50432
794254	1323345	874532	1451344
1228857	2706547	1101652	3639986
188659	292726	197072	316050
79	3248	266	3531
394251	559290	385135	547756
1932571	2686322	1871329	2573718
7695525	6749933	9311549	8351564
148058	224073	174297	200174
1250950	2748366	1119758	3680069
3035197	4540541	3063554	4567285
3477672	3958616	3208829	3686180
2409953	2867048	2486041	2929680
1067720	1091568	722788	756500
8652058	10304297	10460329	13112912
607775	593575	1141975	1343662
2683233	2930520	4084430	5102555
5361050	6780202	5233924	6666695
4343399	4918030	4939006	6245640
2566987	3284137	2683086	3431281
1604720	1728284	1980088	2230458
638524	876309	734377	995562
809765	795433	937530	968533
2166336	2660720	2395071	2927618
104664	107915	201371	200595
141316	119635	476513	675572
30678	28173	39055	38073

12－1　续表

单位：万元

项目 Item		企业单位数(个) Number of enterprises	
		1999	2000
有色金属矿采选业	Nonferrous metals mining	34	36
非金属矿采选业	Nonmetal minerals mining and processing	41	44
木材及竹材采运业	Logging and transport of timber and bamboo	26	26
食品加工业	Food processing	212	208
食品制造业	Food manufacturing	115	107
饮料制造业	Beverage manufacturing	126	120
烟草加工业	Tobacco processing	7	7
纺织业	Textile industry	97	89
服装及其他纤维制品制造业	Garments and other fiber products	41	41
皮革、毛皮、羽绒及其制品业	Leather, furs, down and related products	19	17
木材加工及竹、藤、棕、草制品业	Timber bamboo, cane, palm, fiber and straw product	109	124
家俱制造业	Furniture manufacturing	15	16
造纸及纸制品业	Papermaking and paper products	73	65
印刷业、记录媒介的复制	Printing and record pressing	97	90
文教体育用品制造业	Stationery education and sports goods	6	4
石油加工及炼焦业	Pertroleum processing and coking products	17	16
化学原料及化学制品制造业	Chemical raw materials and chemical products	177	176
医药制造业	Medical and pharmaceutical product	180	185
化学纤维制造业	Chemical fibers	13	12
橡胶制品业	Rubber products	25	25
塑料制品业	Plastic products	74	71
非金属矿物制品业	Nonmetal mineral products	240	234
黑色金属冶炼及压延加工业	Smelting and pressing of ferrous metals	56	52
有色金属冶炼及压延加工业	Smelting and pressing of nonferrous metals	27	24
金属制品业	Metal products	83	79
普通机械制造业	Ordinary machinery manufacturing	134	130
专用设备制造业	Special purpose equipment	107	105
交通运输设备制造业	Transportation equipment manufacturing	215	214
武器弹药制造业	Weapon and ammunition manufacturing	3	3
电气机械及器材制造业	Electric equipment and machinery	67	69
电子及通信设备制造业	Electronic and telecommunications	30	26
仪器仪表及文化、办公用机械制造业	Instruments meters、cultural and official machinery	24	20
其他制造业	Other manufacturing	8	7
电力、蒸汽、热水的生产和供应业	Electric power, steam, hot water production and supply	135	133
煤气生产和供应业	Gas products and supply	13	12
自来水的生产和供应业	Tap water production and supply	56	56

continued

Unit:10000 yuan

工业总产值 Gross output value			
1990 年不变价格 At 1990 constant prices		当年价格 At current prices	
1999	2000	1999	2000
28378	32414	36731	43565
34738	37648	37793	46922
268001	267790	350512	338935
535398	546979	659806	637434
261629	425764	255316	400685
226595	287759	281715	329573
141552	152567	125548	141744
260199	291520	223285	263683
45668	56786	48100	58056
14214	12463	15578	12764
153139	206518	154955	207631
27993	30257	27068	29553
156620	174221	175435	191564
29266	26910	35571	33477
394	205	453	333
90261	104804	226569	375401
1600378	1668831	2147313	2677095
623068	784323	532182	679428
239569	272002	208036	282098
40669	54455	36994	51573
103098	116697	103773	119615
342116	382318	445472	513507
386378	486212	539819	738721
123022	114929	137700	144785
74867	101570	91889	125935
123351	167503	126826	168505
111317	113238	117882	119126
4434787	5578882	4356462	5546011
30142	36888	37301	43353
153599	231246	139012	201832
752934	767386	290483	274991
32352	36196	29244	34136
13520	13359	10604	8599
348262	375296	833644	913575
31350	37593	48510	53722
14248	13663	64641	76927

12－2　各市县500万元以上工业企业总产值(2000)

单位:万元

市、县 Cities, counties	总计 Total	按登记注册类型分 Grouped by				
		内资企业 Domestic funds	#国有 State owned	#地方 Local	#集体 Colletive owned	#私营 Private
长 春 市 Changchun	**7497110**	**5014131**	**3723213**	**387716**	**360804**	**76042**
市　区 District	7025346	4817323	3621260	285763	326247	53071
农 安 县 Nongan	86260	86260	70304	70304	2259	10462
九 台 市 Jiutai	28679	28031	6776	6776	15833	5015
榆 树 市 Yushu	51107	50831	15068	15068	7315	6955
德 惠 市 Dehui	305717	31686	9806	9806	9151	539
吉 林 市 Jilin	**4089784**	**3877544**	**959139**	**363173**	**158743**	**67681**
市　区 District	3684651	3491271	697464	194731	133497	44025
永 吉 县 Yongji	21042	12714	8155	8155		3546
蛟 河 市 Jiaohe	50657	50293	26506	26107	6743	8453
桦 甸 市 Huadian	132501	131852	90029	34302	11836	3465
舒 兰 市 Shuangliao	69254	60336	54248	54097	3055	1850
磐 石 市 Panshi	131679	131078	82737	45781	3612	6342
四 平 市 Siping	**808112**	**658592**	**310184**	**160945**	**156307**	**38918**
市　区 District	411033	357942	119046	34353	116670	11233
梨 树 县 Lishu	91725	74913	45766	45766	19564	3230
伊 通 县 Yitong	22670	22554	7234	7234	8365	5059
双 辽 市 Shuangliao	109465	109465	97068	38157	1720	336
公主岭市 Gongzhuling	173219	93718	41070	35435	9989	19061
辽 源 市 Liaoyuan	**279644**	**278544**	**207769**	**196196**	**34660**	**15087**
市　区 District	219655	218555	172438	161762	22355	4827
东 丰 县 Dongfeng	40973	40973	27479	26582	3234	10260
东 辽 县 Dongliao	19016	19016	7851	7851	9071	
通 化 市 Tonghua	**1221706**	**1166861**	**171905**	**133744**	**50765**	**31584**
市　区 District	835260	808696	65836	44833	22138	5270
通 化 县 Tonghua	93395	80860	12591	12591	4877	
辉 南 县 Huinan	61213	61213	23501	21954	2504	
柳 河 县 Liuhe	75655	75655	13282	9257	869	9679
梅河口市 Meihekou	103754	91095	39553	39553	18258	13031
集 安 市 jian	52428	49342	17142	5557	2119	3604

Gross Industrial Output Value Over 5000000yuan Enterprises by Cities and Counties(2000)

Unit:10000 yuan

registered type		按经济组织类型分 Grouped by type of ownership				按轻重工业分 Grouped by light and heavy industry		在总计中:农村工业 In which: rural industry
港澳台商投资企业 Funded from HongKong, Macao and Taiwan	外商投资企业 Foreign funded	独资企业 Sole investment	合作合伙企业 Cooperative enterprises	股份有限公司 Share holding	有限责任公司 Limited company	轻工业 Light	重工业 Heavy	
303185	**2179794**	**4112279**	**70345**	**474733**	**2839752**	**1345807**	**6151303**	**204713**
303185	1904838	3974729	53983	464796	2531839	967544	6057802	200119
		72563	1089	3147	9462	33986	52274	
	649	23109		407	5164	20493	8187	
	276	22383	5171	4297	19256	35417	15690	4595
	274031	19496	10103	2087	274031	288367	17351	
73115	**139125**	**1182200**	**28270**	**2179336**	**699978**	**602530**	**3487254**	**21075**
71924	121456	880624	12261	2155579	636187	519796	3164855	16960
542	7786	15941	1013	2814	1274	11783	9259	2010
	364	37462	1264	4354	7577	14282	36375	
649		104033	7872	16589	4007	9882	122619	1566
	8918	57559			11695	38284	30970	539
	601	86581	5860		39238	8503	123176	
97878	**51642**	**477005**	**51683**	**43601**	**235822**	**330056**	**478055**	**175106**
26831	26260	235716	47081	29252	98984	176233	234800	141393
	16813	68560	1308	542	21316	42105	49620	17426
	115	20134		2420	115	4605	18065	1027
		98787		2548	8130	11353	98112	
71048	8454	53809	3294	8840	107277	95761	77458	15260
	1100	**249366**	**2825**	**20722**	**6730**	**110490**	**169153**	**20080**
	1100	195252	1993	16942	5468	82964	136691	12581
		37193		3781		16369	24605	1864
		16922	832		1262	11157	7858	5636
21664	**33181**	**236334**	**14381**	**517853**	**453138**	**464564**	**757142**	**27659**
247	26318	92020	816	377493	364931	217852	617408	3798
10186	2349	17469	2320	45207	28400	57910	35485	1767
		26005		26396	8812	33006	28207	1039
		14151	429	51155	9920	65353	10302	2926
8795	3864	65813	5194	10014	22733	68836	34918	16010
2436	650	20876	5622	7588	18343	21607	30822	2119

单位:万元

市、县 Cities, counties		总计 Total	按登记注册类型分 Grouped by				
			内资企业 Domestic funded	#国有 State owned	#地方 Local	#集体 Colletive owned	#私营 Private
白 山 市	**Baishan**	**636559**	**609385**	**216915**	**211792**	**115723**	**45056**
市　　区	District	256002	251755	53204	48081	40013	501
抚 松 县	Fusong	123794	120144	76204	76204	8763	6457
靖 宇 县	Jingyu	32941	32941	12933	12933	1208	9608
长 白 县	Changbai	39327	39327	14085	14085	10627	4020
江 源 县	Jiangyuan	91035	84293	33837	33837	40930	
临 江 市	Linjian	93461	80927	26651	26651	14182	24470
松 原 市	**Songyuan**	**1156023**	**1145313**	**1104218**	**108761**	**14361**	
市　　区	District	1000196	1000196	974538	49357	3727	
前 郭 县	Qianguo	119973	109863	101099	30823	4327	
长 岭 县	Changling	10488	10488	8506	8506	1615	
乾 安 县	Qianan	14748	14148	11023	11023	3125	
扶 余 县	Fuyu	10619	10619	9053	9053	1566	
白 城 市	**Baicheng**	**308759**	**286441**	**174053**	**155775**	**46328**	**9369**
市　　区	District	142004	119686	88390	73035	1167	552
镇 赉 县	Zhenlai	14589	14589	14464	11541	125	
通 榆 县	Tongyu	23029	23029	12935	12935	2280	4224
洮 南 市	Taonan	85676	85676	20625	20625	38983	3104
大 安 市	Daan	43462	43462	37638	37638	3773	1489
延边朝鲜族自治州	**Yanbian**	**1038115**	**877066**	**473133**	**327542**	**59518**	**32312**
延 吉 市	Yanji	265868	225345	125721	26368	20806	2297
图 们 市	Tumen	127369	113617	53619	53619	6866	
敦 化 市	Dunhua	249717	216766	96483	77245	16841	12368
珲 春 市	Hunchun	110935	63315	58077	33318	1962	717
龙 井 市	Longjing	80930	74546	12948	10708	3583	1418
和 龙 市	Helong	54511	53680	36103	36103	2785	8798
汪 清 县	Wangqing	68992	66005	54224	54224	3737	1178
安 图 县	Antu	79793	63793	35957	35957	2939	5537

continued

Unit:10000 yuan

registered type		按经济组织类型分 Grouped by type of ownership				按轻重工业分 Grouped by light and heavy industry		在总计中:农村工业 In which: rural industry
港澳台商投资企业 Funded from HongKong, Macao and Taiwan	外商投资企业 Foreign funded	独资企业 Sole investment	合作合伙企业 Cooperative enterprises	股份有限公司 Share holding	有限责任公司 Limited company	轻工业 Light	重工业 Heavy	
12812	**14361**	**361745**	**5875**	**171163**	**97775**	**106396**	**530163**	**124872**
1784	2463	93218		131138	31647	37627	218375	29397
3650		89604		14323	19868	17495	106299	14515
		14141		9191	9608	23780	9160	
		24712	4020	7786	2809	14382	24945	11968
6741		74768	1855		14411	4105	86929	40930
636	11898	65303		8725	19432	9006	84455	28062
600	**10110**	**1118579**	**7687**	**19048**	**10710**	**45666**	**1110357**	**178**
		978266	2883	19048		9337	990859	
	10110	105426	4437		10110	17964	102009	178
		10121	367			3681	6806	
600		14148			600	9262	5486	
		10619				5422	5197	
	22318	**224082**	**5084**	**45142**	**34452**	**161614**	**147145**	**3806**
	22318	89558	2496	21963	27987	47439	94565	600
		14589				7161	7428	125
		17136	2588	2303	1001	16361	6668	2282
		59899		20314	5463	74040	11636	500
		42900		562		16614	26848	299
38502	**122547**	**626234**	**14025**	**208470**	**189386**	**542131**	**495985**	**65643**
2435	38088	162936	3071	21440	78422	197881	67987	19627
	13752	65193		53132	9044	77131	50238	936
24488	8463	121141		75531	53045	111232	138485	43796
6949	40671	100844	5599		4493	55535	55400	529
4	6380	19562	4400	43798	13170	63973	16957	
	831	46840		5940	1731	6965	47546	
1199	1787	59139	305	1803	7745	15713	53279	
3427	12574	50579	651	6828	21735	13700	66093	755

12－3 主要工业产品产量
Output of Major Industrial Products

项目	Item	单位 Unit	1999	2000
化学纤维	Chemical fibers	吨 ton	133041	148872
纱	Yarn	吨 ton	56890	63940
布	Cloth	万 米 10000m	12032	12613
# 棉布	Cotton cloth	万 米 10000m	3096	4293
毛线	Knitting wool	吨 ton	782	1217
呢绒	Wollen	万 米 10000m	413.10	444.00
麻袋	Gunny sacks	万 条 10000pcs	1025.80	655.00
机制纸及纸板	Machine－mace paper	万 吨 10000 ton	38.83	40.75
日用精铝制品	Fine daily use aluminum products	吨 ton	361.00	325.00
灯泡	Light bulbs	万只 10000pcs	3626	2798
合成洗涤剂	Synthetic detergents	吨 ton	47916	47247
肥皂	Soap	吨 ton	3805	2806
糖	Sugar	万 吨 10000 ton	2.65	2.49
卷烟	Cigarettes	万 箱 10000box	53.50	56.00
罐头	Tinned food	万 吨 10000 ton	0.12	
啤酒	Beer	万 吨 10000 ton	83.03	82.61
乳制品	Dairy products	吨 ton	1025	990
味精	Monosodium glutamate	吨 ton	7119	7207
食用植物油	Edible vegetable oil	万 吨 10000 ton	14.84	13.82
化学原料药(24大类药品)	Chemical pharmaceuticals	吨 ton	6214	9291
中成药	Chinese medicine	吨 ton	11881	11547
塑料制品	Plastic products	吨 ton	69599	69803
皮鞋	Leather shose	万 双 10000pairs	34	28
彩色电视机	Color TV sets	万 部 10000 sets	153.93	89.88
录放音机	Recorders	万 部 10000 sets	2.31	1.69
原煤	Coal	万 吨 10000 ton	1627.64	1636.71
原油	Crude oil	万 吨 10000 ton	358.02	348.46
发电量	Electricity	亿千瓦小时 100 millon kwh	299.57	313.50
# 水电	Hyropower	亿千瓦小时 100 millon kwh	44.89	47.84
生铁	Pig iron	万 吨 10000 ton	171.32	162.24
钢	Steel	万 吨 10000 ton	169.94	159.31
成品钢材	Steel products	万 吨 10000 ton	135.75	141.70

12－3 续表 continued

项目	Item	单位 Unit	1999	2000
铁合金	Feroaly	万 吨 10000 ton	23.11	18.27
石墨及炭素制品	Carbon products	万 吨 10000 ton	9.40	8.59
焦炭	Coke	万 吨 10000 ton	153.85	153.88
水泥	Cement	万 吨 10000 ton	659.03	758.90
平板玻璃	Plate glass	万重量箱 10000 cases	185.07	330.96
木材	Timber	万立方米 10000 cu.m	331.07	319.49
硫酸	Sulphuic acid	吨 ton	108171	107977
浓硝酸	Concentrate nitril acid	吨 ton	84805	85672
纯碱	Soda ash	吨 ton	21969	1074
烧碱	Caustic soda	吨 ton	73173	76634
合成氨	Synthetic ammonyia	万 吨 10000 ton	44.75	30.08
农用化肥	Chemical fertilizers	万 吨 10000 ton	29.30	14.68
# 磷肥	#Nitrogen	万 吨 10000 ton	0.28	0.38
氮肥	Phosphate	万 吨 10000 ton	29.02	14.30
化学农药	Chemical pesticide	吨 ton	4800	3151
乙稀	Ethylene	吨 ton	440052	433147
电石(折合量)	Calcium carhide	吨 ton	13530	34823
合成橡胶	Synthetic rubber	吨 ton	104263	95230
轮胎外胎	Tires(cover)	万 条 10000 pcs	50.90	68.26
矿山设备	Mining equipment	吨 ton	3146	3105
石油设备	Petroleum equipment	吨 ton	5839	10927
化工设备	Chemtcal industry equipment	吨 ton	1340	1417
变压器	Transformer	万千伏安 10000 kva	158.05	183.15
交流电动机	Alternate mators	万千瓦 10000 kw	9.55	10.16
汽车	Motor vehicles	辆 coach	275391	325221
# 载重汽车	#Trunks	辆 coach	154601	152881
摩托车	Motorcycles	辆 coach	106187	61366
拖拉机(14.7千瓦及以上)	Tractors	台 unit	38	62
小型拖拉机	Mini tractors	台 unit	16700	9777
铁路客车	Raiway passenger coaches	辆 coach	758	1585

12－4 各市州主要工业产品产量(2000)
Output of Major Industrial Products by Cities(2000)

市、州 Cities, perfecture		纱（吨）Yarn（ton）	布（万米）Cloth（10000m）	机制纸及纸板（吨）Machine made paper and paper board（ton）	化学纤维（吨）Chemical fibers（ton）	彩色电视机（部）Color TV set	原煤（万吨）Coal（10000ton）
长春市	Changchun	13720	2495	10897		873106	90.08
吉林市	Jilin	9039	148	140911	127621	25650	195.52
四平市	Siping	7532	768.72	20220	9618		42.99
辽源市	Liaoyuan	4810	1754.27		11633		354.06
通化市	Tonghua	2193	397	45041		25579	53.25
白山市	Baishan	5920	1303	39834			553.72
松原市	Songyuan						
白城市	Baicheng	9135	3579	21815			37.74
延边朝鲜族自治州	Yanbian	11591	2168	128750			309.35

12－4 续表 continued

市、州 Cities, prefecture		钢（吨）Steel（ton）	成品钢材（吨）Steel products（ton）	铁合金（吨）Ferro alloys（ton）	焦炭（吨）Coke（ton）	硫酸（吨）Sulfuric acid（ton）	农用化肥（吨）Chemical fertilizers（ton）	合成氨（吨）Synthetic ammonia（ton）
长春市	Changchun	46388	19743		353513	4728	7366	10093
吉林市	Jilin	1184	44548	114481	186254	84149	57420	157127
四平市	Siping	15787	42070			14395		
辽源市	Liaoyuan	1707		30233				
通化市	Tonghua	1523771	1307456	25476	971393		23223	64564
白山市	Baishan	700		7707	27600			
松原市	Songyuan					4705	58834	68979
白城市	Baicheng							
延边朝鲜族自治州	Yanbian	3596	3227	4820				

12－5　500万元以上工业企业主要经济指标(2000)

单位:万元

项目	Item	企业单位数(个) Number of enterprises
总　计	**Total**	**2728**
一、按登记注册类型分组	Grouped by registered type	
内资企业	Domestic funds	2489
国有企业	State owned	1347
中央企业	Centre	98
地方企业	Local	1249
集体企业	Collective owned	450
股份合作企业	Cooperative enterprises	62
联营企业	Joint owned	20
有限责任公司	Limited company	200
股份有限公司	Share holding	169
私营企业	Private	212
其他类型企业	Others	29
港、澳、台商投资企业	Funded from Hongkong,Macao and Taiwan	76
外商投资企业	Foreign funds	163
二、按经济组织类型分组	Grouped by type of ownership	
独资企业	Sole investment	1935
合作、合伙企业	Cooperative enterprises	134
股份有限公司	Share holding	197
有限责任公司	Limited company	462
三、按轻重工业分	Grouped by light and heavy industry	
轻工业	Light industry	1247
重工业	Heavy industry	1481
四、按企业规模分	Grouped by size of Enterprises	
特大型企业	First type	10
大一型企业	Second type	54
大二型企业	Third type	148
中一型企业	Fourth type	111
中二型企业	Fifth type	243
小型企业	Small type	2162
五、按工业行业分	Grouped by sector	
煤炭采选业	Coal mining and processing	58
石油和天然气开采业	Petroleum and natural gas extraction	13
黑色金属矿采选业	Ferrous metals mining and processing	14
有色金属矿采选业	Nonferrous metals mining and processing	36
非金属矿采选业	Non metal minerals mining and processing	44

Economic Results Indicators of Industrial Enterprises over 5000000 Yuan(2000)

Unit: 10000 yuan

#亏损企业 Loss making enterprises	工业总产值（当年价格） Gross output value of industry (at current prices)	工业总产值（1990年不变价格） Gross output value of industry (at 1990 constant prices)	工业增加值（生产法） Added value of industry	工业销售产值 Sales output value of industry	工业中间投入合计 Intermediate inputs	本年应付工资总额 Total of payable wages
858	**16799092**	**14262913**	**4961660**	**16478697**	**12697195**	**1016188**
775	13677618	11017301	4122911	13431625	10231450	935156
487	7104269	5597536	2295209	6972393	5228061	586070
34	5093322	4043779	1575203	5064457	3834899	292764
453	2010947	1553757	720006	1907936	1393162	293306
98	997208	903683	342243	959831	687691	67993
13	114798	105431	31319	111815	87920	8875
6	50432	84785	22830	47991	29531	3313
68	1451344	1323345	387613	1434182	1145010	133900
39	3639986	2706547	919892	3612345	2846278	115566
50	316050	292726	121921	289960	205145	18185
14	3531	3248	1884	3108	1814	1254
23	547756	559290	183206	498040	388629	16392
60	2573718	2686322	655543	2549032	2077116	64640
618	8351564	6749933	2720701	8173816	6090170	669506
39	200174	224073	67371	192182	140649	15418
49	3680069	2748366	935809	3648122	2871700	118459
152	4567285	4540541	1237779	4464577	3594676	212805
438	3686180	3958616	1269615	3498087	2572743	208888
420	13112912	10304297	3692045	12980610	10124452	807300
1	6245641	4918030	1494850	6225242	5001095	231821
16	3431281	3284137	911043	3437407	2783422	201948
52	2230458	1728284	763390	2203866	1591439	219732
36	995562	876309	382098	942143	675381	74329
74	968532	795433	358190	909276	656267	81613
679	2927618	2660720	1052089	2760763	1989591	206745
15	200595	107915	64597	196128	148385	60816
1	675572	119635	407633	680213	334606	27368
6	38073	28173	10939	38269	27827	8523
9	43565	32414	18184	42914	26433	7267
12	46922	37648	22077	45422	26958	4391

12－5　续表　1

单位:万元

项目	Item	企业单位数（个）Number of enterprises
木材及竹材采运业	Logging and transport of timber and bamboo	26
食品加工业	Food processing	208
食品制造业	Food manufacturing	107
饮料制造业	Beverage manufacturing	120
烟草加工业	Tobacco processing	7
纺织业	Textile industry	89
服装及其他纤维制品制造业	Garments and other fiber products	41
皮革、毛皮、羽绒及其制品业	Leather, furs, down and related products	17
木材加工及竹、藤、棕、草制品业	Timber processing, bamboo, cane, palm fiber and straw product	124
家俱制造业	Furniture manufacturing	16
造纸及纸制品业	Papermaking and paper products	65
印刷业、记录媒介的复制	Printing and record pressing	90
文教体育用品制造业	Stationery education and sports goods	4
石油加工及炼焦业	Petroleum processing and coking products	16
化学原料及化学制品制造业	Chemical raw materials and chemical products	176
医药制造业	Medical and pharmaceutical product	185
化学纤维制造业	Chemical fibers	12
橡胶制品业	Rubber products	25
塑料制品业	Plastic products	71
非金属矿物制品业	Nonmetal mineral products	234
黑色金属冶炼及压延加工业	Smelting and pressing of ferrous metals	52
有色金属冶炼及压延加工业	Smelting and pressing of nonferrous metals	24
金属制品业	Metal products	79
普通机械制造业	Ordinary machinery manufacturing	130
专用设备制造业	Special purpose equipment	105
交通运输设备制造业	Transportation equipment manufacturing	214
武器弹药制造业	Weapon and ammunition manufacturing	3
电气机械及器材制造业	Electric equipment and machinery	69
电子及通信设备制造业	Electronic and telecommunications	26
仪器仪表及文化、办公用机械制造业	Instruments meters, cultural and official machinery	20
其他制造业	Other manufacturing	7
电力、蒸汽、热水的生产和供应业	Electric power, steam and hot water production and supply	133
煤气生产和供应业	Gas products and supply	12
自来水的生产和供应业	Tap water production and supply	56

continued

Unit:10000 yuan

#亏损企业 Loss making enterprises	工业总产值（当年价格）Gross output value of industry (at current prices)	工业总产值（1990年不变价格）Gross output value of industry (at 1990 constant prices)	工业增加值（生产法）Added value of industry	工业销售产值 Sales output value of industry	工业中间投入合计 Intermediate inputs	本年应付工资总额 Total of payable wages
8	338935	267790	161609	335463	186932	79175
76	637434	546979	189275	617912	453042	24529
37	400685	425764	120969	357064	294242	10096
41	329573	287759	121459	321769	228712	20393
1	141744	152567	72749	141101	79836	9120
28	263683	291520	61053	254612	212512	24806
14	58056	56786	22427	55271	36647	6830
4	12764	12463	4165	12645	8780	979
38	207631	206518	65421	194824	149121	14109
6	29553	30257	5887	28627	23862	2451
26	191564	174221	66718	189025	137530	15608
38	33477	26910	13516	30621	22091	4799
3	333	205	118	197	220	47
4	375401	104804	72342	368424	310274	6821
59	2677095	1668831	465248	2642248	2271882	69060
50	679428	784323	340832	596595	382642	27434
2	282098	272002	62667	272286	232188	15104
8	51573	54455	20593	41354	33277	2210
24	119615	116697	35086	117415	87758	5996
46	513507	382318	183479	487986	355445	46685
22	738721	486212	157179	739280	617283	57443
5	144785	114929	46676	132677	102718	13118
28	125935	101570	38992	121403	91178	11063
43	168505	167503	53198	156204	123548	21724
45	119126	113238	–4743	109577	128188	15029
43	5546011	5578882	1335718	5555134	4509670	260452
2	43353	36888	7184	48140	36410	5485
16	201832	231246	59594	195411	149949	12880
10	274991	767386	95624	272372	188834	13081
8	34136	36196	10694	31784	25959	6192
1	8599	13359	–4691	8454	13552	611
42	913575	375296	515296	912128	541683	80445
4	53722	37593	9223	54653	47989	8618
33	76927	13663	32675	73097	49032	15431

单位:万元

项目	Item	本年应付福利费总额 Total of welfare costs
总 计	**Total**	**164707**
一、按登记注册类型分组	Grouped by registered type	
内资企业	Domestic funds	130196
国有企业	State owned	84046
中央企业	Centre	44348
地方企业	Local	39698
集体企业	Collective owned	10358
股份合作企业	Cooperative enterprises	1294
联营企业	Joint owned	317
有限责任公司	Limited company	18614
股份有限公司	Share holding	13172
私营企业	Private	2318
其他类型企业	Others	77
港、澳、台商投资企业	Funded from Hongkong,Macao and Taiwan	2523
外商投资企业	Foreign funds	31988
二、按经济组织类型分组	Grouped by type of ownership	
独资企业	Sole investment	95968
合作、合伙企业	Cooperative enterprises	1806
股份有限公司	Share holding	13602
有限责任公司	Limited company	53331
三、按轻重工业分	Grouped by light and heavy industry	
轻工业	Light industry	27631
重工业	Heavy industry	137076
四、按企业规模分	Grouped by size of Enterprises	
特大型企业	First type	37290
大一型企业	Second type	50210
大二型企业	Third type	30015
中一型企业	Fourth type	8390
中二型企业	Fifth type	12147
小型企业	Small type	26655
五、按工业行业分	Grouped by sector	
煤炭采选业	Coal mining and processing	7709
石油和天然气开采业	Petroleum and natural gas extraction	3831
黑色金属矿采选业	Ferrous metals mining and processing	1082
有色金属矿采选业	Nonferrous metals mining and processing	1056
非金属矿采选业	Non metal minerals mining and processing	519

continued

Unit:10000 yuan

全部职工(从业人员)年平均人数(人) Staff and workers (annual average)	实收资本 Real assets	#国家资本 State funds	#外商资本 Foreign funds	资产及负债 Assets and liabilities 流动资产合计 Total circulating funds	#存货 Stock	#产成品 Finished products
1348474	**7128716**	**4756646**	**496305**	**12919347**	**3494381**	**1419984**
1281522	6037651	4591707	28935	11420070	3001434	1247135
795487	3862932	3525914	1729	6521855	1704551	751709
252092	2513367	2292001	1633	4222936	1038726	414012
543395	1349565	1233913	96	2298919	665825	337697
129975	334813	10438	912	649223	222235	114254
13246	30608	10185		74582	24367	12303
3807	18270	8842		25556	14091	5360
167802	883539	627988	22615	1451198	453467	151283
133148	785094	393685	3127	2470182	514102	179417
32418	113477	5897	552	186171	64381	30987
5639	8918	8758		41303	4240	1822
19047	207957	68560	14411	297860	96729	32028
47905	883108	96379	452959	1201417	396218	140821
947015	4315520	3537621	76263	7299092	1978179	886012
25855	65664	29245	830	164589	47413	21529
138485	820018	393685	5031	2516824	530535	187092
237119	1927514	796095	414181	2938842	938254	325351
341163	1754123	908502	163019	3373168	899782	385495
1007311	5374593	3848144	333286	9546179	2594599	1034489
211419	2197848	2009537		4344647	977947	387531
228570	1311814	743824	206105	2429604	822372	283800
305782	1466942	1083871	76794	1872518	496045	190262
84489	387547	200270	40972	831552	186670	79472
143722	509794	251278	22076	1202888	304553	147828
374492	1254771	467866	150358	2238138	706794	331091
104040	216396	206318		286177	56658	35759
19839	1214370	1208926		224441	17376	16988
10249	72652	65555		24913	6888	2133
13341	26159	20407		29828	7336	1848
10875	9773	4676	250	27110	6344	4121

12－5 续表 3

单位：万元

项目	Item	本年应付福利费总额 Total of welfare costs
木材及竹材采运业	Logging and transport of timber and bamboo	12439
食品加工业	Food processing	1900
食品制造业	Food manufacturing	1409
饮料制造业	Beverage manufacturing	2775
烟草加工业	Tobacco processing	1267
纺织业	Textile industry	2606
服装及其他纤维制品制造业	Garments and other fiber products	989
皮革、毛皮、羽绒及其制品业	Leather, furs, down and related products	506
木材加工及竹、藤、棕、草制品业	Timber processing, bamboo, cane, palm, fiber and straw product	1822
家俱制造业	Furniture manufacturing	91
造纸及纸制品业	Papermaking and paper products	2068
印刷业、记录媒介的复制	Printing and record pressing	632
文教体育用品制造业	Stationery education and sports goods	3
石油加工及炼焦业	Petroleum processing and coking products	851
化学原料及化学制品制造业	Chemical raw materials and chemical products	12983
医药制造业	Medical and pharmaceutical product	3780
化学纤维制造业	Chemical fibers	3285
橡胶制品业	Rubber products	252
塑料制品业	Plastic products	891
非金属矿物制品业	Nonmetal mineral products	5352
黑色金属冶炼及压延加工业	Smelting and pressing of ferrous metals	8846
有色金属冶炼及压延加工业	Smelting and pressing of nonferrous metals	1889
金属制品业	Metal products	1676
普通机械制造业	Ordinary machinery manufacturing	2946
专用设备制造业	Special purpose equipment	1675
交通运输设备制造业	Transportation equipment manufacturing	59509
武器弹药制造业	Weapon and ammunition manufacturing	755
电气机械及器材制造业	Electric equipment and machinery	1758
电子及通信设备制造业	Electronic and telecommunications	1760
仪器仪表及文化、办公用机械制造业	Instruments meters, cultural and official machinery	963
其他制造业	Other manufacturing	80
电力、蒸汽、热水的生产和供应业	Electric power, steam and hot water production and supply	10029
煤气生产和供应业	Gas products and supply	527
自来水的生产和供应业	Tap water production and supply	2201

continued

Unit:10000 yuan

全部职工（从业人员）年平均人数（人） Staff and workers (annual average)	实收资本 Real assets	#国家资本 State funds	#外商资本 Foreign funds	资产及负债 Assets and liabilities 流动资产合计 Total circulating funds	#存货 Stock	#产成品 Finished products
162299	250563	231144	96	280980	80172	38094
42155	152419	57065	38934	396990	139421	45978
16219	114806	69218	1979	139514	41626	21949
32285	151062	41605	13229	237460	76025	21262
5111	59110	59110		135296	15471	5830
53819	179951	131701	24501	294314	106770	61409
12388	17016	5748	3452	36013	16096	6371
3433	3827	1803	80	18633	7789	3681
30515	137822	27853	39814	147219	57873	29140
4060	15121	885	9132	26082	12902	3161
29475	131082	92074	2419	272845	53417	33083
9362	14736	9372		34333	10924	7111
202	1178	1128		680	351	246
6424	69166	66475	20	95916	36416	24789
112119	462435	324496	37542	1759427	394429	139832
44672	390440	86752	7533	907778	185716	95433
17948	67220	52839		152282	51488	21226
6946	14362	8875	1725	37574	15091	7187
11770	45706	5101	6606	117818	40513	26422
72326	257470	126562	26034	564962	176771	69652
68703	349250	261686		538628	204508	61371
15170	55360	41900		109011	49132	13172
18411	91674	29752	3069	140004	61020	28258
39775	108234	64471	8873	320808	155113	49549
31125	65513	46985	4489	204575	91593	42071
200992	1439818	651885	255427	3719840	1066349	430324
10676	23049	4409		64714	28294	12849
21519	62101	30024	9434	217338	68655	25321
17421	104510	76294	1160	407643	80975	25539
9130	29297	22755	425	53627	12920	4946
1247	744		84	7347	2506	2272
60513	438211	344264		731437	50794	34
6312	100117	90603		95514	6250	1559
15608	185995	185932		60281	2410	15

单位:万元

项目 Item		资 流动资产年平均余额 Average balance circulating funds
总 计	**Total**	**12383630**
一、按登记注册类型分组	Grouped by registered type	
内资企业	Domestic funds	10991262
国有企业	State owned	6424375
中央企业	Centre	4154375
地方企业	Local	2270000
集体企业	Collective owned	620424
股份合作企业	Cooperative enterprises	54622
联营企业	Joint owned	22646
有限责任公司	Limited company	1474254
股份有限公司	Share holding	2189481
私营企业	Private	168660
其他类型企业	Others	36800
港、澳、台商投资企业	Funded from Hongkong, Macao and Taiwan	288891
外商投资企业	Foreign funds	1103477
二、按经济组织类型分组	Grouped by type of ownership	
独资企业	Sole investment	7164193
合作、合伙企业	Cooperative enterprises	134289
股份有限公司	Share holding	2232085
有限责任公司	Limited company	2853063
三、按轻重工业分	Grouped by light and heavy industry	
轻工业	Light industry	3069349
重工业	Heavy industry	9314281
四、按企业规模分	Grouped by size of Enterprises	
特大型企业	First type	4255142
大一型企业	Second type	2363884
大二型企业	Third type	1842048
中一型企业	Fourth type	743140
中二型企业	Fifth type	1117338
小型企业	Small type	2062078
五、按工业行业分	Grouped by sector	
煤炭采选业	Coal mining and processing	269719
石油和天然气开采业	Petroleum and natural gas extraction	273413
黑色金属矿采选业	Ferrous metals mining and processing	23653
有色金属矿采选业	Nonferrous metals mining and processing	29230
非金属矿采选业	Non metal minerals mining and processing	25428

continued

Unit: 10000 yuan

产及负债 Assets and liabilities

长期投资 Long – term investment	固定资产合计 Fixed assets	固定资产原价合计 Orginal value of fixed assets	累计折旧 Cumulative depreciation	#本年折旧 Depreciation at this year	固定资产净值年平均余额 Average balances net value of fixed asset
1913889	**15282008**	**18330428**	**5547250**	**826300**	**12530213**
1881187	13798992	16248331	4932787	673533	11046577
1301169	8466254	9954171	3238417	324678	6459787
1127864	5363971	5970332	2126619	217658	3704998
173305	3102283	3983839	1111798	107020	2754789
49773	550037	711417	185635	22636	513151
1888	63829	102359	42994	23980	60252
171	40966	53110	13723	1578	23453
207916	1812494	1976211	500502	110753	1502946
316207	2667512	3235199	903605	178036	2325270
2780	164939	171517	30033	5776	126973
1283	32961	44347	17878	6096	34745
906	298978	372832	82095	16075	274192
31796	1184038	1709265	532368	136692	1209444
1350946	9167690	10847818	3457470	356527	7117779
3343	146353	210706	77051	31944	126818
323791	2706714	3269204	908508	178773	2350014
235809	3261251	4002700	1104221	259056	2935602
315986	3087386	3479276	846286	143042	2558936
1597903	12194622	14851152	4700964	683258	9971277
1252281	5768590	5803873	1599251	257544	4146556
136091	2933023	4040501	1499747	239398	2561559
254459	2632394	3510277	1052074	148835	2359852
89880	707171	1009578	378917	39459	615261
85336	1084116	1389915	398124	45114	935971
95842	2156714	2576284	619137	95950	1911014
17051	418150	579902	175632	8067	424424
23830	1256083	292995	101190	13116	188081
	76567	102956	29024	2525	74623
1587	63421	87694	29866	2030	58211
1662	28249	31472	6095	746	24275

单位:万元

项目	Item	资 流动资产年平均余额 Average balance circulating funds
木材及竹材采运业	Logging and transport of timber and bamboo	271703
食品加工业	Food processing	380341
食品制造业	Food manufacturing	147668
饮料制造业	Beverage manufacturing	178580
烟草加工业	Tobacco processing	121816
纺织业	Textile industry	273824
服装及其他纤维制品制造业	Garments and other fiber products	33620
皮革、毛皮、羽绒及其制品业	Leather, furs, down and related products	18718
木材加工及竹、藤、棕、草制品业	Timber processing, bamboo, cane, palm fiber and straw product	140442
家俱制造业	Furniture manufacturing	26604
造纸及纸制品业	Papermaking and paper products	258786
印刷业、记录媒介的复制	Printing and record pressing	33748
文教体育用品制造业	Stationery education and sports goods	682
石油加工及炼焦业	Petroleum processing and coking products	87312
化学原料及化学制品制造业	Chemical raw materials and chemical products	1702494
医药制造业	Medical and pharmaceutical product	782609
化学纤维制造业	Chemical fibers	142433
橡胶制品业	Rubber products	43833
塑料制品业	Plastic products	118778
非金属矿物制品业	Nonmetal mineral products	563934
黑色金属冶炼及压延加工业	Smelting and pressing of ferrous metals	563240
有色金属冶炼及压延加工业	Smelting and pressing of nonferrous metals	111441
金属制品业	Metal products	129654
普通机械制造业	Ordinary machinery manufacturing	303749
专用设备制造业	Special purpose equipment	212579
交通运输设备制造业	Transportation equipment manufacturing	3589326
武器弹药制造业	Weapon and ammunition manufacturing	61259
电气机械及器材制造业	Electric equipment and machinery	210822
电子及通信设备制造业	Electronic and telecommunications	351843
仪器仪表及文化、办公用机械制造业	Instruments meters, cultural and official machinery	50200
其他制造业	Other manufacturing	7942
电力、蒸汽、热水的生产和供应业	Electric power, steam and hot water production and supply	702479
煤气生产和供应业	Gas products and supply	80014
自来水的生产和供应业	Tap water production and supply	59713

continued

Unit:10000 yuan

产及负债 Assets and liabilities

长期投资 Long - term investment	固定资产合计 Fixed assets	固定资产原价合计 Orginal value of fixed assets	累计折旧 Cumulative depreciation	#本年折旧 Depreciation at this year	固定资产净值年平均余额 Average balances net value of fixed asset
31802	467749	614523	183857	16957	432561
4926	318878	406202	101765	14686	303748
1172	204314	244715	55455	8251	184193
8040	318306	388618	101505	14594	283550
16327	101556	123957	37630	5009	85232
19127	282318	344070	82042	12717	269565
446	24052	28928	8992	925	20945
548	12343	12747	1614	144	11284
3766	186430	228388	45222	8116	175589
239	13230	15884	2897	641	12517
61025	272580	275299	95554	12867	180057
2049	32596	44926	13844	1447	28664
	958	1211	254	42	956
10704	141081	227319	88346	3782	140912
192437	2964894	3611374	800943	176323	2850014
129634	357522	388678	90987	16565	282832
17173	339715	370463	77411	20170	293703
30	31384	39213	8990	645	22833
15822	74122	98937	30170	4099	62548
8022	507533	612318	184910	27867	439386
94462	532143	689174	191872	25872	502347
7742	167934	195412	60269	7154	138714
6474	175542	198814	34020	2296	171579
21500	251001	282376	113309	14791	183578
2460	125406	179054	60486	7032	118978
1119942	2434532	3353020	1144200	180030	2189159
10275	47967	69715	22587	751	47114
10698	145460	174845	52864	5137	125101
4459	343513	224353	67287	40341	179817
10019	78864	97877	24418	1931	74523
	6508	7468	1429	168	5050
42436	2001212	3113637	1304413	149634	1545492
8095	165283	192720	40267	4474	141812
7909	312612	379176	75640	14361	256245

12－5 续表 6

单位:万元

项目 Item		资产 无形及递延资产合计 Total intangible assets and deferred assets
总 计	**Total**	**1069445**
一、按登记注册类型分组	Grouped by registered type	
内资企业	Domestic funds	964577
国有企业	State owned	412369
中央企业	Centre	181365
地方企业	Local	231004
集体企业	Collective owned	56112
股份合作企业	Cooperative enterprises	9499
联营企业	Joint owned	8008
有限责任公司	Limited company	111987
股份有限公司	Share holding	327398
私营企业	Private	37094
其他类型企业	Others	2110
港、澳、台商投资企业	Funded from Hongkong,Macao and Taiwan	16654
外商投资企业	Foreign funds	88214
二、按经济组织类型分组	Grouped by type of ownership	
独资企业	Sole investment	480154
合作、合伙企业	Cooperative enterprises	20148
股份有限公司	Share holding	343562
有限责任公司	Limited company	225581
三、按轻重工业分	Grouped by light and heavy industry	
轻工业	Light industry	358832
重工业	Heavy industry	710613
四、按企业规模分	Grouped by size of Enterprises	
特大型企业	First type	425758
大一型企业	Second type	92972
大二型企业	Third type	129607
中一型企业	Fourth type	71320
中二型企业	Fifth type	144887
小型企业	Small type	204901
五、按工业行业分	Grouped by sector	
煤炭采选业	Coal mining and processing	33716
石油和天然气开采业	Petroleum and natural gas extraction	1165
黑色金属矿采选业	Ferrous metals mining and processing	95
有色金属矿采选业	Nonferrous metals mining and processing	1250
非金属矿采选业	Non metal minerals mining and processing	2627

continued

Unit:10000 yuan

及负债 Assets and liabilities

#无形资产 Intangible assets	资产总计 Total assets	流动负债合计 Total circulation liabilities	长期负债合计 Long-term liabilities	负债合计 Total libilities	所有者权益合计 Owners rights and interests
710479	**31846707**	**14084802**	**6810412**	**20961119**	**10885588**
629215	28588230	12699662	6373793	19139361	9448869
182171	17037510	7754780	4594726	12376568	4660942
101322	11108854	4515851	3384477	7904406	3204448
80849	5928656	3238929	1210249	4472162	1456494
44798	1340485	749612	121515	902660	437825
8680	154564	89327	20184	110721	43843
7566	75269	41711	5191	46902	28367
88973	3682200	1691112	587435	2279264	1402936
271166	5820154	2112120	992343	3105108	2715046
25214	400162	193617	32526	230881	169281
647	77886	67383	19873	87257	-9371
13111	655286	297102	117016	414119	241167
68153	2603191	1088038	319603	1407639	1195552
234229	18672671	8632778	4776584	13467958	5204713
17313	340666	220293	47981	269484	71182
274626	5932925	2162208	999844	3166862	2766063
184311	6900445	3069523	986003	4056815	2843630
245338	7283764	3437457	1170041	4620631	2663133
465141	24562943	10647345	5640371	16340488	8222455
309422	12007018	4642716	3177558	7820274	4186744
40327	5707428	2485582	1279655	3765265	1942163
80165	4955227	2274146	826201	3101252	1853975
38026	1723545	729543	366786	1096369	627176
111754	2624617	1287022	403453	1703279	921338
130785	4828872	2665793	756759	3474680	1354192
1173	773471	357232	124641	481874	291597
827	1505555	362268	193581	555850	949705
46	111150	33642	1728	35736	75414
459	96713	36915	22331	59803	36910
2435	61228	37112	8035	45969	15259

12－5 续表 7

单位:万元

项目 Item		资产 无形及递延资产合计 Total intangible assets and deferred assets
木材及竹材采运业	Logging and transport of timber and bamboo	3405
食品加工业	Food processing	24241
食品制造业	Food manufacturing	7887
饮料制造业	Beverage manufacturing	22986
烟草加工业	Tobacco processing	1999
纺织业	Textile industry	39987
服装及其他纤维制品制造业	Garments and other fiber products	1190
皮革、毛皮、羽绒及其制品业	Leather,furs,down and related products	194
木材加工及竹、藤、棕、草制品业	Timber processing,bamboo,cane,palm,fiber and straw product	12421
家俱制造业	Furniture manufacturing	2852
造纸及纸制品业	Papermaking and paper products	17805
印刷业、记录媒介的复制	Printing and record pressing	737
文教体育用品制造业	Stationery education and sports goods	1159
石油加工及炼焦业	Petroleum processing and coking products	603
化学原料及化学制品制造业	Chemical raw materials and chemical products	294319
医药制造业	Medical and pharmaceutical product	128822
化学纤维制造业	Chemical fibers	35007
橡胶制品业	Rubber products	1868
塑料制品业	Plastic products	7419
非金属矿物制品业	Nonmetal mineral products	53851
黑色金属冶炼及压延加工业	Smelting and pressing of ferrous metals	35575
有色金属冶炼及压延加工业	Smelting and pressing of nonferrous metals	12522
金属制品业	Metal products	26336
普通机械制造业	Ordinary machinery manufacturing	12559
专用设备制造业	Special purpose equipment	6687
交通运输设备制造业	Transportation equipment manufacturing	193964
武器弹药制造业	Weapon and ammunition manufacturing	
电气机械及器材制造业	Electric equipment and machinery	16500
电子及通信设备制造业	Electronic and telecommunications	38711
仪器仪表及文化、办公用机械制造业	Instruments meters,cultural and official machinery	6068
其他制造业	Other manufacturing	294
电力、蒸汽、热水的生产和供应业	Electric power,steam and hot water production and supply	19616
煤气生产和供应业	Gas products and supply	2889
自来水的生产和供应业	Tap water production and supply	123

continued

Unit:10000 yuan

及负债 Assets and liabilities					
#无形资产 Intangible assets	资产总计 Total assets	流动负债合计 Total circulation liabilities	长期负债合计 Long-term liabilities	负债合计 Total liabilities	所有者权益合计 Owners rights and interests
301	787248	366112	126503	492805	294443
15360	751677	614010	56463	674345	77332
5855	361134	149111	72519	222640	138494
11960	600199	347635	99173	449981	150218
1374	255260	119951	89396	209348	45912
10840	640174	310700	167055	477754	162420
572	63126	39873	9104	49878	13248
3	32324	23300	8131	31431	893
5937	362480	199266	42841	242793	119687
1793	43018	26615	5788	32402	10616
2528	624966	285410	141789	427200	197766
338	71390	44642	11154	56097	15293
1156	2796	1849	94	1943	853
428	251461	123109	38579	162037	89424
223342	5274493	2099110	2004719	4111141	1163352
114848	1559185	588172	102677	690917	868268
26009	544177	173520	171772	346498	197679
926	93023	53642	22774	76607	16416
5259	216648	111985	46032	158017	58631
36398	1143974	627430	135180	766786	377188
27647	1212059	716053	67534	786827	425232
6234	297488	150332	58409	209256	88232
24305	351035	206044	22877	250675	100360
5574	610877	359361	53571	413453	197424
4209	343280	260055	32747	300449	42831
116143	7806960	3659041	1101769	4761082	3045878
	122956	100305	7718	108023	14933
13011	398126	259637	74437	338683	59443
31478	839642	289177	68798	358485	481157
4197	150915	71293	18285	89578	61337
290	14148	8050	5129	13227	921
4365	2810039	681265	1475393	2157940	652099
2745	271798	115676	31394	147070	124728
116	390515	75902	90295	166523	223992

单位:万元

项目	Item	损益及 产品销售收入 Revenue of products sales
总 计	**Total**	**15697484**
一、按登记注册类型分组	Grouped by registered type	
内资企业	Domestic funds	12669741
国有企业	State owned	7258838
中央企业	Centre	5411687
地方企业	Local	1847151
集体企业	Collective owned	812556
股份合作企业	Cooperative enterprises	96165
联营企业	Joint owned	44565
有限责任公司	Limited company	1364963
股份有限公司	Share holding	2846795
私营企业	Private	243977
其他类型企业	Others	1882
港、澳、台商投资企业	Funded from Hongkong, Macao and Taiwan	452294
外商投资企业	Foreign funds	2575449
二、按经济组织类型分组	Grouped by type of ownership	
独资企业	Sole investment	8270311
合作、合伙企业	Cooperative enterprises	166715
股份有限公司	Share holding	2877505
有限责任公司	Limited company	4382953
三、按轻重工业分	Grouped by light and heavy industry	
轻工业	Light industry	3120268
重工业	Heavy industry	12577216
四、按企业规模分	Grouped by size of Enterprises	
特大型企业	First type	5863096
大一型企业	Second type	3596500
大二型企业	Third type	2034621
中一型企业	Fourth type	862536
中二型企业	Fifth type	865985
小型企业	Small type	2474746
五、按工业行业分	Grouped by sector	
煤炭采选业	Coal mining and processing	170813
石油和天然气开采业	Petroleum and natural gas extraction	580687
黑色金属矿采选业	Ferrous metals mining and processing	42091
有色金属矿采选业	Nonferrous metals mining and processing	36481
非金属矿采选业	Non metal minerals mining and processing	34640

continued

Unit: 10000 yuan

分配 Loss, profit and distribution				
产品销售成本 Cost of product sales	产品销售费用 Expenses of product sales	产品销售税金及附加 Products sales pre-tax and related payment	产品销售利润 Products sales after-tax profits	管理费用 Expenses of management
12629832	**428162**	**339018**	**2250117**	**1356189**
10358284	324154	242723	1711205	1193792
5996395	137520	146550	958143	787955
4507566	71971	113873	703438	529966
1488829	65549	32677	254705	257989
674915	23636	10616	97680	66615
78830	4772	625	11938	8531
38989	790	1070	3704	2883
1100658	50209	17637	191684	143121
2274735	91609	62857	415216	163879
192181	15462	3326	32789	19742
1581	156	42	51	1066
357121	24846	7584	52827	23343
1914427	79162	88711	486085	139063
6835719	172980	158697	1074861	867712
138875	6585	2151	19029	14292
2298624	92852	62981	420534	167865
3356614	155745	115189	735693	306329
2429521	201270	77810	389580	250300
10200311	226892	261208	1860537	1105898
4828423	75665	101593	857416	531738
2777235	91093	109241	595329	232108
1667483	55226	57096	249132	226810
663063	47800	23941	124675	67848
674702	42968	17163	123443	93397
2018926	115410	29984	300122	204297
148668	7820	1740	12530	37096
276804	2842	16867	284173	32717
33342	1439	2342	4827	6653
29979	833	319	5321	8021
25198	2707	1264	5205	3905

单位：万元

项目	Item	损益及 产品销售收入 Revenue of products sales
木材及竹材采运业	Logging and transport of timber and bamboo	294415
食品加工业	Food processing	594857
食品制造业	Food manufacturing	328672
饮料制造业	Beverage manufacturing	272908
烟草加工业	Tobacco processing	118757
纺织业	Textile industry	217356
服装及其他纤维制品制造业	Garments and other fiber products	45692
皮革、毛皮、羽绒及其制品业	Leather, furs, down and related products	11170
木材加工及竹、藤、棕、草制品业	Timber processing, bamboo, cane, palm, fiber and straw product	187541
家俱制造业	Furniture manufacturing	28958
造纸及纸制品业	Papermaking and paper products	182998
印刷业、记录媒介的复制	Printing and record pressing	29545
文教体育用品制造业	Stationery education and sports goods	271
石油加工及炼焦业	Petroleum processing and coking products	364476
化学原料及化学制品制造业	Chemical raw materials and chemical products	2007862
医药制造业	Medical and pharmaceutical product	484004
化学纤维制造业	Chemical fibers	263936
橡胶制品业	Rubber products	38648
塑料制品业	Plastic products	108479
非金属矿物制品业	Nonmetal mineral products	462339
黑色金属冶炼及压延加工业	Smelting and pressing of ferrous metals	714847
有色金属冶炼及压延加工业	Smelting and pressing of nonferrous metals	113468
金属制品业	Metal products	84518
普通机械制造业	Ordinary machinery manufacturing	149791
专用设备制造业	Special purpose equipment	123435
交通运输设备制造业	Transportation equipment manufacturing	5955286
武器弹药制造业	Weapon and ammunition manufacturing	43380
电气机械及器材制造业	Electric equipment and machinery	167595
电子及通信设备制造业	Electronic and telecommunications	257032
仪器仪表及文化、办公用机械制造业	Instruments meters, cultural and official machinery	33282
其他制造业	Other manufacturing	6572
电力、蒸汽、热水的生产和供应业	Electric power, steam and hot water production and supply	1018149
煤气生产和供应业	Gas products and supply	52722
自来水的生产和供应业	Tap water production and supply	69814

continued

Unit:10000 yuan

分配 Loss,profit and distribution

产品销售成本 Cost of product sales	产品销售费用 Expenses of product sales	产品销售税金及附加 Products sales pre－tax and related payment	产品销售利润 Products sales after－tax profits	管理费用 Expenses of management
199280	5401	11045	76206	60042
540719	19588	977	33126	24574
272472	14374	525	41194	11539
183201	31944	26890	18296	24791
68983	486	34805	14483	14497
185511	5915	785	25142	15523
39541	1325	138	4620	5076
10230	117	18	805	974
159607	11210	1384	14599	12425
25602	1000	35	723	1813
160517	4128	1013	17317	17046
23174	553	214	5412	5174
224	22	1	24	115
329079	892	26215	8244	10957
1692211	22751	50238	239276	164416
245699	93212	4651	140277	55939
215868	6879	862	40327	17853
32475	1138	3079	1942	2986
90887	2521	559	14392	9966
354284	25986	4590	74602	47351
630755	5848	3332	74523	53297
89834	1637	386	21610	11167
69697	2653	593	11489	12844
129336	5312	985	14074	22210
103925	4805	1760	11517	17727
4867041	110085	127705	847351	542245
33960	1715	73	7632	6285
138570	6034	807	19051	18510
209643	8426	2572	36389	16051
22209	1113	127	9833	10268
5908	183	18	440	460
877687	7259	8933	107812	29102
49640	3745	374	－1037	9564
58071	4266	796	6373	15020

12－5 续表 10

单位:万元

项目	Item	损益及 #税金 Tax
总 计	**Total**	**59439**
一、按登记注册类型分组	Grouped by registered type	
内资企业	Domestic funds	55514
国有企业	State owned	14514
中央企业	Centre	7963
地方企业	Local	6551
集体企业	Collective owned	1614
股份合作企业	Cooperative enterprises	308
联营企业	Joint owned	25
有限责任公司	Limited company	4537
股份有限公司	Share holding	33882
私营企业	Private	611
其他类型企业	Others	23
港、澳、台商投资企业	Funded from Hongkong, Macao and Taiwan	393
外商投资企业	Foreign funds	3532
二、按经济组织类型分组	Grouped by type of ownership	
独资企业	Sole investment	16369
合作、合伙企业	Cooperative enterprises	369
股份有限公司	Share holding	33916
有限责任公司	Limited company	8785
三、按轻重工业分	Grouped by light and heavy industry	
轻工业	Light industry	7099
重工业	Heavy industry	52340
四、按企业规模分	Grouped by size of Enterprises	
特大型企业	First type	39436
大一型企业	Second type	5605
大二型企业	Third type	5733
中一型企业	Fourth type	1721
中二型企业	Fifth type	2099
小型企业	Small type	4845
五、按工业行业分	Grouped by sector	
煤炭采选业	Coal mining and processing	962
石油和天然气开采业	Petroleum and natural gas extraction	40
黑色金属矿采选业	Ferrous metals mining and processing	283
有色金属矿采选业	Nonferrous metals mining and processing	139
非金属矿采选业	Non metal minerals mining and processing	52

continued

Unit：10000 yuan

分配 Loss，profit and distribution					
#财产保险费 Property	#劳动待业保险费 Employee insurance	财务费用 Financial expenses	#利息支出 Interest expenditures	营业利润 Business profits	利润总额 After－tax profits
18082	**192938**	**594762**	**464519**	**670900**	**855844**
14360	188719	498050	405808	344978	539552
8943	141884	299749	198444	139127	265883
4373	94035	219805	123476	185951	320438
4570	47849	79944	74968	－46824	－54555
729	4910	19906	17031	20530	26069
133	819	2310	2119	1960	2138
1	142	854	811	130	121
2027	18766	63001	59683	5333	29412
2180	20831	106740	122622	169858	207016
343	1247	5071	4702	9411	10166
4	120	419	396	－1371	－1253
809	1269	11878	8039	33818	26995
2913	2950	84834	50672	292104	289297
10098	147427	327386	222689	160283	292890
179	1160	3903	3542	1916	2562
2207	21278	107509	123382	171109	208196
5598	23073	155964	114906	337592	352196
4497	25733	111225	101176	69489	108711
13585	167205	483537	363343	601411	747133
4622	87420	262226	178755	145895	356215
5067	34645	138484	103270	400855	301279
2838	36256	69403	68815	1847	49670
1386	7180	19691	16392	54031	60355
1552	11696	34358	33391	9508	13333
2617	15741	70600	63896	58764	74992
243	11583	5502	4671	－25112	－1174
337	917	113174	19012	142545	193482
119	2239	1181	649	－3229	－4057
67	1441	1075	700	－1645	－2354
33	423	1041	943	657	635

12－5 续表 11

单位：万元

项目 Item		损益及
		#税金 Tax
木材及竹材采运业	Logging and transport of timber and bamboo	1416
食品加工业	Food processing	1048
食品制造业	Food manufacturing	229
饮料制造业	Beverage manufacturing	557
烟草加工业	Tobacco processing	323
纺织业	Textile industry	609
服装及其他纤维制品制造业	Garments and other fiber products	72
皮革、毛皮、羽绒及其制品业	Leather, furs, down and related products	32
木材加工及竹、藤、棕、草制品业	Timber processing, bamboo, cane, palm, fiber and straw product	305
家俱制造业	Furniture manufacturing	38
造纸及纸制品业	Papermaking and paper products	523
印刷业、记录媒介的复制	Printing and record pressing	92
文教体育用品制造业	Stationery education and sports goods	1
石油加工及炼焦业	Petroleum processing and coking products	234
化学原料及化学制品制造业	Chemical raw materials and chemical products	34494
医药制造业	Medical and pharmaceutical product	1718
化学纤维制造业	Chemical fibers	496
橡胶制品业	Rubber products	28
塑料制品业	Plastic products	179
非金属矿物制品业	Nonmetal mineral products	1326
黑色金属冶炼及压延加工业	Smelting and pressing of ferrous metals	1516
有色金属冶炼及压延加工业	Smelting and pressing of nonferrous metals	633
金属制品业	Metal products	267
普通机械制造业	Ordinary machinery manufacturing	372
专用设备制造业	Special purpose equipment	546
交通运输设备制造业	Transportation equipment manufacturing	8532
武器弹药制造业	Weapon and ammunition manufacturing	95
电气机械及器材制造业	Electric equipment and machinery	534
电子及通信设备制造业	Electronic and telecommunications	166
仪器仪表及文化、办公用机械制造业	Instruments meters, cultural and official machinery	75
其他制造业	Other manufacturing	7
电力、蒸汽、热水的生产和供应业	Electric power, steam and hot water production and supply	909
煤气生产和供应业	Gas products and supply	139
自来水的生产和供应业	Tap water production and supply	453

continued

Unit:10000 yuan

分配 Loss,profit and distribution

#财产保险费 Property	#劳动待业保险费 Employee insurance	财务费用 Financial expenses	#利息支出 Interest expenditures	营业利润 Business profits	利润总额 After-tax profits
2004	15682	9170	9076	13105	9639
241	1418	18776	17499	-4980	-1701
530	1060	9798	6332	20986	21316
1042	2314	8793	8515	-6681	-6129
132	2757	2490	2487	-660	3479
303	3500	11893	11653	-1336	-490
40	447	1071	798	-801	-569
19	56	150	140	-276	-104
381	1133	6567	6073	-2390	-1345
5	146	569	342	-135	-87
263	1173	7510	7501	-3348	199
37	755	473	454	454	725
3	44	5	5	-50	-66
221	1258	1508	2554	14716	8480
1100	36072	105038	117907	-8108	27121
895	3041	16374	14532	72601	85945
239	2105	17135	16140	8566	11556
11	267	929	929	-1692	-592
189	940	3317	3224	1782	2337
805	6309	16146	14521	10438	21506
128	5945	20663	20547	16750	15670
293	788	4453	4426	6714	3660
66	1480	3197	3119	-3112	-3273
100	2422	6504	6311	-11934	-10436
334	2657	4396	4114	1090	-10370
6319	67740	113695	78086	286149	398931
68	2193	3640	3635	-2198	-3064
226	1370	5407	4760	-3517	3803
276	1498	4509	3012	16153	15311
82	1556	1525	1522	-1651	-578
3	6	91	17	-70	5
560	4351	57992	57616	163379	96515
94	1943	4851	6569	-10750	-5690
276	1913	4159	4129	-11510	-12393

12－5 续表 12

单位：万元

项目	Item	损益及分 亏损企业亏损总额 Total loss of loss－making enterprises
总 计	**Total**	**259690**
一、按登记注册类型分组	Grouped by registered type	
内资企业	Domestic funds	225626
国有企业	State owned	167095
中央企业	Centre	320438
地方企业	Local	110271
集体企业	Collective owned	11684
股份合作企业	Cooperative enterprises	725
联营企业	Joint owned	2400
有限责任公司	Limited company	30677
股份有限公司	Share holding	9181
私营企业	Private	2611
其他类型企业	Others	1253
港、澳、台商投资企业	Funded from Hongkong, Macao and Taiwan	11383
外商投资企业	Foreign funds	22681
二、按经济组织类型分组	Grouped by type of ownership	
独资企业	Sole investment	184801
合作、合伙企业	Cooperative enterprises	4771
股份有限公司	Share holding	9736
有限责任公司	Limited company	60382
三、按轻重工业分	Grouped by light and heavy industry	
轻工业	Light industry	90074
重工业	Heavy industry	169616
四、按企业规模分	Grouped by size of Enterprises	
特大型企业	First type	4926
大一型企业	Second type	46527
大二型企业	Third type	73895
中一型企业	Fourth type	19180
中二型企业	Fifth type	35320
小型企业	Small type	79842
五、按工业行业分	Grouped by sector	
煤炭采选业	Coal mining and processing	6695
石油和天然气开采业	Petroleum and natural gas extraction	10
黑色金属矿采选业	Ferrous metals mining and processing	4532
有色金属矿采选业	Nonferrous metals mining and processing	3321
非金属矿采选业	Non metal minerals mining and processing	1278

continued

Unit:10000 yuan

配 Loss, profit and distribution					
利税总额 Pre-tax profits	应交所得税 Taxble income	应付利润 Profits payable	本年应交增值税 Added value tax payable	本年进项税额 Tax credit in this year	本年销项税额 Added Value tax in this year
2054624	**81508**	**63036**	**859763**	**2084113**	**2854763**
1459015	77551	48054	67641	1726630	2364718
831434	18786	7565	419001	945153	1356112
751091	11906	7716	316780	779272	1109130
80343	6880	-151	102221	165881	246982
69409	7564	3903	32725	73156	101817
7204	393	304	4441	9556	13782
3121	370	-55	1929	5188	6279
128327	8330	16186	81279	232701	300816
396057	40129	17795	126184	442099	557227
24507	1979	2356	11015	18625	28374
-1044			167	152	311
58658	1805	742	24079	37730	43778
536951	2152	14240	158943	319753	446267
910894	27099	12407	459307	1028298	1474133
12558	904	1289	7846	16377	23166
398618	40426	18107	127440	445666	561760
732554	13079	31233	265170	593772	795704
342698	27931	27093	156177	305981	420821
1711926	53577	35943	703586	1778132	2433942
708112	13984	140	250304	1016437	1255730
673703	13758	33297	263184	463759	710874
231137	20816	6072	124371	244074	352599
146215	5645	2721	61919	74012	118601
76420	7002	4720	45923	79100	117569
219037	20303	16086	114062	206731	299390
12953	433	362	12387	15371	27309
277016	2821	1345	66667	32120	98768
-1022	62		693	1556	2185
-983	212	63	1052	1549	2518
4011	251	93	2113	928	2681

12－5　续表　13

单位：万元

项目	Item	损益及分 亏损企业亏损总额 Total loss of loss－making enterprises
木材及竹材采运业	Logging and transport of timber and bamboo	3371
食品加工业	Food processing	13648
食品制造业	Food manufacturing	7601
饮料制造业	Beverage manufacturing	14417
烟草加工业	Tobacco processing	707
纺织业	Textile industry	3664
服装及其他纤维制品制造业	Garments and other fiber products	1105
皮革、毛皮、羽绒及其制品业	Leather,furs,down and related products	246
木材加工及竹、藤、棕、草制品业	Timber processing,bamboo,cane,palm,fiber and straw product	9628
家俱制造业	Furniture manufacturing	308
造纸及纸制品业	Papermaking and paper products	6459
印刷业、记录媒介的复制	Printing and record pressing	1109
文教体育用品制造业	Stationery education and sports goods	66
石油加工及炼焦业	Petroleum processing and coking products	344
化学原料及化学制品制造业	Chemical raw materials and chemical products	17760
医药制造业	Medical and pharmaceutical product	4733
化学纤维制造业	Chemical fibers	51
橡胶制品业	Rubber products	1001
塑料制品业	Plastic products	2276
非金属矿物制品业	Nonmetal mineral products	5795
黑色金属冶炼及压延加工业	Smelting and pressing of ferrous metals	11495
有色金属冶炼及压延加工业	Smelting and pressing of nonferrous metals	696
金属制品业	Metal products	7621
普通机械制造业	Ordinary machinery manufacturing	14458
专用设备制造业	Special purpose equipment	12796
交通运输设备制造业	Transportation equipment manufacturing	21515
武器弹药制造业	Weapon and ammunition manufacturing	4066
电气机械及器材制造业	Electric equipment and machinery	3078
电子及通信设备制造业	Electronic and telecommunications	7260
仪器仪表及文化、办公用机械制造业	Instruments meters,cultural and official machinery	1944
其他制造业	Other manufacturing	60
电力、蒸汽、热水的生产和供应业	Electric power,steam and hot water production and supply	39524
煤气生产和供应业	Gas products and supply	12405
自来水的生产和供应业	Tap water production and supply	12649

continued

Unit: 10000 yuan

配 Loss, profit and distribution				本年进项税额 Tax credit in this year	本年销项税额 Added Value tax in this year
利税总额 Pre - tax profits	应交所得税 Taxble income	应付利润 Profits payable	本年应交增值税 Added value tax payable		
30289	94	789	9606	14602	21629
4159	408	5959	4883	38497	33615
36367	324	362	14527	24974	22916
41359	2381	198	20598	22205	43419
49125	916		10841	9691	19857
10178	850	1627	9882	32271	40837
587	70	44	1018	5054	5204
95	7	83	181	425	562
6950	273	875	6911	13172	18804
145	12	13	197	994	546
13896	1212	261	12684	26722	39033
3068	358	378	2129	2563	4560
- 61			5	11	15
41910	37	33	7216	54326	60869
137394	6086	2053	60035	360017	418326
134641	11700	5897	44046	30191	71771
25176	2883	- 1189	12757	44514	50156
4783	44	44	2297	1302	2730
6125	859	602	3229	6546	9490
51512	3898	3738	25417	49019	67042
54744	5063	8360	35742	149626	183933
8654	885	1362	4609	13972	16588
1556	558	172	4236	11025	15206
- 1209	606	666	8241	14815	19889
- 4291	647	- 1737	4319	10329	13527
826013	22030	24667	299377	963905	1237131
- 2749		199	241	933	635
12321	753	- 118	7711	19146	24086
27351	6412	4	9468	44615	53840
2067	331		2518	9271	9235
285		1	262	731	940
248852	6993	6130	143404	53521	206676
- 1826	1011	4	3490	3470	3866
- 6817	30	- 300	4779	137	4373

12－6　各市县500万元以上工业企业主要经济指标(2000)

单位:万元

市、县 Cities,prefecture	企业单位数(个) Number of enterprises	大型 Large	中型 Middle	小型 Small
长春市 Changchun	**577**	**71**	**98**	**408**
市区 District	471	68	81	322
农安县 Nongan	26		5	21
九台市 Jiutai	27		5	22
榆树市 Yushu	28	1	3	24
德惠市 Dehui	25	2	4	19
吉林市 Jilin	**479**	**60**	**50**	**369**
市区 District	265	48	35	182
永吉县 Yongji	24	2	1	21
蛟河市 Jiaohe	32	1	2	29
桦甸市 Huadian	74	4	1	69
舒兰市 Shuangliao	45	1	7	37
磐石市 Panshi	39	4	4	31
四平市 Siping	**327**	**21**	**43**	**263**
市区 District	131	13	26	92
梨树县 Lishu	62	2	4	56
伊通县 Yitong	31		1	30
双辽市 Shuangliao	31	2	1	28
公主岭市 Gongzhuling	72	4	11	57
辽源市 Liaoyuan	**164**	**10**	**34**	**120**
市区 District	109	9	27	73
东丰县 Dongfeng	24	1	4	19
东辽县 Dongliao	31		3	28
通化市 Tonghua	**331**	**8**	**41**	**282**
市区 District	89	5	12	72
通化县 Tonghua	54		7	47
辉南县 Huinan	44		5	39
柳河县 Liuhe	26		4	22
梅河口市 Meihekou	71	2	8	61
集安市 jian	47	1	5	41

Main Indicators of Industrial Enterprises over 5000000 Yuan(2000)

Unit: 10000 yuan

#亏损企业 Number of loss making enterprises	工业总产值（当年价） Gross output value of industry (current prices)	#内资企业 Domestic funded	#国有企业 State owned	#集体企业 Collective	#股份合作企业 Cooperative
175	**7497110**	**5014131**	**3723213**	**360804**	**40405**
135	7025346	4817323	3621260	326247	33442
9	86260	86260	70304	2259	1089
8	28679	28031	6776	15833	
10	51107	50831	15068	7315	4536
13	305717	31686	9806	9151	1339
128	**4089784**	**3877544**	**959139**	**158743**	**9124**
74	3684651	3491271	697464	133497	880
8	21042	12714	8155		1013
9	50657	50293	26506	6743	1264
17	132501	131852	90029	11836	5967
10	69254	60336	54248	3055	
10	131679	131078	82737	3612	
135	**808112**	**658592**	**310184**	**156307**	**43428**
56	411033	357942	119046	116670	43131
24	91725	74913	45766	19564	
11	22670	22554	7234	8365	
10	109465	109465	97068	1720	
34	173219	93718	41070	9989	297
47	**279644**	**278544**	**207769**	**34660**	**2825**
36	219655	218555	172438	22355	1993
8	40973	40973	27479	3234	
3	19016	19016	7851	9071	832
119	**1221706**	**1166861**	**171905**	**50765**	**5970**
32	835260	808696	65836	22138	
16	93395	80860	12591	4877	
24	61213	61213	23501	2504	
12	75655	75655	13282	869	429
19	103754	91095	39553	18258	
16	52428	49342	17142	2119	5541

12－6　续表　1

单位:万元

市、县 Cities, prefecture	企业单位数(个) Number of enterprises	大型 Large	中型 Middle	小型 Small
白山市 Baishan	**150**	**15**	**16**	**119**
市区 District	61	6	11	44
抚松县 Fusong	21	5	1	15
靖宇县 Jingyu	10			10
长白县 Changbai	17		1	16
江源县 Jiangyuan	19	2	1	16
临江市 Linjian	22	2	2	18
松原市 Songyuan	**128**	**3**	**13**	**112**
市区 District	38	2	4	32
前郭县 Qianguo	31	1	4	26
长岭县 Changling	18		2	16
乾安县 Qianan	24		2	22
扶余县 Fuyu	17		1	16
白城市 Baicheng	**206**	**8**	**22**	**176**
市区 District	61	7	8	46
镇赉县 Zhenlai	40		1	39
通榆县 Tongyu	24		2	22
洮南市 Taonan	37	1	5	31
大安市 Daan	44		6	38
延边朝鲜族自治州 Yanbian	**371**	**18**	**39**	**314**
延吉市 Yanji	70	2	13	55
图们市 Tumen	36	2	1	33
敦化市 Dunhua	77	6	6	65
珲春市 Hunchun	31		5	26
龙井市 Longjing	53	2	5	46
和龙市 Helong	26	2	5	19
汪清县 Wangqing	39	3	1	35
安图县 Antu	39	1	3	35

continued

Unit:10000 yuan

#亏损企业 Number of loss making enterprises	工业总产值（当年价） Gross output value of industry (current prices)	#内资企业 Domestic funded	#国有企业 State owned	#集体企业 Collective	#股份合作企业 Cooperative
34	**636559**	**609385**	**216915**	**115723**	**1855**
20	256002	251755	53204	40013	
3	123794	120144	76204	8763	
3	32941	32941	12933	1208	
	39327	39327	14085	10627	
3	91035	84293	33837	40930	1855
5	93461	80927	26651	14182	
30	**1156023**	**1145313**	**1104218**	**14361**	**3250**
10	1000196	1000196	974538	3727	2883
6	119973	109863	101099	4327	
1	10488	10488	8506	1615	367
10	14748	14148	11023	3125	
3	10619	10619	9053	1566	
65	**308759**	**286441**	**174053**	**46328**	**1690**
22	142004	119686	88390	1167	180
9	14589	14589	14464	125	
9	23029	23029	12935	2280	1510
16	85676	85676	20625	38983	
9	43462	43462	37638	3773	
129	**1038115**	**877066**	**473133**	**59518**	**6251**
30	265868	225345	125721	20806	710
7	127369	113617	53619	6866	
23	249717	216766	96483	16841	
13	110935	63315	58077	1962	2559
19	80930	74546	12948	3583	2982
14	54511	53680	36103	2785	
10	68992	66005	54224	3737	
13	79793	63793	35957	2939	

单位：万元

市、县 Cities, prefecture	#联营企业 Joint	#有限责任公司 Limited company	#股份有限公司 Share holding	#私营企业 Private
长春市 Changchun	**21048**	**322834**	**469784**	**76042**
市　区 District	12283	310174	460847	53071
农安县 Nongan			2147	10462
九台市 Jiutai			407	5015
榆树市 Yushu		12660	4297	6955
德惠市 Dehui	8765		2087	539
吉林市 Jilin	**13709**	**502154**	**2166994**	**67681**
市　区 District	10624	458571	2146210	44025
永吉县 Yongji				3546
蛟河市 Jiaohe		2973	4354	8453
桦甸市 Huadian	1905	2220	16430	3465
舒兰市 Shuangliao		1183		1850
磐石市 Panshi	1180	37207		6342
四平市 Siping	**2173**	**73668**	**33914**	**38918**
市　区 District	2173	43717	21973	11233
梨树县 Lishu		5812	542	3230
伊通县 Yitong			1896	5059
双辽市 Shuangliao		8130	2212	336
公主岭市 Gongzhuling		16009	7292	19061
辽源市 Liaoyuan		**1262**	**16942**	**15087**
市　区 District			16942	4827
东丰县 Dongfeng				10260
东辽县 Dongliao		1262		
通化市 Tonghua	**5194**	**387395**	**510832**	**31584**
市　区 District		338366	376270	5270
通化县 Tonghua		15865	45207	
辉南县 Huinan		8812	26396	
柳河县 Liuhe		241	51155	9679
梅河口市 Meihekou	5194	10843	4216	13031
集安市 jian		13268	7588	3604

continued

Unit: 10000 yuan

#其他企业 Others	#港澳台商投资 Funded from HongKong, Macao and Taiwan	#外商投资企业 Foreign funded	工业增加值(生产法) Added value of industry	实收资本 Total of real assets	年末资产总计 Assets at year end
	303185	**2179794**	**2078355**	**2357740**	**11958512**
	303185	1904838	1946858	2239721	11461892
			31216	19520	78399
		649	6009	16916	70148
		276	18519	17420	81546
		274031	75753	64163	266527
	73115	**139125**	**895426**	**1081511**	**9184709**
	71924	121456	722318	857685	8304844
	542	7786	5615	13771	40368
		364	20381	18324	77693
	649		86680	81603	317650
		8918	21305	58888	182999
		601	39127	51240	261155
	97878	**51642**	**268919**	**411503**	**1718459**
	26831	26260	162994	259920	839935
		16813	30739	28927	154852
		115	6909	6215	40755
			25712	26208	373957
	71048	8454	42567	90234	308959
		1100	**82848**	**154851**	**854659**
		1100	69224	133923	702010
			7771	16556	102174
			5853	4372	50475
3217	**21664**	**33181**	**413177**	**557707**	**2174726**
816	247	26318	227280	368006	1368165
2320	10186	2349	50964	71594	324968
			25884	28625	129055
			57904	24961	107484
	8795	3864	25579	28573	120963
81	2436	650	25566	35949	124091

单位:万元

市、县 Cities, prefecture	#联营企业 Joint	#有限责任公司 Limited company	#股份有限公司 Share holding	#私营企业 Private
白山市 Baishan		**58673**	**171163**	**45056**
市区 District		26898	131138	501
抚松县 Fusong		14398	14323	6457
靖宇县 Jingyu			9191	9608
长白县 Changbai		2809	7786	4020
江源县 Jiangyuan		7670		
临江市 Linjian	4437	6898	8725	24470
松原市 Songyuan			**19048**	
市区 District			19048	
前郭县 Qianguo	4437			
长岭县 Changling				
乾安县 Qianan				
扶余县 Fuyu				
白城市 Baicheng	**3080**	**8768**	**42839**	**9369**
市区 District	2002	5117	21963	552
镇赉县 Zhenlai				
通榆县 Tongyu	1078	1001		4224
洮南市 Taonan		2650	20314	3104
大安市 Daan			562	1489
延边朝鲜族自治州 Yanbian	**792**	**96591**	**208470**	**32312**
延吉市 Yanji	141	54231	21440	2297
图们市 Tumen			53132	
敦化市 Dunhua		15543	75531	12368
珲春市 Hunchun				717
龙井市 Longjing		9817	43798	1418
和龙市 Helong		54	5940	8798
汪清县 Wangqing		5064	1803	1178
安图县 Antu	651	11881	6828	5537

continued

Unit:10000 yuan

#其他企业 Others	#港澳台商投资 Funded from HongKong, Macao and Taiwan	#外商投资企业 Foreign funds	工业增加值(生产法) Added value of industry	实收资本 Total of real assets	年末资产总计 Assets at year end
	12812	**14361**	**274354**	**531333**	**1404182**
	1784	2463	84807	341222	769049
	3650		70112	76750	298372
			14971	12077	50341
			16836	14887	37337
	6741		40946	29247	110332
	636	11898	46684	57150	138752
	600	**10110**	**516920**	**1357689**	**2052349**
			463181	1299038	1755776
		10110	43498	34779	218471
			3123	12146	20560
	600		3920	9286	34214
			3200	2440	23330
314		**22318**	**94352**	**86303**	**496514**
314		22318	46222	48337	293838
			3646	9240	32450
			7115	5072	36570
			24938	14258	79919
			12432	9396	53737
	38502	**122547**	**372510**	**619347**	**2306159**
	2435	38088	121058	128045	549595
		13752	45315	65068	289783
	24488	8463	67771	129424	519345
	6949	40671	42693	100571	300361
	4	6380	21409	31744	122518
		831	22787	30033	129714
	1199	1787	26998	37756	159067
	3427	12574	24478	96707	235777

12－6 续表 4

单位：万元

市、县 Cities, prefecture	流动资产合计 Total of circulating funds	流动资产年平均余额 Average balance circulating funds	固定资产合计 Total of fixed assets	固定资产原价 Original value of fixed assets
长春市 Changchun	**5500155**	**5211749**	**4427183**	**5721118**
市区 District	5259793	4980326	4201801	5423029
农安县 Nongan	30933	33265	40449	50337
九台市 Jiutai	37845	37718	27075	34210
榆树市 Yushu	36997	35319	39977	48334
德惠市 Dehui	134588	125121	117881	165208
吉林市 Jilin	**3428617**	**3357224**	**5022499**	**6237126**
市区 District	3106599	3045247	4502679	5410086
永吉县 Yongji	12123	11520	26530	30706
蛟河市 Jiaohe	31572	31131	40886	53518
桦甸市 Huadian	85794	72984	227126	430376
舒兰市 Shuangliao	85642	87595	87437	132764
磐石市 Panshi	106886	108748	137841	179677
四平市 Siping	**666708**	**649800**	**916644**	**1241433**
市区 District	330373	292465	427736	569112
梨树县 Lishu	73057	66660	75484	97284
伊通县 Yitong	19344	17878	18932	25085
双辽市 Shuangliao	87774	118555	262525	371376
公主岭市 Gongzhuling	156161	154242	131967	178576
辽源市 Liaoyuan	**392185**	**367298**	**394832**	**467574**
市区 District	313291	289264	340179	395925
东丰县 Dongfeng	61552	57767	37487	49294
东辽县 Dongliao	17342	20267	17166	22356
通化市 Tonghua	**1046776**	**934158**	**848299**	**1118966**
市区 District	606865	519592	540651	706802
通化县 Tonghua	187667	171281	118114	130740
辉南县 Huinan	75320	71203	42169	55132
柳河县 Liuhe	56781	58407	38321	47137
梅河口市 Meihekou	60572	60370	46928	62610
集安市 jian	59570	53305	62116	116545

continued

Unit:10000 yuan

固定资产净值年平均余额 Average balances of fixed assets	工业企业负债合计 Liabilities	流动负债合计 Total of circulating liabilities	长期负债合计 Long term liabilities	工业企业产品销售收入 Sales revenue
3836004	**7339988**	**5462815**	**1877174**	**7716689**
3616141	6956812	5134944	1821868	7276944
40159	58072	46744	11329	72274
26289	62012	56845	5167	28997
37230	61691	44885	16806	49649
116185	201400	179397	22004	288825
4479072	**7018693**	**4091907**	**2906112**	**3431001**
4102133	6431331	3696541	2717928	3047519
25649	20442	14816	5208	23610
40751	51906	41118	10788	42313
95951	190505	79637	110655	136332
85038	131432	104578	23906	59792
129551	193077	155216	37628	121435
869222	**1370155**	**807421**	**527881**	**811730**
389986	590069	371291	188714	406718
70810	126589	90922	35667	75448
18300	45263	29952	15305	23460
257339	395112	140036	250292	126402
132787	213122	175219	37902	179702
345766	**645628**	**487187**	**157036**	**244203**
295910	499546	369753	128420	197957
36693	100022	83618	16373	34638
13162	46060	33817	12244	11608
752336	**1210695**	**1021331**	**187824**	**1086475**
484859	763848	647606	115375	781312
95523	125758	98000	27441	77320
36919	93691	82221	11120	48584
31477	67138	54449	12689	63265
45925	98820	87039	11775	79078
57634	61440	52017	9423	36917

12－6 续表 5

单位:万元

市、县 Cities, prefecture	流动资产合计 Total of circulating funds	流动资产年平均余额 Average balance circulating funds	固定资产合计 Total of fixed assets	固定资产原价 Original value of fixed assets
白 山 市 Baishan	**526370**	**473420**	**782645**	**1064073**
市 区 District	278776	253246	425247	603122
抚 松 县 Fusong	104213	91354	179119	244764
靖 宇 县 Jingyu	22888	22239	26661	17050
长 白 县 Changbai	17634	17117	19013	24322
江 源 县 Jiangyuan	40289	33849	64929	77802
临 江 市 Linjian	62569	55614	67676	97014
松 原 市 Songyuan	**411348**	**450421**	**1546947**	**781032**
市 区 District	305028	345844	1412268	489088
前 郭 县 Qianguo	79069	79840	88213	236353
长 岭 县 Changling	6095	5399	14199	16304
乾 安 县 Qianan	10081	10048	23301	27557
扶 余 县 Fuyu	11075	9290	8965	11730
白 城 市 Baicheng	**224225**	**223506**	**253362**	**338588**
市 区 District	111347	115309	173317	235103
镇 赉 县 Zhenlai	16222	15490	12582	16427
通 榆 县 Tongyu	24452	22349	10915	13452
洮 南 市 Taonan	46350	43872	31096	41598
大 安 市 Daan	25853	26486	25451	32008
延边朝鲜族自治州 Yanbian	**872166**	**853808**	**1181486**	**1486631**
延 吉 市 Yanji	185017	180521	300167	362552
图 们 市 Tumen	110903	114528	141206	198461
敦 化 市 Dunhua	227546	214795	210236	250308
珲 春 市 Hunchun	104431	106986	153694	213085
龙 井 市 Longjing	69163	64014	45748	75973
和 龙 市 Helong	46392	43487	73109	91616
汪 清 县 Wangqing	68069	65484	91804	111967
安 图 县 Antu	60645	63993	165523	182669

continued

Unit:10000 yuan

固定资产净值年平均余额 Average balances of fixed assets	工业企业负债合计 Liabilities	流动负债合计 Total of circulating liabilities	长期负债合计 Long term liabilities	工业企业产品销售收入 Sales revenue
649831	**856624**	**582454**	**273235**	**569392**
407332	413251	277696	135274	280271
103444	239659	153486	85597	112965
9604	33525	26817	6708	14915
18112	15380	12267	3075	24303
53068	75390	65778	9573	64674
58272	79420	46411	33009	72263
446119	**932310**	**644085**	**284479**	**977779**
317156	711573	507868	202410	892849
82753	157686	86110	71229	50300
13699	10698	9255	1443	6179
22511	24746	18408	6337	15059
10000	27607	22444	3059	13392
224730	**404250**	**263279**	**140227**	**233371**
149401	232476	138165	94212	128551
14773	21249	18655	2359	10945
9944	34955	31774	3181	14082
30875	73315	38988	33918	37106
19738	42255	35698	6557	42687
998137	**1540235**	**1011446**	**529300**	**859643**
200464	403924	258507	145322	211599
119315	230912	136560	92990	112745
176422	269717	210163	59554	210046
163320	211296	109566	101730	83764
43518	87464	63687	23443	85534
65880	84589	70214	14375	35479
81710	118001	80326	39981	57083
147508	134330	82424	51906	63393

单位：万元

市、县 Cities, prefecture	产品销售成本 Cost of products sales	产品销售费用 Cost of sale	产品销售税金及附加 Sales tax and extra charge
长春市 Changchun	**6343819**	**174205**	**158335**
市区 District	5956631	161081	150661
农安县 Nongan	60759	2896	4889
九台市 Jiutai	23443	1973	380
榆树市 Yushu	45691	937	1634
德惠市 Dehui	257296	7318	772
吉林市 Jilin	**2833290**	**68986**	**71313**
市区 District	2542449	58613	65134
永吉县 Yongji	20152	1333	499
蛟河市 Jiaohe	33790	934	1573
桦甸市 Huadian	84656	2263	2150
舒兰市 Shuangliao	53728	1625	1151
磐石市 Panshi	98515	4218	806
四平市 Siping	**634375**	**45248**	**14064**
市区 District	293714	23389	10526
梨树县 Lishu	63779	3313	1174
伊通县 Yitong	20728	831	121
双辽市 Shuangliao	106631	5498	1416
公主岭市 Gongzhuling	149524	12218	828
辽源市 Liaoyuan	**207510**	**8507**	**2433**
市区 District	168771	6916	1848
东丰县 Dongfeng	29442	1171	403
东辽县 Dongliao	9298	420	182
通化市 Tonghua	**853901**	**50552**	**9940**
市区 District	617120	26353	6861
通化县 Tonghua	47642	6580	943
辉南县 Huinan	29448	7406	672
柳河县 Liuhe	56676	2066	152
梅河口市 Meihekou	69092	4498	973
集安市 jian	33924	3649	339

continued

Unit: 10000 yuan

产品销售利润 Product sales after tax profits	管理费用 Expenses of management	财务费用 Exenses of finance	利润总额 After tax profits	利税总额 Pre tax profits
1040330	**665255**	**168030**	**455300**	**1024682**
1008571	646598	155659	452946	1007597
3730	3955	1198	– 373	6878
3201	3110	845	828	2109
1388	2624	1480	– 950	2694
23439	8968	8848	2849	5404
434456	**298450**	**170005**	**73984**	**270776**
358643	259246	159770	39550	216400
1532	2169	638	– 1532	– 125
6011	4336	1002	673	3035
47098	9719	2529	37919	43410
3276	11878	1874	– 3448	60
17896	11102	4193	821	7997
105931	**60043**	**42229**	**– 16229**	**51971**
67343	36530	12962	– 6840	32227
7182	5827	1734	– 21	4611
1606	1338	457	109	953
12668	4351	20684	– 9494	4016
17133	11998	6392	17	10164
25299	**34432**	**7429**	**– 1642**	**11966**
19970	27174	6171	499	11349
3621	6137	926	– 2448	– 480
1708	1121	333	307	1096
167729	**86146**	**29084**	**82214**	**159239**
127465	56347	20468	62203	119851
22155	12440	1558	10839	17201
11059	5842	2132	4504	9324
3921	4042	1848	2369	3914
4125	4209	1657	– 109	3365
– 996	3266	1421	2408	5584

单位:万元

市、县 Cities, prefecture	产品销售成本 Cost of products sales	产品销售费用 Cost of sale	产品销售税金及附加 Sales tax and extra charge
白 山 市 Baishan	**453868**	**20099**	**11647**
市　区 District	232654	6078	4430
抚 松 县 Fusong	86662	5254	2908
靖 宇 县 Jingyu	11285	1525	72
长 白 县 Changbai	17951	1931	1233
江 源 县 Jiangyuan	51484	1030	1356
临 江 市 Linjian	53833	4281	1648
松 原 市 Songyuan	**702841**	**6021**	**38672**
市　区 District	568287	3899	38034
前 郭 县 Qianguo	105744	1154	401
长 岭 县 Changling	5721	139	54
乾 安 县 Qianan	11942	250	85
扶 余 县 Fuyu	11146	580	99
白 城 市 Baicheng	**183984**	**9113**	**2835**
市　区 District	99866	3610	1618
镇 赉 县 Zhenlai	9310	342	120
通 榆 县 Tongyu	12574	826	218
洮 南 市 Taonan	27395	3912	561
大 安 市 Daan	34839	422	318
延边朝鲜族自治州 Yanbian	**627502**	**56691**	**34901**
延 吉 市 Yanji	149177	7753	24397
图 们 市 Tumen	94793	2377	2814
敦 化 市 Dunhua	137866	31547	2112
珲 春 市 Hunchun	73904	4046	654
龙 井 市 Longjing	67742	4664	828
和 龙 市 Helong	24028	934	1026
汪 清 县 Wangqing	35488	2848	1750
安 图 县 Antu	44504	2521	1320

continued

Unit:10000 yuan

产品销售利润 Product sales after tax profits	管理费用 Expenses of management	财务费用 Exenses of finance	利润总额 After tax profits	利税总额 Pre tax profits
80896	**59670**	**19826**	**17731**	**66334**
35628	24930	7142	18685	42149
18066	13306	9216	－4672	8583
2033	1168	144	967	1699
3091	1954	196	682	3589
10794	7759	1143	1798	5229
11284	10553	1985	271	5085
229965	**45619**	**120940**	**193708**	**313375**
282629	40588	114584	195416	307226
－57267	3166	3784	－2253	3939
265	239	274	127	366
2781	843	1287	502	1520
1557	784	1011	－84	324
34129	**20217**	**9940**	**10519**	**29961**
20337	10726	6088	10230	22838
1173	1120	287	15	716
404	1068	524	21	737
5107	3851	2028	121	3198
7109	3452	1013	131	2472
136563	**103185**	**39340**	**16077**	**114800**
30273	23632	8364	4739	53204
12761	10311	4121	134	8902
38519	23729	9659	11478	29304
5140	7928	5337	－3440	2556
12034	7145	3000	504	5533
9491	9259	1367	1028	4122
14227	10746	2776	971	5634
14117	10434	4717	664	5545

12－7　500万元以上工业企业主要经济分析指标(2000)

单位:%

项目	Item	企业亏损面 Proportion of loss enterprises	增加值率 Ratio of value added to gross output value
总计	**Total**	**31.45**	**28.10**
一、按登记注册类型分组	Grouped by registered type		
内资企业	Domestic funded	31.14	28.72
国有企业	State owned	36.15	30.51
中央企业	Centre	34.69	29.12
地方企业	Local	36.27	34.07
集体企业	Collective owned	21.78	33.23
股份合作企业	Cooperative enterprises	20.97	26.27
联营企业	Joint owned	30.00	43.60
有限责任公司	Limited company	34.00	25.29
股份有限公司	Share holding	23.08	24.43
私营企业	Private	23.58	37.28
其他类型企业	Others	48.28	50.95
港、澳、台商投资企业	Funded from Hongkong,Macao and Taiwan	30.26	32.04
外商投资企业	Foreign funded	36.81	23.99
二、按经济组织类型分组	Grouped by type of ownership		
独资企业	Sole investment	31.94	30.88
合作、合伙企业	Cooperative enterprises	29.10	32.39
股份有限公司	Share holding	24.87	24.58
有限责任公司	Limited company	32.90	25.61
三、按轻重工业分	Grouped by light and heavy industry		
轻工业	Light industry	35.12	33.04
重工业	Heavy industry	28.36	26.72
四、按企业规模分	Grouped by size of Enterprises		
特大型企业	First type	10.00	23.01
大一型企业	Second type	29.63	24.66
大二型企业	Third type	35.14	32.42
中一型企业	Fourth type	32.43	36.13
中二型企业	Fifth type	30.45	35.31
小型企业	Small type	31.41	34.59
五、按工业行业分	Grouped by sector		
煤炭采选业	Coal mining and processing	25.86	30.33
石油和天然气开采业	Petroleum and natural gas extraction	7.69	54.92
黑色金属矿采选业	Ferrous metals mining and processing	42.86	28.22
有色金属矿采选业	Nonferrous metals mining and processing	25.00	40.76
非金属矿采选业	Non metal minerals mining and processing	27.27	45.02

Major Economic Indicators Over 5000000 Yuan Enterprises(2000)

Unit: %

产品销售率 Sales rate of products	总资产贡献率 Contribute rate of assets	资产负债率 Ratio of assets liabilities	流动资产周转次数（次） Turnoverof circulating funds	资金利税率 Ratio of profit and tax to assets	成本费用利润率 Ratio of profit to tolal cost	全员劳动生产率（元/人） Overall labor productive	销售收入利税率 Ratio of pre tax profits to sales revenue	产成品可供销售天数(天) Available days for sale about the finished products(days)
98.09	**8.23**	**65.82**	**1.27**	**8.25**	**5.70**	**36795**	**13.09**	**32.6**
98.20	6.78	66.95	1.15	6.62	4.36	32172	11.52	35.4
98.14	5.69	72.64	1.13	6.45	3.68	28853	11.45	37.3
99.43	7.06	71.15	1.30	9.56	6.01	62485	13.88	27.5
94.88	2.72	75.43	0.81	1.60	-2.88	13250	4.35	65.8
96.25	7.13	67.34	1.31	6.12	3.32	26331	8.54	50.6
97.40	6.80	71.63	1.76	6.27	2.26	23644	7.49	46.1
95.16	6.46	62.31	1.97	6.77	0.28	59968	7.00	43.3
98.82	5.28	61.90	0.93	4.31	2.17	23099	9.40	39.9
99.24	12.88	53.35	1.30	8.77	7.85	69088	13.91	22.7
91.74	8.70	57.70	1.45	8.29	4.37	37609	10.04	45.7
88.02	-0.83	112.03	0.05	-1.46	-38.89	3341	-55.47	348.5
90.92	10.87	63.20	1.57	10.42	6.47	96186	12.97	25.5
99.04	23.78	54.07	2.33	23.22	13.05	136843	20.85	19.7
97.87	5.79	72.13	1.15	6.38	3.57	28729	11.01	38.6
96.01	5.24	79.11	1.24	4.81	1.57	26057	7.53	46.5
99.13	12.65	53.38	1.29	8.70	7.81	67575	13.85	23.4
97.75	12.89	58.79	1.54	12.65	8.86	52201	16.71	26.7
94.90	6.62	63.44	1.02	6.09	3.63	37214	10.98	44.5
98.99	8.68	66.52	1.35	8.88	6.22	36652	13.61	29.6
99.67	7.61	65.13	1.38	8.43	6.25	70706	12.08	23.8
100.18	14.17	65.97	1.52	13.68	9.30	39858	18.73	28.4
98.81	6.20	62.59	1.10	5.50	2.46	24965	11.36	33.7
94.63	10.14	63.61	1.16	10.76	7.56	45225	16.95	33.2
93.88	4.41	64.90	0.78	3.72	1.58	24922	8.82	61.5
94.30	6.23	71.96	1.20	5.51	3.11	28094	8.85	48.2
97.77	2.30	62.30	0.63	1.87	-0.59	6209	7.58	75.4
100.69	19.11	36.92	2.12	60.03	45.47	205471	47.70	10.5
100.51	-0.32	32.15	1.78	-1.04	-9.52	10673	-2.43	18.2
98.51	-0.27	61.84	1.25	-1.12	-5.90	13630	-2.69	18.2
96.80	8.50	75.08	1.36	8.07	1.93	20301	11.58	42.8

12－7　续表

单位：%

项目	Item	企业亏损面 Proportion of loss enterprises	增加值率 Ratio of value added to gross output value
木材及竹材采运业	Logging and transport of timber and bamboo	30.77	46.37
食品加工业	Food processing	36.54	29.47
食品制造业	Food manufacturing	34.58	29.13
饮料制造业	Beverage manufacturing	34.17	34.69
烟草加工业	Tobacco processing	14.29	47.68
纺织业	Textile industry	31.46	22.32
服装及其他纤维制品制造业	Garments and other fiber products	34.15	37.96
皮革、毛皮、羽绒及其制品业	Leather, furs, down and related products	23.53	32.17
木材加工及竹、藤、棕、草制品业	Timber processing, bamboo, cane, palm, fiber and straw product	30.65	30.49
家俱制造业	Furniture manufacturing	37.50	19.79
造纸及纸制品业	Papermaking and paper products	40.00	32.67
印刷业、记录媒介的复制	Printing and record pressing	42.22	37.96
文教体育用品制造业	Stationery education and sports goods	75.00	34.91
石油加工及炼焦业	Petroleum processing and coking products	25.00	18.91
化学原料及化学制品制造业	Chemical raw materials and chemical products	33.52	17.00
医药制造业	Medical and pharmaceutical product	27.03	47.11
化学纤维制造业	Chemical fibers	16.67	21.25
橡胶制品业	Rubber products	32.00	38.23
塑料制品业	Plastic products	33.80	28.56
非金属矿物制品业	Nonmetal mineral products	19.66	34.05
黑色金属冶炼及压延加工业	Smelting and pressing of ferrous metals	42.31	20.30
有色金属冶炼及压延加工业	Smelting and pressing of nonferrous metals	20.83	31.24
金属制品业	Metal products	35.44	29.95
普通机械制造业	Ordinary machinery manufacturing	33.08	30.10
专用设备制造业	Special purpose equipment	42.86	－3.84
交通运输设备制造业	Transportation equipment manufacturing	20.09	22.85
武器弹药制造业	Weapon and ammunition manufacturing	66.67	16.48
电气机械及器材制造业	Electric equipment and machinery	23.19	28.44
电子及通信设备制造业	Electronic and telecommunications	38.46	33.62
仪器仪表及文化、办公用机械制造业	Instruments meters, cultural and official machinery	40.00	29.18
其他制造业	Other manufacturing	14.29	－52.94
电力、蒸汽、热水的生产和供应业	Electric power, steam and hot water production and supply	31.58	48.75
煤气生产和供应业	Gas products and supply	33.33	16.12
自来水的生产和供应业	Tap water production and supply	58.93	39.99

continued

Unit: %

产品销售率 Sales rate of products	总资产贡献率 Contribute rate of assets	资产负债率 Ratio of assets liabilities	流动资产周转次数(次) Turnoverof circulating funds	资金利税率 Ratio of profit and tax to assets	成本费用利润率 Ratio of profit to tolal cost	全员劳动生产率(元/人) Overall labor productive	销售收入利税率 Ratio of pre tax profits to sales revenue	产成品可供销售天数(天) Available days for sale about the finished products(days)
98.98	5.18	62.60	1.08	4.30	3.52	9957	10.29	46.6
96.94	2.98	89.71	1.56	0.61	-0.28	44900	0.70	27.8
89.11	12.84	61.65	2.23	10.96	6.92	74585	11.06	24.0
97.63	8.81	74.97	1.53	8.95	-2.46	37621	15.15	28.0
99.55	20.60	82.01	0.97	23.73	4.02	142338	41.37	17.7
96.56	3.67	74.63	0.79	1.87	-0.22	11344	4.68	101.7
95.20	2.37	79.01	1.36	1.08	-1.21	18104	1.28	50.2
99.07	0.74	97.24	0.60	0.32	-0.91	12132	0.85	118.6
93.83	4.18	66.98	1.34	2.20	-0.71	21439	3.71	55.9
96.87	1.46	75.32	1.09	0.37	-0.30	14500	0.50	39.3
98.67	3.61	68.36	0.71	3.17	0.11	22635	7.59	65.1
91.47	5.13	78.58	0.88	4.92	2.47	14437	10.38	86.6
59.16	-2.24	69.49	0.40	-3.72	-18.03	5842	-22.51	326.8
98.14	18.67	64.44	4.17	18.36	2.48	112612	11.50	24.5
98.70	4.79	77.94	1.18	3.02	1.37	41496	6.84	25.1
87.81	10.63	44.31	0.62	12.64	20.90	76297	27.82	71.0
96.52	7.85	63.67	1.85	5.77	4.48	34916	9.54	29.0
80.19	7.19	82.35	0.88	7.17	-1.58	29647	12.38	66.9
98.16	4.45	72.94	0.91	3.38	2.19	29810	5.65	87.7
95.03	5.88	67.03	0.82	5.13	4.85	25368	11.14	54.2
100.08	6.14	64.92	1.27	5.14	2.21	22878	7.66	30.9
91.64	4.67	70.34	1.02	3.46	3.42	30769	7.63	41.8
96.40	1.56	71.41	0.65	0.52	-3.70	21179	1.84	120.4
92.70	0.59	67.68	0.49	-0.25	-6.39	13375	-0.81	119.1
91.98	-0.05	87.52	0.58	-1.29	-7.92	-1524	-3.48	122.7
100.16	12.48	60.99	1.66	14.29	7.08	66456	13.87	26.0
111.04	0.74	87.86	0.71	-2.54	-6.72	6729	-6.34	106.6
96.82	4.59	85.07	0.79	3.67	2.26	27694	7.35	54.4
99.05	4.41	42.69	0.73	5.14	6.42	54890	10.64	35.8
93.11	2.43	59.36	0.66	1.66	-1.65	11713	6.21	53.5
98.31	2.19	93.49	0.83	2.19	0.08	-37618	4.34	124.5
99.84	11.76	76.79	1.45	11.07	9.93	85155	24.44	
101.73	1.99	54.11	0.66	-0.82	-8.39	14612	-3.46	10.6
95.02	-0.78	42.64	1.17	-2.16	-15.20	20935	-9.76	0.1

12-8 各市县500万元以上工业企业主要经济效益指标(2000)

Main Indicators of Industrial Enterprises Over 5000000 Yuan by Cities and Counties(2000)

市、县 Cities, prefecture	总资产贡献率(%) Contribute rate of assets	资金利税率(%) Added value rate of assets	资产负债率(%) Ratio of assets liabilities	流动资产周转次数(次) Turnover of circulating funds(time)	成本费用利润率(%) After tax profit cost	全员劳动生产率(元/人) Overall labor productive	产品销售率(%) Sales rate of products
长春市 Changchun	**10.53**	**11.33**	**61.38**	**1.48**	**6.19**	**59532**	**98.42**
市区 District	10.72	11.72	60.70	1.46	6.55	62308	98.61
农安县 Nongan	10.93	9.37	74.07	2.17	-0.54	51573	91.38
九台市 Jiutai	5.12	3.29	88.40	0.77	2.82	10458	91.54
榆树市 Yushu	5.09	3.71	75.65	1.41	-1.87	24490	95.58
德惠市 Dehui	5.33	2.24	75.56	2.31	1.01	43795	97.32
吉林市 Jilin	**4.92**	**3.46**	**76.42**	**1.02**	**2.19**	**30368**	**98.85**
市区 District	4.66	3.03	77.44	1.00	1.31	34022	99.16
永吉县 Yongji	1.10	-0.34	50.64	2.05	-6.31	19996	95.78
蛟河市 Jiaohe	5.61	4.22	66.81	1.36	1.68	17596	99.32
桦甸市 Huadian	14.79	25.70	59.97	1.87	38.24	35581	99.20
舒兰市 Shuangliao	1.08	0.03	71.82	0.68	-4.99	8257	97.38
磐石市 Panshi	4.66	3.36	73.93	1.12	0.70	21744	90.77
四平市 Siping	**5.31**	**3.42**	**79.73**	**1.25**	**-2.08**	**27496**	**97.11**
市区 District	5.24	4.72	70.25	1.39	-1.87	36042	96.62
梨树县 Lishu	4.52	3.35	81.75	1.13	-0.03	21990	96.00
伊通县 Yitong	3.53	2.64	111.06	1.31	0.47	15571	96.80
双辽市 Shuangliao	6.04	1.07	105.66	1.07	-6.92	25019	98.35
公主岭市 Gongzhuling	5.13	3.54	68.98	1.17	0.01	17818	98.12
辽源市 Liaoyuan	**2.32**	**1.68**	**75.54**	**0.66**	**-0.64**	**11924**	**96.25**
市区 District	2.56	1.94	71.16	0.68	0.24	11936	96.50
东丰县 Dongfeng	0.43	-0.51	97.89	0.60	-6.50	10610	95.61
东辽县 Dongliao	2.81	3.28	91.25	0.57	2.75	14076	94.68
通化市 Tonghua	**9.38**	**9.44**	**55.67**	**1.16**	**8.06**	**30951**	**95.86**
市区 District	11.42	11.93	55.83	1.50	8.64	30227	97.48
通化县 Tonghua	5.64	6.45	38.70	0.45	15.89	42042	93.34
辉南县 Huinan	9.01	8.62	72.60	0.68	10.05	18554	95.58
柳河县 Liuhe	5.58	4.35	62.46	1.08	3.67	63311	90.77
梅河口市 Meihekou	5.07	3.17	81.69	1.31	-0.14	19188	91.28
集安市 jian	5.86	5.03	49.51	0.69	5.70	26212	91.23

12－8 续表 continued

市、县 Cities, prefecture	总资产贡献率（%）Contribute rate of assets	资金利税率（%）Added value rate of assets	资产负债率（%）Ratio of assets liabilities	流动资产周转次数（次）Turnover of circulating funds(time)	成本费用利润率（%）After tax profit cost	全员劳动生产率（元/人）Overall labor productive	产品销售率（%）Sales rate of products
白 山 市 Baishan	**6.81**	**5.91**	**61.01**	**1.20**	**3.20**	**19017**	**98.83**
市 区 District	6.70	6.38	53.74	1.11	6.90	14629	96.89
抚 松 县 Fusong	7.63	4.41	80.32	1.24	－4.08	21598	100.44
靖 宇 县 Jingyu	7.31	5.33	66.60	0.67	6.85	42946	94.98
长 白 县 Changbai	10.25	10.19	41.19	1.42	3.10	37198	96.84
江 源 县 Jiangyuan	6.10	6.02	68.33	1.91	2.93	21323	102.46
临 江 市 Linjian	5.46	4.46	57.24	1.30	0.38	17538	100.67
松 原 市 Songyuan	**14.77**	**34.95**	**45.43**	**2.17**	**22.13**	**118226**	**98.13**
市 区 District	16.00	46.34	40.53	2.58	26.87	166170	99.54
前 郭 县 Qianguo	4.48	2.42	72.18	0.63	－1.98	55248	88.22
长 岭 县 Changling	2.53	1.92	52.03	1.14	1.99	24766	98.11
乾 安 县 Qianan	7.55	4.67	72.33	1.50	3.51	9351	85.43
扶 余 县 Fuyu	5.76	1.68	118.33	1.44	－0.61	12678	95.66
白 城 市 Baicheng	**7.96**	**6.68**	**81.42**	**1.04**	**4.71**	**17409**	**93.50**
市 区 District	9.36	8.63	79.12	1.11	8.50	17737	95.59
镇 赉 县 Zhenlai	3.25	2.36	65.48	0.71	0.14	5471	96.43
通 榆 县 Tongyu	3.64	2.28	95.58	0.63	0.14	18863	95.91
洮 南 市 Taonan	6.81	4.28	91.74	0.85	0.33	27697	88.12
大 安 市 Daan	7.07	5.35	78.63	1.61	0.33	14291	95.01
延边朝鲜族自治州 Yanbian	**6.83**	**6.20**	**66.79**	**1.01**	**1.94**	**20958**	**97.29**
延 吉 市 Yanji	11.46	13.96	73.49	1.17	2.51	61504	96.92
图 们 市 Tumen	4.43	3.81	79.68	0.98	0.12	47242	99.74
敦 化 市 Dunhua	7.88	7.49	51.93	0.98	5.66	13188	96.07
珲 春 市 Hunchun	2.50	0.95	70.35	0.78	－3.77	19589	96.48
龙 井 市 Longjing	7.15	5.15	71.39	1.34	0.61	19643	101.29
和 龙 市 Helong	4.26	3.77	65.21	0.82	2.89	10202	96.03
汪 清 县 Wangqing	5.90	3.83	74.18	0.87	1.87	11179	98.10
安 图 县 Antu	4.50	2.62	56.97	0.99	1.07	13677	95.71

交通运输和邮电通讯业

TRANSPORTATION,POSTAL AND TELECOMMUNICATIONS SERVICES

13

统计资料
STATISTICS

13－1 交通运输里程
Length of Transportation route

单位：公里 unit：km

项目 Item		1999	2000
一、铁路	Railway		
正线延展里程	Extention length of the trunk lines	3843	3844
营业里程	Length of railways in operation	3549	3568
二、公路通车里程	Length of highways	34516	35216
等级路	Paved highways	32931	33679
高速公路	Express highways	354	354
一级	First class	300	410
二级	Second class	3632	4150
三级	Third class	8745	8898
四级	Fourth class	19900	19885
等外路	Highway below class iv	1585	1519
三、内河通航里程	Length of navigable inland waterways	1595	1595
四、民航	Civil aviation	83446	84732

13－2 客运量及旅客周转量
Passenger Traffic and Kilometers

项目 Item		客运量(万人) Passengers (10000 person)		旅客周转量(万人公里) Passenger－kilometer (10000 person－km)	
		1999	2000	1999	2000
全社会总计	**Total**	**23366**	**24084**	**1968314**	**2066715**
铁　路	Railways	5897	5785	1234700	1298200
公　路	Highways	17352	18170	732905	767926
水　运	Waterways	60	62	709	589
民　航	Civil aviation	57	67		

13－3　货运量及货物周转量
Freight Traffic and Ton－Kilometers

项目 Item		货运量(万吨) Freight traffic (10000 ton)		货物周转量(万吨公里) Freight Ton－kilometeters (10000 ton－km)	
		1999	2000	1999	2000
全社会总计	**Total**	**32435**	**33323**	**6178132**	**6120431**
铁路	Railways	6058	5766	4097157	4062106
# 地方铁路	Local railways	134	137	2157	2540
公路	Highways	22261	23640	812769	856435
管道	Pipelines	4058	3871	1261138	1199233
水运	Waterways	58	46	7068	2657

13－4　旅客运输平均运距
Average Transport Distance of Passengers

单位:公里　　unit:km

项目 Item		1999	2000
全社会总计	**Total**	**84.24**	**85.81**
铁路	Railways	209.38	224.41
公路	Highways	42.24	42.26
水运	Waterways	11.82	9.50

13－5　货物运输平均运距
Average Transport Distance of Freight

单位:公里　　unit:km

项目 Item		1999	2000
全社会总计	**Total**	**190.48**	**183.67**
铁路	Railways	676.32	704.49
公路	Highways	36.51	36.23
水运	Waterways	121.86	57.76

13－6　各市州公路客货运输量(2000)

Passengers and Freight Traffic by Region(2000)

	客运量(万人) Passengers (10000 person)	旅客周转量(万人公里) Passenger－kilometers (10000 person－km)	货运量(万吨) Freight traffic (10000 ton)	货物周转量(万吨公里) Fright ton－kilometers (10000 ton－km)
全　省　Total	**18170**	**767926**	**23640**	**856435**
长春市　Changchun	4622	240414	8910	327516
吉林市　Jilin	2307	84298	2565	55584
四平市　Siping	2292	83060	2364	87130
辽源市　Liaoyuan	1382	44001	1180	29002
通化市　Tonghua	1865	70807	2605	90880
白山市　Baishan	711	31377	1576	86502
松原市　Songyuan	1466	81124	1053	37063
白城市　Baicheng	494	26498	390	19182
延边朝鲜族自治州　Yanbian	3031	106347	2997	123576

13－7　民用汽车拥有量

Number of Civil Motor Vehicles Owned

单位:辆　　　　unit:coach

项目 Item		1999	2000
民用汽车合计	**Total**	**342835**	**404172**
载客汽车	Buses and cars	171715	223092
# 大型	Large	13078	14677
小轿车	Car	154849	188822
普通载货汽车	Ordinary Trucks	152305	162946
# 大型	Large	83365	83899
专用载货汽车	Trucks	8518	5490
其他专用汽车	Special purpose vehicles	2312	5329
特种汽车	Special type vehicles	7985	7315
在合计中	**In total**		
私人汽车	**Private**	**135194**	**139785**
载客汽车	Buses and cars	85679	93489
# 大型	Large	2728	2357
小轿车	Car	73003	77914
普通载货汽车	Ordinary Trucks	48185	44808
# 大型	Large	21340	21523
专用载货汽车	Trucks	216	1014
其他专用汽车	Special purpose vehicles	93	179
特种汽车	Special type vehicles	1021	295

13-8 民用其他车辆拥有量

Number of Civil Motor Vehicles Owned

单位:辆　　unit:coach

项目	Item	1999	2000
民用其他车辆	**Other civil motor vehicles**		
轮胎式拖拉机	Tractors(rubber whells)	381520	414917
# 手扶拖拉机	#Mini - tractors	260037	101681
摩托车	Motorcycles	514069	656183
# 两轮摩托车	#Motorcycles(two whells)	422822	523543
其他机动车	Other vehicles	32072	89476
载货挂车	Trucks	3071	3829
在民用其他车辆中私人其他车辆	**Private - owned**		
轮胎式拖拉机	Tractors(rubber whells)	376071	398320
# 手扶拖拉机	# Mini - tractors	256214	99647
摩托车	Motorcycles	508229	581076
# 两轮摩托车	# Motorcycles(two whells)	410508	475607
其他机动车	Other vehicles	30012	75367
载货挂车	Trucks	869	1004

13-9 各市州民用汽车拥有量(2000)

Number of Civil Motor Vehicles Owned by Region(2000)

单位:辆　　unit:coach

		民用汽车 Civil motor	#私人 Private	民用载客汽车 Busescmel cars	#私人 Private	普通载货汽车 Trucks	#私人 Private
全　省	**Total**	**404172**	**139785**	**223092**	**93489**	**162946**	**44808**
长春市	Changchun	129354	23482	76038	15920	49239	7386
吉林市	Jilin	74900	40830	39892	26200	31843	14612
四平市	Siping	36631	14474	19782	9678	13673	4052
辽源市	Liaoyuan	18301	7219	9585	3730	6674	2671
通化市	Tonghua	32515	13749	17299	10024	13034	3699
白山市	Baishan	23133	8787	11059	5818	11896	2969
松原市	Songyuan	21382	8201	9643	6573	7230	1628
白城市	Baicheng	20166	9311	11026	5103	7859	4009
延边朝鲜族自治州	Yanbian	53246	24221	31926	20330	19758	3660

注:各地区相加不等于全省合计数。

Note:Number of each region is not equal to total.

13－10 邮电业务总量
Postal and Telecommunication Services

项目	Item	单位 unit	1999	2000
邮电业务总量	**Buslness volume**	**亿元 100100 millon Yuan**	**83.95**	**116.35**
邮政	Post	亿元 100100 millon Yuan	8.55	9.15
电信	Mmunication	亿元 100100 millon Yuan	75.40	107.20
函件	letters	亿件 100100 millon Pcs	0.98	0.95
包件	parcels	万件 10000Pcs	201	206
订销报纸期发数	Number of newspapers	万份 10000Pcs	169	259
订销杂志期发数	Number of magazines	万份 10000Pcs	238	184
特快专递	Express mail services	万件 10000Pcs	141	184
邮政储蓄平均余额	Postal deposits balance	亿元 100100 millon Yuan	92.15	112.20
集邮业务	Philately	万枚 10000Pcs	11811	10628
公众电报	Telegram	万份 10000Pcs	87	73
本地电话用户	Local telephone subscribers	万户 100000Sub	298	358
#住宅电话用户	Residential telephone	万户 100000Sub	262	315
无线寻呼用户	Subscribers of Beep－pager	万户 100000Sub	86	89
移动电话用户	Mobile telephone subscribers	万户 100000Sub	110.00	203.31
IP电话用户	Subscribers of internet	万户 100000Sub	2.27	26.36

13－11 邮电通信网及主要设备
Telecommunications Facilities

项目	Item	单位 unit	1999	2000
邮电局、所	Post and telecommunications	处 office	1583	1211
# 在农村的	#Rural	处 office	909	
邮政局、所	Post and telecommunications	处 office		1397
# 在农村的	#Rural	处 office		903
邮路长度	Length of postal routes	公里 km	193629	106276
# 铁路邮路	#Railway routes	公里 km	8678	8753
汽车邮路	Highway routes	公里 km	22083	22029
长话电路	Long distance telephone circuits	路 lines	60179	84508
电报电路	Telegram	路 lines	102	75
长途光缆线路长度	Length circuits of optical cable	皮长公里 km	5086	5461
本地光缆线路长度	Length circuits of optical cable	皮长公里 km	20126	24119
长途自动交换机容量	Capacity of exchanges of long－distance circuits	路端 lines	168440	167860
本地电话交换机容量	Capacity of local telephone exchanges	万门 10000lines	460	556
局用交换机容量	Capacity of office telephone exchanges	万门 10000lines	406	500
用户交换机容量	Capacity of telephone exchange by user	万门 10000lines	54	56
本地电话机总数	Number of telephones in local	万部 10000unit	332	394
接入局用交换机的话机	Subscribers connected office exchange	万部 10000unit	297	359
接入用户交换机的话机	Subscriber sconnected user exchange	万部 10000unit	35	35
火车邮箱	Railway postal	辆 coach	23	23
邮运汽车	Highway postal	辆 coach	1082	1087

建筑业

CONSTRUCTION

14

统计资料

STATISTICS

14－1　建筑施工企业概况
Main Indicators for Construction Enterprises

年份 Year	施工企业 Construction enterprises	国有企业 State－owned	中央企业 Centre	地方企业 Local	集体企业 Collective－owned	其它 Others
企业单位数(个) **Number of enterprises**						
1991	626	290	29	261	336	
1992	641	315	33	282	326	
1993	918	393	40	353	518	7
1994	846	391	42	349	446	9
1995	880	411	41	370	454	15
1996	970	450	59	391	477	43
1997	766	385	53	332	328	53
1998	752	358	46	312	314	80
1999	771	355	43	312	308	108
2000	775	339	43	296	279	157
平均人数(万人) **Employment(10000 person)**						
1991	35.8	24.5	5.7	18.8	11.3	
1992	41.4	27.9	5.9	22.0	13.5	
1993	42.6	28.4	5.6	22.8	14.0	0.2
1994	43.5	30.3	8.0	22.3	13.0	0.2
1995	39.1	28.1	6.2	21.9	10.6	0.4
1996	39.7	27.7	7.1	20.6	10.5	1.5
1997	35.5	25.5	6.4	19.1	8.3	1.7
1998	34.2	23.2	5.7	17.5	6.9	2.0
1999	35.8	22.4	6.0	16.4	9.3	4.1
2000	39.1	24.0	6.4	17.6	7.8	7.3
总产值(万元) **Gross output Value(10000 yuan)**						
1991	508370	373529	92495	281034	134841	
1992	740935	547884	139802	408082	193051	
1993	1087962	801030	197993	603037	284023	2909
1994	1162682	895131	318684	576447	262554	4997
1995	1279957	1004177	303247	700930	263883	11897
1996	1396758	1060731	341919	718812	271535	64492
1997	1369882	1068024	377186	690838	248511	53348
1998	1460359	1125351	438952	686399	239914	95094
1999	1713517	1267340	426194	841146	286155	160022
2000	2391840	1680024	587490	1092534	328719	383097

14－2 建筑施工企业主要经济指标

项目	Item	合计 Total
施工企业单位数(个)	Construction enterprises	771
全部职工年平均人数(万人)	Staff and Workers of annual average(10000 persons)	35.8
年底自有固定资产原值(万元)	Fixed assets owned(original value)(10000 yuan)	719761
年底自有固定资产净值(万元)	Fixed assets owned(net Value)(10000 yuan)	489907
年底自有机械设备台数(万台)	Machinery and equipment Owned(10000 set)	7.19
年底自有机械设备净值(万元)	Machinery and equipment owned(net value)(10000 yuan)	183685
年底自有机械设备总功率(万千瓦)	Power of and equipment owned(10000kw)	176.78
总产值(万元)	Gross output value(10000 yuan)	1713517
增加值(万元)	Added value(10000 yuan)	477695
# 本年固定资产折旧	#Depreciation on Fixed assets in this year	29770
施工面积(万平方米)	Floor Space of building under construction(10000 sp.m)	1447.33
竣工面积(万平方米)	Floor space of building Completed(10000 sp.m)	928.94
利润总额(万元)	Total profits(10000 yuan)	745
利税总额(万元)	Per tax profits(10000 yuan)	54153
全员劳动生产率(元/人)	Overall labor Productivity(yuan/Person)	
按总产值计算	In terms of gross output value	47832
按增加值计算	In terms of construction value added	13335
技术装备率(元/人)	Per captia machinery value of machines per labour	6064
动力装备率(千瓦/人)	Power of machine pe labour(yuan/Person)	5.8
房屋建筑面积竣工率(%)	Ratio of buildings completed(%)	64.18
工程质量优良品率(%)(按工程个数计算)	Ratio of high quality Prefects(%)(according to number of prefects	30.13
产值利润率(%)	Ratio of Prefect/gross output value(%)	0.04
产值利税率(%)	Ratio of Profit and taxes/Gross output value(%)	3.16

Main Economic Indicators of Construction Enterprises

1999		2000		
#国有经济 State owned	#集体经济 Collective owned	合计 Total	#国有经济 State owned	#集体经济 Collective owned
355	308	775	339	296
22.4	9.8	39.1	24.0	7.8
567059	97901	932585	671593	117916
386375	64293	669854	478638	84120
4.83	1.71	8.06	5.05	1.79
1359191	28410	217918	142455	34685
135.05	28.41	196.82	143.12	29.31
1267340	286155	2391840	1680024	328719
338438	91439	648299	442800	93826
24063	3609	35231	26067	5441
867.12	367.95	2209.51	1232.38	402.16
531.64	270.44	1439.69	768.58	320.24
-4197	1219	17329	1696	3947
33575	11542	88232	47655	16444
56455	30746	61177	69952	41973
15076	9825	16582	18437	11980
6756	4129	7515	7901	5529
6.8	3.8	6.8	7.9	4.7
61.31	73.50	65.16	59.93	79.63
34.88	21.84	35.75	41.34	26.74
-0.33	0.43	0.72	0.10	1.20
2.65	4.03	3.68	2.84	5.00

14－3 建筑施工企业生产情况(2000)

项目	Item	总计 Total	按经济类型分 Group 国有经济 State Owned	中央企业 Centre	地方企业 Local
企业个数(个)	Construction enterprises	775	339	43	296
建筑业产值(万元)	Total(10000 yuan)	2391840	1680024	587490	1092534
1.建筑工程	Construction output value	2013507	1409660	455786	953874
2.安装工程	Construction and installation	354838	258405	123508	134897
3.房屋构筑物修理	Building and Maintenance	19260	9768	7838	1930
4.非标准设备制造	Non-standard equipment manufacture	4235	2191	358	1833
竣工产值(万元)	Value of building Completed(10000 yuan)	1684137	1064582	301588	762994
单位工程施工个数(个)	Number of project under construction	12514	8158	3616	4542
# 本年新开工	#Now starting in this year	8806	5387	2011	3376
# 投标承包	Floor space of tender	7020	5168	2961	2207
房屋建筑施工面积(万平方米)	Floor Space of building under construction(10000 sq.m)	2209.51	1282.38	161.58	1120.80
# 本年新开工	#Now starting in this year	1427.88	738.06	89.33	648.73
# 投标承包	Floor space of tender	1594.16	902.32	94.46	807.86
房屋建筑竣工面积(万平方米)	Floor space of building completed (10000 sq.m)	1439.69	768.58	57.66	710.92
# 优良工程面积	#Floor space of high quality	591.96	321.69	27.69	294.00
自有机械设备年末总台数(台)	Machinery and equipment owned unit	80614	50489	16515	33974
自有机械设备净值(万元)	Machinery and equipment owned (net value)(10000 yuan)	217918	142454	43583	98871
平均人数(万人)	Staff and workers(annual average) (10000 persons)	39.10	24.02	6.42	17.60

Basic Statistics For production of Construction(2000)

grouped by Owned		按行业类别分 Grouped by Sector							
集体经济 Urban collective owned	其他经济 Others	土木工程建筑业 Construction of civil engineering	房屋建筑业 Building	铁路公路隧道桥梁建筑业 Railways tunnels highways and bridges	其它土木工程建筑业 Other	线路管道设备安装业 Line and equipments installation	线路管道安装业 Line installation	设备安装业 Equipment installation	建筑物装修装饰业 Building decoration
279	157	598	474	63	61	145	93	52	32
328719	383097	2208339	1542707	508966	156666	171584	113948	57636	11917
253162	350685	1953188	1333561	503965	115662	49661	34998	14663	10656
68192	28241	232227	188554	4574	39099	121660	78698	42962	952
6350	3142	18952	16963	150	1839				308
1015	1029	3972	3629	277	66	263	252	11	
291564	327991	1479127	1136795	271340	70992	193332	142615	50717	11678
2098	2258	9699	5586	2986	1127	2815	1954	861	
1803	1616	7037	4387	1785	865	1769	1256	513	
885	967	6579	3691	2483	405	441	390	51	
402.16	524.97	2164.86	2084.47	40.04	40.35	44.65	32.61	12.04	
312.31	377.51	1390.80	1351.54	18.36	20.90	37.08	26.40	10.68	
285.38	406.46	1563.06	1496.42	31.88	34.76	31.10	23.40	7.70	
320.24	350.87	1414.02	1388.36	7.90	17.76	25.67	19.67	6.00	
121.95	148.32	582.36	570.99	3.92	7.45	9.60	8.96	0.64	
17949	12176	72342	53680	9230	9432	7823	4638	3185	449
34685	40779	197632	118425	53537	25670	18461	11999	6462	1825
7.83	7.25	35.62	28.09	4.85	2.68	3.29	1.97	1.32	0.19

14－4 建筑施工企业财务状况(2000)

单位:万元

项目	Item	总计 Total	按经济类 国有经济 State Owned
资本金合计	Total of funds	540393	370782
固定资产原值年末合计	Total Assets(original Value)	932585	671593
资产年末合计	Total Assets(year－end)	2529242	1800807
流动负债年末合计	Total Libilities	1837471	1332450
长期负债年末合计	Total of long term liabilities	45487	26645
所有者权益合计	Owner ship rights and Interests	646284	442012
工程结算收入	Revenue of engineering Settle accounts	2325394	1632543
工程结算成本	Costs of engineering Settle accounts	2074969	1464628
工程税金及附加	Taxes and added of engineering Settle accounts	67769	44480
工程结算利润	Profits of engineering settle accounts	182656	123436
管理费用	Management Costs	159958	114183
利润总额	Profits Payable	17329	1696
应交所得税	Incomes tax payable	8586	4569
应交利润	Profits Payable	4991	2063
本年应付工资总额	Wages Payable	309261	211066
本年应付福利费总额	Welfare Payable	36839	25636
建筑业增加值	Added－value of Construction Enterprises	648299	442800
亏损企业个数(个)	Number of losing enterprises	192	96

Financial Indicators of Construction Enterprises(2000)

unit:10000 yuan

型分 Grouped by Owned				按行业类别分 Grouped by Sector				
中央企业 Centre enterprises	地方企业 Local enterprises	城镇集体经济 Urban collective - owned	其他经济类型 Others	土木工程建筑业 Construction of civil engineering	#房屋建筑业 Building	铁路管道设备安装业 Line and equipments installation	线路管道安装业 Line installation	设备安装业 Equipments decoration
111658	259124	73625	95986	488526	352489	47999	29087	18912
231692	439901	117916	143076	843854	544424	84757	59007	25750
613123	1187684	316626	411809	2309947	1570289	205442	129986	75456
477886	854564	221382	283639	1683489	1124519	144892	90147	54745
9420	17225	5849	12993	40780	30030	4598	5100	- 502
125817	316195	89396	114876	585677	415739	55952	34739	21213
569132	1063411	318460	374391	2150172	1488336	163779	110359	53420
495965	968663	281559	328782	1930305	1345377	135036	90409	44627
16748	27732	11594	11695	62157	44090	5024	3569	1635
56420	67016	25307	33913	157710	98869	23539	16381	7158
52294	61889	20691	25084	137456	83675	21630	14412	7218
2460	- 764	3947	11686	14531	10168	2327	2563	- 236
914	3655	823	3194	6855	5060	1569	1132	437
112	1951	277	2651	3391	3217	1566	1541	25
69741	141325	46891	51304	285672	215336	22372	14434	7938
8637	16999	5304	5899	33927	26021	2752	1814	938
167409	275391	93826	111673	587233	415829	57641	38563	19078
10	86	60	36	135	102	47	25	22

批发零售贸易和餐饮业

WHOLESALES,RETAIL SALES AND CATERING TRADE

15

统计资料
STATISTICS

15－1 历年社会消费品零售总额

Total Retail Sales of Consumer Goods by Time

单位：万元　　unit：10000 yuan

年份 Year	社会消费品零售总额 Total	按城乡分 Grouped by urban and rural		按行业分 Grouped by sector				
		城镇 Urban	乡村 Rural	批发零售贸易业 Wholesale and retail sales trade	餐饮业 Catering trade	制造业 Manufacturing	其他行业 Others	#农民对非农业居民零售 To non peasants
1978	385620	291514	94106	346032	15854	11793	11941	6600
1979	453079	316707	136372	388943	18937	19068	26131	14900
1980	528330	377198	151132	438715	24509	34348	30758	19519
1981	592590	430405	162185	481611	29934	42249	38796	25787
1982	670226	490219	180007	531540	38307	48895	51484	34763
1983	755406	555884	199522	589343	46380	55575	64108	46086
1984	914002	662759	251243	711368	52394	63918	86322	64229
1985	1119958	843468	276490	862671	65462	74616	117209	89726
1986	1278126	979384	298742	972965	71948	95171	138042	106416
1987	1454974	1131042	323932	1086680	81881	116283	170130	131456
1988	1808111	1441649	366462	1344761	104819	136487	222044	168784
1989	1982953	1592980	389973	1479969	112779	135131	255074	194313
1990	1989470	1607039	382431	1478528	108295	124700	277947	218431
1991	2236919	1840771	396148	1666612	117840	132724	319743	260283
1992	2614745	2199504	415241	1924394	143653	168133	378565	301701
1993	3254677	2787690	466987	2359630	200252	199894	494901	383039
1994	3966935	3395695	571240	2750725	303050	245559	667601	551348
1995	4815374	4176082	639292	3262315	382543	256673	913843	822335
1996	5555705	4720044	835661	3602594	573122	266212	1113777	1053094
1997	6196934	5298436	898498	3943234	567372	284341	1401987	1328178
1998	6804376	5908433	895943	4263376	620066	249433	1671501	1517309
1999	7339531	5818680	1520851	6293423	729771	108221	208116	165992
2000	8109458	6520738	1588720	6746383	987569	129285	246221	186772

15－2 限额以上批发零售贸易餐饮业基本情况(2000)

Statistics on Enterprises Above Designated Size in Wholesale, Retail and Catering Trade(2000)

		法人企业(个) Corporation units	产业活动单位(个) Units	从业人数(人) Persons engaged (person)
总　　计	**Total**	**463**	**533**	**110082**
批发业	**Wholesale**	**266**	**270**	**51422**
内资企业	Domestic funds	266	270	51422
国有企业	state owned	197	198	38081
集体企业	collective owned	34	34	6110
股份合作企业	cooperative	3	3	856
联营企业	Joint	1	1	65
有限责任公司	Limited company	12	12	2692
股份有限公司	Share holding	18	21	3573
私营企业	Prviate enterprises	1	1	45
零售业	**Retaill trades**	**159**	**163**	**44157**
内资企业	Domestic funded	155	157	41864
国有企业	state owned	83	84	16204
集体企业	collective owned	23	23	3031
股份合作企业	cooperative	3	3	789
有限责任公司	Limited company	8	8	2812
股份有限公司	Share holding	29	30	16764
私营企业	Prviate enterprises	9	9	2264
港、澳、台商投资企业	Funded from Hongkong, Macao and Taiwan	3	4	1811
外商投资企业	Foreign investment	1	2	482
餐饮业	**Catering**	**38**	**100**	**14503**
内资企业	Domestic funded	26	72	9864
国有企业	state owned	10	36	5400
集体企业	collective owned	2	3	218
股份合作企业	cooperative	2	2	246
有限责任公司	Limited company	3	8	1301
股份有限公司	Share holding		5	523
私营企业	Private enterprises	9	18	2176
港、澳、台商投资企业	Funded from Hongkong, Macao and Taiwan	7	15	1914
外商投资企业	Foreign investment	5	13	2725

15－3　餐饮业销售情况(2000)
Catering Trade(2000)

单位:万元　　unit:10000 yuan

		法人企业(个) corporation units	活动单位数(个) units	营业总收入 Sales revenue	商品零售额合计 Total of retail sales
总　计	**Total**	**2921**	**77934**	**1039239**	**987569**
限额以上企业(单位)	Enterprises above designated	38	100	70250	64978
正　　餐	Luch	35	97	69101	63869
快　　餐	Quick	2	2	790	750
其　　他	Other	1	1	359	359
限额以下企业(单位)和个体户	Enterprises under designated and individual	2883	77834	968989	922591

15－4　社会消费品零售总额
Total Retail Sales of Consumer Goods

单位:万元　　unit:10000 yuan

项目	Item	1999	2000
社会消费品零售总额	**Total**	**7339530**	**8109458**
一、按销售地区分	Grouped by region		
市的零售额	City	5592330	5964265
县的零售额	County	770246	556473
县以下的零售额	Below conty	976954	1588720
二、按行业分	Grouped by sector		
批发、零售贸易业	Wholesales and retail sales trade	4695516	6746383
限额以上	Above desingnated size		1124288
限额以下及个体户	Under desingnated size		5622095
市场内	In market		3456027
市场外	Outside markel		2166068
餐饮业	Catering trade	729771	987569
制造业	Manufacturing	1647299	246221
其他	Others	1548453	186772
# 农业生产者	Peasants sell goods non peasants	266944	129285

15－5 各市县社会消费品零售总额(2000)

单位:万元

市、县 City, county	社会消费品零售总额 Total	按销售地区分 Gouped by ur	
		市 City	县 County
全　　省 Total	**8109458**	**5964265**	**556473**
长 春 市 Changchun	**3112437**	**2897508**	**68641**
市　　区 District	2695066	2693521	505
九 台 市 Jiutai	100176	88946	
榆 树 市 Yushu	99632	62070	
德 惠 市 Dehui	100090	52971	
农 安 县 Nongan	117474		68136
吉 林 市 Jilin	**1714994**	**1347636**	**38227**
市　　区 District	1215859	1074510	16011
桦 甸 市 Huadian	108002	76258	
蛟 河 市 Jiaohe	92006	60856	
舒 兰 市 Shuangliao	117028	67112	
磐 石 市 Panshi	115231	62565	
永 吉 县 Yongji	66868	6335	22216
四 平 市 Siping	**588501**	**353331**	**59204**
市　　区 District	161370	161370	
公主岭市 Gongzhuling	178669	142580	
双 辽 市 Shuangliao	79891	49381	
梨 树 县 Lishu	97943		32875
伊 通 县 Yitong	70628		26329
辽 源 市 Liaoyuan	**228630**	**111591**	**27561**
市　　区 District	111591	111591	
东 丰 县 Dongfeng	42769		28237
东 辽 县 Dongliao	22526	992	10169
通 化 市 Tonghua	**549374**	**325679**	**66901**
市　　区 District	197343	197343	
梅河口市 Meihekou	147902	102355	
集 安 市 jian	44722	27264	
通 化 县 Tonghua	35013		7495
辉 南 县 Huinan	58293		32945
柳 河 县 Liuhe	66102		39661

Total Retail Sales of Consumer Goods by Region(2000)

unit:10000 yuan

ban and rural	按行业分 Grouped by sector				
县以下 Below county	批发零售贸易业 Wholesales and retail sales trade	餐饮业 Catering trade	其他行业 Others	#农业生产者 Peasant of non - peasant	#制造业 Manufacturing
1588720	**6746383**	**987569**	**375506**	**186772**	**129285**
146288	**2686026**	**368079**	**58332**	**29500**	**21733**
1040	2431650	263416			
11230	77971	6861	15344	7151	7151
37562	64311	2698	32623	26218	5055
47119	62756	12719	24615	21710	2636
49338	49338	10009	58127	25019	2202
329131	**1348665**	**243065**	**123264**	**20928**	**79635**
125338	986120	212663	44679		17076
31744	88101	6690	13211	7045	6166
31150	62525	8064	21417	16357	4157
49916	72863	10281	33884	13879	13160
52666	84558	11170	19503	1763	100
38317	54498	4250	8120	1966	5893
175966	**491441**	**59060**	**38000**	**35176**	**2824**
	116236	35027	10107	9386	721
36089	154860	14457	9352	8049	1303
30510	71311	3480	5100	4300	800
65068	89758	760	7425	7425	
44299	59276	5336	6016	6016	
89478	**200907**	**17493**	**10230**	**1010**	**2045**
	98089	8481	5021	383	782
14532	32281	3331	7157	2094	3426
11365	18395	3820	311		
156794	**402992**	**137020**	**9363**	**5654**	**3355**
	128045	68104	1194	1132	
45547	93945	51635	2322	1651	671
17458	35397	6527	2798	978	1507
27518	28251	5778	984		
25348	52652	4341	1300	633	335
26441	64702	635	765		

15－5 续表

单位:万元

市、县 City, county	社会消费品零售总额 Total	按销售地区分 Grouped by urban	
		市 City	县 County
白 山 市 Baishan	**380061**	**110196**	**30124**
市 区 District	100086	68610	
临 江 市 Linjian	64640	41586	
抚 松 县 Fusong	79455		8708
靖 宇 县 Jingyu	27154		4662
长 白 县 Changbai	21764		8690
江 源 县 Jiangyuan	86962		8064
松 原 市 Songyuan	**462322**	**91686**	**150872**
市 区 District	104711	91686	
长 岭 县 Changling	100061		64594
前 郭 县 Qianguo	135009		56015
乾 安 县 Qianan	31520		18498
扶 余 县 Fuyu	91021		11765
白 城 市 Baicheng	**404434**	**270182**	**68497**
市 区 District	185601	170723	
洮 南 市 Taonan	60300	47855	
大 安 市 Daan	57710	51604	
镇 赉 县 Zhenlai	35999		27027
通 榆 县 Tongyu	64824		41470
延边朝鲜族自治州 Yanbian	**668703**	**475284**	**49408**
延 吉 市 Yanji	336541	336541	
图 们 市 Tumen	39395	38430	
敦 化 市 Dunhua	131750	107250	
龙 井 市 Longjing	33731	23595	
珲 春 市 Hunchun	48986	44805	
和 龙 市 Helong	34927	24710	
汪 清 县 Wangqing	37309		29104
安 图 县 Antu	32878		24736

continued

unit: 10000 yuan

and rural	按行业分 Grouped by sector				
县以下 Below county	批发零售贸易业 Wholesales and retail sales trade	餐饮业 Catering trade	其他行业 Others	#农业生产者 Peasant of non－persant	#制造业 Manufacturing
239741	**340108**	**35373**	**4580**	**2654**	**1926**
31476	77954	22132			
23054	59484	4273	883	856	27
70747	75844	3089	522	142	380
22492	24379	2775			
13074	17261	1890	2613	1594	1019
78898	85186	1214	562	62	500
219764	**357487**	**33761**	**71074**	**41823**	**7416**
13025	74742	3682	26287	8785	1561
35467	79190	10221	10650	5739	1537
78994	107859	9023	18127	14919	1762
13022	24744	1637	5139	4089	840
79256	70952	9198	10871	8291	1716
65755	**364571**	**34367**	**5496**	**3052**	**2444**
14878	166577	17051	1973	1195	778
12445	55230	4556	514	274	240
6106	52319	4839	552	304	248
8972	32677	2286	1036	611	425
23354	57768	5635	1421	668	753
144011	**561341**	**55201**	**52161**	**43081**	**8980**
	249265	28229	59047	56340	2707
965	23071	9469	6855	2783	1211
24500	111266	9503	10981	4200	672
10136	20416	3453	9862	5289	3578
4181	34552	3329	11105	7488	3617
10217	23269	2145	9513	4245	5268
8205	23446	3729	10134	9488	646
8142	19216	4774	8888	6975	1519

15-6 限额以上批发零售贸易业商品购进、销售、库存总额(2000)

单位:万元

		法人企业数(个) corporation units	活动单位数(个) units
总　计	**Total**	**425**	**433**
# 国有及国有控股	State owned(share holding)	289	294
按登记注册类型分	Grouped by ownership		
内资企业	Domestic funds	421	427
国有企业	State owned	280	282
集体企业	Collective owned	57	57
股份合作企业	Cooperative enterprises	6	6
联营企业	Joint owned	1	1
有限责任公司	limited company	20	20
股份有限公司	Share holding	47	51
私营企业	Private enterprises	10	10
港、澳、台商投资企业	Funded from Hongkong Macao and Taiwan	3	4
外商投资企业	Funded from foreign countries	1	2
按国民经济行业分	Grouped by sector		
批发业合计	**Total wholesales**	**266**	**270**
食品、饮料、烟草批发业	Food,beverages and totobaccos	100	101
# 粮食、食用油批发业	Grains and edible oil	35	35
烟草及其制品批发业	Totobaccos	50	51
棉、麻、土畜产品批发业	Cotton,ambery and animal products	4	4
纺织品、服装和鞋帽批发业	Textiles,garments,shoes and hats	2	2
日用百货批发业	Daily consumer goods	3	4
日用杂品批发业	Daily sundry articles	5	5
五金、交电、化工批发业	Hardware,transport,electric and chemical products	12	14
药品及医疗器械批发业	Medicines and medical appliances	15	15
能源批发业	Energy products	48	48
# 石油及制品批发业	Petroleum and related products	44	44
煤炭及制品批发业	Coal and related products	4	4

Total Purchases, Sales and Inventory of Wholesale and Retail Trade(2000)

unit: 10000yuan

购进总额 Total goods purchase	#进口 Import	销售总额 Total sales 合计 Total	批发 Wholesales	#出口 Export	零售 Retail	年末库存总额 Inventory (year – end)
3156112	**65190**	**3504218**	**2356258**	**431244**	**1147960**	**680857**
2461961	6804	2760695	1977403	409799	783292	485156
3118093	65190	3433381	2355497	431244	1077884	671790
1907941	30479	2095248	1679427	132177	415821	476224
154474	34627	170772	150106		20666	34603
23811		37052	15959		21093	5371
3162		2929	2637		292	390
417966		451519	381538	291182	69981	58072
497897	84	567639	112892	7885	454747	89674
112842		108222	12938		95284	7456
18000		43549	761		42788	3972
20019		27288			27288	5095
2371814	**64870**	**2631020**	**2284327**	**430106**	**346693**	**491448**
966489		1074358	1063078	358661	11280	340564
488048		509847	508774	358661	1073	269588
406854		471721	470484		1237	60469
10890	6032	52164	52164	45635		14023
6881	84	7937	7867	7867	70	915
14518		14830	11155		3675	3397
10012		10418	6383		4035	4061
41496		51362	38102	134	13260	4261
45836		45076	25423		19653	13440
845083		885182	672045	262	213137	32987
837729		871757	658620	262	213137	28320
7354		13425	13425			4667

15－6　续表

单位：万元

		法人企业数(个) corporation units	活动单位数(个) units
化工材料批发业	Chemical materials	2	2
木材批发业	Timber	1	1
建筑材料批发业	Building materials	1	1
金属材料批发业	Metal materials	9	9
机械、电子设备批发业	Machinery and electronic equipment	6	6
汽车、摩托车及零配件批发业	Motor Vehicles motorcycles and Parts	9	9
# 汽车批发业	Motor vehicles	5	5
再生物资回收批发业	Recycled materials	1	1
工艺美术批发业		1	1
图书报刊批发业	Books, news papers and magazines	3	3
农业生产资料批发业	Meoms of agricultural products	44	44
零售业合计	**Total of retail**	**159**	**163**
食品、饮料、烟草零售业	Food, beverages and totobaccos	27	27
# 粮油食品零售业	Grains and bearing oil	12	12
副食品零售业	Non－staple food	15	15
日用百货零售业	Daily consumer goods	61	63
# 百货零售业	Consumer goods	52	54
文化体育用品零售业	Cultural and sports goods	1	1
纺织品、服装和鞋帽零售业	Textiles, garments, shoes and hats	7	7
五金、交电、化工零售业	Hardware, transport, electric and chemial products	14	14
药品及医疗器械零售业	Medicines and medicl appliances	11	11
图书报刊零售业	Books, newspapers and magazines	21	22
其他零售业	Other retail trade	18	19
# 汽车、摩托车及其零配件零售业	Motor, Vehicles, motercyches part	9	9

continued

unit:10000yuan

购进总额 Total goods purchase	#进口 Import	销售总额 Total sales 合计 Total	批发 Wholesales	#出口 Export	零售 Retail	年末库存总额 Inventory (year – end)
1366		1552	158		1394	36
15560	11111	12226	11110		1116	5874
82						367
15334		46591	46582		9	3383
100560	13017	103790	103790	15276		5132
96265		109568	35736		73832	8228
10846		21351	13074		8277	5635
1029		1211	1186		25	1908
3660		2348	2348	2270		1319
11425		13032	8999		4033	10965
185321	34627	199375	198200		1175	40588
784298	**320**	**873197**	**71930**	**1138**	**801267**	**189409**
70001		84307	35410	1120	48897	91600
51450		37431	33875	1120	3556	85034
18551		46876	1535		45341	6566
458172	320	536568	12434	18	524134	66335
450495	320	527893	11834	18	516059	64557
1716		2031			2031	974
19963		20480	118		20362	5481
35007		34984	10215		24769	7825
20275		19818	4757		15061	7922
59845		61023	1779		59245	6144
121035		116017	7219		108799	4102
113156		107369	6760		100609	1660

15－7 限额以上批发零售贸易企业财务状况(2000)

单元:万元

		年末资	
		流动资产小计 Circulating funds	长期投资 Long－team investment
批发、零售贸易企业总计	**Total**	**2094330**	**80520**
一、批发企业	**Wholesale trade**	**1703224**	**48845**
# 国有及国有控股	State owned(share holding)	1327168	29259
(一)按登记注册类型分组	Grouped by ownership		
内资企业	Domestic funded	1703224	48845
国有企业	State owned	1056096	27859
集体企业	Collective owned	165911	809
股份合作企业	Cooperative enterprises	20720	4046
联营企业	Joint owned	1383	
有限责任公司	limited company	335989	3547
股份有限公司	Share holding	119944	12584
私营企业	Prvate enterprises	3180	
(二)按国民经济行业分组	Grouped by sector		
食品、饮料、烟草批发业	Food,beverages and totobaccos	930951	16508
# 粮食、食用油批发业	Grains and edible oil	778369	12241
烟草及其制品批发业	Totobaccos	100489	1960
棉、麻、土畜产品批发业	Cotton,ambery and animal products	41882	3069
纺织品、服装和鞋帽批发业	Textiles,garments,shoes and hats	13182	
日用百货批发业	Daily consumer goods	3190	35
日用杂品批发业	Daily sundry articles	17115	1616
五金、交电、化工批发业	Hardware,transport,electric and chemical products	41658	3075
药品及医疗器械批发业	Medicines and medical appliances	66809	10762
能源批发业	Energy products	139713	3956
# 石油及制品批发业	Petroleum and related products	107808	2316
煤炭及制品批发业	Coal and related products	31905	1639
化工材料批发业	Chemical materials	1113	260
木材批发业	Timber	9286	843
建筑材料批发业	Building materials	3200	111
金属材料批发业	Metal materials	30813	1457
机械、电子设备批发业	Machinery and electronic equipment	98711	443
汽车、摩托车及零配件批发业	Motor Vehicles motorcycles and Pants	45041	4280
# 汽车批发业	Vehicles	23053	4046

Main Financial Indicators of Wholesale and Retail Trades(2000)

unit:10000yuan

产负债 Assets and liabilities						
固定资产小计 Fixed assets	固定资产原价 Original Value of fixed assets	累计折旧 Depreciation	无形及递延资产小计 Intangible and deferred	资产总计 Total assets	负债合计 Creditor equity	所有者权益 Creditors equity
765654	**831324**	**163385**	**72377**	**3034299**	**2872832**	**161467**
357300	**414906**	**105244**	**34308**	**2162076**	**2143126**	**18950**
275377	325996	84660	24900	1670999	1688559	-17561
357300	414906	105244	34308	2162076	2143126	18950
265444	311871	82411	19593	1383592	1450704	-67112
24377	29657	6506	6336	201151	194591	6560
5890	8145	2255	3452	34153	27983	6170
902	1262	387	16	2301	1804	497
11549	17419	5874	153	351238	337741	13496
49127	46540	7811	4759	186451	126096	60355
11	12	1		3192	4207	-1015
128883	158718	42788	9099	1086462	1183550	-97087
62125	90575	28989	4826	858521	1029302	-170781
40641	43975	9014	3349	146450	88788	57662
11719	9510	1769	1819	58490	50203	8287
3331	2426	908		16512	29637	-13124
1962	2505	570	7	5194	5493	-299
3154	3710	555	938	22824	17841	4983
17690	11122	1926	523	62947	63277	-330
32235	27311	4084	2972	112778	83758	29019
77828	98653	30226	3325	236846	208301	28544
53289	72054	27704	2981	178418	168690	9728
24539	26599	2522	344	58428	39611	18816
1024	1236	211	453	2850	2446	404
2139	2139	495		12281	9220	3061
1192	1524	332	150	4652	5367	-715
9974	12759	2809	171	42414	33491	8923
2512	4669	2157	188	102477	105546	-3069
15548	18300	2966	5497	70447	58585	11861
5813	8169	2355	3580	36537	32727	3810

单元：万元

		年末资	
		流动资产小计 Circulating funds	长期投资 Long－team investment
再生物资回收批发业	Recycled materials	28365	1139
工艺美术批发业	Arts	5838	
图书报刊批发业	Books, news papers and magazines	27372	36
农业生产资料批发业	Meoms of agricultural products	198986	1258
二、零售企业	**Total of retail**	**391106**	**31675**
# 国有及国有控股	State owned	237682	31562
(一)按登记注册类型分组	Grouped by type of registered		
内资企业	Domestic funds	369707	31675
国有企业	State owned	177167	1786
集体企业	Collective owned	17280	33
股份合作企业	Loopertive enterprises	7450	
有限责任公司	Limited company	24605	－105
股份有限公司	Share holding	115127	29961
私营企业	Private	28078	
港、澳、台商投资企业	Funded from Hongkong Macao and Taiwan	12412	
外商投资企业	Funded from foreign countries	8988	
(二)按国民经济行业分组	Grouped by sector		
食品、饮料和烟草零售业	Catering and to totobacco	148116	522
# 粮油食品零售业	Grain and oil retail trade	128255	521
副食品零售业	Non－staple food	19861	1
日用百货零售业	Daily consumer goods	164943	30705
# 百货零售业	Daily consumer goods	158848	30702
文化体育用品零售业	Cultural and sports goods	1024	
纺织品、服装和鞋帽零售业	Textile, garment, shoes and hats	11301	
五金、交电、化工零售业	Hardware, tramsport and chemical	15871	178
药品及医疗器械零售业	Medicines and medical appliance	18141	86
图书报刊零售业	Books, nespapers and magazines	13755	82
其他零售业	Other trade	18980	102
# 汽车、摩托车及其零配件零售业	Moter, vehicles and its parts	11573	102

continued

unit:10000yuan

产负债 Assets and liabilities

固定资产小计 Fixed assets	固定资产原价 Original Value of fixed assets	累计折旧 Depreciation	无形及递延资产小计 Intangible and deferred	资产总计 Total assets	负债合计 Creditor equity	所有者权益 Creditors equity
6250	7922	1671	248	36002	3174	32827
2172	3099	927		9275	13738	-4463
4251	5371	1149	2283	33941	27999	5942
35435	43933	9702	6636	245686	241502	4185
408354	**416419**	**58141**	**38069**	**872223**	**729706**	**142517**
221023	221884	40207	25821	517048	435722	81326
308101	308851	50827	33732	744686	616862	127824
86998	94786	17719	13206	280043	288255	-8212
16092	13409	1403	1313	34783	33497	1286
3777	4219	511	2338	13564	9261	4303
7088	6880	550	1231	32870	21063	11807
161017	154636	28155	15171	321746	223889	97857
33129	34922	2488	474	61681	40897	20784
88691	94775	6084	2585	105235	98116	7119
11563	12793	1230	1752	22302	14728	7574
135961	146598	16007	10270	295620	304469	-8849
30519	34635	8116	3470	162765	189366	-26602
105442	111963	7892	6801	132855	115102	17753
224835	217112	35151	18782	439916	318006	121910
218944	209914	33843	18491	427567	306281	121287
1639	2204	566		2663	6006	-3344
6048	6696	647	32	18530	13040	5490
18616	19362	1013	1522	36187	34823	1365
6582	7627	1387	2162	26971	21582	5388
5764	6965	1718	3992	24042	15042	9001
10549	12059	2218	1309	30958	22745	8213
4890	4618	436	568	17140	13055	4085

单元:万元

		年末资产负债 Assets and liabilities	
		#实收资本 Capital hold	#国家资本 State owned
批发、零售贸易企业总计	**Total**	**374788**	**155810**
一、批发企业	**Wholesale trade**	**201361**	**93078**
# 国有及国有控股	State owned(share holding)	139720	78847
(一)按登记注册类型分组	Grouped by ownership		
内资企业	Domestic funded	201361	93078
国有企业	State owned	114947	84453
集体企业	Collective owned	16294	2336
股份合作企业	Cooperative enterprises	9219	50
联营企业	Joint owned	752	
有限责任公司	limited company	12953	3905
股份有限公司	Share holding	46197	2335
私营企业	Prvate enterprises	1000	
(二)按国民经济行业分组	Grouped by sector		
食品、饮料、烟草批发业	Food,beverages and totobaccos	66421	48946
# 粮食、食用油批发业	Grains and edible oil	42626	28938
烟草及其制品批发业	Totobaccos	13444	13212
棉、麻、土畜产品批发业	Cotton,ambery and animal products	8092	7433
纺织品、服装和鞋帽批发业	Textiles,garments,shoes and hats	412	412
日用百货批发业	Daily consumer goods	840	840
日用杂品批发业	Daily sundry articles	6768	
五金、交电、化工批发业	Hardware,transport,electric and chemical products	3622	2918
药品及医疗器械批发业	Medicines and medical appliances	23628	1731
能源批发业	Energy products	21720	16277
# 石油及制品批发业	Petroleum and related products	15594	10266
煤炭及制品批发业	Coal and related products	6127	6011
化工材料批发业	Chemical materials	741	641
木材批发业	Timber	1572	1572
建筑材料批发业	Building materials	832	
金属材料批发业	Metal materials	10850	2772
机械、电子设备批发业	Machinery and electronic equipment	4104	3177
汽车、摩托车及零配件批发业	Motor Vehicles motorcycles and Pants	17985	157
# 汽车批发业	Vehicles	8768	107

continued

unit: 10000yuan

损益分配 Loss, Profits and distribution						
商品销售收入 Sales revenue	商品销售收入净额 Net sales revenue	商品销售成本 Cost of sales	经营费用 Cost of business	商品销售税金及附加 Sale tax and extra charges	商品销售利润 Sales profits	代购代销收入 Revenue of agent purchase and sale
3167845	**3135980**	**2995513**	**172080**	**4329**	**- 35941**	**4250**
2470355	**2446174**	**2365808**	**139339**	**2354**	**- 61327**	**4140**
2084570	2076339	2024219	125021	1895	- 74797	3928
2470355	2446174	2365808	139339	2354	- 61327	4140
1782132	1758212	1662702	64566	1830	29113	4035
152031	152004	143062	4597	39	4305	1
27604	27371	26056	653	28	634	
2929	2929	2812	35	5	77	
378782	378782	414896	65263	73	- 101450	105
123936	123936	114359	3139	348	6090	
2940	2940	1921	1085	31	- 96	
998478	998478	1003283	96115	896	- 101816	198
516542	516542	567403	80905	17	- 131783	198
395366	395366	358240	10142	695	26288	
65586	65586	61144	1833	26	2584	2
7925	7925	7401	377	1	147	
10858	10858	10679	124	14	41	
10059	10059	9358	243	39	419	
37538	37538	35832	1204	28	475	
40792	40749	34513	2399	97	3741	
824524	824524	776779	24235	572	22939	3699
811915	811915	766388	22287	547	22693	3699
12609	12609	10391	1948	25	246	
1294	1294	1282	65	2	- 55	
12123	12123	11993	252	6	- 128	103
			57		- 57	
20074	20074	18020	825	200	1030	
93843	93735	90054	1053	72	2557	137
99179	98945	96873	1248	43	781	
20970	20970	19967	541	22	439	

单元:万元

		年末资产负债 Assets and liabilities	
		#实收资本 Capital hold	#国家资本 State owned
再生物资回收批发业	Recycled materials	11000	
工艺美术批发业	Arts	1031	1031
图书报刊批发业	Books,newspapers and magazines	1740	1740
农业生产资料批发业	Meoms of agricultural products	20003	3431
二、零售企业	**Total of retail**	**173427**	**62732**
# 国有及国有控股	State owned	93149	51190
(一)按登记注册类型分组	Grouped by type of registered		
内资企业	Domestic funds	140162	55054
国有企业	State owned	37003	31143
集体企业	Collective owned	3468	467
股份合作企业	Loopertive enterprises	1682	
有限责任公司	Limited company	9469	500
股份有限公司	Share holding	68563	22742
私营企业	Private	19977	204
港、澳、台商投资企业	Funded from Hongkong,Macao and Taiwan	23309	7678
外商投资企业	Funded from foreign countries	9956	
(二)按国民经济行业分组	Grouped by sector		
食品、饮料和烟草零售业	Catering and to totobacco	47553	26007
# 粮油食品零售业	Grain and oil retail trade	19769	17438
副食品零售业	Non－staple food	27784	8569
日用百货零售业	Daily consumer goods	95277	24426
# 百货零售业	Daily consumer goods	92027	23113
文化体育用品零售业	Cultural and sports goods	603	603
纺织品、服装和鞋帽零售业	Textile,garment,shoes and hats	8498	222
五金、交电、化工零售业	Hardware,transport and chemical	3633	1595
药品及医疗器械零售业	Medicines and medical appliance	5439	1953
图书报刊零售业	Books,nespapers and magazines	8561	7812
其他零售业	Other trade	4466	718
# 汽车、摩托车及其零配件零售业	Moter,vehicles and its parts	2914	604

continued

unit:10000yuan

损益分配 Loss, Profits and distribution						
商品销售收入 Sales revenue	商品销售收入净额 Net sales revenue	商品销售成本 Cost of sales	经营费用 Cost of business	商品销售税金及附加 Sale tax and extra charges	商品销售利润 Sales profits	代购代销收入 Revenue of agent purchase and sale
1890	1890	168	297	94	1332	
2699	2699	2327	386		-14	
35754	26958	23676	2060	87	1136	
207739	192738	182429	6569	179	3561	1
697491	**689806**	**629705**	**32742**	**1975**	**25385**	**110**
399842	394246	360812	19143	1283	13009	110
646318	640204	584975	29995	1876	23359	110
132947	130217	119453	11674	467	-1377	
17819	17667	15437	691	213	1326	
4847	4832	4211	444	36	143	
70335	70335	64499	4051	84	1701	110
325044	321831	289841	11709	1010	19272	
95326	95322	91536	1426	67	2294	
44377	42806	38618	2734	98	1355	
6796	6796	6111	13	1	672	
74492	73488	67548	9107	202	-3368	110
29223	29223	28544	5288	30	-4639	
45270	44266	39004	3819	172	1271	110
411767	408533	370385	14143	1286	22719	
404060	400826	363182	13930	1261	22454	
1742	1742	1592	156	5	-11	
20279	19712	18049	562	19	1081	
36209	36209	35877	782	40	-491	
19059	18975	14135	2270	86	2485	
27915	25185	19751	2898	82	2453	
107772	107705	103959	2980	260	506	
100462	100462	97324	771	43	2324	

单元:万元

		损益	
		主营利润 Major business profits	其他业务利润 other profits
批发、零售贸易企业总计	**Total**	**－31691**	**25554**
一、批发企业	**Wholesale trade**	**－57187**	**4826**
# 国有及国有控股	State owned(share holding)	－70869	4429
(一)按登记注册类型分组	Grouped by ownership		
内资企业	Domestic funded	－57187	4826
国有企业	State owned	33148	4070
集体企业	Collective owned	4306	93
股份合作企业	Cooperative enterprises	634	
联营企业	Joint owned	77	13
有限责任公司	limited company	－101345	381
股份有限公司	Share holding	6090	270
私营企业	Private enterprises	－96	
(二)按国民经济行业分组	Grouped by sector		
食品、饮料、烟草批发业	Food,beverages and totobaccos	－101617	1832
# 粮食、食用油批发业	Grains and edible oil	－131585	137
烟草及其制品批发业	Totobaccos	26288	512
棉、麻、土畜产品批发业	Cotton,ambery and animal products	2586	－7
纺织品、服装和鞋帽批发业	Textiles,garments,shoes and hats	147	
日用百货批发业	Daily consumer goods	41	59
日用杂品批发业	Daily sundry articles	419	43
五金、交电、化工批发业	Hardware,transport,electric and chemical products	475	479
药品及医疗器械批发业	Medicines and medical appliances	3741	425
能源批发业	Energy products	26638	671
# 石油及制品批发业	Petroleum and related products	26392	297
煤炭及制品批发业	Coal and related products	246	374
化工材料批发业	Chemical materials	－55	14
木材批发业	Timber	－25	19
建筑材料批发业	Building materials	－57	53
金属材料批发业	Metal materials	1030	125
机械、电子设备批发业	Machinery and electronic equipment	2694	86
汽车、摩托车及零配件批发业	Motor Vehicles motorcycles and Pants	781	105
# 汽车批发业	Vehicles	439	46

continued

unit:10000yuan

分配 Loss, Profits and distribution

管理费用 Expenses of manages ment	#税 金 Tax	#财产保险 property insurance	#劳动待业险 employement insurance	财务费用 Financial expenses	#利息支出 Interest expenditure	营业利润 Business profits
119065	**3952**	**1882**	**8544**	**72168**	**59275**	**- 201770**
73308	**1462**	**1303**	**4598**	**50400**	**38796**	**- 181097**
58312	1090	1073	3699	43120	32844	- 174684
73308	1462	1303	4598	50400	38796	- 181097
58766	1181	1093	3998	43159	34954	- 69478
4206	175	75	372	1704	1505	- 1637
1186	19		52	383	34	- 935
183	4	1	2	17	17	- 111
4233	13	9	16	3398	1168	- 108565
4722	71	124	157	1740	1118	- 264
13				- 1		- 109
30895	690	781	1538	34671	27787	- 164923
12213	307	229	639	31876	25701	- 172664
13945	268	483	604	1477	1059	9074
1708	6		5	1058	269	- 389
593	10	2		622	620	- 1056
466	8	2	17	33	30	- 399
440	21	5	1	128	107	- 105
1849	42	72	78	910	828	- 1398
3823	52	105	345	853	430	- 520
18771	282	158	1605	4641	4554	- 2054
16398	232	152	1365	4572	4494	- 228
2373	51	6	240	69	61	- 1826
109	1	4		- 1		- 149
600				17	17	
134				133		- 272
1785	29	20	208	349	323	- 1251
1543	19		83	2220	967	- 1540
1884	21	9	81	588	60	- 1586
1133	21	9	43	370	21	- 1017

单元:万元

		损益	
		主营利润 Major business profits	其他业务利润 other profits
再生物资回收批发业	Recycled materials	1332	17
工艺美术批发业	Arts	－14	3
图书报刊批发业	Books, news papers and magazines	1136	180
农业生产资料批发业	Meoms of agricultural products	3562	723
二、零售企业	**Total of retail**	**25496**	**20728**
# 国有及国有控股	State owned	13119	15113
(一)按登记注册类型分组	Grouped by type of registered		
内资企业	Domestic funds	23469	19717
国有企业	State owned	－1377	6342
集体企业	Collective owned	1326	404
股份合作企业	Loopertive enterprises	143	440
有限责任公司	Limited company	1812	447
股份有限公司	Share holding	19272	9848
私营企业	Private	2294	2236
港、澳、台商投资企业	Funded from Hongkong Macao and Taiwan	1355	993
外商投资企业	Funded from foreign countries	672	18
(二)按国民经济行业分组	Grouped by sector		
食品、饮料和烟草零售业	Catering and to tobacco	－3258	1605
# 粮油食品零售业	Grain and oil retail trade	－4639	32
副食品零售业	Non－staple food	1381	1573
日用百货零售业	Daily consumer goods	22719	12977
# 百货零售业	Daily consumer goods	22454	12978
文化体育用品零售业	Cultural and sports goods	－11	
纺织品、服装和鞋帽零售业	Textile, garment, shoes and hats	1081	970
五金、交电、化工零售业	Hardware, transport and chemical	－491	1127
药品及医疗器械零售业	Medicines and medical appliance	2485	165
图书报刊零售业	Books, nespapers and magazines	2453	260
其他零售业	Other trade	506	3625
# 汽车、摩托车及其零配件零售业	Moter, vehicles and its parts	2324	66

continued

unit:10000yuan

分配 Loss,Profits and distribution

管理费用 Expenses of manages ment	#税 金 Tax	#财产保险 property insurance	#劳动待业险 employement insurance	财务费用 Financial expenses	#利息支出 Interest expenditure	营业利润 Business profits
381	20	9	11	-40	-40	1119
363	49		60	678	660	-1112
1284	20	41	145	90	16	-57
6683	193	95	421	3451	2169	-5405
45757	**2490**	**579**	**3946**	**21768**	**20479**	**-20673**
27706	1056	371	3208	11354	10848	-9528
38771	2392	516	3852	16829	16124	-11092
12822	690	94	1704	6250	6054	-12945
1472	84	30	91	424	382	-203
365	4	3	16	115	65	103
2046	51	13	65	293	288	-54
19739	1443	369	1899	8244	7820	1387
2327	120	7	77	1503	1515	620
5160	97	56	94	4384	3802	-7248
1826		7		556	553	-2333
10077	309	56	731	9191	8572	-19963
3025	252	12	626	4508	4112	-10505
7052	57	44	105	4684	4460	-9458
24788	1793	399	2400	11029	10163	-189
24166	1767	389	2286	10576	10085	589
389	15	3	85	406	46	-806
2009	82	36	111	479	59	-437
1448	14	14	16	571	517	-1058
2740	161	43	108	356	342	-443
2905	35	21	473	-57	-31	-6
1789	97	12	106	199	857	1423
818	4	2	7	37	40	1483

单元:万元

		补贴收入 Subsidy	利润总额 Total profits
批发、零售贸易企业总计	**Total**	**194339**	**-17055**
一、批发企业	**Wholesale trade**	**185126**	**-7880**
# 国有及国有控股	State owned(share holding)	182203	-2067
(一)按登记注册类型分组	Grouped by ownership		
内资企业	Domestic funded	185126	-7880
国有企业	State owned	47242	-19255
集体企业	Collective owned		-2273
股份合作企业	Cooperative enterprises		-931
联营企业	Joint owned		-111
有限责任公司	limited company	137674	14114
股份有限公司	Share holding	210	683
私营企业	Private enterprises		-109
(二)按国民经济行业分组	Grouped by sector		
食品、饮料、烟草批发业	Food, beverages and tobaccos	184202	4986
# 粮食、食用油批发业	Grains and edible oil	182898	-6356
烟草及其制品批发业	Tobaccos	201	11244
棉、麻、土畜产品批发业	Cotton, ambery and animal products		-213
纺织品、服装和鞋帽批发业	Textiles, garments, shoes and hats		-1054
日用百货批发业	Daily consumer goods		-399
日用杂品批发业	Daily sundry articles	96	-18
五金、交电、化工批发业	Hardware, transport, electric and chemical products		-594
药品及医疗器械批发业	Medicines and medical appliances	210	-309
能源批发业	Energy products	51	-1786
# 石油及制品批发业	Petroleum and related products	9	-93
煤炭及制品批发业	Coal and related products	42	-1693
化工材料批发业	Chemical materials		-151
木材批发业	Timber	47	-70
建筑材料批发业	Building materials		-197
金属材料批发业	Metal materials		-979
机械、电子设备批发业	Machinery and electronic equipment	500	-1046
汽车、摩托车及零配件批发业	Motor Vehicles motorcycles and Pants		-1559
# 汽车批发业	Vehicles		-993

continued

unit:10000yuan

应交所得税 Tax payable	应付利润 Profits payable	本年应付 工资总额 Wages payable	本年应付 福利费总额 Welfare payable	本年应交 增值税总额 Added Value tax payable	本年进项 税　额 Tax credit	本年销项 税　额 Tax Sales
12773	**-8349**	**62065**	**10369**	**26568**	**315223**	**359818**
8379	**-532**	**38252**	**6518**	**18832**	**245363**	**282278**
7718	-1015	31103	5322	10978	218963	253458
8379	-532	38252	6518	18832	245363	282278
5605	-1202	31359	5404	16269	217044	253399
63	3	2143	438	1516	1264	1491
4	568	213	31	89	4574	4661
		48	7	45	459	498
2067	100	2409	315	254	5080	5349
641		2023	315	422	16515	16380
		58	8	238	427	500
5763	661	18371	3797	8717	60353	80211
1946	7	10805	2875	-183	530	988
3610	517	5057	479	6764	47318	66021
22		572	117	-471	8523	8903
		366	51	9	443	27
		126	11	28	1791	1842
11		252	63	-41	344	377
85	-38	542	96	96	4875	4945
362	-50	2462	316	755	4842	5204
522	-1579	10106	1279	7954	134395	137805
517	-1579	9169	1151	7784	132888	136138
5		937	128	171	1507	1667
	100	20	1		212	220
		128	18		1836	1445
18		461	57	124	2735	2950
89		536	104	604	2624	15207
	568	255	63	164	16550	16726
	568	179	30	35	3490	3554

15－7 续表 7

单元：万元

		补贴收入 Subsidy	利润总额 Total profits
再生物资回收批发业	Recycled materials		1551
工艺美术批发业	Arts		－1112
图书报刊批发业	Books, news papers and magazines		－167
农业生产资料批发业	Meoms of agricultural products	20	－4762
二、零售企业	**Total of retail**	**9213**	**－9175**
#国有及国有控股	State owned	7585	437
(一)按登记注册类型分组	Grouped by type of registered		
内资企业	Domestic funds	9213	445
国有企业	State owned	8504	－6115
集体企业	Collective owned	26	－224
股份合作企业	Loopertive enterprises		216
有限责任公司	Limited company	11	－138
股份有限公司	Share holding	672	6232
私营企业	Private		474
港、澳、台商投资企业	Funded from Hongkong Macao and Taiwan		－7247
外商投资企业	Funded from foreign countries		－2374
(二)按国民经济行业分组	Grouped by sector		
食品、饮料和烟草零售业	Catering and to tobacco	8158	－12914
#粮油食品零售业	Grain and oil retail trade	8057	－3711
副食品零售业	Non－staple food	101	－9203
日用百货零售业	Daily consumer goods	242	3928
#百货零售业	Daily consumer goods	241	4735
文化体育用品零售业	Cultural and sports goods		－807
纺织品、服装和鞋帽零售业	Textile, garment, shoes and hats		－425
五金、交电、化工零售业	Hardware, tramsport and chemical	3	－1385
药品及医疗器械零售业	Medicines and medical appliance	26	－15
图书报刊零售业	Books, nespapers and magazines	122	212
其他零售业	Other trade	662	1423
#汽车、摩托车及其零配件零售业	Motor, vehicles and its parts		1438

continued

unit:10000yuan

应交所得税 Tax payable	应付利润 Profits payable	本年应付工资总额 Wages payable	本年应付福利费总额 Welfare payable	本年应交增值税总额 Added Value tax payable	本年进项税额 Tax credit	本年销项税额 Tax Sales
145		136	19	5	27	32
		210	29	243	508	265
20	-229	932	116	509	2856	3549
1342	35	2779	379	137	2451	2569
4395	**-7817**	**23813**	**3852**	**7737**	**69860**	**77540**
3738	-558	15558	2651	4717	31663	36278
4395	-997	21533	3554	6957	62018	68933
762	-1976	8073	876	1702	13758	15601
2		647	67	392	1087	1433
1		389	7	109	603	719
268	92	1217	350	595	10824	11391
3117	908	10069	2090	3713	25620	29259
246	-21	1139	165	446	10128	10530
	-6820	1891	237	780	6714	7461
		388	60		1128	1146
616	-7662	6160	483	597	6474	7104
606	-847	3134	183	57	102	189
10	-6816	3026	300	539	6372	6915
3017	-163	11236	2424	5177	32181	37087
3017	644	10879	2385	5095	31828	36636
	-807	198	26	10	254	296
1		589	73	580	2789	3336
1		717	143	80	2725	2816
108	-65	1813	224	154	3675	3931
128	21	2209	341	692	2042	2803
523	52	1090	163	458	19975	20464
496	-7	371	62	279	16711	17053

15－8 限额以上餐饮企业财务状况(2000)

单位:万元

		流动资产小计 Circulating fund	长期投资 Long－tenm investment	固定资产小计 Fixed asets	固定资产原价 Original value of fixed assets
总计	**Total**	**16680**	**760**	**19505**	**25599**
#国有及国有控股	State add share holding	4557	32	10161	11840
一、按登记注册类型分组	Grouped by registered type				
内资企业	Domestic funds	12503	760	13862	16591
国有企业	State owned	1370	32	3583	4639
集体企业	Collective owned	20		9	20
股份合作企业	Cooperative enterises	758	407	123	206
有限责任公司	Limited company	813		5493	6407
私营企业	Private enterprises	9542	320	4653	5319
港、澳、台商投资企业	Funded from HongKong Macao Taiwan	1883		2570	5219
外商投资企业	Foreign funds	2294		3073	3789
二、按国民经济行业分组	Grouped by sector				
正餐	Main meal	14192	760	19321	25403
快餐	Quick meal	2471		133	145
其他餐饮业	Others	17		51	51

Main Financial Indicators of Catering Trade(2000)

unit:10000yuan

累计折旧 Depreciation	无形及递延资产小计 In tangible and defered	资产总计 Total	负债合计 Total liabilities	所有者权益合计 Creditors equity	#实收资本 Capital hold	#国家资本 State funed	营业收入 Sales revenue	营业成本 Cost of sdes
6689	**4925**	**42208**	**26614**	**15594**	**12997**	**1859**	**28666**	**14320**
2027	3436	18395	5986	12409	6700	1040	9056	4202
3321	4603	31782	20344	11438	7173	1040	16361	8617
1404	3268	8296	3421	4875	1751	1040	3690	1548
10	16	46	33	13			310	161
83	825	2113	1674	440			2526	1526
914		6306	1765	4541	4404		3095	1662
910	494	15021	13452	1569	1017		6740	3720
2649	311	4930	4954	-24	4185	799	2804	1640
719	11	5496	1316	4180	1639	20	9501	4063
6677	4925	39535	24082	15452	12800	1839	27424	13943
12		2604	2511	93	149	20	883	377
		68	20	48	48		359	

单位:万元

		营业费用 Cost of business	营业税金及附加 Sales tax and extra charges	经营利润 profits	管理费用 Exenses of management
总　计	**Total**	**8511**	**1518**	**4317**	**3884**
# 国有及国有控股	State abd share holding	3197	387	1270	1536
一、按登记注册类型分组	Grouped by registered type				
内资企业	Domestic funds	5261	912	1572	1920
国有企业	State owned	1502	149	491	757
集体企业	Collective owned	78	55	16	9
股份合作企业	Cooperative enterises	877	141	-17	312
有限责任公司	Limited company	721	165	547	513
私营企业	Private enterprises	2083	402	535	329
港、澳、台商投资企业	Funded from HongKong Macao Taiwan	793	182	188	531
外商投资企业	Foreign funds	2457	424	2557	1433
二、按国民经济行业分组	Grouped by sector				
正餐	Main meal	7901	1471	4109	3712
快餐	Quick meal	282	35	188	153
其他餐饮业	Others	328	12	20	19

continued

unit:10000yuan

#税 金 Tax	#财产保险 Property insurance	#待业保险 Unemployed in surance	财务费用 expenses of finance	#利息支出 Interest payable	营业利润 Business profits	利润总额 After tax profits	应交所得税 Tax payable	应付利润 profits payable
135	**13**	**62**	**472**	**163**	**34**	**411**	**92**	**96**
71	11	31	59	33	-325	-329	28	-64
105	11	53	423	129	-698	-384	142	44
51	6	31	44	33	-310	-319		-63
					6			
20			7		-336	-20		
27	5	20	8	8	100	101	57	107
7		2	364	87	-158	-146	85	
		1	7	3	-349	-228	-103	52
30	2	8	42	31	1081	1023	53	
118	11	54	407	99	63	530	60	96
17	2	8	65	64	-29	-119	32	

15－9　城乡集市贸易情况

项目	Item	单位 unit	合计 Total
一、商品交易市场总数	**Number of free markets**	**个 unit**	**1855**
(一)消费品市场	Markets of consumer goods	个 unit	1746
1.综合市场	Multiple markets	个 unit	777
2.农副产品市场	Markets of faming,subsdiary goods	个 unit	614
3.工业消费品市场	Markets for industrial consumer goods	个 unit	219
4.其他	Others	个 unit	136
(二)生活资料市场	Markets for industrial consumer goods	个 unit	109
1.综合市场	Multiple markets	个 unit	24
2.工业生产资料市场	Markets for material of production	个 unit	65
3.农业生产资料市场	Markets for material agriculture	个 unit	10
4.其他	Others	个 unit	10
二、商品交易市场成交额	**Total trade in market**	**万元 10000 yuan**	**3927915**
(一)消费品市场	Markets for consumer goods	万元 10000 yuan	3171739
1.综合市场	Multiple markets	万元 10000 yuan	1540876
2.农副产品市场	Markets of faming subsidiary goods	万元 10000 yuan	760209
3.工业消费品市场	Markets of industrial consumer goods	万元 10000 yuan	763380
4.其他	Others	万元 10000 yuan	107274
(二)、生产资料市场	Markets for material of production	万元 10000 yuan	756176
1.综合市场	Multiple markets	万元 10000 yuan	69102
2.工业生产资料市场	Markets for material of industry	万元 10000 yuan	681658
3.其他	Other	万元 10000 yuan	5416
在成交额中：	In trade:		
粮食油脂油料类	Grain	万元 10000 yuan	245363
肉禽蛋类	Meat poultry and eggs	万元 10000 yuan	696358
水产品类	Aquatic products	万元 10000 yuan	258669
蔬菜类	Vegetables	万元 10000 yuan	431194
干鲜果类	Dried and fresh fruits	万元 10000 yuan	202950
大牲畜类	Large domestic animals	万元 10000 yuan	43106
其他类	Others	万元 10000 yuan	2050275
三、集市贸易成交量	**Total trade in free markets**		
粮食	Grain	吨 ton	537528
食用植物油及料折油	Oil bearing grops	吨 ton	156670
猪肉	Pork	吨 ton	240439
牛肉	Beef	吨 ton	107733
羊肉	Mution	吨 ton	36373
鲜蛋	Egg	吨 ton	122713
家禽	Poultry	吨 ton	33074
蔬菜	Vegetable	吨 ton	1466132
水产品	Aquatic products	吨 ton	256851
干鲜果	Dried and fresh fruits	吨 ton	823199

Free Markets in Urban and Rural

1999		2000		
城市 Urban	乡村 Rural	合计 Total	城市 Urban	乡村 Rural
834	**1021**	**1861**	**828**	**1033**
763	983	1745	755	990
348	429	841	358	483
252	362	620	262	358
128	91	188	105	83
35	101	96	30	66
71	38	116	73	43
18	6	34	24	10
41	24	63	38	25
5	5	4	3	1
7	3	15	8	7
2919083	**1008832**	**4180794**	**3180643**	**1000151**
2249062	922677	3169444	2185925	983519
1036652	504224	1561546	1040067	521479
518890	241319	899299	626223	273076
594152	169228	683454	504350	179104
99368	7906	25145	15285	9860
670021	86155	1011350	994718	16632
31436	37666	265921	264184	1737
637223	44435	680076	668566	11510
1362	4054	65353	61968	3385
135655	109708	255001	156054	98947
485052	211306	627001	409551	217450
178366	80303	281634	190375	91259
307512	123682	439264	307672	131592
118584	84366	304453	227653	76800
8145	34961	77415	35486	41929
1685769	364506	2196026	1853852	342174
230107	307421	466112	252755	213357
98276	58394	138379	83346	55033
146651	93788	201909	115777	86132
74857	32876	84593	58444	26149
28819	7554	29560	22816	6744
81554	41159	108989	66534	42455
9858	23216	22700	7066	15634
967552	498580	1383401	876805	506596
159499	97352	206798	111540	95258
562859	260340	771196	525116	246080

15－10 城乡个体工商户基本情况(2000)

Basic Statistics for Individual Economy by Urban and Rural(2000)

		户数（户） House holds	从业人数（人） Employee (person)	注册资金（万元） Registered funds (10000 yuan)	总产值（万元） Gross output (10000 yuan)	营业额（万元） Volue of business (10000 yuan)
合　计	**Total**	**997049**	**1528045**	**930464**	**1804170**	**4299667**
按城乡分	Grouped by urban and rural					
城　镇	Urban	497492	818814	648222	947364	3177607
乡　村	Rural	499557	709231	282242	856806	1122060
按行业分	Grouped by sector					
农林牧渔业	Farming forestry animal husbandry and fishery	351619	488195	146575	924609	525078
采掘业	Excavation	1610	7253	5524	107228	
制造业	Manufacturing	44293	98903	57565	728987	
建筑业	Construction	1991	6323	2626	43346	
交通运输、仓储业	Transportation storage postal and telecommunication services	100401	110069	172032		417591
批发零售贸易业	Wholesale retail trade	397547	657439	385911		2732423
社会服务业	Social services	75440	121194	81578		575386
其他行业	Others	24148	38669	78653		49189

15－11 城乡私营企业基本情况(2000)

Basic Statistics for Private Enterprises by Urban and Rural(2000)

		户数（户） House holds	雇工人数（人） Employee (person)	投资者人数（人） Investors (person)	注册资金（万元） Regisered fund (10000 yuan)	总产值（万元） Gross output (10000 yuan)	销售总额（万元） Value of sale (10000 yuan)
合　计	**Total**	**26953**	**235155**	**50328**	**1509058**	**771649**	**949903**
按城乡分	Grouped by urban and rural						
城　镇	Urban	21791	175621	39749	1393933	699349	920877
乡　村	Rural	5162	59534	10579	115125	72300	29026
按经济类型分	Grouped by urban and rural						
独资企业	Foreign funded	11362	118052	11362	178989		
合伙企业	Joint owned	781	8515	2017	17349		
有限责任公司	Company limited	14805	108508	36924	1282020		
股份有限公司	Share holding	5	80	25	30700		
按行业分	Grouped by sector						
农林牧渔业	Farming forestry animal husbandry and fishery	2386	22899	2902	36582	88110	65058
采掘业	Excavation	550	10433	719	13853	56158	
制造业	Manufacturing	5306	75899	9466	458782	518208	
建筑业	Construction	698	9197	1761	119407	109173	
交通运输、仓储业	Transportation storage postal and telecommunications	213	2507	442	12914		23676
批发零售贸易业	Wholesale retail trade	12502	85597	24174	616155		768425
社会服务业	Social services	2056	17021	4574	76613		76770
其他行业	Others	3242	11602	6290	174752		15974

对外经济贸易和旅游业

FOREIGN ECONOMY TRADE AND INTERNATIONAL TOURISM

16

统计资料
STATISTICS

16－1　历年进出口贸易总额
Total Imports and Exports

年　份 Year	进出口总额（万美元）Total（USD10000）	出口总额 Exports	进口总额 Imports	进出口总额（万元）Total（10000yuan）	出口总额 Export	进口总额 Import
1957	1106	1106		2881	2881	
1962	849	829	20	2091	2042	49
1965	3021	2888	133	7436	7109	327
1970	495	93	402	1218	228	990
1975	2623	1886	737	5164	3713	1451
1978	3704	2357	1347	6372	4055	2317
1979	6067	4413	1654	9683	6840	2843
1980	11108	6625	4483	16024	9344	6680
1981	17196	12896	4300	30093	22568	7525
1982	17753	13207	4546	34172	25422	8750
1983	21884	16661	5223	42833	32610	10223
1984	34046	24972	9074	75048	55046	20002
1985	55072	42712	12360	176295	136731	39564
1986	71716	52515	19201	266855	195408	71447
1987	63946	46766	17180	237981	174044	63937
1988	70766	53214	17552	263363	198041	65322
1989	94459	68447	26012	351538	254732	96806
1990	95272	75172	20100	449821	354920	94901
1991	134933	102707	32226	716204	545154	171050
1992	192278	130678	61600	1095985	744865	351120
1993	298100	161649	136451	2592173	1405643	1186530
1994	361209	202247	158962	3052216	1708987	1343229
1995	271474	141932	129542	2266997	1185231	1081766
1996	283725	150440	133285	2354918	1248652	1106266
1997	185442	93293	92149	1535460	772466	762994
1998	165282	74904	90378	1368204	620055	748149
1999	221698	101956	119742	1835549	844145	991404
2000	255396	124164	131232	2114168	1027830	1086338

注：本表 1978 年－1996 年为外贸部门统计数，进出口总额中未包括口岸代理进口数。从 1997 年开始为海关统计数。

Data Were Obtained from the Ministry of Foreign Trade during 1978－1996，and from customs since 1997

16－2 海关进出口贸易总额

Total Imports and Exports (Customs Statistics)

	1999		2000	
	按美元计算（万美元）(USD 10000)	按人民币计算（万元）(10000 yuan)	按美元计算（万美元）(USD 10000)	按人民币计算（万元）(10000 yuan)
进出口总值 Total	**221698**	**1835549**	**255396**	**2114168**
出　口 Exports	101956	844145	124164	1027830
进　口 Imports	119742	991404	131232	1086338

16－3 海关主要商品出口额

Value of Main Export Commodities (Customs Statistics)

单位:万美元　　　　unit: $ 10000

	1999	2000
大　豆 Soybean	331	231
玉　米 Corn	20372	33560
水海产品 Aquatic	314	444
鸡 Poultry	4543	4737
家　俱 Furniture	3930	3681
药　材 Medicines	742	680
服装及衣着附件 Garments	10804	14300
汽车和汽车底盘 Vehicles	1458	3355

16－4　实际利用外资情况
Utilization of Foreign Capital

单位：万美元　　　　unit：$ 10000

		1999	2000
签订合同数(个)	**Number of signed contracts**	**644**	**367**
签订利用外资协议合同额	**Total value of foreign capital through signed contracts agreements**	**83483**	**85415**
对外借款	Foreign loans	35092	25800
外商直接投资	Direct foreign investments	45049	59615
外商其他投资	Other foreign investments	3342	
实际利用外资额	**Total amount of foreign capital used**	**42075**	**49351**
对外借款	Foreign loans	11955	15650
外商直接投资	Direct foreign investments	30120	33701

16－5　对外承包工程和劳务出口情况
Contracted Projects and Labor Cooperation With Foreign Countries or Territories

		1999	2000
对外承包工程	**Contracted Projects**		
签定合同(个)	Number of contracts	46	8
合同金额(万美元)	Contracted amount($ 10000)	18027	3020
完成营业额(万美元)	Amount of business fulfilled($ 10000)	7605	1105
对外劳务合作	**Labor cooperation**		
签定合同(个)	Number of contracts	260	212
合同金额(万美元)	Contracted amount($ 10000)	21254	12505
完成营业额(万美元)	Amount of business fulfilled($ 10000)	10371	10685

16－6　旅游事业发展情况
Development of Tourism

		单位 unit	1999	2000
海外旅游者人数	Number of international tourists	人次 person	159476	222727
外 国 人	Foreigners	人次 person	141078	191856
华　侨	Overseas Chinese	人次 person	419	
港澳同胞	Compatriots from HongKong and Macao	人次 person	7202	10906
台湾同胞	Compatriots from Taiwan	人次 person	10777	19965
海外旅游者人天数	International tourists	人天 person－days	276953	345718
外 国 人	Foreigners	人天 person－days	251289	302229
华　侨	Overseas Chinese	人天 person－days	584	
港澳同胞	Compatriots from HongKong and Macao	人天 person－days	10946	16133
台湾同胞	Compatriots from Taiwan	人天 person－days	14134	27356
国际旅游外汇收入	Income of tourism	万美元 $ 10000	4483	5804
国内旅游人数	Number from domestic tourism	万人次 10000 person time	1463	1809
国内旅游收入	Income of tourism	亿元 100 millon yuan	34.90	51.94
旅游业总人数	Total number of tourists	万人次 10000 person time	1478.95	1831.27
旅游业总收入	Total in come of tourism	亿元 100 millon yuan	38.61	56.76

注:2000 年海外旅游者人数及天数外国人包括了华侨数。
Note:The data in 2000 include overseas chinese

16－7　旅游部门接待能力
Basic Statistics for Tourist Hotels

		单位 unit	1999	2000
旅游管理机构	Number of unit for tourism	个 unit	29	29
全年平均职工人数	Staff and workers	人 person	21730	23053
旅游涉外饭店	Tourists hotels	个 unit	128	161
# 星级饭店	# Star grade hotels	个 unit	95	151
旅行社一、二类	Hotol(1.2 grade)	个 unit	34	116
客房数	Number of room	间 room	11533	17852
客房床位数	Beds	张 bed	22675	35310
旅游汽车	Vehicles for tourism	辆 coach	396	

教育和文化事业

EDUCATION AND CULTURE

17

统计资料
STATISTICS

附：成人教育

ADULT SCHOOLS

17－1　各级各类教育基本情况
Basic Statistics for Education by Level and Type

		学校数(所) Number of schools		教职工数(人) Staff and workers		#专任教师数 Number of full time teacher	
		1999	2000	1999	2000	1999	2000
普通高等学校	Institutions of higher education	40	35	38283	41813	15166	17476
中等学校	Secondary schools	2124	2034	148200	144046	108245	106110
中等专业学校	Specialized secondary schools	118	83	16370	14639	8383	7748
中等技术学校	Technical secondary schools	95	81	13150	11437	6585	5903
中等师范学校	Technical secondary schools	23	2	3220	3202	1798	1845
普通中学	Regular secondary schools	1722	1710	118687	117239	90943	90007
职业中学	Vocational schools	284	241	13143	12168	8919	8355
小学	Primary schools	9595	9435	176366	173182	152052	150291
盲、聋、哑学校	Schools for the blind deaf and deafmute	24	24	1479	1361	985	882
幼儿园	Kinder gartens	4440	4407	26080	26189	18623	17609

		招生数(人) New student enrollment		在校学生数(人) Student enrollment		毕业生数(人) Graduates	
		1999	2000	1999	2000	1999	2000
普通高等学校	Institutions of higher education	52553	66965	139595	175288	30315	29342
中等学校	Secondary schools	590433	607320	1621393	1677454	487252	490499
中等专业学校	Specialized secondary schools	33380	22569	141790	118238	39217	42018
中等技术学校	Secondary technical schools	28061	18399	116484	98503	30002	32673
中等师范学校	Secondary teachers schools	5319	4170	25306	19735	9215	9345
普通中学	Regular secondary schools	494251	532233	1336757	1431195	389097	396333
高中	Senior schools	87356	96073	242273	262681	63451	70225
初中	Junior schools	406895	436160	1094484	1168514	325646	326108
职业中学	Vocational schools	62802	52518	142846	128021	58938	52148
小学	Primary schools	331776	313295	2603849	2415858	446250	486000
盲、聋、哑学校	Schools for the blind deaf and deafmute	377	326	3621	3348	319	244
幼儿园	Kinder gartens	310209	302811	446623	439184		

17－2 各市县各级各类教育基本情况(2000)

Basic Statistics for Education by Type and Cities(2000)

市、县 Cities, County	学校数(所) Number of schools				专任教师数(人) Number of full time teachers			
	普通中学 Secondary schools	职业中学 Vocational Schools	小学 Primary schools	幼儿园 Kinder－gartens	普通中学 Secondary schools	职业中学 Vocational Schools	小学 Primary schools	幼儿园 Kinder－gartens
长春市 Changchun	**413**	**87**	**1886**	**803**	**23228**	**1586**	**38639**	**3879**
市区 District	173	51	470	509	10892	773	13947	2755
九台市 Jiutai	45	2	319	83	2547	89	5838	106
榆树市 Yushu	66	10	397	69	2791	106	6140	693
德惠市 Dehui	55	5	310	110	3159	105	5053	236
农安县 Nongan	74	19	390	32	3839	513	7661	89
吉林市 Jilin	**256**	**32**	**1509**	**816**	**13677**	**1173**	**22698**	**3527**
市区 District	96	12	377	503	5879	705	7521	1761
桦甸市 Huadian	32	4	192	48	1499	77	2726	359
蛟河市 Jiaohe	29	3	234	95	1491	84	3054	503
舒兰市 Shulan	41	4	287	38	1844	142	4064	128
磐石市 Panshi	35	4	254	95	1656	105	3529	589
永吉县 Yongji	23	5	165	37	1308	60	1804	187
四平市 Siping	**194**	**16**	**1262**	**392**	**10331**	**831**	**17546**	**1151**
市区 District	24	4	62	192	1927	246	2453	290
公主岭市 Gongzhuling	53	4	426	73	3141	173	5247	289
双辽市 Shuangliao	33	3	187	67	1228	205	2160	245
梨树县 Lishu	55	4	365	47	2731	147	4864	128
伊通县 Yitong	29	1	222	13	1304	60	2822	199
辽源市 Liaoyuan	**77**	**4**	**562**	**211**	**4048**	**165**	**7067**	**653**
市区 District	24	2	61	134	1311	80	1800	189
东丰县 Dongfeng	31	1	229	31	1561	48	2564	147
东辽县 Dongliao	22	1	272	46	1176	37	2703	317
通化市 Tonghua	**178**	**19**	**927**	**419**	**7860**	**860**	**12757**	**2116**
市区 District	27	5	65	136	1756	314	1804	438
梅河口市 Meihekou	47	5	268	117	2075	201	3697	506
集安市 Jian	17	3	105	60	859	90	1455	336
通化县 Tonghua	26	1	159	35	955	37	1867	237
辉南县 Huinan	27	3	136	25	1129	129	1837	187
柳河县 Liuhe	34	2	194	46	1086	89	2097	412

17－2 续表 1 Continued

市、县 Cities, County	学校数(所) Number of schools				专任教师数(人) Number of full time teachers			
	普通中学 Secondary schools	职业中学 Vocational Schools	小学 Primary schools	幼儿园 Kinder－gartens	普通中学 Secondary schools	职业中学 Vocational Schools	小学 Primary schools	幼儿园 Kinder－gartens
白山市 Baishan	**111**	**18**	**557**	**165**	**5368**	**727**	**8543**	**782**
市区 District	27	5	85	10	1369	246	2129	59
临江市 Linjiang	12	3	104	15	639	101	1285	69
抚松县 Fusong	28	5	143	114	1696	178	2087	426
靖宇县 Jingyu	15	2	106		533	47	1088	53
长白县 Changbai	13	1	43	10	446	38	701	109
江源县 Jiangyuan	16	2	76	16	685	117	1253	66
松原市 Songyuan	**164**	**24**	**1195**	**286**	**8686**	**1058**	**16578**	**1115**
市区 District	15	2	87	171	1384	63	2177	312
长岭县 Changling	39	1	263	14	1591	33	3809	71
前郭县 Qianguo	55	10	277	41	3032	426	4935	358
乾安县 Qianan	24	3	182	27	1030	59	1804	230
扶余县 Fuyu	31	8	386	33	1649	477	3853	144
白城市 Baicheng	**146**	**30**	**926**	**345**	**6955**	**1225**	**13238**	**1372**
市区 District	32	4	130	173	1650	137	2158	331
洮南市 Taonan	30	7	234	13	1315	257	2610	370
大安市 Daan	32	7	213	87	1478	332	3393	488
镇赉县 Zhenlai	25	2	167	71	1452	35	2258	100
通榆县 Tongyu	27	10	182	1	1060	464	2819	83
延边朝鲜族自治州 Yanbian	**171**	**11**	**611**	**970**	**9854**	**730**	**13225**	**3014**
延吉市 Yanji	23	4	42	226	1995	273	1931	836
图们市 Tumen	12	1	19	36	658	65	747	229
敦化市 Dunhua	36	1	241	250	1831	90	3373	467
龙井市 Longjing	17	1	38	70	1082	41	1265	196
珲春市 Hunchun	18	1	63	124	1054	66	1530	354
和龙市 Helong	18	1	57	79	974	77	1521	250
汪清县 Wangqing	24	1	86	85	1256	77	1626	297
安图县 Antu	23	1	65	100	1004	41	1232	385

市、县 Cities, County	招生数(人) New students enrollment 普通中学 Secondary schools	职业中学 Vocational Schools	小学 Primary schools	幼儿园 Kinder－gartens	在校学生数(人) Students enrollment 普通中学 Secondary schools	职业中学 Vocational Schools	小学 Primary schools	幼儿园 Kinder－gartens
长春市 Changchun	**140802**	**13153**	**86945**	**83812**	**376996**	**34439**	**652247**	**120259**
市区 District	57521	3123	30636	30844	161071	11528	220182	64733
九台市 Jiutai	18088	2570	10616	10659	46804	7168	82486	10921
榆树市 Yushu	19564	357	15170	10459	46130	792	114989	12519
德惠市 Dehui	19663	1723	14154	13350	54065	3791	104097	13586
农安县 Nongan	25966	5380	16369	18500	68926	11160	130493	18500
吉林市 Jilin	**88509**	**9697**	**48848**	**44088**	**248693**	**19014**	**376587**	**79258**
市区 District	34043	1988	20272	16912	99417	5868	138592	33560
桦甸市 Huadian	10582	310	5615	5842	28358	812	48518	7518
蛟河市 Jiaohe	9961	388	5122	5754	28144	1471	42029	11996
舒兰市 Shulan	12772	960	6885	6313	34863	2495	57998	9955
磐石市 Panshi	11395	5237	6638	7045	31994	6737	51228	12965
永吉县 Yongji	9756	814	4316	2222	25917	1631	38222	3264
四平市 Siping	**63032**	**3799**	**38345**	**29483**	**164603**	**7750**	**309331**	**33949**
市区 District	9753	340	5919	7048	25054	590	36998	9698
公主岭市 Gongzhuling	24104	584	12617	7798	63772	1467	118325	7798
双辽市 Shuangliao	6333	2403	5345	4568	18010	4588	33813	6336
梨树县 Lishu	16119	332	9362	6101	40901	795	83717	6149
伊通县 Yitong	6723	140	5102	3968	16866	310	36478	3968
辽源市 Liaoyuan	**23165**	**480**	**15755**	**18998**	**62362**	**1529**	**105463**	**26802**
市区 District	8528	260	5295	9530	21898	828	35684	9136
东丰县 Dongfeng	7560	104	5460	5573	22513	275	34905	6115
东辽县 Dongliao	7077	116	5000	3895	17951	426	34874	11551
通化市 Tonghua	**48377**	**2871**	**27533**	**32830**	**137542**	**8400**	**200215**	**39114**
市区 District	8694	777	4672	5523	23937	1897	31386	7378
梅河口市 Meihekou	13900	1420	8240	9978	40551	3547	58567	11533
集安市 Jian	4079	165	2537	5403	11035	682	17783	5403
通化县 Tonghua	6123	123	3065	999	16198	398	22537	1574
辉南县 Huinan	6813	193	4026	2475	20332	899	28280	4009
柳河县 Liuhe	8768	193	4993	8452	25489	977	41662	9217

17－2 续表 3 continued

市、县 Cities, County	招生数(人) New students enrollment				在校学生数(人) Students enrollment			
	普通中学 Secondary schools	职业中学 Vocational Schools	小学 Primary schools	幼儿园 Kinder－gartens	普通中学 Secondary schools	职业中学 Vocational Schools	小学 Primary schools	幼儿园 Kinder－gartens
白山市 Baishan	**26556**	**4660**	**15890**	**15172**	**70191**	**12842**	**117440**	**16652**
市区 District	8350	879	5106	1774	21570	2245	36200	2330
临江市 Linjiang	3461	916	2030	1521	8604	1855	14901	1521
抚松县 Fusong	6834	1879	4142	9014	19169	5653	29463	9014
靖宇县 Jingyu	2769	94	1364	337	7644	261	13873	336
长白县 Changbai	1685	430	1037	736	4450	1400	7219	1661
江源县 Jiangyuan	3457	462	2211	1790	8754	1428	15784	1790
松原市 Songyuan	**56128**	**11463**	**34400**	**33976**	**141088**	**27271**	**291736**	**36045**
市区 District	8175	209	3710	5627	20882	787	29474	6507
长岭县 Changling	14122	4109	9940	6079	32865	7797	81814	6294
前郭县 Qianguo	16362	2750	8721	8966	40275	8071	75710	9636
乾安县 Qianan	6250	960	3264	2814	16578	2070	29849	2955
扶余县 Fuyu	11219	3435	8765	10490	30488	8546	74889	10653
白城市 Baicheng	**35802**	**4244**	**21999**	**22997**	**96233**	**11454**	**176842**	**36513**
市区 District	9788	263	5481	6901	26032	659	39581	14580
洮南市 Taonan	7614	811	4286	2174	21414	2106	39945	6825
大安市 Daan	7478	1143	5106	7772	19433	3895	38473	7772
镇赉县 Zhenlai	5360	428	3199	1674	14735	528	23172	2780
通榆县 Tongyu	5562	1599	3927	4476	14619	4266	35671	4556
延边朝鲜族自治州 Yanbian	**49862**	**2151**	**23580**	**21455**	**133487**	**5322**	**185997**	**50592**
延吉市 Yanji	10972	1074	4062	6515	29803	2709	32325	14096
图们市 Tumen	3349	235	1322	1551	9026	605	11508	3508
敦化市 Dunhua	10535	223	5977	7144	27277	651	43456	10342
龙井市 Longjing	5246	98	2311	351	14347	363	18815	4621
珲春市 Hunchun	5414	203	2589	1405	14181	454	19608	4105
和龙市 Helong	4617	57	2142	1472	12374	192	17905	4593
汪清县 Wangqing	5145	115	2639	1037	14245	161	21302	4851
安图县 Antu	4584	146	2538	1980	12234	187	21078	4476

17－3 高等学校分科在校学生数(2000)

Students Enrollment Institutions of Higher Education by Field of Study(2000)

单位:人 unit:person

项目 Item	招生 New student enrollment		在校生 Student enrallment		毕业生 Graduates	
	本科 Under graduate	专科 College for professional training	本科 Under graduate	专科 College for professional training	本科 Under graduate	专科 College for professional traning
总计 Total	**48244**	**18721**	**130492**	**44796**	**17194**	**12148**
哲学 Philosophy	40		184		24	
经济学 Economics	5742	4967	13407	11011	1787	2533
法学 Law	1873	994	4766	1814	548	300
教育学 Education	2367	465	5999	1647	768	539
文学 Literature	7996	3046	19343	5861	2047	1575
历史学 History	719	110	2312	315	329	246
理学 Science	5741	519	16174	1949	2317	1054
工学 Engineering	19375	6044	53510	16793	7186	4640
农学 Agriculture	1671	596	4703	1759	633	518
医学 Medicine	2720	1980	10094	3647	1555	743

17－4 高等学校分科专任教师数(2000)

Numbers of Full Time Teacher by Field of Stuby Regular Higher Educational Institutions(2000)

单位:人 unit:person

项目 Item	合计 Total	正高级 Professor	副高级 Asso－prof	中级 Lecturers	初级 Assistants	无职称 Instructors
总计 Total	**17476**	**1711**	**4895**	**6242**	**3745**	**883**
哲学 Philosophy	509	76	150	193	83	7
经济学 Economics	1142	84	327	460	237	34
法学 Law	534	43	134	193	120	44
教育学 Education	1612	81	456	612	357	106
文学 Literature	3336	204	781	1250	867	234
历史学 History	586	64	161	207	121	33
理学 Science	2973	364	937	955	621	96
工学 Engineering	4889	555	1528	1720	812	274
农学 Agriculture	741	66	143	255	256	21
医学 Medicine	1154	174	278	397	271	34

17－5　各高等学校基本情况(2000)

单位:人

项目	Item	在校研究生数 Post graduates enrollment	本专科毕业生数 Graduates for university and colle－ge
总计	**Total**	**10444**	**29342**
中央部属院校	Belong to certre	8474	8136
吉林大学	Jilin university	6754	6282
东北师范大学	Northeast teacher university	1720	1854
地方部门院校	Belong to local	1970	21206
延边大学	Yanbian university	557	2133
北华大学	Beihua university	79	2598
长春大学	Changchun university		1027
吉林农业大学	Jilin agriculture university	188	737
长春光学精密机械学院	Changchun optical and machinery instrument college	523	1107
东北电力学院	Northeast electric power college	165	854
吉林工学院	Jilin industrial college	200	1305
吉林建筑工程学院	Jilin construction college		616
吉林化工学院	Jilin chemical industry college		492
长春中医学院	Changchun chinese medicine college	116	271
四平师范学院	Siping teacher college	27	1320
长春师范学院	Changchun teacher college		529
吉林职业师范学院	Jilin teacher training college		512
通化师范学院	Tonghua teacher college		505
长春税务学院	Changchun tax college	81	648
吉林体育学院	Jilin physical cuture college		135
吉林艺术学院	Jilin art intirutes college	34	432

Basic Statistics for Institutions of Higher Education(2000)

unit: person

本专科招生数 New students in university and col-lege	本专科在校学生数 Students enrollment in university and college	教职工数 Staff and workers	#专任教师 Full time teachers	#正高级 Prof.	#副高级 Asso Prof.	#中级 Lecrurers
66965	**175288**	**41813**	**17476**	**1711**	**4895**	**6242**
16592	48559	13456	4981	866	1509	1573
13022	38955	10803	3875	671	1124	1217
3570	9604	2653	1106	195	385	356
50373	126729	28357	12495	845	3386	4669
2899	9913	3097	1365	91	321	505
4795	14150	2715	1022	72	253	379
3241	7113	1241	592	21	158	214
3140	7014	2262	601	61	123	223
2713	7151	1691	768	61	223	245
1348	4079	1386	517	47	185	195
3110	8600	1909	810	103	306	262
2370	4930	1016	384	20	118	131
589	2297	668	283	11	82	121
913	2639	742	283	25	80	125
3431	8301	1713	1005	102	239	352
1191	3454	549	272	11	97	92
1291	3770	772	425	13	80	138
1218	3336	493	277	6	48	99
1819	4123	785	281	17	89	148
536	1562	389	193	4	65	88
704	1481	629	425	23	91	171

17－5　续表

单位：人

项目 Item		在校研究生数 Post graduates enrollment	本专科毕业生数 Graduates for university and colle－ge
长春工程学院	Changchun engineering college		2082
白城师范高等专科学校	Baicheng teacher higher specialized school		683
吉林财税高等专科学校	Jilin finance and tax higher specialized school		598
吉林商业高等专科学校	Jilin commerce higher specialized school		539
吉林粮食高等专科学校	Jilin grain higher specialized school		450
长春汽车工业高等专科学校	Changchun vehicles higher specialized school		85
吉林农垦特产高等专科学校	Jilin agriculture and special products Higher specialized school		257
长春金融高等专科学校	Changchun banking higher specialized school		352
吉林公安高等专科学校	Jilin public security higher specialized school		220
长春医学高等专科学校	Changchun medicine higher specialized school		320
吉林交通职业技术学院	Jilin traffic occupation technical school		
辽源职业技术学院	Liaoyuao occupation technical school		
四平职业大学	Siping occupation college		270
民办吉林华侨外语职业学院	Jilin huaqiao foreign language school		
吉林国际语言文化学院（民办）	Jilin international language callege		
长春东方学院（民办）	Changchun East college		
吉林省经济管理干部学院	Jilin economic and management college		
吉林省教育学院	Jilin education college		
长春市教育学院	Changchun education college		129

continued

unit: person

本专科招生数 New students in university and col-lege	本专科在校学生数 Students enrollment in university and college	教职工数 Staff and workers	#专任教师 Full time teachers	#正高级 Prof.	#副高级 Asso Prof.	#中级 Lecrurers
3370	8844	1468	618	22	220	269
825	2290	685	327	5	78	180
1560	3164	338	151	3	24	68
1100	2500	319	160	2	31	57
700	2170	384	207	1	35	87
409	833	296	149	1	51	83
636	1474	391	218	5	35	90
600	1390	231	102	4	41	38
734	1356	257	91	4	21	40
1150	1990	287	128	1	29	55
584	1064	415	195		50	65
47	54	331	160	1	70	68
630	1640	227	129	1	26	43
619	911	266	121	6	20	27
760	760	182	85	19	36	3
118	118	223	151	82	61	8
983	1903					
240	355					

17－6　各高等学校、科研机构培养研究生情况(2000)

单位:人

项目 Item		在校研究生 Students enrollment
一、普通高校总计	Regular institutions of higher education	10444
1.国家教委所属院校	University under state education commission	8474
吉林大学	Jilin university	6754
东北师范大学	Northeast teacher university	1720
2.省教育厅所属	Belong to education department	1970
延边大学	Yanbian university	557
北华大学	Beibua miversith	79
长春光学精密机械学院	Changchun optical instrument college	523
东北电力学院	Northeast electric power college	165
吉林工学院	Jilin industrial college	200
吉林农业大学	Jilin agriculture university	188
长春中医学院	Changchun chinese medicine college	116
四平师范学院	Siping teacber college	27
长春税务学院	Changchun tax college	81
吉林艺术学院	Jilin art institutes college	34
二、科研机构	Institutions of science and research	705
中央部委所属	Institutions belong to the state ministries	705
中国科学院长春应化所	Changchun applied chemistry institute	331
中国科学院长春地理所	Changchun geographical institute	81
中国科学院长春光机所	Changchun Guangji institute	281
长春生物制品研究所	Changchun biological product institute	12

Basic Statistics for Postgraduates in Institutions of Higher Education(1999)

unit: person

博士学位 Doctor	硕士学位 Master	毕业生数 Graduates	博士学位 Doctor	硕士学位 Master
1920	8396	1977	295	1682
1842	6504	1619	290	1329
1615	5011	1279	254	1025
227	1493	340	36	304
78	1892	358	5	353
31	526	120	3	117
	79	13		13
33	490	70		70
	165	39		39
	200	32		32
14	174	45	2	43
	116	21		21
	27			
	81	15		15
	34	3		3
393	312	134	76	58
393	312	134	76	58
210	121	60	42	18
43	38	16	9	7
140	141	55	25	30
	12	3		3

17－7 高等学校研究生情况
Basic Statistics for Postgraduates in University

单位：人　　　　unit：person

		研究生合计 Total postgraduates		博士学位 Doctor		硕士学位 Master	
		1999	2000	1999	2000	1999	2000
毕业生数	Graduates	2073	1977	321	295	1752	1682
招生数	New student enrollment	3223	4465	555	780	2630	3615
在学研究生数	Students enrollment	7991	10444	1449	1920	6484	8396
毕业班学生数	Students in graduating glass	2140	2640	409	516	1731	2104

17－8 高等学校分学科研究生情况
Basic Statistics for Postgraduates in Institution of Higher Education by Field of Study

单位：人　　　　unit：person

		研究生合计 Total postgraduates		博士学位 Doctor		硕士学位 Master	
		1999	2000	1999	2000	1999	2000
招生数	**New students enrollment**						
总计	**Total**	**3223**	**4465**	**555**	**780**	**2630**	**3615**
# 女	Female	1360	1914	188	251	1167	1654
哲学	Philosophy	68	91	27	42	41	49
经济学	Economic	301	438	64	87	237	351
法学	Law	294	490	57	73	237	417
教育学	Education	224	135	5	9	219	126
文学	Literature	214	308	9	17	205	291
历史学	History	125	172	24	39	101	133
理学	Science	544	733	138	173	406	560
工学	Engineering	1036	1483	149	215	849	1198
农学	Agriculture	70	87	5	6	65	81
医学	Medicine	347	528	77	119	270	409
在校学生数	**Students enrollment**						
总计	**Total**	**7991**	**10444**	**1449**	**1920**	**6484**	**8396**
# 女	Female	3311	4367	422	588	2884	3765
哲学	Philosophy	145	202	54	86	91	116
经济学	Economic	775	1030	139	199	636	831
法学	Law	758	1034	125	174	633	860
教育学	Education	487	519	14	23	473	496
文学	Literature	568	689	24	35	544	654
历史学	History	321	405	61	81	260	324
理学	Science	1426	1755	381	452	1045	1303
工学	Engineering	2389	3351	469	605	1862	2618
农学	Agriculture	188	223	10	14	178	209
医学	Medicine	934	1236	172	251	762	985

17－9 中等专业学校基本情况
Basic Statistics for Specialized Secondary Schools

		学校数(所) Number of school		招生数(人) New students enrollment		在校学生数(人) Students enrolment	
		1999	2000	1999	2000	1999	2000
合计	**Total**	**118**	**83**	**33380**	**22569**	**141790**	**118238**
工科	Engineering	26	15	7686	4034	36652	28005
农林	Agriculture and forestry	12	12	4447	2645	22058	16662
医药	Health	10	9	3920	4093	12422	14683
财经	Economic and finance	13	9	4449	2483	18934	15165
政法	Politics and law	4	4	1026	313	2023	1339
体育	Physical culture	6	6	850	786	2280	2401
艺术	Art	2	2	1793	1068	5332	4711
师范	Teacher training	23	2	5319	4170	25306	19735
# 幼师	#Preschool teacher	5	1	1352	169	5446	489
其他	Other	22	24	3890	2977	16783	15537

		毕业生数(人) Graduates		教职工数(人) Staff and worker		#专任教师数 Number of full－time teacher	
		1999	2000	1999	2000	1999	2000
合计	**Total**	**39217**	**42018**	**16370**	**14639**	**8383**	**7748**
工科	Engineering	11005	11159	3661	2125	1823	1121
农林	Agriculture and forestry	6566	6278	2461	2410	1174	1126
医药	Health	1752	2002	1549	1778	638	801
财经	Economic and finance	4445	5750	1603	1342	803	683
政法	Politics and law	822	997	486	477	225	215
体育	Physical culture	642	630	523	511	287	283
艺术	Art	859	1648	257	257	180	182
师范	Teacher training	9215	9345	3220	3202	1798	1845
# 幼师	#Preschool teacher	1839	160	843	26	462	25
其他	Other	3911	4209	2610	2537	1455	1492

17－10 各级各类成人教育基本情况

单位：人

项目 Item		招生数 New stu
		1999
一、成人高等学校	**Adult education college**	**37822**
广播电视大学	Radio and TV universities	7695
职工大学	Schools of higher education for staff and workers	4062
农民大学	Schools of higher education for peasants	428
函授大学、夜大学	Correspondence or spare time college	22858
管理干部学院	College for management	1914
教育学院	Pedagogical colleges	865
二、成人中等学校	**Specialized secondary schools for adults**	**2773409**
职工中等专业学校	Specialized secondary schools for staff and workers	5197
干部中等专业学校	Specialized secondary schools for cadres	105
农民中等专业学校	Specialized secondary schools for peasants	6270
教师进修学校	Teacher training schools	
成人中学	Middle schools for adults	5589
广播电视和函授中等专业学校	Radio TV and corrspondence specialized secondary schools	4001
成人技术培训学校	Technical training schools for adults	2752247
三、成人初等学校	**Primary schools for adults**	**76966**
职工初等学校	Primary schools for staff and worker	5640
农民初等学校	Primary schools for peasants	71326
小学班	Frimary schools for courses	64748
扫盲班	Literacy sourses	6578

Basic Statistics for Adult Schools by Level and Type

unit: person

udents enrollment	在校生数 Student enrollment		毕业生数 Graduates	
2000	1999	2000	1999	2000
44244	**107155**	**117781**	**33529**	**31870**
5804	18079	18645	9111	5573
3260	12219	9230	3980	3096
410	953	791	481	365
31194	69056	82303	17284	20355
1334	4499	3103	2067	1757
2242	2349	3709	606	724
2190940	**1919633**	**1606820**	**3260925**	**1733021**
5210	18452	19758	8933	9769
	195	105	171	90
1246	21606	4810	8121	2190
	98			
3981	8269	7796	3528	6293
2800	11919	13514	5342	7826
2177703	1859094	1560837	3234830	1706853
69551	**46198**	**46250**	**57534**	**55445**
8197	5840	8297	9439	8804
61354	40358	37953	48095	46641
57034	33424	33310	39721	39953
4320	6934	4643	8374	6688

17－11 技工学校分办别基本情况(2000)

Statistics on Technical Schools by Department(2000)

		学校数(所) Schools	招生数(人) New students	在校学生数(人) Students
总计	**Total**	**105**	**6377**	**17668**
地方劳动保障部门办校	Schools run by labour security department	16	844	1749
地方国有经济单位办校	Schools run by local state owned units	72	4683	12923
行业办校	By sectors	52	3773	10324
企业办校	By enterprises	20	910	2599
国务院部委办校	Schools run by departments under state Council	14	763	2528
其他	Other	3	87	468

		毕业生数(人) Graduates(person)	文化技术理论课教师(人) Glassroom Teachers	生产实习指导教师(人) Practical training Teachers
总计	**Total**	**12747**	**3807**	**608**
地方劳动保障部门办校	Schools run by labour security department	1582	380	42
地方国有经济单位办校	Schools run by local state owned units	8593	2585	408
行业办校	By sectors	6145	1967	284
企业办校	By enterprises	2448	618	124
国务院部委办校	Schools run by departments under state Council	2163	768	150
其他	Other	409	74	8

17－12 幼儿园基本情况
Basic Statistics for Kindergratens

		单位 Unit	1999	2000
园数	Number of kindergartens	所 unit	4440	4407
在园幼儿数	Students enrollment	万人 10000 persons	44.66	43.92
教职工数	Staff and workers	人 person	26080	26189
# 专任教师数	Teacher	人 person	18623	17609

17－13 盲、聋、哑学校基本情况
Basic Statistics for the Blind Deaf and Deafmutes

		单位 Unit	1999	2000
学校数	Number of schools	所 unit	24	24
招生数	New students enrollment	人 person	377	326
在校学生数	Students enrollment	人 person	3621	3348
毕业生数	Graduates	人 person	319	244
教职工数	Staff and workers	人 person	1479	1361
# 专任教师数	Number fulltime teachers	人 person	985	882

17－14 小学学龄儿童入学率
Percentage of School Age Children Enrolled

		单位 Unit	全省 General index		城镇 Urban		农村 Rural	
			1999	2000	1999	2000	1999	2000
学龄儿童数	School age children	万人 10000 person	256.53	236.70	119.47	112.84	137.06	123.86
入学儿童数	School age children enrolled	万人 10000 person	256.12	236.19	119.34	112.57	136.78	123.62
学龄儿童入学率	Enrollment rate	%	99.84	99.78	99.89	99.76	99.80	99.81
# 女童	Female children	%	99.85	99.81	99.90	99.75	99.81	99.86

17－15 各级学校教师负担学生数

Student, Teacher Ratio by Level of schools

单位：人 unit: person

		1999	2000
高等学校	**Institutions of higher education**		
教师数	Number of teachers	15166	17476
每个教师负担学生	Student teacher ratio	9.2	10.0
中等学校	**Secondary school**		
教师数	Number of teachers	108245	106110
每个教师负担学生	Student teacher ratio	15.0	15.4
小学	**Primary school**		
教师数	Number of teachers	152052	150291
每个教师负担学生	Student teacher ratio	17.1	16.1

17－16 平均每万人口在校学生数和大中小学学生构成

Student Enrollment per 10000 Population and Composition of Students Enrolled

		单位 unit	1999	2000
各级学校在校生数占全省人口比重	Students as percentage of total population	%	16.7	15.8
平均每万人口中	Number of students per 10000 population			
大学生	University students	人 person	53	67
中学生	Secondary school students	人 person	620	593
小学生	Primary school students	人 person	995	923
大中小学学生占学生总数比重	Students as percentage of total student			
大学生	University students	%	3.2	4.2
中学生	Secondary school students	%	37.1	37.6
小学生	Primary school students	%	59.7	58.2

17－17 群众文化事业基本情况
Basic Statistics for Mass Culture

		1999	2000
机构数(个)	**Institutions(unit)**	**953**	**894**
群众艺术馆	Mass art centers	13	13
文化馆	Cultural centers	95	89
文化站	Cultural stations	845	792
从业人员数(人)	**Personnel(person)**	**3550**	**3404**
文化活动情况	**Cultural activities**		
举办展览(次)	Number of exhibitions(unit)	1371	1191
组织文艺活动(次)	Art performances(time)	3790	3745
举办训练班(班)	Training courses(class)	2104	1586
放映录像(场)	Show video recorder(time)	11789	9276

17－18 公共图书馆、博物馆和文物保护单位基本情况
Basic Statistics for Public Libraries Museums and Cultural Relic Agencies

		单位 unit	1999	2000
公共图书馆	**Public libraries**			
单位数	Institutions	个 unit	60	60
从业人员数	Personnel	人 person	1752	1724
藏书	Collection books	万册/件 10000volum/pcs	1016	1030
阅览室座席	Seating capacity of reading room	千个 1000	11	12
建筑面积	Floor space of building	千平方米 1000sq.m	97	108
# 阅览室	Reading room	千平方米 1000sq.m	22	26
书库	Stock rooms	千平方米 1000sq.m	27	30
借阅人次	Total number of circulation	万人次 10000person－time	426.8	408.9
借阅册次	Number of books borrowed by the readers	万册次 10000volume－times	347.9	386.9
博物馆	**Museums**			
单位数	Institutions	个 unit	16	16
从业人员数	Personnel	人 person	750	758
文物藏品	Number of collection	万件 10000	14.4	14.9
举办陈列	Number of display	次 time	27	26
举办展览	Number of exhibitions	次 time	32	27
参观人次	Number of visitors	千人次 1000person－times	1596	1191
文物保护单位	**Cultural relic agencies**			
单位数	Institutions	个 unit	43	43
从业人员	Personnel	人 person	259	268
藏品	Number of collection	万件 10000	1.8	1.90

17－19　文化事业活动单位机构和人员(2000)
Number of Institutions and Personnel in Culture(2000)

单位:个、人　　　　unit:person

		总计 Total		文化部门 Cultural departments		其他部门 Other departments	
		机构数 Institutions	人数 Persons	机构数 Institutions	人数 Persons	机构数 Institutions	人数 Perons
总　计	Total	8755	38199	1287	17060	7468	21059
艺术事业	Art	178	6408	178	6408		
图书馆事业	Libraries	60	1724	60	1724		
群众文化事业	Mass culture	894	3404	610	3045	284	359
娱乐业	Recreotion	2881	9368	3	135	2878	9233
文艺科研	Culture ard art reseach	9	135	9	135		
其他文化事业	Other culture	3741	10988	140	1119	3601	9869
非文化产业	Non－culture industry	18	275	18	275		
文物事业	Cultural relics	63	1129	63	1129		
电影事业	Film	911	38119	206	17060	705	1598

17－20　电影事业基本情况
Basic Statistics for Film Production

		1999	2000
机构(个)	Institution(unti)		
电影制片厂	Number of film studios	1	1
电影发行放映管理机构	Film renting units	87	68
电影放映单位	Cinema and theatre	935	843
电影院和影剧院	Auditoriun	98	78
开放礼堂俱乐部和电影放映队	Film projection team	60	907
电影从业人员(人)	Personel for film(person)	5854	4688
放映场次合计(场)	Number of shows(time)	21364	22585
观众人次(千人次)	Number of spectators(1000 person time)	2704	27774

17－21　艺术事业基本情况
Basic Statistics for Art Troupes

		1999	2000
艺术表演团体	**Art performance**	**61**	**65**
话剧团、儿童剧团	Drama children play groups	4	4
歌舞剧团	Opera and dance troupes	5	6
文工团、文宣队	Cultural and performance groups	18	16
戏曲剧团	Local opera groups	32	36
# 京剧	Local Beijing opera groups	1	1
曲剧团、杂技团、木偶团	Reciation and balled acrobatics and puppet troupes	1	3
乐团、合唱团	Song and music troupes	1	
从业人员(人)	Personnel(person)	4403	4265
演出场次(千场次)	Number of performance(1000 time)	6	7
# 到农村演出	Performance to rural	3	4
观众人次(千人次)	Number of spectators(1000 person time)	6502	9582
艺术表演场所	**Art centers**	**57**	**52**
剧场音乐厅	Concert halls	57	52
从业人员(人)	Personel(person)	1800	1690
演出场次(千场)	Number of performance(1000 time)	30	27
观众人次(千人次)	Number of spectators(1000 person time)	2574	2272

17－22　图书出版
Composition of Books Published

		种类(种) Number of publications(kind)		总印数(万册) Printed copies(10000 copies)	
		1999	2000	1999	2000
总计	**Total**	**3896**	**3250**	**13712**	**8090**
书籍	Books	3896	3250	13712	8090
# 课本	Textbook	632	213	8733	2823

17－23　杂志出版
Number of Magazines Publisheds

		种类(种) Number of newspaper pubications(kind)		总印数(万册) Total printed copies (10000 copies)		总印张(万印张) Printed sheets (10000 sheetons)	
		1999	2000	1999	2000	1999	2000
总计	**Total**	**204**	**225**	**5557**	**5538**	**16321**	**17160**
综合	General books	21	38	1221	2258	4528	7036
哲学、社会科学	Philosophy and social science	43	45	1775	516	5447	1794
自然科学、技术	Natural science and technoloty	93	94	641	446	2051	1495
文化、教育	Culture and education	20	24	659	1793	1722	4816
文学、艺术	Literature and arts	21	23	212	522	901	2010
# 少年儿童读物	Children books	5	6	1019	354	1582	650
画刊	Picturial	1	1	30	3	90	8

17－24　报纸出版
Number of Newspapers Publish

		种类(种) Number of newspaper pubications(kind)		总印数(万份) Total printed copies (10000 copies)		总印张(万印张) Printed sheets (10000 sheetons)	
		1999	2000	1999	2000	1999	2000
总计	**Total**	**56**	**55**	**46335**	**55323**	**53658**	**76496**
综合报	General newspaper	29	27	33875	35522	40293	53636
专业报	Specialized newspaper	27	28	12460	19801	13365	22860
省级报纸合计	Total newspoper of provincial level	27	27	22504	31206	22406	32288
综合报	General newspaper	7	6	12314	13754	13645	15020
专业报	Specialized newspaper	20	21	10190	17452	8761	17268
市级报纸合计	Total newspoper of municapal level	24	23	22901	23168	30749	43688
综合报	General newspaper	17	16	20631	20819	26145	38096
专业报	Specialized newspaper	7	7	2270	2349	4604	5592
县级报纸合计	Total new spoper of county level	5	5	930	949	503	520
综合报	General newspaper	5	5	930	949	503	520

17－25 广播电台情况
Basic Statistics for Broadcasting Stations

		单位 unit	1999	2000
广播电台和广播情况	**Broadcasting station and program**			
广播电台	Number of broadcasting station	座 set	10	10
发射台	Transmitters	座 set	31	106
发射机功率	Power of transmitters	千瓦 kw	647	797
节目套数	Number of program	套 set	55	55
平均每日播音时间	Broadcasting hours perday	时:分 hour:min	534:23	554:23
平均每日自办节目	Self produced programs perday	时:分 hour:min	381:1	424:5
广播覆盖率	Production of TV programs	%	92.9	94.8
广播节目制作情况	**Programme made**			
合计	Total	小时 hour	98630	108922
新闻	News programe	小时 hour	10922	11980
文艺	Entertainment program	小时 hour	49659	50243
专题	Special news	小时 hour	14658	17295
教育	Education program	小时 hour	4279	4082
服务性	Services program	小时 hour	19112	25322
县级广播电视台	**Station of county level**	**座 set**	**36**	**41**

17－26 电视台情况
Basic Statistics on Television Stations

		单位 unit	1999	2000
基本情况	**General**			
电　视　台	Television statione	座 set	10	10
发　射　台	Transmitters	座 set	663	279
发射机功率	Power of transmitters	千瓦 kw	249974	240715
节　目　套　数	Number of program	套 set	45	46
平均每周播出时间	Broadcasting hours perweek	时:分 hour	2475.15	2659.57
平均每周自办节目播出时间	Self produced programs perweek	时:分 hour	1841.39	2024.32
电视覆盖率	Viewer rating	%	94.10	95.72
自制节目时间	Self produced program	时:分 hour:min	1841:39	16113:00
电视节目制作情况	**Production of TV program**			
合　计	Total	小时/年 hour	21777	23625
新　　闻	News programe	小时/年 hour	4102	3791
专　　题	Special program	小时/年 hour	3334	3520
教　　育	Education program	小时/年 hour	119	389
文　　艺	Art programe	小时/年 hour	6404	7341
服　务　性	Services program	小时/年 hour	7778	8584
有线电视台	Wire TV stations	座 set	7	10

体育、卫生和其他事业

SPORTS,PUBLIC HEALTH AND OTHERS

18

统计资料
STATISTICS

18－1 体育场地情况(2000)
Basic Statistics on Stadiums and Gymnasiums(2000)

单位:个

项目 Item	合计 Total	#体育场 Stadiums	#体育馆 Gymnasiums	#游泳池 Swimming pools	#有看台的灯光球场 Illuminated field with fixed seating	#小运动场 Small sports ground	#足球场 Stadium
全省 Total	**23130**	**21**	**14**	**19**	**39**	**5054**	**126**
# 体委系统 Sports commissions	264	10	9	3	17	8	4

18－2 体委系统体育工作者
Personnel of Physical Culture and Sports Commissions

单位:人　　unit:person

项目 Item	1999	2000
合计 Total	**4516**	**4482**
专职教练员 Full time coaches	796	756
运动员 Athletes	673	584
管理干部 Administrative staff	1281	1270
专职教师 Full time teacher	219	216
科技人员 Scientific and technical personnel	46	39
医务人员 Medical personnel	49	51
工人及其他 Workers and other	1472	1566

18－3 举办运动会及“达标”情况
Mass Sports Activities

项目 Item		1999	2000
举办运动会(体委系统)	Sports meets held(sports commission)		
次数(次)	Number of sports meets held(time)	443	411
参加人数(人)	Athletes attending(persons)	123942	116937
达标人数合计(人)	Training program standards(persons)	3075564	3110991
# 中学	#Secondary school	1230225	1205257
小学	Primary school	1845339	1905734
达标率(%)	Standard rate(%)		
# 中学	#Secondary school	95.5	96.8
小学	Primary school	97.3	98.5

18－4 等级教练员、裁判员、运动员发展人数

Athletes and Referees in Grades by Type of Sports

单位：人　　　　unit: person

	1999	2000
等级教练员合计 coaches	**795**	**683**
高级教练员 Senior grade coaches	128	93
教练员 Coaches	397	255
助理教练员 Assistant coaches	270	335
等级裁判员合计 Certified referees	**1201**	**1148**
国家级裁判 National referees	8	19
一级裁判员 First grade referees	146	33
二级裁判员 Secondary grade referees	282	267
三级裁判员 Tertiary grade referees	765	829
等级运动员合计 Athletes in grades	**1051**	**1305**
国家级运动健将 National master athletes	2	44
运动健将 Mster athletes	20	44
一级运动员 First grade athletes	14	89
二级运动员 Secondary grade athletes	264	295
三级运动员 Tertiary grade athletes	346	412
少年级运动员 Tertiary grade athletes	405	421

18－5 卫生机构、床位、技术人员数(2000)
Health Care Institutions, Beds and Personnel(2000)

项目	Item	卫生机构数(个) Health care institutions	卫生机构床位数(张) Beds	卫生技术人员数(人) Medical technical personnel
总 计	**Total**	**3323**	**89264**	**131990**
一、医院、卫生院合计	Total number of hospitals	1392	83392	105027
1.县级以上医院小计	Hospitals above county level	443	67434	78117
综合医院	Comprehensive hospitals	302	46168	52801
中医医院	Hospitals of chinese medicine	65	6093	9155
医学院校附属医院	Hospitals attached to medical colleges	7	4495	5759
传染病院	Infections disease hospitals	7	1146	931
精神病院	Mental hospitals	11	3310	1643
结核病院	Tuberculosis hospitals	7	1462	1162
妇幼保健院	Hospitals for maternity and child care	21	948	2203
儿童医院	Children's hospitals	2	688	838
麻疯医院	Hospital for lepers	1	300	63
职业病院	Hospital for occupational diseases	1	150	126
肿瘤医院	Tumor hospitals	2	671	689
其他医院	Other specialized hospitals	17	2003	2747
2.区乡(镇)卫生院	Rural township hospitals	850	13104	23277
3.其他医院	Other hospitals	99	2854	3633
二、疗养院、所	Sanatoriums	21	3810	1072
三、门诊部、所	Clinics	37	109	541
四、专科防治所、站	Specialized prevention stations	62	211	1325
五、卫生防疫站	Sanatorium and disease control stations	103		7270
六、妇幼保健所、站	Medicines and childcare enters	58	470	2322
七、药品检验所、室	Maternity and chemical reagent test labs	40		684
八、医学科学研究机构	Institution of medical sciences	5	358	546
九、其他卫生机构	Other health care institutions	71	914	2132
十、高等医药院、校	Medical colleges	4		273
十一、中等医药学校	Medical school	52		1230
十二、其它	Other	1478		9568
平均每万人口中有卫生技术人员(人)	Number of medical technical personnel			50.5
平均每万人口有医疗床位(张)	Number of beds 1000population		31.9	

18－6 卫生技术人员数(2000)

Number of Medical Technical Personnel(2000)

		合计 Total	医院 Hosp－intals	#县级以上 County and above	疗养院(所) Sana－torium	门诊部(所) Clinics	专科防治所(站) Specia－liaed stations	其他 Other
总　计	**Total**	**131990**	**81750**	**78117**	**1072**	**541**	**1325**	**47302**
一、医　生	Doctor	59724	33847	32305	400	281	706	24490
西 医	Western medicine	50982	29064	27824	325	249	653	20691
西 医 师	Doctors of western medicine	39064	24697	23615	269	210	525	13363
西 医 士	Junior doctors of western	11918	4367	4209	56	39	128	7328
中 医	Chinese medicine	8292	4619	4331	75	29	43	3526
中 医 师	Doctor of traditional chinese medicine	6480	3840	3592	58	28	37	2517
中 医 士	Junior doctors of chinese medicine	1724	723	684	12	1	6	982
其他中医	Other doctors of chinese medicine	88	56	55	5			27
中西医结合高级医师	Senior doctors	450	164	150		3	10	273
二、护理人员	Nursing staff	44281	32745	31528	511	132	264	10629
护　师	Senior nurses	27237	21956	21228	318	81	180	4702
护　士	Junior nurses	13811	8922	8520	142	41	77	4629
助 产 士	Midwives	868	362	336	3	5		498
护 理 员	Assistant nurses	2365	1505	1444	48	5	7	800
三、药剂人员	Pharmacists of medicine	11430	7381	6963	70	31	83	3865
中药剂师	Pharmacists of Chinese medicine	2301	1525	1424	12	6	13	745
西药剂师	Pharmacists of Western medicine	5019	3643	3446	38	14	43	1281
中药剂士	Junior Pharmacists of Chinese medicine	1110	566	534	3	2	2	537
西药剂士	Junior Pharmacists of Western medicine	2099	1219	1164	14	9	20	837
中药剂员	Assistant Pharmacists of Chinese medicine	271	146	139			1	124
西药剂员	Assistant Pharmacists of Western medicine	630	282	256	3		4	341
四、检验人员	laboratory technical personnel	5490	3154	2992	40	16	109	2171
检 验 师	Laboratory technical	3580	2218	2105	27	13	80	1242
检 验 士	laboratory technicians	1445	746	708	11	3	22	663
检 验 员	Assistant laboratory technicians	465	190	179	2		7	266
五、其他	Others	11065	4623	4329	51	81	163	6147

18－7 按管理部门和性质分的卫生事业基本情况(2000)

Basic Statistics on Health Care by Sector and Ownership(2000)

部门 Sector		卫生机构(个) Health care insti－tutions	机构床位数(张) Beds	卫生技术人员(人) Medical technical personnel	医生 Doctor	护理人员 Nurses	药剂人员 Pharmac－ists of medicine	检验人员 Labor－atory techn－icains	其他人员 Others
总　计	**Total**	**3323**	**89264**	**131990**	**59724**	**44281**	**11430**	**5490**	**11065**
#卫生部门	Healthcare deparment	1188	55209	85407	38988	29172	7334	3796	6117
工业及其他部门	Industrial and other department	1357	26853	29033	11711	11577	2440	1258	2047
集体单位	Collective owned units	756	6017	12841	6008	3428	1383	384	1038
私人开业	Private units	14	1038	4562	2851	1048	260	49	35449

18－8 各类医院机构、床位和人员数(2000)

Health Care Institutions Beds and Personnel by Type of Institutions(2000)

项目 Item		机构数(个) Health care institutions	床位数(张) Beds	人员数(人) personnel	#卫生技术人员 Medical technical persornnel	#医生 Doctor	#护理人员 Nurses
医院、卫生院总计	**Total of hospitals**	**1392**	**83392**	**132983**	**105027**	**44490**	**39200**
1.县及县以上医院	Hospital of county level and above	443	67434	100691	78117	32305	31528
市	City level	344	55928	82516	63979	26501	26294
县	Country level	99	11506	18175	14138	5804	5234
2.乡(镇)卫生院	Rural towner ship hospitals	850	13104	27893	23277	10643	6455
3.其它医院	Other hospitals	99	2854	4399	3633	1542	1217
县及县以上医院中：	At and above county level						
综合医院	Comprehensive hospitals	302	46168	67490	52801	21585	21977
中医医院	Hospitals of chinese medicine	65	6093	11589	9155	4246	2774
传染病院	Infectious disease hospitals	7	1146	1369	931	314	410
精神病院	Mental hospitals	11	3310	2429	1643	573	870
结核病院	Tuberculosis hospitals	7	1462	1619	1162	324	523
妇幼保健院	Hospitals maternity and child care	21	948	2749	2203	1156	677
儿童医院	Children's hospital	2	688	1246	838	293	411
肿瘤医院	Tumor hospitals	2	671	943	689	256	293
口腔医院	Stomatalogical hospital	3	83	487	369	199	94
医学院校附属医院	Hospital attached to medical colleges	7	4495	7493	5759	2316	2432

18－9　县及县以上医院诊疗和病床使用情况
Utilization of Hospital Beds at County Level and Above

项　目 Item		单位 Unit	1999	2000
诊疗情况	Patients treated			
诊疗人数	Total patients treated	万人次(1000person－time)	2902.43	2907.44
# 门诊	#Out patients	万人次(1000person－time)	2382.39	2349.97
入院人数	In patients	万人次(1000person－time)	87.65	94.14
平均每月诊疗人数	Patients treated per month			
门诊诊疗	Out patients	万人次(1000person－time)	198.53	195.83
入院诊疗	In patients	万人次(1000person－time)	7.30	7.85
病床使用情况	Utilization of hospital beds			
病人治愈率	Cure rate	%	65.3	61.6
病床周转次数	Turnover of beds	次(times)	14	14
病床使用率	Utilization of rate	%	53.2	53.6
病床工作日	Beds in use	日(day)	194	196
出院者平均住院日数	Average hospitalization period	日(day)	13	12

18－10　农村村级卫生组织情况
Basic Statistics Rural Township Hospitals

单位:个、人　　unit:person

项　目 Item		1999	2000
医疗费实行减免的村	Free expenses for medical care in village	1940	1354
无医疗点的村	Village which has not got medical station	510	526
村设置的医疗点	Village with medical station	10367	10640
村或群众集体办	Cooperation medical service	3153	2390
乡村医生和卫生员联合办	joint rural doctors and nurse	2190	2079
乡卫生院设点	Station of rural township	922	1320
个体办	Individual run medical units	4012	4739
其他	Others	90	112
乡村医生和卫生员人数	Personnel of rural doctors and nurse	22861	21781
乡村医生	Rural doctors	17496	16635
卫生员	Health workers	5365	5146
农村接生员	Rural midwife	4542	3750
平均每千农业人口有乡村医生	Rural doctors per1000 popultion	1.24	1.12

18－11 民政事业费用支出情况
Expenditure for Civil Administration

单位:万元　　　　unit:1000 yuan

项目 Item		1999	2000
总　计	**Total**	**53311**	**51153**
抚恤事业费	Funds for disable pension	8996	12882
社会救济福利事业费	Funds for social welfare	21270	16356
离退休退职费	Pension for retirement	3577	4672
自然灾害救济费	Relief funds for natural disease	14887	9834
其他民政事业费	Other funds for civil administration	4581	7409

18－12 享受救济补助人员情况
Persons Receiving Subsidies or Relief Funds

项目 Item		单位 unit	1999	2000
农业人口中贫困户得到救济的	Persons in rural poor households receiving relief funds	人次 person－time	561859	432693
# 得到国家定期定量救济	#Persons receiving periodical and fixed government relief funds	人 person	9536	8611
农村散居五保户	Persons in rural households receiving five－guarantess			
得到集体供养的	Person receiving periodical and fixed government relief funds	人 person	32593	32876
城镇居住最低生活保障救济	Lowest cost of living in urban area	人 person		74149
精减退职职工得到救济	Laid－off retired elderly and disabled staff and workers receiving relief funds	人 person	11185	10730
# 定期定量救济	Persons receiving periodical and fixed governmert relief funds	人 person	5171	4957

18－13 社会福利事业、企业单位数和工作人员

Social Welfare Institutions and Enterprises, Staff and Workers

项目 Item		机构数(个) Institution or enterprises		工作人员(人) Staff and workers	
		1999	2000	1999	2000
总　　计	**Total**	**2158**	**2180**	**43200**	**43782**
社会福利事业单位	social welfare institution	1073	1074	11360	9914
城乡各种福利院	Urban and rural welfare homes	919	918	8514	6937
非收养性单位	Other welfare institution	154	156	2846	2977
社会福利企业单位	Social welfare enterprises	1085	1105	31840	33868
社会福利工厂	Social welfare commercial services	1063	1073	31157	32993
社会福利商业服务业	Social welfare commercial services	19	30	468	686
假肢厂(站)	Artificial limb factory	2	2	126	122
安置农场	Rural homes for the elderly	1	1	89	67

18－14 收养性事业单位基本情况(2000)

Basic Statistics on Social Welfare Institutions(2000)

项目 Item		院数(个) Homes	工作人员(人) Staff and worker (person)	床位(张) Beds	年末收养人数(人) Persons housed (person)
全省收养性事业单位	**Total social welfare institutions**	**929**	**7576**	**42131**	**31972**
优抚事业单位	Convalescent institutions	11	639	1395	1057
优抚休疗养院	Convalescent homes	3	503	860	681
国家办光荣院	Civil administration social welfare homes	8	136	535	376
社会福利事业单位	Social welfare institutions	918	6937	40736	30915
各种福利院	Social welfare homes	21	1730	5353	4778
社会办敬老院	Social homes for the elderly	897	5207	35383	26137

18－15 律师、调解工作基本情况
Basic Statistics on Law and Mediation

项目	Item	单位 unit	1999	2000
律师工作	**Lawyers**			
律师所	Legal advisory offices	家 unit	203	207
律师工作者	Lawyers	人 persons	1995	2015
# 律师	#Full－time lawyers	人 persons	1580	1630
聘请担任常年法律顾问单位	Units with permanent legal advisors	家 unit	4345	4018
民事代理	Civil action	件 cases	14691	13969
刑事辩护、代理	Criminal defense	件 cases	8564	7181
非诉讼法律事务	Non－administrative action	件 cases	10209	6187
# 涉外法律事务	Legal advisory services	件 cases	9	24
解答法律咨询	Legal advisory services	件 cases	130196	121872
代写法律事务文书	Legal documents written on belief of clients	件 cases	21530	23083
人民调解工作	**People's mediation**			
专职司法助理员	Full time judicial assistants	人 persons	1214	1140
人民调解委员会	People's mediation committees	个 unit	19722	19346
调解人员	Mediators	人 persons	186117	179394
调解民间纠纷	Civil disputes mediated	件 cases	119061	101870

18－16 婚姻登记情况
Basic Statistics on Marriage Registrations and Divorces

项目	Item	1999	2000
准予登记结婚(对)	Registered marriages(couples)	180068	182579
初婚(人)	First marriage (persons)	330952	320661
再婚(人)	Remarriages( )	29184	30189
男性	Male	14506	16104
女性	Female	14678	14085
恢复结婚(人)	Returned to marriage(persons)	6178	3217
准予离婚(对)	Divorces(couples)	25303	25586
涉外婚姻(对)	Concerning foreign marriages(couples)	2683	3579
国内公民(人)	Domestic residents(persons)	2943	3572

18－17　公证工作基本情况
Basic Statistics on Notarizations

项　目	Item	1999	2000
公证机构和人员	**Institutions and personel**		
公证处(个)	**Nortarial offices**	**81**	**83**
公证人员(人)	**Nortarial personnel(person)**	**659**	**678**
#公　证　员	#Public notaries	503	521
助理公证员	Assistant public notaries	72	54
办理公证(项目)总计(件)	**Notarized documents(pcs)**	**300256**	**302286**
经济合同公证合计(件)	**Notarzed domestic business contracts**	**74336**	**75112**
购　　销	Purchases and sales of industrial products	268	396
建筑工程承包	Construction project contracts	279	190
联　　营	Joint business	26	339
拍　　卖	Auctions	633	473
财产租赁	Property lease	328	294
货　　款	Loans	24075	29074
担　　保	Guarantees	5165	3602
科技协作	Scientific and technical contracts	1	13
招标、投标	Bidding	233	237
农林牧渔业承包	Farming forestry animel husbandry and fishery contracts	5788	2966
乡镇企业承包	Township enterprises contracts	153	173
供　用　电	Supple and use of electricity	1	30
企业租赁	Enterprises leases	504	221
资产经营责任制	Assets business contracts	47	12
工商服务业承包	Industrial and commercial service contracts	596	180
劳务合同	Labor contracts	3853	4069
其他经济合同	Other business contratcs	12908	11549
法人(代表人)资格	Logal person(agent) identification	87	157
法人委托书	Legal person trust deeds	257	256

18－17 续表 continued

项目	Item	1999	2000
执行许可证明	Operating permits	268	53
其他	Other	18866	20828
民事公证合计	**Notarized document on civil legal relations**	**82214**	**71145**
收养	Child adoption	61	51
解除收养	Adoption renouncements	4	9
继承权	Rights of inheritance	2061	3851
遗嘱	Testament	728	1563
产权	Property right	102	437
亲属关系	Kind ship confirmation	712	1967
房屋买卖	Purchases and sales of house	7719	7841
房屋租赁	House leases	357	430
留学协议	Foreign study contracts	189	219
遗赠抚养协议	Donations and family fostering	17	19
其他民事协议	Other civil agreement	13315	11198
委托书	Trust deeds	951	2130
赠与书	Presentation documents	2680	4049
声明书	Declarations	7171	7146
现场监督	Field supervision	682	482
副本等与原本相符	Confirmation of copies and photo－offset copies to originals	259	247
宅基地使用权	Right to housing sits	501	212
证据保金	Bail	175	406
计划生育	Birth control	1037	756
死亡	Death certificates	109	141
其他	Other	43384	27991

18－18 火灾情况
Basic Statistics on Fire

项 目 Item		单位 Unit	1999	2000
火 灾 数	**Number of fire**	**起 case**	**12542**	**13420**
城 市	urban	起 case	7967	8274
农 村	Rural	起 case	4575	5146
死亡人数	**Deaths**	**人 person**	**102**	**95**
城 市	urban	人 person	87	72
农 村	Rural	人 person	15	23
受伤人数	**Injuries**	**人 person**	**89**	**94**
城 市	urban	人 person	76	71
农 村	Rural	人 person	13	23
损失金额	**Losses converted into cash**	**万元 10000 yuan**	**7136**	**4519**
城 市	urban	万元 10000 yuan	5774	3496
农 村	Rural	万元 10000 yuan	1362	1023

18－19 交通事故情况
Basic Statistics on Traffic Accident

项 目 Item		单位 Unit	1999	2000
交通事故数	**Traffic accident**	**起 case**	**6885**	**14091**
城 市	Urban	起 case	3580	8481
农 村	Rural	起 case	3305	5610
机 动 车	Motor－driven vehicles	起 case	6287	13667
汽 车	Automobiles	起 case	5359	11545
摩托车	Motorcycles	起 case	632	1255
拖拉机	Tractors	起 case	140	240
其 他	Other	起 case	156	627
非机动车	Non－motordriven vehicles	起 case	144	192
# 自行车	#Bicycles	起 case	112	137
行人、乘车人	Pedestrains and passengers	起 case	253	232
死亡人数	**Deaths**	**人 person**	**2116**	**2239**
城 市	Urban	人 person	656	661
农 村	Rural	人 person	1460	1578
受伤人数	**Injuries**	**人 person**	**3729**	**7980**
城 市	Urban	人 person	1502	3357
农 村	Rural	人 person	2227	4623
损失金额	**Losses**	**万元 10000yuan**	**2822**	**4548**
城 市	Urban	万元 10000yuan	840	2034
农 村	Rural	万元 10000yuan	1982	2514

18－20　检察机关立案侦察经济案件情况(2000)

Economic Cases Registered in Procura to Organs(2000)

项目 Item		侦察经济案件 Economic cases	贪污 corru－ption	贿赂 Bribery	挪用公款 Misap－propria－tion	集体私分 Corrupt	巨额财产来源不明 Not clear for source	其他 Other
一、受案(件)	Cases	1175	667	168	333	4	3	
二、立案(件)	Accepted	1068	576	168	317	4	3	
# 5－10万元	50000－100000yuan	221	134	30	57			
10－50万元	100000－500000yuan	288	114	26	143	3	2	
50－100万元	500000－1000000yuan	39	11	1	26		1	
100万元以上	Above 1000000yuan	36	9		26	1		
三、立案案犯构成(人)	Constructure	1098	579	173	338	5	3	
权力机关工作人员	Staff	5	5					
行政机关工作人员	Staff	176	88	34	54			
国有公司企业工作人员	Enterprises	541	294	68	175	2	2	
国有事业单位工作人员	Institutions	218	136	22	56	3	1	
人民团体从事公务人员	Institute	4	3		1			
其他	Other	154	53	49	52			
四、结案	Settled							
件数(件)	Cases	919	486	146	279	3	5	
人数(人)	Persons	976	520	149	298	4	5	
1.移送起诉	Transfer							
件数(件)	Cases	797	413	127	250	2	5	
人数(人)	Persons	849	445	130	266	3	5	
2.移送免予起诉	Modification							
件数(件)	Cases	76	45	11	19	1		
人数(人)	Persons	80	46	11	22	1		
3.撤销案件	Withdrawed							
件数(件)	Cases	46	28	8	10			
人数(人)	Persons	47	29	8	10			
五、侦结认定金额(万元)	Value(10000yuan)	9188	2802	351	5671	79	285	
六、挽回经济损失(万元)	Retrieve(10000yuan)	4969	1427	310	3090	79	63	

18－21　法院经济纠纷一审案件收案和结案情况(2000)

Economic Cases Registered and Settled in Court(2000)

单位:件　　　　unit:case

项目 Item		收案 Cases accepted	结案 Cases settled	#调解 Mediated	#判决 Judgement
合计	**Total**	**20134**	**20363**	**7519**	**6996**
经济合同纠纷(国内)	Disputes on economic contracts	16132	16290	6649	6133
经济损害赔偿纠纷	Disputes on loss of economic	54	50	8	25
经济权属纠纷	Disputes on right and interes	26	24	7	12
企业破产	Bankrupt enterprises	158	258	16	39
交通运输经济纠纷	Disputes on transportation	115	94	45	35
其他经济纠纷	Other disputes	3649	3647	794	752

18－22　法庭民事一审案件收案和结案情况(2000)

Basic Statistics on Civil Disputes Settled for Court(2000)

单位:件　　　　unit:case

		收　案 Cases accepited	结　案 Casses settled	#调　解 Mediated	#判　决 Judgment
合　　计	**Total**	**97762**	**96473**	**42244**	**30651**
婚姻家庭	Family disputes	51846	51506	25603	12558
#离　　婚	#Marriages	43494	43213	22710	8627
抚　　养	Family fostering	2245	2203	1221	589
赡　　养	Family fostering	2070	2116	963	203
继　　承	Rights of in heritage	401	389	101	190
房　　屋	Housing	4033	3845	865	1586
人身财产赔偿	Compensation for damages	9351	9186	2875	4499
债　　务	Debts	30075	29599	12265	11018
知识产权	Intellectual rights	31	27	2	22
人身权	Human rights	206	211	47	107
其　　他	Others	1819	1710	486	871

18－23　法院行政一审案件收案和结案情况(2000)

Basic Statistics on Administrative Cases for Court(2000)

		收　案 Cases accepted	结　案 Cases setfled	维　持 Maintain	撤　销 Remove	变　更 change	撤　诉 Withdrow	其　他 Other
合　　计	**Total**	**1919**	**1625**	**491**	**288**	**7**	**598**	**241**
公　　安	Public security	465	409	125	83	1	160	40
工　　商	Industry and commerce	34	36	13	3		15	5
卫　　生	Healthcare	20	10	2	2		6	
土　　地	Land	210	173	57	37	1	68	10
城　　建	Urban construction	446	404	126	71	2	189	16
环　　保	Environment Protection	28	18				17	1
专　　利	Patent	8	7	1			6	
民　　政	Civil administrative	5	4	1	1		2	
税　　务	Tax	24	24	4	7		8	5
其　　他	Other	679	540	162	84	3	127	164

18－24　妇联组织情况

Basic Statistics for The Women's Federation

		组织机构(个) Institutions		干部总数(人) Number of satff	
		1999	2000	1999	2000
合　　计	**Total**	**1278**	**1228**	**1630**	**1592**
省　妇　联	City level	1	1	35	32
市(州)妇联	County level	9	9	142	127
县(市、区)妇联	County level	61	61	296	276
乡(镇)妇联	Township level	956	898	898	898
街 道 妇 联	Street level	251	259	259	259

企业景气和大中型改制工业企业

PROSPERITY OF INDUSTRIAL ENTERPRISES

19

统计资料

STATISTICS

19－1 企业家信心指数(2000)

Index of Entrepreneur Confidence(2000)

		景气指数(%)Index of prosperity			
		一季度 First quarter	二季度 Second quarter	三季度 Third quarter	四季度 Fourth quarter
全 省	**General index**	**108.09**	**111.58**	**120.34**	**113.25**
按企业注册类型分	**Grouped by type of enterprises**				
国有企业	State owned	106.30	112.43	112.43	116.11
集体企业	Collective owned	99.56	96.23	91.47	94.80
有限责任公司	Limited company	121.96	119.45	146.84	115.17
股份有限公司	Share holding	121.76	120.67	142.08	110.89
外商及港、澳、台投资企业	Funded from foreign Hongkong,Macao and Teiwan	132.61	131.36	146.60	123.27
按行业门类分	**Grouped by secter**				
工业	Industry	117.31	118.60	128.97	112.58
采掘业	Mining and quarrying	101.79	123.21	125.75	116.07
制造业	Manufacturing	116.63	117.06	129.61	107.85
电力、煤气及水的生产供应业	Production and supply electric power,gas and water	106.32	101.06	98.13	117.78
建筑业	Construction	83.10	98.89	102.65	108.24
土木工程建筑业	Civil engineering	85.23	102.78	107.03	109.83
公路、管道及设备安装业	Installation	50.00	50.00	50.00	75.00
交通运输、邮电通信业	Transprotation,post and telecommunication	99.14	109.14	116.74	134.23
邮电通信业	Post and telecommunication	166.67	155.56	138.33	149.44
批发及零售贸易、餐饮业	Wholesale,retail trade and catering	91.02	92.79	101.32	96.34
零售业	Retail trade	102.59	101.97	99.09	112.69
餐饮业	Catering	125.00	125.00	150.00	125.00
房地产业	Real estate	138.97	136.96	125.95	125.95
房地产开发与经营业	Development and operation	138.90	136.96	125.95	125.95
社会服务业	Social services	112.78	108.57	123.53	120.59
旅游业	Tourism	125.00		125.00	125.00
公共服务业	Public services		125.00	103.69	146.31
旅馆业	Hotels	117.39	108.70	118.18	122.73
按企业规模分	**Grouped by size of enterprises**				
大型	Large type	112.63	117.83	122.43	109.93
中型	Middle type	110.38	113.21	115.24	116.35
小型	Small type	116.67	107.89	114.47	107.89
按其他分类	**Grouped by others**				
国家重点联系企业	Important enterprises	113.04	120.78	165.07	116.80
国家试点企业集团成员	Experiment enterprises	111.72	104.68	104.68	107.04
上市公司	Listed company	131.56	127.40	178.68	136.26

19-2 企业景气指数(2000)
Index of Prosperity of Enterprises(2000)

		景气指数(%)Index of prosperity			
		一季度 First quarter	二季度 Second quarter	三季度 Third quarter	四季度 Fourth quarter
全　省	**General index**	**107.62**	**118.05**	**129.02**	**117.32**
按企业注册类型分	**Grouped by type of enterprises**				
国有企业	State owned	107.32	115.29	118.74	122.02
集体企业	Collective owned	83.76	78.37	84.86	83.83
有限责任公司	Limited company	125.16	137.32	139.40	134.73
股份有限公司	Share holding	120.52	135.91	157.90	115.73
外商及港、澳、台投资企业	Funded from foreign Hongkong,Macao and Teiwan	112.63	126.53	133.69	138.61
按行业门类分	**Grouped by secter**				
工业	Industry	115.56	126.81	131.51	122.20
采掘业	Mining and quarrying	126.13	152.63	140.91	137.70
制造业	Manufacturing	111.27	122.70	127.66	115.61
电力、煤气及水的生产供应业	Production and supply electric power,gas and water	116.68	106.33	127.30	136.57
建筑业	Construction	74.43	96.34	125.05	114.20
土木工程建筑业	Civil engineering	80.35	101.80	133.35	114.72
公路、管道及设备安装业	Installation	20.50	45.50	45.50	95.50
交通运输、邮电通信业	Transprotation,post and telecommunication	113.07	113.01	150.10	95.50
邮电通信业	Post and telecommunication	161.67	133.38	132.22	166.67
批发及零售贸易、餐饮业	Wholesale,retail trade and catering	106.82	101.09	106.19	124.95
零售业	Retail trade	114.03	122.35	114.03	133.73
餐饮业	Catering	150.00	125.00	175.00	150.00
房地产业	Real estate	104.11	113.08	112.73	99.09
房地产开发与经营业	Development and operation	104.11	113.08	112.73	99.09
社会服务业	Social services	89.92	98.65	133.74	113.15
旅游业	Tourism			150.00	150.00
公共服务业	Public services	121.31	78.69	146.31	121.31
旅馆业	Hotels	86.96	86.96	136.36	104.55
按企业规模分	**Grouped by size of enterprises**				
大型	Large type	123.65	138.84	137.39	133.78
中型	Middle type	101.42	108.10	109.62	113.04
小型	Small type	96.15	98.65	110.53	98.68
按其他分类	**Grouped by others**	**125.21**	**132.94**	**162.79**	**126.78**
国家重点联系企业	Important enterprises	104.68	111.72	111.72	107.04
国家试点企业集团成员	Experiment enterprises	103.88	139.51	174.46	129.37
上市公司	Listed company				

19－3 企业生产情况景气指数(2000)

Index of productive prosperity of Enterprises

		景气指数(%)Index of prosperity			
		一季度 First quarter	二季度 Second quarter	三季度 Third quarter	四季度 Fourth quarter
全 省	**General index**	**94.80**	**130.75**	**124.32**	**104.53**
按企业注册类型分	**Grouped by type of enterprises**				
国有企业	State owned	87.41	133.78	102.40	114.36
集体企业	Collective owned	88.91	106.91	99.29	88.28
有限责任公司	Limited company	77.84	145.62	128.07	84.85
股份有限公司	Share holding	103.99	123.50	154.99	89.13
外商及港、澳、台投资企业	Funded from foreign Hongkong, Macao and Teiwan	107.61	145.96	127.12	115.05
按行业门类分	**Grouped by secter**				
工业	Industry	91.13	132.19	118.38	104.63
采掘业	Mining and quarrying	81.35	107.40	92.34	87.67
制造业	Manufacturing	91.45	134.50	121.32	100.43
电力、煤气及水的生产供应业	Production and supply electric power, gas and water	113.66	75.29	31.99	127.38
建筑业	Construction	77.02	135.87	155.44	106.68
土木工程建筑业	Civil engineering	79.47	140.90	159.49	103.86
公路、管道及设备安装业	Installation	33.33	91.01		125.00
交通运输、邮电通信业	Transprotation, post and telecommunication	109.01	160.80	146.88	119.90
邮电通信业	Post and telecommunication	155.56	177.78	200.00	200.00
批发及零售贸易、餐饮业	Wholesale, retail trade and catering	112.38	104.68	100.69	97.07
零售业	Retail trade	138.19	132.34	113.11	135.80
餐饮业	Catering	150.00	125.00	175.00	50.00
房地产业	Real estate	63.83	95.00	122.73	103.79
房地产开发与经营业	Development and operation	63.83	95.00	122.73	103.79
社会服务业	Social services	104.20	128.57	133.74	89.62
旅游业	Tourism		75.00	125.00	75.00
公共服务业	Public services		103.69	146.31	146.31
旅馆业	Hotels	113.04	139.13	140.91	90.91
按企业规模分	**Grouped by size of enterprises**				
大型	Large type	91.18	137.79	133.48	106.52
中型	Middle type	98.11	124.76	111.65	105.80
小型	Small type	39.47	114.47	110.81	89.33
按其他分类	**Grouped by others**				
国家重点联系企业	Important enterprises	99.61	119.80	118.14	90.89
国家试点企业集团成员	Experiment enterprises		188.28	37.53	107.04
上市公司	Listed company	144.25	101.08	167.91	119.69

19－4　企业税后利润景气指数(2000)

Index of prosperity of profits(2000)

		景气指数(%)Index of prosperity			
		一季度 First quarter	二季度 Second quarter	三季度 Third quarter	四季度 Fourth quarter
全　省	**General index**	**87.43**	**103.36**	**112.89**	**93.94**
按企业注册类型分	**Grouped by type of enterprises**				
国有企业	State owned	80.15	111.37	109.38	114.33
集体企业	Collective owned	69.17	68.93	56.64	64.08
有限责任公司	Limited company	60.51	126.11	127.65	117.45
股份有限公司	Share holding	99.67	103.60	143.07	60.95
外商及港、澳、台投资企业	Funded from foreign Hongkong,Macao and Teiwan	71.89	114.57	102.52	77.38
按行业门类分	**Grouped by secter**				
工业	Industry	81.23	115.29	123.52	94.65
采掘业	Mining and quarrying	89.70	75.98	131.83	120.89
制造业	Manufacturing	78.82	118.61	121.87	87.11
电力、煤气及水的生产供应业	Production and supply electric power,gas and water	99.24	65.10	74.87	82.66
建筑业	Construction	104.60	84.86	107.42	93.02
土木工程建筑业	Civil engineering	106.04	87.14	117.24	101.48
公路、管道及设备安装业	Installation	95.50	75.00	20.50	20.50
交通运输、邮电通信业	Transprotation,post and telecommunication	106.93	107.72	120.05	100.46
邮电通信业	Post and telecommunication	134.45	145.56	109.99	155.56
批发及零售贸易、餐饮业	Wholesale,retail trade and catering	85.80	75.23	78.86	99.34
零售业	Retail trade	115.64	41.45	46.24	102.73
餐饮业	Catering	100.00	150.00	150.00	50.00
房地产业	Real estate	89.28	102.60	84.76	80.00
房地产开发与经营业	Development and operation	89.28	102.60	84.76	80.00
社会服务业	Social services	77.95	88.57	107.27	71.89
旅游业	Tourism	75.00	50.00	75.00	75.00
公共服务业	Public services	46.31	50.00	146.31	171.31
旅馆业	Hotels	100.00	95.65	127.27	72.73
按企业规模分	**Grouped by size of enterprises**				
大型	Large type	80.48	118.28	147.03	105.95
中型	Middle type	83.57	102.87	86.34	83.82
小型	Small type	90.79	84.00	104.05	82.43
按其他分类	**Grouped by others**				
国家重点联系企业	Important enterprises	69.52	107.67	160.73	116.58
国家试点企业集团成员	Experiment enterprises	11.72	181.23	107.04	188.28
上市公司	Listed company	96.51	80.05	155.98	72.38

19－5　企业流动资金景气指数(2000)

Index of prosperity of Circulating Funds(2000)

		景气指数(%)Index of prosperity			
		一季度 First quarter	二季度 Second quarter	三季度 Third quarter	四季度 Fourth quarter
全　省	**General index**	**47.52**	**44.39**	**82.02**	**58.17**
按企业注册类型分	**Grouped by type of enterprises**				
国有企业	State owned	44.89	49.88	57.22	66.20
集体企业	Collective owned	10.81	13.33	21.62	40.00
有限责任公司	Limited company	48.30	29.08	53.01	39.43
股份有限公司	Share holding	69.21	52.95	89.37	72.68
外商及港、澳、台投资企业	Funded from foreign Hongkong, Macao and Teiwan	73.35	61.64	72.31	63.52
按行业门类分	**Grouped by secter**				
工业	Industry	52.13	46.22	65.32	67.02
采掘业	Mining and quarrying	38.39	88.50	82.62	85.14
制造业	Manufacturing	56.23	44.99	68.11	70.64
电力、煤气及水的生产供应业	Production and supply electric power, gas and water	55.35	45.49	55.75	50.62
建筑业	Construction	16.37	8.95	40.39	17.38
土木工程建筑业	Civil engineering	16.54	9.92	41.98	13.61
公路、管道及设备安装业	Installation	20.50		29.50	54.50
交通运输、邮电通信业	Transprotation, post and telecommunication	26.17	33.31	56.57	33.76
邮电通信业	Post and telecommunication	38.33	27.22	76.66	43.33
批发及零售贸易、餐饮业	Wholesale, retail trade and catering	61.94	64.08	67.50	78.70
零售业	Retail trade	36.19	77.48	93.52	78.59
餐饮业	Catering	125.00			
房地产业	Real estate	69.17	78.87	62.48	68.35
房地产开发与经营业	Development and operation	69.17	78.87	62.48	68.35
社会服务业	Social services	58.49	49.92	68.10	46.88
旅游业	Tourism	50.00	25.00	50.00	75.00
公共服务业	Public services	25.00		42.62	
旅馆业	Hotels	56.52	56.52	86.36	54.55
按企业规模分	**Grouped by size of enterprises**				
大型	Large type	66.19	54.36	86.66	85.47
中型	Middle type	38.21	38.68	45.19	45.63
小型	Small type	47.44	51.32	58.11	51.35
按其他分类	**Grouped by others**				
国家重点联系企业	Important enterprises	50.51	56.59	96.45	89.87
国家试点企业集团成员	Experiment enterprises	92.96	92.96	92.96	174.19
上市公司	Listed company	57.83	56.49	93.99	54.24

19-6 企业货款拖欠情况景气指数(2000)
Index of prosperity of Enterprises dept(2000)

		景气指数(%)Index of prosperity			
		一季度 First quarter	二季度 Second quarter	三季度 Third quarter	四季度 Fourth quarter
全　省	**General index**	**100.06**	**109.69**	**106.74**	**104.26**
按企业注册类型分	**Grouped by type of enterprises**				
国有企业	State owned	104.67	121.14	114.70	112.91
集体企业	Collective owned	94.21	86.11	83.65	82.18
有限责任公司	Limited company	101.66	127.37	132.68	120.30
股份有限公司	Share holding	89.80	109.20	105.45	104.56
外商及港、澳、台投资企业	Funded from foreign Hongkong,Macao and Teiwan	114.39	88.30	96.72	91.32
按行业门类分	**Grouped by secter**				
工业	Industry	97.49	113.17	110.48	109.27
采掘业	Mining and quarrying	111.40	138.87	101.18	110.56
制造业	Manufacturing	102.15	114.34	114.14	110.75
电力、煤气及水的生产供应业	Production and supply electric power,gas and water	69.71	76.95	92.48	76.38
建筑业	Construction	73.37	37.96	58.33	31.89
土木工程建筑业	Civil engineering	70.54	28.74	59.94	32.73
公路、管道及设备安装业	Installation	125.00	129.50	145.50	27.34
交通运输、邮电通信业	Transprotation,post and telecommunication	121.09	125.10	107.45	121.56
邮电通信业	Post and telecommunication	144.44	106.11	105.00	139.45
批发及零售贸易、餐饮业	Wholesale,retail trade and catering	116.80	142.71	129.94	134.38
零售业	Retail trade	124.62	133.72	112.41	129.88
餐饮业	Catering		166.67	150.00	150.00
房地产业	Real estate	94.04	104.92	103.54	112.31
房地产开发与经营业	Development and operation	94.04	104.92	103.54	112.31
社会服务业	Social services	93.75	101.65	105.27	81.76
旅游业	Tourism		125.00	166.67	
公共服务业	Public services				
旅馆业	Hotels	91.30	95.45		71.43
按企业规模分	**Grouped by size of enterprises**				
大型	Large type	100.39	124.15	120.76	121.33
中型	Middle type	98.05	104.41	102.00	96.98
小型	Small type	102.78	105.41	104.11	97.18
按其他分类	**Grouped by others**				
国家重点联系企业	Important enterprises	130.70	146.28	140.73	136.91
国家试点企业集团成员	Experiment enterprises	181.23	174.19	174.19	188.28
上市公司	Listed company	111.26	104.54	111.97	111.72

19－7　企业用工情况景气指数(2000)

Index of prosperity of Employment(2000)

		景气指数(%)Index of prosperity			
		一季度 First quarter	二季度 Second quarter	三季度 Third quarter	四季度 Fourth quarter
全　省	**General index**	**85.82**	**91.44**	**90.84**	**79.34**
按企业注册类型分	**Grouped by type of enterprises**				
国有企业	State owned	57.54	79.13	80.58	78.79
集体企业	Collective owned	47.48	73.30	77.85	80.44
有限责任公司	Limited company	78.84	74.31	69.64	75.65
股份有限公司	Share holding	86.44	113.25	95.84	67.39
外商及港、澳、台投资企业	Funded from foreign Hongkong Macao and Teiwan	36.71	100.98	103.57	88.19
按行业门类分	**Grouped by secter**				
工业	Industry	74.06	99.00	80.60	78.04
采掘业	Mining and quarrying	86.60	59.62	60.76	91.31
制造业	Manufacturing	76.17	96.48	87.13	80.60
电力、煤气及水的生产供应业	Production and supply electric power, gas and water	85.99	91.27	77.47	73.44
建筑业	Construction	47.02	143.72	135.81	97.52
土木工程建筑业	Civil engineering	52.25	157.63	145.13	92.61
公路、管道及设备安装业	Installation		20.50	45.50	120.50
交通运输、邮电通信业	Transprotation, post and telecommunication	45.87	81.24	104.81	86.17
邮电通信业	Post and telecommunication	38.33		105.00	82.77
批发及零售贸易、餐饮业	Wholesale, retail trade and catering	68.19	71.29	82.02	72.88
零售业	Retail trade	66.75	66.75	91.54	63.27
餐饮业	Catering	50.00	50.00	75.00	
房地产业	Real estate	30.25	89.92	87.44	68.11
房地产开发与经营业	Development and operation	30.25	89.92	87.44	68.11
社会服务业	Social services	74.92	88.24	93.94	66.67
旅游业	Tourism				
公共服务业	Public services	25.00	50.00	67.62	25.00
旅馆业	Hotels	69.57	82.61	90.91	50.00
按企业规模分	**Grouped by size of enterprises**				
大型	Large type	70.09	96.63	85.56	70.09
中型	Middle type	69.23	84.21	84.95	85.44
小型	Small type	69.33	85.33	87.84	72.97
按其他分类	**Grouped by others**				
国家重点联系企业	Important enterprises	69.99	81.90	83.47	52.69
国家试点企业集团成员	Experiment enterprises	11.72	92.96	92.96	
上市公司	Listed company	94.22	97.00	100.88	50.44

19－8　工业企业景气指数(2000)
Index of prosperity of Industrial Enterprises

		景气指数(%)Index of prosperity			
		一季度 First quarter	二季度 Second quarter	三季度 Third quarter	四季度 Fourth quarter
全　省	**General index**	**115.58**	**128.81**	**131.29**	**122.20**
按企业注册类型分	**Grouped by type of enterprises**				
国有企业	State owned	113.63	122.22	117.40	127.19
集体企业	Collective owned	89.24	87.49	96.73	77.48
有限责任公司	Limited company	130.11	138.29	135.09	136.99
股份有限公司	Share holding	127.40	142.41	162.31	115.07
外商及港、澳、台投资企业	Funded from foreign, Hongkong macao teiwan	123.86	137.24	133.56	149.28
按行业门类分	**Grouped by sector**				
采掘业	Mining and quarrying	126.13	152.63	140.91	137.70
制造业	Manufactrring	111.27	122.70	127.66	115.61
电力、煤气及水的生产供应业	Production and Supply electric power, gas and water	116.68	106.83	127.30	136.57
按企业规模分	**Grouped by size enterprises**				
大型	Large type	127.81	145.65	141.20	153.40
中型	Middle type	106.40	112.00	104.10	111.48
小型	Small type	94.74	97.37		
按其他分类	**Grouped by others**				
国家重点联系企业	Important enterprises	125.21	132.94	162.79	126.78
国家试点企业集团成员	Experiment enterprises	104.68	111.72	111.72	107.04
上市公司	Lisfed company	131.07	138.73	174.86	126.55
按主要经济指标分类	**Grouped by economic indicators**				
生产总量	Output of production	91.13	132.19	118.38	104.63
生产成本	Cost of production	80.72	91.18	89.45	83.18
产品定货	Order of production	83.92	104.54	102.89	92.27
产品销售量	Sale	93.82	133.97	114.20	116.35
产品销售价格	Price	94.44	96.49	95.83	86.26
产成品库存	Stock	105.69	126.18	115.91	112.95
盈利(亏损)	Profit(loss)	81.23	115.29	123.52	94.65
流动资金	Cirulating funds	52.13	46.22	65.32	67.02
货款拖欠	Dept	97.49	113.17	110.48	109.27
设备利用	Equipment utilize	128.21	129.13	125.12	131.21
用工	Recruitment	73.90	89.00	80.60	78.04
固定资产投资	Investment in fixed assets	104.08	134.94	133.34	126.98
科技开发	Science and technology developing	113.82	127.62	135.25	127.08
主要原材料及能源购进价格	Rew material price	71.08	55.23	80.65	66.64
主要原材料及能源供应	Supply of rew material	115.82	117.31	125.06	121.72

19－9　建筑业企业景气指数(2000)
Index of prosperity in construction(2000)

		景气指数(%)Index of prosperity			
		一季度 First quarter	二季度 Second quarter	三季度 Third quarter	四季度 Fourth quarter
全　省	**General index**	**74.43**	**98.34**	**125.05**	**114.20**
按企业注册类型分	**Grouped by type of enterprises**				
国有企业	State owned	78.87	94.97	126.81	107.94
集体企业	Collective owned	40.00	80.00	80.00	140.00
有限责任公司	Limited company				
股份有限公司	Share holding	79.25	150.32	170.81	122.31
外商及港、澳、台投资企业	Funded from foreign,Hongkong Macao and Teiwan				
按行业门类分	**Grouped sector**				
土木工程建筑业	Civil construction	80.35	108.80	133.35	114.72
公路、管道及安装业	Mstallation	20.50	45.00	45.50	95.50
按企业规模分	**Grouped by size of enterprises**				
大型	Lange type	93.47	94.51	133.03	112.22
中型	Middle type	37.50	112.50	137.50	33.33
小型	Small type	33.33			66.67
按主要经济指标分类	**Grouped by economic indicator**				
工程合同鉴定	Contracts	94.40	125.51	132.43	90.11
其中:对国外承包工程合同鉴定	Contracts to foreign	82.43	60.67	67.96	57.95
建筑产品实物工程量	Completed work on projects	77.02	135.87	155.44	106.68
施工产值	Output value under construction	72.65	155.57	153.19	139.50
竣工产值	Output value of building completed	82.80	75.33	125.87	130.72
工程结算收入	Revenue of projuct settle accounts	93.48	115.16	165.47	136.70
建筑材料购进价格	Rew material	122.02	30.93	56.19	79.32
工程结算成本	Cost of projuct settle accounts	115.73	71.56	51.65	68.67
盈利(亏损)	Profit(loss)	104.60	84.86	107.42	93.02
流动资金	Circulating funds	16.37	8.95	40.39	17.38
货款拖欠	Dept	73.34	37.96	58.33	31.89
用工	Recruitment	47.02	143.72	135.81	97.52
固定资产投资	Investment in fixed assets	81.00	96.02	110.44	90.86

19－10　交通运输及邮电通信业企业景气指数(2000)

Index of prosperity in Transportation, Post and Telecommunication(2000)

		景气指数(%)Index of prosperity			
		一季度 First quarter	二季度 Second quarter	三季度 Third quarter	四季度 Fourth quarter
全　省	**General index**	**113.07**	**113.01**	**150.10**	**95.25**
按企业类型企业分	**Grouped by type of enterprises**				
国有企业	State owned	110.65	113.96	150.47	90.30
集体企业	Collective owned				
有限责任公司	Limited company				
股份有限公司	Share holding	133.33	133.33	139.66	139.66
外商及港澳台投资企业	Funded from foneign, Hongkong, macao and taiwan				
按行业门类分	**Grouped by size of enterprises**				
邮电通信业	Post and telecommunication	161.67	133.33	132.22	166.67
按企业规模分	**Grouped by size of enterprises**				
大型	Large type	62.89	81.42	144.75	29.66
中型	Middle type	153.85	130.77	161.54	146.15
小型	Small type		116.67	133.33	83.33
按主要经济指标分类	**Grouped by economic indicators**				
业务量	Business volume	109.01	160.80	146.88	119.90
业务收入	Revenue	103.94	144.51	165.04	137.70
业务收费价格	Price	80.44	92.00	115.11	106.10
营业成本	Cost	69.35	68.67	55.07	52.88
盈利(亏损)	Profit(loss)	106.93	107.72	120.05	100.46
流动资金	Circulating funds	26.17	33.31	56.57	33.76
货款拖欠	Dept	121.07	125.10	107.45	121.56
用工	Recruitment	45.87	81.24	104.81	86.17
固定资产投资	Invest mentin fixed assets	107.27	126.82	153.36	111.74

19-11 批发零售贸易、餐饮业企业景气指数(2000)

Index of prosperity in wholesale, Retail Trade and Catering(2000)

		景气指数(%)Index of prosperity			
		一季度 First quarter	二季度 Second quarter	三季度 Third quarter	四季度 Fourth quarter
全　省	**General index**	**108.82**	**101.09**	**108.19**	**124.95**
按企业注册类型分	**Grouped by type of enterprise**				
国有企业	State owned	102.23	108.13	107.67	128.02
集体企业	Collective owned		40.00	50.00	66.67
有限责任公司	Limited company	120.00	150.00	120.00	140.00
股份有限公司	Share holding	115.04	97.60	121.71	121.71
外商及港、澳、台投资企业	Funded from foreign Hongkong Macao and Taiwan				
按行业门类分	**Grouped by sector**				
零售业	Retail trade	112.24	122.35	114.03	133.73
餐饮业	Catering	150.00	125.00	175.00	150.00
按企业规模分	**Grouped by size of enterprises**				
大型	Large type	119.39	117.40	117.40	168.57
中型	Middle type	94.12	93.94		111.76
小型	Small type	130.00		110.00	
按主要经济指标分类	**Grouped by economic indicators**				
商品购进	Purchase	108.34	102.95	103.75	114.07
商品购进价格	Price of purchase	126.38	116.70	87.18	82.48
商品销售	Sale	112.38	104.68	100.69	97.07
其中:出口	Export	73.49	63.76	57.17	129.79
商品销售价格	Price of sale	55.76	73.93	67.20	85.10
商品库存	Stock	142.89	120.70	127.66	128.79
经营费用	Cost	126.98	103.74	102.74	105.45
盈利(亏损)	Profit(loss)	85.80	75.23	78.86	99.34
流动资金	Circulating funds	61.94	64.08	67.50	78.70
货款拖欠	Dept	116.80	142.71	129.94	134.38
用工	Recruitment	68.50	71.29	82.02	72.88
固定资产投资	Investment in fixed assets	961.16	83.46	92.36	122.88

19－12　房地产业企业景气指数(2000)

Index of prosperity in real estate(2000)

		景气指数(%)Index of prosperity			
		一季度 First quarter	二季度 Second quarter	三季度 Third quarter	四季度 Fourth quarter
全　省	**General index**	**104.11**	**118.08**	**112.78**	**99.00**
按企业注册类型分	**Grouped by type enterprises**				
国有企业	State owned	94.66	71.43	80.34	55.34
集体企业	Collective owned				
有限责任公司	Limited company	200.00	200.00	200.00	133.33
股份有限公司	Share holding		125.00	125.00	125.00
外商及港、澳、台投资企业	Funded from foreign Hongkong Macao and Taiwan	66.67	83.33	83.33	
按行业门类分	**Grouped by sector**				
房地产开发与经营业	Developing and managerment	104.30	113.08	112.73	99.09
按企业规模分	**Grouped my size of enterprises**				
大型	Large type	198.65	193.65	195.01	195.01
中型	Middle type	62.50	88.89	87.50	
小型	Small type				60.00
按主要经济指标分类	**Grouped by economic indicators**				
土地开发面积	Developing area	72.87	115.50	80.18	76.53
完成投资	Investment	63.83	95.00	122.73	103.79
房屋施工面积	Space under construction	65.02	110.00	108.57	94.44
房屋竣工面积	Space of building compleled	65.02	99.73	106.19	96.53
商品房预售面积	Space of sale contraled	72.15	97.92	108.00	90.00
商品房销售面积	Space of sale	66.91	95.50	102.86	85.00
商品房销售价格	Price of sale	89.75	99.24	94.55	113.09
空置商品房面积	Space of empty	142.11	143.48	139.00	140.00
盈利(亏损)	Profit(loss)	89.28	102.60	84.76	80.00
流动资金	Circulating funds	69.17	78.87	62.48	68.35
货款拖欠	Dept	94.04	104.72	103.54	112.31
用工	Recruitment	33.74	89.92	87.44	68.11
固定资产投资	Investment in fixed assets	75.00	104.68	123.55	90.15

19-13 社会服务业企业景气指数(2000)
Index of prosperity in social services(2000)

		景气指数(%)Index of prosperity			
		一季度 First quarter	二季度 Second quarter	三季度 Third quarter	四季度 Fourth quarter
全　省	**General index**	**89.92**	**99.73**	**133.74**	**113.15**
按企业类型企业分	**Grouped by type enterprises**				
国有企业	State owned	99.33	96.13	126.60	122.06
集体企业	Collective owned				
有限责任公司	Limited company	40.00	80.00	150.00	
股份有限公司	Share holding				
外商及港澳台投资企业	Funded from foreign, Hongkong Macao and taiwan			171.43	128.57
按行业门类分	**Grouped by sector**				
旅游业	Tourism		86.22	150.00	150.00
公共服务业	Pubilic services	121.31	78.69	146.31	121.31
旅馆业	Hotal	86.96	86.96	136.36	104.55
按企业规模分	**Grouped by size of enterprises**				
大型	Large type	151.25	48.75	151.25	151.25
中型	Middle type	90.91	104.55	131.82	
小型	Small type	81.82	90.91	140.00	140.00
按主要经济指标分类	**Grouped by economic indicators**				
业务量	Business volume	104.03	124.76	135.82	92.96
客房出租	Rent	52.17	58.33	104.55	87.75
旅游客源	Tourists		120.82	156.00	102.26
业务收入(服务)价格	Price	64.15	81.81	114.48	93.94
营业收入	Revenue	92.92	126.28	134.29	102.94
营业成本	Cost(loss)	87.36	84.35	88.79	76.87
盈利(亏损)	Profit(loss)	78.75	86.11	110.11	75.82
流动资金	Circulating funds	56.81	48.48	72.42	45.45
货款拖欠	Dept	93.94	101.66	105.27	82.41
用工	Recruitment	72.72	85.71	97.57	64.71
固定资产投资	Investment in fixed assets	116.67	121.13	131.43	113.79

19－14　企业集团主要指标

Main Indicators of Group

		1999	2000
业务指标	**Business indicators**		
农林牧渔业总产值(现价、万元)	Farming, forestry, animal busbandry, fishery(10000 yuan)	245435	262938
工业总产值(现价、万元)	Gross industrial output value(10000 yuan)	8571160	7223009
建筑业总产值(现价、万元)	Gross construction output value(10000 yuan)	126073	176228
货物运输量(万吨)	Freight(10000t)	2542	1810
旅客运输量(万人)	Passenger traffic(10000 person)	391	1535
批发零售贸易业商品销售总额(万元)	Total sale wholesale and retail trade(10000 yuan)	649960	776226
外贸企业进出口总额(万美元)	Total of import and export (10000)	32695	64805
#出口额	Export	28700	67717
年末从业人员(人)	Employment(person)	597136	442443
从业人员劳动报酬(万元)	Wages(10000 yuan)	534781	424846
经济指标	**Economic indicators**		
单位数(个)	Number of unit(unit)	97	97
年末资产总计	Total of assets	21485614	15140902
累计对外投资(万元)	Exteral investment(10000)	543273	481935
#对境外投资(万元)	In which: investment to foreign	8030	
流动资产年平均余额	Annual average balance of cirulating funds(10000 yuan)	7816302	7043184
年末负债合计(万元)	Total liabilties(10000 yuan)	13236497	9210872
#流动负债(万元)	Liquid liabilties(10000 yuan)	8758600	7104577
年末股东(所有者)权益合计(万元)	Total of creditors equity(10000 yuan)	7689075	4917474
#股本(实收资本)(万元)	Real capital(10000 yuan)	3615121	2134312
主营业务收入(万元)	Revenue(10000 yuan)	9553584	7159120
#出口额	In which: export	374767	468191
#营业成本	In which: cost of business	7751251	5555505
主营业务税金及附加	Tex and extra charge	240863	176143
其他业务收入(万元)	Other revenue(10000 yuan)	1254660	2161957
存货跌价损失和营业、管理、财务等费用合计(万元)	Cost of inventory ets(10000 yuan)	1477635	1328286
投资收益(万元)	In dividend(10000 yuan)	156990	152457
营业外收入(万元)	Other income(10000 yuan)	42871	57985
利润总额(万元)	Total profits(10000 yuan)	213182	347347
应缴增值税(万元)	Value added tax payable(10000 yuan)	399024	353232
固定资产投资完成额(万元)	Total investment in fixed assets(10000 yuan)	939901	474195
研究开发费用(万元)	Cost of research and developing(10000 yuan)	86148	43581

19－15　企业集团基本情况(2000)

单位:万元

项　目	Item	单位数(个) Enterprises	所属公司企业(个) Belone of company	所属公司主营业务收入 Bevenue
总　计	**Total**	**97**	**675**	**8756671**
按审批部门分	**Grouped by administrative affairs**			
国务院	State council	3	63	5183759
国务院主管部门	Department under the state council	2	1	6
省级人民政府	Provincial government	6	33	21898
省级政府主管部门	Department under provincial goverment	86	578	3551008
其他	Others			
按集团主营业务分	**Grouped by sector**			
农、林、牧、渔业	Farming forestry animal husbandry,fishery	3	26	17516
采掘业	Excavation	3	37	337230
制造业	Manufacturing	39	199	7186942
电力、煤气及水的生产和供应业	Electricpower,gas and water production and supply	3	14	8237
建筑业	Construction	3	33	152399
运输邮电业	Transportion,past and telecommunication	6	32	70884
批零贸易餐饮业	Wholesale,retrail and catering	22	213	813736
金融保险业	Banking and in surance			
房地产业	Real estate	9	40	49498
其他	Others	9	81	120229
按母公司登记注册类型分	**Grouped by type of registered**			
国有企业	State owned	17	185	3188684
国有独资公司	State owned(sole)	27	135	1239679
其他有限责任公司	Other limited company	27	211	554688
股份有限公司	Share holding	19	77	1860972
其他	Other	7	67	1912648
按母公司控股情况分	**Grouped by equity**			
国有绝对控股	State absolute equity	58	477	8244678
国有相对控股	State relatine equity	6	26	74639
集体绝对控股	Collectine absolute equity	7	35	198790
集体相对控股	Collectine relatative equity	1	6	31850
其他	Others	25	131	206714
按资产规模分	**Grouped by size of assets**			
10亿元以上	Above 1 billon yuan	21	225	8089420
1亿元－10亿元	100100 millon－1 billon yuan	61	417	639912
5000万元－1亿元	50100 millon－100 millon yuan	8	23	25142
5000万元以下	Under 50 100 millon yuan	7	10	2197
按营业收入分	**Grouped by revenue**			
100亿元以上	Alone 10 billons yuan	1	30	4892005
50亿元—100亿元	5 billons－10billons yuan			
20亿元—50亿元	2 billons－5billons yuan	3	52	1667863
10亿元—20亿元	1 billon－2billons yuan	6	73	967118
1亿元—10亿元	100 milons－1billons yuan	29	228	1064452
5000万元—1亿元	50 100 millon－100 millon yuan	11	50	74476
1000万元—5000万元	10 100 millon－50 millon yuan	33	202	87984
1000万元以下	under 10 100 millon yuan	14	40	2773
按利润总额分	**Groped by profits**			
10亿元以上	Above 1 billon yuan	1	30	4892005
5亿元—10亿元	500 100 millon－1 billon yuan			
1亿元— 5亿元	100 millon－500 millon	5	53	934615
5000万元—1亿元	50 100 millon－100 millon	6	61	744433
1000万元—5000万元	10100 millon－50 millon	19	198	1321605
1000万元以下	Under 10 100 millon yuan	66	333	864013

Statistics on Enterprises Group(2000)

unit:10000 yuan

从业人员（人） Employment	年末资产总计 Total assets	年末负债合计 Liabilities	年末股东权益合计 Creditors equity	股本（实收资本） Capital hold	主营业务收入 Revenue	利润总额 Profits
442443	**15140902**	**9210872**	**4917474**	**2134312**	**7159120**	**347347**
197661	6414619	4744619	1100847	620169	4196586	187173
14	689	899	-210	1500	6	-41
4309	155301	86277	69024	52138	21898	847
240459	8570293	4379077	3747813	1460505	2940630	159368
5932	65581	53295	12286	15814	10128	2540
145436	963068	586834	334995	256022	336875	10336
250440	10630125	7035572	2628410	1458549	5753983	279511
4773	84243	28376	55867	22293	11210	2381
4925	54820	32776	22044	18111	41601	733
3094	151634	124543	27091	31148	19645	-5934
21051	1256846	987843	267322	177892	792359	40991
2919	344949	262822	78744	71811	43456	-1451
3873	1589636	98811	1490715	82672	149863	18240
141723	6336292	4816828	992031	562629	4156506	170156
249473	6592591	3265438	2876924	1059353	2300140	82415
22039	660952	373334	272173	177652	164914	3317
23573	1260881	595358	646074	221786	369588	83000
5635	290186	159914	130272	112892	167972	8459
408373	13546287	8454782	4096264	1747128	6651257	260549
8418	328428	154001	171153	68758	74064	15622
10392	537087	244222	292159	140195	198790	12636
1313	26148	14658	11490	3568	28515	1326
13947	702952	343209	346408	174663	206494	57214
370182	13131100	7900048	4234665	1606112	6499942	319931
66917	1935790	1248804	674017	502889	632103	30171
5157	67359	56303	7856	22423	25142	-2746
187	6653	5717	936	2888	1933	-9
120823	5474091	4018479	984044	442452	3904832	206474
39809	1525982	1083170	382911	355552	1123741	32155
164861	3928415	1610538	1919837	386423	944037	20798
75567	2994835	1680544	1242637	597453	1025991	98213
10732	292897	163640	129257	95313	69259	2469
28803	764485	543185	217847	198878	88750	-8735
1848	160197	111316	40941	58141	2510	-4027
120823	5474091	4018479	984044	442452	3904832	206474
12523	3100195	1046553	1832688	148545	934615	100037
93633	1712220	865057	661472	350729	702894	47965
75861	1669838	898888	710122	489015	792073	45222
139603	3184558	2381895	729148	703571	824706	-52351

19－16 大中型改制工业企业主要经济指标(1999)

单位:万元

项目	Item	单位数(个) Enterprises	年末资产总计 Total assets	累计对外投资 Investment	流动资产年平均余额 Circulating funds
总计	**Total**	**185**	**11786879**	**212816**	**4435352**
按改制主管部门分	**Grouped by administrative affairs**				
国家经贸委	State economic and trade commission	6	963524	137665	365815
国家体改委	State reform commission	2	34840		23934
省级经贸委	Province economic and trade commission	31	5860752	13468	2068631
省级体改委	Province reform commission	40	1510788	51381	662649
企业主管部门	Administrative affairs	61	1177113	6310	362639
其他	Others	45	2239862	3992	951684
按控股情况分	**Grouped by equity**				
国有绝对控股	State absolute equity	82	8566702	149948	3043523
国有相对控股	State relative equity	24	829371	52412	320448
集体绝对控股	Collective absolute equity	12	248422	2320	141709
集体相对控股	Collective relative equity	3	45419		30317
其他	Others	64	2096965	8136	899355
按企业规模分	**Grouped by size of enterprises**				
特大型	Special large type	4	4932895		1577802
大型	Large type	73	5427881	190216	2154041
中型	Middle type	108	1426103	22600	703509
小型	Small type				
其他	Others				
按登记注册类型分	**Grouped by type of registered**				
国有企业	State owned				
国有独资公司	State owned(sole)	34	2161162	137901	861408
其他有限公司	Other limited company	50	643299	8803	251121
股份有限公司	Share holding	63	6958440	65603	2532678
其他	Others	38	2023978	509	790145

Main economic Indicators of Large and Middle Type Industrial Interprises(1999)

unit:10000 yuan

年末负债合计 Liabilities	流动负债 liquid liabilities	年末股东(所有者)权益合计 Creditors equity	股本(实收资本) Capital hold	利润总额 Profits	主营业务收入 Revenue			其他业务收入 Other revenue
						#主营业务成本 Cost	#主营业务税金及附加 Tax and added	
6993399	**4753776**	**4793480**	**2298718**	**248205**	**6599360**	**5251711**	**205205**	**330523**
542185	467657	421339	183919	33660	748840	644763	18048	30029
24157	21040	10683	6722	251	22499	19434	5	-39
3870044	2236601	1990708	613203	-49747	2973977	2426352	88619	240953
627334	489478	883454	467964	79265	564109	385470	11365	36558
676455	568465	500658	385734	956	466480	381947	8878	4794
1253224	970535	986638	641176	183820	1823455	1393745	78290	18228
5289708	3394103	3276994	1373826	828	4490738	3717237	132611	309423
349867	287028	479504	250518	57834	416631	307759	3965	2017
68288	62736	180134	56883	16375	82084	44053	1812	2497
33202	25989	12217	5656	581	34861	28439	153	2
1252334	983920	844631	611835	172587	1575046	1154223	66664	16584
3263369	1689873	1669526	416935	-65701	2624828	2145009	86037	242075
3037897	2504884	2389984	1513771	263102	3373212	2145009	108466	82958
692133	559019	733970	368012	50804	601320	419033	10702	5490
1383953	1160109	777209	425830	-13835	956000	823881	23548	83778
429101	334692	214198	136535	14456	255152	183113	3802	1532
3991256	2329063	2967184	1013207	108078	3778454	2984451	118013	228568
1189089	929912	834889	723146	139506	1609754	1260266	59842	16644

19 – 16 续表

单位:万元

项目	Item	存货跌价损失和营业、管理、财务费用合计 Loss and Cost	营业外收入 Other revenue	应缴增值税 Taxadded	固定资产投资完成额 Fixed assets
总　　计	**Total**	**863384**	**24077**	**318595**	**487243**
按改制主管部门分	**Grouped by administrative affairs**				
国家经贸委	State economic and trade commission	54530	4811	35229	64475
国家体改委	State reform commission	2887	4	73	
省级经贸委	Province economic and trade commission	427442	2313	122050	199454
省级体改委	Province reform commission	105043	1328	48168	74402
企业主管部门	Administrative affairs	93381	1965	20974	23386
其他	Others	180101	13656	92101	125526
按控股情况分	**Grouped by equity**				
国有绝对控股	State absolute equity	585095	7740	182051	318882
国有相对控股	State relative equity	58531	3051	26192	103318
集体绝对控股	Collective absolute equity	18190	17	9677	18873
集体相对控股	Collective relative equity	5563	110	1103	930
其他	Others	196005	13159	99572	45240
按企业规模分	**Grouped by size of enterprises**				
特大型	Special large type	370218	350	106168	140897
大型	Large type	367679	20709	171288	301485
中型	Middle type	125487	3018	41139	44861
小型	Small type				
其他	Others				
按登记注册类型分	**Grouped by type of registered**				
国有企业	State owned				
国有独资公司	State owned(sole)	144251	2753	35158	109496
其他有限公司	Other limited company	47996	1017	13883	39411
股份有限公司	Share holding	505143	8118	184925	270881
其他	Others	165994	12189	84629	67455

continued

unit:10000 yuan

研究开发费用 Reseach and development	从业人员（人） Enploy ment	在岗职工 Staff and workers	其他人员 Others	离职人员（人） Retired person	从业人员劳动报酬 Wages	在岗职工 Staff and workers	其他人员 Others	离职人员生活费 Pension
26629	**323927**	**317967**	**5960**	**22113**	**286444**	**281261**	**5183**	**4735**
3909	27496	27204	292	1712	28863	28693	170	591
	1614	1602	12	392	792	782	10	57
10323	131128	127013	4115	7604	116551	114833	1718	1901
10095	53994	53552	442	3146	44227	44141	86	483
1007	67547	67412	135	6938	43655	43519	136	955
1295	42148	41184	964	2321	52356	49293	3063	748
14963	237711	233340	4371	16201	206607	204705	1902	3499
2109	31217	30156	1061	834	24991	24602	389	270
4288	10638	10364	274	106	8589	8552	37	45
140	3181	3181		411	1972	1972		80
5129	41180	40926	254	4561	44285	41430	2855	841
4524	79127	75133	3994	282	83095	81421	1674	
15493	173421	172897	524	14037	151888	148785	3103	3363
6612	71379	69937	1442	7794	51461	51055	406	1372
6783	106893	106876	17	12056	73304	73295	9	2665
1021	36186	36172	14	4531	27351	27275	76	737
18279	157865	152051	5814	4756	149610	147311	2299	937
546	22983	22868	115	770	36179	33380	2799	396

19－17 大中型改制工业企业主要经济指标(2000)

单位:万元

项目	Item	单位数(个) Enterprises	年末资产总计 Total assets	累计对外投资 Investment	流动资产年平均余额 Circulating funds
总计	**Total**	**185**	**12853089**	**312259**	**4797233**
按改制主管部门分	**Grouped by Administrative affairs**				
国家经贸委	State economic and trade commission	6	1115182	161958	404285
国家体改委	State reform commission	2	34651		24409
省级经贸委	Province economic and trade commission	31	5893764	14947	2114491
省级体改委	Province reform commission	40	2036760	118949	751703
企业主管部门	Administrative affairs	61	1214969	11845	423480
其他	Others	45	2557763	4560	1078865
按控股情况分	**Grouped by equity**				
国有绝对控股	State absolute equity	82	9015650	161482	3337446
国有相对控股	State relative equity	24	1032885	98788	314926
集体绝对控股	Collective absolute equity	12	342766	2320	183107
集体相对控股	Collective relative equity	3	44331		30745
其他	Others	64	2417457	49669	931009
按企业规模分	**Grouped by size of enterprises**				
特大型	Special large type	4	5196660		1728393
大型	Large type	73	5973750	235286	2350903
中型	Middle type	108	1682679	76973	717937
小型	Small type				
其他	Others				
按登记注册类型分	**Grouped by type of registered**				
国有企业	State owned				
国有独资公司	State owned(sole)	34	2250747	143415	917407
其他有限公司	Other limited company	50	692023	6662	279106
股份有限公司	Share holding	63	7779843	161725	2710699
其他	Others	38	2130476	457	890021

Main Economic Indicators of Large and Middle Type Industrial Enterprises(2000)

unit:10000 yuan

年末负债合计 Liabilities	流动负债 liquid liabilities	年末股东(所有者)权益合计 Creditors equity	股本(实收资本) Capital hold	利润总额 Profits	主营业务收入 Revenue	#主营业务成本 Cost	#主营业务税金及附加 Tax and added	其他业务收入 Other revenue
7229907	**5209009**	**5623182**	**2601593**	**435431**	**8119659**	**6456707**	**247674**	**313199**
612957	496196	502225	301673	29735	927259	767048	20119	55732
22320	20377	12331	6722	1046	29055	25220	9	-8
3867143	2487849	2026621	640923	-39939	3349229	2865179	91398	201739
764325	603391	1272435	545612	103557	650387	438139	11620	12215
693595	575244	521374	383908	10847	600204	488668	10817	8767
1269567	1025952	1288196	722755	330185	2563525	1872453	113711	34754
5407758	3726266	3607891	1517094	34802	5191195	4424905	138168	280812
387176	318648	645708	270022	54396	499738	382394	4267	2169
97503	87728	245263	91171	15732	127292	82580	4809	618
30232	24309	14099	5659	889	41858	30173	75	3
1307238	1052058	1110221	717647	329612	2259576	1536655	100355	29597
3280608	1969936	1916052	439416	-73663	2796064	2409852	87156	178107
3097015	2515412	2876735	1758088	419046	4498049	3452181	146064	126841
852284	723661	830395	404089	90048	825546	594674	14454	8251
1396860	1120651	853887	623017	9705	1114701	976041	27390	87222
421525	318358	270497	181616	22206	359108	278486	4871	5806
4252305	2821564	3527537	1066953	114374	4357921	3560011	120408	191650
1159217	948436	971261	730007	289146	2287929	1642169	95005	28521

单位:万元

项目	Item	存货跌价损失和营业、管理、财务费用合计 Loss and Cost	营业外收入 Other revenue	应缴增值税 Tax added	固定资产投资完成额 Fixed assets
总　　计	**Total**	**970979**	**18952**	**276149**	**505960**
按改制主管部门分	**Grouped by Administrative affairs**				
国家经贸委	State economic and trade commission	84581	2375	39179	69459
国家体改委	State reform commission	2249	5	82	
省级经贸委	Province economic and trade commission	394234	3086	115172	236134
省级体改委	Province reform commission	126506	7489	51785	50641
企业主管部门	Administrative affairs	99448	2965	25999	14753
其他	Others	263961	3032	43932	134973
按控股情况分	**Grouped by equity**				
国有绝对控股	State absolute equity	580026	9456	188866	371664
国有相对控股	State relative equity	72234	4254	26703	93881
集体绝对控股	Collective absolute equity	22703	1314	7517	7224
集体相对控股	Collective relative equity	4967	9	981	48
其他	Others	291049	3919	52082	33143
按企业规模分	**Grouped by size of enterprises**				
特大型	Special large type	331084	5456	98398	199963
大型	Large type	495735	9065	137008	256730
中型	Middle type	144160	4431	40743	49267
小型	Small type				
其他	Others				
按登记注册类型分	**Grouped by type of registered**				
国有企业	State owned				
国有独资公司	State owned(sole)	151225	4672	41755	90813
其他有限公司	Other limited company	50378	983	13350	15027
股份有限公司	Share holding	513572	9306	180287	319887
其他	Others	255804	3991	40757	80233

continued

unit:10000 yuan

研究开发费用 Reseach and deve lopment	从业人员（人） Employ ment	在岗职工 Staff and workers	其他人员 Others	离职人员（人） Retired person	从业人员劳动报酬 Wages	在岗职工 Staff and workers	其他人员 Others	离职人员生活费 Pension
33678	**313076**	**302257**	**10819**	**27640**	**327815**	**318243**	**9572**	**6447**
3884	28436	28065	371	1663	32624	32412	212	655
	1549	1543	6	503	875	868	7	89
10745	123476	114553	8923	10178	133301	127401	5900	2743
10202	51836	51654	182	3547	52369	52317	52	567
1731	64553	64407	146	9743	48574	48398	176	1811
7116	43226	42035	1191	2006	60072	56847	3225	582
17300	223549	214303	9246	21388	228551	222388	6163	5200
2439	34398	33191	1207	946	28516	28145	371	277
3966	12087	12086	1	213	10052	10051	1	44
44	3003	3003		598	2044	2044		130
9929	40039	39674	365	4495	58652	55615	3037	796
6447	73995	65233	8762	258	97406	91545	5861	
14895	170006	169302	704	18698	171001	167695	3306	4775
12336	69075	67722	1353	8684	59408	59003	405	1672
9261	98313	98305	8	17324	74639	74632	7	4163
6211	33411	33298	113	4479	26270	26198	72	869
17672	155544	144967	10577	4819	178522	172013	6509	1053
534	25808	25687	121	1018	48384	45400	2984	362

19－18　全省上市公司主要经济指标一览表(2000)

企业名称 Name of enterprises		上市日期 Date on the market	股本结构(万股)Structure	
			总股本 Total stock	流通股 Liquid stock
长春高新技术产业股份有限公司	Changchun high－technical industry limited company	96.12.18	20133	7979
长春长铃实业股份有限公司	Changchun Changling group limited company	96.03.18	28689	11976
高斯达股份有限公司	Gao star limited company	93.08.09	14033	8605
吉林亚泰(集团)股份有限公司	Jilin Yatai Group limited	95.11.15	41076	17920
长春一汽四环汽车股份有限公司	China FAW group sihuang vehicle limited company	96.08.26	18320	8600
长春百货大楼集团股份有限公司	Changchun general store building group limited	94.04.25	18274	8408
长春欧亚集团股份有限公司	Changchun Europed Asia group limited	93.12.06	12274	5880
兰宝信息股份有限公司	Changchun lanhao limited company	96.11.22	14501	6300
长春热缩材料股份有限公司	Changchun thermal shrinking meterial limited company	97.10.07	11565	3900
长春北方五环实业股份有限公司	Changchun Beifang wuhang limited company	96.07.15	28896	10617
吉林轻工集团股份有限公司	Jilin light industry group limited	93.12.15	16951	6774
一汽轿车股份有限公司	FAW group car limited company	97.06.18	162750	54600
长春一东离合器股份有限公司	Changchun Yidong clutch limited company	98.05.20	7483	2000
吉林森工股份有限公司	Jilin forestry industry limited company	98.10.07	28500	8500
长春经济开发区股份有限公司	Changchun economic developing area limited company	99.09.09	25500	7500
东北高速集团股份有限公司	Northest highway group limited	99.07.21	109000	34000
吉发农业开发集团股份有限公司	Jifa agricultural developing group limited	96.04.08	23491	11399
吉林恒和制药股份有限公司	Jilin Henghe medicine limited company	93.12.15	13564	6805
中讯科技股份有限公司	Zhong xun science－tech limited company	96.12.10	6167	1600
吉林化纤股份有限公司	Jilin chemical fibre group limited	96.08.02	33125	11937
吉林纸业股份有限公司	Jilin papermaking group limited	97.04.08	35256	9360
吉林炭素集团股份有限公司	Jilin carbon group limited	99.03.12	28290	9000
吉林化学工业股份有限公司	Jilin chemical industry group limited	96.10.15	341108	101478
辽源得亨股份有限公司	Liaoyuan Deheng limited company	93.12.06	13243	5999
通化金马药业股份有限公司	Tonghua Jinma medicine limited company	97.04.30	29934	10400
通化东宝药业股份有限公司	Tonghua Dongbao medicine limited company	94.08.24	32449	15770
吉林敖东药业集团股份有限公司	Jilin Aodong medicine group limited	96.10.28	19547	4908
延边公路建设股份有限公司	Yanbian highway construction limited company	97.06.11	12274	4659
物华股份有限公司	Wuhua limited company	2000.11.23	11000	3500
长春燃气股份有限公司	Changchun gas limited company	2000.12.11	23914	6000

Summary for Number of Listed companies(2000)

re of capital stock(10000 share)			每股收益（元）Dividend a stock	每股净资产（元）Netassets a share	总资产（万元）Total assets	股东权益（万元）Creditors equity	主营业务收入（万元）Revenue	净利润（万元）Net prafit
国家股 Statestock	法人股 Legal porson stock	其他 Others						
	12153	1	0.230	3.640	118592	47783	31406	3079
14855	1698	160	0.230	2.520	119811	72177	40930	6618
604	4824		0.213	1.155	31569	16213	3622	2984
19882	3274		0.370	3.630	403322	172511	105534	17435
5565	4155		0.520	4.570	124780	96716	83703	10995
5687	3995	184	0.130	2.000	71554	36581	33719	2418
4307	1475	612	0.360	3.560	67564	43638	60478	4415
5801	2400		0.300	4.203	117665	72155	26920	5157
4264	3250	151	0.400	3.220	53104	37222	8963	4631
3194	15070	15	-0.586	1.118	80375	32296	5733	-16938
1756	6692	1729	-0.784	-0.566	39602	-9600	5990	-13290
	108150		0.176	3.010	674070	489201	315176	28604
	5483		0.085	1.440	32030	19342	15399	1150
	20000		0.340	3.730	166068	115708	54358	10457
11720		6280	0.470	4.850	215644	148298	67711	14262
75000			0.177	2.341	414591	284065	34436	21442
8698	11959		-0.048	2.790	183628	65626	103906	-1119
2865	3889	5	0.036	1.200	34064	16307	14900	487
	3868	699	0.140	1.160	13876	7178	4754	848
14511	3672		0.130	3.130	212312	118381	86540	4831
19656	1092	5148	0.190	3.280	276673	130987	111732	7480
	16285	3005	0.150	3.530	215396	99745	71671	4207
239630			0.250	1.600	1771071	568725	1384672	-87877
4126	3118		0.293	1.770	56659	28746	22762	4659
6846	4092	8596	0.809	3.530	225784	105640	50419	24191
	16679		0.143	4.360	146911	141794	19908	4631
6188	3721	4730	0.354	4.600	143267	107474	31418	8262
3262	2800	1553	0.159	2.180	75751	40159	12552	2931
	4800		0.160	2.920	42881	32173	11981	1749
14400			0.180	2.780	84215	65201	27881	4356

市（州）和县（市）概况

GENERAL SURVEY OF CITY AND COUNTY

20

统计资料

STATISTICS

20－1　城市社会经济基本情况(2000)

		单位 Unit
一、人口、劳动力及土地面积	**Population, employment and territory**	
年末总人口	Population	万人 10000persons
# 非农业人口	Non－agrciltural population	万人 10000persons
年平均人口	Average population	万人 10000persons
暂住人口（一个月以上）	Temporary population	万人 10000persons
年出生人口	Birth population	人 person
年死亡人口	Death Population	人 person
年末总户数	Households	万户 1000households
年末单位从业人员数	Employment	万人 10000persons
第一产业（农、林、牧、渔业）	Primary industry	万人 10000persons
第二产业	Secondary industry	万人 10000persons
（1）采掘业	excavating and	万人 10000persons
（2）制造业	Manufacturing	万人 10000persons
（3）电煤水的生产和供应业	Production and supply of electricity gas and water	万人 10000persons
（4）建筑业	Construction	万人 10000persons
第三产业	Tertiary industry	万人 10000persons
（1）地质勘查业、水利管理业	Geological prospecting and water conservancy	万人 10000persons
（2）交通运输储及邮电通信业	Transport storage, post and telecommunication	万人 10000persons
（3）批发和零售贸易、餐饮业	Wholesale and retail trade and catering	万人 10000persons
（4）金融、保险业	Banking and insurance	万人 10000persons
（5）房地产业	Real estate	万人 10000persons
（6）社会服务业	Social Services	万人 10000persons
（7）卫生体育和社会福利业	Health care, sports and social Welfare	万人 10000persons
（8）教育文化艺术广播电影	Education, Culture, art, radio and film	万人 10000persons
（9）科研和综合技术服务业	Scientific reseach and poly technical services	万人 10000persons
（10）国家政党机关和社团	Government agencies, party and organizations	万人 10000persons
（11）其他行业	Others	万人 10000persons
城镇个体从业人员	Individual employment	人 person
年末城镇登记失业人员数	Unemployment	人 person
行政区域土地面积	Territory of administrative areas	平方公里 sq. km
# 建成区面积	Urban district	平方公里 sq. km
二、综合经济	**Macroeconomic indicators**	
（一）国内生产总值（当年价格）	Gross domestic product(current	万元 1000yuan
第一产业增加值	Primary industry	万元 1000yuan
第二产业增加值	Secondary industry	万元 1000yuan
# 工业增加值	Industry	万元 1000yuan
第三产业增加值	Tertiary industry	万元 1000yuan
（二）财政、金融、保险	Public finance, banking and insurance	
中央财政预算内收入	Central government revenue	万元 10000yuan
地方财政预算内收入	Local government revenue	万元 10000yuan
地方财政预算内支出	Local government expenditures	万元 10000yuan
# 科学事业费支出	Scientific reseach	万元 10000yuan
教育事业费支出	Education	万元 10000yuan
年末金融机构存款余额	Deposits of banking system	万元 10000yuan
# 城乡居民储蓄年末余额	Saving deposits	万元 10000yuan
年末金融机构各项贷款余额	Loans of banking system	万元 10000yuan
承保额	Amount Insured	万元 10000yuan
保费	Premium	万元 10000yuan
已决赔款	Claim and payment	万元 10000yuan

注：各市财政收入包括省和国家返回部分。

Basic Statistics On Urban Social And Economic Indicators(2000)

长春市 Changchun		吉林市 Jilin		四平市 Siping		辽源市 Liaoyuan	
全市 Total	市区 District	全市 Total	市区 District	全市 Total	市区 District	全市 Total	市区 District
699.64	292.83	431.67	179.34	322.88	46.82	124.28	44.82
287.84	217.01	208.38	124.36	117.24	38.89	57.09	38.81
695.43	289.73	430.84	160.87	322.58	46.68	124.25	44.89
14.50	11.40	1.58	0.67	2.70	0.89	0.25	0.09
72167	35680	39158	15381	30867	6292	17483	5820
38603	18859	28829	14000	17633	3757	9726	2925
195.56	86.31	124.68	53.02	96.59	16.20	37.40	14.21
98.24	78.73	52.37	33.19	30.45	9.82	12.95	8.41
2.00	0.65	1.37	0.21	3.45	0.08	0.49	0.03
43.64	40.60	29.28	21.08	9.05	4.61	6.41	5.59
0.80	0.78	3.93	0.10	0.53	0.08	2.65	2.65
34.57	32.30	19.68	16.33	6.58	3.49	2.97	2.31
2.04	1.64	1.31	0.96	0.90	0.46	0.33	0.27
6.23	5.88	4.36	3.68	1.03	0.58	0.46	0.36
52.60	37.48	21.72	11.89	17.96	5.13	6.05	2.79
0.96	0.48	0.23	0.03	0.56	0.19	0.08	0.02
4.98	2.63	1.31	0.67	2.43	0.38	0.51	0.21
8.93	6.58	3.66	1.40	3.10	0.73	1.03	0.31
2.69	1.98	1.46	0.88	0.98	0.38	0.49	0.35
1.43	1.25	0.41	0.34	0.31	0.11	0.04	0.03
5.99	5.46	2.10	1.80	0.91	0.56	0.38	0.31
4.09	2.86	2.18	1.30	1.78	0.57	0.59	0.31
13.88	8.68	5.79	2.80	4.78	1.12	1.60	0.54
2.89	2.77	0.32	0.23	0.48	0.14	0.09	0.06
6.02	4.11	3.86	2.18	2.60	0.94	1.12	0.57
0.74	0.68	0.39	0.26	0.03	0.01	0.12	0.08
436499	218275	283007	169161	212837	187280	84741	28909
30348	15642	30789	16360	24688	7875	20194	8078
18881	3603	27120	1995	14080	550	5139	206
	159		109		38		30
8609987	6181598	4012862	2386943	1566265	403294	671146	292972
1230002	216553	642619	153385	632418	10609	190547	10097
3722972	3055518	1595672	1110838	399050	201763	209351	102844
3180015	2606140	1315000	977057	310142	160859	178419	86232
3657013	2909527	1774571	1122720	534797	190922	271248	180031
456631	435157	197613	137567	55487	17733	10166	6114
303609	259948	138477	110164	53299	29189	21635	13686
510892	414305	240498	170878	120266	43941	49630	27407
1078	1016	1283	1209	412	245	112	85
77929	44738	43135	23097	29800	8585	11486	4506
10132089	9007692	3761870	2726893	1286801	574869	612833	400649
5336997	4370015	2875611	1983249	1108185	510291	510058	315984
12437765	10208179	3743186	2560099	2209710	743023	906592	525061
12915205	11982838	6402413	4212872	1932532	1078608	828550	553663
89780	73233	40013	26184	242450	232815	8353	5084
28449	22773	6892	3732	11238	9731	1770	1031

		单位 Unit
三、农　　业	**Agriculture**	
年末实有耕地面积	Cultivated areas(year－end)	千公顷 kha
蔬菜产量	Vegetable	吨 ton
肉类总产量	Meat	吨 ton
奶类产量	Milk	吨 ton
水产品产量	Aquatic product	吨 ton
四、工　　业	**Industry**	
（国有及销售收入500万元以上的非国有）工业经济指标	Indicators of state owned	
工业企业数	Enterprises	个 unit
# 内资企业	Domestic funds	个 unit
港、澳、台商投资企业	Funded from HongKong,Macao and Taiwan	个 unit
外商投资企业	Foreign funds	个 unit
工业总产值（当年价）	Gross industrial output value(current)	万元 10000yuan
# 内资企业	Domestic funds	万元 10000yuan
港、澳、台商投资企业	Funded from HongKong,Macao and Taiwan	万元 10000yuan
外商投资企业	Foreign funds	万元 10000yuan
从业人员年平均人数	Employment	万人 10000person
流动资产年平均余额	Circulating funds	万元 10000yuan
固定资产净值年平均余额	Balance of net value of fixed assets	万元 10000yuan
产品销售收入	Sales revenue	万元 10000yuan
# 产品销售税金及附加	sales tax and extra charges	万元 10000yuan
本年应交增值税	Added tax payable	万元 10000yuan
利润总额	Profits	万元 10000yuan
五、交通运输、邮电通信、电力	**Tramsport,post,telecommunication and power**	
铁路客运量	Passenger traffic fonrailway	万人 10000person
铁路货运量	Freight traffic on railway	万吨 10000ton
公路客运量	Passenger traffic on highway	万人 10000person
公路货运量	Freight traffic on highway	万吨 10000ton
水运客运量	Passenger traffic on waterway	万人 10000person
水运货运量	Freight traffic on waterway	万吨 10000ton
民用航空货邮运量	Freight in airway	吨 ton
民用航空客运量	Passenger in airway	人 person
年末邮电局（所）数	Post and telecommunication offices	处 unit
本地电话用户数	Local telephone subscribers	万户 10000sub
年末移动电话用户数	Mobile telephone subscribers	户 sub
国际互联网用户数	Subscribers of internet service	户 sub
全年用电量	Electricity consumption	万千瓦时 10000kwh
# 工业用电	In which:industry	万千瓦时 10000kwh
城乡居民生活用电	Residential con sumption	万千瓦时 10000kwh
六、贸易、外经、旅游	**Trade,economic cooperation and tourism**	
批发零售贸易业商品销售总额	Whole sale and retail trade	万元 10000yuan
限额以上批发零售贸易企业	Number of enterprises	个 unit
外国和港澳台地区在华直接投资	Funded from Hongkong,Macao and Taiwan	
当年新签项目（合同）个数	New projects	个 unit
当年合同外资金额	Amount of foreign funds for contracts	万美元 10000
当年实际使用外资金额	Amount of actuallg used	万美元 10000
已投产（开业）企业数	Enterprises going into operation	个 unit
从业人员数	Employment	人 person
国际旅游者人数	Tourist	人 person

continued

长春市 Changchun		吉林市 Jilin		四平市 Siping		辽源市 Liaoyuan	
全市 Total	市区 District	全市 Total	市区 District	全市 Total	市区 District	全市 Total	市区 District
1094		392		606		145	
2482975		1636340		1440039		257697	
919032		312516		482197		94981	
40418		24470		45158		4229	
19710		24470		6810		2414	
577	471	479	265	327	131	164	109
498	399	440	237	308	122	163	108
21	20	12	8	6	4		
58	52	27	20	13	5	1	1
7497110	7025346	4089784	3684651	808112	411033	279644	219655
5014131	4817323	3877544	3491271	658592	357942	278544	218555
303185	303185	73115	71924	97878	26831		
2179794	1904838	139125	121456	51642	26260	1100	1100
35	31	29	21	10	5	7	6
5211749	4980326	3357224	3045247	649800	292465	367298	289264
3836004	3616141	4479072	4102133	869222	389986	345766	295910
7716689	7276944	3431001	3047519	811730	406718	244203	197957
158335	150661	71313	65134	14064	10526	2433	1848
411047	403990	125479	111715	54242	28541	11269	9066
455300	452946	73984	39550	-16229	-6840	-1642	499
1937.00		872.21		517.23		105.14	
1357.00		1418.00		330.00		175.00	
4622		2307		2292		1382	
8910		2565		2364		1180	
		35				3	
		24.00					
14739		133					
526951		27627					
559	272	186	64	181	38	74	21
102	82	56	43	31	11	22	11
879000	783435	314486	219903	124013	45087	51457	34491
30777	30000	13664	13664	11515			
711779	600550	826162	656593	238823	52698	85670	49967
461131	419438	657689	466722	141238	38738	61030	38482
129600	84176	83151	37976	50466	13960	17553	7021
1945268	1672930	719289	590194	171825		74415	44649
151	124	64	44	43		19	12
136	136	52	50	10	4	6	6
54094	49809	9264	9264	3652	2554	412	220
14383	12438	5114	5114	511	452	175	27
689	652	189	182	36	13	26	16
47452	36848	22034	21614	3250	2781	3478	2075
55734		17217		86		49	

20－1 续表 2

		单位 Unit
外国人	Foreigners	人 person
港、澳、台同胞	Compatriots from Hongkong Macao and Taiwan	人 person
国际旅游收入	Income of tourism	万美元 10000
七、固定资产投资	**Investment infired assets**	
固定资产投资完成额	Investment	万元 10000yuan
# 住宅	Inwhich：housing	万元 10000yuan
房地产开发投资完成额	Real esta	万元 10000yuan
# 住宅	Housing	万元 10000yuan
全年新增固定资产	Neuly increased fixed assets	万元 10000yuan
本年施工住宅面积	Floor space of housings under construction	万平方米 10000sq.m
本年竣工住宅面积	Floor space of housings completed	万平方米 10000sq.m
商品房屋销售面积	Floor space of commercial houses sold	万平方米 10000sq.m
# 销售给个人	to indivicual	万平方米 10000sq.m
商品房屋空置面积	Floor space of empty	万平方米 10000sq.m
商品房屋销售额	Amount of sold	万元 10000yuan
# 销售给个人	to individual	万元 10000yuan
八、文化、教育、卫生	**Education，culture and health care**	
学校数	Schools	
高等学校	University	所 unit
中等专业学校	Specialized secondary schools	所 unit
普通中学	Secondary schools	所 unit
小学	Primary schools	所 unit
专任教师数	Full time teachers	
高等学校	University	人 person
中等专业学校	Specialized secondary schools	人 person
普通中学	Secondary schools	人 person
小学	Primary schools	人 person
在校学生数	Students	
高等学校	University	人 person
中等专业学校	Specialized secondary schools	人 person
普通中学	Secondary schools	万人 10000person
小学	Primary schools	万人 10000person
成人高等教育学校在校学生	Adult schools	人 person
各类专业技术人员数	Sciontific and technical personnel	万人 10000person
# 中级技术职称以上	Above lecturer	万人 10000person
从事科技活动人员数	Scientific and technical personnel	人 person
剧场、影剧院数	Theaters and music halls	个 unit
公共图书馆图书藏量	Booksin libraries	千册、件 10000copies
医院、卫生院数	Hospitals	个 unit
医院、卫生院床位数	Bed in hospitals	张 bed
医生数	DOCTORS	人 person
九、人民生活	**People's livelihood**	
住宅建筑面积	Floorspace of building constrncted	万平方米 10000sq.m
住宅使用面积	Floor space of building used	万平方米 10000sq.m
居住人口（与面积口径一致）	Population	万人 10000person
在岗职工平均人数	and workers	万人 10000person
在岗职工工资总额	Wayes	万元 10000yuan
居民人均可支配收入	Per capita in come	元 yuan
居民人均消费支出	Per capita expenditures for consumption	元 yuan

continued

长春市 Changchun		吉林市 Jilin		四平市 Siping		辽源市 Liaoyuan	
全市 Total	市区 District	全市 Total	市区 District	全市 Total	市区 District	全市 Total	市区 District
48009		14931		74		42	
7725		2286		12		7	
2261		454		3		3	
1602510	1487993	1035257	786640	354998	143402	126725	112472
105884	89327	49659	16044	12920	4567	2138	1588
272771	267441	180677	158032	42931	37574	16190	15960
208837	199587	94957	79872	24863	21454	14278	14078
1244079	1122363	587947	408832	456487	90050	53942	46481
384.87	352.31	146.57	120.69	75.73	54.17	4.91	2.48
238.27	213.31	101.89	81.07	35.16	18.00	2.10	0.98
105.57	105.34	89.44	71.87	23.76	20.12	7.99	7.82
102.62	102.19	89.14	71.57	22.80	19.16	7.99	7.82
80.63	80.63	64.47	53.37	29.18	28.22	2.74	2.74
189311	188066	118537	101568	25149	21159	8949	8789
182920	181484	118134	101165	22434	18444	8949	8789
25	25	4	4	2	2	1	1
36	34	15	15	10	7	4	4
413	173	256	96	194	24	77	24
1886	470	1509	377	1262	62	562	61
12173	12173	2040	2040	1134	1134	160	160
2688	2186	1607	1607	860	593	225	225
23228	10892	13677	5879	10331	1927	4048	1311
38639	13947	22698	7521	17546	3042	7067	1800
127754	127754	22000	22000	9941	9941	246	246
46055	40069	26305	26305	12022	6986	4551	4551
37.70	16.11	24.87	9.94	16.46	2.51	6.24	2.19
65.22	22.02	37.66	13.86	30.93	3.70	10.55	3.57
29773	29773	3422	3422	361			
31.78	22.91	16.90	12.03	7.63	2.45	2.32	1.31
13.67	11.26	5.58	3.72	2.54	1.01	0.72	0.47
16012	15803	6869	5879	1079	845	1678	947
14	9	28	19	12	4	3	2
5053	4720	1396	1059	516	306	319	249
285	156	214	91	142	28	66	17
21748	17139	15176	9496	8748	3828	4438	2423
14983	10552	10232	6191	6798	2019	2182	1094
	4181		2188		592		526
	3119.80		1531.47		404.89		384.41
	217.01		128.00		39.20		38.82
97.88	77.52	52.80	33.61	30.20	9.55	13.08	8.32
954511	832897	432559	313752	172095	65784	73710	49875
	5568		5365		3831		3926
	5113		4458		2994		3588

		单位 Unit
#（1）食品	Food	元 yuan
（2）衣着用品	Clothing	元 yuan
（3）家庭设备用品及服务	Houeholc facilities, articles and services	元 yuan
（4）医疗保健	Medicine and medical service	元 yuan
（5）交通和通讯	Transporation and communications	元 yuan
（6）娱乐教育、文化服务	Recreation, education and cultural services	元 yuan
（7）居住	Residence	元 yuan
每百户拥有电冰箱	Refrigerators in 100 households	台 unit
每百户拥有家用电脑	Computer in 100 households	台 unit
居民消费价格指数	Consumer price index	
商品零售价格指数	Retail price in dex	
年末离休、退休、退职人员数	Persons retired	万人 10000person
离退休退职人员保险福利费用	Life in surance for persons retined	万元 10000yuan
社会福利院数	Welfare in stitutions	个 unit
社会福利院床位数	Beds in welfare in stitutions	张 bed
十、社会治安	**Dublic security**	
交通事故件数	Traffic accidents	件 case
刑事案件立案数	Criminal cases registered	件 case
犯罪人数	Crminal	人 person
十一、市政公用事业	**Urban public utilities**	
年末实有铺装道路面积	Area of paved roads	万平方米 10000sq.m
排水管道总长度	Length of sewer pipelines	公里 km
供水综合生产能力	Capcity of supply tap water	万吨/日 10000ton/day
全年供水总量	Supply of tap water	万立方米 10000 cu.m
生活用水量	Water for residential use	万立方米 10000 cu.m
用水人口	Population	万人 10000person
#非农业用水人口	Non－ogricultural population	万人 10000person
煤气（人工天然气）供气总量	Coal gas supply	万立方米 10000cu.m
#家庭用量	Residential use	万立方米 10000cu.m
用煤气人口	Population	人 person
液化石油气供气总量	Liquefied petrolum gas	吨 ton
#家庭用量	Residential use	吨 ton
用液化气人口	Population	人 person
年末公共汽（电）车营运车辆数	Public transportion vehicle	辆 unit
全年公共汽（电）车客运总量	Trafic personned	万人次 10000person/time
年末实有出租汽车数	Tai	辆 unit
园林绿地面积	Green areas	公顷 ha
#公共绿地面积	Pubic yreen areas	公顷 ha
建成区绿化覆盖面积	Green areas in urban	公顷 ha
环境污染治理投资额	Investmant in enviroment	万元 10000yuan
工业废水排放总量	Volume of industrial waste water disoharged	万吨 10000ton
工业废水处理排放达标量	Volume of industrial waste water up to the dischange	万吨 10000ton
工业废水处理量	Volume of industrial waste treated	万吨 10000ton
工业废水处理回用量	Volume of industrial waste water recovered after	万吨 10000ton
工业废水排放达标量	Treated waste water upto dischange standards	万吨 10000ton

continued

长春市 Changchun		吉林市 Jilin		四平市 Siping		辽源市 Liaoyuan	
全市 Total	市区 District	全市 Total	市区 District	全市 Total	市区 District	全市 Total	市区 District
	2151		1715		1217		1419
	559		463		452		565
	224		393		175		132
	490		321		208		222
	398		339		234		237
	501		662		365		486
	551		365		278		344
	77		83		56		61
	7		8		2		2
	98.8		99.0		96.3		98.5
	97.5		98.2		96.8		97.6
33.19	28.61	18.70	12.06	8.49	4.40	6.53	4.92
291467	268294	131409	90956	63901	43296	39143	28650
6	3	3	2	5	3	2	2
1180	940	760	640	710	590	350	350
7261	5459	3340	2481	1966	1016	1633	967
36335	24669	17468	17468	16579	3943	5448	2957
4188	2898	3187	3187	2021	873	1389	1017
	1491		753		183		172
	1605		671		111		113
	115		399		17		15
	29183		87286		2895		1940
	16929		5738		1385		963
	200.0		115.8		34.9		36.5
	197.1		113.8		34.9		35.5
	22315		3436		1543		
	11098		2585		473		
	1180000		130000		190000		
	30150		41632		3147		2670
	10329		41632		3102		2670
	465000		765000		100000		100000
	2767		942		191		285
	43159		12829		3419		669
	11039		6301		2160		1650
	5180		4790		786		687
	1580		675		142		145
	6058		3894		726		707
	71727		16076		1875		1771
	3049		17413		417		193
	1083		8287		103		3
	1880		12643		549		16
	797		4121		382		10
	2920		14602		217		160

		单位 Unit
一、人口、劳动力及土地面积	**Population,employment and territory**	
年末总人口	Population	万人 10000persons
# 非农业人口	Non－agricultural population	万人 10000persons
年平均人口	Average population	万人 10000persons
暂住人口（一个月以上）	Temporary population	万人 10000persons
年出生人口	Birth population	人 person
年死亡人口	Death Population	人 person
年末总户数	Households	万户 1000households
年末单位从业人员数	Employment	万人 10000persons
第一产业（农、林、牧、渔业）	Primary industry	万人 10000persons
第二产业	Secondary industry	万人 10000persons
（1）采掘业	Mining and quarring	万人 10000persons
（2）制造业	Manufacturing	万人 10000persons
（3）电煤水的生产和供应业	Production and supply of electricity gas and water	万人 10000persons
（4）建筑业	Construction	万人 10000persons
第三产业	Tertiary industry	万人 10000persons
（1）地质勘查业、水利管理业	Geological prospecting and water conservancy	万人 10000persons
（2）交通运输储及邮电通信业	Transport storage,post and telecommunication	万人 10000persons
（3）批发和零售贸易、餐饮业	Wholesale and retail trade and catering	万人 10000persons
（4）金融、保险业	Banking and insurance	万人 10000persons
（5）房地产业	Real estate	万人 10000persons
（6）社会服务业	Social Services	万人 10000persons
（7）卫生体育和社会福利业	Health care,sports and social Welfare	万人 10000persons
（8）教育文化艺术广播电影	Education,Culture,art;radio and film	万人 10000persons
（9）科研和综合技术服务业	Scientific reseach and polytechnical services	万人 10000persons
（10）国家政党机关和社团	Government agencies,party and organizations	万人 10000persons
（11）其他行业	Others	万人 10000persons
城镇个体从业人员	Individual empoyment	人 person
年末城镇登记失业人员数	Unemployment	人 person
行政区域土地面积	Territory of administrative areas	平方公里 sq.km
# 建成区面积	Urban district	平方公里 sq.km
二、综合经济	**Macroeconomic indicators**	
（一）国内生产总值（当年价格）	Gross domestic product(current	万元 1000yuan
第一产业增加值	Primary industry	万元 1000yuan
第二产业增加值	Secondary industry	万元 1000yuan
# 工业增加值	Industry	万元 1000yuan
第三产业增加值	Tertiary industry	万元 1000yuan
（二）财政、金融、保险	Public finance,banking and insurance	
中央财政预算内收入	Central government revenue	万元 10000yuan
地方财政预算内收入	Local government revenue	万元 10000yuan
地方财政预算内支出	Local government expenditures	万元 10000yuan
# 科学事业费支出	Scientific reseach	万元 10000yuan
教育事业费支出	Education	万元 10000yuan
年末金融机构存款余额	Deposits of banking system	万元 10000yuan
# 城乡居民储蓄年末余额	Saving deposits	万元 10000yuan
年末金融机构各项贷款余额	Loans of banking system	万元 10000yuan
承保额	Amount Insured	万元 10000yuan
保费	Premium	万元 10000yuan
已决赔款	Claim and payment	万元 10000yuan

continued

通化市 Tong hua		白山市 Baishan		松原市 Songyuan		白城市 Baicheng		延边朝鲜族自治州 Yanbian
全市 Total	市区 District	全市 Total	市区 District	全市 Total	市区 District	全市 Total	市区 District	
224.53	43.26	133.10	33.12	273.53	50.45	199.18	47.40	218.45
101.70	36.68	87.32	26.12	67.94	30.79	79.13	27.13	136.37
225.24	43.29	132.72	33.01	272.78	50.54	199.32	47.42	218.50
3.17	0.97	0.85	0.25	9.11	5.53	1.98	0.57	5.43
25055	4483	12293	3787	33040	5565	22360	6520	17982
14356	2893	7531	1640	11068	1852	9778	2014	15757
66.34	13.18	43.36	10.80	68.57	13.16	61.38	15.61	68.32
23.78	9.57	21.74	8.22	21.90	8.63	20.69	7.82	33.67
0.89	0.05	0.70	0.15	2.76	0.13	3.29	0.53	1.83
11.19	6.00	13.49	5.21	7.84	5.79	6.55	3.77	17.81
1.06	0.06	9.31	3.01	4.66	4.62	0.37	0.36	8.00
7.99	4.65	2.79	1.29	1.98	0.75	4.14	2.29	7.44
0.78	0.35	0.73	0.39	0.36	0.06	0.51	0.27	0.77
1.36	0.94	0.66	0.51	0.84	0.36	1.53	0.85	1.60
11.70	3.52	7.55	2.86	11.29	2.71	10.85	3.53	15.55
0.27	0.06	0.05	0.02	0.22	0.04	0.25	0.04	0.19
0.81	0.22	0.76	0.26	0.62	0.19	1.15	0.31	2.31
1.87	0.51	0.91	0.46	2.89	0.75	1.58	0.48	1.91
0.92	0.30	0.62	0.25	0.56	0.18	0.63	0.27	1.00
0.19	0.08	0.24	0.20	0.06	0.02	0.08	0.04	0.12
0.79	0.43	0.43	0.28	0.38	0.12	0.66	0.32	1.27
1.13	0.31	0.73	0.25	1.08	0.19	1.13	0.37	1.20
2.88	0.67	1.69	0.48	3.27	0.52	3.13	0.91	3.65
0.23	0.10	0.08	0.05	0.12	0.05	0.15	0.10	0.22
2.48	0.80	1.93	0.58	2.03	0.65	1.98	0.67	2.98
0.13	0.04	0.10	0.03	0.06		0.11	0.02	0.44
47401	27903	90429	12538	181006	90503	133051	59872	223030
20490	2850	23138	7129	29714	7884	19850	3170	30530
15195	761	17852	99	21090	1000	25685	1864	42700
	39		23		32		32	
1422690	424737	850100	269915	1557777	492272	732589	270471	1273557
311969	18173	176065	34669	508363	34145	273386	51665	203202
599212	234486	421567	149106	680747	355062	216794	98363	556418
535609	216992	340067	114478	618297	332830	154102	69211	469923
511509	172078	252468	86140	368667	103065	242409	120443	513937
66986	24476	30685	13824	80949	54113	19537	7832	67056
53064	26578	41235	21241	50088	37631	32182	13659	82531
117788	48607	79993	31514	99698	36419	108342	40809	199615
711	574	193	124	186	88	790	684	999
24070	7349	14594	4776	25133	6176	22422	6493	28435
1602274	647500	1045759	547933	990058	124384	697803	351533	1793306
1249316	444643	866918	431174	785605	115778	521366	243425	1611518
1451389	534531	851723	529879	1769329	65114	1164298	390111	1962188
2377300	779369	877754	57949	1381105	891456	1756675	724728	3777132
24773	10711	15703	6371	18784	6524	13760	6041	32181
17416	7949	4906	1762	8908	1783	2854	1311	10665

		单位 Unit
三、农　　业	**Agriculture**	
年末实有耕地面积	Cultivated areas(year－end)	千公顷 kha
蔬菜产量	Vegetable	吨 ton
肉类总产量	Meat	吨 ton
奶类产量	Milk	吨 ton
水产品产量	Aquatic product	吨 ton
四、工　　业	**Industry**	
（国有及销售收入500万元以上的非国有）工业经济指标	Indicators of state owned	
工业企业数	Enterprises	个 unit
# 内资企业	Domestic funds	个 unit
港、澳、台商投资企业	Funded from HongKong,Macao and Taiwan	个 unit
外商投资企业	Foreign funds	个 unit
工业总产值（当年价）	Gross industrial output value(current)	万元 10000yuan
# 内资企业	Domestic funds	万元 10000yuan
港、澳、台商投资企业	Funded from HongKong,Macao and Taiwan	万元 10000yuan
外商投资企业	Foreign funds	万元 10000yuan
从业人员年平均人数	Employment	万人 10000person
流动资产年平均余额	Circulating funds	万元 10000yuan
固定资产净值年平均余额	Balance of net value of fixed assets	万元 10000yuan
产品销售收入	Sales revenue	万元 10000yuan
# 产品销售税金及附加	sales tax and extra charges	万元 10000yuan
本年应交增值税	Added tax payable	万元 10000yuan
利润总额	Profits	万元 10000yuan
五、交通运输、邮电通信、电力	**Transport,post,telecommunication and power**	
铁路客运量	Passenger traffic fonrailway	万人 10000person
铁路货运量	Freight traffic on railway	万吨 10000ton
公路客运量	Passenger traffic on highway	万人 10000person
公路货运量	Freight traffic on highway	万吨 10000ton
水运客运量	Passenger traffic on waterway	万人 10000person
水运货运量	Freight traffic on waterway	万吨 10000ton
民用航空货邮运量	Freight in airway	吨 ton
民用航空客运量	Passenger in airway	人 person
年末邮电局（所）数	Post and telecommuncation offices	处 unit
本地电话用户数	Local telephone subscribers	万户 10000sub
年末移动电话用户数	Mobile telephone subscribers	户 sub
国际互联网用户数	Subscribers of internet service	户 sub
全年用电量	Electrictity consumption	万千瓦时 10000kwh
# 工业用电	In which:industry	万千瓦时 10000kwh
城乡居民生活用电	Residential con sumption	万千瓦时 10000kwh
六、贸易、外经、旅游	**Trade,economic cooperation and tourism**	
批发零售贸易业商品销售总额	Whole sale and retail trade	万元 10000yuan
限额以上批发零售贸易企业	Number of enterprises	个 unit
外国和港澳台地区在华直接投资	Funded from Hongkong,Macao and Taiwan	
当年新签项目（合同）个数	New projects	个 unit
当年合同外资金额	Amount of foreigh funds for contracts	万美元 10000
当年实际使用外资金额	Amount of actuallg used	万美元 10000
已投产（开业）企业数	Enterprises going into operation	个 unit
从业人员数	Employment	人 person
国际旅游者人数	Tourist	人 person

continued

通化市 Tong hua		白山市 Baishan		松原市 Songyuan		白城市 Baicheng		延边朝鲜族自治州 Yanbian
全市 Total	市区 District	全市 Total	市区 District	全市 Total	市区 District	全市 Total	市区 District	
196		55		760		524		222
452664		264861		1130587		384819		314816
221626		45595		219760		136505		47218
1867		947		17385		13105		2428
10315		5118		28042		38905		4323
331	89	150	61	128	38	206	61	371
312	84	140	58	123	36	204	59	305
10	1	5	1	3	1	1	1	18
9	4	5	2	2	1	1	1	48
1221706	835260	636559	256002	1156023	1000196	308759	142004	1038115
1166861	808696	609385	251755	1145313	1000196	286441	119686	877066
21664	247	12812	1784	600				38502
33181	26318	14361	2463	10110		22318	22318	122547
13	8	14	6	4	3	5	3	18
934158	519592	473420	253246	450421	345844	223506	115309	853808
752336	484859	649831	407331	446119	317155	224730	149401	998137
1086475	781312	569392	280271	977779	892849	233371	128551	859643
9940	6861	11647	4430	38672	38034	2835	1619	34901
67085	50787	36956	19034	80995	73776	16607	10990	60747
82214	62203	17731	18685	193708	195416	10519	10230	16077
576.21		270.60				285.00		610.00
952.00		642.00				272.00		620.00
1865		711		1466		494		3031
2605		1576		1053		390		2997
		3		21				
		4.00		18.00		4.00		
								1928
								115422
157	27	127	23	124	47	137	31	186
34	11	22	6	20	10	21	8	50
162000	66515	99653	38499	55499	33025	98502	21224	248490
6185	4900	10568	10568	3495	2684	8861	8861	12221
282687	161748	166772	60942	159998	55397	91141	27254	248576
210676	12335	140681	58696	105120	36897	40113	12431	166943
44996	17215	14019	1072	27960	15405	29616	7001	45024
104331	34894	73503	55350	82560	23156	98214	47618	234813
36	9	18	11	16	5	31	15	47
16		6		8	1	4	4	100
968		303	12	267	39	281	281	7161
445		510		155	39	373	373	2875
20		78	34	36	10	28	16	193
1800		7013	2318	971	324	1162	947	21245
2669		9223		160		750		136839

		单位 Unit
外国人	Foreigners	人 person
港、澳、台同胞	Compatriots from Hongkong Macao and Taiwan	人 person
国际旅游收入	Income of tourism	万美元 10000
七、固定资产投资	**Investment infired assets**	
固定资产投资完成额	Investment	万元 10000yuan
# 住宅	Inwhich: housing	万元 10000yuan
房地产开发投资完成额	Real estat	万元 10000yuan
# 住宅	Housing	万元 10000yuan
全年新增固定资产	Neuly increased fixed assets	万元 10000yuan
本年施工住宅面积	Floor space of housings under construction	万平方米 10000sq.m
本年竣工住宅面积	Floor space of housings completed	万平方米 10000sq.m
商品房屋销售面积	Floor space of commercial houses sold	万平方米 10000sq.m
# 销售给个人	to individual	万平方米 10000sq.m
商品房屋空置面积	Floor space of empty	万平方米 10000sq.m
商品房屋销售额	Amount of sold	万元 10000yuan
# 销售给个人	to individual	万元 10000yuan
八、文化、教育、卫生	**Education, culture and health care**	
学校数	Schools	
高等学校	University	所 unit
中等专业学校	Specialized secondary schools	所 unit
普通中学	Secondary schools	所 unit
小学	Primary schools	所 unit
专任教师数	Full time teachers	
高等学校	University	人 person
中等专业学校	Specialized secondary schools	人 person
普通中学	Secondary schools	人 person
小学	Primary schools	人 person
在校学生数	Students	
高等学校	University	人 person
中等专业学校	Specialized secondary schools	人 person
普通中学	Secondary schools	万人 10000person
小学	Primary schools	万人 10000person
成人高等教育学校在校学生	Adult schools	人 person
各类专业技术人员数	Sciontific and technical personnel	万人 10000person
# 中级技术职称以上	Above lecturer	万人 10000person
从事科技活动人员数	Scien tific and technical personnel	人 person
剧场、影剧院数	Theaters and music halls	个 unit
公共图书馆图书藏量	Books in libraries	千册、件 10000copies
医院、卫生院数	Hospitals	个 unit
医院、卫生院床位数	Bed in hospitals	张 bed
医生数	DOCTORS	人 person
九、人民生活	**People's livelihood**	
住宅建筑面积	Floorspace of building constrncted	万平方米 10000sq.m
住宅使用面积	Floor space of building used	万平方米 10000sq.m
居住人口（与面积口径一致）	Population	万人 10000person
在岗职工平均人数	and workers	万人 10000person
在岗职工工资总额	Wayes	万元 10000yuan
居民人均可支配收入	Per capita in come	元 yuan
居民人均消费支出	Per capita expenditures for consumption	元 yuan

continued

通化市 Tong hua		白山市 Baishan		松原市 Songyuan		白城市 Baicheng		延边朝鲜族自治州 Yanbian
全市 Total	市区 District	全市 Total	市区 District	全市 Total	市区 District	全市 Total	市区 District	
470		1279		22		104		18966
52		157		3		23		2847
225724	145031	285184	117371	516862	432730	193429	109243	358970
26913	7701	34920	11563	98761	85391	27146	5175	104905
20226	16362	23855	15791	17040	16290	21364	18320	40140
13704	10455	15866	12019	3525	3525	12828	3801	29014
168800	109250	211657	122365	450310	397019	144909	89974	305730
36.41	11.09	58.89	37.13	139.68	74.98	44.84	8.16	205.90
29.80	8.44	45.88	16.37	139.63	74.98	32.72	5.64	157.90
11.92	8.96	21.44	14.87	4.76	4.76	15.05	11.83	32.20
9.95	7.13	18.68	12.12	2.21	2.21	14.32	11.16	30.90
4.04	2.54	6.30	6.29	1.35	1.35	5.87	5.55	12.60
16459	13212	24391	17768	8911	8911	18100	14836	31880
13155	10330	19360	12737	3878	3878	17165	14061	29273
1	1					1	1	1
7	6	8	8	4	2	7	7	7
178	27	111	27	164	15	146	31	171
927	65	557	85	1195	87	926	130	611
277	277					327	327	1365
1121	984	340	340	305	55	493	493	504
7860	1758	5368	1369	8686	1384	6955	1650	9854
12757	1828	8543	2129	16578	2177	13238	2158	13225
3336	3336					2290	2290	9913
6664	5564	2629	2629	2938	2008	9789	9789	7285
13.75	2.17	7.02	2.20	14.11	2.09	9.62	2.60	13.35
20.02	3.14	11.74	3.62	29.17	2.95	17.68	3.96	18.60
845	845			248	248	270	270	752
5.60	1.43	3.30	1.17	4.74	1.04	5.02	1.49	10.41
1.80	0.46	1.01	0.45	1.29	0.38	1.55	0.54	3.40
658	341	873	391	2325	2325	258	115	2939
6	1	4	1	3	1	7	3	10
619	275	291	124	361	104	330	185	1125
156	31	114	15	127	8	138	33	150
7836	3080	5141	2102	5737	237	5870	1970	8698
5171	1544	3557	1253	3922	262	4807	1618	5148
	706		420		650		474	782
	522.00		314.98		455.00		311.00	570.71
	39.00		23.16		30.48		27.00	106.00
23.98	9.77	21.47	7.92	22.44	9.68	20.47	7.72	33.98
166645	79846	136932	56	185261	109282	114565	49258	243424
	4391		4693		4130		4154	5526
	3517		3694		3080		3384	4752

		单位 Unit
#（1）食品	Food	元 yuan
（2）衣着用品	Clothing	元 yuan
（3）家庭设备用品及服务	Houehold facilities, articles and services	元 yuan
（4）医疗保健	Medicine and medical service	元 yuan
（5）交通和通讯	Transportation and communications	元 yuan
（6）娱乐教育、文化服务	Recreation, education and cultural services	元 yuan
（7）居住	Residence	元 yuan
每百户拥有电冰箱	Refrigerators in 100 households	台 unit
每百户拥有家用电脑	Computer in 100 huseholds	台 unit
居民消费价格指数	Consumer price inder	
商品零售价格指数	Retail price in dex	
年末离休、退休、退职人员数	Persons retired	万人 10000person
离退休退职人员保险福利费用	Life in surance for persons retined	万元 10000yuan
社会福利院数	Welfare in stitutions	个 unit
社会福利院床位数	Beds in welfare in stitutions	张 bed
十、社会治安	**Dublic security**	
交通事故件数	Traffic accidents	件 case
刑事案件立案数	Criminal cases registered	件 case
犯罪人数	Crminal	人 person
十一、市政公用事业	**Urban public utilities**	
年末实有铺装道路面积	Area of paved roads	万平方米 10000sq.m
排水管道总长度	Length of sewer pipelines	公里 km
供水综合生产能力	Capcity of suppty tap water	万吨/日 10000ton/day
全年供水总量	Supply of tap water	万吨 10000 ton
生活用水量	Water for residential use	万吨 10000 ton
用水人口	Population	万人 10000person
#非农业用水人口	Non-ogricultural population	万人 10000person
煤气（人工天然气）供气总量	Coal gas supply	万立方米 10000cu.m
#家庭用量	Residential use	万立方米 10000cu.m
用煤气人口	Population	人 person
液化石油气供气总量	Liquefied petrolum gas	吨 ton
#家庭用量	Residential use	吨 ton
用液化气人口	Population	人 person
年末公共汽（电）车营运车辆数	Public transportion vehicle	辆 unit
全年公共汽（电）车客运总量	Traffic personned	万人次 10000person/time
年末实有出租汽车数	Tai	辆 unit
园林绿地面积	Green areas	公顷 ha
#公共绿地面积	Public green areas	公顷 ha
建成区绿化覆盖面积	Green areas in urban	公顷 ha
环境污染治理投资额	Investmant in enviroment	万元 10000yuan
工业废水排放总量	Volume of industrial waste water disoharged	万吨 10000ton
工业废水处理排放达标量	Volume of industrial waste water up to the dischange	万吨 10000ton
工业废水处理量	Volume of industrial waste treated	万吨 10000ton
工业废水处理回用量	Volume of industrial waste water recovered after	万吨 10000ton
工业废水排放达标量	Treated waste water upto dischange standards	万吨 10000ton

continued

通化市 Tong hua		白山市 Baishan		松原市 Songyuan		白城市 Baicheng		延边朝鲜族自治州 Yanbian
全市 Total	市区 District	全市 Total	市区 District	全市 Total	市区 District	全市 Total	市区 District	
	1325		1442		1171		1266	1440
	475		429		435		478	643
	323		248		217		196	286
	279		443		219		309	518
	256		256		242		214	369
	400		299		294		392	634
	332		380		400		387	521
	71		53		79		59	86
	4						3	7
	97.8		98.1		100.4		97.4	99.0
	97.0		97.7		98.5		96.7	98.0
7.80	3.93	7.84	3.93	4.64	2.05	6.28	2.71	14.14
42011	23294	51438	25522	31581	20281	32994	14631	95349
1		1	1	1	1	1		1
250		130	130	130	130	300		360
1109	510	1647	711	505	74	904	495	2864
14724	4046	5112	1908	9217	2285	8231	2880	13280
2290	517	1169	340	1745	386	850	210	2125
	161		98		171		193	655
	80		68		215		114	489
	18		9		11		19	47
	3817		1889		1930		3030	9405
	1098		660		1350		1129	5674
	30.0		19.5		28.5		26.3	96.0
	25.0		19.2		26.7		26.3	87.0
	695							67
	695							67
	146000							42800
	4000		1412		45000		6900	13577
	4000		1412		12050		6900	13419
	72000		84000		175000		180000	687800
	348		134		354		259	1131
	2567		1118		4527		900	7044
	1450		670		1832		2700	7017
	991		452		710		738	2928
	234		130		183		358	664
	1175		468		764		724	2624
	3653		3391		2705		1266	2912
	2720		1281		440		587	8077
	1361		1077		355		157	1142
	8479		4374		3035		489	3345
	7119		3271		2626		327	2000
	2402		1114		355		278	1736

20－2　县(市)社会经济基本情况(2000)

		九台市 jiutai	榆树市 Yushu	德惠市 Dehui
乡（镇）个数（个）	Number of township(unit)	25	37	23
村民委员会个数（个）	Village committees(unit)	310	388	308
年末总人口（万人）	Population (10000 person)	83.1	122.0	90.6
当年出生人口（人）	Birth Population(person)	6957	11910	7978
当年死亡人口（人）	Death population(person)	4433	6909	3729
年末总户数（户）	Households	235743	347603	239284
年末单位从业人员数（人）	Employment(person)	50321	52462	54432
行政区域土地面积（平方公里）	Area of territory(sq.km)	3100	4705	3459
年末实有耕地面积（公顷）	Area of cultivated land(ha)	159516	290682	211748
水　田（公顷）	Waterland(ha)	18422	32913	36122
旱　地（公顷）	Dried land(ha)	141094	257769	175626
第一产业增加值（万元）	Added value in primary industry(10000 yuan)	126900	328138	253993
第二产业增加值（万元）	Added value in Secondary industry(10000 yuan)	118157	155218	194581
第三产业增加值（万元）	Added value in Teriary industry(10000 yuan)	132784	220680	174032
财政总收入（万元）	Government revenue(10000 yuan)	12109	26931	28265
# 地方财政预算内收入（万元）	Local govern ment revenue(10000 yuan)	11164	13282	11135
各项税收（万元）	Tax(10000 yuan)	9618	13595	10580
财政支出（万元）	Government expen ditures(10000 yuan)	18598	23103	20320
# 支农支出（万元）	In which:agriculture(10000 yuan)	282	596	712
教育事业费支出（万元）	Education(10000 yuan)	5215	9158	5619
年末金融机构各项存款余额（万元）	Deposits of banking system(10000 yuan)	228589	270800	330766
# 城乡居民储蓄存款余额（万元）	Saving deposits	197243	228764	284029
年末金融机构各项贷款余额（万元）	Loans of banking system(10000 yuan)	363914	666677	582887
# 农业贷款（万元）	In which:agriculture(10000 yuan)	10920	14729	30378
农业机械总动力（万千瓦）	Power of agricultural machery(10000kwh)	23.3	58.9	43.2
化肥使用量（折纯量）（吨）	Consumption of chemical fertilizer(ton)	46877	72712	56094
农药使用量（吨）	Consumption of chemical pesticide(ton)	789	1067	484
地膜使用量（吨）	Consumption of pastic(ton)	351	647	485
农村用电量（万千瓦时）	Consumption of electricity power	9527.8	10446.2	11678.5
有效灌溉面积（千公顷）	Effective irrigated areas	27.8	57.5	57.2

Basic Statistics On Social and Economic Indicators by Counties(cities)(2000)

农安县 Nongan	桦甸市 Huadian	蛟河市 Jiaohe	舒兰市 Shulan	磐石市 Panshi	永吉县 Yongji	公主岭市 Gongzhuling	双辽市 Shuangliao	梨树县 Lishu	伊通县 Yitong	东丰县 Dongfeng
31	16	15	19	22	13	28	14	27	18	23
378	179	258	321	285	217	414	189	336	239	229
111.0	44.8	46.9	67.0	53.0	40.7	103.0	40.0	85.7	46.4	40.0
9642	4531	6046	5424	4488	3288	8880	4209	7420	4066	7742
4673	2144	3973	3543	2887	2282	4775	2207	4271	2623	4327
269912	132305	136244	191758	142126	114209	289731	125655	254360	134043	115423
48811	42697	31996	56460	39686	21040	72357	42972	63272	27773	26178
4505	6466	6364	4557	3867	4616	4058	3121	4209	2941	2522
290135	49693	50097	82915	65638	55978	219400	100565	185912	87898	73656
5557	6323	10778	29986	16461	20603	14461	11236	22425	10369	11809
284578	43370	39319	52929	49177	35375	204939	89329	163487	77529	61847
320588	113600	88730	165505	126459	65531	268059	65134	188406	100210	66246
199498	176483	71604	111752	115554	69188	154898	85960	81146	46327	56855
219990	157832	115114	173096	165411	83652	152299	64858	100187	58024	65230
19681	14041	11069	9507	14587	6863	21912	21005	11128	7359	7327
13340	5826	7753	7383	6371	7764	15219	8813	9333	5618	5216
17502	9884	8904	7804	11923	3159	9878	8317	8899	4154	5920
25290	12719	11603	14368	13238	14327	22491	17685	17398	11361	10377
1991	701	380	383	370	540	423	650	433	523	235
7317	3229	3268	4784	3823	3872	6011	3231	4767	3105	3058
294242	265647	196279	214758	206350	152058	339853	128025	167766	76288	132456
256946	222335	174492	188254	173950	133331	291243	97613	140818	68220	131612
616108	226658	167457	350127	278249	182919	529142	329067	451441	157037	222916
9100	11053	15790	27125	12030	24721	39264	19365	19783	14249	17219
54.4	11.5	15.6	29.5	14.5	10.2	40.2	34.8	34.5	15.1	15.39
76425	18183	14966	24955	26900	21658	78049	32787	60397	27968	20325
581	512	528	666	857	546	1026	349	671	722	639
719	102	269	213	370	251	966	135	347	173	190
6019.8	3004.6	4099.0	8399.7	6630.1	4663.9	9260.1	5346.5	8484.4	7554.2	6816.0
36.8	9.4	15.9	35.6	25.8	35.4	33.8	25.2	35.8	16.0	13.0

20－2 续表 1

		九台市 jiutai	榆树市 Yushu	德惠市 Dehui
农作物总播种面积（公顷）	Sown areas(ha)	160149	291308	216405
粮食作物播种面积（公顷）	Area of grain(ha)	141960	260318	183266
粮食总产量（吨）	Gross grain output(ton)	891133	1620896	1004208
工业（国有及规模以上非国有）企业数（个）	Industrial enterprises	27	28	25
工业总产值（现价）（万元）	Gross industrial output value(10000 yuan)	28679	51107	305717
从业人员年平均数（人）	Employment(person)	5746	7562	17300
产品销售收入（万元）	Sales revenue(10000 yuan)	28997	49649	288825
利润总额（万元）	Profits(10000 yuan)	828	－950	2849
境内公路里程（公里）	Length of highway(km)	817	852	928
境内铁路里程（公里）	Length of railway(km)	66	37	108
本地电话用户（户）	Local telephone subscribers(sub)	59228	72000	60600
普通中学数（所）	Middle schools	45	66	55
小学数（所）	Primary schools	319	397	310
普通中学专任教师数（人）	Full time teachers in middle school(person)	2547	2791	3159
小学专任教师数（人）	Full time teachers in primary school(person)	5838	6140	5053
普通中学在校学生数（人）	Students in middle school(person)	46804	46130	54065
小学在校学生数（人）	Students in primary school(person)	82486	114989	104097
医院、卫生院数（所）	Hospitals	34	40	26
医院、卫生院床位数（床）	Beds in hospitals	1376	1383	788
医院、卫生院技术人员数（人）	Medical technical personnel(person)	1971	2163	2199
城镇在岗职工年平均人数（人）	Staff and workers(person)	47959	50911	54166
城镇在岗职工工资总额（万元）	Wages(10000 yuan)	29141	31033	34946
农村居民人均收入（元）	Net income in rural area(yuan)	2364	2251	2126
农村人均住房面积（平方米）	Floor space of per capia housings(sq.m)	8	16	14
社会福利院数（个）	Social welfare institutions	28	39	1
社会福利院床位数（床）	Beds in social welfare institutions	1810	1580	35
参加养老保险的人数（人）	Life insurance(person)	21342	28757	33796
参加医疗保险的人数（人）	Health insurance(person)			

continued

农安县 Nongan	桦甸市 Huadian	蛟河市 Jiaohe	舒兰市 Shulan	磐石市 Panshi	永吉县 Yongji	公主岭市 Gongzhuling	双辽市 Shuangliao	梨树县 Lishu	伊通县 Yitong	东丰县 Dongfeng
302060	53705	50394	83095	69385	57654	219355	101097	187902	88204	74694
251806	44280	41325	73557	61787	51134	164134	89201	178244	83441	67448
1279038	332321	293683	623952	430791	294981	899943	289159	952098	450547	402355
26	74	32	45	39	24	72	31	62	31	24
86260	132501	50657	69254	131679	21042	173219	109465	91725	22670	40973
6093	25552	11583	25722	18074	7786	23889	10277	13978	4437	7000
72274	136332	42313	59792	121435	23610	179702	126402	75448	23460	34638
-373	37919	673	-3448	821	-1532	17	-9494	-21	109	-2448
1050	1067	1515	1132	1162	132	974	521	2019	155	626
90	96	141	124	146	412	100	95	63		40
72646	50737	59975	68774	59760	72287	89497	32350	49273	31906	33597
74	32	29	41	35	23	53	33	55	29	31
390	192	234	287	254	165	426	187	365	222	229
3839	1499	1491	1844	1656	1308	3141	1228	2731	1304	1561
7661	2726	3054	4064	3529	1804	5247	2160	4864	2822	2564
68926	28358	28144	34863	31994	25917	63772	18010	40901	16866	22513
130493	48518	42029	57998	51228	38222	118325	33813	83717	36748	34905
25	26	25	32	32	16	46	31	43	23	28
1368	1368	1069	2057	1161	783	2306	630	1531	887	1285
2518	2384	1280	1213	1349	1056	4301	972	2998	1480	1221
47225	42844	32685	56384	41586	20781	72789	42261	60858	30705	26126
26494	29218	18891	29032	27015	14651	43145	24222	27841	11103	13626
1936	1920	2706	2677	1475	1992	1633	1072	1795	1784	1904
20	18	17	18	16	16	13	19	18	16	20
26	18	18		21	14	30	16	27	22	23
1476	455	622		1013	766	1474	688	4724	290	835
16332	34006	35101	25000	16243	15106	41000	18856	39757		18769
	11753	7043	32488	5896	5610	1640				

20－2 续表 2

		东辽县 Dongliao	梅河口市 Meihekou	集安市 Jian
乡（镇）个数（个）	Number of township(unit)	19	27	11
村民委员会个数（个）	Village committees(unit)	284	304	126
年末总人口（万人）	Population (10000 person)	39.0	62.0	22.8
当年出生人口（人）	Birth Population(person)	3921	7013	1812
当年死亡人口（人）	Death population(person)	2474	3944	1407
年末总户数（户）	Households	116500	183565	70222
年末单位从业人员数（人）	Employment(person)	19242	38171	20093
行政区域土地面积（平方公里）	Area of territory(sq.km)	2396	2174	3217
年末实有耕地面积（公顷）	Area of cultivated land(ha)	65968	63564	14698
水　田（公顷）	Waterland(ha)	4765	22963	2481
旱　地（公顷）	Dried land(ha)	61203	40601	12217
第一产业增加值（万元）	Added valuein primary industry(10000 yuan)	68139	119424	34229
第二产业增加值（万元）	Added valuein Secondary industry(10000 yuan)	35523	120879	47514
第三产业增加值（万元）	Added value in Tertiary industry(10000 yuan)	39680	167181	46757
财政总收入（万元）	Government revenue(10000 yuan)	4674	13142	7744
# 地方财政预算内收入（万元）	Local govern ment revenue(10000 yuan)	4160	7375	4117
各项税收（万元）	Tax(10000 yuan)	2870	11907	3417
财政支出（万元）	Government expen ditures(10000 yuan)	9172	15172	10649
# 支农支出（万元）	In which:agriculture(10000 yuan)	307	353	160
教育事业费支出（万元）	Education(10000 yuan)	2930	4066	2235
年末金融机构各项存款余额（万元）	Deposits of banking system(10000 yuan)	79728	289428	158533
# 城乡居民储蓄存款余额（万元）	Saving deposits	10023	25560	138040
年末金融机构各项贷款余额（万元）	Loans of banking system(10000 yuan)	158655	211707	96667
# 农业贷款（万元）	In which:agriculture(10000 yuan)	6255	11622	15548
农业机械总动力（万千瓦）	Power of agricultural machnery(10000kwh)	14.8	12.1	8.5
化肥使用量（折纯量）（吨）	Consumption of chemical fertilizer(ton)	16179	23973	4105
农药使用量（吨）	Consumption of chemical pesticide(ton)	509	1981	263
地膜使用量（吨）	Consumption of pastic(ton)	600	298	176
农村用电量（万千瓦时）	Consumption of electricity power	2424.8	7275.1	2624.9
有效灌溉面积（千公顷）	Effective irrigated areas	8.6	36.1	3.1

continued

通化县 tonghua	辉南县 Huinan	柳河县 Liuhe	临江市 Linjiang	抚松县 Fusong	靖宇县 Jingyu	长白县 Changbai	江源县 Jiangyuan	长岭县 Changling	前郭县 Qianguo	乾安县 Qianan
21	18	22	11	18	12	11	10	31	25	15
160	163	230	70	160	111	77	60	251	235	167
25.1	34.9	36.7	18.6	31.2	14.4	8.6	27.1	63.5	55.9	29.5
2959	3565	5223	1311	2437	1524	661	2573	5353	9491	3391
1888	2172	2052	1258	1444	816	703	1670	2218	2301	1182
74761	102129	101012	62297	98872	46013	26797	91718	142236	142497	86646
25218	32936	25593	25217	53051	13913	13179	29933	33461	46366	25052
3725	2247	3350	3009	6530	3094	2498	1348	5728	7119	3617
28524	39459	45479	9213	14595	10164	6437	6726	184802	193973	104504
5746	13919	11550	276	67	418	567	127	1438	33833	265
22778	25540	33929	8937	14528	9746	5870	6599	183364	160140	104239
31465	40628	68050	28716	51674	13889	20696	26380	127809	143051	18972
79107	72460	44766	89124	80653	19360	24963	111050	27909	214006	42910
28534	38692	58267	62379	40905	15004	36183	64889	46752	97386	33414
13228	26356	8516	7017	11866	12270	4745	7012	5216	19839	7053
9449	6837	4863	3657	7927	4319	3164	3190	5110	12066	4631
12569	25267	4143	6952	11355	2592	2676	6280		19024	4071
14868	12181	9191	7426	10217	9367	6645	5998	13801	25321	11741
452	588	489	455	181	395	117	208	144	1247	1033
2942	2667	3179	1669	3104	1506	1404	1327	3360	5731	2508
151913	177929	127445	126600	233111	80222	67893	150409	86296	306622	61286
109601	151107	122328	98862	208426	71860	56595	128764	74047	227768	50418
166832	168100	142860	104571	113310	73993	29970	80245	330565	439393	202001
10508	10451	17169	8707	5756	7026	8800	380	26592	20075	95000
101.0	13.4	13.5	3.3	9.7	1.9	3.4	3.9	34.1	52.0	33.5
6443	13452	14506	2219	2455	2372	904	1785	93811	39453	20312
372	450	333	74	212	163	49	62	281	424	30
209	435	488	149	245	98	94	129	234	385	60
2481.2	4886.0	4702.2	1226.4	767.2	724.8	2878.0	1052.4	8679.3	7748.2	2950.0
8.1	21.5	17.0	0.5	0.4	1.0	1.7	0.8	56.9	99.2	29.3

20－2　续表　3

		东辽县 Dongliao	梅河口市 Meihekou	集安市 Jian
农作物总播种面积（公顷）	Sown areas(ha)	66292	64269	17987
粮食作物播种面积（公顷）	Area of grain(ha)	60511	57942	14178
粮食总产量（吨）	Gross grain output(ton)	407444	448161	57193
工业（国有及规模以上非国有）企业数（个）	Industrial enterprises	31	71	47
工业总产值（现价）（万元）	Gross industrial output value(10000 yuan)	19016	103754	52428
从业人员年平均数（人）	Employment(person)	4158	13331	9753
产品销售收入（万元）	Sales revenue(10000 yuan)	11608	79078	36917
利润总额（万元）	Profits(10000 yuan)	307	－109	2408
境内公路里程（公里）	Length of highway(km)	2120	198	574
境内铁路里程（公里）	Length of railway(km)	50	95	50
本地电话用户（户）	Local telephone subscribers(sub)	20800	68124	37201
普通中学数（所）	Middle schools	22	47	17
小学数（所）	Primary schools	272	268	105
普通中学专任教师数（人）	Full time teachers in middle school(person)	1176	2075	859
小学专任教师数（人）	Full time teachers in primary school(person)	2703	3697	1455
普通中学在校学生数（人）	Students in middle school(person)	17951	40551	11035
小学在校学生数（人）	Students in primary school(person)	34874	58567	17783
医院、卫生院数（所）	Hospitals	20	24	20
医院、卫生院床位数（床）	Beds in hospitals	1045	980	588
医院、卫生院技术人员数（人）	Medical technical personnel(person)	1246	2329	900
城镇在岗职工年平均人数（人）	Staff and workers(person)	19070	38060	23237
城镇在岗职工工资总额（万元）	Wages(10000 yuan)	10209	22226	13874
农村居民人均收入（元）	Net income in rural area(yuan)	2190	1850	2701
农村人均住房面积（平方米）	Floor space of per capia housings(sq.m)	18	26	11
社会福利院数（个）	Social welfare institutions	19	1	
社会福利院床位数（床）	Beds in social welfare institutions	1081	250	
参加养老保险的人数（人）	Life insurance(person)	1248	32000	11107
参加医疗保险的人数（人）	Health insurance(person)		14637	7923

continued

通化县 tonghua	辉南县 Huinan	柳河县 Liuhe	临江市 Linjiang	抚松县 Fusong	靖宇县 Jingyu	长白县 Changbai	江源县 Jiangyuan	长岭县 Changling	前郭县 Qianguo	乾安县 Qianan
30507	40212	43183	11546	15552	10712	7994	6825	190066	187470	103504
25593	31922	37980	9028	11743	8265	5823	5148	151584	164347	86547
113090	330668	300000	50847	63161	46901	25130	26536	684695	610897	225100
54	44	26	22	21	10	17	19	18	31	24
93395	61213	75665	93461	123794	32941	39327	91035	10488	119973	14748
13332	16181	9146	26619	32462	3486	13125	19203	1261	7873	4191
77320	48584	63265	72263	112965	14915	24303	64674	6179	50300	15059
10839	4504	2369	271	-4672	967	682	1798	127	-2253	502
365	365	4673	599	969	269	922	328	671	1210	943
79	81	68	47	118			90	10	95	69
29648	41508	45749	30198	51644	23411	25792	39438	35357		39536
26	27	34	12	28	15	13	16	39	55	24
159	136	194	104	143	106	43	76	263	277	182
955	1129	1086	639	1696	533	446	685	1591	3032	1030
1867	1837	2097	1285	2087	1088	701	1253	3809	4935	1804
16198	20332	25489	8604	19169	7644	4450	8754	32865	40275	16578
22537	28280	41662	14901	29463	13873	7219	15784	81814	75710	29849
29	31	23	140	20	19	18	20	35	29	25
556	1330	765	804	1386	264	388	1040	1119	866	695
917	1644	1023	1156	2674	752	450	1264	2073	2687	1655
25525	33050	3013	26015	55825	14289	10262	42961	31876	44998	23019
17184	19136	14379	16783	28960	7896	9633	17844	10874	29559	12895
2528	2824	2404	2980	3108	1008	2915	2828	1200	2009	750
18	12	15	14	14	11	13	19	20	17	11
21	17	21		12	8	8	10	31	10	15
400	710	577		375	64		247	500	400	228
532	35018	14077	24651	10000		7408	28408	11738	75471	11946
	27079	10505	10421	26700		15000	22258	10500	89470	36875

		扶余县 Fuyu	洮南市 Taonan	大安市 Daan
乡（镇）个数（个）	Number of township(unit)	26	21	26
村民委员会个数（个）	Village committees(unit)	398	221	224
年末总人口（万人）	Population (10000 person)	74.2	43.2	42.5
当年出生人口（人）	Birth Population(person)	9240	5889	4108
当年死亡人口（人）	Death population(person)	3515	2332	2734
年末总户数（户）	Households	182696	139398	127628
年末单位从业人员数（人）	Employment(person)	27851	32848	37257
行政区域土地面积（平方公里）	Area of territory(sq.km)	4627	5086	4879
年末实有耕地面积（公顷）	Area of cultivated land(ha)	228403	122317	84627
水　田（公顷）	Waterland(ha)	5706	4839	1813
旱　地（公顷）	Dried land(ha)	222697	117478	82814
第一产业增加值（万元）	Added valuein primary industry(10000 yuan)	184386	43034	64211
第二产业增加值（万元）	Added valuein Secondary industry(10000 yuan)	40860	32938	53910
第三产业增加值（万元）	Added valuein Tertiary industry(10000 yuan)	88050	39900	46061
财政总收入（万元）	Government revenue(10000 yuan)	14382	4160	11520
# 地方财政预算内收入（万元）	Local govern ment revenue(10000 yuan)	6704	4455	5514
各项税收（万元）	Tax(10000 yuan)	4351	3100	5223
财政支出（万元）	Government expen ditures(10000 yuan)	13771	16148	16929
# 支农支出（万元）	In which:agriculture(10000 yuan)	835	879	414
教育事业费支出（万元）	Education(10000 yuan)	3890	2873	4042
年末金融机构各项存款余额（万元）	Deposits of banking system(10000 yuan)	115165	85300	115384
# 城乡居民储蓄存款余额（万元）	Saving deposits	105721	70000	93662
年末金融机构各项贷款余额（万元）	Loans of banking system(10000 yuan)	409822	261010	205827
# 农业贷款（万元）	In which:agriculture(10000 yuan)	15092	11833	15598
农业机械总动力（万千瓦）	Power of agricultural machery(10000kwh)	61.8	61.5	21.7
化肥使用量（折纯量）（吨）	Consumption of chemical fertilizer(ton)	61822	23081	22454
农药使用量（吨）	Consumption of chemical pesticide(ton)	737	165	100
地膜使用量（吨）	Consumption of pastic(ton)	452	166	333
农村用电量（万千瓦时）	Consumption of electricity power	4971.9	1867.7	1554.0
有效灌溉面积（千公顷）	Effective irrigated areas	64.8	94.7	54.5

continued

镇赉县 Zhenlai	通榆县 Tongyu	延吉市 Yanji	图们市 Tumen	敦化市 Dunhua	龙井市 Longjing	珲春市 Hunchun	和龙市 Helong	汪清县 Wangqing	安图县 Antu
18	23	6	5	16	13	9	9	12	12
147	172	69	47	399	175	120	157	221	204
31.6	34.5	39.0	13.6	48.2	26.1	21.2	22.4	26.3	21.7
2370	3113	3327	770	5752	1347	1566	1263	1776	2181
1404	1294	2201	1258	3593	2469	1464	1935	1284	1553
93129	97542	114034	42350	150606	86396	65286	73940	84155	66445
28592	29906	77124	20829	68370	30321	32628	29597	38968	28898
5371	8496	1350	1442	11545	2591	5145	5069	8994	7438
98982	140147	7948	8345	63035	32928	22162	24303	35454	27439
12841	40	1482	1571	6891	9023	8651	7775	5331	4266
86141	140107	6466	6774	56144	23905	13511	16528	30123	23173
56290	62889	11589	4943	89586	26643	21442	20034	23800	25152
18006	22000	192537	44115	148822	36277	59370	30210	35431	43224
21036	24000	194498	43447	90085	37110	44438	34556	30029	55395
7008	5134	71104	10354	25825	9229	10608	6920	7660	7887
3277	4013	16859	5059	10835	3465	4275	3099	3817	4375
2243	2825	65357	9283	24196	8260	9625	5999	7116	6883
20435	17683	31010	9659	17616	10053	10206	9654	11953	10671
356	935	1025	280	1010	423	290	384	578	446
2515	3219	6864	1341	3761	1627	2359	1393	2181	1838
71334	65736	662852	109422	361908	125213	138892	118919	155056	148892
57399	37981	534031	103316	311977	118523	111044	112693	144788	147298
182092	53032	679358	157250	298995	207027	195067	130352	141436	152703
12603	3199	9898	6204	43626	13008	9062	6625	5671	8550
25.8	31.7	5.9	3.2	24.3	11.7	5.4	4.5	10.6	6.1
11855	33882	1549	1268	8917	7917	3197	3010	4888	3512
200	136	59	54	454	375	75	88	161	126
150	604	54	20	286	58	8	58	83	54
3312.8	2600.1	3618.4	1474.0	6118.0	3390.0	2554.0	1982.1	3815.6	1583.1
52.5	96.4	2.6	3.6	15.4	12.6	11.0	11.0	10.0	7.6

		扶余县 Fuyu	洮南市 Taonan	大安市 Daan
农作物总播种面积（公顷）	Sown areas(ha)	228173	130424	85783
粮食作物播种面积（公顷）	Area of grain(ha)	181862	99265	60621
粮食总产量（吨）	Gross grain output(ton)	1020133	265199	190000
工业（国有及规模以上非国有）企业数（个）	Industrial enterprises	17	37	44
工业总产值（现价）（万元）	Gross industrial output value(10000 yuan)	10619	85676	43462
从业人员年平均数（人）	Employment(person)	2524	8256	1311
产品销售收入（万元）	Sales revenue(10000 yuan)	13392	37106	42687
利润总额（万元）	Profits(10000 yuan)	－84	121	131
境内公路里程（公里）	Length of highway(km)	1232	680	208000
境内铁路里程（公里）	Length of railway(km)	38	80	134
本地电话用户（户）	Local telephone subscribers(sub)	44176	29588	39193
普通中学数（所）	Middle schools	31	30	32
小学数（所）	Primary schools	386	234	213
普通中学专任教师数（人）	Full time teachers in middle school(person)	1649	1315	1478
小学专任教师数（人）	Full time teachers in primary school(person)	3853	2610	3393
普通中学在校学生数（人）	Students in middle school(person)	30488	21414	19433
小学在校学生数（人）	Students in primary school(person)	74889	39945	38473
医院、卫生院数（所）	Hospitals	28	26	36
医院、卫生院床位数（床）	Beds in hospitals	826	1256	1451
医院、卫生院技术人员数（人）	Medical technical personnel(person)	1452	2013	1853
城镇在岗职工年平均人数（人）	Staff and workers(person)	27834	32687	39968
城镇在岗职工工资总额（万元）	Wages(10000 yuan)	15477	15951	19629
农村居民人均收入（元）	Net income in rural area(yuan)	1600	1260	1020
农村人均住房面积（平方米）	Floor space of per capia housings(sq.m)	11	17	13
社会福利院数（个）	Social welfare institutions	26	1	1
社会福利院床位数（床）	Beds in social welfare institutions	1016	58	35
参加养老保险的人数（人）	Life insurance(person)	12367	2100	23932
参加医疗保险的人数（人）	Health insurance(person)	11000	2050	10050

continued

镇赉县 Zhenlai	通榆县 Tongyu	延吉市 Yanji	图们市 Tumen	敦化市 Dunhua	龙井市 Longjing	珲春市 Hunchun	和龙市 Helong	汪清县 Wangqing	安图县 Antu
91732	145516	7515	8335	66000	34857	22698	23920	35107	26531
72797	83785	4623	6523	52545	27435	20241	19333	26852	21338
265000	175425	19609	22222	240068	123176	90000	75192	71066	60427
40	24	70	36	77	53	31	26	39	39
14589	23029	265868	127369	249717	80930	110935	54511	68992	79793
6664	3772	19683	9592	51388	10899	21794	22335	24151	17897
10945	14082	211599	112745	210046	85534	83764	35479	57083	63393
15	21	4739	134	11478	504	– 3440	1028	971	664
410	1154	245	181	953	416	690	614	728	680
91	76		30	86	58	47	51	116	105
28784	25358	143501	38182	80800	59240	41941	40172	51883	41282
25	27	23	12	36	17	18	18	24	23
167	182	42	19	241	38	63	57	86	65
1452	1060	1995	658	1831	1082	1054	974	1256	1004
2258	2819	1931	747	3373	1265	1530	1521	1626	1232
14735	14619	29803	9026	27277	14347	14181	12374	14245	12234
23172	35671	32325	11508	43456	18815	19608	17905	21302	21078
27	17	42	18	41	23	23	23	32	28
975	632	3125	614	1626	640	621	820	779	593
1006	967	3334	848	2362	846	1086	1365	1311	1071
28576	29921	87800	20800	69200	29600	33700	30100	40000	27800
14897	14830	81503	16848	45833	18612	25365	16260	21369	17634
1050	1040	2249	1812	2480	810	2117	811	790	637
15	20	12	8	9	7	11	9	10	10
18	22	1							
690	410	360							
15570	11309	56763	23243	64586	31431	16494	34562	41186	29440
20000	8364	20560	3088	22610	5793	12563	6171	4632	3240

附录一
APPENDIX 1

各省（市、区）主要统计指标在全国的位次

COMPARISON OF INDICATORS OF ECONOMY IN THE WHOLE NATION

附录 1－1 年末总人口
Total Population at Year－end

单位：万人 unit：10000 person

	1998 实际数 Number	1998 位次 order		1999 实际数 Number	1999 位次 order
全 国 National total	**124810**		**全 国 National total**	**125909**	
河 南 Henan	9315	1	河 南 Henan	9387	1
山 东 Shandong	8838	2	山 东 Shandong	8883	2
四 川 Sichuan	8493	3	四 川 Sichuan	8550	3
江 苏 Jiangsu	7182	4	江 苏 Jiangsu	7213	5
广 东 Guangdong	7143	5	广 东 Guangdong	7270	4
吉 林 Jilin	**2644**	**21**	**吉 林 Jilin**	**2658**	**21**
辽 宁 Liaoning	4157	13	辽 宁 Liaoning	4171	14
黑龙江 Heilongjiang	3773	15	黑龙江 Heilongjiang	3792	15
内蒙古 Innermongolia	2345	23	内蒙古 Innermongolia	2362	23

附录 1－2 人口自然增长率
Natural Growth Rate

单位：‰ unit：‰

	1998 实际数 Number	1998 位次 order		1999 实际数 Number	1999 位次 order
全 国 National total	**9.53**		**全 国 National total**	**8.77**	
上 海 Shanghai	－1.80	1	上 海 Shanghai	－1.10	1
北 京 Beijing	0.70	2	北 京 Beijing	0.90	2
天 津 Tianjin	3.40	3	天 津 Tianjin	2.95	3
江 苏 Jiangsu	4.13	4	江 苏 Jiangsu	3.56	5
辽 宁 Liaoning	4.58	5	山 东 Shandong	4.81	8
吉 林 Jilin	**6.05**	**12**	**吉 林 Jilin**	**5.23**	**13**
黑龙江 Heilongjiang	6.36	13	辽 宁 Liaoning	3.33	4
内蒙古 Innermongolia	8.23	18	黑龙江 Heilongjiang	5.06	10
			内蒙古 Innermongolia	7.24	17

附录 1－3　国内生产总值

Gross Domestic Product

单位：亿元　　unit：100 million yuan

	1998			1999	
	实际数 Number	位次 order		实际数 Number	位次 order
全　国 National total	**79395.7**		**全　国 National total**	**81910.90**	
广　东 Guangdong	7919.12	1	广　东 Guangdong	8464.31	1
江　苏 Jiangsu	7199.95	2	江　苏 Jiangsu	7697.82	2
山　东 Shandong	7162.20	3	山　东 Shandong	7662.10	3
浙　江 Zhejiang	4987.50	4	浙　江 Zhejiang	5364.89	4
河　南 Henan	4356.60	5	河　南 Henan	4576.10	5
吉　林 Jilin	**1557.78**	**20**	**吉　林 Jilin**	**1669.56**	**19**
辽　宁 Liaoning	3881.73	7	辽　宁 Liaoning	4171.69	7
黑龙江 Heilongjiang	2832.84	13	黑龙江 Heilongjiang	2897.41	14
内蒙古 Innermongolia	1192.29	24	内蒙古 Innermongolia	1268.20	24

附录 1－4　第一产业增加值

Value Added of Primary Industry

单位：亿元　　unit：100 million yuan

	1998			1999	
	实际数 Number	位次 order		实际数 Number	位次 order
全　国 National total	**14599.6**		**全　国 National total**	**14457.20**	
山　东 Shandong	1215.81	1	山　东 Shandong	1221.00	1
河　南 Henan	1071.39	2	河　南 Henan	1123.14	2
江　苏 Jiangsu	1016.27	3	江　苏 Jiangsu	1003.51	4
广　东 Guangdong	1004.92	4	广　东 Guangdong	1021.30	3
四　川 Sichuan	941.24	5	四　川 Sichuan	941.02	5
吉　林 Jilin	**429.50**	**16**	**吉　林 Jilin**	**423.48**	**15**
辽　宁 Liaoning	531.46	13	辽　宁 Liaoning	520.80	13
黑龙江 Heilongjiang	463.05	14	黑龙江 Heilongjiang	377.23	17
内蒙古 Innermongolia	341.62	18	内蒙古 Innermongolia	342.91	18

附录 1－5　第二产业增加值
Value Added of Secondary Industry

单位:亿元　　　　unit:100 million yuan

	1998 实际数 Number	1998 位次 order		1999 实际数 Number	1999 位次 order
全　国 National total	**38691.8**		**全　国 National total**	**40417.90**	
广　东 Guangdong	3991.97	1	广　东 Guangdong	4264.32	1
江　苏 Jiangsu	3640.10	2	江　苏 Jiangsu	3920.15	2
山　东 Shandong	3457.03	3	山　东 Shandong	3704.44	3
浙　江 Zhejiang	2709.08	4	浙　江 Zhejiang	2902.81	4
河　北 Hebei	2084.33	5	河　北 Hebei	2243.59	5
吉　林 Jilin	**597.29**	**21**	**吉　林 Jilin**	**671.74**	**21**
辽　宁 Liaoning	1855.22	7	辽　宁 Liaoning	2001.48	7
黑龙江 Heilongjiang	1506.76	11	黑龙江 Heilongjiang	1587.76	10
内蒙古 Innermongolia	479.53	24	内蒙古 Innermongolia	515.46	24

附录 1－6　第三产业增加值
Value Added of Tertiary Industry

单位:亿元　　　　unit:100 million yuan

	1998 实际数 Number	1998 位次 order		1999 实际数 Number	1999 位次 order
全　国 National total	**26104.3**		**全　国 National total**	**27035.80**	
广　东 Guangdong	2922.23	1	广　东 Guangdong	3178.60	1
江　苏 Jiangsu	2543.58	2	江　苏 Jiangsu	2774.16	2
山　东 Shandong	2489.36	3	山　东 Shandong	2735.66	3
上　海 Shanghai	1762.50	4	上　海 Shanghai	2000.98	4
浙　江 Zhejiang	1647.11	5	浙　江 Zhejiang	1830.14	5
吉　林 Jilin	**530.99**	**22**	**吉　林 Jilin**	**574.34**	**23**
辽　宁 Liaoning	1495.05	6	辽　宁 Liaoning	1649.41	6
黑龙江 Heilongjiang	863.03	14	黑龙江 Heilongjiang	932.42	14
内蒙古 Innermongolia	371.14	25	内蒙古 Innermongolia	409.83	25

附录 1－7　国内生产总值指数(以上年为 100)

Indices of Gross Domestic Product(pre－year＝100)

单位:%　　unit:%

	1998 实际数 Number	1998 位次 order		1999 实际数 Number	1999 位次 order
全　国 National total	**107.8**		**全　国 National total**	**107.1**	
福　建 Fujian	111.4	1	福　建 Fujian	110.0	3
江　苏 Jiangsu	111.0	2	湖　北 Hubei	108.3	10
山　东 Shandong	110.8	3	上　海 Shanghai	110.2	1
河　北 Hebei	110.7	4	海　南 Hainan	108.6	8
湖　北 Hubei	110.3	5	河　北 Hebei	109.1	6
吉　林 Jilin	**109.0**	**18**	**吉　林 Jilin**	**108.1**	**12**
辽　宁 Liaoning	108.3	26	辽　宁 Liaoning	108.2	11
黑龙江 Heilongjiang	108.3	26	黑龙江 Heilongjiang	107.5	17
内蒙古 Innermongolia	109.6	11	内蒙古 Innermongolia	107.8	14

附录 1－8　人均国内生产总值

Per Capita Gross Domestic Product

单位:元　　unit:yuan

	1998 实际数 Number	1998 位次 order		1999 实际数 Number	1999 位次 order
全　国 National total	**6392**		**全　国 National total**	**6534**	
上　海 Shanghai	28253	1	上　海 Shanghai	30805	1
北　京 Beijing	18482	2	北　京 Beijing	19846	2
天　津 Tianjin	14808	3	天　津 Tianjin	15976	3
浙　江 Zhejiang	11247	4	浙　江 Zhejiang	12037	4
广　东 Guangdong	11143	5	广　东 Guangdong	11728	5
吉　林 Jilin	**5916**	**15**	**吉　林 Jilin**	**6341**	**15**
辽　宁 Liaoning	9333	8	辽　宁 Liaoning	10086	8
黑龙江 Heilongjiang	7544	10	黑龙江 Heilongjiang	7660	10
内蒙古 Innermongolia	5068	16	内蒙古 Innermongolia	5350	16

附录 1－9　财政收入
Government　Revenue

单位:亿元　　unit:100　million　yuan

	1998			1999	
	实际数 Number	位次 order		实际数 Number	位次 order
全　国 National total	**4983.95**		**全　国 National total**	**5594.49**	
广　东 Guangdong	640.75	1	广　东 Guangdong	766.19	1
上　海 Shanghai	380.70	2	上　海 Shanghai	419.95	2
山　东 Shandong	352.39	3	山　东 Shandong	404.48	3
江　苏 Jiangsu	296.58	4	江　苏 Jiangsu	343.36	4
辽　宁 Liaoning	264.62	5	辽　宁 Liaoning	279.64	6
吉　林 Jilin	**93.64**	**21**	**吉　林 Jilin**	**101.28**	**22**
黑龙江 Heilongjiang	157.27	15	黑龙江 Heilongjiang	170.13	15
内蒙古 Innermongolia	77.67	23	内蒙古 Innermongolia	86.57	23

附录 1－10　财政支出
Government　Expenditure

单位:亿元　　unit:100　million　yuan

	1998			1999	
	实际数 Number	位次 order		实际数 Number	位次 order
全　国 National total	**7672.58**		**全　国 National total**	**8991.14**	
广　东 Guangdong	825.61	1	广　东 Guangdong	965.90	1
山　东 Shandong	487.82	2	山　东 Shandong	550.00	2
上　海 Shanghai	470.05	3	上　海 Shanghai	533.54	3
江　苏 Jiangsu	424.90	4	江　苏 Jiangsu	484.65	4
辽　宁 Liaoning	390.29	5	辽　宁 Liaoning	457.90	5
吉　林 Jilin	**190.10**	**18**	**吉　林 Jilin**	**234.62**	**17**
黑龙江 Heilongjiang	259.42	14	黑龙江 Heilongjiang	339.03	12
内蒙古 Innermongolia	170.31	20	内蒙古 Innermongolia	199.80	21

附录 1－11　全部从业人员 Employed Population

单位：万人　　unit：10000 person

	1998			1999	
	实际数 Number	位次 order		实际数 Number	位次 order
全　国 National total	**69957.0**		**全　国 National total**	**70586.0**	
河　南 Henan	4999.6	1	河　南 Henan	5205.0	1
山　东 Shandong	4657.2	2	山　东 Shandong	4698.6	2
四　川 Sichuan	4534.7	3	四　川 Sichuan	4482.3	3
广　东 Guangdong	3737.4	4	广　东 Guangdong	3760.5	4
江　苏 Jiangsu	3635.0	5	江　苏 Jiangsu	3595.8	5
吉　林 Jilin	**1127.4**	**22**	**吉　林 Jilin**	**1120.2**	**22**
辽　宁 Liaoning	1818.2	15	辽　宁 Liaoning	1796.4	15
黑龙江 Heilongjiang	1723.0	17	黑龙江 Heilongjiang	1679.9	17
内蒙古 Innermongolia	1006.8	23	内蒙古 Innermongolia	1017.0	23

附录 1－12　在岗职工工资总额 Total Wages of Staff And Workers

单位：亿元　　unit：100 million yuan

	1998			1999	
	实际数 Number	位次 order		实际数 Number	位次 order
全　国 National total	**9296.5**		**全　国 National total**	**9875.5**	
广　东 Guangdong	890.7	1	广　东 Guangdong	959.6	1
江　苏 Jiangsu	628.5	2	江　苏 Jiangsu	666.3	2
山　东 Shandong	575.4	3	山　东 Shandong	620.1	3
北　京 Beijing	530.3	4	北　京 Beijing	577.3	4
辽　宁 Liaoning	504.5	5	辽　宁 Liaoning	577.3	6
吉　林 Jilin	**246.6**	**16**	**吉　林 Jilin**	**253.3**	**17**
黑龙江 Heilongjiang	377.8	11	黑龙江 Heilongjiang	406.9	9
内蒙古 Innermongolia	174.7	23	内蒙古 Innermongolia	178.0	24

附录 1－13　在岗职工平均工资
Per Capita Wages of Staff And Workers

单位:元　　unit:yuan

	1998			1999	
	实际数 Number	位次 order		实际数 Number	位次 order
全　国 National total	**7479**		**全　国 National total**	**8346**	
上　海 Shanghai	13580	1	上　海 Shanghai	16641	1
北　京 Beijing	12451	2	北　京 Beijing	14054	2
广　东 Guangdong	11032	3	西　藏 Tibet	12962	3
西　藏 Tibet	10987	4	广　东 Guangdong	12245	4
天　津 Tianjin	9946	5	天　津 Tianjin	11201	5
吉　林 Jilin	**6551**	**17**	**吉　林 Jilin**	**7158**	**19**
辽　宁 Liaoning	7161	10	辽　宁 Liaoning	7895	11
黑龙江 Heilongjiang	6238	22	黑龙江 Heilongjiang	7094	20
内蒙古 Innermongolia	5792	27	内蒙古 Innermongolia	6347	29

附录 1－14　全社会固定资产投资
Investment in Fixed Assets

单位:亿元　　unit:100 million yuan

	1998			1999	
	实际数 Number	位次 order		实际数 Number	位次 order
全　国 National total	**28406.17**		**全　国 National total**	**29854.71**	
广　东 Guangdong	2644.13	1	广　东 Guangdong	2937.02	1
江　苏 Jiangsu	2450.37	2	江　苏 Jiangsu	2441.88	2
上　海 Shanghai	1966.38	3	上　海 Shanghai	1855.76	5
山　东 Shandong	1935.58	4	山　东 Shandong	2220.57	3
浙　江 Zhejiang	1801.74	5	浙　江 Zhejiang	1958.05	4
吉　林 Jilin	**420.87**	**23**	**吉　林 Jilin**	**498.77**	**21**
辽　宁 Liaoning	1057.70	11	辽　宁 Liaoning	1119.47	10
黑龙江 Heilongjiang	770.05	14	黑龙江 Heilongjiang	751.66	13
内蒙古 Innermongolia	316.76	25	内蒙古 Innermongolia	348.22	25

附录 1－15 基本建设投资
Investment in Capital Construction

单位:亿元　　　　unit:100 million yuan

	1998 实际数 Number	1998 位次 order		1999 实际数 Number	1999 位次 order
全 国 National total	**11916.42**		**全 国 National total**	**12455.28**	
广 东 Guangdong	1039.91	1	广 东 Guangdong	1191.69	1
上 海 Shanghai	844.15	2	上 海 Shanghai	786.81	2
江 苏 Jiangsu	712.66	3	江 苏 Jiangsu	709.42	4
山 东 Shandong	641.03	4	山 东 Shandong	713.00	3
浙 江 Zhejiang	619.46	5	浙 江 Zhejiang	680.35	5
吉 林 Jilin	**200.94**	**22**	**吉 林 Jilin**	**230.24**	**22**
辽 宁 Liaoning	438.07	10	辽 宁 Liaoning	421.70	11
黑龙江 Heilongjiang	308.49	14	黑龙江 Heilongjiang	340.02	13
内蒙古 Innermongolia	172.85	25	内蒙古 Innermongolia	172.30	26

附录 1－16 更新改造投资
Investment in Innovation

单位:亿元　　　　unit:100 million yuan

	1998 实际数 Number	1998 位次 order		1999 实际数 Number	1999 位次 order
全 国 National total	**4516.75**		**全 国 National total**	**4485.08**	
上 海 Shanghai	365.01	1	上 海 Shanghai	393.59	1
广 东 Guangdong	326.86	2	广 东 Guangdong	368.60	2
江 苏 Jiangsu	296.01	3	河 北 Hebei	324.22	3
河 北 Hebei	293.31	4	山 东 Shandong	312.90	4
山 东 Shandong	283.49	5	江 苏 Jiangsu	297.86	5
吉 林 Jilin	**83.20**	**21**	**吉 林 Jilin**	**99.42**	**17**
辽 宁 Liaoning	259.80	6	辽 宁 Liaoning	260.94	6
黑龙江 Heilongjiang	219.47	9	黑龙江 Heilongjiang	141.24	14
内蒙古 Innermongolia	51.61	27	内蒙古 Innermongolia	55.90	27

附录 1－17　房地产开发投资

Investment of Real Estate

单位：亿元　　　　unit：100 million yuan

	1998			1999	
	实际数 Number	位次 order		实际数 Number	位次 order
全　国 National total	**3614.23**		**全　国 National total**	**4103.20**	
广　东 Guangdong	602.72	1	广　东 Guangdong	710.20	1
上　海 Shanghai	577.12	2	上　海 Shanghai	514.83	2
北　京 Beijing	377.40	3	北　京 Beijing	421.46	3
江　苏 Jiangsu	300.24	4	江　苏 Jiangsu	330.55	4
浙　江 Zhejiang	226.69	5	浙　江 Zhejiang	271.99	5
吉　林 Jilin	**36.38**	**20**	**吉　林 Jilin**	**52.98**	**20**
辽　宁 Liaoning	150.38	7	辽　宁 Liaoning	182.20	6
黑龙江 Heilongjiang	58.73	15	黑龙江 Heilongjiang	81.96	15
内蒙古 Innermongolia	22.81	24	内蒙古 Innermongolia	29.02	25

附录 1－18　社会消费品零售总额

Total Retail Sales of Consumer Goods

单位：亿元　　　　unit：100 million yuan

	1998			1999	
	实际数 Number	位次 order		实际数 Number	位次 order
全　国 National total	**29152.5**		**全　国 National total**	**31134.7**	
广　东 Guangdong	3248.6	1	广　东 Guangdong	3656.0	1
江　苏 Jiangsu	2238.0	2	江　苏 Jiangsu	2394.1	2
山　东 Shandong	2127.2	3	山　东 Shandong	2310.1	3
浙　江 Zhejiang	1909.2	4	浙　江 Zhejiang	2075.8	4
辽　宁 Liaoning	1568.7	5	辽　宁 Liaoning	1696.1	5
吉　林 Jilin	**680.5**	**17**	**吉　林 Jilin**	**734.0**	**17**
黑龙江 Heilongjiang	949.7	14	黑龙江 Heilongjiang	1016.2	14
内蒙古 Innermongolia	399.5	24	内蒙古 Innermongolia	437.4	24

附录 1－19　农林牧渔业总产值

Gross Output Value of Farm, forestry, Animal Husbandry And Fishery

单位:亿元　　unit:100 million yuan

	1998			1999	
	实际数 Number	位次 order		实际数 Number	位次 order
全　国 National total	**24516.7**		**全　国 National total**	**24519.1**	
山　东 Shandong	2174.54	1	山　东 Shandong	2203.0	1
江　苏 Jiangsu	1849.19	2	河　南 Henan	1906.8	2
河　南 Henan	1822.99	3	江　苏 Jiangsu	1837.4	3
广　东 Guangdong	1614.64	4	广　东 Guangdong	1653.4	4
河　北 Hebei	1505.94	5	河　北 Hebei	1539.8	5
吉　林 Jilin	**666.47**	**16**	**吉　林 Jilin**	**675.3**	**15**
辽　宁 Liaoning	969.79	12	辽　宁 Liaoning	977.1	12
黑龙江 Heilongjiang	736.34	14	黑龙江 Heilongjiang	660.5	16
内蒙古 Innermongolia	534.39	18	内蒙古 Innermongolia	532.3	18

附录 1－20　利润总额

Tctal Profits

单位:亿元　　unit:100 million yuan

	1998			1999	
	实际数 Number	位次 order		实际数 Number	位次 order
全　国 National total	**1458.11**		**全　国 National total**	**2288.24**	
山　东 Shandong	235.25	1	山　东 Shandong	356.79	1
广　东 Guangdong	224.89	2	广　东 Guangdong	280.77	2
上　海 Shanghai	193.09	3	上　海 Shanghai	265.31	3
浙　江 Zhejiang	170.94	4	浙　江 Zhejiang	234.13	4
江　苏 Jiangsu	151.51	5	黑龙江 Heilongjiang	195.35	5
吉　林 Jilin	**－3.77**	**22**	**吉　林 Jilin**	**21.87**	**16**
辽　宁 Liaoning	－16.49	30	辽　宁 Liaoning	58.24	13
黑龙江 Heilongjiang	82.73	7	内蒙古 Innermongolia	－0.69	27
内蒙古 Innermongolia	3.22	16			

附录 1－21 工业总产值

Gross Output Value of Industry

单位：亿元　　unit：100 million yuan

	1998			1999	
	实际数 Number	位次 order		实际数 Number	位次 order
全　国 National total	**67737.14**		**全　国 National total**	**72707.04**	
江　苏 Jiangsu	9738.56	1	广　东 Guangdong	10538.17	1
广　东 Guangdong	8053.09	2	江　苏 Jiangsu	8915.04	2
山　东 Shandong	6398.39	3	山　东 Shandong	6944.52	3
浙　江 Zhejiang	4702.43	5	浙　江 Zhejiang	5191.56	4
辽　宁 Liaoning	3147.86	6	辽　宁 Liaoning	3390.14	6
吉　林 Jilin	**1225.47**	**17**	**吉　林 Jilin**	**1366.92**	**17**
黑龙江 Heilongjiang	1739.73	14	黑龙江 Heilongjiang	1854.57	14
内蒙古 Innermongolia	574.64	26	内蒙古 Innermongolia	640.68	25

注："工业总产值"为全部国有及规模以上非国有。

附录 1－22 产品销售收入

Sales Revenue

单位：亿元　　unit：100 million yuan

	1998			1999	
	实际数 Number	位次 order		实际数 Number	位次 order
全　国 National total	**64148.86**		**全　国 National total**	**69851.73**	
广　东 Guangdong	9243.42	1	广　东 Guangdong	10208.99	1
江　苏 Jiangsu	7375.45	2	江　苏 Jiangsu	8257.75	2
山　东 Shandong	5923.25	3	山　东 Shandong	6566.99	3
上　海 Shanghai	5196.35	4	上　海 Shanghai	5472.34	4
浙　江 Zhejiang	4469.41	5	浙　江 Zhejiang	5036.53	5
吉　林 Jilin	**1136.01**	**17**	**吉　林 Jilin**	**1275.53**	**17**
辽　宁 Liaoning	3090.51	6	辽　宁 Liaoning	3429.67	6
黑龙江 Heilongjiang	1663.66	14	黑龙江 Heilongjiang	1707.03	14
内蒙古 Innermongolia	567.91	26	内蒙古 Innermongolia	637.20	25

附录 1－23 海关进出口总额

Total Imports and Exports

单位:亿美元 unit: $ 100 million

	1998			1999	
	实际数 Number	位次 order		实际数 Number	位次 order
全　国 National total	**3239.23**		**全　国 National total**	**3606.30**	
广　东 Guangdong	1298.26	1	广　东 Guangdong	1403.42	1
上　海 Shanghai	313.44	2	上　海 Shanghai	386.18	2
北　京 Beijing	305.17	3	北　京 Beijing	343.60	3
江　苏 Jiangsu	263.49	4	江　苏 Jiangsu	312.57	4
福　建 Fujian	171.60	5	福　建 Fujian	176.19	7
吉　林 Jilin	**16.53**	**20**	**吉　林 Jilin**	**22.17**	**14**
辽　宁 Liaoning	127.41	8	辽　宁 Liaoning	137.18	8
黑龙江 Heilongjiang	20.20	16	黑龙江 Heilongjiang	21.98	15
内蒙古 Innermongolia	9.63	26	内蒙古 Innermongolia	12.94	23

附录 1－24 外商直接投资

Direct Investment by Foreign Entrepreneurs

单位:亿美元 unit: $ 100 million

	1998			1999	
	实际数 Number	位次 order		实际数 Number	位次 order
全　国 National total	**454.63**		**全　国 National total**	**403.19**	
广　东 Guangdong	120.20	1	广　东 Guangdong	116.58	1
江　苏 Jiangsu	66.32	2	江　苏 Jiangsu	60.78	2
福　建 Fujian	42.12	3	福　建 Fujian	40.24	3
上　海 Shanghai	36.02	4	上　海 Shanghai	28.37	4
山　东 Shandong	22.03	5	天　津 Tianjin	17.64	7
吉　林 Jilin	**4.09**	**19**	**吉　林 Jilin**	**3.01**	**20**
辽　宁 Liaoning	21.90	6	辽　宁 Liaoning	10.62	9
黑龙江 Heilongjiang	5.26	16	黑龙江 Heilongjiang	3.18	19
内蒙古 Innermongolia	0.91	25	内蒙古 Innermongolia	0.65	25

附录 1－25 城镇居民人均可支配收入

Per Capita Disposable Income of Urban Households

单位：元　　unit：yuan

1998	实际数 Number	位次 order	1999	实际数 Number	位次 order
全　国 National total	**5425.05**		**全　国 National total**	**5854.00**	
广　东 Guangdong	8839.68	1	上　海 Shanghai	10931.64	1
上　海 Shanghai	8773.10	2	北　京 Beijing	9182.76	2
北　京 Beijing	8471.98	3	广　东 Guangdong	9125.92	3
浙　江 Zhejiang	7836.76	4	浙　江 Zhejiang	8427.95	4
天　津 Tianjin	7110.54	5	天　津 Tianjin	7649.83	5
吉　林 Jilin	**4206.64**	**27**	**吉　林 Jilin**	**4480.01**	**28**
辽　宁 Liaoning	4617.24	19	辽　宁 Liaoning	4898.61	21
黑龙江 Heilongjiang	4268.50	22	黑龙江 Heilongjiang	4595.14	27
内蒙古 Innermongolia	4353.02	21	内蒙古 Innermongolia	4770.53	22

附录 1－26 城镇居民人均生活消费支出

Per Capita Living Expenditures of Urban Households

单位：元　　unit：yuan

1998	实际数 Number	位次 order	1999	实际数 Number	位次 order
全　国 National total	**4331.61**		**全　国 National total**	**4615.91**	
广　东 Guangdong	7054.09	1	上　海 Shanghai	8247.69	1
北　京 Beijing	6970.83	2	广　东 Guangdong	7517.81	2
上　海 Shanghai	6866.41	3	北　京 Beijing	7498.48	3
浙　江 Zhejiang	6217.93	4	浙　江 Zhejiang	6521.54	4
天　津 Tianjin	5471.01	5	天　津 Tianjin	5851.53	5
吉　林 Jilin	**3449.74**	**23**	**吉　林 Jilin**	**3661.68**	**25**
辽　宁 Liaoning	3890.74	15	辽　宁 Liaoning	3989.93	19
黑龙江 Heilongjiang	3303.15	26	黑龙江 Heilongjiang	3481.74	30
内蒙古 Innermongolia	3105.74	29	内蒙古 Innermongolia	3468.99	31

附录 1－27 农民人均纯收入

Per Capita Net Income of Rural Households

单位：元 unit：yuan

	1998 实际数 Number	1998 位次 order		1999 实际数 Number	1999 位次 order
全 国 National total	**2161.98**		**全 国 National total**	**2210.34**	
上 海 Shanghai	5406.84	1	上 海 Shanghai	5409.11	1
北 京 Beijing	3952.32	2	北 京 Beijing	4226.59	2
浙 江 Zhejiang	3814.56	3	浙 江 Zhejiang	3948.39	3
广 东 Guangdong	3527.14	4	广 东 Guangdong	3628.95	4
天 津 Tianjin	3395.70	5	江 苏 Jiangsu	3495.20	5
吉 林 Jilin	**2383.60**	**11**	**吉 林 Jilin**	**2260.59**	**11**
辽 宁 Liaoning	2579.79	8	辽 宁 Liaoning	2501.04	9
黑龙江 Heilongjiang	2253.10	12	黑龙江 Heilongjiang	2165.93	13
内蒙古 Innermongolia	1981.51	17	内蒙古 Innermongolia	2002.93	18

附录 1－28 农民人均生活消费支出

Per Capita Expenditure for Rural Households

单位：元 unit：yuan

	1998 实际数 Number	1998 位次 order		1999 实际数 Number	1999 位次 order
全 国 National total	**1590.33**		**全 国 National total**	**1577.42**	
上 海 Shanghai	4206.89	1	上 海 Shanghai	3866.76	1
浙 江 Zhejiang	2890.65	2	北 京 Beijing	3122.13	2
北 京 Beijing	2873.20	3	浙 江 Zhejiang	2806.62	3
广 东 Guangdong	2683.18	4	广 东 Guangdong	2645.86	4
江 苏 Jiangsu	2336.78	5	江 苏 Jiangsu	2293.57	5
吉 林 Jilin	**1471.46**	**14**	**吉 林 Jilin**	**1347.91**	**17**
辽 宁 Liaoning	1702.68	9	辽 宁 Liaoning	1617.64	10
黑龙江 Heilongjiang	1464.64	15	黑龙江 Heilongjiang	1371.61	16
内蒙古 Innermongolia	1577.12	12	内蒙古 Innermongolia	1533.72	13

附录二
APPENDIX 2

主要统计指标解释

EXPLANATORY NOTES ON MAIN STATISTICAL INDICATORS

主要统计指标解释

自然资源

森林覆盖率 通常是指森林面积占土地总面积之比，一般用百分数表示。但国家规定在计算森林覆盖率时，森林面积还包括灌木林面积、农田林网树占地面积以及四旁树木的覆盖面积。森林覆盖率，是反映一个国家或地区森林资源和绿化水平的重要指标。计算公式：

$$森林覆盖率(\%)=\frac{森林面积}{土地总面积}\times 100\%$$

本《年鉴》内所列森林覆盖率是按有林地面积计算的。

森林蓄积量 指森林面积上生长着的林木树干材积总量。它是反映一个国家或地区森林资源总规模和水平的重要指标。

矿产保有储量 指探明的矿产储量（包括工业储量和远景储量）扣除已开采部分和地下损失量后的年末实有储量。它反映国家矿产资源的现状。

综　合

国内生产总值 是按市场价格计算的国内生产总值的简称。它是一个国家（地区）所有常住单位在一定时期内生产活动的最终成果。国内生产总值有三种表现形态，即价值形态、收入形态和产品形态。从价值形态看，它是所有常住单位在一定时期内所生产的全部货物和服务价值超过同期投入的全部非固定资产货物和服务价值的差额，即所有常住单位的增加值之和；从收入形态看，它是所有常住单位在一定时期内所创造并分配给常住单位和非常住单位的初次分配收入之和；从产品形态看，它是最终使用的货物和服务减去进口货物和服务。在实际核算中，国内生产总值的三种表现形态表现为三种计算方法，即生产法、收入法和支出法。三种方法分别从不同的方面反映国内生产总值及构成。

国民生产总值 是按市场价格计算的国民生产总值的简称。它是一个国家所有常住单位在一定时期内收入初次分配的最终成果。一国常住单位从事生产活动所创造的增加值在初次分配过程中主要分配给该国的常住单位，但也有一部分以劳动者报酬和财产收入等形式分配给该国的非常住单位，同时，国外生产所创造的增加值也有一部分以劳动者报酬和财产收入等形式分配给该国的常住单位。从而产生了国民生产总值概念，它等于国内生产总值加上来自国外的劳动者报酬和财产收入减去付给国外的劳动者报酬和财产收入。与国内生产总值不同，国内生产总值是一个生产概念，而国民生产总值则是个收入概念。

国民生产总值同社会总产值、国民收入的区别，从核算范围看，社会总产值和国民收入都只计算物质生产部门的劳动成果，而国民生产总值除计算物质生产部门劳动成果外，还计算非物质生产部门的劳动成果。从这三个指标的价值构成看，社会总产值计算了社会产品的全部价值；国民生产总值计算在生产产品和提供劳务过程中增加的价值，即增加值不计算中间产品和中间劳务投入的价值；而国民收入除了不计算中间产品价值外，还不包括固定资产折旧价值，即只计算净产值。

三次产业 根据社会生产活动历史发展的顺序对产业结构的划分，产品直接取自自然界的部门称为第一产业，对初级产品进行再加工的部门称为第二产业，为生产和消费提供各种服务的部门称为第三产业。它是世界上通用的产业结构分类，但各国的划分不尽一致。我国的三次产业划分是：

第一产业：农业（包括种植业、林业、牧业、副业和渔业）。

第二产业：工业（包括采掘工业、制造业、自来水、电力、蒸汽、热水、煤气）和建筑业。

第三产业：除第一、第二产业以外的其他各业。由于第三产业包括的行业多、范围广，根据我国的实际情况，第三产业可分为两大部分；一是流通部门，二是服务部门。具体又可分为四个层次：

第一层次：流通部门，包括交通运输业、邮电通讯业、商业、饮食业、物资供销和仓储业。

第二层次：为生产和生活服务的部门，包括金融、保险业，地质普查业，房地产、公用事业，居民服务业，咨询服务业和综合技术服务业，农、林、牧、渔、水利服务业和水利业，公路、内河(湖)航道养护业等。

第三层次：为提高科学文化水平和居民素质服务的部门，包括教育、文化、广播电视，科学研究、卫生、体育和社会福利事业等。

第四层次：为社会公共需要服务的部门，包括国家机关、政党机关、社会团体，以及军队和警察等。

支出法国内生产总值 指一个国家(或地区)所有常住单位在一定时期内用于最终，消费、资本形成总额，以及货物和服务的净出口总额，它反映本期生产的国民生产总值的使用构成。

最终消费 指常住单位在一定时期内对于货物和服务的全部最终消费支出，也就是常住单位为满足物质、文化和精神生活的需要，从本国经济领土和国外购买的货物和服务的支出它不包括非常住单位在本国经济领土内的消费支出。最终消费分为居民消费和政府消费。

(一)居民消费：指常住住户在一定时期内对于货物和服务的全部最终消费支出。居民关于货物的最终消费支出在货物的所有权发生变化时记录，关于服务的最终消费支出在服务提供的时候记录。居民消费支出按市场价格计算，即按居民支付的购买者价格计算，货物的购买者价格是购买者取得交货所支付的价格，它包括购买者支付的运输和商业费用。居民消费支出除了直接以货币形式购买的货物和服务的消费支出外，还包括以其他方式获得的货物和服务的消费支出，即所谓的虚拟消费支出。居民虚拟消费支出包括如下几种类型：单位以实物报酬及实物转移的形式提供给劳动者的货物和服务；住户生产并由本住户消费了的货物和服务，其中的服务仅指住户的自有住房服务；金融机构提供的金融媒介服务；保险公司提供的保险服务。

(二)政府消费：指政府部门为全社会提供的公共服务的消费支出和免费或以较低的价格向居民住户提供的货物和服务的净支出，前者等于政府服务的产出价值减去政府单位所获得的经营收入的价值，政府服务的产出价值等于它的经常性业务支出加上固定资产折旧；后者等于政府部门向居民住户提供的货物和服务的市场价值减去向居民住户收取的价值。

资本形成总额 指常住单位在一定时期内获得减去处置的固定资产和存货的净额，包括固定资产形成总额和存货增加两项。

(一)固定资产形成总额：指常住单位在一定时期内购置、转入和自产自用的固定资产价值，扣除固定资产的销售和转出后的价值。可分为有形固定资产形成总额和无形固定资产形成总额。有形固定资产形成总额包括一定时期内完成的建筑工程、安装工程和设备工器具购置(减处置)价值，以及土地改良、新增役、种、奶、毛、娱乐用牲畜和新增经济林木价值。无形固定资产形成总额包括矿藏的勘探、计算机软件、娱乐和文学艺术品原件等获得减处置。

(二)存货增加：指常住单位在一定时期内存货实物量变动的市场价值即期末价值减期初价值的差额。存货增加可以是正值，也可以是负值，正值表示存货上升，负值表示存货下降。它包括生产单位购进的原材料、燃料和储备物资等存货，以及生产单位生产的产成品、在制品和半成品等存货等。

人　口

人口数 指一定时点、一定地区范围内的有生命的个人的总和。年度统计的年末人口数是指每年12月31日24时的人口数。

出生率(又称粗出生率) 指在一定时期内(通常为一年)平均每千人所出生的人数的比率，一般用千分率表示。计算公式：

$$出生率=\frac{年出生人数}{年平均人数}\times 1000‰$$

出生人数是指活婴儿，即胎儿脱离母体时(不管怀孕月数)，有过呼吸或其他生命现象。

年平均人数是年初、年底人口数的平均数，也可用年中人口数代替。

死亡率(又称粗死亡率)　指在一定时期内(通常为一年)一定地区的死亡人数与同期平均人数(或期中人数)之比，一般用千分率表示。计算公式为：

$$死亡率=\frac{年死亡人数}{年平均人数}\times 1000‰$$

人口自然增长率　指在一定时期内(通常为一年)人口自然增加数(出生人数减死亡人数)与该时期内平均人数(或期中人数)之比，一般用千分率表示。计算公式：

$$人口自然增长率=\frac{本年出生人数-本年死亡人数}{年平均人数}\times 1000‰$$

$$人口自然增长率=人口出生率-人口死亡率$$

从业人员和职工工资

从业人员　指从事一定社会劳动并取得劳动报酬或经营收入的人员。包括：

(1)全部职工

(2)再就业的离退休人员

(3)私营业主

(4)个体户主

(5)私营和个体从业人员

(6)乡镇企业从业人员

(7)农村从业人员

(8)其他从业人员(包括民办教师、宗教职业者、现役军人等)

这一指标反映了一定时期内全部劳动力资源的实际利用情况，是研究我国基本国情国力的重要指标。

各单位的从业人员是指在各级国家机关、政党机关、社会团体及企业、事业单位中工作，并取得劳动报酬的全部人员。包括职工、再就业的离退休人员、民办教师以及在各单位中工作的外方人员和港、澳、台方人员。

各单位的从业人员反映了各单位实际参加生产或工作的全部劳动力。

经济活动人口　指在16岁以上，有劳动能力，参加或要求参加社会经济活动的人口。包括：从业人员和失业人员。

城镇登记失业人员及失业率　指有非农业户口，在一定的劳动年龄内，有劳动能力，无业而要求就业，并在当地就业服务机构进行求职登记的人员。城镇登记失业率指城镇登记失业人数同城镇从业人数与城镇登记失业人数之和的比。计算公式为：

$$城镇登记失业率=\frac{城镇登记失业人数}{(城镇从业人数+城镇登记失业人数)}\times 100\%$$

职工工资总额　指各单位在一定时期内直接支付给本单位全部职工的劳动报酬总额。

工资总额的计算原则应以直接支付给职工的全部劳动报酬为根据。各单位支付给职工的劳动报酬以及其他根据有关规定支付的工资，不论是计入成本的还是不计入成本的，不论是按国家规定列入计征奖金税项目的，还是未列入计征奖金税项目的，不论是以货币形式支付的还是以实物形式支付的，均包括在工资总额内。

职工平均工资 指企业、事业、机关单位的职工在一定时期内平均每人所得的货币工资额。它表明一定时期职工工资收入的高低程度，是反映职工工资水平的主要指标。计算公式为：

$$职工平均工资=\frac{报告期实际支付的全部职工工资总额}{报告期全部职工平均人数}$$

职工平均实际工资 指扣除物价变动因素后的职工平均工资。计算公式为：

$$职工平均实际工资=\frac{报告期职工平均工资}{报告期城镇居民消费价格指数}$$

固定资产投资

全社会固定资产投资 固定资产投资是社会固定资产再生产的主要手段。通过建造和购置固定资产的活动，国民经济不断采用先进技术装备，建立新兴部门，进一步调整经济结构和生产力的地区分布，增强经济实力，为改善人民物质文化生活创造物质条件。这对我国的社会主义现代化建设具有重要意义。

固定资产投资额是以货币表现的建造和购置固定资产活动的工作量，它是反映固定资产投资规模、速度、比例关系和使用方向的综合性指标。全社会固定资产投资按经济类型可分为国有、集体、个体、联营、股份制、外商、港澳台商、其他等。按照管理渠道，全社会固定资产投资总额分为基本建设、更新改造、房地产开发投资和其他固定资产投资四个部分。

基本建设投资 基本建设是企业、事业、行政单位以扩大生产能力或工程效益为主要目的新建、扩建工程及有关工作。其综合范围为总投资50万元以上(含50万元，下同)的基本建设项目。具体包括：(1)列入中央和各级地方本年基本建设计划的建设项目，以及虽未列入本年基本建设计划，但使用以前年度基建计划内结转投资(包括利用基建设备材料)在本年继续施工的建设项目；(2)本年基本建设计划内投资与更新改造计划内投资结合安排的新建项目和新增生产能力(或工程效益)达到大中型项目标准的扩建项目，以及为改变生产力布局而进行的全厂性迁建项目；(3)国有单位既未列入基建计划，也未列入更新改造计划的总投资在50万元以上的新建、扩建、恢复项目和为改变生产力布局而进行的全厂性迁建项目，以及行政、事业单位增建业务用房和行政单位增建生活福利设施的项目。

更新改造投资 更新改造是指企业、事业单位对原有设施进行固定资产更新和技术改造，以及相应配套的工程和有关工作(不包括大修理和维护工程)。其综合范围为总投资50万元以上的更新改造项目。具体包括：(1)列入中央和各级地方本年更新改造计划的投资单位(项目)和虽未列入本年更新改造计划，但使用上年更新改造计划内结转的投资在本年继续施工的项目；(2)本年更新改造计划内投资与基本建设计划内投资结合安排的对企、事业单位原有设施进行技术改造或更新的项目和增建主要生产车间、分厂等其新增生产能力(或工程效益)未达到大中型项目标准的项目，以及由于城市环境保护和安全生产的需要而进行的迁建工作；(3)国有企、事业单位既未列入基建计划也未列入更新改造计划，总投资在50万元以上的属于改建或更新改造性质的项目，以及由于城市环境保护和安全生产的需要而进行的迁建工程。

房地产开发投资 指房地产开发公司、商品房建设公司及其他房地产开发法人单位和附属于其他法人单位实际从事房地产开发或经营的活动单位统一开发的包括统代建、拆迁还建的住宅、厂房、仓库、饭店、宾馆、度假村、写字楼、办公楼等房屋建筑物和配套的服务设施、土地开发工程(如道路、给水、排水、供电、供热、通讯、平整场地等基础设施工程)的投资。不包括单纯的土地交易活动。

其他固定资产投资 指全社会固定资产投资中未列入基本建设、更新改造和房地产开发投资的建造和购置固定资产的活动。具体包括：

(1)国有单位按规定不纳入基本建设计划和更新改造计划管理,计划总投资(或实际需要总投资)在50万元以上的以下工程: ①用油田维护费和石油开发基金进行的油田维护和开发工程; ②煤炭、铁矿、森工等采掘采伐业用维简费进行的开拓延伸工程; ③交通部门用公路养路费对原有公路、桥梁进行改建的工程; ④商业部门用简易建筑费建造的仓库工程。

(2)城镇集体固定资产投资:指所有隶属城市、县城和经国务院及省、自治区、直辖市批准建制的镇领导的集体单位(乡镇企业局管理的除外)建造和购置固定资产计划总投资(或实际需要总投资)在50万元以上的项目。

(3)除上述以外的其他各种企、事业单位、个体建造和购置固定资产总投资在50万元以上的、未列入基本建设计划和更新改造计划的项目。

城镇和工矿区私人建房投资和农村个人投资 城镇和工矿区私人建房包括市、县城、镇、工矿区所辖范围内的全部私人建房,不论其房主是否系本地的常住户口均应包括。农村个人投资包括农村个人建房及购置生产性固定资产的投资。

新增生产能力 指通过固定资产投资活动而增加的设计能力或工程效益,它是用实物形态表示的固定资产投资的成果。新增生产能力的计算,是以能独立发挥生产能力或效益的单项工程(或项目)为对象。当单项工程(或项目)建成,经有关部门鉴定合格,正式移交投入生产,即可计算新增生产能力。

新增生产能力或工程效益有以下几种表现形式:

(1)以建设项目或单位工程建成后的年产能力表示,如煤炭开采、石油开采等。

(2)以建设项目或单项工程建成后处理原料的能力表示,如选矿工程的年处理矿石能力,洗煤厂年洗原煤能力等。

(3)以新增的主要设备数量或容量表示。如棉纺锭枚数,发电机组容量等。

(4)以建筑物容积、容量、面积或长度表示。如水库容量、铁路公路里程等。

新增生产能力的数量一般按设计能力计算。设计能力是指设计文件中规定的在正常情况下能够达到的生产能力,而不论投产后的实际产量如何。以设备数量、建筑物容积、面积、长度等表示的新增生产能力(或效益),则按建成的实际数量计算。

房屋建筑面积 指从房屋外墙线算起的各层平面面积的总和,包括可供使用的有效面积和房屋结构(如柱、墙)占用面积。多层建筑按各层(包括地下室)面积总和计算。

住宅建筑面积 指施工和竣工房屋建筑面积中供居住用的施工和竣工房屋建筑面积。

施工面积 指报告期内施工的全部房屋建筑面积。包括本期新开工的面积、上期跨入本期继续施工的房屋面积、上期停缓建在本期恢复施工的房屋面积、本期竣工的房屋面积及本期施工后又停缓建的房屋面积。

竣工面积 指在报告期内房屋建筑按照设计要求已全部完工,达到住入和使用条件,经验收鉴定合格,正式移交使用单位的建筑面积。

房屋建筑面积竣工率 指一定时期内房屋竣工面积占同期房屋施工面积的比率。它是从房屋建筑施工速度的角度反映投资效果和建筑业经济效益的指标。

新增固定资产 指通过投资活动所形成的新的固定资产价值。包括已经建成投入生产或交付使用的工程价值和达到固定资产标准的设备、工具、器具的价值及有关应摊入的费用。它是以价值形式表示的固定资产投资成果的综合性指标,可以综合反映不同时期、不同部门、不同地区的固定资产投资成果。

建设项目投产率 指一定时期内全部建成投入生产项目个数与同期正式施工项目个数的比率。它是从项目建设速度的角度反映投资效果的指标。

固定资产交付使用率 指一定时期新增固定资产与同期完成投资额的比率。它是反映各个时期固定资产动用速度，衡量建设过程中投资效果的一个综合性指标。

能源和原材料消费

能源生产总量 指一定时期内全国(地区)一次能源生产量的总和，是观察全国(地区)能源生产水平、规模、构成和发展速度的总量指标。一次能源生产量包括原煤、原油、天然气、水电及其他动力能(如风能、地热能等)发电量。不包括低热值燃料生产量、生物质能、太阳能等的利用和由一次能源加工转换而成的二次能源产量。

能源消费总量 指一定时期内全国(地区)物质生产部门、非物质生产部门和生活消费的各种能源的总和，是观察能源消费水平、构成和增长速度的总量指标，能源消费总量包括原煤和原油及其制品、天然气、电力。不包括低热值燃料、生物质能和太阳能等的利用。能源消费总量分为三部分，即终端能源消费量、能源加工转换损失量和损失量。

(1)终端能源消费量 指一定时期内全国(地区)物质生产部门、非物质生产部门和生活消费的各种能源在扣除了用于加工转换二次能源消费量和损失量以后的数量。

(2)能源加工转换损失量 指一定时期内全国(地区)投入加工转换的各种能源数量之和与产出各种能源产品之和的差额。它是观察能源在加工转换过程中损失量变化的指标。

(3)能源损失量 指一定时期内能源在输送、分配、储存过程中发生的损失和由客观原因造成的各种损失量。包括各种气体能源放空、放散量。

财　政

财政收入 国家财政参与社会产品分配所取得的收入，是实现国家职能的财力保证。财政收入所包括的内容几经变化，目前主要包括：

(1)各项税收 包括增值税、营业税、消费税、土地增值税、城市维护建设税、资源税、城市土地使用税、印花税、固定资产投资方向调节税、个人所得税、企业所得税、关税、农牧业税和耕地占用税等。

(2)专项收入 包括征收排污费、征收城市水资源费收入，教育费附加收入等。

(3)其他收入 包括基本建设贷款归还收入、国家能源交通重点建设基金收入、国家预算调节基金等。

(4)国有企业计划亏损补贴 这项为负收入，冲减财政收入。

财政支出 国家财政将筹集起来的资金进行分配使用，以满足经济建设和各项事业的需要，主要包括：

(1)基本建设支出 指按国家有关规定，属于基本建设范围内的基本建设有偿使用、拨款、资本金支出以及经国家批准对专项和政策性基建投资贷款，在部门的基建投资额中统筹支付的贴息支出。

(2)企业挖潜改造资金 指国家预算内拨给的用于企业挖潜、革新和改造方面的资金。包括各部门企业挖潜改造资金和企业挖潜改造贷款资金，为农业服务的县办“五小”企业技术改造补助，挖潜改造贷款利息支出。

(3)地质勘探费用 国家预算用于地质勘探单位的勘探工作费用，包括地质勘探管理机构及其事业单位经费、地质勘探经费。

(4)科技三项费用 国家预算用于科技支出的费用，包括新产品试制费、中间试验费、重要科学研究补助费。

(5)支援农村生产支出 国家财政支援农村集体(户)各项生产的支出。包括对农村举办的小型农田水利和打井、喷灌等的补助费；对农村水土保持措施的补助费；对农村举办的小水电站的补助费；特大抗旱的补助费;农村开荒补助费;扶持乡镇企业资金;农村农技推广和植保补助费;农村草场和畜禽保护补助费;农村造林和林木保护补助费;农村水产补助费;发展粮食生产专项资金。

(6)农林水利气象等部门的事业费用　国家财政用于农垦、农场、农业、畜牧、农机、林业、森工、水利、水产、气象、乡镇企业的技术推广、良种推广(示范)、植物(畜禽、森林)保护、水质监测、勘探设计、资源调查、干部训练等项费用,园艺特产补助费,中等专业学校经费,飞播牧草试验补助费,营林机构、气象机构经费,渔政费以及农业管理事业费等。

(7)工业交通商业等部门的事业费　国家预算支付给工交商各部门用于事业发展的经费。包括勘探设计费、中等专业学校经费、技术学校经费、干部训练费。

(8)文教科学卫生事业费　国家预算用于文化、出版、文物、教育、卫生、中医、公费医疗、体育、档案、地震、海洋、通讯、电影电视、计划生育、党政群干部训练、自然科学、社会科学、科协等项事业的经费支出和高技术研究专项经费。主要包括工资、补助工资、福利费、离退休费、助学金、公务费、设备购置费、修缮费、业务费、差额补助费。

(9)抚恤和社会福利救济费　国家预算用于抚恤和社会福利救济事业的经费,包括由民政部门开支的烈士家属和牺牲病残人员家属的一次性、定期抚恤金,革命伤残人员的抚恤金,各种伤残补助费、烈军属、复员退伍军人生活补助费、退伍军人安置费,优抚事业单位经费,烈士纪念建筑物管理、维修费,自然灾害救济事业费和特大自然灾害后重建补助费等。

(10)国防支出　国家预算用于国防建设和保卫国家安全的支出,包括国防费、国防科研事业费、民兵建设以及专项工程支出等。

(11)行政管理费　包括行政管理支出,党派团体补助支出,外交支出,公安安全支出,司法支出,法院支出,检察院支出和公检法办案费用补助。

(12)价格补贴支出　经国家批准,由国家财政拨给的政策性补贴支出,主要包括粮食加价款,粮、棉、油差价补贴,棉花收购价外奖励款,副食品风险基金,市镇居民的肉食价格补贴,平抑市价肉食、蔬菜价差补贴等以及经国家批准的教材课本、报刊新闻纸等价格补贴。

物　　价

零售价格指数　是反映城乡商品零售价格变动趋势的一种经济指数。零售物价的调整变动直接影响到城乡居民的生活支出和国家的财政收入,影响居民购买力和市场供需平衡,影响消费与积累的比例。因此,计算零售价格指数,可以从一个侧面对上述经济活动进行观察和分析。

居民消费价格指数　是反映一定时期内城乡居民所购买的生活消费品价格和服务项目价格变动趋势和程度的相对数。是综合了城市居民消费价格指数和农民消费价格指数计算取得。利用居民消费价格指数,可以观察和分析消费品的零售价格和服务价格变动对城乡居民实际生活费支出的影响程度。

城市居民消费价格指数　是反映城市职工及其家庭所购买的生活消费品和服务项目价格变动趋势及其程度的相对数。编制城市居民消费价格指数,可以观察和分析消费品的零售价格和服务项目价格变动对职工货币工资的影响,作为研究职工生活和确定工资政策的依据。

农村居民消费价格指数　是反映农村居民家庭所购买的生活消费品的价格和服务项目价格变动趋势和程度的相对数。用它可以观察农村消费品的零售价格和服务项目价格变动对农村居民生活消费支出的影响,直接反映农民生活水平的实际变化情况,为分析和研究农村居民生活问题提供依据。

农产品收购价格指数　是反映国有商业、集体商业、个体商业、外贸部门、国家机关、社会团体等各种经济类型的商业企业和有关部门收购农产品价格的变动趋势和程度的相对数。农产品收购价格指数可以观察和研究农产品收购价格总水平的变化情况，以及对农民货币收入的影响，作为制订和检查农产品价格政策的依据。计算指数所选的商品有11个大类、包括276种农副土特产品。采用加权倒数平均公式(即按报告期实际收购金额加权综合法)计算。

农村工业品零售价格指数　是反映农村市场工业品零售价格水平变动趋势和程度的相对数。通过农村工业品零售价格指数，可以观察工业品零售价格变动对农民货币支出的影响。

工业品出厂价格指数　是反映全部工业产品出厂价格总水平的变动趋势和程度的相对数。其中除包括工业企业售给商业、外贸、物资部门的产品外，还包括售给工业和其他部门的生产资料以及直接售给居民的生活消费品。通过工业生产价格指数能观察出厂价格变动对工业总产值的影响。

固定资产投资价格指数　是反映固定资产投资额价格变动趋势和程度的相对数。固定资产投资额是由建筑安装工程投资完成额、设备、工器具购置投资完成额和其他费用投资完成额三部分组成的。编制固定资产投资价格指数应首先分别编制上述三部分投资的价格指数，然后采用加权算术平均法求出固定资产投资价格总指数。

编制固定资产投资价格指数可以准确地反映固定资产投资中涉及的各类商品和取费项目价格变动趋势和变动幅度，消除按现价计算的固定资产投资指标中的价格变动因素，真实地反映固定资产投资的规模、速度、结构和效益，为国家科学地制定、检查固定资产投资计划并提高宏观调控水平，为完善国民经济核算体系提供科学的，可靠的依据。

人民生活

城镇居民家庭就业人口　指城镇居民从事社会劳动并取得劳动报酬或经营收入的人口。就业人口包括通过国家统筹规划和指导由劳动部门介绍就业，自愿组织起来就业和自谋职业等方式，在国有制、集体所有制、中外合资、中外合作、外资在华独资的企事业单位和私营企业单位工作或从事个体劳动的有固定性职业或临时性职业的人口。被聘用和留用的离退休人员也计入就业人口。本指标可以反映城镇居民的就业情况，是计算就业面、负担系数的重要资料。

城镇居民家庭全部收入　指被调查城镇居民家庭全部的实际现金收入，包括经常或固定得到的收入和一次性收入。不包括周转性收入，如提取银行存款、向亲友借入款、收回借出款以及其他各种暂收款。

城镇居民家庭可支配收入　指被调查的城镇居民家庭在支付个人所得税之后，所余下的实际收入。

城镇居民家庭消费性支出　指被调查的城镇居民家庭用于日常生活的全部支出，包括购买商品支出和文化生活、服务等非商品性支出。不包括罚没、丢失款和缴纳的各种税款(如个人所得税、牌照税、房产税等)，也不包括个体劳动者生产经营过程中发生的各项费用。

城镇居民家庭购买商品支出　指被调查的城镇居民家庭购买商品的全部支出，包括从商店、工厂、饮食业、工作单位食堂、集市以及直接从农民购买各种商品的开支。共分九类：食品、衣着品、日用品、文化娱乐用品、书报杂志、药及医疗用品、房屋及建筑材料、燃料、其他商品。不论自用的或赠送亲友的都包括在内。

农村居民家庭纯收入　指农村常住居民家庭总收入中，扣除从事生产和非生产经营费用支出、缴纳税款和上交承包集体任务金额以后剩余的，可直接用于进行生产性、非生产性建设投资、生活消费和积蓄的那一部分收入。它是反映农民家庭实际收入水平的综合性的主要指标。农民家庭纯收入，既包括从事生产性和非生产性的经营收入，又包括取自在外人口寄回带回和国家财政救济、各种补贴等非经营性收入；既包括货币收入，又包括自产自用的实物收入。但不包括向银行、信用社和向亲友借款等属于借贷性的收入。

农村居民家庭整半劳动力　指农村常住居民家庭成员中有劳动能力并经常参加实际劳动的人员。是生产的基本要素指标之一，是发展生产增加农民家庭收入的重要源泉。按规定，农村男18周岁至50周岁、女

18周岁至45周岁为整劳动力；男16周岁到17周岁、51周岁到60周岁，女16周岁到17周岁、46周岁到55周岁为半劳动力。农民家庭整半劳动力，既包括在上述规定劳动年龄内和在劳动年龄以外有劳动能力并经常参加实际劳动的男女整半劳动力；也包括农民家庭常住人员中属于职工的劳动力。但不包括在劳动年龄内已丧失劳动能力的人员。

农村居民家庭生活消费支出 指农村常住居民家庭年内用于日常生活的全部开支。它是用来反映和研究农民家庭实际生活消费水平高低的重要指标。农民家庭生活消费支出，包括用于吃、穿、住、烧、用等生活消费品开支和文化、生活服务费用开支两大部分。

农村居民家庭商品性生活消费支出 指农村常住居民家庭用其货币收入，在市场上购买食品、衣着、家庭用家具器皿、日用杂品、燃料、耐用消费品、以及文教卫生用品等生活消费总量。包括向国有商店、集体商店和集市贸易市场以及其他流通渠道购买的全部生活消费品。农民家庭商品性生活消费支出，是农民家庭生活消费支出的一个重要组成部分，是用来反映和分析农民家庭生活消费水平的商品化程度，及其由自给性经济向商品经济发展趋势的重要指标，也是研究和预测农民家庭对市场消费品需求，制定商品供应计划的重要依据。

城乡居民储蓄存款余额 城乡居民储蓄存款，包括城镇居民储蓄存款和农民个人储蓄存款两部分。不包括居民的手存现金和工矿企业、部队、机关团体等集团存款。储蓄存款余额，是指城乡居民存入银行及农村信用社储蓄的时点数（存入数扣除取出数的余额），如月末、季末或年末数额。

市政公用事业

年底自来水生产能力 指年底城建部门管理的自来水厂和自备水源的社会单位取水、净化、送水、出厂输水干管等环节的实际生产能力。

年底供水管道长度 指从送水泵到用户水表之间所有管道的长度。

全年供水总量 指公用自来水厂和自备水源的社会单位全年的供水总量，包括有效供水量及损失水量。

生活用水量 指居民日常生活与公共福利设施的用水量。包括居民、饮食店、旅馆、医院、理发店、浴池、洗衣店、游泳池、商店、学校、机关、部队等单位的用水量。

城市人口用水普及率 指城市用水的非农业人口数（不包括临时人口和流动人口）与城市非农业人口总数之比。计算公式：

$$\text{用水普及率} = (\text{城市用水的非农业人口数} \div \text{城市非农业人口数}) \times 100\%$$

人工煤气生产能力 指城市煤气厂制气、净化、输送等环节的综合实际生产能力。

输气管道长度 指由压缩机、鼓风机、储气罐的出口到用户立管之间的全部管道长度。

全年供气总量 指全年售给各类用户的全部煤气量。包括工业用量、家庭用量和其他用量。

城市用气普及率 指使用煤气（包括人工煤气、液化石油气、天然气）的城市非农业人口数（不包括临时人口和流动人口）与城市非农业人口总数之比。计算公式：

$$\text{城市煤气普及率} = \frac{\text{城市用气的非农业人口}}{\text{城市非农业人口总数}} \times 100\%$$

城市供热能力 指热电厂、热力公司和达到标准的集中采暖锅炉房向城市输送的供热源的设计能力。每小时向城市输送的蒸汽、热水能力。

城市供热总量 指热电厂、热力公司和达到标准的集中采暖锅炉房全年向城市输送的全部蒸汽、热水量。

城市供热管道长度 指热电厂、热力公司和达到标准的集中采暖锅炉房管理的集中供热热源到用户之间的全部供气、供热水的管道长度。

年底实有铺装道路长度 指除土路外，路面经过铺装宽度在3.5米以上的道路，包括高级、次高级道路和普通道路。

城市桥梁 指城市范围内，修建在河道上的桥梁和道路与道路立交、道路跨越铁路的立交桥，以及人行天桥。包括永久性桥和半永久性桥，不包括临时性桥、铁路桥、涵洞。

城市下水道总长度 指所有排水总管、干管、支管及暗渠、检查井、连接井进出水口等长度之和。

城市污水日处理能力 指污水处理厂每昼夜处理污水量的设计能力。

年末实有公共汽(电)车 指年底可参加营运的全部车辆数，包括年底营运车辆数和库存查封未参加营运的车辆，不包括非营运车辆，如架线车、油罐车、工程车、货车及其他专用车辆和借入客运车辆。

营运线路长度 指设置的固定营运线路长度，包括郊区营运线路长度。不包括临时行驶的线路长度。

城市园林绿地面积 指城市公共绿地、专用绿地、生产绿地、防护绿地、郊区风景名胜区的全部面积。

公共绿地 指供游览休息的各种公园、动物园、植物园、陵园以及花园、游园和供游览休息用的林荫道绿地、广场绿地。不包括一般栽植的行道树及林荫道的面积。

农　　业

农林牧渔业总产值 是以货币表现的农、林、牧、渔业全部产品的总量，它反映一定时期内农业生产总规模和总成果。

农、林、牧、渔业的统计范围包括国有经济的各种专业农(农、林、牧、渔)场以及国家各级机关团体学校、部队、集体所有制的乡、镇、村各级办农场；工矿企业经营的农、林、牧、渔业，农村各种经济组织和农户经营的农林牧渔业和农民家庭兼营的商品性工业等。

(1)农业　包括种植业和其他农业。

种植业　包括谷物、豆类、薯类、棉、油料、糖料、麻类、烟叶、蔬菜、药材、瓜类和其他农作物的种植，以及茶园、桑园、果园的生产经营。

其他农业　包括采集野生植物的果实、纤维、树胶、树脂、油料以及柴草、野生药材、菌类以及农民家庭兼营的商品性工业。

(2)林业　包括林木的栽培(不包括茶园、桑园和果园的栽培、管理和收获等活动)、林产品的采集和村及村以下合作经济组织和农户的竹木采伐。

(3)牧业　包括除渔业养殖以外的一切动物饲养和放牧以及野生动物的捕猎和饲养。

(4)渔业　包括水生动物和海藻类植物的养殖和捕捞。

农业总产值的计算方法通常是按农林牧渔业产品及其副产品的产量分别乘以各自单位产品价格求得，少数生产周期较长，当年没有产品或产品产量不易统计的，则采用间接方法匡算其产值，然后将四业产品产值相加即为农业总产值。

1957年以前的农业总产值中包括了厩肥和农民自给性手工业(如农民自制衣服、鞋、袜、自己从事粮食初步加工等)。1958年及以后的农业总产值，林业中增加了村及村以下竹木采伐产值；牧业中取消了厩肥产值；副业中取消了农民自给性手工业产值，增加了村及村以下办的工业产值；渔业中增加了海洋捕捞水产品产值。1980年及以后的农业总产值，在副业中增加了农民家庭兼营工业商品部分的产值。从1984年起村及村以下办工业产值划归工业。从1993年起，取消副业。将野生动物的捕猎划入牧业，野生植物采集和农民家庭兼营商品性工业划归农业。

粮食产量 指全社会的产量。包括国有经济经营的、集体统一经营的和农民家庭经营的粮食产量，还包括工矿企业办的农场和其他生产单位的产量。粮食除包括稻谷、小麦、玉米、高粱、谷子及其他杂粮外,还包括薯类和豆类。其产量计算方法,豆类按去豆荚后的干豆计算;薯类(包括甘薯和马铃薯,不包括芋头和木薯)1963年以前按每4公斤鲜薯折1公斤粮食计算,从1964年开始及以后改为按5公斤鲜薯折1公斤粮食计算。城市郊区作为蔬菜的薯类(如:马铃薯等)按鲜品计算,并且不做为粮食统计。其他粮食一律按脱粒后的原粮计算。

油料产量 指全部油料作物的生产量。包括花生、油菜籽、芝麻、向日葵籽、胡麻籽(亚麻籽)和其他油料。不包括大豆,也不包括木本油料和野生油料。花生以带壳干花生计算。

水产品产量 指人工养殖的水产品和天然生长的水产品的捕捞量。包括海水的鱼类、虾蟹类、贝类和藻类以及内陆水域的鱼类、虾蟹类和贝类,不包括淡水生殖物。

猪、牛、羊肉产量 指当年出栏并已屠宰后除去头蹄下水后带骨肉(即胴体重)的重量。

耕地面积 指年初可以用来种植农作物、经常进行耕锄的田地,除包括熟地、当年新开荒地、连续撂荒未满三年的耕地和当年的休闲地(轮歇地)外,还包括以种植农作物为主并附带种植桑树、茶树、果树和其他林木的土地,以及沿海、沿湖地区已围垦利用的"海涂"、"湖田"等面积。但不包括属于专业性的桑园、茶园、果园、果木苗圃、林地、芦苇地、天然或人工草地面积。

农作物播种面积 指实际播种或移植有农作物的面积。凡是实际种植有农作物的面积,不论种植在耕地上还是种植在非耕地上,均包括在农作物播种面积中。在播种季节基本结束后,因遭灾而重新改种和补种的农作物面积,也包括在内。

有效灌溉面积 指具有一定的水源,地块比较平整,灌溉工程或设备已经配套,在一般年景下当年能够进行正常灌溉的耕地面积。

农用化肥施用量 指本年内实际用于农业生产的化肥数量。包括氮肥、磷肥、钾肥和复合肥。化肥施用量要求按折纯量计算数量。折纯法化肥施用量是把氮肥、磷肥和钾肥分别按含氮、含五氧化二磷、含氧化钾的百分之一百成份折算后的数量。复合肥按其所含主要成分折算。

农业机械总动力 指主要用于农、林、牧、渔业的各种动力机械的动力总和。包括耕作机械、排灌机械、收获机械、农用运输机械、植物保护机械、牧业机械、林业机械、渔业机械和其他农业机械〔内燃机按引擎马力折成瓦(特)计算,电动机按功率折成瓦(特)计算〕。不包括专门用于乡、镇、村、组办工业、基本建设、非农业运输、科学试验和教学等非农业生产方面的动力机械与作业机械。

农林牧渔业劳动力 指直接参加农林牧渔业生产劳动的劳动力。

期初(末)畜禽存栏头(只)数 指本期期初(末)农村各种合作经济组织和国营农场、农民个人、机关、团体、学校、工矿企业、部队等单位以及城镇居民饲养的大牲畜、猪、羊、家禽等畜禽的存栏头(只)数。

谷物 指籽实主要供作粮食的作物。这类作物包括稻谷、小麦、玉米、谷子、高粱和其他谷物,不包括豆类和薯类作物。

工　业

工业 指从事自然资源的开采,对采掘品和农产品进行加工和再加工的物质生产部门。具体包括:(1)对自然资源的开采,如采矿、晒盐、森林采伐等(但不包括禽兽捕猎和水产捕捞);(2)对农副产品的加工、再加工,如粮油加工、食品加工、轧花、缫丝、纺织、制革等;(3)对采掘品的加工、再加工,如炼铁、炼钢、化工生产、石油加工、机器制造、木材加工等,以及电力、自来水、煤气的生产和供应等;(4)对工业品的修理、翻新,如机器设备的修理、交通运输工具(包括小卧车)的修理等。

1984年以前农村的村及村以下办工业归属农业,1984年以后划归工业。

本年鉴中涉及的企业登记注册类型：

(1)国有及国有控股企业。国有企业(即过去的全民所有制工业或国营工业)　是指企业全部资产归国家所有，并按《中华人民共和国企业法人登记管理条例》规定登记注册的非公司制的经济组织。包括国有企业、国有独资公司和国有联营企业。1957 年以前的公私合营和私营工业，后均改造为国营工业，1992 年改为国有工业，这部分工业的资料不单独分列时，均包括在国有企业内。国有控股企业是对混合所有制经济的企业进行的"国有空股"分类。它是指这些企业的全部资产中国有资产(股份)相对其他所有者中的任何一个所有者占资(股)最多的企业。该分组反映了国有经济控股情况。

(2)集体企业　指企业资产归集体所有，并按《中华人民共和国企业法人登记管理条件》规定登记注册的经济组织。是社会主义公有制经济的组成部分。包括城乡所有使用集体投资举办的企业，以及部分个人通过集资自愿放弃所有权并依法经工商行政管理机关认定为集体所有制的企业。

(3)股份有限公司　指根据《中华人民共和国企业法人登记管理条例》规定登记注册，其全部注册资本由等额股份构成并通过发行股票筹集资本，股东以其认购的股份对公司承担有限责任，公司以其全部资产对其债务承担责任的经济组织。

(4)港、澳、台商投资企业　指企业注册登记类型中的港、澳、台合资、合作、独资经营企业和股份有限公司之和。

(5)外商投资企业　指企业注册登记类型中的中外资、合作经营企业、外资企业和外商投资股份有限公司之和。

(6)本年鉴中涉及的名为"其他"的企业均指除国有企业、集体企业、个体经营以外的其他类型工业企业(单位)。包括联营企业、私营企业、股份有限公司、有限责任公司；外商投资企业(中外合资经营、中外合作经营、外资企业)港、澳、台投资企业(与大陆合资经营与大陆合作经营，港、澳、台独资企业)及其它企业。

轻工业　指主要提供生活消费品和制作手工工具的工业。按其所使用的原料不同，可分为两大类：(1)以农产品为原料的轻工业，是指直接或间接以农产品为基本原料的轻工业。主要包括食品制造、饮料制造、烟草加工、纺织、缝纫、皮革和毛皮制作、造纸以及印刷等工业；(2)以非农产品为原料的轻工业，是指以工业品为原料的轻工业。主要包括文教体育用品、化学药品制造、合成纤维制造、日用化学制品、日用玻璃制品、日用金属制品、手工工具制造、医疗器械制造、文化和办公用机械制造等工业。

重工业　是指为国民经济各部门提供物质技术基础的主要生产资料的工业。按其生产性质和产品用途，可以分为下列三类：(1)采掘(伐)工业，是指对自然资源的开采，包括石油开采、煤炭开采、金属矿开采、非金属矿开采和木材采伐等工业；(2)原材料工业，指向国民经济各部门提供基本材料、动力和燃料的工业。包括金属冶炼及加工、炼焦及焦炭化学、化工原料、水泥、人造板以及电力、石油和煤炭加工等工业；(3)加工工业，是指对工业原材料进行再加工制造的工业，以及为农业提供的生产资料如化肥、农药等工业。

根据上述划分原则，修理业中以重工业产品为修理作业对象的划为重工业，反之划为轻工业。

工业总产值　是以货币表现的工业企业在一定时期内生产的已出售或可供出售工业产品总量，它反映一定时间内工业生产的总规模和总水平。它包括：在本企业内不再进行加工，经检验、包装入库(规定不需包装的产品除外)的成品价值，工业性作业价值，自制半成品、在产品期末期初差额价值。工业总产值采用"工厂法"计算，即以工业企业作为一个整体，按企业工业生产活动的最终成果来计算，企业内部不允许重复计算，不能把企业内部各个车间(分厂)生产的成果相加。但在企业之间、行业之间、地区之间存在着重复计算。

轻重工业总产值的划分也是按"工厂法"计算的，即一个工业企业在正常情况下生产的主要产品的性质属于轻工业，则该企业的全部总产值作为轻工业总产值；一个工业企业生产的主要产品的性质属于重工业，则该企业的全部总产值作为重工业总产值。

工业增加值　是指工业行业在报告期内以货币表现的工业生产活动的最终成果。

固定资产原价　固定资产原价指企业在建造、购置、安装、改建、扩建、技术改造某项固定资产时所支出的全部货币总额。它一般包括买价、包装费、运杂费和安装费等。

固定资产净值　是指固定资产原价减去历年已提折旧额后的净额。

流动资产　流动资产是指可以在一年或者超过一年的一个营业周期内变现或者耗用的资产，包括现金及各种存款、短期投资、应收及预付货款、存货等。

利税总额　指企业利润总额、产品销售税金及附加和应交增值税之和。

资金利税率　指在一定时期内已实现的利润、税金总额与同期的资产（固定资产净值和流动资产）之比。计算公式：

$$资金利税率(\%)=\frac{报告期累计实现利税总额}{固定资产净值平均余额+流动资产平均余额}\times 100\%$$

资金利税率反映每单位（通常是每万元）资金所提供的利润税金额。它是考察和评价部门或企业资金运用的经济效益，分析资金投入效果的主要分析指标。

工业成本费用利润率　指在一定时期内实现的利润与成本费用之比，是反映工业生产成本及费用投入的经济效益指标，同时也是反映降低成本的经济效益的指标。计算公式：

$$工业成本费用利润率(\%)=\frac{利润总额}{成本费用总额}\times 100\%$$

工业增加值率　指在一定时期内工业增加值占同期工业总产值的比重，反映降低中间消耗的经济效益。计算公式：

$$工业增加值率(\%)=\frac{工业增加值(现价)}{工业总产值(现价)}\times 100\%$$

流动资金周转次数　指在一定时期内流动资产完成的周转次数，反映流动资产的周转速度。计算公式：

$$流动资金周转次数=\frac{产品销售收入}{全部流动资产平均余额}$$

产品销售率　指一定时期内销售产值与同期全部工业总产值之比，反映工业产品生产已实现销售的程度。计算公式：

$$工业产品销售率(\%)=\frac{报告期现价工业销售产值}{报告期现价工业总产值}\times 100\%$$

产品销售收入　指企业销售产品的销售收入和提供劳务等主要经营业务取得的业务总额。

产品销售成本　指企业销售产品和提供劳务等主要经营业务的实际成本。

产品销售税金及附加　指企业销售产品和提供工业性劳务等主要经营业务应负担的城市维护建设税、消费税、资源税和教育费附加。

产品销售利润　指企业销售产品和提供工业性劳务等主要经营业务收入扣除其成本、费用、税金后的利润。

利润总额　指企业实现的利润。

应交增值税　指企业在报告期内应交纳的增值税额。

产值利税率　指报告期已实现的利润、税金总额（包括利润总额、产品销售税金及附加和应交增值税）占同期全部工业总产值的百分比，计算公式为：

$$产值利税率(\%)=\frac{利税总额}{工业总产值}\times 100\%$$

全员劳动生产率　指根据产品的价值量指标计算的平均每一个职工在单位时间内的产品生产量。是考核企业经济活动的重要指标，是企业生产技术水平、经营管理水平、职工技术熟练程度和劳动积极性的综合表现。目前我国的全员劳动生产率是将工业企业的工业增加值除以同一时期全部职工的平均人数来计算的。计算公式：

$$全员劳动生产率=\frac{工业增加值}{全部职工平均人数}$$

资本金 指企业在工商行政管理部门登记的注册资金合计。企业资本金按投资主体可分为国家资本金、法人资本金、个人资本金和外商资本金等。资本金合计包括企业各种投资主体注册的全部资本金。

总资产 指企业拥有或控制的全部资产。包括流动资产、长期投资、固定资产、无形及递延资产、其他长期资产、递延税项等，即为企业资产负债表的资产总计项。

(1)流动资产 指企业可以在一年内或者超过一年的一个生产周期内变现或耗用的资产合计。包括现金及各种存款、短期投资、应收及预付款项、存货等。

(2)固定资产 指企业固定资产净值、固定资产清理、在建工程、待处理固定资产损失所占用的资金合计。

(3)无形资产 指企业长期使用而没有实物形态的资产。包括专利权、非专利技术、商标权、著作权、土地使用权、商誉等。

总负债 指企业承担并需要偿还的全部债务。包括流动负债和长期负债、递延税项等，即为企业资产负债表的负债合计项。

(1)流动负债 指企业在一年内或者超过一年的一个营业周期内需要偿还的债务合计，其中包括短期借款，应付及预收款项、应付工资、应交税金和应交利润等。

(2)长期负债 指企业在一年以上或者超过一年的一个生产周期以上需要偿还的债务合计，其中包括长期借款、应付债务、长期应付款项等。

所有者权益 指企业投资人对企业净资产的所有权。企业净资产等于企业全部资产减去全部负债后的余额，其中包括投资者对企业的最初投入，以及资本公积金、盈余公积金和未分配利润，对股份制企业即为股东权益。

交通运输和邮电通讯业

铁路营业里程 又称营业长度，指办理客货运输业务的铁路正线总长度。凡是全线或部分建成双线及以上的线路，以第一线的实际长度计算；复线、站线、段管线、岔线和特殊用途线以及不计算运费的联络线都不计算营业里程。铁路营业里程是反映铁路运输业基础设施发展水平的重要指标，也是计算客货周转量、运输密度和机车车辆运用效率等指标的基础资料。

铁路正线延展里程 是正线第一线、第二线、第三线和其他正线建筑里程之和，不包括站线、段管线、岔线及特殊用途线的延展里程。它是作为计算铁路线上钢轨、枕木及路基砂石需要量的主要依据。

公路里程 指在一定时期内实际达到《公路工程技术标准 JTJ01－88》规定的等级公路，并经公路主管部门正式验收交付使用的公路里程数。其计算单位为：km。它包括大中城市的郊区公路以及通过小城镇街道部分的公路里程，也包括桥梁、渡口的长度，但不包括大中城市的街道、厂矿、林区生产用道和农业生产用道的里程。两条或多条公路共同经由一路段，只计算一次，不得重复计算里程长度。公路里程是反映公路建设发展规模的重要指标，也是计算运输网密度等指标的基础资料。

内河航道里程 也称“内河通航里程”，是反映内河水运网规模、水平和发展情况的主要指标；是指在一定时期内，能通航运输船舶及排筏的天然河流、湖泊水库、运河及通航渠道的长度。包括全年季节性通航累计三个月以上的航道，但不包括仅供零散流放竹、木排的河道。

民用航空航线里程 指民航运输定期班机飞行的航线长度的总和。航线长度按机场之间的距离计算，通常有两种计算方法：将每条航线长度相加称为重复计算航线里程；如将两条或两条以上航线经过同一区段里程，只计算一次航线长度称为不重复计算航线里程。一般常用的是后者，它能确切反映民航运输网的规模，表明民航事业为国民经济服务和方便人民生活程度的主要指标。

货（客）运量 指在一定时期内，各种运输工具实际运送的货物（旅客）数量。是反映运输业为国民经济和人民生活服务的数量指标，也是制定和检查运输生产计划，研究运输发展规模和速度的重要指标。货运按吨计算，客运按人计算。货物不论运输距离长短，货物类别，均按实际重量统计；旅客不论行程远近或票价多少，均按一人一次作为客运量统计。半价票、小孩票也按一人统计。

货物（旅客）周转量 指在一定时期内，由各种运输工具运送的货物（旅客）数量与其相应运输距离的乘积之总和，是反映运输业生产总成果的重要指标，也是编制和检查运输生产计划，计算运输效率、劳动生产率以及核算运输单位成本的主要基础资料。通常以吨公里和人公里为计算单位。计算货物周转量通常按发出站与到达站之间的最短距离，也就是计费距离计算。

邮电业务总量 指以货币表现的邮电部门用于传递信息和提供其他邮电服务的总数量。它综合反映了一定时期邮电工作的总成果，是研究邮电业务量构成和发展趋势的重要指标。根据邮电管理体制不同，分为中央国营业务总量和地方国营业务总量。它用各种邮电分类业务量，如函件件数、电报份数、长话张数、市内电话和农村电话的年均户数、订销报刊累计份数等，分别乘以相应的平均单价（不变价），加总后再加上出租电路和设备的收入、代用户维护电话交换机和线路等设备的收入、其他业务收入求得。

市内电话 指接入县城（包括个别城镇）及县以上城市的市内电话网上，并按市内电话进行经营管理的电话。按计费办法分为包月制和计次制两种。

（1）住宅电话 指话机装在居民住宅里的电话。它包括私人付费、公费和免费三个部分。

（2）私人付费电话 指住宅居民自费安装并自己缴纳通话费的电话。

无线寻呼电话用户 指携带小型寻呼机，接收市话用户通过无线寻呼中心，在规定范围内向其发出声音、数字或文字显示信息的用户。目前在邮电部门办理登记手续的无线寻呼电话用户，每一部寻呼机按一户计算。

移动电话用户 指在邮电部门登记，通过移动电话交换机进入移动电话网、占有移动电话号码的电话用户。用户数量以实际办理登记手续进入邮电部门移动电话网的户数进行计算，一部或一台移动电话统计为一户。

建 筑 业

建筑业总产值（即自行完成施工产值） 指建筑业企业或附营建筑施工单位自行完成的按工程进度计算的建筑安装生产总值。建筑业产值包括：

① 建筑工程产值：指列入建筑工程预算内的各种工程价值。

② 设备安装工程产值：指设备安装工程价值。

③ 房屋、构筑物修理产值：指房屋、构筑物修理所完成的价值，但不包括被修理房屋、构筑物本身的价值和生产设备的修理价值。

④ 非标准设备制造产值：指加工制造没有定型的、非标准的生产设备的加工费和原材料价值，不论是现场还是附属加工厂为本单位承建工程制造的非标准设备的价值，都应计算产值。

建筑业增加值 指建筑业企业在报告期内以货币表现的建筑业生产经营活动的最终结果。目前建筑业

增加值采用分配法(收入法)计算,即从收入的角度出发,根据生产要素在生产过程中应得的收入份额计算。具体计算公式为:

建筑业增加值=本年提取的固定资产折旧+应付工资+应付福利费+管理费中的劳动待业保险金、税金+工程结算税金及附加+工程结算利润。

房屋建筑施工面积 指在报告期内施工的全部房屋建筑面积。包括本期内新开工的、上期施工跨入本期继续施工、上期停建本期复工的房屋建筑面积;不包括上期开工后又停工,本期未施工的房屋建筑面积。

房屋建筑竣工面积 指在报告期内,按照设计所规定的工程内容全部完成,达到了设计规定的交工条件,经有关部门检查验收鉴定合格的房屋建筑面积。

自有机械设备年末总台数 指归本企业(或单位)所有,属于本企业固定资产的生产性机械设备年末总台数。包括施工机械、生产设备、运输设备以及其他设备。

自有机械设备年末总功率 指本企业(或单位)自有施工机械、生产设备、运输设备以及其他设备等列为在册固定资产的生产性机械设备年末总功率,按设定能力或查定能力计算。包括机械本身的动力和为该机械服务的单独动力设备,如电动机等。计算单位用千瓦,动力换算可按1马力=0.735千瓦折合成千瓦数。电焊机、变压器、锅炉不计算动力。

工程结算收入 指企业(或单位)按工程的分部分项自行完成的建筑产品价值并已与甲方在报告期内办理结算手续的工程价款收入,以及向甲方收取的除工程价款以外的按规定列作营业收入的各种款项,如临时设施费、劳动保险费、施工机械调迁费等以及向甲方收取的各种索赔款。

工程结算利润 指已结算工程实现的利润。如为亏损以"-"号表示。其计算公式为:

工程结算利润=工程结算收入-工程结算成本-工程结算税金及附加

企业总收入 指与企业生产经营直接有关的各项收入,包括工程结算收入和其他业务收入,即:

企业总收入=工程结算收入+其他业务收入

批发零售贸易和餐饮业

社会消费品零售额 指各种经济类型的批发零售贸易业、餐饮业、制造业和其他行业对城乡居民和社会集团的消费品零售额。这个指标反映通过各种商品流通渠道向居民和社会集团供应的生活消费品来满足他们生活需要,是研究人民生活,社会消费品购买力、货币流通等问题的重要指标。社会消费品零售额包括:(1)售给城乡居民作为生活用的商品和修建房屋用的建筑材料;(2)售给机关、团体、学校、部队、企业、事业单位的职工食堂和旅店(招待所)附设专门供本店旅客食用,不对外营业的食堂的各种食品、燃料;企业、单位和国营农场直接售给本单位职工和职工食堂的自己生产的产品;(3)售给部队干部、战士生活用的粮食、副食品、衣着品、日用品、燃料;(4)售给来华的外国人、华桥、港澳台同胞的消费品;(5)居民自费购买的中、西药品、中药材及医疗用品;(6)报社、出版社直接售给居民和社会集团的报纸、图书、杂志、集邮公司出售的新、旧纪念邮票、特种邮票、首日封、集邮册、集邮工具等;(7)旧货寄售商店自购、自销部分的商品;(8)煤气公司、液化石油气站售给居民和社会集团的煤气灶具和罐装液化石油气;(9)农民售给非农业居民和社会集团的商品。不包括售给国民经济各部门企业、事业单位(包括国有经济的农场)生产经营用的各种原材料、燃料、设备、工具等和售给批发零售贸易业、餐饮业作为转卖用的商品、旧货寄售商店受托寄售卖出的商品、服务业的营业收入、邮局出售邮票的收入、自来水、电力、煤气生产(供应)单位的产品供应收入,也不包括农民之间的商品销售。

批发零售贸易业商品购、销、存总额 指以各种经济类型的批发、零售贸易业(不包括个体)为总体的商品购、销、存。

商品购进总额 指从本企业(单位)以外的单位和个人购进(包括从国外直接进口)作为转卖或加工后转卖的商品。这个指标反映批发零售贸易业从国内、国外市场上购进商品的总量。商品购进总额包括:(1)从工农业生产者购进的商品;(2)从出版社、报社的出版发行部门购进的图书、杂志和报纸;(3)从各种经济类型的批发零售贸易企业(单位)购进的商品;(4)从其他单位购进的商品,如从机关、团体、企业、单位购进的剩余物资,从餐饮业、服务业购进的商品,从海关、市场管理部门购进的缉私和没收的商品,从居民收购的废旧商品等;(5)从国(境)外直接进口的商品。不包括企业(单位)为自身经营用,和未通过买卖行为而收入的商品以及销售退回、商品升溢等。

商品销售总额 指对本企业(单位)以外的单位和个人出售(包括对国(境)外直接出口)的商品。这个指标反映批发零售贸易业在国内市场上销售商品以及出口商品的总量。商品销售总额包括:(1)售给城乡居民和社会集团消费用的商品;(2)售给工业、农业、建筑业、运输邮电业、批发零售贸易业、餐饮业、服务业等作为生产、经营使用的商品;(3)售给批发零售贸易业作为转卖或加工后转卖的商品;(4)对国(境)外直接出口的商品。不包括:出售本企业(单位)自用的废旧包装用品,未通过买卖行为付出的商品,经本单位介绍,由买卖双方直接结算,本单位只收取手续费的业务,购货退出的商品以及商品损耗和损失等。

批发零售贸易业年末库存 指年末各种经济类型的批发零售贸易企业(单位)已取得所有权的商品。它反映各地区、各批发零售贸易企业(单位)的商品库存情况,和对市场商品供应的保证程度。期末库存包括:(1)存放在批发零售贸易业经营单位(如门市部、批发站、经营处)仓库、货场、货柜和货架中的商品;(2)挑选、整理、包装中的商品;(3)已记入购进而尚未运到本单位的商品,即发货单或银行承兑凭证已到而货未到部分;(4)寄放他处的商品,如因购货方拒绝承付而暂时存放在购货方的商品和已办完加工成品收回手续而货未提回的商品;(5)委托其他单位代销(未作销售或调出)尚未售出的商品;(6)代其他单位购进尚未交付的商品。不包括所有权不属于本单位的商品、拨付除批发零售贸易业以外的其他行业所属独立核算加工厂等加工生产尚未收回成品的商品、代国家物资储备部门保管的商品等。期末库存总额计算方法是:农副产品采购单位按购进价计算,批发单位按进货价计算,零售单位按什么价格核算就按什么价格计算。

城乡集市贸易成交额 指在农村集市和城市集市上买卖双方(包括农民、非农业居民、机关、团体、工商企业、个体商贩)成交的全部商品金额,是反映集市贸易规模的综合性指标。

对外经济贸易和旅游业

利用外资 指我国各级政府、部门、企业和其他经济组织通过对外借款、吸收外商直接投资以及用其他方式筹措的境外现汇、设备、技术等。

对外借款 是我国利用外资的主要部分。包括我国通过外国政府贷款,国际金融组织贷款,外国银行商业贷款,出口信贷以及对外发行债券,股票等方式,从境外筹措的资金。

外商直接投资 是指外国企业和经济组织或个人(包括华侨、港澳台胞以及我国在境外注册的企业)按我国有关政策、法规、用现汇、实物、技术等在我国境内开办外商独资企业、与我国境内的企业或经济组织共同举办中外合资经营企业、合作经营企业或合作开发资源的投资(包括外商投资收益的再投资)以及经政府有关部门批准的项目投资总额内,企业从境外借入的资金。

旅游人数 指来我国参观、访问、旅行、探亲、访友、休养、考察、参加会议和从事经济、科技、文化、教育、体育、宗教等活动的外国人、华侨、港澳和台湾同胞的人数。不包括外国在我国的常驻机构,如使领馆、通讯社、企业办事处的工作人员;来我国常驻的外国专家、留学生以及在岸逗留不过夜人员。

国际旅游(外汇)收入 指入境旅游的外国人、华侨、港澳台同胞在中国大陆旅游过程中发生的一切旅游支出,对于国家来说就是国际旅游(外汇)收入。

进出口总额　海关进出口总额指实际进出我国国境的货物总金额。包括对外贸易实际进出口货物,来料加工装配进出口货物,国家间、联合国及国际组织无偿援助物资和赠送品,华侨、港澳台同胞和外籍华人捐赠品,租赁期满归承租人所有的租赁货物,进料加工进出口货物,边境地方贸易及边境地区小额贸易进出口货物(边民互市贸易除外),中外合资经营企业、中外合作经营企业、外商独资经营企业进出口货物和公用物品,到、离岸价格在规定限额以上的进出口货样和广告品(无商业价值、无使用价值和免费提供出口的除外),从保税仓库提取在中国境内销售的进口货物,以及其他进出口货物。进出口总额用以观察一个国家在对外贸易方面的总规模。我国规定出口货物按离岸价格统计,进口货物按到岸价格统计。

金融和保险

存款　企业、机关、团体或居民根据可以收回的原则,把货币资金存入银行或其他信用机构保管并取得一定利息的一种信用活动形式。根据存款对象的不同可划分为企业存款、财政存款、机关团体存款、基本建设存款、城镇储蓄存款、农村存款等科目。它是银行信贷资金的主要来源。

贷款　银行或其他信用机构根据必须归还的原则,按一定利率,为企业、个人等提供资金的一种信用活动形式。我国银行贷款分为流动资金贷款、固定资产贷款、城乡个体工商户贷款以及农业贷款等科目。

承保额　又叫保险金额。它是保险人对被保险人负担损失补偿或约定给付的金额。它是保险合同上的最高责任额,也是计算保费的依据。

保费　又叫保险费。是保险人根据保险合同的有关规定,为被保险人取得因约定危险事故发生所造成的经济损失补偿(或给付)权利,付给保险人的代价。包括财产险和人身险储金收入。

赔款　保险事故发生后,经查证确属保险责任范围以内的保险标的损失,保险人根据保险合同的规定履行赔偿义务,给矛被保险人的款项叫做赔款。赔款可分为已决赔款和未决赔款两种。

教育、科技和文化事业

普通高等学校　指按照国家规定的设置标准和审批程序批准举办,通过国家统一招生考试,招收高中毕业生为主要培养对象,实施高等教育的全日制大学、独立设置的学院和高等专科学校、短期职业大学。

成人高等学校　指按照国家有关规定审批,招收通过全国成人高教统一招生考试的具有高中毕业或同等学历的在职从业人员利用脱产、半脱产、业余或函授等多种形式对其实施高等学历教育,培养高等教育专科或本科毕业水平的专门人才,修业年限、课程设置和总学时数均按高等学历教育要求付诸实施的学校。包括广播电视大学、职工高等学校、农民高等学校、管理干部学院、教育学院、独立设置的函授学院等。

小学学龄儿童入学率　指调查范围内已入小学学习的学龄儿童占校内外学龄儿童总数(包括弱智儿童在内,但不包括盲聋哑儿童)的比重。计算公式:

$$\text{小学学龄儿童入学率} = \frac{\text{已入学的小学学龄儿童数}}{\text{校内外小学学龄儿童总数}} \times 100\%$$

独立研究与开发机构　指有明确的任务和研究方向,有一定学术水平的业务骨干和一定数量的研究人员,具有研究、开发、开展学术工作的基本条件,主要进行科学研究与技术开发活动,并且在行政上有独立的组织形式财务上独立核算盈亏,有权与其他单位签订合同,在银行有单独户头的单位。包括国务院各部门、中国科学院、中国社会科学院和各省、自治区、直辖市以及地(市)以上〔含地(市)〕各部门所属的国有独立的科学研究与技术开发机构。

独立研究与开发机构职工　指在科学研究与技术开发机构工作,并由其支付工资的各种人员。包括长期职工和临时职工,不包括编制以外的离休、退休人员和停薪留职人员,但包括招聘人员。

研究与发展经费支出 指报告期内用于研究与实验发展课题活动(基础研究、应用研究、实验发展)的全部实际支出。包括用于研究与发展课题活动的直接支出,还包括间接用于研究与发展活动的一切支出(院、所管理费、维持院、所正常运转的必需费用和与研究发展有关的基本建设支出)。

科学家和工程师 指具有大学本科及以上学历的和不具备上述学历但有高、中级职称的人员。

其他科技人员 指大专、中专毕业和具有初级职称的从事科技活动人员。

发明 指专利法及其实施细则所称的发明,指对有关产品、方法或其改进所提出的新的技术方案。

实用新型 指专利法及其实施细则所称的实用新型,指对产品的形状、构造或者其结合所提出的适于实用的新的技术方案。

外观设计 专利法及其实施细则所称的外观设计是指对产品的形状、图案、色彩或者其结合所作出的富有美感并适于工业上应用的新设计。

文化事业机构 指从事专业文化工作和为专业文化工作服务的独立建制的单独核算的单位。不包括这些单位另外举办独立核算的其他机构和各部门的业余文化组织。

艺术表演团体 指从事戏曲、音乐、舞蹈、杂技等专业艺术表演,有独立帐户,实行单独核算的团体。不包括半工半艺、半农半艺和民间职业剧团。

电影放映单位 指具有放映机器设备、固定或不固定的放映场所与专职或兼职的放映技术人员,经有关部门登记批准,经常为一定的观众对象放映电影的机构。包括经批准对外开放进行营业,并与电影发行放映管理机构分帐的专用放映单位和军委系统租片单位。

艺术表演观众人数(人次) 指售票、包场演出或民族地区免费演出的艺术表演观众人次数。不包括彩排审查和内部观摩演出的观看人次数。

体育、卫生和其他事业

等级运动员人数 指经考核正式批准授予等级运动员称号的人数。运动员等级分为国际级运动健将、运动健将、一级运动员、二级运动员、三级运动员、少年级运动员。

等级裁判员人数 指经考核正式批准授予等级裁判员称号的人数。裁判员等级分为国际裁判、国家级裁判、一级裁判、二级裁判、三级裁判。

体育场 指有400米跑道(中心含足球场),有固定道牙,跑道6条以上,并有固定看台的室外田径场地。以看台容纳观众人数分:甲级25000人以上,乙级15000－25000人,丙级5000－15000人,丁级5000人以下。

体育馆 指有固定看台,可借篮球、排球、羽毛球、乒乓球、体操等项目训练比赛活动用的室内运动场地。以看台容纳观众人数分:甲级6000人以上,乙级4000－6000人,丙级2000－4000人,丁级2000人以下。

医院 指名称为医院,设有固定床位能收容病人住院并能为病人提供医疗、护理服务的医疗机构。包括县及县以上医院、农村乡卫生院、其他医院三部分。按所属性质分为卫生部门、工业及其他部门,集体经济单位三类。其中县及县以上医院按业务性质分为综合医院和专科医院。

卫生技术人员 指卫生事业机构支付工资的全部固定职工和合同制职工中现任职务为卫生技术工作的专业人员。包括中医师、西医师、中西医结合高级医师、护师、中药师、西药师、检验师、其他技师、中医士、西医士、护士、助产士、中药剂士、西药剂士、检验士、其他技士、其他中医、护理员、中药剂员、西药剂员、检验员,其他初级卫生技术人员。

医生 指经卫生部门审查合格,从事医疗工作的专业人员。分为中医医生和西医医生。包括卫生技术人员中的中医师、西医师、中西结合高级医师、中医士、西医士和其他中医。

社会福利事业单位 指集中收养社会孤老、残、幼的机构。包括由民政部门管理的社会福利院、儿童福利院、精神病人福利院和城镇集体办的福利院，以及农村集体举办的敬老院。

社会福利事业单位收养人数 包括民政部门管理的和城镇及农村集体举办的社会福利事业单位中收养的老人、少年儿童、缺乏生活自理能力的残疾人员和精神病人。

社会福利企业单位 指以安置城镇有一定劳动能力的盲、聋、哑和肢体残疾人员就业为目的，享受国家减免税待遇的国有或集体经济性质的企业。包括福利工厂、福利商业服务业、假肢厂和安置农场等单位。

律师 指受聘参加法律顾问处工作，担任法律顾问、刑(民)事代理人、刑事辩护人，办理非诉讼事件、解答法律询问，代写法律事务文书等主要从事律师业务的专职法律工作者和兼职律师。

公证人员 指在国家公证机关依法办理公证事务的司法人员。包括公证员、助理公证员和在公证处工作的其他人员。

办理公证文书 指公证处在一定时期内办结的公证文书件数。公证文书系按司法部规定或批准的格式制作。包括国内公证和涉外公证两部分。其中国内公证分为经济合同公证和民事法律关系公证两大类。

调解人员 在人民调解委员会担负调解民间一般民事纠纷和轻微违法行为所引起的纠纷的工作人员。包括调解委员会的委员和调解小组的调解员。

调解民间纠纷 指调解委员会依照法律规定 根据自愿原则，用说服教育的方法调解民间发生的有关民事权利和义务的争执，促成当事双方达到协议和谅解，解决纠纷。包括婚姻家庭纠纷，财产权益纠纷等。不包括法院受理调解的民事案件数。

离休、退休、退职人员 指正式办理了离休、退休、退职手续，并享受相应的离休、退休、退职待遇的人员。

保险福利费用 指企业、事业、机关单位在工资以外实际支付给职工和离休、退休、退职人员个人以及用于集体的劳动保险和福利费用。

(1)职工保险福利费用具体包括：

①医疗卫生费 指实行公费医疗企业的职工及其供养的直系亲属的医疗费、医务经费、职工因工负伤就医路费以及住院伙食补助费等；卫生部门开支的事业及机关单位职工的公费医疗经费；未参加公费医疗的企业、事业和机关单位职工的医药费。

②丧葬抚恤救济费 指职工死亡的丧葬费、丧葬补助费和所遗供养直系亲属的抚恤费、救济费、生活补助费以及职工供养直系亲属死亡时的丧葬补助费等。

③生活困难补助 指对生活困难的职工实际支付的定期补助和临时性补助。

④文体宣传费 指企业、事业和机关单位实际支付的文体宣传费。不包括学习费。

⑤集体福利事业补贴费 指对职工浴室、理发室、洗衣房、哺乳室、托儿所等集体福利设施各项支出与收入相抵后的差额补助费。

⑥集体福利设施费 指按照国家规定开支的集体福利设施费用。如职工食堂炊事用具的购置费、修理费、职工宿舍的修缮费用。不包括由企业、事业、机关单位自筹经费开支的职工福利设施的基本建设费用。

⑦计划生育补贴 指发给职工独生子女的补贴费和保健费。

⑧其他 指上述费用以外，单位支付给职工的保险福利费。

(2)离休、退休、退职人员保险福利费用具体包括：

①离休金 指发给离休人员的工资和按1982年国务院发布的“关于老干部离职休养制度的几项规定”发给符合规定的离休干部相当于1－2个月标准工资的生活补贴和国务院〔1989〕82、83号文件规定提高离休人员的待遇所增加的费用及粮油价格补贴等。

②退休金 指按照国家有关规定发给退休人员的退休费和国务院〔1989〕82、83号文件规定提高退休人员的待遇所增加的费用及粮油价格补贴等。

③退职生活费　指按照1978年国务院《关于工人退休、退职的暂行办法》规定定期发给退职人员的生活费用和国务院〔1989〕82、83号文件规定提高退职人员的待遇所增加的费用及粮油价格补贴等。

④医疗卫生费　离休、退休、退职人员的医疗费、住院费以及住院伙食补助等费用。

⑤护理费　因工致残、饮食起居需人扶助的离休、退休人员的护理费以及因病不能自理的离休人员的护理费。

⑥生活补贴　按照1985年国务院《关于发给离休退休人员生活补贴费的通知》规定,发给离休、退休人员的生活补贴费。

⑦交通费补贴　指按月发给离休人员的交通费补贴。

⑧丧葬抚恤救济费　指离休、退休、退职人员死亡的丧葬费、丧葬补助费和所遗供养直系亲属的抚恤费、救济费、生活补助费以及供养直系亲属死亡时的丧葬补助费等。

⑨其他　包括易地安置的离休、退休、退职人员的安家补助费;离休、退休、退职人员的生活困难补助费、书报费、洗理费、副食品价格补贴、房租价格补贴、水电补贴、少数民族补贴以及老干部活动经费开支的旅游费用等。

工业废水排放量　指经过企业厂区所有排放口排到企业外部的工业废水量。包括生活废水、外排的直接冷却水、超标排放的矿井地下水和与工业废水混排的厂区生活污水,不包括外排的间接冷却水(清污不分流的间接冷却水应计算在内)。

工业废水排放达标量　指各项指标都达到国家或地方排放标准的外排工业废水量,包括未经处理外排达标的和经过处理后外排达标的两部分。国家排放标准见GB8978－88。

工业废水处理量　指报告期内各种水治理设施实际处理的工业废水量,包括处理后外排的和处理后回用的工业废水量。虽然处理但未达到国家或地方排放标准的废水量也应计算在内。计算时,如遇有车间和厂排放口均有治理设施,并对同一废水分级处理时,不应重复计算工业废水处理量。

工业废气排放量　指企业厂区内燃料燃烧和生产工艺过程中产生的各种排入空气的含有污染物的气体的总量,以标准状态〔273K,101325Pa〕计。

二氧化硫排放量　指企业在燃料燃烧和生产工艺过程中排入大气的二氧化硫量。

工业烟尘排放量　指企业厂区内的燃料燃烧产生的烟气中夹带的颗粒物的量。

工业粉尘排放量　指企业在生产工艺过程中排放的颗粒物重量。如钢铁企业的耐火材料粉尘、焦化企业的筛焦系统粉尘、烧结机的粉尘、石灰窑的粉尘、建材企业的水泥粉尘等。不包括电厂排入大气的烟尘。

工业固体废物产生量　指企业在生产过程中产生的固体状、半固体状和高浓度液体状废弃物的总量,包括危险废物、冶炼废渣、粉煤灰、炉渣、煤矸石、尾矿、放射性废物和其他废物等;不包括矿山开采的剥离废石和掘进废石(煤矸石和呈酸性或碱性的废石除外)。酸性或碱性废石是指采掘的废石其流经水、雨淋水的pH值小于4或pH值大于10.5者。

环境污染与破坏事故　指由于违反环境保护法规的经济、社会活动与行为,以及意外因素的影响或不可抗拒的自然灾害等原因,致使环境受到污染,国家重点保护的野生动植物、自然保护区受到破坏,人体健康受到危害,社会经济和人民财产受到损失,造成不良社会影响的突发性事件。

Explanatory Notes on Main Statistical Indicators

ADMINISSTRIVE DIVISION AND NATURAL RESOURCE

Forest Coverage – Rate refers to the ratio of area of afforested land to total area of land (measured in percentage). According to regulations of the government , calculatin g forest coverage – rate, in addition to afforested land, the area of bush forest, the area of forest land inside farmland and the area of trees planted by the side of farm houses and along the roads, rivers andfields should be included in the area of afforested land in the calculation of t he forest coverage – rate. This indicator shows the forest resources and afforestation progress of a country or a region. The formula for calculating forest coverage – rate is as follows:

$$\text{Forestry Coverage} - \text{rate}(\%) = \frac{\text{Area of Afforested Land}}{\text{Area of Total Land}} \times 100\%$$

Stock Volume of Forest refers to total stock volume of woodgr owing in forest area, which showsthe total size and level of forest resources of a country or a region.

Ensured Mineral Reserves refer to the actual mineral reserves , which equal to the proven mineralreserves (including industrial reserves and prospective reserves) minus e xtracted parts andumderground losses. This indicator shows the current condition of the mineral res ources of a country.

GENERAL SURVEY

Gross Domestic Product refers to gross domestic product calcu lated at market prices, which isthe final products of all resident units in a country (or region) during a certa in period of time. Gross domestic product is expressed in three different forms, i. e. value added, income, andproducts respectively. The form of value added refers to the total value of all products andsuervices produced by all resident units during a certain period of time minus t otal value of inputof materials and services of the nature of non – fixed assets or the summation of the value added ofall resident and non – resedent units; the form of products refers to allfinal good s and servicesminusimports of goods and services. In the practice of national accounting, gross d omestic product iscalculated with three approaches, i. e. product approach, income approach, and e xpenditure approachrespectively to reflect gross domestic product and its composition from differen t aspects.

Gross National Producy refers to gross national product calc ulated at market price, which isthe final result of the primary distribution of the income created by all the re sident units of acountry during a certain period of time. The value added created by the resident units of a countryengaged in production activities is mainly distributed to the resident units of that country whilea part of it is distributed to the non – resident units of the country in the fo rm of remunerationfor the labourers and property income. Simultaneously a part of the value added created abroad isdistributed to the resident units of the country in the form of remuneration for rhe labourers andproperty income. Thus the concept of gross national product is formed, which equal s to gross domesticproduct plus overseas incomeas remuneration for the labourers andproperty in come minus paymentabroad as remuneration for the labourers and property income. Unlike gross domest ic product which isa comcept of production, gross national product is a concept of income.

The difference among gross national product and total value of society and notional income isthat the total value of society and national income only take into account pr oducts of materialproduction sectors, while the gross national product, in addition to products of material productionsectors also takes into account of products of non – material production sectors . in terms of thevalue composition of the three conceptions, the total value of society includes t he total value ofall products of the society;the gross national product includes only the newly c reated value in theprocess of producing goods and services,i.e.the value added and excludes the val ue of the input ofintermediate goods and services; National income excludes both the inter mediate input anddepreciation of fixed assets and includes only the net value of output.

Three Industries Industry structure has been classified accor ding to the historical sequence ofdevelopment. Primary industry refers to estraction of natural resources;secondary industry involvesprocessing of primary products ;and tertiary industry provides services of various kinds forproduction and consumption. The above classification is universal although it var ies to some extentform country to country. Industry in China comprises:

Primary industry: agriculture (including farming, forestry, animal h usbandry, sidelineproduction and fishery).

Secondary industry: industry (including mining and quarrying, manufacturi ng, water supply, electricity generation and supply, ateam ,hot water, gas) and construction.

Tertiary industry: all other industries not included in primary or secondary .

Due to the fact that tertiary industry involves in a large variety of indust ries in China, itis divided into two sectors: circulation sector and service sector and further i nto four levels:

The first level: circulation sector, including transportation, postal and telecommunications, services, commerse, catering trade, material supply and marketing, and storage.

The second level: service sector providing services for production andcons umption, includingbanking, insurance, geological survey, real estatea, puglic utilities, serv ice for residents, consultancy service, and comprehensive technical services, and service for ag riculture, forestry, animal husbandry, fishery, water conservancy, and maintenance of roads and inlan d water ways, etc.

The third level :service sector for upgrading scientific, educationaland cult ural level of thepeo0ple, including education, culture, broadcasting, televiseon, scientific resea rch, public health, sports, and social welfare, etc.

The fourth level: sector ptoviding services for public needs, including g overnment agencies, political and party organizations, social organizations, armies, and policemen.

GDP Calculated With Expenditure Approach refers to total exp enditure on final comsumption, totalcapital formation and net export of goods and services by resident units of a co untry in a certainperiod of time. It reflects the composition of GDP by its use.

Final Consumption refers to the total expenditure of resident units on final consumption ofgoods and services in a certain period, namely the expenditure oftheresident uni ts for purchases ofgoods and services from domestic economic territory and abroad to meet the requi rements of material, cultural and spiritual life. It excludes the expenditure of non – resedent units on consumption inthe economic territory of the country. The final consumption is classi fied into residentconsumption and government consumption.

(1)Resident consumption refers to the total expenditure ofresident housen olds on the finalconsumption of goods and services in a certain period of time. The expenditur e of residents onfinal consumption of goods is recorded when the change of the ownership of g oods happens. Theexpenditure of residents on final consumption of services is recorded when the s ervices are provided. The expenditure of the residents on consumption is calculated at market p rices, namely thepurchasers' privices which the residents pay; the purchasers' prices of goods a re the prices theresedents pay when they obtain the goods, including the transport and commercial expenses paided bythe residents. Inaddition to the expenditure on consumption of goods and servi ces bought by theresidents directly with money, the expenditure on goods and services obtained by the residents inother ways, i.e. the so – called fictitious expenditure on consumption, is als o included in theexpenditure of the residents on consumption. The fictitious expenditure of the residents onconsumption includes the following types: (a) the goods and services provided to the residenrs bythe units in the form of payment in kind and transfer in kind; (b) the goods and services producedand consumed by the households themselves, in which the services refer onl y to the servicesprovided by the residential buildings owned by the households; (c) the ser vices of financialintermediary provided by the fiancial institutions; (d) the insurance service s provided by theinsurance companies.

(2) Government consumption refers to the expenditure on the consumption of t he public servicesprovided by the government to the whole society and the net expenditure on the goods and servicesprovided by the government to the households free charge or at lower prices. The former equals tothe output value of the govenment services minus the value ofoperating in com e obtained by thegovernment departments. (The output value of the government serveces equa ls to its currentoperating expenditure plus depreciation of fixed assets). The latter equals to t he market value ofthe goods and services provided by the government to the households minus the va lue received by thegovernment from the households.

Total Capital Formation refers to the net amount of the fixed assets and stock acquired minusthose disposed, including the total fixed assets formation and the increase in s tock.

(1)Total Fixed Capital Formation refers to the value of fixed assets purchas ed, transferred inby the resident units and those produced and used by themselves in a certain pe riod deducting thevalue of fixed assets sold and thansferred out. It can be classified into tot al tangible assetsformation and total intangible assets formation.The total tangible assers for mation include thevalus of the construction projects, installation projects completed and the eq uipment, apparatusand instruments purchased as well as the value of land improved, the value o f draught animals,breeding stock, milk, wool and recreational animals and the newly increased eco nomic forest in acertain period. The total intangible assets formation includes the prospecting of minerals, theacquisition of computer softwares, the originals of recreational works and works of literature andarts minus the disposal of them.

(2) Increase in stock refers to market value of the change in a certain p eriod, i. e. thedifference of value between the begining and the end of the period. The increase in stock can bepositive. A positive valus indicates the increase in stock while a negative v alue indicates thedecrease in stock. The stock includes the raw materials,fuels and reserve mate rials purchased bythe production units as well as the stock of finished products, semi – finished p roducts, work – in – progress,etc.

POPULATION

Total Population refers to the total number of people alive a t a certain point of time within agiven area.

The annual statistics on total population is taken at midnight, the 31st of D ecember.

Birth Rate (or Crude Birth Rate) refers to the ratio of the number of births to the averagepopulation during a certain period of time(usually a year), which is often expre ssed in ‰ . Thefollowing formula is used:

$$\text{Birth Rate} = \frac{\text{Number of Births}}{\text{Average Number of Population}} \times 100\ 0‰$$

Number of Births refers to live births, i.e. the births when babies h ad showed any vitalphenomena regardless of the length of pregnancy.

Annual Average Number of Population is the average of the number of populati on at the baginningof the year and that at the end of the year. sometimes it is substituted for wi th the mid – yearpopulation.

Death Rate (or Crude Death Rate) refers to the ratio of the number of deaths to the averagepopulation (or mid – year population) during a certain period of time(usually a ye ar), which is oftenexpressed in ‰.The following formula is used:

$$\text{Birth Rate} = \frac{\text{Number of Deaths}}{\text{Annual Average Numger of Po pulation}} \times 1000‰$$

Natural Growth Rate of Population refers to the ratio of natur al increase in population (numberof births minus number of deaths) in a certain period of tine (usually a year) to the averagepopulation (or mid – year population) of the same period, which is often exp ressed in ‰ . Thefollowing formulas are applied:

$$\text{Natural Growth of Population} = \frac{\text{Number of Births} - \text{Number of Deaths}}{\text{Av erage Number of Population}} \times 1000‰$$

$$\text{Natural Growth Rate of Population} = \text{Birth Rate} - \text{Death Rate}$$

EMPLOYMENT AND WAGE

Employed Persons refers to the persons who are engaged in social labour and receiveremuneration payment or earn business income, including:

(1) total staff and workers,

(2) re – employed retirees,

(3) employers of private enterprises,

(4) employers of individual economy,

(5) employed persons in private enterprises and individual economy,

(6) employed persons in the enterprises in the urban areas,

(7) employed persons in the rural areas,

(8) other employed persons (including teachers in the schools run by the lo cal people engagedin religious profession and the servicemen, etc.)

This indicator reflects the actual utilization of total labour force du ring a certain period oftime and is often used for the research on China's economic affairs and national power.

Persons employed in various units refer to all the persons working in gove rnment agencies ofvarious levels, political and party organizations, social organizations, a nd enterprises andinstitutions and reciving payment, including staff and workers, reemployed re tirees, teachers inschools run by the local people, foreigners, and Chinese compatriots from Hong Kong, Macao, andTaiwan working in various units. This indicator reflects the total number of laborers actuallyengaged in production or other operations in various units.

Economically Active Population refers to the population, th e members of which are aged 16 andover, capable to labour, participating in or desitous to participate in the s ocial and economicactivities, including employed persons and unemployed persons.

Registered Unemployed Persons And Registered Unemployent Rate in Urban Areas: The registeredunemployed persons in urban areas refer to the persons who are registered as per manent residents inthe urban areas engaged in non – agricultural activities, aged within the rang e of working age, capable to labour, unemployed but desirous to be employed and have been regist ered at the localemployment service agencies to apply for a job. Registered unemployment rate i n persons and theregistered unemployed persons. The formula is as follows:

Registered unemployment rate in urban areas = the number of the regi stered unemployed persons ÷ (the number of employed persons + the number of the registered unemployed persons) × 100‰

Total Wages of Staff And Workers refer to the total remunera tion payment to staff and workersin various units during a certain period of time.

The calculation of total wages is based on the total remuneration payment to the staffand workers. Therefore, all the wages and salaries and other payments to staf f and workers areincluded in the total wages regardless of their sources, category, and forms(in kind or cash).

Average Wage of Staff And Workers refers to the average wage in money terms per person during acertain period of time for staff and workers in enterprises, insitutions, and g overnment agencies, which reflects the general level of wage income during a certain period of time and is calculatedas follows:

$$\text{Average wage of staff and workers} = \frac{\text{Total Wages of Staff and Workers in Reference Period}}{\text{AverageNumber of Staff and Workers in Reference Period}}$$

Average Real Wage of Staff and Workers refers to average w age of sraff and workers afterremoving the effects of price changes, whichis calculated as follows:

Average Real Wage of Staff and Workers = Average Wage of Staff and Work ers in Reference Period ÷ Consumer Price Index of Urban Residents in Reference Period

INVESTMENT IN FIXED ASSETS

Total Investment in Fixed Assets in the Whole Country Investment in fixed assets is the essential means for social reproductuion of fixed assets. By means of construction and purchase of fixed assets, more advanced technonlogies and equipment are adopted in the national economy, and new sectors are established, which promote the adjustment of economic structure and the regional distribution of productive forces and enhance the economic strengths so as to provide the material conditions for improving prople's livelihood. This is significant for speeding up the drive of socialist modernization in China.

Amount of investment in fixed assets refers to the volume of activities in construction and purchases of fixed assets in monetary terms. It is a comprehensive indicator which shows the size, pace, proportional relations and use orientation of the investment in fixed assets. Total investment in fixed assets in the whole country includes, by status of economic ownership, the investment by the state – owned units, collective units, individuals, joint ownership units, share – holding units, as well as investment by businessmen from foreign countries and from Hong Kong, Macau and Taiwan, and by other units. According to China's current management system, the investment in fixed assets in the whole country is classified into the following four parts: investment in capital construction, investment in innoation, investment in real estates development and other investment in fixed assets.

Investment in Capital Construction Capital construction refers to the new construction projects or extension projects and the related work of the enterprises, institutions or administrative units mainly for the purpose of expanding production capacity or improving project efficiency covering only projects each with a total investment of 500000 RMB yuan and over. It includes (1) projects listed in the capital construction plan of the current year of the central government and the local governments at various levels as well as the projects, though not listed in the capital construction plan of the current year, but continued to be constructed in this year, using the investment listed in the plan of capital construction of previous years and carried forward to this year (also using the equipment and materials kept in stock of the capital construction); (2) new construction projects arranged both in the plan of capital construction and the plan of innovation; extension projects with the newly increased production capacity (or project efficiency) up to the standard of a large and mediumsized project; and the projects of moving the whole factory to a new site so as to improve the distribution of productive forces; (3) new construction projects, extension projects or restoration projects or restoration projects with the total investment of 500000RMB yuan and over by the state – owned units, though listed neither in the plan of capital construction nor in the plan of innovation; the projects in the state – owned units of moving the whole factory to a nes site so as to improve thd distribution of productive forces; and the projects of building additional business houses by the administrative units and institutions and building welfare facilities by the administrative units.

Investment in Innovation Innovation refers to the renewal of fixed assets and technolical innovation of the original facilities by the enterpriese and institutions as well as the corresponding supplementary projects and the related work (excluding majoroverhaul and maintenance projects) covering only projects each with a total investment of 500000RMB yuan and over. It includes (1) projects listed in the innocvation plan of the current year of the central government and the local governments at various levels as well as the projects, though not listed in the innovation plan of the current year, but continued to be constructed in this year, using the investment listed in the plan of innovation of previous years and crarried forward to this year; (2) projects of technological innovation or renewal of the original facilitiews, arranged both in the plan of innovation and in the plan of capital construction; extension projects (main workshops ora branchof the factory) with the newly increased production capacity (or project efficiency) not up to the standard of a large and mediumsized project; and the projects of moving the whole factory to a new site so as to meet the requirements of urban environmental protection or safe production; (3) projects of reconstruction or technological innovation with the total investment of 500000 RMB yuan and over by the state - owned units, though listed neither in the plan of capital construction nor in the plan of innovation; the projects in the state - owened units of moving the whole factory to a new site so as to meet the requirements of urban environmental protection or safe production.

Investment in Real Estate Development It includes the investment by the real estate development companies, commercial buildings construction companies and other real estate development units of various types of ownership in the construction of house buildings, such as residential buildings, factory buildings, warehouses, hotels, guesthouses, holiday villages, office buildings, and the complementary service facilities and land development projects, such as roads, water supply, water drainage, power supply, heating, telecommunications, land leveling and other projects of infrastructure. It excludes the activities in simple land transactions.

Other Investment in Fixed Assets refers to the construction and purchases of fixed assets not listed in the investment in capital construction, investment in innovation and investment in real estate development. It includes:

A) The following projects of the state - owned units with the total planned (or actually needed) investment of 500000 yuan and over, which are not included in the plan of capital construction and the plan of innovation (1) projects of oil fields maintenance and exploitation with the oil fields maitenance funds and petroleum development funds; (2) opening and extending projects with the maintenance funds in coal, ore and other mining enterprises and logging enterprises; (3) project of reconstruction of the original highways and bridges with the highway maintenance funds in the department of communication; (4) projects of construction of warehouses with the funds of simple construction in the commercial department.

B) The investment in fixed assets by urban collective units: refer to projects of construction and purchases of fixed assets with the planned total investment of 500000 yuan and over by all collective units in cities and county towns and in townships which are approved by the State Council or provincial governments, excluding investment by collective units under township enterprise administration offices.

C) The projects of construction and purchases of fixed assets by the enterprises, institutions or individuals other than those mentioned above with total investment of 500000 yuan and over, which are not included in the plan of capital construction and the plan of innovation.

Private Investment in House Construction in Urban Areas, Industrial and Mining Areas and Individual Investment in Rural Areas The private house construction in the urban areas and industrial and mining areas includes all the private house construction under the jurisdiction of cities, counties, towns and industrial and mining areas, no matter whether the owner of the house is registered as the permanent resident in the locality or not. The individual investment in the rural areas includes the investment in house construction and purchase of productive fixed assets by the individuals in the rural areas.

Newly Increased Production Capacity refers to the increase of designed capacity and project efficiency through investment in fixed assets, which reflects the accomplishment of investment in fixed assets, which reflects the accomplishment of investment in fixed assets in kind. The calculation of newly increased production capacity is based on individual project which operates independently and efficiently. When an individual project is completed and checked and accepted and put into production, it is counted as newly increased production capacity.

The newly increased production capacity and project efficiency are usually expressed in one of the following forms:

(1) annual production capacity, such as extraction of coal and petroleum;

(2) raw material processing capacity, such as ore dressing capacity of ore dressing projects, the dressing capacity of a coal washery;

(3) number or capacity of major equipment increased, such as the number of cotton spindles increased and the capacity of generating sets increased;

(4) physical measures of construction, such as volume, capacity, area, and length, for instance, the capacity of reservoire, the length of railways of highways.

Newly increased production capacity in terms of quantity is calculated in designed capacity of a capacity in general, which refers to the production capacity of a project under normal conditions designed capacity in general, which refers to the production capacity of a project under normal conditions designed in construction documents regardless of the actual output.

Foor Space of Builidings Under Construction and Completed refers to total floor space in each story of buildings calculated from the outside line of building walls, including both usable space and the space occupied by constructions like pillars or walls, The floor space of multi – story buildings includes the total floor space of each story (including basement).

Floor Space of Residential Buildings refers to the floor space of the residential buildings under construction and completed among the total space of buildings under construction and completed.

Floor Space Under Construction refers to total floor space of all buildings under construction during the reference period, including floor space of newly started buildings during the reference period, floor space of construction extended from the previous period to the current period, floor space of construction suspended during the previous period and resumed in the current period, floor space of construction completed in the current period, and floor space of construction started and then suspended in the current period.

Floor Space of Buildings Completed refers to the floor space of buildings completed in the reference period, which have come up to the designed standards and have been put into use.

Completion Rate of Floor Space of Buildings refers to the ratio of the floor space of buildings completed in certain period of time to the floor space of buildings under construction in the same period, which reflects the investment result and economic efficiency of the construction industry from the angle of the speed of project construction.

Newly Increased Fixed Assets refer to the newly increased value of fixed assets through investment, including the value of equipment, tools, and vessels considered as fixed assets, as well as the relevant expenses as investment in fixed assets. This is a comprehensive indicator of investment in fixed assets, reflecting the achievements of investment in fixed assets in fifferent periods, different sectors, and different regions.

Rate of Construction Projects Completed and Put into Use refers to the ratio of the number of construction projects completed and put into use in certain period of time to the number of projects under construction in the same period. This reflects the investment efficiency from the angle of the speed of projects construction.

Rate of Projects of Fixed Assets Completed and Put into Operation refers to the ratio of the newly increased fixed assets to the total investment made in the same period. This is a comprehensive indicator, reflecting the speed of the employment of fixed assets and the investment efficiency.

ENERGY AND MATERIAL

Total Eneray Production refers to the total production of pri mary energy by all energy producingenterprises in the country (region) in a given period of time. It is a comprehe nsive indicator toshow the capacity, scale, composition and development of energy production of th e country(region) .The production of primary energy includes that of coal, crude oil, natural gas, hydro – power andelectricity generated by other means such as wind power and geothermal power. Ho wever, it excludesthe production of fuels of low calorific value, bioenergy, solar energy and th e secondary energyconverted from the primary energy.

Total Domestic Energy Consrmpionrefers to the total consump tion of nergy of various kinds bymaterial production sectors, non – material production sectors and nouseholds in t he country(region)in a given period of time. It is a comprehensive indicator to show the sca le, composition anddevelopment of energy consumption. The total energy consumption includes that of coal, crude oiland their products, natural gas and electricity, However, it excludes the consump tion of fuel of lowcalorific value, bioenergy and solar energy. Total domestic energy consumption c an be divided intothree parts1:

(1) Final Energy Consumption: It refers to the total energy consumption by material productionsectors, non – material production sectors and households in the country(region) i n a given period oftime, but excludes the consumption in conversion of the primary energy into th e secondary energyand the loss in the process of energy conversion.

(2) Loss During the Process of Energy Conversion: It refers to the total input of various kindsof energy for conversion, minus the total output of various kinds of energy in the country in agiven period of time. It is an indicator to show the loss that occurs during the process of energyconversion.

(3) Loss: It refers to the total of the loss of energy during the course of energy transport, distribution and storage and the loss caused by any objective reason in a given period of time. Theloss of vareous kinds of gas due to gas discharges and stocktaking is excluded.

PUBLIC FINANCE

Government Revenue refers to the revenue of the government fi nance by means of participating inthe distribution of the social products, which is the financial resources for ensuring thegovernment to function. The contents of government revenue haue been changed sev eral times. Now itincludes the following main items:

(1) Various tax revenues, including value added tax, business tax, consumption tax, land valueadded tax , tax on city maintenance and construction, resources tax, tax on use of urban land, stamptax, tax on adjustment of the orientation of investment in fixed assets, per sonal income tax, enterprise income tax, tariff, tax on agriculture and animal husbandry and ta x on occupancy ofcultivated land etc.

(2) Special revenues, including revenue collected from imposing fee on sewage treatment, revenuecollected from imp0osing fee on urban water resources, and extra – charges for edu cation, etc.

(3) Other revenues, including revenue fron the repayment of capital construct ion loan, the fundsfor the state key construction projects in energy industry and transportation, and the funds foustate budget adjustment, etc.

(4)Planned subsidies for the losses of the state – owned enterprises. This is a n item of negativerevenue, used to eat up part of the government revenue.

Government Expenditure refers to the distribution and use of the funds the government financehas raised, so as to meet the needs of economic construction and various cause s. It includes thefollowing main items:

(1) Expenditure for capital construction: It refers to the non – gratuitous us e and appropriationof funds for capital construction in the range of capital construction, outlay o f capital as wellas the loans on capital construction approved by the government for special purpose or policypurpose and the expenditure with discount paid in an overall way within the am ount of the fundsappropriated to the departments for capital construction.

(2) Innovation funds of the enterprises: They refer to the funds appropriated from the governmentbudget for the enterprises to tap the latent power, upgrade the technology and c arry out innovation, including the innovation fund of

the departments, loan of the enterpris es for innovation, subsidies on the innovation of the small fertilizer plant, small cement plant, small coal mines, small machinery plant and small steel plant, the expenditure of interest for the loan for innovation.

(3) Geological prospecting expenses: They refer to the expenses appropriated from the governmentbudget to the geological prospecting units for the expenditure of the prospect ing: work, includingthe expenditures of the administrative agencies for geological prospecting and their institutionalunits as well as the geological prospecting expenditure.

(4) Expenditures for science and technology promotion: They refer to the ex penses appropriatedfrom the government budget for the scientific and technological expenditure, inc luding new productsdevelopment expenditure, expenditure for intermediate trial and subsidies on i mportant scientificresearches.

(5) Expenditure for supporting rural production: It refers to the expenditure s appropriated fromthe government budget for supporting the various expenditures of the rural c ollective units orhouseholds for production, including the subsidies to the small water conservanc y projects and welldrilling, sprinkling irrigation projects run by the villages; subsidies on the r ural water and soilconserving measures; subsidies to the small power stations run by the villages; subsidies to theexpenditure for fighting against particularly severe draughts; subsidies on the rural waste landexclamation; fund for supportin the township enterprises; subsidies to he expenditure forpopularization of the agricultural technologies and plant protection in the rur al areas; subsidiesto the expenditure for the protection of grasslands and cattle and ro wls; subsidies onafforestation and forest protection in rural areas; subsidies on the rural aquat ic products industry; special fund for developing grain prodrction.

(6) Operating expenses of the departments of farming, forestry, water conserv ancy and meteorologyetc.: Ther refer to the expenses apprlpriated fron the government budget for t he expenditures ofagricultural exclamation, farms, agriculture, animal husbandry, agricultural ma chinery, forsetry, timber industry, k water conservancy, aquatic products industry, mete orology, technologypopularization in township enterprises, popularization (demonstration) of improv ed varieties, plant (cattle and fowls, forest) protection, water quality monitoring, prospect ing and designing, resources investigation, cadres training, subsidies to horticulture garde ns, expenditures ofafforestation agencies and meteorology agencies, expenses for fishery administra tion and operatingexpenses for agricultural administration, etc.

(7) Operating expenses of the departments of industry, transport and commerce: They refer to theexpenses appropriated form the government budget to the departments of indust ry, transport andcommerce for the expenditure of buseness development, including expenses f or prospecting anddesigning, expenditures of specialized secondary schools, expenditures of the technical trainingschools and expenditures for cadres training, etc.

(8) Operating expenses of the departments of culture, education, science and pu blic health: Theyrefer to the expenses appropriated from the government budget for the expenditur es of the causes ofculture, publication, k cultural relics, education, public health, traditional Chi nese medical science, free medical services, sports, archives, earthquake, ocean, communications, bro adcasting, film andtelevision, family planning; expenditure for training of cadres of government , party and massorganization; expenditures for natural sciences, social sciences, association s for science andtechnology and the special expenditure for the high - tech researches. They inc lude mainly wages, extra wages, welfare funds, pension for the retirees, stipend, expenses for official business, expenses for equipment purchases, expenses for repairs, business expenses and subsidies to theunits which are unable to support their expenditures by their own earnings.

(9) Pension for the disabled or for the families of the bereaved and relief funds for socialwelfard: They refer to the funds appropriated from the government budget for t he expenditures ofpenseon for the disabled or for the families of the bereaved and relief funds f or social welfare, including the lump - sum or regular pinsion paid by the departments of civil affai rs to the membersof martyrs' families and families of those who died for the public interest, pension to therevolutionary disabled, subsidies for permanent disability of various kinds, subsidies to themilitary martyrs' dependents and

the demobilized armymen, expenditure for settling down thedemobilized armymen, operating expenses of the consoling institutions, expenses for management andrepair of the commemorative buildings for the martyrs, the expenses managed by the departments ofcivil affairs for the retirees and those who have quitted their work, expenses f or social relief in-rural and urban areas, operating expenses for providing relief to the areas of m atural calmity andsubsidies on the reconstruction after the particularly severe natural calamities , etc.

(10) Expenditures for national defence: They refer to the funds appropriated f orm the governmentbudget for the expenditures for building up national defence and safeguarding national security, including expenses fo national defence, expenses of scientific researches on national defence, expenses for building up people's militia and expenditure for special projects, etc.

(11) Administrative expenses: They include expenditrue for administration , subsidies to theparties and mass organizations , diplomatic expenditure, expenditure for public security, judicialexpenditure, law court expenditure, procuratorial expenditure and srbsidies to the expenses fortreating the cases by the public security departments, procuratorial organs and law courts.

(12) Expenditure for price subsidies: It refers to the expenditure appro priated, with theapproval of the government, form the government budget for the policy subsidies to price adjustment, including the fund for the increase of grain prices, the subsidies to the diff erence between theselling prices and purchasing prices of grain , cotton and edible oil, awards i n addition to thepurchasing prices of cottom, risk fund for mom – staple food, siubsidies on the p rices of meat andmeat products, subsidies on the price difference for curbing the high market pri ces of meat, meatproducts and vegetables and the subsidies approved by the government on the pric es of textbooks andnewaprint of newspapers and perodicals.

PRICE

Retail Price Index reflects the general change in retail pr ices of commodities. The change andadjustment in retail prices directly affect the living expenditure of urban an d rural residents, government revenue, purchasing power of resedents and the equilibrium of market supply and demand, amd the ratio of consumption to accumulation. Therefore, the clalculation of reta il price index isuseful to analyze the changes of the above economic acivities.

Consumer Price Index reflects the relative change in prices of consumer goods and servicespurchased by urban and rural resedents, and is a composite index derived from the urban consumerprice index and the rural consumer price index. Consumer price index can be us ed to analyze theimpact of consumer price change on actual expenditure for living cost of urban a nd rural residents.

Urban Consumer Price Index reflects the relative change in p rices of consumer goods and servicespurchased by urban and staff and worders and their families and can be used to o bserve and analyzethe impact of price changes in consumer goods and services on money wages of sta ff and workers, andprovide bases for policy making concerning the living cost and wages of staff an d workers.

Rural Consumer Price Index reflects the relative change in pr ices of consumer goods and servicespurchased by rural households and can be used to observe the impact of change in prices of consumergoods and services on living expenditure and actual change in peasants' living cost. It providesbases for analysis and research on peasants' living cost and welfare.

Index of Purchasing Prices of Farm Products reflets the relat ive change in purchasing prices of farm products purchased by state – owned, collec tive – owned, and individual com mercial enteprises, foreign trade sectors, government agencies, social orgazinations and other unit s of various types of ownership. It is used to observe the impact of change in p urchasing prices of farm products on money income of peasants and is calculated with the method of weighted harmonic mean , taking theamount of purchases during a given period as the weight. Number of products invo lved in the currentcalculation totalled 276 in 11 categories.

Retail Price Index of Rural Industrial Products reflects th e relative change in prices ofindustrial prodrcts in rural market and can be used to observe the impact of th e price change onfarmers' money expenditure.

Ex – factory Price Index of Industrial Products reflect s the change in general ex – factory prices ofall industrial products, including sales of industrial products to commercial en terpeises, foreigntrade sectors, materials supplying and distributing sectors as well as sales of production means toindustry and other sectors and sales of consumer goods to residents. It can be u sed to analyze theimpact of ex – factory prices on gross industrial output value.

Price Index of Investment in Fixed Assets reflects th e change in prices of investment in fixedassets. The investment in fixed assests consists of three components, namely the investment inconstruction and installation, the investment in purchases of equipment and instrument, and theinvestment in other items. Price index of investment in fixed assets in calculat ed as the weightedarithmetic mean of the price indices of the three components of investment in fi xed assets.

Price index of investmint in fixed assets reflects the changes of prices in various goods andservices involved in investmetn in fixed assets and therefore can be used og obs erve the actual size, speed ,structure, and efficiency of investment in rixed assets and pro vides reliable andscientific data for government planning, management,decision making , and fur ther improving thecurrent national accounting system.

PEOPLE'S LIVELIHOOD

Employed Population in Urban Householdsfefers to urban resi dnts engagd in certain work andreceiving payment for their labour or income from their business operation, i ncluding those whowork in state – owned or collective units ,joint ventures, foreign – owned units and private units withpermanent or temporary jobs. The self – employed individuals and reemployed retire es are also included.This indicator refolects the situation of urban employment and is the basic da ta for calculatingemployment rate and dependency ratio.

Total Income of Urban Householdsrefers to the total actual cash income of the sameholds,including regular or fixed income and occasional income. The income of a circula ting nature such aswithdrawal from band deposits, loans borrowed from relatives or friends, repayment of loansreceived and various temporary collection of money is excluded.

Disposable Income refers to the income of the sample horseholds which can be used for dailyexpenses, i.e. total income minus income tax.

Expenditure For Consumptionrefers to total expenditure of th e sample hoseholds for consumptionin daily life, including expenditure for various commodities and expenses for n on – commodity itemssuch as culture and service, etc.,but excluding fines and confiscation, loss ,ta x payments (such asincome tax,license tax,real estates tax,etc.) and various espenses by indiv idual laborers forbusiness purposes.

Expenditure For Purchases of Commoditiesrefers to total expense s of the sanple households forthe purchases of commodities from shops,factories,catering trade,canteens,mardet s and the peasants.This expenditure is classified into nine itims: food ,clothing, daliy – life nec essities, culturaland recreational articles, newspapers and magazines, medicines and medical appli ances, housing andbuilding materials, fuels and other commodities. No matter whether the commodi ties are purchasedfor their own consumption or for gifts to relatives and friends, they are all in cluded.

Net Income of Rural Households refers to the total income of the permanet residents of the ruralhouseholds during a year after the deduction of the expenses for productive and non – productivebusiness operation,the payment ofr taxes and the payment for collective units fo r their contractedtaskd. The net income can be spent for investments in productive and non – produ ctive construction,for consumption in daily life and for savings deposit. It is a comprehensive ind icator to show theactual level of the income of the peasants' household. The net income of th e rural householdaincludes not only the income from the productive and non – productive business o pyeration, but alsothe income from the non – business operation, such as the money remitted or br ought back by themimbirs of the bousehold who are in other places, the government relief p ayment and varioussubsidies. It includes not only the money income, but also the income in kind. B ut the income fronborrowing from banks, friends and relatives is excluded.

Able – bodied and Semi – Ablebodied Laborers of Rural Households r efer to permanent residents ofrural horseholds who are able to work and actually engaged in social labour, whi ch are one factorof production and sources of rural household income. According to the relevant regulations, maleaged 18 – 50, female aged 18 – 45 are considered as able – bodied laborers; male aged 1 6 – 17 and actuallyengaged in social labour are also considered as able – bodiedorsemi – ablebodied la borers, while thosewho are within the above ahe range but unaboe to work are not counted as abl e – bodied or seni – ablebodied laborers.

Expenditure of Rural Households For Consumptionrefers to total expenses of rural households ondaily life, including expenses on food, clthing, housing, fuel, articles for daily use, and expecnseson cultural life and services. This endicator in rsed to show the actual co nsumption level ofpeasants.

Expenditure of Rural Households on Commodities referstototalexpe nsesofthe permanent residents of therural households on purchases of food, clothing, furniture, household appliances, articles for dailyuse, fuels, durable foodes, and cultural, educational andmedicinal articles, incl uding purchasesfromstate – owned shops, collective shops, free mardets, and etc. Expenditure of peasa nts for purchaseofcommodities is an important partofpeasants' consumption expenditure, whichref lects the extentofcommercialization of peasants' consumption andthe developingprocessfromself – suffi cienteconomy towardcommodity economy. It provides basisforthe analysis andresearch ofpeasants' marke tdemandand for theformulation of the plan of commodity supply.

The Outstanding Amount of Savings Deposits of Urban and Rural Residents includes two parts: theband savings deposit of urban residents and the band savings deposit of rural re sidents. The cashhold by residents and the deposits of organizations such as enterprises, etc. ar e not included. Theoutstanding amount of saving deposits is the amount of saving deposits at a cert ain point of timesuch as the end of month, quarter, or year.

General Survey of Cities(Prefecture)

Production Capacity of Tap Water at The Year – End refers to the ac tual comprehensive productioncapacity of the waterworks administered by the urban construction department a nd those owned byenterprises or institutions, taking the capacity of the main links, such as water inflow, purification, conveyance and outflow of the trunk pipelines into account.

Length of Water Supply Pipelines at The Year – endrefers to the t otal length of all the pipelines between the water pumps and the users' water met ers.

Annual Volume of Water Supplyrefers to the total volume of wate r supplied by the public water – works and those owned by individual enterprises and institutions during tye whol e year, includingboth the effective water supply and loss during the water supply.

Consumption of Water For Residental Use refers to the water con sumption of householes for daily life and the water consumption of public welfare facilities, including the consumption of restaurants, hotels, hospitals, barber shops, public bathhouses, laundries, swimm ing pools, shops, schools, institutions, army units and other units.

Percentage of Urban Population With Access to Tap Waterrefers t o the ratio of the urban non – agricultural population (excluing temporary and mobile population) with access t o tap water to thetotal urban non – agricultural population. The formula is:

$$\text{Percentage of Population with Access to Tap Water} = \frac{\text{Urban Non - agrecultural Population with Access to Tap Water}}{\text{Urban Non - agricultural Population}} \times 100\%$$

Production Capacity of Gaswork Gasrefers to the actual comprehe nsive production capacity of theurban gasworkd in gas generation, purification and delivery.

Length of Gas Pipelinesrefers to the total pipeline length betw een the outlet of the compressor, blower or gas tank and the shaft pipe of users.

Volume of Gas Supplyrefers to the total volume of gas sold to u sers in a year, including thevolume for industrial use, residential use and other uses.

Percentage of Urban Population With Access Gas refers to the rat io of the urban non - agricrlturalpopulation with access to gas (including gas, liquefied petroleum gas and natura l gas) to the urbannon - agricultural population (excluding temporary and mobile population). The for mual is:

$$\text{Percentage of Population with Access to Gas} = \frac{\text{Urban Non - agriculotural Population with Access to Gas}}{\text{Urban Non - agricultural Population}} \times 100\%$$

Heating Capacity in Urban Arearefers to the capacity of hourly supply of steam and hot water tocities by thermal power plants, beating corporations and centralized neating boil er rooms which meetcertain standard.

Feating Volume in Urban Arearefers to the total volume of stea m and hot water supplied to citiesevery year by thermal power plants, heating corporations and centralized heating boiler rooms whichmeet certain standard.

Length of Heating Pipelines refers to the total length of pipel ines for centralized supply ofsteam and hot water from the thermal power plants, heating corporations and centralized heatingboiler rooms which met certain standard to the users.

Length of Paved Roads at The Year - endrefers to the length of r oads with a paved surface, andwith a width of more than 3.5 meters, including high - quality, medium - quality and o rdinary roads.

Urban Bridgesrefer to bridges over river courses, great separat ed junctions and overpasses inurban areas. Permanent bridges and semi - permanent bridges are included. Tempora ry bridges, railwaybridges and culverts are excluded.

Length of Urban Sewage Pipesrefers to the total length of gener al drainage, trunks. branch andblind drainage, inspection wells, connection wells, inlets and outlets, etc.

Daily Disposal Capacity of Urban Sewagerefers to the designed 24 - hour capacity of sewagedisposal at the sewage treatment works.

Number of Public Vehicles (Buses and Trolley - Buses) at The Year - end refers to the total number ofoperational buses available at the year - end, including the year - end operat ional vehicles andvehicles in stock. Non - operational vehicles such as stringing cars, tank cars, m achine - shop cars, trucks and other special vehicles and the borrowed passenger vehicles are exclud ed.

Length of Routes in Operationrefers to the length of designate d regular routes in operation, including the length of suburban routes in operation. The length of temporary op erational lines ismot included.

Area of Urban Gardens and Green Areasrefers to the total area o f urban public green land, specialgreen land, production green land, protection green land and suburban scenic spot s.

Public Green Arearefers to green areas of variors parks, zoos, botanical gardens, cemeterise, amusement parks, tree - flanked boulevards green - land squares for tourism and rel axing. Areas withtrees planted along - side the streets and boulevards are excluded.

AGRICULTURE

Gross Output Value of Farming, Forestry, Animal Husbandry and Fisheryrefers to the total volume of products of farming, forestry, animal husbandry and fishery in value terms, which reflects the totalscale and total result of anricultural production during a hiven period of time. The statistical coverage of farming, forestry, animal husbandry and rishery ar e as follows: In terms of ownership, China's agreculture includes specialized state farms (farming, forestry, animal husbandry, fishery), farms managed by various government agencies, organ ezations, schools, research institutions, and army; farms managed by rural collective organizatons a t levels of township, town, and village; farming, forestry, animal husbandry, fishery run by variou s rural collectiveorganizations and individual farmers.

(1) Farming includes cultivation of farm crops and other agricultural activiti es. Cultivation includes the cultivation of grain crops, beans, tubers, cotton, oil – bearing crops, sugarcrops, fiber crops tobacco, vegetables, medicinal herbs, melons and gourds, a nd cultivation andmanagement of tea plantations, mulberry ficlds and orchards. Other agricultural activities includes gathering fruits, fiber, gum and resin of wild plants, oil – bearing plants, grass, wild medicinal herbs, fungus plants, and commodity indust ries of the ruralhouseholds.

(2) Forestry refers to planting trees of various kinds (excluding tea pla ntations, mulberryfields and orchards), gathering of forest products, and cutting and felling of b amboo and trees byvillages and other cooperative organizations under villages. (3) Animal husbandry refers to raising and grazing of all animals except fishe ry and aquaculture, and hunting and raising of wild animals.

(4) Fishery refers to cultivation and catching of fish and other aquatic anima ls and cultivationand collection of seaweed and other aquatic plants. Gross output value of agriculture is obtained by first multiplying the output of each product orby – product by its price, resulting in the output value of each single item. For a small number ofproducts, annual output of which is mot available or difficult to get due to the longproduction/growing process involved, the output value is estimated through an in direct approach. Thesum of output value of all products of farming, forestry, animal husbandry, an d fishery is thenequal to the gross output value of agriculture.

Prior to 1957, China's gross agricultural output value included barnyard men ure and handicraftproducts for self – con – sumption (clothes, shoes, stockings, and initial grain proce ssing undertaken bypeasants). Since 1958, cutting and felling of bamboo and trees by villages and other cooperativeorganizations under villages have been included in forestry; value of barnyar d manure has beenexcluded from animal husbandry; self – consumed handicrafts has been excl uded from sidelineoccupations, while the output value of industries rum by villages and cooper ative orhanizationsunder village had been included in sideline occupations and the output value o f fish catches bymotou fishing boats has been added to fishery. Since 1980, the value of handicra ft products made forsale by individuals in households nad been added to sideline occupations. Since 1984, industries runby villages and cooperative organizations under villages haue been included in the sector ofindustry. Since 1993, the subdivision of sideline occupations has been canceled, and the hunting ofwild animals has been classified into animal husbandry, and the gathering o f wild plants andcommodity industry run by rural househole have been included in farming.

Grain Yieldrefers to the yield in the whole country including g rains produced by state farms, collectine units, indrstrial enterprises and mines. Grain includes rice, wheat, c orn, sorghum, milletand other miscellaneous grains as well as tubers and beans. Output of beans re fers to dry beanswithout pods. The output of tubers (sweet potatoes and potatoes, not including ta ros and cassava) wasconverted into that of grain at the ratio 4:1, i. e. four dilograms of fresh tub ers was equivalentto one kilogram of grain up to 1963. Since 1964 the ratio for conversion has been 5: 1. Tuberssupplied as vegetables(such as potatoes) in cities and suburbs are calculated a s fresh vegetablesand their output is mot included in the output of grain. Ouptut of all other grains refers tohusked grain.

Yield of Oil – Bearing Crops refers to the total yield of oil – b earing crops of various kinds, including peanuts, (dry, inshell) rapeseeds, sesame, sunflower seeds, flax seeds , and other oil – bearing crops. Ssybeans, oil – bearing woody plants, and wild oil – bearing crops are not included.

Output of Aquatic Productsrefers to catches of both artificiall y cultured and naturally grownaquatic products, including fish, shrimps, crabs and shellfish in sea and inland water as well asseaweed. Freshwater plants are not included.

Output of Pork, Beef and Muttonrefers to the meat of slaughtere d hogs, cattle, sheep and goatswith head, feet, and offal taken away.

Cultivated Area (Area Under Cultivation) refers to farmland which is plowed constantly forgrowing crops, including cultivated land, newly cultivated land in the current y ear, farmland leftwithout cultivation for less than three years and fallow land in the current yea r, rotation land, rotation land of grass and crops, farmland with some fruit trees, mulberry trees and other trees andcultivated seashore land, lake land, and etc. The land of mulberry ficlds, tea pl antations, orchards, nurseries of young plants, forest land, reed land, natural and man – made grassla nd and other landare not included in cultivated land.

Sown Area of Cropsrefers to area of land sown or trans planted with crops regardless of being incultivated area of non – cultivated area. Area of land resown due to natural disast ers is also included.

Irrigated Arearefers to areas that are effectively irrigated, i . e. level land which has watersource and complete sets of irrigation facilities to lift and move adequate wa ter for irrigationpurpose under normal conditions.

Consumption of Chemical Fertilizers in Agriculturerefers to the quantity of chemical fertilizersapplied in agriculture in the year, including nitrogenous fertilizer, phosphate f erttilizer, potashferilier, and compound fertilizer. The consumptiohn of chemical fertilize rs is required incalcration to convert the gross weight into weight containing 100% effective component(eg. 100% nitrogen content in nitrogenous fertilizer, 100% phosphorous pentoxide co ntern in phosphatefertilizer, 100% potasium oxide content in potash fertilizer). Compound ferti lizer is convertedwith its major compoment.

Total Power of Farm Machineryrefers to total mechanical power of machinery used in farning, forestry, animal husbandry, and fishery, including ploughing, irrigation and dra inage, harvesting, transport, plant protection, stock breeding, forestry and fishery. The power of internal combustionengines is required to convert horsepowers into watts and the power of electric motors is requiredto be converted into watts. Machinery employed for non – agricultural purposes, suc h as the machinesused in township – run and village – run industry, construction, non – agricultural tr ansport, scientificexperiments and teaching, is excluded.

Laborers Engaged in Farming, Forestry, Animal Husbandry And Fisheryrefers to the total laborers who are directly engaged in production of farmi ng, forestry, animal husbandry an d fishery.

Number of Livestock or Poultry on Hand at Teh Beginning (or end) Of The Reference Perild refersto the total number of large animals, pigw, sheep, fowls, ets. raised by rural cooperativeorganizations, state farms, rural individuals, government agencies, schools, ind ustrial and miningenterprises, army, and urban residents at the beginning (or end)of the reference period.

Cerealsrefer to seeds of various kinds of crops which are used mainly for grain. Cereals includepaddy, wheat, maize, millet, Chinese sorghum, etc., escept beans and tubers.

INDUSTRY

Industryrefers to the material production sector which is en gaged in extraction of naturalresources and processing and reprocesseing of minerals and agricultural product s, including (1)extraction of natural resources, such as mining, salt production, logging (but not includinghunting and fishing); (2) processing and reprocessing of farm and sideline produ ces, such as ricehusking, flour milling, wine making, oil pressing, cotton ginning, silk reeling, spinning and weaving, and leather making; (3) manufacture of industrial products, such as steel makin g, iron smelting, chemicals manufacturing, petroleum processing, machine building, timber processin g; water and gasproduction and electricity generation and supply; (4) repairing of industrial pr oducts such as therepairing of machinery and means of transport (including cars).

Prior to 1984, the rural industry run by villages and cooperative organiza tions under village wasclassified into agriculture. Since 1984, it has been grouped into industry.

(1) **State – owned and state holding majority shares enterprises** refer to state – owned enterprises and the enterprises which state holds majority shares. State – owned enterprises (industry ownership by the whole people or state – run industry) refers to non – corporation economic units, where the entire assets are owned by the state and which have registered in accordance with the Regulation of the People's Republic of China on the Management of Registration of Corporate Enterprises, including the state – owned enterprise, sole stae – funded corporation and state – owned joint ownership enterprise. Joint state – private industries and private industries, which existed before 1957, have been transformed into state – run industrics. Since 1992, those were named state – owned industries. Statistics on these enterprises has been included in the state – industries since 1957 when separation of data was no longer necessary.

(2) **Collective – owned Enterprises** refers to industrial enterprises where the means of production are owned collectives and some enterprises which were formerly owned privately but have been registered in industrial and commercial administration agency as collective units through raising fund from the public.

(3) **Share – holding Corporations Ltd.** Refer to economic units registered in accordance with the Regulation of the People'sRepublic of China on the Management of Registration of Corporate Enterprises, with total registered capitals divided into equal shares and raised throught issuing stocks. Each investor hears limited liability to the corporationdepending on the holding of shares, and the corporation bears liability to its debt to the maximum of its total assets.

Light Industry refers to the industry that produces consummer goods and hand tools. It consists of two categories, depending on the materials used:

(1) Industries using farm products as raw materials. These are branches of light industry which directly or indirectly use farm products as basic raw materials, including the manufacture of food and beverages, tobacco processing, textile, clothing, fur and leather manufacturing, paper making, printing, etc.

(2) Industries using non farm products as raw materials. These are branches of light industry which use manufactured goods as raw materials, including the manufacture of cultural, educational articles and sports goods, chemicals, synthetic fiber, chemical products for daily use, glass products for daily use, metal products for daily use, hand tools, medical apparatus and instruments, and the manufacture of cultural and clerical machinery.

Heavy Industryrefers to the industry which produces capital goo ds, and provides various sectorsof the national economy with necessary material and technical basis. It consists of the followingthree branches according to the purpose of production or the use of products:

(1) Mining, quarrying and logging industry refers to the industry that extract s natural resources, including extraction of petroleum, coal, metal and non – metal ores and logging.

(2) Raw materials industry refers to the industry that provides various sector s of the nationaleconomy with raw materials, fuels and power. It includes smelting and processing of metals, cokingand coke chemistry, chemical materials and building materials such as cement, pl ywood, and power, petroleum refining and coal dressing.

(3) Manufacturing industry refers to the industry that processes raw mater ials. It includesmachine – builiding industry which equips sectors of the national economy, i ndustries of metalstructure and cement products, industries producing means of agricultural pr oduction, such aschemical fertilizers and pesticides.

According to the above principle of classification, the rpeairing trades which are engagedprimarity in repairing products of heavy industry are classified into heavy in dustry while theseengaged in repairing products of light industry are classified into light indrst ry.

Gross Industrial Output Value is the total volume of indrstrial products sold or available forsale in value terms which reflects the total achievements and overall s cale of industrialproduction during a given period. It includes the value of the finished products , which are not tobe further processed in the enterprises and have been inspected, packed and prt in storage, thevalue of industrial services rendered to other units and the changes in the v alue of the semi – finihed products and products in process between the behinning and closing of th e period(only theenterprises with long ptoduction cycle are required to calculatc the changes). Th e gross industrialoutput value is calculated with "factory method". Nodouble calculations are to b e made within thesameenterprise. However, double counting does occur among different enterprises.

Outputvalue of light and heavyindustries is also classified with the "facto ry" method. Undernormal conditions, if the major products of an industrial enterprise belong to light industryproducts, the gross output value of that enterprise is classified whohhy into li ght industry; thesame principle applies to heavy industry.

Value Added of Industryrefers to the final results of industria l production of the industrialtrade in money terms during the reference pereod.

Original Value of Fixed Assetsrefers to the original value of all fixed assets owned byindustrial enterpreses, calculated at the cost paid at the time of purch ase, installation, reconstruction, expansion, and technical innoivation and transformation of the s aid assets, whichincludes expenses on purchase, k package, transportation, and installation, etc.

Net Value of Fixed Assetsis obtained by deducting depreciation over years from the originalvalue of fixed assets.

Working Capital (Circulating Assets) refers to assets which can be cashed in or spent or consumedin an operating cycle of one year or over one year, which includes cash, vari ous deposits, shortterm investment, and receivable payments, and advance payments, stock, etc.

Total Value of Profit and Tax (Pre – Tax Profits) refers to the su m of the total profits, productssales tax and surcharges and the value added tax payable of industrial enterpr ises. It in alsocalled pre – tax profits.

Ration of Pre – Tax Profits to Assets refers to the ration of pre – tax profits realized in a givenperiod to total assets (net fixed assets plus working capital) , which ref lects the economicefficiency of the assets utilization and is calculated as follows:

$$\text{Ratio of Pre – tax Profits to Assets}(\%) = \frac{\text{Pre – tax Profits in Reference Per iod}}{\text{Average Net Fixed Asses + Average Balance of Working Capital}} \times 100\%$$

Ration of Profits to Total Industrial Costsrefers to the ratil of profits realized in a givenperiod to the total costs in the same period, which reflects the economec efficiency of input costand is calculoated as follows:

$$\text{Ratio of Profits to Total Industrial Cost }(\%) = \frac{\text{Total Profits}}{\text{Tota l Costs}} \times 100\%$$

Value Added Rate of Industry refers to the ratio of value added of industry in a given period ofthe gross output value in the same period, which reflects the economic efficienc y of cutting downthe intermediate input and is calculated as follows:

$$\text{Value added Rate of Industry}(\%) = \frac{\text{Calue Added of Industry (at Current Prices)}}{\text{Gross Output Value (at Current Prices)}} \times 100\%$$

Number of Times of The Turnover or Working Capitalrefers to the number of times of turnover ofworkin capital in a given period of time, which reflects the speed of the t urnover of workingcapital and is calculated as follows:

$$\text{Turnover of Working Capital }(\%) = \frac{\text{Sales Revenue of Products}}{\text{Average Balance of total Working Capital}} \times 100\%$$

Sales Rate of Industrial Products refers to the ratio of total s ales in a given period to thegross output value in the same period, which reflects the extent of industrial o utput sold and iscalculated as follows:

$$\text{Sales Rate of Industrial Products}(\%) = \frac{\text{Total Sales (at Current Prices)}}{\text{Gross Output Value (at Current Prices)}} \times 100\%$$

Sales Revenue of Industrial Productsrefers to the revenre from the sales of products byindustrial enterprises and the revenre from services provided and etc.

Sales Cost of Industrial Products refers to the actual cost of products of industrialenterprises and industrial enterprises and industrial services provided, etc.

Tax and Extra Charger on Sales of Products refer to the tax on c ity maintenance and construction, consumption tax, resources tax and extra charges for education, which should be borne by theenteprises in selling products and providing industrial services.

Sales Profit of Productsrefers to the profit gained by the ente prises by deducting cost, chargesand taxes from the business income of the enterprises obtained in selling prod ucts and providingindustrial services.

Total Profits refer to the profits gained by the enterprises.

Value Added Tax Payablerefers to the amount of the value added tax which should be paid by theebterprises in the reporting period.

Ratio of Per – Tax Profits to Gross Output Value refers to the rat io of the total amount of pre – tax profits gained (including total profits, sales tax and extra charges of prod ucts as well as thevalue added tax payable) in the reporting period to the gross output value in th e samd period (theratio is expressed in percentage). The formula is as follows:

$$\text{Ratio of Pre – tax Profits to Gross Output Value}(\%) = \frac{\text{Total Amount of Pr e – tax Profits}}{\text{Gross Output Value}} \times 100\%$$

Overall Labour Productivity of Industrial Enterprises refers to the average output per staff andworker in industrial enterprises in value terms. At present, the value added and the average numberof staaf and workers of an industrial enterprises in a given period are used to calculate theoverall labour productivity. The formula used is:

$$\text{Overall Labour Productivity} = \frac{\text{Value Added of Industry}}{\text{Average Num ber of Staff and Workers}}$$

For the purpose of comparison of the overall labour productivity among differe nt years, the dataon the overall labour productivity of the years prior to 1990 have beeh adjusted on the bases of1990 constant prices.

Capital refers to the corporation's capital registered in the de partments of administration forindustry and commerce. According to the different nature of investors, corporati ons' capital can bedivided into state capital, legal person's capital, personal capital, foreign c apital, etc. Totalcapital includes total registered capital of all investors in the corporation.

Total Assetsrefer to all assets which are owned or contro lled by enterprises, includingcirculating assets, long – term investmint, fixed assets, intangible assets and de ferred assets, otherlong – term assets, and dererred taxes, etc. The summation of above items is equa l to total assetsshown in the balance sheets of the enterprises.

(1) Circulating assets (working capital) refer to assets which can be cashe d in or spent orconsumed in an operating cycle of one year or over one year, including cash, all kings of deposits, short term investmint, receivables, advance payment, stock, etc.

(2) Fixed assets refer to the net value of fixed assets, clearance of fixed as sets, project underconstruction, fised assets losses in suspense. These are corporations' fund hold ings.

(3) Intangible assets refer to the assets without matereial form used by enter prises over a longtime, such as patints, non – patent technolohies, trade marks, copyright, land us e right, businessreputation, etc.

Total Liabilities refer to the debts that enterprises are respon sible for repayment, includingliquid liabilitier, long – term liabilities and deferred taxes, etc. Total liabili ties correspond tothe summation item of liabilities shown in the balance sheets of rhe enterprises .

(1) Liquid liabilities (also called quick liabilities or immediate liab ilities) refer toenterprises total debt payable within an operating cycle of one year or over on e year, includingshort term loans, payables and advance payments,

wages payable, taxes payable and profit payable, etc.

(2) Long – term liabilities refers to total debt payable within an operating cyc le of one year orover one yera, including long – tern loans, payable liabilities, long – term payable s, etc.

Creditors' Equityrefers to investors' ownership of net assets o f the enterprise. It is equal tothe total assets of the enterprise minus its total liabilities, including the primary input frominvestors, capital accumulation fund, surplus accumulation fund and undistribute d profit. It is thestock holders' equity in stock companies.

TRANSPORTATION, POSTAL AND TELECOMMUNICATIONS SERVICES

Length of Railwaus in Operationrefers to the total length of th e trunk line under passenger andfreight transportation. The calculation is based on the actual length of the f irst line even ifthis line has a full or partial double track or more tracks, excluding double tr acks, stationsidings, tracks under the charge of stations, branch lines, specialpurpose lines an d the non – payableconnecting lines. The length of railways in operation is an important indi cator to show thedevelopment of the intra – structure for the railway transport, and also the essential data tocalculate volume of passenger freight transport, traffic density and utilization efficiency of thelocomotives and carriages.

Extention Length of Trunk Linesrefers to the sum of the first, the second, the third lines andother constructed length of the trunk railways, excluding the extention length o f the station lines, lines under the jurisdiction of depots, sidings and lines for special pur pose. It providesimportant information for the calculation of the needs for rails, sleepers, sand and stone for theconstruction of railways.

Length of Highways refers to the length of highways which are bu ilt in conformity with the gradesspecified by the bighway engineering standard formulated by the Ministry of C ommunications, andhave been formally checked and accepted by the departments of highways and put i nto use. The lengthof highways includes that of the suburb highways at large and medium – sized citie s, highways passingthrough streets at small cities and towns, and also the length of bridges and fe rries. It does notinclude the length of streets in big and medium – sixed cities and highways built for the productionpurpose at factories, mines, forest areas and agricultural areas. If two or more highways go the semesaction of the way, the length of the section is only calculated for once and on duplication isallowed. The length of highways is an important indicator to show the developme nt of the highwayconstruction and to provide essential information to calculate the transport net work density.

Length of Navigable Inland Waterwaysrefers to the length of the natural rivers, lakes, reservoirs, canals, and ditches open to navigation during a given period, which enables the transport byships and rafts. It includes the channels open to navigation for over 3 months a ccumulatively in ayear, yet this does not include the river courses which are only used to float o dd logs and bamboorafts.

Length of Civil Aviation Routesrefers to the length of all rou tes for regular civil aviationflights. There are usually two ways to calculate the distance between airports connected by theroute length: One is to put the length of all air routes together, called duplic ated calculation ofthe length of the routes; the other is not to allow the duplication in calculati on when two or moreroutes passing the same section. The latter is usually used, as it can precisely show the size ofthe civil aviation network and indicate the extent of civil aviation serving th e national economyand the people.

Freight (Passenger) Trafficrefers to the volume of freight (pas senger) transported with variousmeans. Freight transport is calculated in tons and passenger traffic is calculate d in the number ofpersons. Despite the type of freight and travelling distance, the freight trans port is calculatedin the actual weight of the goods: and despite the travelling distance and ticket price, theapassenger traffic is calculated by the principle that one person can be counted only once in onetravel. The passenger who travel with a half – price ticket or a child ticket is also calculated asalso calculated as one person. The freight (passenger) traffic provides a quant itative measure toshow how the transport industry serves the national economy and people, and is also an importantindicator for planning the transport industry and for studying the development s cale and speed ofthe transport industry.

Freight Ton – Kilometers(Passenger – Kilometers) refer to the sum o f the products of the volume oftransported cargo(passengers) multiplying ty the transport distance, usually usi ng ton – kilometerand passenger – kilometere as units for measurmement. Normally, the shortest di stance between thedeparture station and the desination station (i.e., the payable distance) is the basis to calculatethe freight ton – kilometers. This is an important indicator to show the tot al results of thetranspor industry, to prepare and examine the transport plan and to measure th e efficiency, thelabour productivity and the unit cost of transport.

Business Volume of Post and Telecommunicationsrefers to the inf ormation delivered and other postand telecommunications services provided by the post and telecommunications d epartments for thecustomers. It is derived by first multiplying busindss volume of different types, such as number ofletters, telegrams, long distance calls, city and rural telephone subscribers and accumulated numberof newspapers and jounals subscribed and sold, etc. by their respective average unit price (fixedprice) and then adding these products together: plus the income from mainte nance of telephoneexchanges and lines, and the income from other business operations. The business volume of post andtelecommunitations indicates the total achievements made ty the post and telecommunicationsdeparment during a given period of time in a comprehensive way, and is an impo rtant indicator tostudy the composition and development of the post and telecommunications busines s.

Local (Urban) Telephonerefers to telephones connected to urban t elephone network (at and abovework (at and above county level). The telephone charge is either monthly fixed ra te or numerical rate.

(1) Resident telephones refer to telephones installed in resident dwellings, in cluding those withtelephone charges paid by individuals, by public units and free of charge.

(2) Personal telephones refer to telephones instlled and paid at one's own expe nse.

Subscriber of Pagding Services refer to subscribers w ho carry small size pagers and receive audiosignals, digital signals or literal signals sent out by city telephone throu gh wireless pagingcenter within assigned area. Each pager is counted as a subscriber.

Mobile Thlephone Subscribers rerfer to the persons who own mobil e belephone number connected withthe mobile telephone communicaiton network and registered by post and telecommunicationsorganization. The number of subscribers is calculated only when the subscrib ers who bave gonethrough all the register formalities and entered into the mobile telephone ne twork. One mobiletelephone is treated as a subscriber.

CONSTRUCION

Gross Output Value of Construction (Output Value of Projeots Under Cons truction) refers to thegross output value of construction and installation projects that are undertak en by constructionenterpreses or affiliated constructing units, calculated in line with the pla nned schedule. Itincludes;

(1) Output value of construction projects, that is the value of projects cove red by the projectbudgets;

(2) Output value of installation projects, thyat is the value of the installat ion of equipment;

(3) Output value of repair of buidings and structures, that is the value c reated through therepairs of buildings or structures, but does not include the value of buildings or structures beingrepaired and the value of the repair of produc-

tion equipmint;

(4) Output value of manufactured non – standard equipment, that is the valu e of non – standardproduction equipment (including raw materials and manufacturing cost) made fo r the constructionproject, irrespective of whether the equipment is manufactured on the constr uction site or by subsidiary owrkshops.

Value – added of Construction refers to the final result of the activities of production and management of construction in monetary terms in the reference period. At present, the vcalueadded of construction is calculated with the income approach. In other words, it is the sum of income of various production factors in the production process. The formula is as follows:

Value – added of construction = depreciation of fixed assets in the year + wages payable + welfare expenses payable + insurance premium and tax for waitin for employment in the administrative expenses + taxes and sturcharges on project settlement + profit gained from project settlement.

Floor Space of Buildings Under Construction refer to floor space of building under constructionduring the reference period, in cluding newly started buildings, buildingss tarted earlier andcontinued during the reference period, and buildings suspended earlier but re started during thereference period. Excluded are buildings started and then suspended earlier t hat have not beenrestarted during the reference time.

Floor Space of Buildings Completedrefers to the floor space of buildings that are completed inthe reference period in accordance with the requirements of the design, up to the standard forputting them into use, and have been checked and accepted by concerned departmen ts as qualified ones.

Total Number of Machinery and Equipment Owned by The Construction Ente rprises(or Units) By TheEnd of Yearrefers to the number of machines and equipment owned by the e nterprises (or units, andlisted as the fixed assets of theenterprises (or units) by the end of the year, including machineryand equipment for construction, production and transportation.

Total Power of Machinery and Equipment Owned By The Construction Enterp rises (Or Untits) By The End of Year refers to the total power of machinery and equipment owned by the enterprises (or nuits), and listed as the fixed assets of the enterprises (of units) by the end of the year, includingmachinery and equipment for construction, production and transportation. The pow er of the machineryis calculated on basis of the designed or verifide capacity, covering the power of themachinery/equipment and the separate power equipment serving the machinery/e quipment (such aselectric motors), but excluding welders, transformers and boilers. The unit used for the calcuationof power is kilowatt, with horsepower converted to kilowatt by 1 horsepower = 0.73 5 kilowatt.

Income From Settlement of Projects refers to the incom e received by the constructionenterprise/unit from the commpleted portion of the project through settlement p rocedures with thecontractee during the refercnce preiod, and other charges to the contractee as operational costs, such as facility fee, labour insurance premium, moving cost of construction unit, as well as varioustypes of claims to the contractee.

Profit From Settlement of Projectsrefers to profit realized th rough settled projects. It iscalculated with the following formula:

Profit from Settlement of Projects = Income from Settlement of Projects – Sttled Cos t – Settled Ta xes and Other Cost

Total Revenys of Enterprisesrefers to the sum of income fr om production and operation ofenterprises, including income from settoement of projects and other operational income, namely:

Total Revenue of Enterprises = Income from Settlement of Projects + Other Operati onal Income

WHOLESALE, RETAIL SALES AND CATERING TRADE

Total Retail Sales of Consumer Goodsrefer to the sum of retail sales of consumer goods by theestablishments in wholesale trade, retail sale trade, catering trade, manufact uring industry andother industries of different types of ownership, to urban and rural residents and social groups. This indicator is used to show the supply of consumers goods through various cha nnels to householdsand institutions to meet their demands, and is therefore very important for the study of the issueson people's livelihood, on the purchasing power of consumer goods and on the cir culation of money. The retail sales of consumer goods include: (1) commodities sold to urban and r ural residents forresidential use and building materials sold to them for the construction of repa ir of houses; (2)food and fuels sold to canteens of institutions, enterprises, schools, military un its and to canteensof hotels and hostels that only serve their guests, and commodities produc ed by enterprises, institutions of state farms and sold directly to their employees of their cantee ns; (3) grain andnon – staple food, clothing, daily articles and fuels sold to military personnel; (4) cosumer goodssold to foreigners, overseas Chinese, and Chinese compatriots from Taiwan, Ho ng Kong and Macaoduring their stay in the mainland of China; (5) Chinese and western medicines, herbs and medicalfacilities purchased by residents; (6) newspapers, books and magazines directly sold to residentsand social groups by publishers, new and old commemorative stamps, special stamps , first – day covers, stamp albums and other stamp – collection articles sold by stamp companies; (7) consumer goodspurchased and then sold by second – hand shops; (8)stoves and other heating facili ties and liquifiedgas sold by gas companies to households and institutions; and (9) commodities sol d by farmers to non – agricultural residents and social groups. Excluded under this heading are: ra w materials, fuels, epuipment, tools sold to enterprises, institutions and state farms for production purpose; commodities sold to trade establishments for re – selling; commissioned sales at second – hand shops; operational income of urban public utilities; stamps sold at post offices; income of water, power, gasproduction and supply establishmets from the supply of their products; and sa les of commoditiesamong farmers.

Pruchase, Sales and Stock of Commodities by Wholesale and Retail Trade refer to the purchase, sales and stock of commodities by wholesale and retail estabilshments of dif ferent ownership (excluding individual sellers).

Total Purchasses of Commoditiesrefer to the purchases of commod ities by the establishments fromother establishments or individuals (including direct import from abroad)for th e purpose of re – selling, either with or without further processing of the commodities purchased.

This indicator isused to show the total value of purchases of commodities by wholesale and re tail establishments-from domestic and overseas markets. The total purchases include: (1) agricult ual and industrialproducts purchased from producers; (2) books, magazines and newspapers purchased from distributiondepartments of the publishers; (3) commodities purchased from wholesale and retai l establishments; (4) commodities purchased from other units, such as surplus materials purchas ed from govermnentagencies, enterprises or institutions, commodities purchased from cate ring and serviceestablishments, confiscated goods purchased from customs authorities or market m anagement agencies, second – hand goods and wastes purchased from residents; and (5) commodities dire ctly imported fromabroad. Excluded are commodities purchased by establishments (units) for use in their own businessoperation, commodities obtained without buying or selling procedures, rejected c ommodities, etc.

Total Sales of Commoditiesrefer to selling of commodities by the establishments to otherestablishments and individuals (including direct export). This indicator is used to show the totalvalue of sales of commodities at domestic markets and export. The total sa les include: (1)commodities sold to urban and rural residents and social groups for their consumption; (2)commodities sold to establishments in industry, agriculture, construction, trans portation, post andtelecommunications, wholesale and retail trades, catering trade and public utility for theirproduction and operation; (3) commodities sold to wholesale and retail establishm ents for re - selling, with or without further processing; and (4) commodities for direct to other cou ntries. Excluded areselling of waste packaging materials used by the establishments (units) the mselves, commoditiestransferred without buying of selling procedures, commission income from brokera ge in transcationswhose settlement is directly handled by buyers and sellers, rejected commodities in the purchase, loss in commodities, etc.

Commodity Stock of Wholesale and Retail Enterprices at Year - End refers to total commoditiespossessed by wholesale and retail enterprises (units) of various types of owners hip, which reflectsthe commodity stock level of various wholesale and retail enterprises and the po tential for marketsupply. It includes: (1) commodites located in storage, garages, counters, and sh elves of operatingunits (such as sale stores, wholesale centers, and operating offices) of wh olesale and retailenterprises; (2) commodities in the process of selecting, sorting, and packing; (3) commodities notarrived but recorded as purchase in the account, i.e. commodities not arrived bu t payment receiptsfor the commodities from the sellers or the banks arrived; (4) commodities deposi ted in oter placesrather than places mentioned above, for instance: commodities in the hold of pur chasers temporarilydue to the refusal of payment and commodities not taken back after going through the formalities; (5) commodities entrusted entrusted to other units to sell but not sold yet; (6) co mmodities purchasedfor other units but not delivered yet. Commodities not included as stock are thos e not owned by theenterprises (units), those allocated to financially independent factories rather than wholesale andretail enterprises for processing but not taken back yet, and finally those put in stock bywholesale and retail enterprises on behalf of the state material reserves units. In the calculationof the value of commodities stock at the end of period, the value is calcul ated at purchasingprices in agricultural goods purchasing units and wholesale units, and at the a ccunting prices inretail units.

Volume of Business (Transaction Value) at Urban and Rural Free Market refers to the value of allgoods changed hands between sellers and buyers, includiug farmers, non - agri cultural residents, institutions, organizations, enterprises and private, at urban and rural free markets. It is acomprehensive indicator used to show the size of the transaction at the free tra de markets.

FOREIGN ECONOMY TRADE AND INTERNATIONAL TOURISM

Utilization of Foreign Capitalrefers to remittance, equipment an d technology financed from abroad, by loans, foreign direct investment and other forms undertaken by the Chinese governments atalllevel, by various departments, enterprises and other economic units.

Foreing Loansa major part of China's utilization of foreign cap ital, refer to funds borrowed fromabroad, including loans of foreign governments, loans of international fina ncial institutions, commercial loans of foreign bands, export credit, and funds raised by Chinese bond s and shares issuedabroad.

Direct Investment By Foreing Entrepreneursrefers to the inves tments inside China by foreignenterprises and economic organizations or individuals (including overseas Chines e, compatriots fromHong Kong and Macao, and Chinese enterprises registered abroad), following the rel evant policies andlaws of China, for the establishment of ventures exclusively with foreign own investment, Sino - foreign joint ventures and cooperative enterprises or for co - operative explor ation of resourceswith enterprises or economic organizations in China. It includes the re - investme nt of the foreignentrepreneurs with the profits gained from the investment and the funds that enterprises borrowform abroad in the total investment of projects which are approved by the rele vant department ofthe government.

Number of Touristsrefers to the number of foreigners, overseas C hinese, and compatriots from HongKong, Macao and Taiwan coming to China for sightseeing, visits, tours, family reunio ns, vacations, studytours and other activities of an economic, scientific and technological, cultura l, physical cultureand religious nature. This does not include the number of employees of fo reign organizationsstationed in China such as embassies, consulates, news agencies, the offices o f corporations andenterprises and foreign experts and students residing in China and the persons staying briefly inChina but not for passing the night.

Foreing Exchange Earnings From International Tourism refer to the total expenditures of theforeigners, overseas Chinese, compatriots from Hong Kong, Macao and Taiwan in the process of theirtourism in the mainland of China. Their expenditures mentioned above are foreign exchange earningsto China.

Total Imports and Exports at Customsrefer to the value of commo dities imported into and exportedfrom the boundary of China. They include the actual imports and exports thro ugh foreign trade, imported and exported goods under the processing and assembling trades and mate rials, supplies andgifts as aid given gratis between governments and by the United Nations and other internationalorganizations, and contributions donated by overseas Chinese, compatriots in Hong Kong and Macao andChinese with foreign citizenship, leasing commodities owned by tenant at the exp iration of leasingperiod, the imported and exported commodities processed with imported materials, commodities tradingin border areas (excluding mutual exchange goods), the imported and exported commo dities and articlesfor public use of the Sino – foreign joint ventures, cooperatioe enterprises and v entures exclucivelywith foreign own investment. Also included are import or export of samples and ad vertising goods forwhose CIF or FOB value are beyond the permitted ceiling (excluding goods of no tr ading or use valueand free commodities for export), imported goods sold in China from bonded w arehoues and otherimported or exportde goods. The indicator of the total imports and exports at cus toms can be used toobserve the total size of external trade in a country. In accordance with the stipulation of theChinese government, imports are calculated at CIF, while exports are calculated at FOB

BANKING AND INSURANCE

Deposit is a form of credit by which enterprises, institutions, or ganizations or residents can putmoney into banks and other credit institutions for safekeeping and interest earning under theprinciple of free withdrawal. According to different depositors, deposits are divi ded into enterprisedeposits, treasury deposits, deposits of govenment agencies and organizations, c apital constructiondeposits, urban savings deposits, rural deposits and other deposits. Deposits are m ajor sources of thecredit funds of bands.

Loan is a form of credit by which banks and other credit institutions provide funds at certaininterest rate to enterprises and individuals in the light of the principl e of unconditionalrepayment. Loans from Chinese banks include circulating capital loans, fixed asse ts loans, loans tourban and rural individuals engaged in industrial and commercial business and ag ricultural loans.

Amount Insured refers to the amount of compensation for the loss or agreed sum of money to bepaid by the insurer to the insurant. It is the maximum amount of liabiliti es written in theinsurance contract and is also used as a basis to calculate the premium.

Premium is the fee paid by the insurant based on a proportion of the benefit he or she may getfrom the insurance plus the insurance value. It includes the income from the d eposit of propertyinsurance and presonal insurance.

Settled Clain is the compensation paid by the insurer to the insu rant in accordance with the insurance contract for the loss which has been check ed and found to be in the range of liability of the insurance after an accident has happened to the insured property or to a person who has insured his life. It is further divided into settled and unsettled claim.

EDUCATION, SCIENCE AND CULTURE

Regular Institutions of Hegher Learning refer to educational est ablishments set up according tothe government evaluation and approval procedures, enrolling graduates from senio r secondary schoolsand providing higher education courses and training for senior professionals. The y include full - timeuniversities, colleges, high professional schools and short - term professional uni versities.

Institutions of Higher Learning For Adultsrefer to educational establishments, set up in linewith relevant rules approved by the government, enrolling staff and workers wit h senior secondaryschool or equivalent education, and providing higher education courses in many f orms of full - time, part - time, spare - time, or correspondence for adults. professionals thus trained receive aqualification equivalent to graduates studying regular courses at regular univer sities, colleges andprofessional colleges. Institutions of higher learning for adults include Radio and TV universities, schools of high education for staff and workers and peasants, colleges for management cadres, pedagogical colleges, independent correspondence colleges.

Proxlment Rrte of Primary School - Age Childrenrefers to the propor tion of school - age childrenenrolled at schools to the total number of school - age children both in and outside schools (including regarded children, but excluding blind, deaf and mute children). The f ormula is:

$$\text{Enrollment Rate of Primary School - age Children} = \frac{\text{Total Primary School - age Children at Schools}}{\text{Total Primary school - age Children Both at and Outside Schools}} \times 100\%$$

Independent Research and Development Institutions refer to the s tate - owned insitutions which havederect mission and research purpose, a certain number of core member with higher research level anda certain number of research personnel, favorable conditions for R & D and enga ging in scientificresearch and technological development. The institutions also have thei r own independentorganization and finance, authority to sign contracts with other units, with the ir own accounts inbands. Independent research and development institutions include the instit utions attached tocentral governmert agencies, Chinese Academy of Sciences. Chinses Academy of S ocial Sciences andthe institutions attached to local governments.

Presonnel of Independent Research and Development Institutionsr efers to the persons who work andreceive payment in research and development institutions. It includes regu lar full - time andtemporary staff and workers, but excludes retirees and persons who leave thei r work temporarilywithout payment but still retain their posts.

Total Expenditure on Research and Development refers to all actu al expenditure made for R & D (basic research, applied research and experimental development) in reference pe riod. It includesdirect expenditure on R & D and indirect expenditure on R & D (including m anagement expenses, administrative expense and investment in capital construction ralating to R & D.

Scientists and Engineersrefer to persons who have completed uni versity or higher education orobtained titles of senior and middle - level professional positions.

Other Technical Personnelrefers to persons involved in science and technology with secondaryspecialized education or three - year college education and persons with junior pr ofessional titles.

Inventionsrefer to the inventions as specified by the patent l aw and its detailed rules andregulations for implementation. They refer to the new technical proposals t o the products ormethods or their modifications.

Utility Models refer to the utility models as specified by the p atent law and its detailed rulesand regulations for implementation. They refer to the practical and new technica l proposals on theshape and structure of the product or the combination of both.

Desings refer to the designs as specified by the patent law and its detailed rules and regulationfor implementation. They refer to the aesthetics and industry - applicable new des igns for the shape, pattern and color of the product, of their combinations.

Cultural Institutionsrefer to units which have their own organizatinal system and independentaccounting system and specialize in or serve cultural development. They exclude o ther establishmentsrun by these cultural institutions and amateur cultural groups established by v arious departments.

Art Troupe refers to the troupe which is engaged in drama, o pera, music, dance, acrobatics orother art performance, opens independent accounts with banks annd has self – su pporting accountingsystem; excluding the troupes which are engaged partly in industrial or agric ultural activities, partly art performance and the professional troupes organized by the people.

Film Projection Units refer to units with film projectio n equipment, full or part – timeprojectionists, permanent or non – permanent places, approved by related administrat ive departments toshow films regularly for certain groups of audience, includinng those film proj ection units whichhave been approved to give commercial shows and run business with independent accounting system aswell as those film – renting units of the military system.

Number or Spectators at art Performancerefers to the number o f attendants at commercial shows, completely booked shows or free shows given in minority national areas, and doe s not include thenumber of spectators at rehearsals for examination and internal shows for study.

SPORTS, PUBLIC HEALTY AND OTHERS

Number or Athletes in Gradesrefers to the number of athletes wh o have been given titles throughexamination. The titles of athletes include international masters of sports, maste rs of sports, first – grade, second – grade and third – grade sportsmen and young athletes.

Number of Referees in Gradesrefers to the number of referees wh o have been given titles afterexamination. They are classified as international referees, national referees an d referees of thefirst, second and third grades.

Stadiums refer to stadiums for track annd field events with six – lane 400 – meter tracks aroundsoccer felds, permanent tuack marks and permanent bleachers. stadiums are class ified according toseating capacity. They inclrde Class A stadiums seating 25000 people each. Class B stadiums seating15000 to 25000 people each. Class C stadiums seating 5000 to 15000 people each, an d Class D stadiumsseating fewer than 5000 people.

Gymnasiums refer to indoor sports grounds with permanent seats in which basketball, volleyball. badminton, table tennis and gymnastics competitions can be held. Gymnasiums are c lassified accordingto seating capacity. They include Class A gymnasiums seating over 6000people. Class B gymnasiumsseating 4000 to 6000 people. Class C gymnasiums seating 2000 to 4000 people, and Class D gymnasiumsseating fewer than 2000 people.

Hospitalsrefer to medical institutions named as"hospital"with p ermanent hospital beds, which areable to take in patients and provid them with medical and nursing services. Hospi tals are classifiedinto three categories: hospitals at or above the county level, hospitals of rural townships, and otherhospitals. According to their ownership, hospitals can be classified into three c ategories: hospitalsunder the public health departments, hospitals under industrial and other departm ents and collective – owned hospitals. Hospitals at or above county level are divided into comprehensi ve and specializedhospitals.

Medical Technical Personnelrefers to all permanent medica l staff and workers employee bymedical institutions, including doctors of Chinese and Western medicine, senior doctors whointegrate traditional Chinese thrapeutics with Western thrapeutics in practic e, senior nurses, pharmacists of Chinese and Western medicine, laboratory specialists, other speci lists, paramedicsof Chinese and Western medicine, nurses, midwives, druggists in Chinese and Western medicine, laboratory technicians, other technieians, other practitioners of Chinese medicine , nursing attendants, pharmacological workers of Chinese and Western medicine, laboratory workers, and other primarymedical personnel.

Doctorsrefer to qualified professional medical workers approved to practice by public healthdepartments. They are classified into doctors of Chinese medicine, doctors of Wes tern medicine, seniordoctors who integrate traditinal Chinese thrapeutics with Western thrape utics in practice, paramedics of Chinese medicine and Western medicine, annd other specialists of Chinese medicine.

Social Welfare Institutions refer to institutions taking care o f old people without children, handicapped people and orphans. They include social welfare institutions run by civil affairsdepartments, children's welfare institutions, social welfare institutions for m ental patients, andcollective - owned old people's homes in rural areas.

Number of People Taken in By Social Welfare Institutionsrefers to the number of old people, children, totally dependent handicapped people and mental patients taken in by scoial welfare institutions run by civil affairs departments and those run by collective units in urban and ruralareas.

Social Welfare Enterprises are collective - owned enterprises whic h employ the blind, deaf - mute, and other handicapped people who are able to work in cities and towns and enjoy ex emption from state taxes, including welfare plants, welfare commercial services, artificial limb plants annd farms, etc.

Lawyers are legal workers who are employed full - time by legal c ounseling firms to act as legal advisers, agents in criminal or civil lawsuits, or defenders in criminal lawsuit s, or to handle non - litigious legal affairs, to advise on matters of law or to write legal papers for others. Both full - time and part - time lawyers are included.

Notary Personnesrefers to judicial workers of the state notar y offices handling notarization work according to law. They include notaries, as sistant notaries, and other people working for notary offices.

Notarized Documents refer to the documents settled by notary of fices in a year. The notarial documents are drawn up in accordance with the regu lations of the Ministry of Justice, including domestic documents and foreign - rel ated documents. Domestic documents are divided into two major categories, docume nts on economic contracts and documents on civil legal relati ons.

Mediatorsrefer to workers on people's mediation committees res ponsible for mediating in civil disputed and cases of slight infraction of the l aw. They include members of the mediation committees and mediators of mediation groups.

Mediation of Civil Disputesrefers to mediation committees' work in mediating in civil disputes concerning civil rights and duties through persu asion and education in a ccordance with theprovisions of law on a voluntary basis, so as to solve disputes by helping th e parties involvedcome to an agreement and understanding. These disputes include divorce cases and disputes overproperty ownership, but exclude the civil cases to be handled by the court.

Retired or Restgned Personnel refers to the persons who have formally gone through theformalities for their retirement or quitting work and enjoy the corresponding t reatments.

Insurance and Welfare Fundsrefers to labour insurannce andwe lfare fund paid by entrprises, oranizations and institutions to their staff and worders as well as retired an d resigned personsin addition to their wages and salaries.

(1) **Insurance and Welfare Funds For Staff and Workess**include:

① Medical Care Allowance: It refers to the cost of medical care of staff and workers and theirdependent family members who are covered by the medicare system of enterprises, travellig expensesof injured employees to hospital and their per diem subsidies during hospita lization, cost of medical care of employees who are covered by the medicare system of institutions annd organizations, as well as cost of medicine of employees of enterprises and institutions who are not covered bythe medicare system.

② Funeral Expenses and Pensions for family of the Deceased: They refer to f uneral expenses ofstaff and workers, and pensions and allowance for their dependent family m embers, as well assbsidies to funeral expenses of staff and workers' dependent family members.

③ Subsidies for Living Expenses: They refer to regular or ab hoc subsidies to staff and worderswho have difficulties in making ends meet.

④ Expenses for Recreational, Sports and Pubilcity Acitivities: They refer to actual payment madeby enterprises and institutions in recreational, sports and publicity activities, excludingtraining cost.

⑤ Subsidies to Collective Welfare Undertakings: They refer to subsidies to the operation ofwelfare undertakings that can not fully cover their cost, such as public bathroo ms, barber shops, laundries, nurseries and kindergartens.

⑥ Expenses for Collective Welfare Facilities: They refer to expenses for collective welfarefacilities that are spent in line with state regulations, such as the purchase an d repair of cookingutensils for canteens, and repair of living quarters of staff and workers, but excluding theexpenses for welfare projects that are constructed with self - raised funds.

⑦ Family Planning Subsidy: It refers to subsidy and health allowance paid to the one - childfamily of staff and workers.

⑧ Others: They refer to other insurance and welfare funds paid to staff and w orkers.

(2) **Insurance and Welfare Funds For Retired and Resigned Staff and Work ers**

① Pensions for retired veteran cadres: They refer to pensions and other s ubsidies paid toretired in line with relevant government documents.

② Pensions for retirement: They refer to living allowance and other subsidie s paid to retiredstaff and workers in line with the relevant government documents.

③ Resignation Allowances for Living Expenses: They refer to living allowance and subsidies paidto resigned staff and workers in line with relevant government instructions.

④ Expenses for Medical Care: They refer to the costs for medical treatment, hospetalization andfood subsidies in hbospitals for retired and resigned staff and workers.

⑤ Nursing Cost: It refers to cost for nursing retired or resigned staff a nd workers who areunable to take care of themselves and need the help from nurses.

⑥ Living Subsidy: It refers to living subsidy paid to retired employees in line with theinstructions in a 1985 State Council document.

⑦ Traffic Subsidy: It refers to the monthly traffic subsidy paid to senior re tired staff.

⑧ Funeral Expenses and Pensions for Family of the Deceased: They refer to th e funeral expensesof retired staff and workers, and pensions and allowance for their dependent fam ily members, as wellas subsidies to funeral expenses of retired staff and workers' dependent family m embers.

⑨ Others: They refer to other expenses, including moving and settlement allow ance, allowance fordifficult families, book and newspaper allowance, subsidy for non - staple foods, housing subsidy, water and electricity subsidy, special allowanec for staff and workers of n ational minorities, travelling cost for senior retired staff, etc.

Volume of Industrial Waste Water Discharged refers to the volu me of industrial waste waterdischarged, through all outlets, to the outside of industrial enterprises, inc luding waste waterproduced, direct - cooling water, underground water from mines that does not mee t the standard ofdischarge, and the domestic sewage mixed up with industrial waste water whe n discharged, butexcluding discharged indirect - cooling water.

Volume of Waste Water up to The Standard For Discharge refer s to the volume of dischargedindustrial waste water that, with or without treatment, has come up to the national or localstandards for discharge.

Volume of Treated Industrial Wasth Waterrefers to the volume o f industrial waste water afterbeing treated and purified through various water treatment facilities in the reference period, including the volume discharged or recovered after being treated. The volume of waste water thatfails to meet the national or local standards after treatment is also includ ed. If there aretreatment facilities both at the outlets of workshops and at the outlets of th e factory, and thesame volume of waste water has been treated twice, duplication should be avoided in the calculationof the volume of treated industrial waste water.

Volume of Wasth Gas Emissionrefers to waste gas emitted f rom burning of fuels and fromproduction process in the area of the factory, and is measured by 10000 standard cubic metres eachyear under normal condition.

Volume of Sulphur Dioxide Discharged refers to the volume of sulp hur dioxide discharged to theair in the process of fuel burning or in the production process.

Volume of Industrial Soot Dischargedrefers to the volume of soli d soot in the smoke dischargedin the process of fuel burning in the area of the factory.

Industrial Dust Discharged refers to the total weight of solid dust discharged by industrialenterprises in the production process, such as dust of refactory materials from iron plants, dustfrom coke – screening system or from sintering machines of coking plants, dust fro m lime kilns, cementdust from building material enterprises, etc., but excluding smoke and dust d ischarged by powerplants.

Volume of Industrial Solid Wastes Producedrefers to the total v olume of solid, semi – solid orhighconcentration liquid residue produced by industrial enterprises in their production process, including dangerous wastes, residues from melting, slag, powdered coal ash, gangue, chemicalresidues, tailings, radioactive residues and other residues, but excluding stripp ed or dug stones inmining (except gangue and acid or alkali stones which are stones washed or soake d by water with apH value smaller than 4 or larger than 10.5.)

Accidents of Environment Pollution and Destructionrefer to sudd en accidents, due to economic andsocial behavior or activities in contrast with environment protection legis lation, unexpectedfactors or irresistible natural disasters, that cause the pollution of environmen t, the destructionof natural protectionzones, wild plants and animals, the danger to the health of people, and theloss in the property of the society and people.

中国统计出版社最新资料书简目

中国统计年鉴－2001
中国统计摘要－2001
中国城市统计年鉴－2000
中国农村统计年鉴－2001
中国劳动统计年鉴－2001
中国人口统计年鉴－2001
中国社会统计资料－2001
中国市场统计年鉴－2001
中国建筑业统计年鉴－2001
中国固定资产投资统计年鉴－2001
中国价格及城镇居民家庭收支调查统计年鉴－2001
国际统计年鉴－2001
中国对外经济贸易统计年鉴－2000
中国商品交易市场统计年鉴－2001
中国基本单位统计年鉴－2000
中国食品工业年鉴－2000
中国民政统计年鉴－2001
如何使用统计年鉴
北京统计年鉴－2001
天津统计年鉴－2001
河北经济年鉴－2001
山西统计年鉴－2001
内蒙古统计年鉴－2001
辽宁统计年鉴－2001
吉林统计年鉴－2001
黑龙江统计年鉴－2001
上海统计年鉴－2001
江苏统计年鉴－2001
浙江统计年鉴－2001
安徽统计年鉴－2001
福建统计年鉴－2001
江西统计年鉴－2001
山东统计年鉴－2001
河南统计年鉴－2001
湖北统计年鉴－2001
湖南统计年鉴－2001
广东统计年鉴－2001
广西统计年鉴－2001
贵州统计年鉴－2001
云南统计年鉴－2001
海南统计年鉴－2001
四川统计年鉴－2001
重庆统计年鉴－2001
西藏统计年鉴－2001
陕西统计年鉴－2001
甘肃年鉴－2001
青海统计年鉴－2001
宁夏统计年鉴－2001
新疆统计年鉴－2001
新疆生产建设兵团统计年鉴－2001
石家庄统计年鉴－2001
唐山统计年鉴－2001
廊坊统计年鉴－2001
邯郸统计年鉴－2001
衡水统计年鉴－2001
张家口统计年鉴－2001
邢台经济统计年鉴－2001
太原统计年鉴－2001
临汾年鉴－2001
呼和浩特经济统计年鉴－2001
沈阳年鉴－2001
大连统计年鉴－2001
吉林市社会经济统计年鉴－2001
四平统计年鉴－2001
延吉统计年鉴－2001
哈尔滨统计年鉴－2001
齐齐哈尔经济统计年鉴－2001
双鸭山社会经济统计年鉴－2001
黑龙江垦区统计年鉴－2001
牡丹江统计年鉴－2001
上海浦东新区统计年鉴－2001
宝山年鉴－2001
南京统计年鉴－2001
苏州统计年鉴－2001
无锡统计年鉴－2001
常州统计年鉴－2001
徐州统计年鉴－2001
南通统计年鉴－2001
盐城统计年鉴－2001
连云港统计年鉴－2001
杭州统计年鉴－2001
宁波统计年鉴－2001
绍兴统计年鉴－2001
嘉兴统计年鉴－2001
台州统计年鉴－2001
舟山统计年鉴－2001
金华统计年鉴－2001
温州统计年鉴－2001
福州年鉴－2001
厦门经济特区年鉴－2001
福州经济技术开发区年鉴－2001
南昌统计年鉴－2001
九江统计年鉴－2001
宜春统计年鉴－2001
济南统计年鉴－2001
青岛统计年鉴－2001
潍坊统计年鉴－2001
泰安统计年鉴－2001
德州统计年鉴－2001
日照统计年鉴－2001
郑州统计年鉴－2001
洛阳统计年鉴－2001
开封统计年鉴－2001
三门峡统计年鉴－2001
平顶山统计年鉴－2001
南阳经济统计年鉴－2001
武汉统计年鉴－2001
宜昌统计年鉴－2001
广州统计年鉴－2001
深圳统计信息年鉴－2001
惠州统计年鉴－2001
珠海统计年鉴－2001
东莞统计年鉴－2001
南宁统计年鉴－2001
南宁地区统计年鉴－2001
桂林经济社会统计年鉴－2001
柳州经济统计年鉴－2001
柳州地区统计年鉴－2001
贵阳统计年鉴－2001
海口统计年鉴－2001
成都统计年鉴－2001
广安统计年鉴－2001
攀枝花统计年鉴－2001
西安统计年鉴－2001
兰州年鉴－2001
西宁统计年鉴－2001
乌鲁木齐统计年鉴－2001
巴音郭楞统计年鉴－2001
吐鲁番统计年鉴－2001
石河子统计年鉴－2001
伊犁统计年鉴－2001
巴州年鉴－2001
河北农村统计年鉴－2001
广东农村统计年鉴－2001
福建农村统计年鉴－2001
湖北农村统计年鉴－2001
河南农村统计年鉴－2001
山东城市统计年鉴－2001
湖北工交统计年鉴－2001